E 120

Class **F**
Section **1**
Book No. **746**
Accession No.

CASUS CONSCIENTIAE.

Class **F**
Section **1**
Book No. **746**
Accession No.

CASUS CONSCIENTIAE

AD USUM CONFESSARIORUM COMPOSITI ET SOLUTI

AB

AUGUSTINO LEHMKUHL,
SOCIETATIS IESU SACERDOTE.

I.
CASUS DE THEOLOGIAE MORALIS PRINCIPIIS ET DE PRAECEPTIS ATQUE OFFICIIS CHRISTIANIS SPECIATIM SUMPTIS.

CUM APPROBATIONE REVMI ARCHIEP. FRIBURG. ET SUPER. ORDINIS.

FRIBURGI BRISGOVIAE.
SUMPTIBUS HERDER,
TYPOGRAPHI EDITORIS PONTIFICII.
MCMIII.
VINDOBONAE, ARGENTORATI, MONACHII, S. LUDOVICI AMERICAE.

Cum opus, cui titulus est **Casus conscientiae** Tom. I, a P. *Augustino Lehmkuhl*, sacerdote Societatis Iesu, compositum aliqui eiusdem Societatis revisores, quibus id commissum fuit, recognoverint et in lucem edi posse probaverint, facultatem concedimus, ut typis mandetur, sit ita iis, ad quos pertinet, videbitur.

In quorum fidem has litteras manu nostra subscriptas et sigillo muneris nostri munitas dedimus.

Valkenberg, 17 Aprilis 1902.

(L. S.)   P. **Carolus Schaeffer** S. J.

Imprimatur.

Friburgi Brisgoviae, die 27 Novembris 1902.

☨ **Thomas**, Archiepps.

Omnia iura reservantur.

Typis Herderianis, Friburgi Brisgoviae.

Lectori salutem.

Cum in praefatione ad alterum tomum, qui ante medium annum in lucem prodiit, de fine et modo tractandi quem tenui pauca dixerim: id unum lectorem hoc loco moneo me eundem plane modum nunc tenuisse, etiam saepius autem, ut natura rerum pertractandarum secum tulit, ad condiciones nostrae aetatis et ad ea me attendisse, quae propter mutata tempora in explicandis officiis atque conscientiis moderandis difficultates possint creare.

Equidem scio casuisticam rerum moralium tractationem fere non posse non patere malevolorum adversariorum obtrectationibus. Idque inter alia ex eo oritur, quod adversarii acatholici, si in certis actionibus una negatur malitia, eam sententiam sic interpretentur, quasi omnis malitia sit negata atque actio ista proclamata pro honesta. Sed quisquis vel primas logicae regulas percepit, facile videt eum, qui infitietur v. g. aliquam actionem impingere contra iustitiam, non ideo fateri eam esse undequaque honestam, cum esse possit contra alias virtutes gravissime peccaminosa. Verum haec si semper monuissem in singulis quae dedi responsis, timere debebam, ne quasi ignaro loquens lectorem iniuriosius viderer tractare.

Restat, ut publicas gratias agam omnibus illis viris, qui adeo benevole, ut complura folia periodica testantur, alterum tomum commendarunt. Faxit Deus, ut hoc opus non solum placeat, sed etiam prosit ad augendam Ipsius gloriam et salutem animarum aeternam.

Scribebam *Valkenbergi* in collegio S. Ignatii, die festo Praesentationis B. M. V. die 21 Nov. 1902.

AUCTOR.

INDEX SYNOPTICUS.

I. DE PRINCIPIIS THEOLOGIAE MORALIS SEU DE ACTIBUS HUMANIS EORUMQUE REGULA.

	Pag.
De voluntario eiusque obstaculis	1
De moralitate actuum humanorum	23
De conscientia seu regula actuum humanorum proxima	26
De probabilitate et probabilismo	33
De lege seu regula actuum humanorum remota	39
De peccatis	67

II. DE VIRTUTIBUS ET OFFICIIS VITAE CHRISTIANAE EORUMQUE LAESIONE.

De virtutibus et officiis erga Deum	90
De virtutibus theologicis	90
De virtute religionis et cultu Dei	102
De cultu Dei necessario deque diversis contra religionem peccatis	102
De iuramento	118
De voto et de statu religioso	127
De cultu Dei publico	173
De virtutibus et officiis erga homines	187
De officiis hominis erga se ipsum	187
De caritate erga proximum eiusque laesione per inimicitiam, scandalum, peccati cooperationem	193
De virtutibus moralibus generalia quaedam	228
De officio pietatis et similibus, quae *quarto* decalogi praecepto continentur	236
De bono individuali vitae eiusque iniusta laesione seu de *quinto* decalogi praecepto	259
De bono coniugali et de peccatis luxuriae seu de *sexto* et *nono* decalogi praecepto	273
De iure et iustitia, maxime in res fortunae, seu de *septimo* et *decimo* decalogi praecepto	282
De dominio eiusque acquisitione et de iniustitiae peccato	282
De restitutione ex iure laeso oriunda eiusque variis causis et circumstantiis	325
De contractibus	395
De testamentis et hereditate	471
De bono famae et honoris atque de secreto, seu de *octavo* decalogi praecepto	482
De legibus Ecclesiae	496
De praeceptis Ecclesiae communibus	496
De poenis ecclesiasticis seu de censuris	502
Index alphabeticus	549

DE PRINCIPIIS THEOLOGIAE MORALIS SEU DE ACTIBUS HUMANIS EORUMQUE REGULA.

DE VOLUNTARIO.

VOLUNTARIUM ET INVOLUNTARIUM (I).

Casus. (1)

Bertha confitetur se ad gravem iram provocasse dominam suam, quod pretiosum vas fregerit; aliquoties se inhonestos tactus passam esse, bis se omisisse sacram Missam diebus dominicis, cum in seram noctem vigilare debuerit exspectando reditum dominae ex choreis, et propterea non satis mature surrexerit pro prima missa, huic autem soli assistendi sibi fieri facultatem.

Quaeritur 1° quid sit voluntarium, quid involuntarium.
2° res singulae de quibus Bertha se accusat fuerintne ei voluntariae an involuntariae.

Solutio.

Ad quaesitum 1ᵐ R. 1. *Voluntarium* generatim definitur id „quod est a principio intrinseco cum cognitione". S. Thom., *Summa theol.* 1, 2, q. 6, a. 1; Suarez, *De act. hum.* d. 1, s. 1, n. 1 sq.

Quodsi illa cognitio est sensitiva tantum, habes *spontaneum*, quod in voluntario late intellecto comprehenditur. Si est cognitio rationalis, habes voluntarium sensu vero et stricto sumptum. — Ut igitur aliquid nobis ita sit voluntarium, debet a nobis, quatenus rationales sumus, affective et effective procedere: scil. *affective*, ut utcumque ad voluntatem, non ad alias potentias pertineat; *effective*, ut distinguatur a solo voluntatis obiecto quod *volitum* esse potest, sed non voluntarium. Cf. Frins, *De actibus humanis* n. 72; Walsh, *De act. hum.* n. 35 sq. — Debet autem a voluntate formaliter, qua rationalis facultas est, procedere, seu procedere ab ea ut operante cum vel ex advertentia rationis sive cum vel ex cognitione boni seu finis.

Cognitio illa rationalis tum tantum voluntarium *necessarium* efficit, quando nimirum menti obversatur bonum in genere, aut quando homo, huius vitae mortalitate deposita, finem ultimum consecutus summum bonum intuitive videbit. Circa alia autem bona cum voluntas indifferens seu ex se indeterminata sit, homo electione indiget, ut uni obiecto prae alio inhaereat, seu *libere* illis inhaeret. In his igitur voluntarium cum *libero* convertitur, atque voluntarium id esse recte dicitur, quod ex *deliberata* voluntate procedit.

R. 2. *Procedere* a voluntate potest aliquid vario modo: 1) *elicitive:* sic procedit ipse actus internus voluntatis; 2) *imperative,* quo modo omnes alii effectus, qui homini voluntarii sunt, a voluntate procedunt.

Soli voluntatis actus ipsi, qui eliciuntur, voluntarii sunt *formaliter et intrinsecus tales;* alii effectus, qui ab homine volente fiunt, sunt voluntarii *denominative*. Cf. Frins l. c. sect. 2, §§ 1. 2.

R. 3. *Non-voluntarium* illud dicitur quod, etsi ex aliqua mea actione sequatur, tamen sequitur *me non volente ipsum*. Quod fit aut ex eo quod non cognoverim illud ex mea actione esse secuturum, aut, quamquam cognovi, tamen propter alios effectus actionem illam posuerim et ponere licite potuerim. — Quod autem, etsi ex mea actione sequatur, non solum sine mea deliberata voluntate, sed *contra eam* sequitur, dicitur *involuntarium*. Cf. Frins l. c. n. 244. — Non-voluntarium et involuntarium de solo *effectu* dici possunt, non de ipso actu voluntatis. Qui semper est *voluntarius,* potest tamen etiam ipse esse *indeliberatus,* si videlicet advertentiam rationis antevertit.

Ad quaesitum 2ᵐ R. 1. Sumi nequit Bertham ex proposito vas illud fregisse vel iram dominae praevidisse: quapropter illa „provocatio ad iram" procedit quidem aliquo modo ex actione Berthae, sed non ab eius voluntate deliberata, immo contra illam. Proinde illa provocatio est Berthae involuntaria. (Num autem et quando propter culpabilem neglegentiam illa provocatio ad iram Berthae possit esse *indirecte* voluntaria, disce ex sequentibus.)

R. 2. Quoad inhonestos tactus, quos se passam esse Bertha dicit, videri debet utrum libenter eos admiserit, an repellere potuerit idque conata sit. Quodsi eos libenter admiserit vel, cum posset, non repulerit, non plane recte dicitur tactus *passa* esse; sed potius dicere debebit se tactus *admisisse,* iique vere Berthae erant voluntarii quatenus *libere admissi*. Si vero eos repulerit vel, si hoc non potuit, repugnans passa sit, tactus illi Berthae erant involuntarii — atque pleno sensu dici debet Bertham eos esse tantummodo passam.

R. 3. Quod ad omissum Sacrum pertinet, suppono nunc non adfuisse eas circumstantias, quae ex se sufficiant ad Bertham a Missa excusandam. In quo casu quaeritur num propositum habuerit satis mature surgendi et ad evigilandum media, si poterat, adhibuerit ea quae convenire putabat. Quod si fecit, somnus diuturnior ei fuit omnino involuntarius, atque etiam quae inde secuta est Sacri omissio: siquidem, postquam serius evigilaverit, alteri Missae assistere non amplius erat in eius potestate.

VOLUNTARIUM ET INVOLUNTARIUM (II).

Casus. (2)

Amandus ex catechismo retinuit peccatum esse voluntariam et liberam transgressionem legis divinae. Nuper repugnans a suis sodalibus inductus est ad potum excessivum et ebrietatem, tractus ad lasciva theatra, compulsus ut in eligendis deputatis viro impio votum daret: sed sese consolatur, quod haec omnia non fecerit voluntarie.

Quaeritur 1° quid sit voluntarium simpliciter et involuntarium secundum quid.
2° quale voluntarium requiratur et sufficiat ad peccatum.
3° quid de singulis casibus dicendum.

Solutio.

Ad quaesitum 1^m R. 1. Voluntarium, de quo supra, simpliciter dicitur id quod utcumque a deliberata voluntate procedit, ita ut ratio non habeatur utrum sollicitata fuerit voluntas a contrariis etiam appetitionibus necne. Ab hoc distinguitur voluntarium (non simpliciter sed) secundum quid tantum. Videlicet sic vocatur mihi id quod non volo efficaci modo, ita ut revera ad effectum deducatur, sed quod inefficaci affectu seu velleitate prosequor; in effectu igitur voluntas mea aliquo modo fertur, non tamen efficio ut effectus ille a me procedat. Generatim tamen non de voluntario secundum quid, sed de *involuntario secundum quid* loquimur.

R. 2. Est igitur involuntarium *secundum quid,* non simpliciter et re vera involuntarium, quasi a me meaque deliberata voluntate demum re ipsa non procedat — procedit enim re vera atque est *simpliciter voluntarium* —, sed in ipso illo effectu, qui a mea deliberata voluntate procedit, invenitur aliquid, a quo voluntas mea repugnat et quod *vellet* non adesse. Ergo voluntarium simpliciter et involuntarium secundum quid sibi invicem non opponuntur, sed circa eandem rem eundemque effectum versari potest *utrumque.* — Cave igitur ne „voluntarium simpliciter" idem habeas atque „voluntarium cum pleno voluntatis nisu". Cf. Frins l. c. n. 282.

Ad quaesitum 2^m R. 1. Ad peccatum non requiritur, ut effectus peccaminosus non habeat quidquam involuntarii secundum quid; aliis verbis: ut peccatum absit, non sufficit, ut res, de qua agitur, mihi sit involuntaria secundum quid, sed debet esse involuntaria simpliciter.

R. 2. Ut peccatum adsit, idque in re gravi mortale, requiritur et sufficit, ut res seu effectus sit voluntarius simpliciter, etsi secum habeat involuntarium secundum quid; aliis verbis: sufficit, ut cum plena deliberatione a voluntate procedat, etsi forte cum magna repugnantia.

Ad quaesitum 3^m R. 1. Si Amandus ita inductus est ad potum excessivum et ebrietatem, ut eius periculum non satis adverteret; recte iudicavit se coram Deo excusari, eo quod nesciverit virtutem vini.

R. 2. Si autem periculum ebrietatis satis advertit, debuit antea rem melius considerare, neque ex eo desiit ebrietas esse simpliciter voluntaria, quod a sodalibus inductus sit; repugnantia, quam habuit, non fuit seria, sed reddidit ebrietatem tantummodo involuntariam secundum quid seu inefficaci velleitate involuntariam.

R. 3. Similiter quod tractus sit ad lasciva theatra, intellegi tantum potest de morali quadam coactione, quae reliquit eorum aspectum simpliciter voluntarium. — Hinc non ex ratione involuntarii peti potest causa excusans a peccato eoque vel gravi. Num alia causa, quae eum a gravi peccato excuset, adsit (quod fortasse neque scandalum aliis dederit neque pro se grave labendi periculum incurrerit), alibi docetur.

R. 4. Etiam in posteriore casu, in quo agitur de eligendo deputato, causa quae excusaret a *voluntario* non adest. Amandus enim libere demum viro isti suffragium dedit. Excusatio igitur a peccato neque in hoc casu ab involuntario peti potest. Num vero ex aliqua causa gravi licuerit huic candidato, etsi sit impius, prae alio voluntarie votum dare, etiam hoc postea discutiendum est.

VOLUNTARIUM ET VOLITUM.

Casus. (3)

Caius nuper reliquit noctu ianuam apertam, quae ducit ad aedificia sua rustica, sed simul aditum praebet, unum ex pluribus, ad aedes sui vicini. Hunc viderat incuriosum in claudenda domo, ac propterea desideravit, ut per insigne furtum poenas incuriae reciperet: quod illa nocte re vera factum est.

Idem adverterat tectum domus suae aliquod detrimentum passum esse; reparationem tamquam non ita urgentem distulit. Interea exorto turbine tegula e tecto soluta graviter laesit praetereuntem inimicum: quem nuntium Caius laetus audit.

Dein in agro suo dissito, per quem transeundi nemo ius habebat, ponit duas capsulas cum materia explosiva, cupiens, ut inimicus transiret et casu occideretur. Accidit re ipsa, ut non solus Caii inimicus, sed etiam alius vir publice nocivus necaretur, quem ita a se e vivis sublatum esse Caius sibi gratulatur.

Quaeritur 1° quid sit volitum et quomodo a voluntario distinguatur.

2° sintne singula facta Caio voluntaria eique imputabilia.

Solutio.

Ad quaesitum 1^m R. 1. Volitum est voluntatis obiectum. Ex quo sequitur, quodlibet voluntarium esse etiam volitum. Quodcumque enim a voluntate cum cognitione finis procedit, in id necessario voluntas ut in obiectum suum tendit, adeoque est volitum.

R. 2. Verum non e converso omne volitum est etiam voluntarium. Nam multa esse possunt voluntatis obiecta, quae procedere a voluntate non possint neque ut effectus voluntatis ullo modo intendantur. Sic post diuturnam siccitatem pluvia exorta agricolae est volita, non voluntaria. Frins l. c. n. 71; *Th. m.* I, 3.

Ad quaesitum 2^m R. 1. Furtum illud, quod vicinus passus est, certe erat a Caio *volitum;* utrum autem dici possit voluntarium necne, pendet ab alia quaestione, utrum Caii actio dici debeat furti illius causa, an ansa tantum. Re ipsa fuit causa per accidens tantum seu ansa potius quam causa: nam actionem suam Caius rationabiliter non potuit ad effectum illius furti *ordinare,* sed cum ea solummodo velleitatem quandam illius furti habere potuit. Hinc furtum illud *ut re secutum* Caio non est imputabile; *affectu suo* peccare quidem potuit, idque vel contra caritatem, si sibi placuit in damno ut in malo sui vicini, vel etiam affectu iniustitiae, si ipsum furis furtum approbavit: sed hoc non sufficit, ut furti illius realis exsecutio illi possit imputari.

R. 2. In *secundo* casu dilatio quidem reparandae domus voluntaria erat; sed voluntaria non erat laesio illa inimici per tegulam effecta, siquidem hanc in differenda reparatione non praevidit ullo modo, neque haec a deliberata Caii voluntate *processit.* Quod autem huius inimici laesi nuntium Caius laetus audit, *volitam* quidem facit eam laesionem, sed non voluntariam neque imputabilem quoad sequelas.

R. 3. In *tertio* casu distingui potest interitus inimici Caii ab interitu alterius hominis noxii. Huius interitus neque volitus neque praevisus est; ergo non est Caio voluntarius neque imputabilis, utut *consequenter* fuit *volitus.*

Quoad interitum inimici ille certe est *volitus ab initio;* dubitari autem potest, num dici debeat Caio *voluntarius,* siquidem in ponenda illa causa fortuita non tam voluntatem quam velleitatem tantum videtur potuisse habere.

Atque ita quoad imputabilitatem circa damna eorumque restitutionem omnino dicendum est. — Nihilominus, re mere psychologice considerata, voluntas illa inferendi damni potuit plane esse affective efficax, quamquam exsecutio volita est solummodo per causam occasionalem seu causam per accidens; quapropter aliquo sensu dici potest *damnum* illud Caio voluntarium, cum eius actio per accidens evaserit *causa* illius damni.

Verum in hac re potest esse lis de verbo. Et si realis damni *illatio* sumitur, quae secum ferat obligationem restitutionis, dici debet hanc *illationem* non fuisse vere voluntariam, sed volitam per quandam velleitatem, siquidem noluerit ponere causam *per se efficacem,* sed solum per accidens efficacem seu occasionalem. — *Affectu* Caium peccasse patet.

VOLUNTARIUM INDIRECTUM.

Casus. (4)

Cneius religiosus omittit consuetas paenitentias, ut fruatur pravis motibus orituris; legit res curiosas sciens se inde passurum esse pravam commotionem, cui tamen studuit resistere; quo se in utili scientia perficiat, etiam rebus magis inhonestis legendis inhaeret, idque compluries ita ut nesciat distinguere, utrum consensum pravae concupiscentiae dederit annon.

De actibus humanis.

Marsilius belli dux hostilem urbem omni vi expugnare conatur, atque tormenta bellica ita dirigit ut copiosa multitudo etiam innocentium civium neci devoveantur. Captam urbem militibus dat in praedam, quamquam et caedes et stupra complura praevidet.

Quaeritur 1° quae sit distinctio inter voluntarium directum et indirectum, voluntarium in se et in causa tantum, voluntarium positivum et negativum.
2° quomodo haec voluntaria imputentur.
3° quid ad propositos casus dicendum sit.

Solutio.

Ad quaesitum 1ᵐ R. 1. *Negative voluntarium* id dicitur, quod praevideo *secuturum* ex *omissione* alicuius actionis, quam ponere possum et debeo; *positive voluntarium* id, quod me sciente et volente ex mea actione oritur.

R. 2. Voluntarium *in se* illud mihi est, quod ita a me procedit, ut illud secundum se et immediate appetam seu velim, etsi fortasse alia complura ad illud obtinendum velle et adhibere debeam (quae in hoc casu etiam omnia tamquam media voluntaria sunt in se). Huic opponitur voluntarium *in causa tantum*: sic enim dicitur effectus, quem praeter alium effectum ex mea actione vel omissione tamquam ex causa secuturum quidem esse praevideo; at quem ego non volo (cum velim solum illum alium effectum, qui etiam ex mea actione vel omissione sequatur).

Verum, ut mox explicaturus sum, si solam alicuius effectus causam volo, non effectum in se, voluntarius ille mihi recte non dicitur, nisi propter illum effectum secuturum, cum malus sit, *debeam* a ponenda ista causa abstinere.

R. 3. Voluntarium *directum* et *indirectum* non omnes eodem modo distinguunt. Aliis haec distinctio eadem est atque distinctio inter positivum et negativum, ita ut indirecte mihi voluntarium id omne et id solum dicatur, cuius ex mea omissione causa sim; directe voluntarium, quod a *positiva* mea voluntate procedit. Alii potius id *directe* mihi *voluntarium* vocant, quod in se sumptum (seu directe) volo atque a mea sive positiva actione sive mea omissione tamquam causa dependet; *indirecte,* quod non volo in se, sed solum in alio tamquam in causa sive positiva sive negativa, quam intendo et ex qua illud secuturum praevideo. Cf. Frins l. c. n. 180 sqq.; Walsh l. c. n. 88 sqq.

R. 4. Vocantur autem illi effectus, etiam a me non proprie intenti vel a me proprie non causati (si videlicet solummodo a me non-agente pendent), mihi nihilominus *voluntarii,* quia *aliquo modo* seu in morali aestimatione mihi tamquam causae attribui possunt et debent.

Videlicet, si nihil ago, non sum causa proprie dicta; sed si sciens et volens abstineo ab agendo, cum debeam agere, idque propterea debeam, ne sequatur certus ille effectus, effectus ille *moraliter* mihi ut causae adscribitur.

Similiter si pono actionem, ex qua certus aliquis effectus secuturus praevidetur, quem non proprie intendam; ille effectus mihi ut causae adscribitur, sed tum tantum adscribitur, quando debui ab actione propterea abstinere, ne effectus ille oriatur; alias mihi ne moraliter quidem voluntarius est.

Ad quaesitum 2^m responsum dandum 1. ad id tendit, ut explicetur, quandonam propter praevisum effectum aliquem oriturum debeam vel omittere actionem ne ex ea oriatur, vel actionem ponere atque ita impedire ne effectus ille oriatur aliunde; quandonam ad id non tenear.

Ad quod ut rite intellegatur, notandum est posse effectum aliquem diversimode ex certa quadam actione oriri, seu eam actionem cum isto effectu diversam habere posse conexionem atque eius causam magis minusque propinquam et certam esse.

Pro diversa ista conexione diversaque causalitate distinguitur: causa *physica* et *moralis;* prior physice agendo effectum attingit, posterior iussione, suasione etc. alios ad physice agendum determinat.

Causa *immediata* et *mediata:* prior ipsum effectum in se attingit, altera eum non attingit nisi mediante alia causa. Moralis igitur causa semper mediata est, quia accedere debet causa exsequens, quae immediate effectum tangat.

Causa *proxima* et *remota:* posterior requirit plures causas intermedias, quibus effectus attingatur, fitque eo remotior, quo plures intermedias causas requirat; causa proxima non ita requirit, sed ipsa in suo genere arcte cum effectu coniungitur.

Causa *per se* et *per accidens:* posterior aliquid quidem *confert*, ut effectus ille re ipsa producatur, attamen de se non tendit in ipsum determinate, neque effectum attingit, nisi accedant circumstantiae singulares, quae communiter soleant abesse; prior natura sua in effectum tendit atque eum effectum sub adiunctis communiter exsistentibus seu contingentibus producit, si sumitur *causa per se* simpliciter dicta. Verum

Causa per se potest esse *graviter* vel *leviter* influens: prior vehementem influxum exercet in ordine ad effectum de quo agitur atque ipsum effectum ultimum natura sua secum fert; altera non ita, sed quamquam *tendit* in ipsum illum effectum, solam tamen dispositionem minorem maioremve de se *producit.* Cf. *Th. m.* I, 11; Frins l. c. n. 187 sqq.

Fere idem intellegitur, si distinguitur causa *efficax* et *inefficax;* inefficax enim de se non sufficit ad effectum, sed necessario haeret in aliqua eius dispositione producenda.

R. 2. Sunt igitur regulae quaedam de voluntario *indirecto* et *in causa tantum.*

Reg. 1^a. Si agitur de voluntario negativo seu de effectu, qui non ex mea actione, sed ex aliena actione secuturus est, quem ego tamen agendo impedire possum: eam impedire debeo ex iustitia, si ad hoc in munere meo constitutus sum; impedire debeo ex caritate, si effectus malum aliis causat, quod ego sine incommodo relative magno impedire possum; vel ex religione, si effectus malus est contra honorem divinum. Si vero incommodum relative magnum pro me cum impedienda illa actione coniunctum est, caritas ad id generatim me non obligat, ac proin ille effectus malus mihi non est voluntarius neque imputabilis.

Immo plene imputabilis, ita ut etiam damnum reparare tenear, ille effectus malus non est, nisi tenear ex stricta iustitia eum impedire.

14 Reg. 2ᵃ est: Si agitur de positiva mea actione, ex qua plures effectus oriuntur, bonus et malus, agere mihi licet atque neglegere seu permittere effectum malum, si hae exsistant condiciones: 1) ut id quod ago ex se sit bonum vel saltem indifferens seu *non malum;* 2) ut effectus malus ne intendatur (alioquin esset voluntarius *non* in causa *tantum,* sed volitus ac proin etiam voluntarius *in se*); 3) ut effectus bonus saltem aeque immediate sequatur atque effectus malus (alioquin facerem malum, ut evenirent bona!); 4) ut adsit causa relative gravis ad effectum malum permittendum. Cf. Walsh l. c. n. 155 sqq.; Marc, *Institutiones Alph.* I n. 314 sq.; Aertnijs, *Th. m.* l. 1 n. 8.

R. 3. Condicio illa *quarta,* „ut adsit causa relative gravis", ita intellegitur, ut eo gravior requiratur causa, 1) quo *gravior* est effectus malus, 2) quo *propinquior* est eius nexus cum mea actione, quae propinquitas nexus inter alia pendet etiam a) a maiore necessitate *eiusmodi* actionis, quo effectus ille oriri possit, b) a maiore necessitate *meae* actionis, eo quod alii fortasse ad similem actionem praestandam parati non sint.

15 R. 4. Si agitur de effectu, quem in se non intendo, sed in aliqua mea actione verisimiliter praevideo, ille mihi plene imputatur tamquam voluntarius in causa, quando secundum modo dicta rationem permittendi non habeo, et actio illa est causa in illum effectum per se et *graviter influens.* Si vero est causa per se leviter vel saltem non graviter vel si est per accidens influens, ille effectus (nisi ex alia peculiari ratione tenear ad effectum praevisum *impediendum*) mihi saltem non plene imputatur, eo quod re vera non *contineatur* in illa actione simpliciter tamquam in causa. Unde fit: 1) ut, quo levior illa actio influat in effectum pravum, ex eo leviore ratione mihi agere liceat, etsi illum effectum malum praevideam; 2) ut, deficiente omni *rationabili* causa, ille effectus propter eius causam leviter influentem voluntarie positam mihi non imputetur in peccatum mortale sed veniale tantum, etiam si illum effectum in se velle fuerit peccatum mortale; 3) ut, etiam si illa actio leviter influens in effectum pravum est *in se* peccatum, immo mortale peccatum, nihilominus *effectus ille* non in se volitus, sed in causa leviter influente tantum praevisus non imputetur nisi in peccatum veniale.

16 Ad quaesitum 3ᵐ R. 1. Si regulae vel consuetudines in ordine non obligant sub peccato, omissio paenitentiarum ex se non erat

peccatum; neque praevisio pravorum motuum Cneium obligavit, ut eos per opera paenitentiae praeveniret seu cohiberet, si aliter consensus in eos excludi poterat et excludebatur.

Sed eo fine opera etiam poenalia alias consueta omittere certo ostendit Cneium volentem illos motus passum esse atque in voluptatem consensisse, ideoque graviter peccasse. Erant igitur illi motus pravi Cneio saltem *voliti;* neque tamen putem eos iam posse vero et rigoroso sensu dici voluntarios, quod a Cneio tamquam causa non processerint: non tamquam a causa positiva, quia nihil egit; neque tamquam a *causa* negativa, quia ad actionem illam positivam, qua impediti fuissent, Cneius non erat vero sensu obligatus.

Videri potest esse aliud dicendum: nimirum motus illos Cneio fuisse vero et pleno sensu voluntarios, Cneiumque vero sensu *causam* fuisse negativam, si superior Cneio illas paenitentias eo fine persolvendas praecepto imposuisset, ut ab illis effectibus pravis efficacius praeservaretur. Sed ne hoc quidem certum est, eo quod omissio illarum paenitentiarum nullatenus certo vel necessario coniungatur cum pravis motibus neque cum earum exercitio necessario vel certo motuum istorum exstinctio.

R. 2. Res curiosas legere dicit res quidem leves et ludicras, 17 etiam fortasse minus honestas et castas, non tamen res vere obscenas; quapropter eiusmodi lectio non censetur esse causa graviter influens sed leviter tantum in motus pravos orituros. Unde ex iis quae ad 2^m R. 3 dicta sunt, Cneius propter illos motus praevisos, quos in se neque intendit neque, cum orirentur, consensu approbavit, non peccavit graviter, sed summum venialiter.

R. 3. In scientia statui convenienti vel muneri gerendo necessaria seu utili sese perficere est ratio omnino gravis et proportionata, ut propterea liceat pravos motus etiam graviores permittere, si modo consensus in eos non detur. Cneius igitur debuit aptis mediis se praemunire, ne exorta tentatione caderet. Quod si fecerit et orta tentatione eam repellere seu contemnere studuerit atque ad Deum oraverit, anxius esse non debet de dato consensu, saltem non de dato consensu pleno. De peccato mortali non commisso securus reddi debet.

Quoad *alterum* casum R. 1. Supposito bello ex parte Marsilii 18 iusto, caedes innocentium, quae praevidetur quidem sed non intenditur, Marsilio non est voluntaria neque ei imputatur, si ad urbem expugnandam tormenta bellica ita dirigere erat necessarium. Nam adsunt omnes condiciones supra ad 2^m R. 2 enumeratae in regula *secunda,* videlicet: 1) tormenta bellica contra urbem hostilem dirigere est actio *in se non mala;* 2) effectus malus, caedes innocentium non intenditur, ut supponi debet et re ipsa supponimus; 3) effectus bonus, expugnatio urbis hostilis, aeque immediate sequitur ex actione militari quam innocentium caedes: immo si hi omnes in tuto collocati essent et soli pugnantes hostes superarentur, effectus intentus haberetur; 4) adest causa relative gravis, siquidem in bello magni momenti est atque totus finis proximus in id dirigitur, ut vires hostiles perimantur, occupentur hostilia loca.

19 R. 2. Difficilius est respondere ad alteram partem, quod Marsilius dederit urbem in praedam, non obstante praevisione excessuum. — Ad quod noto: 1. videri plane debet, num spectato iure belli hodierno urbs capta in praedam dari possit. Nam si hoc vel *vigente iure* vel voluntate altioris ducis declarata prohibetur, non tantum ipsa depraedatio voluntaria est, sed etiam omnes excessus praevisi Marsilio imputantur tamquam voluntarii in causa. — 2. Excessus illi, in se mala gravissima, videlicet stupra, illiciti sunt semper, caedes post captam urbem tum solum ex eorum numero eximuntur, si fiunt in noxios eos, quos, spectato iure belli, etiam captos caedere liceat — quod nostro tempore vix umquam permittitur. Quapropter belli dux omnes istos excessus severe omnino debet *prohibere*. — 3. Si belli circumstantiae et Marsilii condicio sunt eiusmodi, ut praedam urbis in se permittere possit, nihilominus requiritur gravis omnino causa, ut re ipsa urbem militibus in praedam dare liceat, quando praevidet non obstante severa sua prohibitione futuros esse graves istos excessus. Eiusmodi causa erit v. g., si alias milites ex diuturnis laboribus et pugnis valde defatigati vel excitati contineri non possint, vel grave sit tumultus periculum. Olim haec facilius acciderunt, quando belli ius vigens militibus urbem captam in praedem dare *solebat*.

VOLUNTARII OBSTACULA.

IGNORANTIA (I).

Casus. (5)

Albertus, homo ferox, odio flagrans contra sacerdotes, saepe auditus est dicere se paratum esse quemlibet sacerdotem interficere. In itinere obviam habet virum sibi ignotum, in quem propter putatam offensam exarsit, graviter eum vulnerans. Cum postea cognoscatur eum esse sub habitu laicali re ipsa sacerdotem, Albertus dolet, quod eum non gravius laeserit.

Quaeritur 1° quae sit ignorantiae diversa distinctio.
2° quomodo ignorantia influat in voluntarium.
3° sitne Albertus reus sacrilegii et laesi privilegii canonis.

Solutio.

20 Ad quaesitum 1^m R. 1. Est ignorantia *iuris* et ignorantia *facti*. Prior est, qua quis ignorat exsistere hanc illamve legem, hoc vel illud esse peccatum seu prohibitum, v. g. quando ignoratur prava desideria esse peccata, vel certis ieiunii diebus esse abstinendum a carnibus. Posterior, ignorantia facti, est ea, qua quis ignorat realem quandam circumstantiam, quam tamen in genere scit esse necessariam, ut in certo casu lex applicetur, v. g. si nescitur hodie esse feriam VI, vel si ignoratur hunc hominem esse clericum. Frins l. c. n. 322.

R. 2. Ignorantia *antecedens, consequens, concomitans.* Haec a theologis moralistis, quando adhibentur, intelleguntur pro iis casibus, in quibus facta est quaedam legis violatio: *antecedens* dicitur, quae antecedit omnem voluntariam neglegentiam inquirendi de lege seu obligatione; *consequens*, quae hanc inquisitionem cum advertentia omissam sequitur (utraque tamen sic intellegitur, ut cum ea legis violatio cohaereat); *concomitans* dicitur, quae sine ullo influxu erat in actionem illam, de qua agitur vel qua lex seu praeceptum violatum est, ita ut, etsi ignorantia non exstitisset, actio ista nihilominus secuta esset.

R. 3. Ignorantia *invincibilis* et *vincibilis, inculpabilis* et *culpabilis,* 21 coincidit cum definitione modo data ignorantiae antecedentis et consequentis. Ignorantia enim, quae antecedit omnem voluntariam neglegentiam, est sine ulla advertentia ad obligationem inquirendi seseque instruendi, quare *inculpabilis* est nec potest vinci (prima enim advertentia seu cogitatio non est in libera hominis potestate) seu est invincibilis; ignorantia autem consequens includit neglectam obligationem *cognitam*, hinc culpabilis dici debet et *vincibilis.* Cf. Frins l. c. 319; *Th. m.* I, 16.

Quoniam autem in rebus gravibus advertentia ad gravem obligationem requiritur, ut inquisitio ignorantiaeque depulsio neglecta dici possit *simpliciter culpabilis;* ignorantia cum levi neglegentia coniuncta aequiparatur potius inculpabili et invincibili quam vincibili et culpabili.

Ignorantia ipsa graviter culpabilis distinguitur ulterius in *simpliciter talem*, in ignorantiam *crassam seu supinam*, et ignorantiam *affectatam. Crassam seu supinam* aliqui non distinguunt ab ignorantia simpliciter graviter culpabili seu quae oriatur ex neglegentia graviter culpabili non deposita, alii requirunt neglegentiam *valde gravem.* Affectata autem est ignorantia *directe volita,* cum alia ignorantia consequens, etiam crassa, solum indirecte seu in omissa diligentia tamquam in causa sit volita; affectata enim ignorantia quaeritur seu ex industria sustinetur, ne legis cognitio liberiori transgressioni legum impedimento sit. *Th. m.* I, 16.

AD QUAESITUM 2^m R. 1. Ignorantia sive iuris sive facti ante-22 cedens seu invincibilis facit subsequentem actionem, quatenus eam afficit, involuntariam vel saltem non-voluntariam atque a culpa (saltem gravi), quoad hanc partem ignoratam, immunem. Cf. Suarez, *De voluntario* d. 4, s. 2, n. 8—10.

Dixi: facit involuntariam vel saltem non-voluntariam. Involuntariam enim facit, si agens legis violationem positive noluit; non-voluntariam, si de legis violatione nihil apud se statuit. Cf. Frins l. c. n. 324.

R. 2. Ignorantia consequens facit actionem ex ea secuturam, voluntariam et culpabilem, quamquam plerumque voluntarium et culpam minuit. *Minuit* generatim culpam, quia actio est indirecte tantum et in causa voluntaria; minuit plerumque, *non semper,* quia ignorantia affectata, cum directe feratur in rem vetitam, culpam per se non minuit, sed ostendit affectum valde culpabilem.

R. 3. Ignorantia concomitans actionem non facit involuntariam neque voluntariam, sed quoad partem ignoratam solummodo non-voluntariam, etsi fortasse volitam. Cum enim re ipsa non influat in actionem, ab ea neque involuntaria neque voluntaria denominari potest. Frins l. c. n. 324 dicit: „Quando ignorantia . . . mere concomitans est, solum privative involuntarium causat." Cf. etiam Suarez l. c. n. 11.

Ad quaesitum 3ᵐ R. 1. Internae malitiae sacrilegii Albertus sine dubio reus est; idque tum desiderio tum approbatione facti.

R. 2. Sacrilegii opere completi reus non est neque laesi privilegii canonis, quia ignorantia concomitans fecit vulnerationem *qua sacrilegam non-voluntariam*, etsi ex habituali dispositione et subsequenti approbatione fuerit *ipsi volita*. Cf. Suarez l. c. n. 14.

R. 3. Reus tamen est hominis vulnerati, quia circa actionem suam, qua simpliciter vulneratio est, non exstitit ulla ignorantia. Cf. *Th. m.* I, 19; S. Alph. l. c. n. 168.

IGNORANTIA (II).

Casus. (6)

Amalricus plane ignorans iam esse mediam noctem, qua incipit feria VI, carnes comedit, quamquam non est is qui propter feriam VI a carnibus abstineat, ubi incognitus edere potest. — Alia vice cum die dominico Sacro non interfuerit, suspicatur quidem annuntiata esse, ut re vera erant, ieiunia IV temporum; vicinus interrogatus nescit, haec se non curare dicens, cum carnes edendas non habeat, ieiunare non teneatur; quare etiam Amalricus legis ignarus non ieiunat. — Alias incidit in librum impie quidem sed lepide scriptum, evitat inquirere sitne liber ille ex specialiter prohibitis, ne lege ecclesiastica a lectione impediatur.

Quaeritur num et quibusnam in casibus Amalricus ex ignorantia peccaverit seu culpam contraxerit.

Solutio.

Ad quaesitum R. Quaenam sint diversae ignorantiae species, in casu priore explicatum est; similiter qualem in genere exerceant influxum in subsequentem actionem eiusve culpam. Ex iis deduci debet:

1° In *primo* casu Amalricus non commisit peccatum per esum carnis, quia circa factum feriae VI iam inchoatae erat in ignorantia omnino invincibili; hinc esus carnis quoad hanc circumstantiam temporis, quod videlicet fieret in die prohibito, fuit non-voluntarius, ergo non culpabilis. — Quod autem ita sit dispositus habitualiter, ut legem prohibentem esum carnis non curet, facit quidem, ut sit habitualiter in statu graviter peccaminoso atque facile in nova peccata actualia transeat; verum ex supposito hanc suam pravam voluntatem ad praesentem actionem nullatenus applicavit, quia ne cogitavit quidem legem prohibentem locum habere. Sed si, suspicione exorta, dispositionem pravam renovasset, legis etiam *re* laesae reus exsisteret.

2° In *secundo* casu habemus ignorantiam non antecedentem. Novit Amalricus bene obligationem inquirendi; de facto etiam inquisivit, sed debuit sane ulterius inquirere. Quare ob neglectam debitam inquisitionem reus dicendus erit legis laesae ex ignorantia consequenti et culpabili. Si autem Amalricus homo rudis erat, et ab uno alterove homine fido positive audisset parochum nihil annuntiasse, potuit, quando calendario carebat, bona conscientia procedere: tunc enim laesio legis fuisset per accidens ex ignorantia non culpabili, siquidem moralem diligentiam inquirendae veritatis adhibuisset. *Debita* scilicet diligentia alia et alia esse potest pro qualitate personae, alia etiam est pro rei gravitate; pro praeceptis Ecclesiae frequenter recurrentibus sufficit adhibuisse diligentiam mediocrem.

3° In *tertio* casu clare adest ignorantia affectata, quae a peccato nullatenus excusat. Quare non solum contra legem naturalem et divinam Amalricus peccavit, qua prohibetur omnis periculosa lectio, sed etiam peccavit contra legem ecclesiasticam, cuius notitiam studiose declinavit; immo contra hanc legem affectu peccavit, etiamsi liber ille re ipsa non fuit inter specialiter prohibitos. Cf. Noldin, *Summa theol. mor.* I, 41₃ et 42 not.

Num vero inciderit in censuram *contra scienter legentes* eiusmodi libros, non est huius loci disputare, sed ad tractatum de censuris pertinet. Cf. *Th. m.* II, 924.

IGNORANTIA SEU DEFECTUS SCIENTIAE DEBITAE.

Casus. (7)

Abundius sacerdos, approbatus pro dioecesi, experitur se debita scientia carere, pergit tamen audire confessiones, in quibus complures committit errores circa confessionis integritatem, circa debitam absolutionem vel eius dilationem, circa obligationem restitutionis. Cum a *suo* confessario aliquoties ad restitutionem obligaretur loco paenitentis, statuit serio in studia theologica incumbere et interim a confessionibus audiendis abstinere. Sed ex inopinato ad moribundum vocatur, quem fama ferebat multis iniustitiis obnoxium esse: implicatam eius conscientiam extricare re vera non poterat, attamen absolvit.

Quaeritur 1° sintne errores Abundio imputandi.
         2° peccaveritne graviter.
         3° sitne restitutioni obnoxius.

Solutio.

Ad quaesitum 1ᵐ R. 1. In dubio quidem Abundius fidere potuit approbationi suae, saltem si rite examinatus sit et quoad doctrinam ordinario eiusve consiliariis notus. Si vero satis cognoverit se perperam esse approbatum et re ipsa nondum idoneum, eo quod non possit non plures committere errores: illi errores, quos ex ignorantia committit, sane ei sunt imputandi, quia libere et indebite se immiscet negotio, cui impar est.

R. 2. Si quem autem errorem in confessione moribundi, quam ex defectu alterius sacerdotis detrectare non potuit, fortasse commiserit, ille non est imputandus, quia necessario confessionem excepit optimo, quo nunc potuit, modo.

Ad quaesitum 2ᵐ R. Post certam suae imperitiae cognitionem per se graviter peccavit, quoties libere se ingessit in excipiendas confessiones, nisi forte agebatur de iis personis, quas poterat omnino supponere aut gravia non habere, aut eius esse peritiae, ut ipse per eos iuvari posset. Cf. Aertnijs, *Theol. mor.* l. 1, tr. 1, n. 27, 5°.

Ad quaesitum 3ᵐ R. Abundius restitutioni est obnoxius, excepta confessione moribundi: nam si in ea *inscius* errores aliquos commiserit contra tertium, quos iam emendare nequeat; ad restitutionem damni causati propterea non est obligandus, quia damnum causavit per actionem, quae in hoc casu erat omnino inculpabilis.

IGNORANTIA DEI — INFLUXUS IN MORALITATEM ACTUUM.

Casus. (8)

Claudius, vir atheus, irridet infernum atque contra aliorum monita se defendit hoc modo: Poenae gravissimae non incurruntur ab ignaris; atqui ego ignoro infernum, quia ignoro Deum; ergo infernum non incurram.

Quaeritur 1° quaenam sit haec Claudii ignorantia de Deo et de poena aeterna.
2° num eius ratiocinium ipsum iuvet.

Solutio.

Ad quaesitum 1ᵐ R. 1. Est veritas tum philosophica tum theologica hominem excultae rationis non posse, saltem non diu, inculpabilem Dei ignorantiam habere. S. Paulus (*Rom.* 1, 20) de iis qui non cognoscunt vel agnoscunt „sempiternam eius virtutem et divinitatem", dicit: „*ita ut sint inexcusabiles*". Idem iam dictum erat in Ps. 13, 1 „Dixit *insipiens* in corde suo: Non est Deus"; et Sap. 13, 1 sq. de iis, „in quibus non subest scientia Dei" pronuntiatur: „*nec his debet ignosci*".

R. 2. Quare certum est Claudium aut vincibiliter et culpabiliter errare seu ignorare Deum, aut eum non ignorare, sed contra conscientiam suam impudenter Deum negare. Hinc gravissimi criminis reus est, quod omnium legum divinarum violationem implicite in se contineat.

R. 3. Et quamquam in singulis actibus, quae particularem aliquam violationem legis divino-naturalis continent, propter infirmiorem advertentiam subiectiva Claudii malitia saepius minui possit: tamen generatim aderit ea malitiae cognitio et advertentia, quae sufficiat ad peccatum mortale, eaque in ingens augetur per habitualem animi oppositionem, quam contra Deum, quippe quem agnoscere nolit, continuo gerit. Quae oppositio et inimicitia est *ex genere suo* gravissimum quod cogitari possit peccatum.

Ad Claudium eiusque animi statum applica, quod habes ex thesi 2 ab Alexandro VIII damnatum de peccato philosophico, quasi esset quidem „*in illo qui Deum vel ignorat vel de Deo actu non cogitat grave peccatum, sed non offensa Dei, neque peccatum mortale dissolvens amicitiam Dei, neque aeterna poena dignum*".

Hinc iam AD QUAESITUM 2^m R. 1. Peccata Claudii sunt certissime aeterna poena digna, et secundum dogma christianum, nisi resipuerit, aeterna poena re vera luenda; nam ex Marc. 16, 16 „*qui vero non crediderit, condemnabitur*" et ex Io. 3, 18 „*iam iudicatus est, quia non credit in nomine unigeniti Filii Dei*". Peccat igitur modo vere imputabili peccato infidelitatis, blasphemiae aliisque peccatis quae contra dictamen rationis commiserit.

R. 2. Quod Claudius ludit impius cum axiomate iuris humani, eum non iuvat apud Deum. Quoad leges humanas probabile est poenam, quae iudicis sententiam ut applicetur non requirat, non incurri ab eo, qui legem quidem scit, nescit poenam, quando poena est „gravissima" vel alias „extraordinaria" (S. Alph. I, 169 et VII, 351). Verum haec ad transgressiones contra legem divino-naturalem trahere impium et absurdum est, praecipue cum in nostro casu agatur de ignorantia maxime culpabili, immo crassa et affectata.

CONCUPISCENTIA (I).

Casus. (9)

Bertramus, indolis valde iracundae, cum obviam haberet inimicum, a quo graviter offensus erat, districto pugione in illum irruit; mox gravis sceleris sibi conscius ab eo veniam petit.

Idem, qui diu luxuriae deditus fuerat, nunc quidem emendationem serio proposuit, sed impuris phantasiis saepe in delectationem pravaque desideria abreptus satis diu illis inhaeret, cum tandem divinae offensae et gehennae memor ad orationem confugit.

Minimis etiam rebus iisque indifferentibus et piis turpiter excitatur; quare iam anxie quaerit, num his omnibus abstinere debeat, ne peccatum committat eiusve periculo se exponat.

QUAERITUR 1° quid de concupiscentia atque eius influxu in actiones earumque imputabilitatem.

2° quid de singulis Bertrami casibus dicendum.

Solutio.

AD QUAESITUM 1^m R. 1. Concupiscentia est appetitus boni sensibilis, non rationalis, i. e. qui non in *cognitione* rei, sed in imaginatione boni et mali fundatur; latiore sensu non solum de *boni* sensibilis appetitu dicitur, sed etiam de appetentia bonorum quasi-spiritualium secundi ordinis, ut honoris, famae, naturae commodi, ante et praeter iudicium rationis exorta. Quae concupiscentia in ipsam rationalem voluntatem magnum exercet influxum: eam sollicitat atque non raro secum trahit ad consensum.

R. 2. Concupiscentia distinguitur *antecedens* et *consequens*. Antecedens est, quae voluntatis actum praecedit ac proin ab eo omnino non pendet; consequens, quae voluntatis actum sequitur ab eoque dependet. Dependet autem concupiscentia a voluntatis actu vario modo: a) vel tamquam a causa naturali eo quod vehemens voluntas naturaliter secum trahit appetitus inferioris commotionem (concupiscentia est *indirecte voluntaria*); b) vel tamquam ab imperante, si nimirum voluntas volens excitat appetitum inferiorem (concupiscentia est *directe voluntaria*); c) vel tamquam a consentiente (concupiscentia est *saltem volita,* eiusque perseverantia vel continuatio etiam facile *voluntaria*).

R. 3. Concupiscentia *antecedens,* quatenus manet antecedens, et ipsa non est voluntaria, neque perfecte voluntarium est quod ex ea sequitur. — Si vero per consensum fit volita, iam abhinc transit in concupiscentiam consequentem, atque reddit illa quae ex ea sequuntur voluntaria et imputabilia; at, quo vehementior erat antecedens concupiscentia atque consensus imperfectior, eo magis libertas et imputabilitas minuitur. Cf. Suarez, *De voluntario* d. 3, s. 3, n. 7. 8.

Magis etiam concupiscentia alio modo consequens, maxime quae directe voluntaria est, sed etiam suo modo ea quae indirecte est voluntaria, voluntarium auget atque plenam inducit imputabilitatem: nisi fortasse eo progrediatur, ut mentem seu rationem perturbet neque ea, quae ex illo statu mentis oriantur, fuerint praevisa. Cf. *Th. m.* I, 20 sqq.; Frins l. c. n. 307 sqq.; Suarez l. c. n. 9; Bucceroni, *Instit. theol. mor.* I, 51; Noldin l. c. 45 et 46.

31   Ad quaesitum 2^m R. 1. Ira, subito exorta, in primo suo motu culpa caruit. Si ergo ex hoc motu primo-primo ante advertentiam rationis Bertramus pugionem extulit, nondum peccavit. — Si aliquo quidem modo advertit, sed non plene, actio subsequens, quam absolute cohibere potuit, imperfecte et semiplene erat voluntaria, non tamen plene et perfecte; neque imputabilis erat ut culpa mortalis, sed solum ut venialis. — Si vero plene advertit ad irae motum et ad obligationem excessus istius cohibendi neque cohibere conatus est: in eo aderat plenus consensus. Hinc ira eiusque effectus evaserunt simpliciter voluntaria, et pugionem in inimicum confodiendum dirigere erat peccatum mortale. Sed subitanea illa veniae petitio videtur satis indicare Bertramum non egisse cum plena advertentia neque plene voluntarie; tanta enim mentis mutatio *subitanea* possibilis quidem est, at ita insolita, ut aliunde constare debeat Bertramum plene advertisse; alias confessarius in favorem Bertrami iudicare debet abfuisse mortale peccatum.

R. 2. Similiter dic de impuris phantasiis, quibus Bertramus usque ad delectationem et desiderium abripitur. Nam satis diu mens istis rebus occupari potest, quin plena sit advertentia plenusque consensus, qui tamen ad peccatum mortale requiritur. Quod enim Bertramus, plenius advertens, timore perculsus ad orationem confugit, satis ostendit eum antea non plene consensisse, neque mortalis peccati reum esse. Cf. *Th. m.* I, n. 237; Reuter, *Neo-confess.* n. 267, 8.

R. 3. Res indifferentes et piae non sunt per se causae motus inhonesti neque, si utcumque influunt, ullatenus sunt graviter influentes. Quare Bertramus, quando eas vult seu agit, non censetur in iis tamquam in causa velle motus turpes, etsi nullam habeat specialem rationem ita agendi. Multo minus censetur in causa *velle* istos motus, si habet iustam agendi rationem; eamque re ipsa habet iustissimam et gravissimam, ne videlicet anxietatem hac in re augeat et continuo perplexus fiat liceatne sibi agere necne. Quapropter id unum cavere debet, ne istis motibus consentiat; de cetero eos contemnat, neque solum non tenetur ab illis rebus indifferentibus et piis abstinere, sed potius *debet* audacter agere, nulla habita ratione effectuum istorum qui sibi non sunt voluntarii.

CONCUPISCENTIA (II).

Casus. (10)

Bernardus curiosis delectatur lectionibus, etsi sciat pravos non raro inde orituros in se motus; spectacula et choreas frequentat liberiusque conversatur non solum cum suis sodalibus, sed etiam cum feminis; concupiscentiae sic exortae saepe quidem restitit, aliquoties tamen consensit, alias se plane neutralem se habuisse dicit.

QUAERITUR 1° num concupiscentiae motus imputentur Bernardo in culpam.
2° quid de Bernardi peccatis in singulis casibus.

Solutio.

AD QUAESITUM 1ᵐ R. 1. Quando Bernardus in concupiscentiae motus *consentit,* eorum delectatio ab eo iam est in se et directe volita, atque pravi motus ei directe sunt voluntarii, etsi non ut oriundi, sed ut iam exorti et retenti. De culpa igitur, eaque gravi, in hoc casu dubitari nequit.

R. 2. Restat ut quaeramus, num etiam tum motus illi Bernardo pro culpa imputentur, quando iis, cum exorti fuerint, resistit. Sumo nunc eos esse — ut re vera sunt — effectus obiective malos, quos ne indirecte quidem *velle* liceat, neque tum liceat, quando postea, cum oriuntur, eorum delectatio non approbetur. Quapropter applicari debent regulae de voluntario indirecto; nimirum videri debet: 1) quomodo variae illae Bernardi actiones sint *causae* pravorum motuum, 2) quasnam habeat rationes, cur ponat actiones illas, ex quibus motus pravos secuturos esse praevideat.

Omnes istas actiones, quas Bernardus posuit, aliquatenus in pravos motus excitandos influere natura sua facile patet. Verum non ilico dici potest eos *graviter* influere.

Si ergo lectiones illae leviter tangunt res sexuales vel lascivas, censentur leviter influere; idem dic, si legens res istas leviter transilit. Similiter de spectaculis et choreis dicendum est, si graviter lasciva non aguntur: nihilominus haec quo vividius tangunt animum et phantasiam, eo periculosiora sunt. — Idem dic de conversatione cum feminis honesta, vel etiam de leviore, si omnino brevis est allocutio.

Si vero leguntur res graviter obscenae, magis etiam si eae repraesentantur vel in choreis aguntur, censentur *graviter influere* in motus pravos. Demum si sunt eiusmodi res, quae dici nequeant omnino graviter obscenae, attamen eae, quae natura sua non ita leviter lascivae sunt: haec haberi debent ut causae graviter influentes pro iis, qui *soleant* ex iis commoveri turpiter, pro aliis non ita. Quod etiam observa de diuturna conversatione vana cum feminis, si vel liberior fit conversatio de rebus etiam non graviter lascivis, vel si inordinatus amor in feminam etiam naturaliter tantum fertur.

Quando autem agitur de causis graviter influentibus in motus turpes, eas ponere non licet nisi ex *gravi* ratione; alioquin graviter peccatur, et motus illi censentur plene in causa voluntarii, etsi postea, cum exorti fuerint, consensus in eos non detur.

Quando vero agitur de causis non graviter influentibus, eas sine ratione excusante ponere, veniale peccatum tantum est, si modo periculum secuturi consensus absit; excusans ratio eo facilius adest, quo levior est influxus. Videlicet, si nulla adest causa excusans, motus pravi praevisi non plene quidem censentur in causis illis levibus voluntarii, attamen aliquatenus seu imperfecte: hinc imputabilitas etiam est imperfecta. Cf. Bucceroni l. c. 34.

Inde habetur:

34 AD QUAESITUM 2^m responsum. Scilicet: R. 1. Cum Bernardus omnibus istis rebus multum videatur commoveri, graviter peccat, si res istae, sive lectiones sive spectacula vel choreae, sunt notabiliter lascivae, nisi forte aliquando ab aliis quasi moraliter cogatur rebus istis interesse et difficulter tantum possit declinare. At etiam tum cautelis se communire debet, firmo scilicet proposito non consentiendi, fervida oratione pro auxilio divino obtinendo, moderatione in agendo ita ut, si qua lasciviora occursura sint, oculos demittat attentionemque avertat. — Si agitur de rebus plane leviter influentibus, urgendus quidem etiam tum Bernardus est, ut eas actiones omittat, nisi ratio excusans accedat; verum non graviter sed summum leviter peccat, quando rationabiliter sibi persuadet se consensum in pravos motus non esse daturum.

R. 2. Quoad conversationem, maxime quoad conversationem cum feminis, si est notabiliter liberior, debet Bernardus sub gravi ab ea abstinere, vel saltem eam honestioribus limitibus circumscribere, si alias communiter graves patitur motus inordinatos.

35 R. 3. Quod autem aliquoties plane neutralem se habuisse dicit, in hoc timendum est, ne latuerit verus consensus, ac proin ne graviter peccaverit. Utut enim theoretice distingui possit positivus consensus

ab habitudine quadam neutrali, qua quis neque dissentiat neque consentiat: practice tamen ille, qui in eiusmodi tentationibus impuris non saltem per positivum displicentiae actum resistat, generatim censeri debet consensisse atque graviter peccasse.

In hominibus tamen anxiis vel valde timoratis, si constat consensum non esse positive datum, dici debet peccatum saltem mortale exsulare, utut videantur positive non restitisse vel non dissensisse, sed neutralem quendam animum gessisse.

Cf. Lacroix l. 5, n. 109—111; S. Alph. V, 7—9; Laymann l. 1, t. 3, c. 6; Noldin l. c. 47.

DE METU ET VIOLENTIA.

Casus. (11)

Arnulphus, puer 11 annorum patris catholici et matris acatholicae, hucusque catholice educatus, defuncto patre, a matre iubetur feriis VI carnes edere et acatholicam scholam frequentare atque lutheranam fidem professus eorum cenam sumere. In quibus Arnulphus, cum metuat malam tractationem immo vim a politia inferendam, morem gessit.

Esther puella 18 annorum in agro impetitur a iuvene, qui mortem minatur, nisi usum corporis concedat. Quare respondet: „In manu tua sum; fac quod vis, sed parce vitae meae"; internum tamen consensum studet cohibere.

Quaeritur 1° quomodo metus et violentia influant in voluntarium.
    2° num excusent a peccato.
    3° quid ad propositos casus sit dicendum.

Solutio.

Ad quaesitum 1ᵐ R. 1. Metus atque vis aliquando possunt rationem perturbare, ita ut perfecta deliberatio evadat impossibilis. Quo in casu de voluntario seu de actione hominis vere atque perfecte voluntaria sermo esse nequit.

R. 2. Quando autem rationis usus manet intactus, metus quantumvis gravis non impedit, quin voluntas libere eligat, utcumque sollicitatur ad eligendum id quo malum impendens avertatur. — Ideoque actio ex metu posita *simpliciter voluntaria* et libera est, etsi non-voluntaria vel involuntaria secundum quid. Frins l. c. n. 283 sqq. 290 sqq. — Violentia autem voluntarium efficere nequit, sed actio externa, ex vi simpliciter orta, plane involuntaria est vel saltem non-voluntaria; voluntaria exsistere potest ex eo quod vis illata etiam dicatur pro metu mali futuri ilico impendentis; qui si re vera voluntatem frangat, voluntas libere eligit id, ad quod extorquendum hucusque externa solummodo coactio quaedam exstiterat.

R. 3. Verum quoad effectus iuridicos actus ille non raro pro infecto habetur, qui ex gravi metu iniuste incusso ortus est; idque vel ex ipso iure naturae aliquando, vel saltem ex iure positivo sive Ecclesiae sive civilis auctoritatis.

37   AD QUAESITUM 2^m R. 1. Si agitur de re intrinsecus mala, nullus metus a peccato excusat, quamdiu ex metu libere actum sit. Et quamquam malitiam minuit, quippe quae cum repugnantia quadam assumatur, non voluntate plena: tamen non ita diminuit peccatum, ut, quod per se sit peccatum mortale, evadat propter metum veniale. Frins l. c. n. 288.

R. 2. Si agitur de rebus sola positiva lege prohibitis, gravis metus potest efficere, ut prohibitio vel iussio cesset, maxime si agitur de legibus humanis, modo ne metus incutiatur in odium auctoritatis vel religionis. Quapropter pro diversis adiunctis gravis metus excusat a peccato seu facit, ut propter grave malum evitandum liceat id agere vel omittere, quod agere vel omittere alioquin sit legis laesio seu peccatum.

38   AD QUAESITUM 3^m R. 1. Quoad esum carnis, ad quem Arnulphus adigitur, res pendet a modo quo mater agat. Si mater acatholica, cum se putet a legibus Ecclesiae immunem, ipsa carnes edere velit, at simul grave et incommodum ducat duplicem mensam instruere atque pro filio parare esuriales cibos: Arnulphus facile erit in necessitate, ut vel edat carnes vel incenatus manere debeat; ideoque, quia incommodum grave ieiunandi ferre non teneatur, a lege positiva Ecclesiae vetante esum carnium excusetur.

Si vero mater in odium fidei catholicae agat atque id intendat, ut cogat filium ad violandas leges Ecclesiae vel quodammodo ad profitendum protestantismum: nulla ratione Arnulphus potest acquiescere neque carnes edere, etsi debeat ieiunus manere vel male tractetur.

R. 2. Hinc apparet plane illicitum esse Arnulpho, cenam protestanticam sumere atque lutheranam fidem profiteri. Neque in hac re puer undennis subiective excusari potest, si paululum instructus fuerit in religione catholica.

39   R. 3. Scholam acatholicam frequentare vix non etiam illicitum dici debet, si rem obiective in circumstantiis datis consideramus. Nam etsi id intrinsecus malum dici non possit, si quando removeantur pericula perversionis et fidei defectionis: in nostro casu tamen haec pericula nullis mediis praecaventur; siquidem puer ex se ea removere nequit, mater autem ea nedum removeat, potius augere parata est. Nihilominus puer in eiusmodi re subiective vix rationem peccati apprehenderit, sed solam necessitatem obtemperandi. Quapropter nisi simul praesto sit efficax remedium puerum a schola illa retrahendi, vix aliud supererit, quam ut excitetur ad catholicam fidem retinendam atque assensum denegandum dictis magistri acatholici, et interim in bona fide circa scholae frequentationem relinquatur.

40   R. 4. Quoad casum Estherae in re illa lubrica praestat quidem clamare atque alienam opem accersere ad evadendum. Verum si id periculosum sit vel nimis arduum, peccatum sane non est, vim pati, adeoque passive se habere, cum resistentia positiva inutilis sit vel mortis periculum inducat. In quo casu bene egit Esther atque agere debebat, cum ita se gereret, ut consensum internum cohiberet.

R. 5. Attamen timendum est, ne Esther plus fecerit, quam ut passive se habuerit. Sane si verba sumuntur secundum sensum obvium, non passivam tantum permissionem, sed positivam in metu concessionem turpiter agendi innuunt. Quam dare certe non licuit Estherae, etsi ipsa solam externam actionem spectaverit neque internum in turpitudinem consensum dare voluerit.

Verum convenienda est conscientia et intentio Estherae; in eiusmodi enim angustiis verba non ad summos apices sumi possunt, sed imprimis quae fuerit sincera mens puellae videri debet.

METUS QUI A QUA LEGE EXCUSET.

Casus. (12)

Medardus per regionem haereticam iter faciens, ne agnoscatur ut catholicus, diebus etiam abstinentiae carnes edit, orando signum crucis omittit, quamquam sacris ordinibus initiatus veste laica utitur neque recitat breviarium. Aliquando vero nihilominus suspicionem religionis catholicae et clericalis characteris concipiunt et aperte ab eo, quo hanc suspicionem diluat, postulant, ut fer. VI carnes edat: ille graves iniurias et vulnera timens non vult fidem et statum negare sed tegere; quare suaviter adversarios suos irridens dicit: „Vos stulte a me quaeritis esum carnis, non attendentes, etiam catholicos hoc facere posse, neque inde eos ab acatholicis dignosci, potius videte, num pedes equinos habeam, si me suspicamini esse catholicum; verum quod ad esum carnis attinet, videbitis me id praestare posse."

QUAERITUR 1° num et quando metus faciat actum involuntarium et inculpabilem.
2° quid de singulis in casu.

Solutio.

AD QUAESITUM 1ᵐ R. 1. Recolenda sunt, quae dixi ad *priorem* 41 casum. Proprie reducitur solutio ad eam quaestionem, num et quando metus gravis excuset ab observanda lege. Circa quam quaestionem dici debet a lege naturali vel divina negativa numquam quempiam metum excusare, eo quod hae leges prohibeant intrinsecus mala; intrinsecus mala autem numquam et nullibi licita possunt evadere.

R. 2. Leges positivae humanae non solent obligare cum incommodo relative valde gravi; eo tamen difficilius excusatio admittitur, quo gravior est res praecepta; idem dici potest, servata proportione, de lege positiva divina. Dico: servata proportione, quia ceteris paribus lex divina diligentius servari debet quam lex humana.

R. 3. Quando igitur in proposita quaestione interrogatur circa inculpabilitatem, inculpabilis certe esse potest legis non-observantia propter metum; non autem illa non-observantia involuntaria simpliciter est, sed *simpliciter voluntaria,* ita tamen ut sit simul involuntaria secundum quid. Cf. Bucceroni l. c. 56 et 59; Marc, *Instit. Alphons.* I, 223. 286.

AD QUAESITUM 2ᵐ R. 1. Si modo seponimus circumstantias, in 42 quas postea Medardus incidit, primo occurrit fidei et characteris clericalis *occultatio* seu *non palam facta professio*. Sed fidem palam profiteri non est praeceptum quod semper obliget; minus etiam propalatio status clericalis. Neque illae circumstantiae, quod iter instituatur in regione acatholicorum, pro illo tempore ex se imponunt illam obligationem. Quare in hac occultatione *in se* spectata nulla est legis laesio, nisi forte sit *in modo* occultandi et in mediis adhibitis.

R. 2. Media adhibita sunt: esus carnis diebus abstinentiae, vestis laicalis, omissio breviarii. Haec omnia obligant ex lege humana positiva. Ideoque, si vere *grave* periculum Medardo, ut postea accidit, immineat ex eo quod agnoscatur catholicus vel sacerdos, leges illae non obligant. Solae autem irrisiones leves similesque vexationes non excusant.

Difficultas sola est, num forte ex eo quod carnes edat, se profiteatur acatholicum. Id enim numquam licet, cum sit externa fidei negatio. Sed re vera multae possunt esse causae, cur aliquis etiam diebus abstinentiae carnes edat et carnes edere ei liceat. Quapropter non adest ulla fidei negatio; atque quod alii, qui Medardum carnes edentem vident, rationabiliter iudicare possunt, illud est non constare Medardum esse catholicum.

R. 3. Verum cum nihilominus alicubi Medardus in suspicionem veniat et iubeatur feria sexta carnes edere, ut probet se non esse catholicum: id sane iubetur in odium fidei, et iussis obtemperare erit externa fidei negatio seu gravissimum peccatum quod, quolibet metu posthabito, cavere debet.

Certissimum igitur est, Medardum, si nihil dicens obtemperasset, graviter peccaturum fuisse. Sed nunc requiri debet, num forte arte sua et interrogantes illuserit et peccatum declinaverit. — Ex casu enarrato videtur patere fuisse homines privatos fidei osores, quibus Medardus de religione sua rationem reddere eamque palam profiteri non tenebatur; neque locum hic habere thesim illam 18^{am} ab Innoc. XI damnatam: „Si a potestate publica quis interrogaretur, fidem ingenue confiteri, ut Deo et fidei gloriosum, consulo; tacere, ut peccaminosum per se, non damno". Medardus autem arte sua facit, ut esus carnis ab illis procacibus viris iam non possit haberi pro signo professionis acatholicae, et aperte declarat se per eum esum acatholicismum non profiteri. Quare puto eum hoc agendi modo non peccasse.

DE MORALITATE ACTUUM HUMANORUM.

ACTUS HUMANI INDIFFERENTES.

Casus. (13)

Iulius studiosus audivit non dari actus indifferentes in individuo, omnes esse aut bonos, si in Deum ut ultimum finem tendant, aut malos, si hac relatione careant; neque opinionem contrariam quidquam iuvare, ut quis ex conscientia sua subiective indifferenter agere possit. Quare de innumeris actionibus et omissionibus tamquam de peccatis angitur, quod scilicet ad ignem accesserit, vel refrigerium quaesierit, cum voluptate ederit, pro recreatione ambulaverit et luserit, divinas inspirationes ad perfectiora neglexerit, dispensatione quadragesimali usus sit, cum bene potuerit ea non uti, quod noluerit diebus feriatis sacro interesse neque diebus festis longiori sermoni: omnia enim haec non eiusmodi esse, ut in honorem Dei tendant.

QUAERITUR 1° sintne actus in individuo indifferentes.

2° possintne saltem propter subiectivam persuasionem ita esse.

3° quid de Iulii angoribus dicendum.

Solutio.

AD QUAESITUM 1ᵐ R. Quaestio haec restringi debet ad solos 44 actus vere humanos seu deliberatos; nam actus hominis tantum seu indeliberatos, etsi ex specie sua mali sint, in individuo malos esse desinere evidens est, quia ad subiectivam moralitatem vel malitiam necessario requiritur voluntas deliberata.

Deliberatos actus subiective numquam esse ita indifferentes, ut nec boni nec mali sint, et auctoritas et ratio suadet. Negant hanc actuum humanorum indifferentiam S. Thomas Aquin. (*S. th.* 1, 2, q. 18, a. 9) cum tota eius schola, recentiores quam plurimi (S. Alph. II, 44), etsi gravissimi auctores contrarium teneant, ut Scotus cum suis, Elbel, Vasquez etc. Ratio, cur neganda sit, breviter est haec: Actus deliberatus ex notione sua fit cum cognitione finis. Verum finis ille qui intenditur, aut rationi congruit atque adeo cum ultimo fine qui Deus est connectitur, aut rationali naturae non congruit. In priore casu moraliter bonus est (ea enim est bonitatis moralis definitio, ut conveniat cum natura rationali qua tali et ad Deum reducatur), in posteriore casu moraliter malus. *Th. m.* I, 38 sq.

AD QUAESITUM 2ᵐ R. Quamquam sunt qui per se quidem in- 45 differentiam actuum humanorum negent, per accidens autem, i. e. propter conscientiam secundum aliam opinionem formatam eam existere posse fateantur, alii tamen, idque rectius, id ipsum negant: nam actio aliqua, eo ipso quod cognoscatur ut non-conveniens rationali naturae, implicite deprehenditur ut aliquo modo mala; proin qui nihilominus eam exerceat, moraliter male agere convincitur. *Th. m.* l. c.

46 Ad quaesitum 3ᵐ R. Iulius confundit malitiam cum minore bonitate morali. Fide enim certum est ex actionibus contradictoriis unam posse esse altera meliorem, utramque autem bonam. Ita S. Paul. (1 Cor. 7, 25 sq.; cf. vers. 38) dicit: „Qui matrimonio iungit virginem suam, bene facit, et qui non iungit, melius facit." Sic quae pertinent ad moderatam curam corporis, rationali naturae conveniunt atque imprimis in eo homine, qui se vitamque suam in Deum ut finem ultimum ordinavit, positivam in Deum relationem, implicitam saltem, habent: quamquam fortasse cura restrictior corporisque afflictio ex altiore motivo assumpta etiam meliorem bonitatem continet. Immo in ipso peccatore et infideli hanc bonitatem naturalem atque in Deum ut auctorem naturae relationem non excludunt, suntque ex se vere in Deum referibilia; quam bonitatem naturalem non exuunt, nisi agens, ductu rationis neglecto, pravum motivum assumat. — Quam distinctionem et considerationem si Iulius adhibeat, angoribus suis liberabitur. Vix enim non omnes actiones illae enumeratae, si cum moderamine exercentur, bonitatem istam continent inferioris quidem notae, sed non moralem malitiam. Soli illi actus, quibus meliora non tantum omisit, sed positive noluit, videntur difficultatem creare.

At, quamquam fateor non raro illis nolitionibus subesse affectum immoderatum venialiter malum ad res inferiores, tamen id non est absolute necessarium; potest subesse affectus inferioris quidem bonitatis, bonus tamen moraliter; ad illum autem affectum, qui subest, reducuntur nolitiones, *τὸ nolle* enim in homine supponit aliquod *velle*.

Tantum igitur abest, ut doctrina negans actuum indifferentiam in individuo multiplicet peccata, ut potius ostendat quam plurimis actibus subesse, etsi non supremam, tamen aliquam bonitatem moralem. — Qui vero immoderate inhaeret rebus sensibilibus, in omnium sententia non omne peccatum effugit. Cf. *Th. m.* I, 40.

„BONUM EX INTEGRA CAUSA."

Casus. (14)

Calpurnius, ut largius habeat, quae in pias causas impendat, in venditionibus fraude utitur, praedicatur tamen ubique ut homo honestus et beneficus. — Ut innocentem ab imminente poena liberet, periurium committit in iudicio. — Famulum, ut sibi devinciat et adiutorem habeat in fraudibus, muneribus donat.

Quaeritur 1° unde moralitas actuum humanorum desumatur.
            2° quid ad bonitatem moralem requiratur, quid sufficiat ad malitiam.
            3° quid ad casus propositos sit dicendum.

Solutio.

47 Ad quaesitum 1ᵐ R. 1. Moralitas actuum humanorum est eorum relatio ad regulam morum, ad rationalem ordinem recti conformitas

vel difformitas ab eo, atque relatio vel referibilitas ad finem ultimum. Quae obiectiva moralitas ut subiectiva fiat, debet a voluntate assumi.

R. 2. Diversa actuum humanorum moralitas pendet 1) ab ipso obiecto circa quod actus versatur, 2) a circumstantiis, 3) a fine.

Primo ipsum *obiectum* specificat actum, et quatenus bonum vel malum est, huius vel illius bonitatis vel malitiae est, ipsi actui voluntatis circa obiectum illud versanti diversam vel bonitatem vel malitiam tribuit.

Dein variae occurrunt *circumstantiae*, sive condiciones variae agentis vel obiecti, sive modus agendi, sive circumstantiae loci et temporis: quae moralitatem actus modificare possunt, non quod semper eam modificent.

Demum *finis*, ad quem agens suam actionem dirigit seu ex quo ad agendum movetur, maxime specificat actum moralem. Nam finis est maxime id, in quod voluntatis actus tendit, atque finis etiam omnibus iis actibus, quos dirigit, novam formam imprimit.

Ad quaesitum 2^m R. Longe facilius obiectum, circumstantiae, 48 finis, si mala sunt, suam malitiam in actum transfundunt, quam, si bona sunt, bonitatem actui communicant. Nam „bonum ex integra causa, malum ex quovis defectu". Videlicet, ut actio bona sit, et obiectum et circumstantiae et finis debent singula esse bona vel saltem non mala. Insuper ut actui hominis bonitas communicetur, debet *eam ipsam velle* seu intendere; alias actus bonitatem materialiter tantum habet, non formaliter seu subiective. Ut autem actio mala sit, sufficit quodlibet malum occurrere sive in obiecto vel circumstantiis sive in fine; neque necesse est, ut malum qua tale intendatur, sed satis est, ut cognoscatur et ut voluntas illud indirecte vel negative velit seu non impediat. Cf. Suarez, *De bonitate et malitia actuum* d. 7, s. 8, n. 3 sqq. et d. 8, s. 1.

Ad quaesitum 3^m R. 1. In primo exemplo Calpurnii actio mora- 49 liter mala est. Finis quidem conferendi in pias causas in se est bonus, sed ipsa actio fraudulenta ex obiecto suo mala est, ac proin tota actio est mala. Quod igitur vir honestus et beneficus praedicatur, speciem externam spectat, neque eum coram conscientia et coram Deo honestum reddere potest.

R. 2. Similiter innocentem per periurium a poena liberare non potest esse actio bona, sed est moraliter mala. Finis quidem etiam in eo casu bonus est, sed actio ipsa ex obiecto suo pessima; neque licet facere mala, ut eveniant bona.

R. 3. In tertio casu e contrario actio ex proximo suo obiecto bona est, scilicet famulum indigentem muneribus donari; verum finis est malus, ac proin tota actio mala. Neque illam munerum largitionem Calpurnius sub ratione boni vult sed sub ratione mali, quatenus medium est ad finem malum persequendum; quapropter omnis bonitas ab illa actione exsulat.

DE CONSCIENTIA.

CONSCIENTIAE DICTAMEN QUALE.

Casus. (15)

1. Cleon, cum ageretur de eligendis deputatis, malum esse putabat non uti iure suo; verum res desperata erat, ita ut vincere non posset nisi aut vir liberalismo irreligioso deditus aut socialista. Quare Cleon huic posteriori votum suum dedit, sibi dicens, quanto peius consuleretur rebus publicis, eo melius esse, eo quod citius omnium rerum perturbatio fieret, ex qua sola spes posset concipi; neque tamen erat sine conscientiae scrupulo, cum bene nosset a fractione catholica proclamatam esse normam, ut socialistis numquam suffragia darentur, sed potius ab omni suffragatione abstineretur.

2. Cum in iudicio ageretur de excutiendo a se debito, quod erga Titum habebat, sed quod compensatione quadam legaliter non agnita pro exstincto habere statuerat, iuratus asseruit se hanc et illam rem a Tito numquam emisse, neque quidquam se illi debere — conscientia quidem reclamante, ne forte periurus fieret.

3. Cum ageret officium custodis agrorum, aliquem damnificatorem ex misericordia non denuntiavit, bene tamen memor iuramenti sui officii, quod sibi contrarium suasit.

4. Testis evocatus contra sacerdotem, qui accusabatur legis religiosopoliticae laesae ex contione habita, contra mentem suam dixit se talium verborum prolatorum notitiam non habere.

QUAERITUR 1° qualis certitudo conscientiae dictaminis requiratur ad licite agendum.

2° quale sit peccatum agere cum conscientia dubia.

3° quid de singulis Cleontis actionibus iudicandum.

Solutio.

AD QUAESITUM 1ᵐ R. Dictamen conscientiae ultimum seu practicum, quo homo iudicat sibi ita et ita agere licere, necessario debet esse certum; alioquin homo agens se legis violandae periculo exponit, violationem legis atque peccatum parvi facit ac proin peccat. „Omne quod non est ex fide (i. e. certa persuasione liceitatis), peccatum est. Rom. 14, 23. Cf. Th. m. I, 48. 49.

Verum haec certitudo sufficit ut sit latiore sensu moralis, siquidem in rebus practicis vix non semper tali certitudine homines contenti esse debent; aliter fere semper ab agendo impedirentur. Quare certitudo necessaria non destruitur superveniente aliquo dubio negativo; tale enim dubium gratis conceptum gratis deponitur. Neque destruitur levi aliqua ratione positiva exorta, quam agens pro leviore et futili habet.

Ad quaesitum 2^m R. Si autem dictamen conscientiae serio dubium 51 evadit, cum ea nihilominus in favorem libertatis agere, in re gravi ex se mortale peccatum est. — Nihilominus si quis alioquin satis timoratus cum dubio de liceitate agit, atque periculi quidem peccandi sibi conscius fit, at de periculo *graviter* peccandi non cogitavit, censeri debet non graviter peccasse, nisi res adeo gravis est, ut malitia moralis animum sponte percellat neque possit latere. Cf. *Th. m.* I, 51 et S. Alph. I, 23 „satis probabiliter docent eum tantum venialiter peccare, si homo ille minime advertit, nec etiam in confuso, ad periculum graviter peccandi neque ad obligationem rem examinandi".

Ad quaesitum 3^m R. 1. In *primo* casu, quidquid est de Cleontis 52 ratiocinatione, quae approbari universim nequit, non videtur subiective graviter peccasse. Nam ex eius agendi ratione et argumentatione id videtur satis colligi, ipsum non agnovisse in norma illa a catholicis proclamata veram legem seu normam in conscientia obligantem, neque conscientiae suae scrupulum eum habuisse pro *gravi* ratione.

R. 2. In *secundo* casu sane dubitatio de periurio est ex se de re gravissima, quae hominem etiam rudiorem graviter percellat; quare Cleon, nisi sibi cum morali aliqua certitudine persuaserit se non mentiri, sed posse tuta conscientia ista cum restrictione non pure mentali dicere, graviter peccavit. De his igitur examinandus est.

Si re vera ius habebat ad compensationem, etsi forte ius suum non potuerit in iudicio probare, obiective licitum erat dicere: se Tito nihil debere; re ipsa enim debitum erat exstinctum; recte autem non dixit se nihil umquam emisse. Verum homines non semper ita ad apicem rem considerant vel loquuntur: potuit igitur etiam prima locutio subiective mendax esse, at etiam posterior a subiectivo mendacio esse immunis.

R. 3. In *tertio* casu non videtur Cleon peccasse, si agebatur de 53 homine paupere, qui non ex consuetudine, sed casu leve aliquod damnum intulerat. Fieri quidem potuit, ut Cleon recordatione iuramenti muneris sui, maxime si est vir timoratus, nonnihil impeditum se sentiret et titubaret, num omittere posset denuntiationem; verum etsi sibi claram rationem dare non potuerit, satis tamen iudicavit non posse esse peccatum vel grave peccatum cum homine paupere misericordiam exercere, neque sic iuramentum suum debere intellegi.

R. 4. In *quarto* casu etiam magis videtur satis certe iudicasse, fas non esse sacerdotem innoxium propter iniquas leges poena affici, neque se debere ad hoc concurrere, cum non interrogaretur legitime, proin illegitime interroganti se recte cum quadam restrictione dici posse, se notitiam talis rei, scilicet tamquam criminis legitime accusati, non habere. Oppositam rationem, quae menti occurrebat, videtur Cleon omnino ut scrupulum contempsisse. — Quodsi non possis hoc ita affirmare, habes Cleontem cum perplexa conscientia, cum ex utraque parte putaret adesse peccatum. Sed etiam tum re vera non peccavit, quia in conscientia perplexa utrumlibet sine peccato eligitur, nisi id eligatur, quod *certo* maius malum esse quis putet. Sed si tempus suppetebat, debuit antea consilio prudentis conscientiam suam certam et rectam reddere. *Th. m.* I, 52.

CONSCIENTIA RECTA ET ERRONEA.

Casus. (16)

Ausonius in confessione se accusat de sequentibus: Potuit levi mendacio aliquem eripere a persequentibus latronibus neque fecit; die Dominica Sacrum neglexit, aegritudine enim correptus in lecto decubuit; feria VI semel carnes comedit, cum distractus putaret esse feriam V; preces ex lege confraternitatis recitandas compluries voluntarie omisit.

Quaeritur 1° possitne erronea conscientia esse regula morum.
2° peccaveritne Ausonius in casibus praedictis.

Solutio.

54   Ad quaesitum 1ᵐ R. 1. Regula morum sola conscientia *antecedens* esse potest, non consequens. *Th. m.* I, 41.

R. 2. *Per se* sola conscientia recta est regula morum; *per accidens* autem etiam erronea conscientia regula morum evadere potest. Scilicet conscientiam invincibiliter (sine formidine) erroneam sequi tenemur, quando praecipit seu vetat; sine culpa sequimur, si quid permittit.

R. 3. Vincibiliter erroneam adeoque cum formidine coniunctam conscientiam deponere debemus; ei non licet adversari praecipienti; neque licet eam sequi permittentem, immo neque praecipientem, si quando dubium est num hoc modo aliquod peccatum committatur. *Th. m.* I, 43 sq.

55   Ad quaesitum 2ᵐ R. 1. In *primo* casu videtur Ausonius invincibiliter putasse se debere mentiri: quod si revera putavit, peccavit non mentiendo. *Th. m.* I, 46.

R. 2. In *secundo* casu sane erronea conscientia Ausonius laborabat, putans se aegrotum peccaturum omissione Sacri. Sed nihilominus non videtur culpam contraxisse, etsi contra conscientiam egerit, siquidem Sacro interesse ei impossibile erat. Impossibile aliquid omittere vel facere non est in nostra libera facultate; sed quod liberum non est, peccatum esse nequit.

R. 3. In *tertio* casu, quando Ausonius distractus carnes edit feria VI, non habemus conscientiam antecedentem, quae Ausonium peccati arguerit, sed consequentem tantum atque in hac re erroneam; verum conscientia consequens morum regula esse nequit neque efficere potest peccatum.

R. 4. In *quarto* casu videndum est, num re ipsa Ausonius putaverit se vere sub peccato adstringi ad preces confraternitatis. Si ita putavit, eas voluntarie omittens subiective peccavit, sed pro futuro dedocendus est. Neque praesumendum est, hoc pro gravi peccato ab Ausonio habitum esse.

CONSCIENTIA SCRUPULOSA.

Casus. (17)

Flavia iam saepius confessionem generalem instituit, sed conscientiae pacem non potuit consequi, multorum peccatorum sibi videtur esse oblita; quare totum libellum conscripsit, ex quo nunc denuo generalem confessionem facere vult, gravia cum levibus, certa cum incertis permiscens.

Tentationibus contra castitatem, contra fidem et caritatem multum agitatur, atque non raro se consensisse putat, cum non sine gaudio animique satisfactione sive turpia, sive irreligiosa et Deo contraria mente volveret.

Etiam saepissime cum agere vel loqui vult, subito occurrit timor vel iudicium peccati, neque tamen omisit agere et loqui, quod prohibitum censebat; quando videt vel audit aliorum acta, sentit se obligatam ad correctionem fraternam, at non audet aliquid dicere.

QUAERITUR 1° quid sit scrupulus et conscientia scrupulosa.
2° quaenam regulae sint pro scrupulosis.
3° quid de Flavia iudicandum quidve ei iniungendum.

Solutio.

AD QUAESITUM 1ᵐ R. 1. Scrupulus est apprehensio peccati ex inani et futili ratione. Conscientia scrupulosa proprie dicta est ea habitualis animi condicio, qua dictamen practicum eiusmodi apprehensionibus involvitur vel impeditur; dicitur ergo de conscientia propria et antecedente; afficit vero non semper universam conscientiam, sed saepe certam tantum materiam comprehendit, v. g. confessionem, certas quasdam tentationes, officia quaedam vel obligationes non obvias. Pessime scrupulosa ea est conscientia, quae in quibuslibet et obviis actionibus futilibus eiusmodi apprehensionibus detinetur. — Latius sumpta scrupulosa conscientia vel scrupulus dicitur etiam de conscientia consequente, quae ex levi ratione non fundata putat peccatum vel gravius peccatum re ipsa commissum esse.

R. 2. Scrupuli conscientiae consequentis molesti esse possunt, sed, ut patet, nequeunt peccatum efficere; a consequenti dictamine enim peccatum non pendet. Neque scrupuli antecedentis conscientiae, quamdiu manent meri scrupuli, causant peccatum; possunt peccati causa vel ansa evadere, si transeunt hae falsae apprehensiones in iudicia. Hoc ergo omnino cavendum est.

R. 3. Hinc est quod scrupuli transitorii neque diu duraturi animum purgare possint a leviore etiam peccato eiusque horrorem augere: in quem finem non raro permittuntur a Deo. Per se tamen homo ipse eos impugnare debet, cum per se mali sint erroremque contineant, directe pro auctore habeant vitiosam humanam naturam et diabolum, Deum pro auctore summum indirecto. Magis etiam ea scrupulositas ab homine ipso impugnari debet, quae in habitualem et diuturnam animi condicionem transivit. Haec numquam non est mala ex se, cum animi et corporis vires corrodat, spem diminuat, ad strenuos et utiles labores ineptiorem reddat. Per accidens autem, si homo contra eam dimicat, Deus eam in bonum vertere potest, per auctam humilitatem et continuum studium minima etiam peccata declinandi.

58 R. 4. Dignoscitur scrupulosus
1) ex iudicio de rebus practicis frequenter et ex levi ratione mutabili;

2) ex proprii iudicii pertinacia, qua fit, ut varios consulat, nullius iudicio acquiescat neque confessarii dictis pareat;

3) ex anxietate peccandi in rebus et circumstantiis, in quibus alii etiam timorati homines nullum peccatum peccative periculum deprehendant, vel etiam ex anxietate de novo semper repetendi confessiones;

4) ex reflexione ad eas, ac si adfuerint, circumstantias actionum, quae moraliter loquendo non accidant, et ad quas homo sanae mentis non soleat attendere. Cf. S. Alph. I, 11; *Th. m.* I, 57 sq.; Marc n. 1836; Lacroix l. 1 n. 519 sqq.; Reuter, *Neo-confess.* n. 266.

59 AD QUAESITUM 2^m R. 1. Reg. 1^a est summa et constans oboedientia erga spiritualem directorem, atque proprii iudicii quam perfectissima abnegatio. Nisi enim paenitens scrupulosus hanc confidentiam in confessarium vel directorem conceperit oboedientiamque promiserit vel sibi proposuerit, confessarius illum ne admittere quidem debet, sed ad alium, cui ille magis fidat, remittere.

Haec summa et caeca quaedam erga prudentem directorem oboedientia ab omnibus magistris spiritualibus ita inculcatur, ut eam pro medio plane necessario habeant, quod coram Deo plane excuset, etsi fortasse aliquando obiective erretur: sed scrupuloso ne suspicio quidem possibilitatis errandi inici debet.

60 R. 2. Reg. 2^a est, ut scrupulosus ipse intellegat et credat se esse scrupulosum, atque sibi, in quantum scrupulosus est, licere uti regulis, quas vocant *privilegia* scrupulosorum. Hac enim persuasione impeditur, quominus apprehensiones scrupulosae occurrentes transeant in iudicia vera et certa. Scrupuloso autem non oritur obligatio ex ullo dubio, sed solum eam habet obligationem, quam *certissime* percipit.

R. 3. Reg. 3^a est, ut contra scrupulos agat, i. e. ne id eligat seu faciat, quod scrupulus ut securius suadet, neque propter incidentem scrupulum desistat ab ea actione, quam alios homines timoratos etiam agere videt quamque primo statim intuitu certissime peccatum esse non cernat. Plane enim sibi persuadere debet, in tali agendi ratione dubium, quod sibi maneat, non sufficere, ut dici possit cum conscientia practice dubia egisse atque ita peccasse; immo se bene et meritorie agere, si ex oboedientia formidines illas spernat. Neque requiritur ad excludendum peccatum, ut reflexe cogitaverit scrupulosus se posse vel debere spernere dubia. Si enim habitualiter scit dubia sua non esse habenda pro veris dubiis, et contra illa scrupulosa dubia serio agere statuerit: eo ipso quod dubius nec plane certus de peccato agat, satis attendit, etsi indirecte tantum, se dubia posse et debere spernere. Postea securus esse debet de peccato non commisso; formaliter enim vel reflexe recordari illius regulae seu privilegii scrupulosorum in qualibet actione occurrente, est impossibile aliquid exigere.

R. 4. Hinc quoad specialem scrupulum de confessionibus sive iterandis sive complendis iam sequitur scrupulosum nullatenus obligari ad peccata praeteritae vitae accusanda, nisi certissimus sit se mortaliter peccasse, neque umquam hoc peccatum rite esse confessum. Quod Gobat, *Theol. experim. sacram.* tr. VII, n. 494 sq., ita explicat, ut scrupulosus hac in re audiendus non sit, nisi a confessario interpellatus statim promptum se exhibeat ad *iuratam affirmationem* de utraque illa certitudine.

R. 5. Confessarius autem vel director spiritualis strenuus et fortis esse debet, ut exigat oboedientiam, neve ipse cedat dubiis vel precibus et importunitatibus scrupulosi; alioquin benigne eum tractare debet, omnia eius dubia in benigniorem partem interpretari, ad fiduciam eum animare.

Habet scrupulosus quidem suas obiectiones; plerasque tamen confessarius suaviter irridere potest, idque iure, cum scrupuloso etiam rudi facile ostendere possit sibi eam legem, quae aliis fortasse posita sit, a Deo non poni. Captiosissima obiectio est, si scrupulosus praetendat periculum manendi in statu peccati et anxius haereat, quid de se fiat, si mox moriatur, pro tota aeternitate iudicandus. Sed ne huic quidem obiectioni cedendum est. Coniciat se scrupulosus securus in sinum divinae misericordiae. Oboedientia praestita et fiducia firmiter retenta eum non confundet. Deus salutis aeternae ipsius curam habebit; immo talis fiducia et oboedientia potest non raro vere heroica esse atque summum caritatis actum erga Deum in se continere, quae ex ipso statu peccati, si forte adsit, hominem in amicitiam cum Deo restituat.

R. 6. Cautela necessaria est in aliquo casu, quando nimirum homo scrupulosus quidem in una re est, laxus autem et frequenter peccans in aliis rebus. Eum indiscriminatim regulis scrupulosorum regere velle esset perniciosissimum. Ergo ille exstimulandus est, ut occasiones peccatorum vitet, atque voluntatem non peccandi firmam saepe renovet, ceteroquin in materia scrupulosa, quando dubia occurrant, libere et fidenter procedat.

Cf. auctores supra laudatos; insuper Laymann l. 1, tr. 1, c. 6.

AD QUAESITUM 3ᵐ R. 1. Flavia iuberi debet omittere examinationem semper de novo instituendam de vita praeterita; si diu vitam pravam duxit, post confessionem generalem institutam, ei una alterave vice permitti potest, ut suppleat ea quae putet se non satis integre accusasse; postea sileat omnino, nisi certa plane sit, immo cum iuramento affirmare possit se hoc vel illud peccatum mortale non rite confessam esse. Neque confessarius ei amplius quid permittat. Quod autem integrum libellum scripserit circa peccata sua, confessarius potius, quam ex eo omnia sibi legere sinat, iubeat Flaviam scripturam delere, atque oretenus ea, quorum recordetur, confiteri, iuvetque aptis interrogationibus: quibus peractis, ne sinat Flaviam amplius aspicere quae scripserat, sed iubeat eam esse securam. Deus enim sacramentum paenitentiae sic instituit, ut sufficiat moralis diligentia in procuranda integritate confessionis, non ut sit conscientiae carnificina.

63   R. 2. In *secundo* casu Flaviae dici debet eam, si habitualiter sit in eo statu, ut potius mori quam Deum offendere velit, nullatenus angi debere variis istis tentationibus, neque iis, quae usque ad sensum alicuius gaudii et satisfactionis progressae sint. Haec enim affectio illeque sensus nondum est voluntarius consensus, in quo solo peccatum consistit. Fieri quidem potest, ut aliquando quaedam neglegentia venialis se ingerat; sed haec est miseria humana, quae continuam humilitatem et vigilantiam doceat, non timorem et anxietatem. Cf. *Th. m.* I, 236 sq.

R. 3. Circa correctionem fraternam rarissime homo non scrupulosus, qui non sit superior delinquentis, sub gravi tenetur ilico aliquid facere; multo minus scrupulosus. Nisi evidentissime Flaviae constet se monitione sua posse efficaciter grave damnum proximi avertere, eius scrupulositas ratio sufficiens est, quae eam ab officio, quod alii haberent, excuset. — In reliquis conformet se aliorum piorum hominum agendi rationi; quod hi pro licito habent, etiam sibi licere iudicet; immo nisi primo intuitu certo omnino videat, hoc vel illud illicitum esse, audacter agat, non peccatura, etsi forte aliquando materialiter erret. Neve propterea se peccasse putet, quod in singulis occasionibus timide processerit nec recordata sit regulae, quod cum formidine sibi agere liceat.

64   R. 4. Quodsi ceteroquin est persona pia et timorata atque etiam conatum contra scrupulos adhibeat, neque satis proficiat, confessarius eam consoletur: esse aliquando occultam quandam superbiam, qua homo in suae conscientiae pace vitaeque integritate sibi potius quam Deo placere velit; hanc superbiam Deum velle destruere; si Deus ita voluerit, ipsi melius et magis meritorium esse, in tenebris manere, quam mentis pace atque luce integra frui. Quod tamen raro admodum ita omnino obtinet.

DE PROBABILITATE.

PROBABILITAS RECTE AN FALSO APPLICATA (I).

Casus. (18)

1. Leander parochus, qui diu apud aegrotum occupatus erat, sero vespere domum rediit, cum horologium publicum in eo esset, ut mediam noctem sonaret. Breviarium currentis diei usque ad horam sextam tantum recitaverat, sed audito pulsu horologii, pensum diei utpote elapsi abrumpit et omittit. Attamen cum secundum tempus verum locale non sit ultra $11^1/_2$ horam, statuit adhuc cenare, quamquam postea Sacrum facere debet.

2. Similiter cum esset in regione, ubi horologia publica tempus dimidia hora tardius indicant, circa horam $11^1/_2$ fer. V temporis publici, quod reliquum erat breviarii, aliquoties omisit, tum quando inculpabiliter recitationem distulerat, tum quando fretus horologio publico diutius lusui indulserat; sed privilegio utendi publico tempore fretus carne adhuc vescitur.

3. Saepius etiam noctu via ferrea iter facit. Quando igitur secundum publica horologia Bruxellis est hora $11^3/_4$, Coloniae $12^3/_4$, Bruxellis cenam sumit, sequenti tempore matutino Coloniae celebraturus; Bruxellis celebraturus, Coloniae $12^1/_4$ vel etiam $12^3/_4$ cenam sumit.

4. Idem ex testamento informi hereditatem acceptat, ad quam alias ius vel ius exclusivum non haberet; sed legata in testamento scripta, ex eo quod informe sit, solvere non vult.

QUAERITUR 1° liceatne ex opinionibus probabilibus sibi contrariis non solum alterutra, sed utraque uti, vel mox una, mox altera.

2° quid de Leandro in singulis casibus.

Solutio.

AD QUAESITUM 1^m R. 1. Cum ex supposito omnes opiniones, quae in quaestionem veniant, sint vere probabiles, singulis utique licebit uti, atque etiam mox una, mox altera, cum per nullam legis consequenter obligantis laesio fiat.

R. 2. Verum in una eademque causa non licebit duas probabilitates sibi invicem contrarias adhibere, si per hanc coniunctionem vel opinionis mutationem fit, ut certa aliqua obligatio eludatur, vel onus favori annexum excutiatur, seu alterutrum ex iuribus vel legibus certe violetur, etsi nescitur quodnam. Cf. *Th. m.* I, 114 et 115.

AD QUAESITUM 2^m R. 1. In *primo* casu potuit fortasse Leander, si viribus fessus erat, ob *impossibilitatem* et cenandi et etiam breviarium absolvendi excusari, cum in munere officii sui impedimentum habuerit maturius horas recitandi: sed *ratiocinatio* Leandri mala est, neque licuit ob hanc causam et breviarium omittere et cenam adhuc sumere, quod utrumque fuerit probabile diem civilem tum iam elapsum esse, tum non esse elapsum. Immo re vera elapsus nondum erat; quare, si abstrahimus a Leandri fatigatione, videtur omnino exstitisse obligatio adhuc absolvendi divinum officium diei, eo quod absolvi debeat, quamdiu adest tempus ex se aptum: aptum autem tempus sine dubio adhuc erat. Recte autem iudicavit cenam tum temporis sumptam non obstare ieiunio naturali, quod servandum sit ob Missam sequenti tempore matutino celebrandam; nam illud tempus publicum, quod a vero discrepat, pro media nocte sumere, non erat obligationis, sed privilegii seu indulgentiae. — Ceteroqui in hoc casu non agitur proprie de usu probabilitatis, hoc sensu, ac si probabile tantum esset, *posse* aliquem pro recitando officio divino sequi vel tempus publicum vel tempus naturale. Nam id licet *certo*, prout libuerit.

R. 2. Agendi autem ratio Leandri, quo et divinum officium restans neglegeret et cenam sumeret, magis etiam tum reprehendenda esset, cum propter discrepantiam duorum horologiorum, quorum, quodnam recte tempus indicaret, nesciret, utrumlibet sequi licuisset. In quo casu sane non licebit utrumque simul sequi, quia *ex hac* utriusque probabilitatis *coniunctione* sequitur certe alterutrius legis ecclesiasticae laesio. Cf. Lugo, *De euchar.* disp. 15, n. 46—54.

R. 3. In *secundo* casu certe peccavit Leander, quando primum ob privilegium sequendi temporis publici, etiam a tempore vero differentis, distulit officium divinum, et dein mutato consilio tempus verum sequi voluit, quo propter elapsum diem naturalem officium divinum omitteret. Quamquam enim utrumlibet tempus sive verum sive publicum seiunctim probabilis et licita norma est: tamen voluntaria normae iam assumptae mutatio causa est violandae legis certae, ac proin voluntaria legis certae violatio seu peccatum.

R. 4. Quando autem inculpabiliter recitationem officii omiserat, videlicet coactus propter negotia magis necessaria, videtur obligationem suam pro exstincta habere potuisse, quam primum secundum tempus verum media nox advenerat, quia ad sustinendam obligationem non tenebatur id sequi, quod ex sola indulgentia sequi licet: laudabilius tamen erat, etiam tum recitare, quamdiu tempus *publicum* id permittebat.

Sed etsi tempus officii divini iam pro exstincto sumpsit, nihilominus potuit cenam adhuc sumere, quia id erat *indulgentiae*, ut posset sequi tempus publicum, qua uti sane licebit in rebus favorabilibus. Neque dicas hic eodem modo, ut antea, haberi ex coniunctione utriusque normae aliquam certae legis violationem. Id enim nego. Lex recitandi officii re vera non amplius adest, quoniam *secundum rei veritatem* dies est elapsus; sed neque lex ante Missam servandi ieiunii laeditur, quia, cum haec lex tota sit ecclesiastica, eius interpretatio pendet ab Ecclesia; haec autem indulsit, ut terminus, a quo inciperet ieiunium naturale, esset media nox sive vera, sive horologii publici. Insuper Leander in hac nostra suppositione circumstantias non libere induxit, sed passus est.

R. 5. In *tertio* casu Leander potuit Bruxellis comedere, quia utitur iure et privilegio loci; nihilominus potuit sequenti die Coloniae celebrare. Ieiunium non laesit; laesisset, si tum temporis Coloniae edisset; verum Bruxellis, non Coloniae comedit. — Potuit etiam Coloniae comedere, quando ibi tempus publicum erat hora $12^{1}/_{4}$, et nihilominus postea celebrare, idque sive Coloniae sive Bruxellis; quia hoc idem tempus secundum tempus verum (vel secundum tempus medium locale) non erat nisi $11^{3}/_{4}$; atqui Leander non tenebatur uti tempore publico, sed potuit uti tempore vero vel medio secundum meridianum loci. — Attamen hora $12^{3}/_{4}$ non potuit amplius edere et postea Bruxellis celebrare. Laesit enim sine dubio ieiunium naturale, quia non solum secundum tempus publicum, sed etiam secundum tempus verum media nox elapsa erat. Neque obstat Bruxellis, quo statuit celebrare, adhuc esse tempus ad comedendum aptum; nam ibi non comedit, neque Coloniae potest uti privilegio seu indulgentia, qua uti posset Bruxellis, si Bruxellis esset.

R. 6. In *quarto* casu iniuste egit. Esto, probabile esse utrumque, tum testamentum informe esse validum, tum illud esse invalidum, atque propterea aliquem modo unam, modo alteram opinionem eligere posse: tamen unum idemque testamentum re ipsa validum et invalidum esse impossibile est. Quare *alterutrum tantum* in quolibet casu eligi potest. Quodsi igitur Leander eligat opinionem sibi faventem de talis testamenti valore, non potest simul excutere onus adiunctum solvendi legatum. Ad hanc enim hereditatis partem sibi retinendam *nullum iustum titulum* habet: non testamentum, quia hoc eam partem alteri tribuit; non legale ius hereditarium, quia, ut supponitur, ex hoc titulo Leandro vel nihil vel saltem minus debetur, ille autem solus est titulus, si testamentum sumatur pro invalido atque *ex eo* Leandro nihil capere liceat.

PROBABILITAS RECTE AN FALSO APPLICATA (II).

Casus. (19)

Lucianus sacerdos, distractionibus obnoxius confessione audita graviter dubitat, num paenitentem absolverit; similiter in officio divino recitando cum pervenisset ad finem Nonae, graviter dubitat, num Sextam recitaverit, de qua recitata ne verbuli quidem recordatur. In utroque casu ex communiter contingentibus et ex praesumptione concludit ad valorem actus neque quidquam repetit.

QUAERITUR 1° quae sit vis concludendi ex praesumptione et ex communiter contingentibus.

2° rectene egerit Lucianus.

Solutio.

70   Ad quaesitum 1ᵐ R. Conclusio ex praesumptione et ex communiter contingentibus, nisi accedat ratio positiva contraria, est saltem probabilis, in minore maioreve gradu. Immo si rationes aliae positivae accedunt, evadere potest moraliter certa. Hinc ubicumque probabilitas facti sufficit, communiter contingentibus et praesumptioni tam diu standum est, dum contrarium probetur vel vehementer suadeatur; neque convenit securiora velle quaerere, cum hoc agendi modo anxietati et scrupulis via paretur.

Ubi vero certitudo requiritur: ut praesumptioni vel communiter contingentibus stetur, accedant oportet aliae rationes suadentes, quae rationabile dubium contrarii excludant.

71   Ad quaesitum 2ᵐ R. 1. In *posteriore* casu saltem Lucianus recte egit, immo male egisset, si repetivisset quidquam. In officio divino sufficit omnino persolutio vere probabilis. Verum in casu allato habemus vix non plus quam probabilem pensi solutionem. Si enim attenditur circumstantia, quod Lucianus usque ad finem Nonae pervenerit, haec moralem quandam certitudinem praebet recitatae Sextae, nisi forte Lucianus saepius deprehensus fuerit in omissa aliqua hora intermedia. At etiamsi aliquoties, tamen raro sese ita deprehendit, nisi nunc specialis ratio dubii accedat, etiam nunc manet *probabile* Sextam esse recitatam. Cf. Aertnijs l. 5, n. 40, Q. 6; S. Alph. IV, 150; Lacroix l. 4, n. 1235 sq.

72   R. 2. In *priore* casu ex se absolutio data non est certa, quamquam probabilis. Quoniam vero paenitens ius habet ad certam absolutionem, eaque fortasse necessario indiget, per se sub condicione repetenda erat absolutio. Sed accedere possunt aliae circumstantiae, v. g. quod Lucianus recordetur verborum: „in nomine Patris etc." Quodsi consueverit verba absolutionis rite pronuntiare, et solorum ultimorum verborum recordatur: nihilominus moraliter certus est de verbis prioribus seu essentialibus „ego te absolvo a peccatis tuis" etiam pronuntiatis, nec quidquam repetere debet. Si forte agatur de absolvendo moribundo, in hoc casu extremo ea, quae alias ut leviora nec fundata dubia spernenda sunt, ad cautelam aliquam considerationem merentur; propterea, si re ipsa levis adfuerit ratio putandi fortasse aliud quam *absolvendi* verbum praemissum, Lucianus totam formam repetat.

PROBABILITAS RECTE AN FALSO APPLICATA (III).
„STANDUM PRO VALORE ACTUS."

Casus. (20)

1. Fabianus protestans ad fidem catholicam reversus in sinum Ecclesiae recipitur; rebaptizatur sub condicione. Verum eius uxor noluit converti. De eius autem baptismi valore non magis constat quam de baptismo Fabiani constiterat; quare nunc dubio circa valorem sui matrimonii angitur.

2. Fabiolus, novennis parentibus orbatus, post aliquot annos Americam proficiscitur. Ubi cum 25 annos natus matrimonium inire velit, de eius baptismo sciscitantur. Testes nulli adsunt, archivum parochiale prioris domicilii flammis absumptum est; Fabiolus ipse nihil audivit umquam, sitne baptizatus necne, gessit se tamen semper, ut alii pueri catholici.

Quaeritur rectene dubitetur de baptismo.

Solutio.

R. ad *priorem* casum 1. Si agitur de ipisus baptismi valore aeternaque hominis salute in tuto ponenda, sane, quando *aliquod*, etiam leve dubium de baptismo valide collato post inquisitionem remanserit, baptismus denuo sub condicione est conferendus.

Sed non ita, quando agitur de matrimonio, sitne propter defectum baptismi validum necne. Certitudo haberi vel procurari non potest (procuraretur quidem per condicionatum etiam uxoris baptismum consensusque matrimonialis tacitam renovationem; verum quamdiu uxor fidem catholicam amplecti non vult, neque ipsa parata erit ad baptismi repetitionem, neque catholicus quispiam poterit licite eam rebaptizare); minus etiam matrimonii nullitas coniugumque separatio declarari potest. Sed standum omnino est pro valore actus, seu *in ordine ad valorem matrimonii* baptismus uxoris plane praesumi debet validus.

Ergo quando agitur de valore baptismi *in se*, validus *non praesumitur*. Quando agitur de eius valore *in ordine ad valorem matrimonii*, validus *praesumitur*. De utroque habes decreta S. Officii.

I. D. d. 20 Nov. 1878 circa baptismi ab haereticis collati repetitionem: „si, pro temporum et locorum ratione investigatione peracta, nihil sive pro validitate sive pro invaliditate detegatur, aut adhuc probabile dubium de baptismi validitate supersit, tum sub condicione secreto baptizentur." (V. *casus* II, 7.)

II. d. 17 Nov. 1830 et 20 Iul. 1840 circa baptismum in ordine ad matrimonii valorem haec sunt decreta:

„1. Quoad haereticos, quorum Ritualia praescribunt collationem baptismi, absque necessario usu materiae et formae essentialis, debet examinari casus particularis.

„2. Quoad alios, qui iuxta sua Ritualia baptizant valide, validum censendum et baptisma. Quodsi dubium persistat etiam in primo casu, censendum est validum baptisma in ordine ad validitatem matrimonii.

„3. Si autem certo cognoscatur nullum baptisma ex consuetudine actuali illius sectae, nullum est matrimonium."

Dein d. 9 Sept. 1868: „proposito dubio, utrum, si dubium de valore baptismi remaneat, et non visum sit opportunum solvere dubium de his, qui sic dubie baptizati sunt, in rebus, quae ad matrimonium spectant, habendi sint, ac si vere et valide baptizati fuerint", *Resp.:* „Censendum validum baptisma in ordine ad validitatem matrimonii."

75 Ad *posteriorem* casum R. 1. Si Fabiolus ortus est a parentibus vere piis et catholicis, applica decretum Innoc. III, quod habetur cap. 3 X 3, 43: „Et certe de illo, qui natus de christianis parentibus et inter Christianos est fideliter conversatus, tam violenter praesumitur, quod fuerit baptizatus, ut haec praesumptio pro certitudine sit habenda, donec evidentissimis forsan argumentis contrarium probetur."

R. 2. Nihilominus, si parentes erant acatholici vel catholici quidem sed religionem parum curantes, nostris temporibus *certitudo* ex praesumptione non habetur: quare tum sub condicione baptismus conferendus esset.

DE LEGE.

LEGIS ATQUE PRAECEPTI OBIECTA LEGISQUE PROMULGATIO.

Casus. (21)

1. Angelica, superiorissa monialium, cum per Concilium Vaticanum infallibilitas Rom. Pontificis dogma declaratum esset, noluit se submittere, donec episcopus, quem se pro superiore habere dixit, promulgationem fecisset.

2. Similiter edito decretum de aperitione conscientiae, quod bene noverat, per menses plurimos omnino neglexit, cum episcopus intimationem differret; immo etiam ut ulterius differretur eius publicatio in suis domibus, omnem lapidem movit, permovens episcopum, ut Romam pro suspensione decreti recurreret.

3. Cum in consilio domestico soror quaedam sese opponeret dilatae exsecutioni apostolicarum legum, Angelica ei ex parte sanctae oboedientiae silentium imposuit; quae cum nihilominus in pleno conventu non posset omnino linguam muliebrem continere, sed conqueri pergeret, iussa est, tamquam gravis peccati eiusque reservati rea, per mensem a sacramentis et a communicatione cum reliquis sororibus abstinere, pro casu autem relapsus vel istius praecepti violati iniunctum est, ut e statu choristarum ad statum sororum laicarum descenderet.

QUAERITUR 1° quae sit lex eiusque necessaria promulgatio.

2° quod sit legis vel praecepti obiectum, seu quid et qualiter praecipi possit.

3° quid dicendum sit de singulis Angelicae agendi rationibus.

Solutio.

AD QUAESITUM 1ᵐ R. 1. *Lex* a S. Thoma Aq. (*S. th.* 1, 2, q. 90, a. 4) definitur: „Ordinatio rationis ad bonum commune ab eo, qui curam habet communitatis, promulgata", pro communitate modo stabili fertur; *praeceptum* non stabili modo neque per se ad communitatem sed ad singulos dirigitur. Quare lex communitati promulgata esse debet, antequam singulos obliget; praeceptum sufficit, ut intimetur ei, cui datur. Cf. *Th. m.* I, 72.

R. 2. Promulgatio legis positivae ex natura sua ea esse debet, ut lex moraliter loquendo in notitiam communitatis venire possit; determinatus modus a superiore eiusque voluntate pendet. Promulgatione illa facta eiusque condicionibus a superiore forte additis impletis, lex omnia communitatis membra ligat; si quis eam etiam tum invincibiliter ignorat, violat quidem obiective legem, sed a peccato excusatur.

77 R. 3. In legibus generalibus Ecclesiae non raro praeter promulgationem Romae factam certum temporis spatium vel promulgatio in singulis dioecesibus per ordinarios facienda praescribitur: antea igitur non obligat. Immo si in re disciplinari episcopo videtur lex nova pro loci condicionibus non convenire, potest, etiam quando clausula dilationis non adest, ad S. Sedem recurrere eiusque responsum exspectare, atque interim legem pro suspensa habere. Cf. *Th. m.* 1, 126 et scriptores ibi laudatos Laymann, Suarez, Bened. XIV.

R. 4. Verum in rebus fidei si quae lex editur, quamprimum promulgatio facta est, omnes, qui rei notitiam utcumque habent, statim in conscientia ligantur — idque non solum propter legem ecclesiasticam, sed propter legem divinam et naturalem. *Th. m.* ibid.

78 Ad quaesitum 2^m R. 1. Praecipi possunt ea, quae conferre possunt ad illum finem, ob quem exsistit potestas ferendae legis vel praecepti seu auctoritas. Finis legiferae potestatis est bonum commune; finis potestatis dandi praecepta diversus est: sic in paterna potestate finis est bonum educationis filii ordinisque domestici, in potestate religiosa bonum spirituale religiosi et bonum instituti religiosi; limitatur igitur haec potestas speciali fine singulorum ordinum. — Abstracte loquendo omnes actus boni et indifferentes aliquando conferre possunt ad bonum commune vel ad finem auctoritatis; quare dicitur etiam abstracte loquendo omnes actus bonos vel indifferentes *divisim* praecipi posse; in concreto autem solum ea, quae hic et nunc utilia sunt.

Uberius enumerantur condiciones legis essentiales sic: debet esse *possibilis, honesta, iusta, utilis*.

Nam 1) ad impossibilia nemo tenetur; immo lex debet esse etiam humano modo possibilis seu non nimis difficilis.

2) ad inhonesta seu divinae legi contraria nulla voluntas humana obligare potest, quia omnis potestas a Deo est, Deus autem ipse sibi contrarius esse nequit.

3) iniusta si quis praecipere vellet, aut inhonesta praeciperet aut in iure suo excederet: sed neutrum validum est, quia ad neutrum Deus potestatem dedit;

4) inutilia non sunt ad finem; sed quae a Deo data sunt, ut auctoritas seu praecipiendi potestas, *fine suo* demetiuntur.

Cf. *Th. m.* I, 69. 70; S. Alph. I, 92. 100.

79 R. 2. Utrum autem aliquis actus sub gravi an sub levi tantum praecipi *possit*, pendet ab eo, utrum graviter an leviter ad finem conferat; quodsi graviter conferat, et quaeris, num *re ipsa* sub gravi obliget, videri debet, num de superioris voluntate graviter seu plene obligandi satis constet. Generatim censetur superior praecipere pro ipsius rei et finis obiectiva gravitate. *Th. m.* I, 146 sq.

R. 3. Lex positiva humana vel praeceptum generatim non obligat ad actus heroicos seu nimis difficiles: quia iam non esset in bonum, sed in laqueum conscientiarum. Aliquando tamen, quando est *necessarium*, aut quando eiusmodi obligandi facultas libere assumpta est a subdito, etiam actus heroici possunt iuberi.

Ad quaesitum 3^m R. 1. In *primo* casu Angelica turpiter erravit. Agitur hic de re fidei. Sola definitione in Concilio Vaticano solemniter facta, res pro quolibet homine catholico confecta erat. Nisi igitur eius stultitia pro excusatione fuerit, qua putabat nondum satis constare definitionem a concilio oecumenico esse factam, graviter omnino peccavit contra fidem.

R. 2. In *secundo* casu facilius excusatur. Agitur enim de re mere disciplinari, eaque a Summo Pontifice ita praescripta, ut ad omnes ordinarios legem mitteret, ulteriorem communicationem et exsecutionem curaturos. Potuit igitur paululum exspectare, etsi privatam novae legis notitiam habuerit. — Immo, quod etiam episcopum promulgare volentem rogavit, ut differret et Sanctae Sedi rationes quasdam contrarias proponeret, peccatum nondum est. Si ergo episcopus revera putavit rationes Angelicae esse graves, quae recursum ad S. Sedem suaderent, poterat, statim recurrens, interim legis exsecutionem suspendere. Attamen Angelica parata esse debebat, se responso Sanctae Sedis submittere.

Neque videtur ab omni culpa immunis esse. Nam sincere introspicere debebat mentem suam et perpendere, utrum zelus purus religiosae disciplinae an potius zelus propriae auctoritatis et imperandi voluntatis ipsam moveret. Re ipsa sperare non potuit legi adeo universaliter latae in sui favorem derogatum iri.

R. 3. In *tertio* casu oppositio illa ex parte alicuius sororis facta non erat irrationabilis, si modo modeste facta sit. Sorores subditae ex ipso decreto quodammodo ius habebant, ne res diutius differretur. Si superiorissa ius habere putavit ob graves rationes pro suspensione novae legis recurrere, subditae e contrario ius habebant apud S. Sedem exponere rationes, quae sibi videbantur adesse pro legis exsecutione. Quare superiorissa sororem conquerentem non dure repellere debuit, sed publice monere rem ob peculiares rationes adhuc pendere, quantocius eam decisum iri.

Praeceptum igitur silentii saltem erat imprudenter impositum; immo si Angelica plus voluit praecipere, quam ut solum pro hoc consessu de ea re sileatur, iussio erat invalida, utpote ius sororum ultra limites restringens et laedens. Verum, etsi validum praeceptum sumimus, quod soror illa continuo paululum oblocuta sit, non debet res gravis putari, quasi de peccato mortali constaret. Quare novam et insignem imprudentiam commisit Angelica, cum tam gravem poenam imponeret. Soror illa quidem scandali vitandi causa debebat interim acquiescere; sed confessarius, cum primum monasterium accederet, debuit omnino curare, ut soror ilico sacramentis recipiendis restitueretur et pax cum superiorissa componeretur.

Iussio vero descendendi e statu choristarum ad statum sororum laicarum ex defectu aptae materiae est invalida. Superiorissa enim non potest nisi *intra* regulas et institutum praecipere, i. e. *secundum* illud institutum religiosum, quod subditae per vota assumpserunt. Quae autem in numerum choristarum assumuntur, non voverunt vitam agere in numero laicarum, neque vice versa.

LEGES VITIO AFFECTAE.
Casus. (22)

Remigius sacerdos relegatus e patria per leges religioso-politicas nihilominus saepe fines regni, mutata veste, ingreditur, etiam animi relaxandi causa, ibique incognitus sacras functiones exercet, atque gaudet quod impune potuerit leges neglegere. Quod Paulus, vir catholicus timoratus, in officio publico constitutus, cum cognoscat, dissimulat quidem, sed scandalizatus miratur, quod Remigius leges a legitima auctoritate latas, quas licite possit, non observet; eumque per amicum rogat, ut in posterum abstineat, ne, si apud se denuntietur, ipse poenam pro officio suo et conscientia infligere debeat. Cui Remigius iocando respondet se neque leges neque poenas timere: (nam si mulcta imponatur, sibi clavem praesto esse, quae pro hac solvenda Pauli aerarium aperiat; si carcer, se bracchia et arma habere, quae se defendant.)

Quaeritur 1° quid iudicandum sit de istis legibus et poenis.

2° rectene Remigius egerit, an Paulus recte scandalizetur.

3° possitne Remigius, quae iocando minatur, serio exsequi.

Solutio.

82   Ad quaesitum 1ᵐ R. 1. Leges illas veras leges esse nondum sequitur ex eo quod a potestate alioquin legifera exortae sint. Secus etiam edicta Diocletiana contra christianos verae leges fuisse dicendae essent. Iam supra dictum est ex S. Thoma legem quoad definitionem et essentiam suam continere haec elementa, ut sit „1) ordinatio rationis, 2) ab eo qui curam communitatis habet, 3) promulgata". Ut sit ordinatio *rationis*, debet esse a) honesta, b) iusta, c) utilis. Quorum elementorum si unum *aperte* deest, ea quae pro lege venditur, nullatenus est lex; in solo *dubio* praesumptio stat pro legitimo superiore.

At ex elementis hic enumeratis in legibus, de quibus sermo est, pleraque, non unum tantum, aperte desunt. 1) Non sunt vere et recte ordinatio *rationis;* nam multiplici capite *non* sunt *iustae:* laedunt ius superius Ecclesiae, ius sacerdotis, ius populi catholici — immo fortasse sacerdotem ad inhonesta et illicita adstringere tentant; hinc *neque honestae neque utiles* sunt. 2) Non proficiscuntur ab eo qui curam communitatis habet, seu ab auctoritate legitima. Nam curam rerum religiosarum atque curam communitatis religiosae non habet auctoritas civilis. Hinc minus adest legitima auctoritas, quam si gubernium gallicum leges condere vellet pro imperio Germaniae.

R. 2. Quodsi leges ipsae qua prohibentes invalidae seu nullae sunt, etiam poena transgressoribus constituta non iure infligitur, sed est iniusta, seu leges istae etiam qua poenales invalidae et nullae sunt.

Ad quaesitum 2m R. 1. Remigius reus legis violatae non est; nam lex invalida non est lex. Sive ergo relaxandi animi causa, sive propter spirituale aliorum auxilium in patriam rediit, nulla aderat in conscientia legis transgressio. Gaudium igitur de poena a se non repetita est plane innoxium idque eo magis, quod ne gaudium quidem de laesis illis legibus inanibus sit ullatenus ex se malum. Neque enim verum est indiscriminatim in omnibus licitis superiori iubenti vel prohibenti oboediendum esse ex obligatione: id solum obtinet, si in hac re vere superior est et iuste praecipit. Alias obligatio, si qua est, est per accidens, ne maiora fiant mala vel scandala. — Immo si Remigius est sacerdos in cura animarum, v. g. ut parochus constitutus, potius debuit, quantum potuit, sacris functionibus incognitus vacare.

R. 2. Scandalum igitur Pauli non est fundatum. Neque generatim hominibus catholicis talis agendi ratio scandalo, sed aedificationi est. Si Paulus id, quod homines etiam inculti capiunt, propter falsam animi culturam non capit, instrui debet, ut scandalum pusillorum deponat; quod si nolit deponere, erit iam scandalum pharisaicum, propter quod evitandum ne convenit quidem, ut actiones bonae omittantur.

R. 3. Poenas igitur Paulus iniuste minatur. Recte egit hucusque dissimulando, quia legum iniustarum exsecutorem se facere non tantum non est obligatio, sed per se ne licet quidem. Potuit tamen monere et rogare Remigium, ut vel, si posset, abstineret vel caute ageret, ne ipse Paulus in difficultates coniceretur.

Ad quaesitum 3m. Quaestio proposita potius sic reformetur: a) Estne Paulus, si Remigio mulctam imponat, propter laesam iustitiam restitutioni obnoxius? b) Potestne Remigius, si quaeratur ad capiendum, positive resistere? Quare

R. 1. Ad a) *affirmative* respondendum est, si actio Pauli est 1) iniusta obiective, 2) idque cum reali effectu, 3) atque theologice graviter culpabilis. At *est* re ipsa 1) obiective iniusta, 2) cum reali effectu, quam primum Remigius solvere coactus est, 3) de culpa theologica *ex se* quidem dubitari nequit (cf. Th. m. I, 962). Potuit autem Paulus propter *subiectivam* ignorantiam excusari. In quo casu ipse per se quidem restitutionem facere non obligaretur; verum Remigius in habendo recursu ad Paulum non videtur supponere debere hanc bonam fidem. Quamquam enim convenientius ad principaliores suos damnificatores, ad auctores iniustae legis dico, recursum sumit, licebit tamen quaslibet causas maxime primarias iniusti sui damni, si ad alios difficile est recurrere, pro compensatione convenire.

R. 2. Ad b) respondi debet *cum distinctione*. Cum causa puniendi Remigii sit aperte iniusta, idque omnibus prudentibus pateat, resistentia etiam positiva, sine proprie dicta laesione ministrorum, non est illicita, si fieri potest efficax. Si vero inefficax esse praevidetur, aut si scandalum excitaretur, potius omitti deberet. Cruenta autem defensio vel ministrorum vera laesio ex eo maxime generatim illicita evadet, quod maiora mala causet atque publicos tumultus excitet. Quare si Remigius bracchiis et armis uteretur non ad inferenda mala, sed ad solas minas incutiendas, facile excusaretur ab omni peccato. Cf. *Th. m.* I, 818.

ACTUS INTERNI UT LEGIS MATERIA.

Casus. (23)

In concilio provinciali statutum est, ut singuli sacerdotes quovis mense Missam celebrent pro necessitatibus dioecesis atque eadem intentione rosarii recitandi indulgentias pro defunctis offerant, alternis saltem annis sacrum secessum peragant. Ausonius approbans opinionem, secundum quam Ecclesia non possit praecipere actus internos, Missam non applicat, in rosario recitando mysteriorum meditationem omittit, secessum, meditationibus praecipue peragendum, non facit. Alfredus episcopus ex eo, quod ipse sit inter legislatores, se praeceptis illis non habet obstrictum.

Quaeritur 1° num Ecclesia possit praecipere actus internos.

2° excuseturne agendi ratio Ausonii.

3° quid de Alfredi ratiocinatione sit tenendum.

Solutio.

85   Ad quaesitum 1ᵐ R. 1. Si agitur de actibus mere internis simpliciter praecipiendis per auctoritatem ecclesiasticam ut humanam, sunt duae sententiae, alia negans, alia affirmans. Posterior meliore videtur niti ratione; auctoritate gravi neutra caret. Cf. *Th. m.* I, 131 sq.

R. 2. Verum extra controversiam est Ecclesiam posse praecipere eos actus internos, qui cum externo faciant actum mixtum, vel qui sint complementum actus externi rite et convenienter perficiendi.

R. 3. Simul extra controversiam est posse praecipi actus etiam mere internos *condicionate*, v. g. sub condicione quod aliquis favore indebito frui velit.

R. 4. Etiam extra controversiam est Ecclesiam, *quatenus sit instrumentum divinae potestatis vel interpres legis divinae*, actus mere internos imponere vel eorum obligationem declarare posse, v. g. actum fidei in dogma revelatum.

86   Ad quaesitum 2ᵐ R. 1. Quoad *Missae celebrationem et applicationem* omnino dici debet Ecclesiam hanc posse praecipere: nam etiam applicatio est ipsius externi operis, celebrationis, complementum. De facto etiam imposuit parochis applicationem Missae diebus dominicis et festis, sive eam legem dicis ecclesiasticam sive divinae legis determinantem. Quare Ausonius recte non egit. — Verum episcopus sobrie omnino procedere debebit in iniungendis eiusmodi oneribus, maxime si sacerdotes tenui salario annuo fruuntur, ne eos privet facultate pro sustentatione sua ex stipendiis Missarum complementum quaerendi. Atque revera ipse S. Pontifex, cum in gravissima causa occasione Vaticani Concilii speciales Missas de Spiritu Sancto iniungeret, applicationem tamen Missae liberam reliquit.

R. 2. Quoad *rosarium* videtur quidem Ausonius satisfecisse episcopali legi, cum recitaverit rosarium, neque indulgentias censetur episcopus voluisse offerri pro defunctis nisi condicionate, si quas per suam quisque recitationem lucretur. At de ipsis indulgentiis, quasi Ecclesia pro earum acquisitione non posset internum actum meditandi praescribere, male argumentatus est Ausonius; nam agitur de favore, quem Ecclesia nemini debet; quo qui frui vult, condiciones impositas omnino implere tenetur.

R. 3. Neque rectius sentit Ausonius de *secessu* alternis annis praescripto. Praeterquam quod ex praxi Ecclesiae satis ostenditur Ecclesiam posse hunc iniungere (cf. praeter *Bullam Apostolicae Sedis* ser. V seu de suspensionibus, art. 7; S. C. C. 20. Sept. 1878 in *Act. S. Sedis* XII, 609 sqq.; Wernz, *Ius decretal.* II, n. 182), ipsa natura rei id docet. Sacer ille secessus non est aliquid mere internum. Quamquam ut rite fiat, internis actibus, meditatione, conscientiae discussione etc. compleri debet: eiusmodi complementa ab Ecclesia *simul exigi* posse nullus est dubitandi locus.

AD QUAESITUM 3ᵐ R. 1. Alfredus lege quidem non tenetur; verum id oritur ex alia causa quam ipse putat. Concilium provinciale altior est auctoritas, singulis episcopis superior: quare ipsis episcopis legem imponere potest, neque ipsi sunt quoad hanc ut legislatores in lege sua. At concilium provinciale ex casu enumerato legem illam imposuit *sacerdotibus,* qua voce in favoralibus episcopi comprehenduntur, non in odiosis.

R. 2. Ceterum legislator sua quidem lege formaliter non ligatur; verum *materialiter* ea tenetur nihilominus, quamquam per se non sub gravi; immo, exsistente rationabili causa, tenetur nullatenus. Communiter scilicet dedecet caput discrepare a membris, immo boni exempli aedificatio postulat, ut non sine causa superior se eximat ab iis, quae pro subditis constituit. Hae rationes etiam in nostro casu similiter *commendant* observationem illarum legum etiam pro episcopis.

PEREGRINI QUOAD LEGES OBSERVANDAS.

Casus. (24)

Drusus, cum esset ex itinere in vicina dioecesi, non celebravit die 13 Augusti festum S. Cassiani, patroni loci, neque die 14 ieiunium neque die 15 festum Assumptionis, quod in sua patria sequenti dominica celebratur: cum peregrini legibus loci non teneantur. Neque ieiunavit sequenti sabbato, quod extra patriam patria lege non ligetur. In Quadragesima autem, cuius ieiunia in patria eius severius observantur, ex industria se in vicinam dioecesim confert atque carnibus vescitur.

QUAERITUR 1° quomodo peregrini teneantur legibus loci et patriis legibus, vel utriusvis privilegiis fruantur.

2° quid iudicandum sit de praxi Drusi.

Solutio.

89 Ad quaesitum 1ᵐ R. 1. Communiter censentur leges esse territoriales hoc sensu, ut afficiant *incolas* loci, i. e. qui in loco domicilium vel quasi-domicilium habent. S. Alph. I, 156. Quare probabiliter non tenentur legibus localibus peregrini, cum non sint loci incolae vel subditi, nisi forte aut speciales leges pro ipsis peregrinis latae sint aut agatur de rebus, in quibus iustitia hanc legum observantiam postulet. S. Alph. ib. dub. 2.

R. 2. Sed neque tenentur probabiliter peregrini legibus patriis particularibus, siquidem legibus tenentur mediante territorio. Potest autem exceptio statui; et revera quaedam facta est exceptio in poenali lege reservationis casuum seu criminum; et, specietenus saltem, in lege contra clandestina matrimonia. S. Alph. I, 157.

90 R. 3. Verum aliud est de legibus particularibus, aliud de legibus universalibus. Lege universali tenentur peregrini, etsi ab ea dispensatum sit pro territorio patrio, nisi simul dispensatum sit pro loco, ubi actu versantur. Nam possunt uti iis privilegiis et dispensationibus, quae exsistunt in loco ubi versantur, cum aequiparari incolis non teneantur quidem, sed possint; uti non possunt iis dispensationibus vel iis dispensandi modis, quae vigent in sua patria.

R. 4. *Personalis* dispensatio, quae alicui facta est, eum ubique comitatur. Atque etiam personale praeceptum eum ubique stringit.

91 Ad quaesitum 2ᵐ R. 1. Drusus non observando festum S. Cassiani per se non peccavit; potuit peccare per accidens propter scandalum, si publice requiem festivam violaverit.

R. 2. Debuit die 14° ieiunium, die 15° festum Assumptionis peragere: quia lege universali hisce diebus ieiunium et festum observandum est; quod autem transferantur ad sabbatum et dominicam sequentem in eius patria, id fit per dispensationem, qua Drusus uti nequit extra patriam. Quodsi die 14° ieiunium observasset et sequenti sabbato redux esset in patria, ibi a ieiunio — secluso scandalo — excusaretur, quia non tenetur bis idem praeceptum implere.

R. 3. Quod in Quadragesima transire solet in locum, ubi benignior est dispensatio, ut ibi carnes edat: per se quidem laudabile non est; attamen, cum utatur iure suo, peccatum non committit.

QUI LEGIBUS SUBIECTI (I).

Casus. (25)

Cudbertus famulus delectatur in provocando puero quadrimulo ad iram et blasphemias, ad contumeliosa et turpia verba; feriis VI ei et fratri sexenni rationis plene compoti carnes edendas praebet, a Sacro diebus festis eos arcet, ne tam diu impurum aera haurire debeant.

Quaeritur 1° quinam sint subiecti legis sive naturalis sive positivae.
2° quomodo Cudbertus peccaverit pueros ad violationem legum inducens.

Solutio.

Ad quaesitum 1ᵐ R. 1. Legi *naturali* subiectus quisque est, eo ipso quod naturam humanam habet. Habent autem naturam humanam etiam infantes, amentes. Et quamquam ipsi naturalem legem violare nequeunt, *in iis* nihilominus ab aliis potest violari: quod facere nefas est.

R. 2. Legi *positivae* subiacent ii, qui, habitualiter ratione compotes, ad eam communitatem pertinent, pro qua lex lata est. Positiva enim lex non dirigit naturam, sed membra communitatis, quae ad bonum commune conferre possunt. Conferre autem non possunt, qui habitualiter non aut nondum humano modo agere possunt. Hinc ei subiacent quidem dormientes, ebrii, ad tempus seu intercalatim mente turbati; non subiacent perpetuo amentes, infantes ante usum rationis. Immo quoniam lex humana ea respicit, quae communiter contingunt, pueri non censentur subiacere legi humanae (ecclesiasticae) ante septennium completum; post completum septennium subiacent, nisi *certe* constet eos usum rationis nondum habere, vel Ecclesiam positive nolle eos ante maiorem aetatem sua lege obligare. Ita satis probabiliter. *Th. m.* I, 138; Marc n. 195.

R. 3. Lege humana favorabili, quae nihil imponit agendum, sed confert donum vel aliquid acquirere concedit, etiam ii, qui ratione nondum vel habitualiter non utuntur, nihilominus frui possunt.

Ad quaesitum 2ᵐ R. 1. Cudbertus male egit provocans puerulum ad iras et blasphemias: haec enim, utpote intrinsecus mala, lege naturali prohibita sunt; neque ex eo, quod puer iste sensum nesciat, desinunt esse contra honorem divinum. Cudbertus igitur in puero legem naturalem laedit. S. Alph. I, 153; Lacroix l. 3, p. 1, n. 255.

R. 2. Quoad verba in homines contumeliosa, si iocando Cudbertus ea puerum docet et proferre facit, veram contumeliam non continent, atque hac ratione a gravi peccato Cudbertus excusatur; prohibendus tamen est, cum non deceat puerulum istis assuescere. — Quoad turpia verba, haec *in Cudberto* illicita sunt, et si graviter turpia sunt atque audientibus scandalum vel turpem delectationem secum ferunt, *mortaliter* illicita. Cum eorum intrinseca malitia autem ex intentione dependeat, *in puero*, qui intentionem habere nequit, proprie dicta legis violatio non habetur, nisi alii audientes ad turpia excitentur.

R. 3. Pueri isti ad legem abstinentiae et audiendi Sacri nondum tenentur, in rigore ne puer quidem sexennis, etsi plenum usum rationis habeat. Nihilominus Cudbertus vituperandus est, quod maxime sexennem illum puerum non paulatim assuefaciat ad leges ecclesiasticas; immo si ille, qui usu rationis iam plene utitur, solet generatim leges non observare, periculum est, ne etiam postea, septennio completo, eas parvi pendeat.

QUI LEGIBUS SUBIECTI (II). — ACATHOLICI.

Casus. (26)

Carolus, homo dives, multos habet sub se operarios pro fabricis et pro colendis agris conductos, catholicos et protestantes, graeco-schismaticos et iudaeos. Cum suo quisque ritu vivere neque lucro diurno carere velit, diebus festis iis consuetos labores mandat, exceptis catholicis et schismaticis pro suis respectivis festis, quae diverso tempore celebrant; iudaeos autem, qui sabbatis vacant, etiam diebus dominicis laboribus in fabricis et agris occupat: quod sibi eo gratius est, quia hoc modo sine interruptione machinae moveri possunt.

Quaeritur 1° acatholicine subiaceant legibus Ecclesiae.
2° liceatne iis diebus vetitis labores iniungere vel carnes dare.
3° quid de Carolo eiusque agendi ratione dicendum.

Solutio.

94   Ad quaesitum 1^m R. 1. Acatholici non-baptizati seu non-christiani legibus Ecclesiae non subiacent, quamdiu fidem non susceperunt; subiacent tamen legi divinae fidem amplectendi atque Ecclesiae Dei se aggregandi. Th. m. I, 137.

R. 2. Acatholici baptizati per baptismum Ecclesiae ita aggregati sunt, ut eius iurisdictioni et legi subiaceant, etiam si quando per excommunicationem ab intimo cum Ecclesia nexu seiuncti sint. Th. m. I, 136.

R. 3. Quamquam obiective hi legibus Ecclesiae subiecti sunt, subiective per harum legum transgressionem plerumque non peccant, quia hanc subiectionem solent plane ignorare. Immo sunt theologi, qui censeant praesumi posse, Ecclesiam nolle haereticos iis legibus ligare, quae directe ad individualem sanctificationem tendant, ut sunt leges ieiunii, festorum, similium. Cf. Marc n. 198.

95   Ad quaesitum 2^m R. Ii qui legi ecclesiasticae non subiacent, sicut ipsi non peccant aliquid legi contrarium agendo, ita etiam ab aliis ad hoc induci per se possunt sine peccato. Eos vero, qui obiective legibus subiacent, inducere non licet ad eiusmodi actionem: nam ne obiectivum quidem peccatum sciens suadere ulli homini possum. Th. m. ib.

96   Ad quaesitum 3^m R. 1. Per se non potuit Carolus sua sponte protestantibus labores serviles imponere diebus per Ecclesiam festivis. Nam etsi praesumi possit Ecclesiam nolle ipsos protestantes lege illa ligare, ne ansam peccandi augeat: sumi nequit Ecclesiam id etiam fidelibus catholicis concedere, ut protestantibus labores imponant, eo quod requiei festivae turbatio in tali casu non a solis haereticis, sed etiam a domino catholico proficiscatur. Si vero haereticis ipsis persuasum est se legibus catholicis non ligari, atque ipsi ex sua parte suo nomine labores in diebus festivis peragere volunt: Carolus eo facilius acquiescere poterit, quo magis sumi potest Ecclesiam ipsos

illos haereticos in se sumptos ligare non velle. Attamen, ut postea dicam, videri debet, num forte ratio scandali dandi postulet severiorem iudicandi modum, vel labores ut a domino profecti appareant.

R. 2. Quod autem graeco-schismaticos sinat graeco ritu dies festivos eligere, laboraturos in diebus pro Latinis festivis, ex se non est legis laesio. Subiecti utique sunt legibus Ecclesiae, sed non alio modo, quam ipsi Graeci seu Orientales uniti: qui disciplinaribus Latinorum legibus non tenentur, sed suas proprias leges, sua festa, suum calendarium nondum reformatum sequuntur.

R. 3. Iudaei vero non ecclesiastica lege sed naturali obligantur; quare diem dominicum pro requie eligere non tenentur, et si *aliquem* diem pro cultu divino — id quod naturalis lex suadere videtur — observant, diebus dominicis et christianis festis labores iis possunt imponi.

R. 4. In omnibus tamen Carolus videre debet, ne sua agendi ratione *publicam* requiem festivam turbet, *neve aliis scandalo sit.* Quod si ex loci temporisque circumstantiis timendum est neque opportuna declaratione valet auferri, potius ipse abstinere debet ab iis, quae sibi per se licent.

CAUSAE A LEGE EXCUSANTES.

Casus. (27)

Cuno feria VI vespere cum amicis suis ita laute bibit, ut timeret, ne per plures dies inde aegrotaret. Quod accidit, ita ut die dominica et sequenti festo Sacrum audire non potuerit. Nuper iter romanum suscepturus, quo citius et commodius proficisceretur, sabbato vespere Coloniae currum vaporeum ascendit et via recta sine interruptione iter prosequens feria II circa meridiem illud finivit; nullibi opportuno tempore tam diu currus stetit, ut die dominica Sacrum audiri potuerit.

Cum ieiunium valde abhorreat, tempore ieiunii solet se gravibus laboribus addicere, ut a ieiunio excusetur: eadem intentione nuper in Quadragesima se laboriosae curae aegrotorum in hospitali sponte addixit, quo et laudem piissimi viri et libertatem a ieiunio sibi comparavit.

QUAERITUR 1° quae sint causae a legibus observandis excusantes.
          2° liceatne eiusmodi causas excusantes ponere atque ita se a lege observanda liberare.
          3° quid de Cunone dicendum sit.

Solutio.

AD QUAESITUM 1ᵐ R. 1. A lege negativa naturali numquam datur excusatio, cum haec versetur circa intrinsecus mala.

R. 2. A lege affirmativa, maxime humana, generatim excusat incommodum seu damnum relative magnum per accidens in casu particulari cum observatione legis coniunctum, i. e. magis aut minus grave, quo gravioris vel levioris momenti sit ipsa res praecepta. Elbel p. I, n. 298: „Potestas humana regulariter non potest obligare ad id, quod est moraliter impossibile; atqui observantia legis cum vitae periculo vel etiam famae integrae, immo cum notabili iactura bonorum est moraliter loquendo impossibilis; ergo."

R. 3. Nihilominus haec excusatio non valet, si non-observatio legis in odium religionis seu virtutis vergeret. Elbel p. I, n. 299.

AD QUAESITUM 2^m R. 1. *Exsistente* physica vel morali impossibilitate observandae legis, obligatio iam non exsistit. Sed videndum est, num liceat sese in eiusmodi impossibilitatem seu gravem difficultatem conicere, aliis verbis legi implendae obstaculum ponere.

R. 2. Non licebit ita agere ex intentione legis violandae, quod alii dicunt *directe* impedimenta ponere.

R. 3. Licebit indirecte seu sine illa intentione *ex iusta causa*.

R. 4. Causa iusta eo gravior esse debet, quo gravioris momenti est ipsa lex, et quo propinquius iam instat legis obligatio. Semper tamen iusta causa erit damnum seu incommodum tale, quod per se iam pro iusto obstaculo consideretur.

AD QUAESITUM 3^m R. 1. Si Cuno feria VI etiam solius recreationis causa abiisset in locum, ubi praevidebat se opportunitatem audiendi Sacri non esse habiturum, facile a culpa excusaretur. Leges enim, quarum observantia frequenter occurrit, non censentur obligare ad praecavenda obstacula, nisi iam proxime urgent. Suarez, *De peccatis* disp. 4, s. 4, n. 10. Inde pronum est concludere etiam propter contractam infirmitatem Cunonem peccasse quidem omnino excessivo potu; sed ex eo, quod praeviderit post duos vel tres dies sibi impossibile fore audire Sacrum, eum novum peccatum grave laesae legis ecclesiasticae non contraxisse. Ita revera auctores graves censent. Cf. praeter Suarez l. c. n. 9. 10; Gobat, *Theol. experimentalis* tr. 5, n. 447 et *Quinarius* tr. 5, cap. 27.

R. 2. Aliud est de itinere romano. Vespere vel nocte sabbati sane proxime instat praeceptum Missae dominicalis. Quare sine gravi causa Cuno neque eam omittere neque se in impossibilitatem eam audiendi conicere potuit. Nisi igitur iter vere urgebat, debuit potius paululum differre vel interrumpere quam Missam neglegere. Si autem per hanc dilationem vel interruptionem damnum incurrisset mediocriter grave, excusari potest.

R. 3. Hac intentione graves labores alias inconsuetos assumere, ut a ieiunio liberetur, Cunoni non licet; *consuetos* tamen et *utiles* non tenetur omittere, etsi propter eos ieiunium omittendum est.

Paulo aliter tamen de suscipiendo illo opere misericordiae inserviendi aegrotis dixerim. Si hoc ex pietate suscipitur, habetur opus bonum ieiunio praestantius. Neque puto Ecclesiam prohibere, quominus ieiunium in tale opus commutetur; ergo non tam obstaculum legis implendae Cuno posuit quam commutationem in opus melius, idque tale, quod ab aliquo certe praestari debeat. Quare non est cur hac in re Cuno reprehendatur: nisi forte vanitati ex laude humana capiendae indulserit atque ita *veniale* peccatum commiserit.

Regula *remota* seu *lex:* exemptio. 51

CAUSA A LEGE EXIMENS.

Casus. (28)

Celerinus in festo particulari sui loci statuit ultimae Missae hora duodecima assistere; sed circa horam decimam consilium cepit maioris ambulationis faciendae, in qua ante horam duodecimam extra territorium sui loci fuit, sed Missam non audivit. Alia vice, cum hora nona ultima esset Missa, eam neglexit, quia iam statuerat hora decima proficisci, ita ut diu ante meridiem, quousque Missae auditionem protrahere solet, extra territorium fuerit.

QUAERITUR 1° num liceat causas eximentes a lege ponere.
2° rectene egerit Celerinus.

Solutio.

AD QUAESITUM 1ᵐ R. 1. Exemptio proprie dicta habetur, quando 101 quis desinit esse subiectum legis. Si igitur de legibus Ecclesiae sermo est, exemptio presse dicta locum habere nequit nisi in particularibus legibus, i. e. particularem locum, provinciam, coetum spectantibus, non in legibus universalibus, quia, qui semel per baptismum Ecclesiae membrum factum est, membrum seu subiectum universalis Ecclesiae esse desinere non potest, potest desinere membrum esse vel subiectum particularis ecclesiae, dioecesis, coetus. — Nihilominus exemptioni aequiparari potest participatio dispensationis, quae in certo loco relate ad universalem legem Ecclesiae exsistere potest. Haec communiter adest, non solum quando quis habitualiter, sed etiam quando transeunter tantum in loco, ubi dispensatio facta est, versatur.

R. 2. Qui sui iuris est, non tenetur addictus manere certo loco, sed pro lubitu et arbitrio potest locum mutare, sive habitualiter sive transeunter. Neque ullum peccatum committit eo, quod hoc modo a particulari lege eximatur vel dispensatione alicuius universalis legis fruatur. Quoniam autem lex eum in tali casu non afficit, certe non peccat omittendo id quod alias lex praecipit. Cf. S. Alph. I, 157.

AD QUAESITUM 2ᵐ R. 1. In *priore* casu Celerinus sine peccato 102 impletionem legis in loco patrio differre potuit usque ad duodecimam horam, quia totum illud tempus ad implendam legem aptum erat. Sed neque impediebatur hora decima extra locum patrium exire; quodsi ante duodecimam horam extra suum territorium erat, illius territorialis legis violandae reus non erat, utpote ei non amplius subiectus.

R. 2. In *posteriore* casu tempus implendae legis aptum finitum erat post horam nonam; ergo Celerinus in patria exsistens ad ulteriorem horam legis impletionem differre non potuit, sed Missam sic neglegendo peccavit. Quod autem circa meridiem erat extra patriam, nihil facit ad rem, quia obligatio iam antea *urgebat* et impleri debuit. Id solum concedi potest Celerinum potuisse ab initio ante horam nonam secum statuere se velle postea circa meridiem in loco per-

4*

egrino Missam audire. Quod si voluit et facere potuit, satis adhuc legem implevit. *Debuit* autem in *hoc* casu extra patriam Missam audire. Nam etsi *ibi* per se lex non exsistebat, tamen Celerinus obligationem secum tulit ex patria, quam excutere non amplius potuit, siquidem ex sola hac ratione, quod alibi Sacro interesse statuerat, poterat vitare peccatum, quod non assistens ante profectionem Missae in patria alias erat commissurus.

LEX CIVILIS — POENALIS.

Casus. (29) '48

Aiax in infringendis legibus civilibus non tantum scrupulum non habet, sed studium suum in iis praetergrediendis, cum lucro sibi sit, collocat. Excusationem affert dicens omnes istas esse leges poenales, poenam autem se nosse eludere utpote officialibus amicum et beneficum. — Hinc merces vetitas invehit, vectigales abscondit, declarationem praeceptam bonorum suorum et reditum annuorum non facit, contra legem armatus incedit et, cum aliquando deprehenderetur, policistae statim obtulit quadruplam mulctam, ut in posterum manere posset impunis. Id enim in utriusque commodum esse dicit, eo quod sumi non possit se plus quam quater deprehensum iri, ac propterea semel pro semper et se et policistam molestiae esse subductum.

QUAERITUR 1° leges civiles obligentne in conscientia.

2° exsistantne leges mere poenales, et unde dignoscantur.

3° quid de singulis Aiacis factis dicendum.

Solutio.

103   AD QUAESITUM 1ᵐ R. 1. Certum omnino est etiam auctoritatem civilem in rebus, quae ad suam iurisdictionem spectant, *in conscientia* obligare posse. Hoc sensu S. Paulus *ad Rom.* 13, 2. 5 dicit: „Qui resistit potestati, Dei ordinationi resistit. . . . Ideo necessitate subditi estote non solum propter iram, *sed etiam propter conscientiam.*" — Neque necesse est, ut auctoritas civilis expresse cogitet et intendat hanc obligationem in conscientia et coram Deo: sicut revera gubernia illa ethnica, de quibus S. Paulus loquitur, de ea vix cogitarunt. Sufficit, ut velint legem ita, ut transgressioni inuratur macula quaedam moralis, probrum vel vituperium tamquam ex facinore inhonesto et cordato civi non convenienti. Quod ipsi athei velle possunt. Cf. *Th. m.* I, 200. 211.

R. 2. Nihilominus, si quando gubernium vel qui potestate legifera potiuntur sunt athei, facilius licebit sumere certas leges intendi ut solas poenales. Videlicet, si homines athei nullam agnoscunt pro se sanctionem et obligationem nisi poenas a civitate inflictas seu infligendas, atque liceitatem cum impunitate legali plane convertunt: iure merito in hac sola obligatione ad poenam sistere possumus, quando natura rei praeceptae talis non est, quae exigat ulteriorem in conscientia obligationem, sed eiusmodi, ut bono communi per solam poenam transgressoribus infligendam satis sit provisum. Cf. mox dicenda ad Q. 2ᵐ R. 2 in fine.

Regula *remota* seu *lex:* l. civilis, poenalis. 53

AD QUAESITUM 2^m R. 1. Potest vero ex communi theologorum 104
sententia auctoritas, si velit, legem mere poenalem statuere. Quae
tamen hoc vinculum conscientiae secum fert, ut ille, qui in transgressione deprehensus ad poenam damnetur, eam in conscientia etiam
teneatur solvere, si modo alioquin lex iusta est. Cf. S. Alph. I,
145 sqq.; Aertnijs l. 1, n. 143 sqq.; Suarez, *De leg.* l. 5, c. 3 sqq.;
Reiffenstuel, *Theol. mor.* tr. 2, dist. 2, q. 4; Baller.-Palm. I,
tr. 3, n. 107 sqq.

Neque ea, quae cl. Koch (Tüb. theol. Quartalschr. 82, 204 sqq.)
obicit contra legum mere poenalium exsistentiam atque exsistendi
possibilitatem, aliud quid probant, nisi eiusmodi leges non esse leges
sensu perfecto. Quod nemo infitias ibit. Quod autem dicit, constituere
utrum legis alicuius transgressio peccatum sit necne, numquam esse
auctoritatis humanae sed solius divinae auctoritatis: regula sane ambigua est. Quando enim agitur de iis rebus, quae *natura sua* sunt praeceptae vel vetitae, utpote intrinsecus bonae et necessariae vel intrinsecus malae, certissime humana auctoritas nulla potest eas facere non
necessarias vel non malas; sed quando agitur de rebus, quae ex sese
indifferentes sunt et solummodo bonae, quia ab humano legislatore
praeceptae, vel malae, quia ab eo vetitae sunt, regula illa fallit.

R. 2. Lex mere poenalis, quae non primo et per se sub culpa 105
contrahenda obligat, maxime dignoscitur a) ex consuetudine communi,
etiam timoratorum. Consuetudo enim optima legum interpres. Adminiculum tamen praebere potest b) extraordinaria poenae magnitudo, quae proportionem cum transgressione legis excedere videtur.
Nam, ut theologi dicunt, aequum non est bis poenam adeo gravem
sustinendam esse, tum hic a civili auctoritate infligendam, tum in
altera vita in inferno sustinendam: v. *Th. m.* I, 211; S. Alph. I,
147 et III, 616. c) Accedere potest *praesumptio* de intentione legislatoris: de qua *Instructio S. Congr. de Propag. Fide* 23 Iunii 1830
ita habet: „Hoc alterum (certam aliquam legem esse mere poenalem)
potius existimandum esse videri potest ex eo, quod illa lata sit a
principe infideli, qui, cum putari iure possit nihil facere eam, quam
Christiani appellant obligationem in conscientia et theologicam culpam, poena quidem eiusque severitate cogere videri potest voluisse
subditos suos ad illius legis observantiam, minime vero metu laesionis
conscientiae et theologicae culpae." *Collect. S. Congr. de Prop. Fide*
n. 1186.

AD QUAESITUM 3^m R. 1. Principium *generale* Aiacis adprobari 106
minime potest; practice tamen saepe leges civiles proxime pro mere
poenalibus habere licet. Ita 1) lex, quae certas merces invehere prohibet, solet mere poenalis esse, nisi forte agatur de iis rebus, quae re
vera periculum vel damnum commune secum ferunt. 2) Similiter
primo et per se pro mere poenali sumitur communiter lex vectigalium:
verum fraude et mendacio uti non licet ad evadenda illa vectigalia.
3) Declaratio possessionum et redituum, quo proportionata solvantur
tributa, nequit dici lex poenalis tantum, si modo iustitiam tributorum

supponis; nam necesse omnino est et obligatio conscientiae, ut cives tributo concurrant ad expensas communi bono necessarias. 4) Lex, quae vetat armatis publice incedere, si lata est propter commune periculum caedium ex circumstantiis loci et temporis graviter imminens, sumi debet lex in conscientia obligans, nisi aliquando propter singularem necessitatem epikiae sit locus; alias poenalibus legibus potest adnumerari.

R. 2. Aiax male facit, in amicitia sua et beneficentia erga officiales confidens, se poenas evasurum. Nam hoc sapit corruptionem officialium, quae est illicita. Eorum enim est officium in conscientia, ut legum iustarum observationi invigilent, transgressores, si deprehendant, ad poenam vel mulctam trahant.

R. 3. Quod autem semel pro semper solvere vult mulctam, praeter corruptionis speciem circa ministros etiam continet expressam voluntatem continuo violandae legis: quae, nisi ex modo dictis lex haberi possit mere poenalis, sane in se peccaminosa est.

LEX AB IGNARO VEL INVITO IMPLETA.

Casus. (30)

Eligius, nesciens esse festum de praecepto, casu interfuit Missae; initio temporis paschalis pro devotione S. Communionem sumit, paschalem Communionem postea peracturus. Cum nuper pro paenitentia sacramentali iussus esset bis Sacro interesse, semel rosarium recitare, ipsa die dominica hoc cum praecepto dominicali ita dextre absolvit, ut eodem tempore duabus Missis attenderet simulque rosarium recitaret.

Quaeritur 1° quo *modo* leges impleri debeant.
2° num simul pluribus legibus seu obligationibus possit satisfieri.
3° quid in singulis casibus de Eligio sit dicendum.

Solutio.

Ad quaesitum 1ᵐ R. 1. In lege affirmativa sufficit et requiritur, ut humano modo res ponatur, quae praescripta est, in lege negativa sufficit nihil egisse. Quare 1. necessarius non est status gratiae, nisi ille pertineat ad substantiam operis. Cf. *Th. m.* I, 153; cf. Busemb. et S. Alph. I, 162.

R. 2. In lege quidem naturali et divina etiam internus modus virtutis sub praecepto est, siquidem etiam circa ipsos internos actus hae leges versantur. Leges autem humanae aut non possunt aut non solent actus internos *per se* respicere; neque iubent, ut subditi finem legis intendant. Nam legislator finem intendit eumque attingit per ipsos actus subditorum, *quos* praescribit. Hinc optimum quidem est, etiam motivum et finem legis intendi a subdito, praeceptum tamen id non est, neque praecepti est, ut agatur ex speciali motivo virtutis, nisi quatenus ad substantiam operis necessarium fuerit. Cf. *Th. m.* I, 152.

AD QUAESITUM 2^m R. 1. Aliud est quaerere, num eodem tempore diversis actibus pluribus legibus possit satisfieri, aliud, num uno eodemque actu.

R. 2. Posterius fieri potest et fit, quando diversae leges unum eundemque actum in individuo determinatum exigunt, aut ex eodem motivo eundem actum specificum. Sic eodem ieiunio satisfit legi quattuor temporum et vigiliae, si in eundem diem incidunt; atque etiam unica Missa satisfit praecepto, quod diei dominicae et quod festo inhaeret, quando festum cadit in dominicam: quamquam enim in hoc casu possibile est, bis Missae assistere, id non exigitur, quia idem motivum cultus divini publici utrique legi subest. Alias unico actu satis fieri non potest; i. e. si eadem res specifica duabus legibus praecipitur ob diversa motiva proxima et formalia, actus praeceptus repeti debet.

R. 3. Possitne diversis actibus eodem tempore diversis legibus satisfieri annon, pendet 1) ab eo, utrum actus illi diversi sint compossibiles annon; 2) utrum legislator intenderit actus etiam tempore distinctos annon.

AD QUAESITUM 3^m R. 1. Eligius in *primo* casu satisfecit neque tenetur denuo Sacro interesse; nam, etsi nesciens legem, praestitit humano modo sciens et volens praeceptam rem. Cf. S. Alph. I, 163 et Busemb. ibid.

R. 2. Idem dic de *secundo* casu, de Communione, quam ob legem paschalem non tenetur repetere. Sicut ipse non posuit legem, ita neque facere potest, ut S. Communio tempore paschali sumpta non sit res illa praecepta. Cf. Th. m. I, 152.

R. 3. Quoad *reliquos* casus: a) potuit quidem in Missa ex lege diei dominicae audienda Eligius simul rosarium pro paenitentia recitare: coniungi enim hi actus possunt; neque est contraria intentio sive Ecclesiae sive confessarii. S. Alph. I, 166 et Busemb. ibid. b) Verum eodem Sacro satisfacere legi dominicali et paenitentiae sacramentali *non potuit,* nisi confessarius expresse indulserit: nam diversa sunt motiva, ex quibus utrumque praeceptum fertur. c) Neque eodem tempore attendens ad duas Missas videtur tum legi dominicali tum sacramentali paenitentiae satisfecisse; communiter enim paenitentia sacramentalis aliter intellegi solet a confessario. — d) Minus etiam satisfecisse censendus est sacramentali paenitentiae bis audiendi Missam, cum Missas audiret eodem tempore; nam confessarius, nisi aliud dicit, intendit secundum communem sensum, ut paenitens duas Missas audiat tempore distinctas. Cf. Th. m. I, 154.

SS. CONGREGATIONUM ROM. DECRETA — OBLIGATIO.

Casus. (31)

Leander neo-sacerdos, rebus ritualibus imprimis attentus, videt a parocho seniore complura ex antiqua consuetudine servari, quae decretis S^{ae} Rituum

Congr. parum respondent, etsi S. C. ea *"servari mandavit"* contrariumque usum "abusum eliminandum" dixit, ita in colore paramentorum, in ritu exponendi SS^{mi} et benedictionibus aliisque rebus similibus. Quare anxius haeret, cum contradicens parocho discordiam excitet populique perturbationem, connivens legem Ecclesiae severe praecipientem graviter laedere vereatur.

QUAERITUR 1° quomodo decreta Sacrarum Congregationum obligent.
   2° num decreta S. C. contrarias consuetudines abrogent, admittive possit consuetudo contra illa decreta.
   3° unde dignoscatur gravis levisve legis obligatio et quid de Leandri perplexitate.

Solutio.

111   AD QUAESITUM 1^m R. 1. Decreta universalia cuiuslibet Congr. Rom. a Summo Pontifice confirmata et promulgata omnes obligant; decreta vero particularia, quae confirmari non solent, eos obligant, ad quos diriguntur: possunt autem omnibus doctrinalem normam omnino probabilem subministrare.

R. 2. Decreta S. Rituum Congr. sive particularia sive universalia confirmatione Summi Pontificis non indigent, sed sine ea obligant, ac si S. Pontifex ipse ea edidisset. Ita Summi Pontifices ipsi statuerunt. Cf. *S. R. C. decr. auth.* n. 2916, quod constat esse expresse a S. Pontifice confirmatum ex *Collect. Gardell.*[3] n. 5051 ad 7.

R. 3. Decreta S. Congregationum, quae non sunt nova lex, sed solum declaratio legis iam satis clarae, promulgatione non indigent, sed obligant post acceptam notitiam omnes eodem modo, sicut lex obligat, cuius est interpretatio. Distinguitur enim interpretatio *extensiva*, quae legem extendit ultra sensum clarum verbis iam contentum, et interpretatio comprehensiva, quae solum authentice declaret, quod iam consueto verborum sensu satis expressum continebatur.

112   AD QUAESITUM 2^m R. 1. Consuetudinem specialem legitime praescriptam nova decreta non abrogant, nisi hoc in decreto addatur. S. Alph. I, 109 universim dicit: "Per legem generalem non derogatur consuetudini speciali alicuius loci, nisi in lege mentio fiat illius consuetudinis, vel in ea revocetur quaecumque consuetudo."

R. 2. Immo si est legitima consuetudo immemorialis, haec non abrogatur, nisi eius fit mentio *specialis*. S. Alph. ibid.

R. 3. Contra legem ritualem in missali aliisve liturgicis libris iam exsistentem difficilius quidem est oriri consuetudinem legitimam, in aliis tamen rebus iisque minoribus facilius id fieri potest, cum in ritibus diversa et contraria in se possint esse honesta et rationabilia.

113   AD QUAESITUM 3^m R. 1. Sitne praeceptum grave an leve, repetendum est maxime ex ipsa re praecepta. Verba legislatoris, etsi innuunt *serium* praeceptum, nondum evincunt praeceptum grave; communiter quidem tum indicant praeceptum *pro subiectae materiae gravitate* grave aut leve.

R. 2. Quare, supposita etiam obligatoria vi decretorum S. Congr., Leander male infert se *graviter* laedere legem ecclesiasticam, si se parocho accommodet. Verba „mandamus" ex se quidem praeceptum dicunt; sed utrum sit grave an leve, desumi debet ex materia. Communiter autem agnitum est legem ritualem de *colore* paramentorum non esse rem gravem. S. Alph. VI, 378, dub. 5; similiter dic de aliis rebus. Neque verba „esse abusum eliminandum" de sola re gravi adhibentur.

R. 3. Universaliter autem agnoscitur res lege positiva Ecclesiae leviter prohibitas posse ex graviore aliqua ratione omnino licitas evadere. Eiusmodi causa sane est perturbatio pacis cum parocho et cum parochianis evitanda. Ergo ex hac sola ratione Leander secure et sine scrupulo se in his rebus levioribus parocho potest accommodare. Multo magis igitur, si forte accedit diuturna consuetudo; quam ne ipsa quidem Congregatio auferre intendit. Imprudenter potius Leander ageret, si omnia ad amussim verbis decretorum S. Congr. reformare vellet. Praestat lex naturalis servandae pacis et concordiae. Cf. *Decr. S. R. C. in Salisburg. (Collect. Gardell.*[3] n. 5531) d. d. 15 Febr. 1873, quo S. C. servari mandavit consuetudinem *ante et post* expositionem SS^{mi} et post distributam S. Communionem dandae cum SS. Sacramento benedictionis, quamquam utrumque est contra leges rituales universales.

DISPENSATIO A LEGE.

Casus. (32)

Laelius, cum aegre ferat ieiunium, adit parochum dispensandi causa. Parochus videt quidem aliam causam non subesse, nisi quod Laelius ipsum ieiunii incommodum aegre ferat. Ne vero eum contristet, dispensationem concedit. — Alias initio Quadragesimae febri correptus dispensationem tum a ieiunio tum ab abstinentia obtinuit. Mox a morbo recreatus dispensatione tamen per totum quadragesimale tempus utitur. — Dein ad legitimandam prolem sibi ex Anna natam obtinuit dispensationem ab affinitate secundi gradus et a voto castitatis in ordine ad ineundum matrimonium cum Anna: verum ante matrimonium contractum, immo, ut postea patet, ante dispensationem a confessario applicatam, proles moritur; matrimonium vero initur.

Quaeritur 1° quis possit in lege dispensare.
2° quid requiratur, ut licite et valide dispensetur.
3° quid de singulis dispensationibus Laelio datis dicendum.

Solutio.

Ad quaesitum 1^m R. 1. Per se ille superior solus potest dispensare, qui legem tulit, vel eius in munere successor: in legibus Ecclesiae universalibus solus R. Pontifex. Attamen ex concessione seu delegata potestate ii superiores immediate dispensare possunt, quibus expresse vel tacite commissum est.

R. 2. Hinc episcopi etiam sine speciali privilegio accepto in legibus communibus frequenter occurrentibus *cum singulis* dispensare possunt, atque praelati regulares cum suis subditis sic in ieiunio,

abstinentia, in Missa diebus festivis audienda etc. — Immo in *his* ex
consuetudine ipsi parochi solent dispensare posse. Singuli confessarii
autem non possunt dispensare, nisi iis specialiter haec potestas commissa fuerit; possunt tamen declarare, si deprehenderint adesse *causam
excusantem*.

R. 3. In rebus gravioribus, ut in impedimentis matrimonii, maxime
dirimentibus, recursus ad S. Pontificem per se requiritur: ex privilegio tamen episcopi pro diversis regionibus diversas accipere solent
facultates.

116 Ad quaesitum 2^m R. 1. Ut licite fiat dispensatio, semper requiritur aliqua rationabilis causa; in ipso legislatore haec generatim non
sub gravi requiritur; in aliis, quando de lege gravi agitur, sub gravi.
Th. m. I, 162; S. Alph. I, 178 et *Homo apost.* II, 46.

R. 2. Quoad valorem dispensationis legislator seu supremus
superior, *si ita vult*, potest valide sine causa dispensare; inferiores
non possunt valide sine causa, quia facultas non censetur iis data
ad merum libitum sed ad utilitatem.

R. 3. Causa autem, quae sufficiat ad validam dispensationem,
non tanta debet esse, quae per se excuset; sed *minor* sufficit, atque
etiam in dubio de sufficientia causae dispensatio peti potest et accipi.
S. Alph. ibid. n. 186. 192.

117 R. 4. Legislator seu supremus superior, etsi valide possit, tamen
non solet dispensare sine causa; quare in petitione dispensationis *causa*
adesse et exponi debet: quodsi fuerit falsa causa motiva, i. e. ea in
qua nitatur dispensatio, dispensatio est nulla.

R. 5. Aliud dicendum est de causa impulsiva, in qua non nititur
dispensatio, sed quae solummodo movit dispensatorem, ut facilius dis-
pensaret vel perpenderet causam motivam expositam. Si haec impulsiva causa falsa esse deprehenditur, dispensatio *data* non evasit
nulla; at antequam revera data est, ille, qui commissionem acceperat
dispensationis *dandae*, si factum cognoverit, debet iterum pro facultate licite danda recurrere. Exactiora in singulis casibus.

118 Ad quaesitum 3^m R. 1. In *primo* casu non adest iusta causa
dispensandi: quare, re in se obiective spectata, et Laelius petens
parochum et parochus obsecundans graviter peccavit, neque re ipsa
Laelius dispensatus est. — Facile tamen esse potest, ut bona fide
sit actum. Immo si Laelius in bona fide erat et difficilius visum sit
eum ad integram legis observantiam adducere, parochus potuit non
dispensando sed dissimulando rem transmittere, Laelium monendo, ut
saltem pro viribus atque, si nequiret quolibet die, saltem aliquoties
ieiunium servaret. Cf. Laymann l. 4, tr. 8, c. 3, n. 6, qui ait:
„Tametsi nulla ex dictis causis excusantibus re ipsa adsit, si tamen
bona fide *ac probabili ratione* adesse existimetur, atque idcirco aliquis
non ieiunet vel in nocturna coenula consuetam quantitatem excedat;
non potest culpae saltem condemnari ... Quamobren monet Caietanus, ut confessarii paenitentes suos non nimis urgeant, si rationem

aliquam, quae ipsis probabilis et iusta apparet, afferunt, cur in Quadragesima tantum bis vel ter in hebdomada ieiunent; ne forte si ipsis denique contradicant, vel numquam ieiunent, vel ob conscientiam gravius peccent, qui alioquin sine omni culpa vel saltem sine mortali fuissent."

R. 2. In *secundo* casu dispensatio corruit, si Laelius plane et ex integro convaluerat. Quamdiu vero causa dispensationis, i. e. morbus vel infirmitas ex morbo contracta, non totaliter cessavit, sed ex parte remansit, dispensatio sustinetur.

R. 3. In *tertio* casu, cum causa motiva totaliter cessaverit, antequam commissarius (confessarius) dispensationem Laelio impertitus sit, confessarii facultas eo ipso evanuit; quare dispensatio tum affinitatis, tum voti castitatis erat invalida, atque matrimonium subsequens nullum. Quodsi post dispensationem cum Laelio communicatam proles mortua esset, dispensatio ab affinitate effectum suum habuisset, siquidem impedimentum affinitatis esset ablatum, neque subsequens matrimonium invalidum. Dispensatio a voto castitatis, cum data sit non absolute, sed tantum ad hoc ut per matrimonium cum Anna ineundum proles legitimaretur, cessante fine cessavit, neque *licuit* amplius matrimonium illud inire, sed revixit castitatis votum. Cf. Th. m. I, 173.

DISPENSATIONIS ET DISPENSANDI FACULTATIS AMBITUS ET LIMES.

Casus. (33)

Licinius missionarius acceperat tempore missionum facultatem cum fidelibus „ex causa dispensandi in lege ieiunii, maxime quadragesimalis". Dispensat cum incolis loci et cum peregrinis idque etiam pro tempore, quo illi alibi versantur, tum a ieiunio, tum ab abstinentia carnium: immo Iulius, per ipsum a ieiunio dispensatus, eo ipso se immunem existimat a lege abstinentiae; etiam ipse Licinius in itinere ad missionem alterius dioecesis dispensat cum socio et secum ipso.

Quaeritur 1° quomodo intellegenda sit dispensatio et facultas dispensandi; rectene intellecta sit a Licinio et Iulio.

2° possitne fieri dispensatio cum peregrinis.

3° potueritne Licinius cum socio et ipse secum dispensare.

Solutio.

Ad quaesitum 1^m R. 1. Potestas dispensandi, utpote favor et gratia, late interpretanda est.

R. 2. Ipsa etiam dispensatio, quae cum tota communitate facta est, latam interpretationem patitur, cum sit quaedam legis ablatio et ad instar privilegii favorabilis.

R. 3. Dispensatio particularis, saltem ad instantiam partis facta, strictam habet interpretationem; censetur enim odiosum quid esse et

legis vulneratio; quare extendenda nullo modo est ultra id, quod verbis dispensationis necessario comprehendatur.
Cf. de his omnibus *Th. m.* I, 170 sq.; S. Alph. I, 194; Mazzotta, *De legibus* disp. 4, q. 1.

Hinc recte iudicavit *Licinius* se cum facultate dispensandi a ieiunio habere etiam facultatem dispensandi in abstinentia: quae ab abstinentia dispensatio, si sola fit, est partialis tantum ieiunii legis relaxatio; si fit cum relaxatione ieiunii, est ipsa dispensatio a ieiunio pleno sensu intellecta. Immo censeo Licinii potestatem etiam extendi ad relaxandam legem abstinentiae iis diebus, qui non sint ieiunii sed solius abstinentiae.

R. 4. Verum *Iulius* male iudicavit. Si enim stricte sumimus ieiunium, illud ab abstinentia distinguitur, atque unum sine altero potest observari observaturque hodie saepe in Ecclesia: quare debuit Iulius dispensationem *acceptam* de solo ieiunio intellegere, abstinentiam autem observare, quia Licinius de abstinentiae dispensatione nihil dixit.

121 AD QUAESITUM 2^m R. 1. Licinius bene potuit uti facultate dispensandi relate ad peregrinos. Nam facultatem habuit aut a Summo Pontifice aut ab episcopo. Si a Summo Pontifice, huic nulli fideles sunt peregrini, quippe in quos omnes habeat iurisdictionem ordinariam et immediatam; neque delegato suo censetur restringere facultatem ad personas certas, nisi exprimat: restrictio vero, quae in nostro casu sola in quaestionem venire potest, ea est, quae facta est pro iure absolutionis sacramentalis, videlicet ut adsit approbatio episcopi loci; quam adfuisse sane sumimus.

R. 2. Si Licinius facultatem habuit ab episcopo, etiam tum cum peregrinis dispensare potuit. Episcopus enim censetur *suam* facultatem communicare, quam late ipse eam habeat. Sed practice tuta est hodie sententia, episcopum posse, imprimis in casu necessitatis, etiam cum peregrinis in legibus ecclesiasticis communibus dispensare *dispensatione personali,* cuius causa non ex alieni loci circumstantia, sed ex circumstantia personae ducitur. Quam facultatem episcopis inesse potius ex consensu, saltem legali, supremi Ecclesiae pastoris, quam ex consensu episcopi peregrinorum repetierim. Ceterum extra casum necessitatis, quando peregrinus ad suam patriam redierit, consultum esse potest quaerere dispensationem a *proprio* episcopo eiusve delegato.
Cf. *Th. m.* I, 164; S. Alph. I, 158; Mazzotta l. c.; Marc n. 235.

122 AD QUAESITUM 3^m R. 1. Difficilius solvitur quaestio de dispensatione, quam dedit Licinius socio et sibi ipsi. Nam: 1) si ab episcopo ortum duxit facultas, haec finita missione cessavit, neque iam ab altero episcopo facultas aderat seu vim exercuerat. — Immo eo ipso, quod Licinius finita missione pedem ex dioecesi priore extulerit, iurisdictio cessavit.

Sed facultas dispensandi si ei qua confessario data est, exerceri non potest nisi in eos, in quos iurisdictionem interni fori habet: quamquam confessio sacramentalis re ipsa facta non requiritur, nisi restringatur usus facultatis ad *forum sacramentale*.

Regula *remota* seu *lex:* dispensatio.   61

R. 2. Si a Summo Pontifice habebatur facultas — ut contingere potest in missionario religioso, qui per suum superiorem facultatem a Summo Pontifice datam accipit — illud tempus missionum censetur intellegi de toto tempore, quod missionibus dandis destinatur, non excluso tempore itineris, quo ab una ad aliam missionem proficiscuntur; ergo ratione temporis facultas finita non erat. Sed neque finita erat ratione iurisdictionis, si socius fuit socius ordinis religiosi: nam etsi in non-religiosos ex defectu approbationis episcopi loci iurisdictio fuerit sopita, expedita tamen erat et mansit in socium ordinis. Quare cum eo ex iusta causa potuit dispensare.

R. 3. Verum nondum fit, ut secum ipse dispensare potuerit. Immo id negari debet, si qua confessarius dispensandi facultatem acceperit; nam ex eo in se ipsum eam non potuit exercere, quod in se ipse iurisdictionem confessarii non habet. Sed dispensandi facultas saepe latius intellegitur. Atque re vera, nisi restricta sit ad officium confessarii, dici debet facultatem universaliter datam aliquem etiam in se ipsum exercere posse, eo quod sit iurisdictionis voluntariae et gratiosae. Maxime quidem id valet pro iis, qui facultatem habent, quatenus in aliquo munere externo et publico sunt constituti, v. g. parochus, vice-parochus, rector, vice-rector; attamen ad eos non restringitur. Cf. S. Thom. Aq., *S. th.* 2, 2, q. 185, a. 8; S. Alph. III, 249. 258; Marc n. 235.

DISPENSATIO VITIOSA.

Casus. (34)

Aurelius, qui irregularitatem ex crimine et excommunicationem contraxerat, ficto nomine pro Titio petit apud S. Paenitentiariam dispensationem et facultatem „discreto viro confessario eligendo" committendam. Obtento instrumento, ea pro se utitur. — Alias cum dispensatione indigeret, primo tulit repulsam; sed post mensem mutato nomine denuo facit experimentum, exponens quidem fideliter causam, sed reticens repulsam; re vera facultatem obtinet. — Alias apud Paenitentiariam repulsam ita passus, ut omni spe excideret, periculum facit apud ordinarium, quem comperit ex privilegio apostolico eandem facultatem dare posse: quod, cum nihil dixerit de tentamine antea frustra facto, feliciter succedit.

Quaeritur 1° quae sit dispensatio obreptitia et subreptitia.
2° valeatne agendi modus Aurelii.

Solutio.

Ad quaesitum 1^m R. Obreptitia dicitur dispensatio, quae nititur in ratione seu causa motiva non exsistente seu falso enarrata. Subreptitia, quae habita est, cum silentio praetermissum sit in petitione aliquid, quod necessario exprimi debeat. Verum non raro utraque vox obreptitia et subreptitia promiscue adhibetur. Talis dispensatio invalida est. — Quaenam autem praeter veram causam motivam

necessario exprimi debeant, suis locis in diversis dispensationibus
dicetur. Cf. *Th. m.* I, 173.

124   Ad quaesitum 2^m R. 1. Apud Paenitentiariam semper ficto seu
tecto nomine petitur dispensatio seu facultas: ergo in hoc non consistit ulla obreptio vel subreptio. Petitur enim et datur dispensatio
pro homine ignoto.

R. 2. Si igitur causa recte exponitur, ne id quidem officere
videtur, quod ipse Aurelius sit, qui sub nomine Titii pro se voluerit
habere dispensationem seu facultatem. Verum si non ipsa dispensatio
et absolutio datur, sed *facultas* tantum dispensandi vel absolvendi
confessario committitur, qui excepta confessione facultatem exerceat,
Aurelius vi instrumenti recepti eligere quidem sibi confessarium talem
potest, sibi ipse dispensationem vel absolutionem dare non potest.
Quod observa quoad primum casum.

Aliud iudicium aliquando ferendum est, si agatur de Titio homine
religioso, qui a suo superiore petit pro certo quodam facultatem, v. g.
ut absolvatur a reservatis, cum ipse sit, qui velit absolvi. In hoc enim
casu fieri omnino potest, ut concessio superioris nitatur in eo, quod
fidat Titio in officio quod ut confessarius gerit: haec autem ratio
nulla esset, si Titius ipse indigeret absolutione, cum suus ipse confessarius esse nequeat.

125   R. 3. Neque id, quod semel tulerit repulsam, sequentem dispensationem facit subreptitiam: quilibet enim superior dispensat, si
dispensat, propter causam exsistentem: quae si vera fuit, valet dispensatio; neque tamen tenetur semper, exsistente causa sufficiente,
dispensare. Quare impossibile non est, ut in una eademque causa
modo superior se sinat exorare, modo non.

R. 4. In rigore ne in ultimo quidem casu dispensatio tamquam subreptitia et invalida considerari debet. Nam si ipsa causa
fideliter exponitur, facultas delegata non est propterea restricta vel
sublata, quod ipse superior vel causam pro non sufficiente habuerit,
vel ex quacumque ratione noluerit petitioni acquiescere. Delegans
enim delegato committit iudicium de causae sufficientia: quam si
sincere putaverit exsistere, dispensandi potestate licite et valide uti
potest.

Quodsi dicis in nostro casu ordinarium certe daturum non fuisse
facultatem seu dispensationem, si scivisset repulsam datam a Paenitentiaria: id rem non mutat. Summum enim haec fuisset causa impulsiva, cur non daret; causa motiva, cur daret et dederit facultatem,
est ipsa ea, quam ab Aurelio sincere expositam sumimus. Sed error
in causa impulsiva secundum theologorum doctrinam non facit dispensationem seu favorem invalidum. Ut licite quidem procedatur,
debet, animadverso errore in causa impulsiva, saepe novus fieri recursus; sed repulsa quam quis apud alium superiorem passus fuerit
declaranda quidem dicitur aliquando in iure regularium, quando ipsi
ab aliquo superiore facultatem quandam petant vel relaxationem
regularis disciplinae; non in iure universali Ecclesiae. Cf. S u a r e z,

De legibus 1. 6, c. 22. Similiter quid reperies apud D'Annibale, *Summula*³ I, 77, not. 63; Gasparri, *De matrim.* n. 410.

Aliter omnino dicendum est, si quam causam certam et determinatam tribunal superius sive S. Sedes ad se traxit, eam subtrahens cuilibet tribunali inferiori; cuius potestas in tali casu plane est suspensa. Neque causa reiecta ab una S. Congr. Rom. *alteri* S. Congr. proponi potest ex decr. Innoc. XII *„Ut occurratur"* 4 Iun. 1692: cf. Wernz, *Ius decret.* I, n. 154.

DISPENSATIO ET EXCUSATIO.

Casus. (35)

Africanus, mala utens valetudine, ex ieiunio et abstinentia timet gravius aliquod incommodum; atque etiam ex recitatione breviarii febris maiorem vim et repetitionem. Dubitat autem, num revera tanta sit causa, quae ipsum sine dispensatione excuset, sed ad superiorem, qui dispensare possit, nunc non patet tam cito recursus.

QUAERITUR 1° quaenam causa sufficiat ad dispensationem.
2° quid de Africano dicendum sit.

Solutio.

AD QUAESITUM 1ᵐ R. 1. Ad dispensationem tanta causa certe non requiritur, quanta ad excusationem a lege: alioquin inutiliter dispensatur. Excusat vero per se timor alicuius mali relative gravis, si quod cum observatione legis per accidens coniungitur; ad dispensandum igitur eiusmodi incommodum non potest requiri, sed sufficit incommodum longe minus atque omnis rationabilis causa alicuius boni non levis momenti consequendi.

R. 2. Quare etiam communiter docent, in dubio, num causa, quae alioquin certo exsistit, sit sufficiens, posse superiorem dispensare, ne nimis odiosa sit potestas et scrupulosa inquisitio. S. Alph. I, 192.

R. 3. Si adest quidem causa, sed, quae num per se excuset, iure dubitatur, quaerenda est dispensatio. Verum si probabiliter iudicatur, etsi non omnino certo, eam causam per se excusare neque indigere dispensatione: in rigore dispensatio necessaria non est. S. Alph. l. c. ait: „In dubio, *an casus indigeat dispensatione,* sive dubium sit negativum sive positivum, potest subditus uti sua libertate." Quod eo magis verum est, quando per legis observantiam malum aliquod timetur.

AD QUAESITUM 2ᵐ R. Si Africani timor est fundatus, potest tuto se pro excusato habere, sive ex proprio iudicio sive ex iudicio alius viri prudentis, tum in lege ieiunii et abstinentiae, tum in lege recitandi breviarii. Si superior facile adiri possit, in eiusmodi dubiis convenit quidem eum adire eiusque iudicio vel dispensationi se submittere.

Certe in rationabili timore non est scrupulose procedendum; nam timor nocumenti aliquando adeo fundatus esse potest, ut imprudentiae esset, sese illi periculo committere.

PRIVILEGIUM EIUSQUE USUS.

Casus. (36)

1. Dorotheus sacerdos, aetate et infirmitate fractus, privilegium accipit habendi oratorii privati, in quo possit celebrare. Verum per annos nullum exstruxit atque ita plerumque etiam diebus dominicis et festis tum dicendae tum audiendae Missae defuit; tandem sacellum quidem construxit, sed cum leviter aegrotat ita ut domo exire nequeat, Sacrum celebrare etiam in sacello renuit, quod privilegio utendi non sit obligatio.

2. Similiter Claudius religiosus ratiocinatur se audiendo Missam in sacello domestico conventus non satisfacere praecepto Ecclesiae nisi per privilegium. Quo uti non vult; domo exire superior rogatus, qui causam nescit, minime permittit: quare Claudius Missae non assistit. Postea, sacerdos factus et confessionibus excipiendis addictus, duellantes et francomurarios paenitentes non absolvit, quamquam potestate eos absolvendi legitime instructus est.

QUAERITUR 1° possitne aliquis pro libitu privilegio uti sive renuntiare.
2° quid de casibus propositis dicendum sit.

Solutio.

128 AD QUAESITUM 1ᵐ R. 1. Per se loquendo generatim nemo tenetur uti privilegio suo, quia privilegium favor est, non onus. Ita quidem, si est personale privilegium; nam si non personae privatae, sed communitati, ordini, statui aliquod privilegium datum est, singulis liberum non est ei renuntiare; proin fieri potest, ut eo uti *debeant*.

R. 2. Per accidens etiam fieri potest, ut obligatio aliqua utendi privilegio oriatur, scilicet si, occurrente causa, caritas erga proximum, honor divinus etc. usum exigant.

129 AD QUAESITUM 2ᵐ R. 1. In rigore Dorotheus non tenebatur erigere oratorium seu instruere aptum locum divino tantum cultui destinatum; quare si quando legitime impeditus erat foras exire, ab obligatione Missae diebus festis seu dominicis excusatus erat. — Verum si diu, per annum vel ultra, sic erat impeditus, domi tamen celebrare poterat, non plane ad libitum licuit abstinere. Ecclesiastica quidem lex eum revera non affecit, sed urgebat lex divina, qua *aliquoties* celebrare vel saltem Missae assistere debuit. Quoniam igitur privilegio suo hanc divinam legem potuit implere, idque sine adeo magna difficultate, id saltem faciendum erat.

130 R. 2. Exstructo sacello, facilius quidem tenebatur diebus praeceptis celebrare, si potuit, ita ut saltem non posset frequentius abstinere. Videlicet dissident quidem hac in re gravissimi Doctores. Est communis omnino sententia, necesse non esse expensas alicuius momenti facere vel gravius incommodum subire, ut per usum privilegii lex ecclesiastica, alias observatu impossibilis, re ipsa impleatur. Verum si sine incommodo vel cum levi incommodo levibusque expensis fieri possit, ut per usum privilegii, quo fruar, legem ecclesiasticam possim implere, secus non possim: S. Alph. (III, 324) cum Lacroix

(l. 3, p. 1, n. 676,) Lugo, Tambur., Gobat (auctoribus alioquin satis benignis) censent me teneri, eo quod non habeam causam a lege excusantem; alii, ut Suarez, auctor gravissimus, Filliucci, Castropal., Salmanticenses etc. putant etiamtum me non teneri lege, quatenus ecclesiastica seu humana est, si alias quam per privilegium legem implere non possim, siquidem privilegium detur ut favor, non ut onus. En verba S. Alphonsi: „Recte autem docet hic Busenbaum, et est commune . . ., quod habens privilegium oratorii non tenetur sacerdotem conducere, ut Missam ipse audiat. Sed quid, si Missa iam dicatur gratis vel facile gratis haberi possit? Suarez, Merol., Escob., Pelliz. etc., Salmanticenses cum Filliuc., Pal., Trull. putant adhuc non teneri Missam audire, si alias erat excusatus, quia privilegium datur ut favor, non ut onus; et ideo nemo tenetur uti privilegio suo; nam aliter privilegium redderetur gravosum. Probabilius tamen eum teneri dicunt Contin. Tournely et Lacroix cum Lugo, Tambur., et communiori, ut asserit. Ratio est, quia, licet non teneatur quisque uti privilegio suo, tenetur tamen satisfacere praecepto, dum potest sine notabili incommodo. Et idem dicendum puto cum Contin. Tournely, si modico stipendio possis conducere sacerdotem, quia quisque tenetur leve pati incommodum, ut praecepto satisfaciat."

Quibus consideratis, si in frequentiore omissione Sacri non iam sola lex ecclesiastica, sed aliquantum etiam ipsa lex divina in quaestionem venit, vix eum ab omni culpa excusarem, qui, si sine novo incommodo possit, privilegio sacelli iam exstructi non uteretur. Nolim tamen dicere *singulis vicibus* eum re vera obligatum esse, ut uteretur sacello domestico, si in ecclesia celebrare eamque adire impossibile erat. Laudabile sane non erat umquam Sacrum omittere; immo agendi ratio Dorothei eum videtur arguere satis magnae neglegentiae et tepiditatis in cultu divino.

R. 3. Quoad *alterum* casum Claudius sine dubio peccavit; immo 131 difficile est etiam subiectivam ignorantiam admittere, qua excusetur. Per acceptationem enim et usum privilegii a superiore seu ipso ordine factam pro singulis religiosis oratorium iam factum est legitimus locus, quo possint vel debeant praecepta divina et ecclesiastica implere. Immo ne liceret quidem generatim superiori, privilegii usum suspendere atque omnes suos subditos mittere in urbem, quo impleant ecclesiastica praecepta; siquidem id foret contra quietem et disciplinam religiosam, quam SS. Pontifices concedendo illud privilegium fovere voluerunt. Quare, etsi in particulari casu superior alicui subdito permittere potest, ut domo exeat et in ecclesia urbis Missam audiat; tamen negando licentiam exeundi tacite imponit ipse obligationem praecepto ecclesiastico in sacello domestico satisfaciendi. Procurare enim, ut subditi praecepto illi satisfacere possint, ipsius obligatio est gravis.

R. 4. Circa usum privilegii, vi cuius Claudius habuit facultatem 132 duellantes et francomurarios absolvendi a censura: generatim quidem caritas eum usum postulat vel suadet, si modo paenitentes vere dispositi sunt. — Attamen sitne consilium an obligatio, eaque gravis an levis, pendet imprimis a necessitate, in qua paenitens exsistit. Si enim *gravis est* paenitentis *necessitas* spiritualis, a qua per alium nunc non possit satis bene eripi, Claudius obligatur per caritatem, ut succurrat, cum re ipsa facile possit; alias obligatio non est. Immo si Claudius iudicat per dilationem absolutionis et necessitatem recurrendi ad superiorem paenitentem efficacius deterreri a relapsu, laudabiliter omnino ab usu privilegii abstinuit. Sed in praxi saepe dubitari potest, num tale remedium iuvet, cum possit e contrario nocere.

DE PECCATO.

ADVERTENTIA AD PECCATUM NECESSARIA.

Casus. (37)

Didymus sic ratiocinatur: Peccatum proprie dictum est voluntaria transgressio legis divinae; at infideles Deum Deique legem ignorant; ergo peccatum proprie dictum non committunt, quia nihil est volitum, nisi praecognitum.

De fidelibus autem omnino severius iudicat: sufficit habitualis legis divinae prohibentis cognitio. Hinc in omnibus hisce casibus sine ulteriore disquisitione damnat Carpum, qui a) antea libidinosae vitae deditus, etiamnunc diutius pravae cogitationi et delectationi inhaesit; b) affectus irae et invidiae mente volvit, c) nuper subitanea ira exardescens in ludo alterum percussit, d) inconsiderate iurare consuevit, idque aliquoties etiam sine veritate; e) semel die dominica ex neglegentia distulit Sacrum audire usque ad horam duodecimam, cum subito audit istam seram Missam iam a medio fere anno cessasse, ultimam Missam nunc esse hora undecima.

Quaeritur 1° quaenam cognitio et advertentia requiratur ad peccatum, speciatim ad peccatum mortale.

2° quid dicendum sit de iudicio Didymi.

Solutio.

Ad quaesitum 1^m R. 1. Ad quodlibet peccatum aliqua cognitio et advertentia actualis requiritur: attamen sufficit imperfecta et confusa. Quod ita verum est, ut in rigore recte non dicatur sufficere ad constituendum peccatum, ut agens — id quod aliqui volunt — potuerit et debuerit attendere; nisi hoc modo exprimatur vere adfuisse actualem aliquam advertentiam ad obligationem maioris cautelae adhibendae: quod sane sufficit. *Th. m.* I, 232.

R. 2. Ad peccatum veniale sufficit quaelibet etiam imperfecta attentio ad malitiam utcumque deprehensam.

R. 3. Ad peccatum mortale non solum obiectum in se grave requiritur, sed etiam tum plena et perfecta attentio ad rei illiceitatem, tum eiusmodi attentio ad rem ut *graviter* malam seu ad gravem deordinationem. Adeo ut, si quis rem ut malam quidem cognoverit, sed nullo modo, ne dubitando quidem, eam ut *graviter* malam attenderit: ille non mortaliter sed venialiter tantum peccaverit. *Th. m.* I, 238. Quod tamen de peccatis aperte et evidenter gravibus sumi non debet.

134 R. 4. Explicita autem vel reflexa cogitatio *de Deo ut prohibente* necessaria non est, ut peccatum, etiam mortale, committatur. In homine quidem christiano ceteroquin timorato solet quidem simul excitari cogitatio de ira Dei incurrenda, de reatu poenae aeternae, vel de similibus: attamen in rigore sufficit perfecte percepisse dictamen conscientiae, quod pronuntiaverit rem ut graviter malam seu ut gravem deordinationem contra rationalem ordinem. Hoc brevissimo iudicio fieri potest, neque requiritur diuturnior reflexio. Immo si quis serio dubitat de gravi rei malitia, eamque dubio non deposito nihilominus peragit, peccat graviter. *Th. m.* I, 235.

135 R. 5. Plena seu perfecta advertentia ab imperfecta comparationibus quibusdam discerni potest. Sic *imperfecta* advertentia censetur adfuisse: 1) si quis semidormiens vel semiebrius fuit; 2) si *quasi* semidormiens leviter tantum apprehendit vel quasi per distractionem tantum rem cogitavit; 3) si vehementi passione vel distractione perturbatus non plene sui compos fuit; 4) si quis post factum, rem melius considerans, statim iudicat se omnino non fuisse facturum, si rem antea ita considerasset; si post pleniorem advertentiam ad tentationem statim eam repulit vel statim angitur. *Th. m.* I, 236; Elbel I, 578.

136 Ad quaesitum 2ᵐ R. 1. Male iudicavit Didymus, i. e. iusto benignius, de peccatis infidelium. Accidere quidem potest, ut in quibusdam actionibus, quas per fidem et rectam rationem novimus certo esse peccata mortalia, ipsi gravem malitiam non deprehendant: atque ita in quibusdam peccatis, etiam contra sextum praeceptum, excusari possunt a subiectiva malitia mortali. Verum sunt etiam permultae actiones, quas non possunt non apprehendere ut graviter contrarias rationi et conscientiae; quas si nihilominus agunt, graviter peccant. De quo cf., quae egregie S. Paulus scribit *ad Rom.* 2, 15: „Qui ostendunt opus legis scriptum in cordibus suis, testimonium reddente illis conscientia ipsorum, et inter se invicem cogitationibus accusantibus, aut etiam defendentibus." Immo haec conscientiae vox factum est quoddam irrecusabile, quocum vel leviter cogitanti quasi sponte idea Dei coniungitur; quae, si usque ad ipsam Dei cognitionem certam non evolvitur, culpa est ipsius hominis, quippe qui, evoluta ratione utens, in ignorantia Dei inculpabili diu esse nequeat. Cf. quae hac de re iam dicta sunt supra casu 8, ubi etiam habes argumentum desumptum ex thesi ab Alex. VIII die 24 Aug. 1690 proscripta: „Peccatum philosophicum seu *morale* est actus humanus disconveniens naturae rationali et rectae rationi; theologicum seu *mortale* est transgressio libera divinae legis: philosophicum, quantumvis grave, in illo, qui Deum vel ignorat vel de Deo actu non cogitat, est grave peccatum, sed non est offensa Dei, neque peccatum mortale dissolvens amicitiam Dei, neque aeterna poena dignum." Unde sequitur hanc distinctionem inter philosophicum et theologicum peccatum practice esse fictitiam, atque etiam infideles re ipsa committere peccata contra Deum aeterna poena digna. Cf. *Th. m.* I, 235.

R. 2. Severius autem Didymus iudicavit de Carpo. Nam quoad 137 *primum* casum, si serio se ex prava vita convertit, fieri omnino potest, ut *satis diu* inhaereat cogitationi et delectationi pravae, antequam re vera plena adfuerit mortalis malitiae advertentia: de quo vide supra n. 31.

Quoad *secundum* casum dic idem, nimirum num revera *post* plenam advertentiam gravi invidiae vel desiderio mali proximis oriundi inhaeserit, indagari debet.

Similiter quoad *tertium* casum, si actio ita subitanea erat, ut de ea vix peracta, statim doluerit, certe non commissurus, si rem considerasset: censendum est abfuisse plenam advertentiam ac proin grave peccatum non fuisse.

Quoad *iuramenta* certe adest gravis obligatio adlaborandi ad huius consuetudinis exstirpationem, praecipue cum Carpus in periculo sit aliquoties peierandi. Quodsi serio ad vincendam consuetudinem laboraverit, atque in singulis casibus, quando contra veritatem iuramentum protulit, id fecit, antequam satis adverterit: excusandus erit a peccato gravi. Aliter autem, si videlicet consuetudinis vincendae conatum non fecit, vel si ad periurium satis advertit, mortalis peccati reus est.

Quoad *quintum* casum, si res est, sicut narratur, a peccato proprie dicto Carpus excusandus est. Nam non dubitavit, quin hora duodecima adhuc Sacro interesse posset; neque in mentem ei venerat se hac dilatione sese exponere periculo Sacro omnino carendi.

PECCATUM CUM ADVERTENTIA VEL EX PRAECIPITANTIA.

Casus. (38)

Anna vehementem pudorem sentit manifestandi aliquod peccatum. Post confessionem diu dilatam demum statuit nacta opportunitate apud extraneum confessarium totam rem exponere. In ipsa confessione gravius etiam pudore agitata cunctatur rem dicere; in fine interrogata, num quid aliud habeat, dicit: „nihil, puto, singulare" optans intra se, ut animum concipiat clare et sincere loquendi. Ilico confessarius Annam anxiam et agitatam absolvit; sed vix absolutionis verba finiverat, cum Anna dicit: „sed volui addere, nihil singulare, nisi hoc et hoc peccatum, quod manifestare me diu pudebat".

QUAERITUR 1° quid in hoc casu agendum sit.

2° peccaveritne Anna graviter defectu sinceritatis.

Solutio.

AD QUAESITUM 1ᵐ R. 1. Responsum facile est, sed potius spectat 138 ad ea, quae in tractando sacramento paenitentiae dicenda sunt. Videlicet sine dubio absolutio denuo danda est, neque confessarius contentus esse potest absolutione iam data, sive haec invalida sive valida fuit. Certo enim aliquod peccatum nondum clavibus subiectum, scilicet cuius antea Annam pudebat, nunc clavibus subicitur.

R. 2. Fortasse etiam aliud peccatum nunc patratum, sacrilega peccati reticentia, absolutione delendum est, si modo nunc sincerus dolor renovatur vel concipitur. Quodsi revera Anna sic peccaverit, longe magis urget necessitas, ut absolutio detur denuo.

139   Ad quaesitum 2^m R. 1. Obiective peccatum grave adesse certissimum est, cum sit mendacium grave sacrilegum, si quis peccatum aliquod mortale, cuius conscientia adest, sine iusta causa in confessione reticeat; neque iustam causam adfuisse clarissime patet.

R. 2. Subiective re considerata, peccasse Annam nunc mortaliter non plane certum est. Si solum ex perturbatione et praecipitantia dixerit nihil sibi restare singulare dicendum, volueritque statim addere: *„nisi certum hoc peccatum, quod proferre vereretur"*, atque ab actione sacerdotis ilico succedente impedita fuerit, quominus id in sua perplexitate tam cito faceret; censeo Annam a gravi peccato immunem mansisse propter defectum plenae advertentiae plenique consensus.

Si vero Anna, cum diceret nihil singulare sibi dicendum restare, absolute decreverat peccatum illud probrosum silentio premere, peccatum mortale sacrilegii commisit, etsi statim post finitam absolutionem animum mutaverit. In praxi de peccato sacrilegii commisso in tali casu saepe timeri saltem debet; ac propterea ne dubia maneat subsequens absolutio, a paenitente novus dolor de peccatis concipiendus est novumque propositum non peccandi de cetero, imprimis non peccandi umquam sacrilega peccati in confessione reticentia.

SPECIFICA PECCATORUM DISTINCTIO.

Casus. (39)

Dunstanus in confessione ita se accusat: „Bis omisi ieiunium praescriptum; quinquies mense Octobri omisi rosarium recitandum; semel decem marcas furatus sum." Res nimirum ita se habuit: Fer. VI et sabbato confessarius imposuerat Dunstano ieiunium pro paenitentia sacramentali, sabbato illo autem erat simul vigiliae ieiunium, quod etiam vi voti in honorem B. M. V. se perpetuo servaturum Dunstanus promiserat; rosarium mense Octobri recitare etiam confessarius iusserat; furtum istud Dunstanus fecerat effringendo capsam in ecclesia eo fine, ut sese inebriaret: quod, amissa pecunia, exsecutioni datum non est.

Quaeritur 1° quae sit norma specificae peccatorum distinctionis.
2° num Dunstanus species satis declaraverit.

Solutio.

140   Ad quaesitum 1^m R. Regula distinguendae malitiae specificae una est haec: „Exsistunt malitiae specifice diversae, quando leges formaliter diversae vel ex diverso motivo et fine vel ex diversa potestate latae violantur"; alia regula est: „Malitia specifice diversa habetur, quando diversae virtutes vel eadem virtus modo moraliter diverso violantur." Modo una, modo altera regula applicatu facilior est.

Hinc fieri omnino potest, ut in una eademque actione complures reperiantur malitiae distinctim in confessione explicandae, quia tum res ipsa contra diversas leges diversasque virtutes potest impingere, tum circumstantiae personae, loci, temporis etc. novam specificam malitiam secum trahere possunt.

AD QUAESITUM 2^m R. 1. Dunstanus minime satisfecit legi con- 141 fitendi integre seu peccata commissa accusandi secundum species suas infimas.

In *primo casu* omittens ieiunium die sabbati plura commisit peccata omnino distincta. Diversa enim est lex ecclesiastica, diversa lex confessarii, diversa lex voti; violatur enim propter legem Ecclesiae virtus temperantiae, propter legem confessarii virtus paenitentiae, propter voti legem virtus religionis: hinc una hac ieiunii omissione tria peccata mortalia committuntur. *Th. m.* I, 240; Aertnijs l. 1, n. 223, Q. 1.

R. 2. In *altero casu* debuit Dunstanus omnino addere agi de omisso rosario pro paenitentia sibi iniuncto: alioquin nemo intellegit fuisse omissionem rei sub peccato debitae.

R. 3. In *tertio casu* tum circumstantia loci, tum circumstantia finis omnino addit novas malitias easque per se mortales ultra malitiam simplicis furti. Neque refert finem intentum casu exsecutioni datum non esse; nam in ipso furto malitia finis iam contracta est animo.

DISTINCTIO SPECIFICA IN PECCATIS INTERNIS.

Casus. (40)

Darius in conferentia sacerdotum circa distinctionem malitiae diversae in peccatis internis exprimendae vel a confessario interrogandae ita contendit: in meris cogitationibus et delectationibus sufficit supremam speciem obiecti explicasse, videlicet utrum luxuriae, an invidiae, an odii etc. fuerint; reliqua superfluum esse indagare. Lysias e contrario contendit et obiectum infimae speciei et quaslibet circumstantias in ipso opere, si fieret, speciem mutaturas, etiam in hisce internis peccatis, accusari debere.

QUAERITUR quis iudicaverit recte.

Solutio.

AD QUAESITUM R. 1. Darius sane laxius rem considerat. Quis 142 enim est qui negare possit aliud esse gaudium sumere de cogitata mera fornicatione, aliud de sodomia, vel immo de bestialitate. Et quamquam in aliis peccatis *fere* sufficit expressisse grave odium, gravem invidiam, nisi forte adfuerit voluntas et desiderium malum aliquod *inferendi:* in materia luxuriae tamen ex multiplici capite species infimae mutantur vel augentur. Ceterum etiam in odio, si erga proxime cognatos versatur, nova malitiae species contrahitur.

R. 2. Lysias, utut theoretice rationes non spernendas pro sua opinione adducere potest, eam tamen non evincit et practice severius iudicat, onus saepe intolerabile imponens et paenitenti et confessario.

Si enim agitur de gaudio certi peccati patrati vel de desiderio peccati certi externi: sane omnes circumstantias huius *externi* peccati, quae speciem mutant, etiam in isto gaudio et desiderio declarari debent, quia peccatum illud totum approbatur, prout est in rerum natura.

Verum si de luxurioso desiderio inefficaci peccandi in genere agitur, certa persona menti non obversante, vel de libidinosa delectatione ex obiecto turpi cogitato libere capta: sane non constat omnes circumstantias externi peccati vel obiecti commovisse vel auxisse delectationem pravam; quodsi non apprehensae fuerint ut delectabiles, non videtur harum circumstantiarum malitia contracta. Magis etiam theologi satis graves dicunt: in simplicibus delectationibus delectationem ferri solere in communem delectationem libidinosam vel in eam, in quam res cogitata naturaliter compleatur; nisi igitur specialis complacentia capta sit ex aliqua circumstantia, sufficere ut sciatur, utrum cogitatio tenderit in peccatum naturale an in innaturale; quodsi posterius, in quale tenderit. Ita fere Reuter, *Theol. mor.* p. 2, n. 209; Arriaga, *De peccatis* d. 47, sect. 4, aliique: quos vide in *Th. m.* I, 256. Accuratius haec postea dicentur in explicando decalogi praecepto *sexto*.

DESIDERIA CONDICIONATA.

Casus. (41)

Evergistus multa fovit inutilia *desideria: vindictae,* si eam sumere liceret; *fornicationis,* si Deus concederet; *vitae coniugalis,* si matrimonio iunctus neque voto ligatus esset; *ebrietatis,* si inadvertenter tantam copiam liquoris sumere posset.

Item *gaudet,* quod nuper ieiunii legis inscius bene pransus et cenatus sit, quod frater maior morbo correptus et defunctus atque ipse nunc heres principalis bonorum paternorum evaserit; quod nuper ebrius fecerit incendium atque ita per societatem assecurationis novas aedes pro veteribus recipiat et vicinum pauperem ad condicionem longe meliorem evexerit.

Quaeritur 1° liceatne aliquid peccaminosum desiderare sub condicione quod liceat.

2° liceatne gaudere de actione mala ut causa effectus boni.

3° quid de variis desideriis et gaudiis Evergisti dici debeat.

Solutio.

143 Ad quaesitum 1ᵐ R. 1. Generatim dici debet *condicionatum* desiderium rei alioquin malae malum non esse, si condicio apposita malitiam a re aufert. Ita desiderare ea, quae sola lege positiva prohibita sunt, sub condicione legis non exsistentis, ex sese malum non est.

R. 2. Attamen ea, quae intrinsecus mala sunt neque licita evadere possunt umquam, per appositam condicionem „si liceret" non evadunt re ipsa honesta, cum condicio sit plane impossibilis. Desiderium igitur huius rei utcumque condicionatum continet affectum rei malae, atque peccaminosum est. Hinc est, quod eiusmodi affectus odii Dei, blasphemiae voluntarie conceptus sit et maneat *mortale* peccatum. Aliter tamen dicendum de desideriis, quae non includunt deliberatum affectum in rem graviter malam, sed solum indicant *propensionem naturalem,* qua facile soleat oriri prava concupiscentia. Sic qui dicens „ultionem sumerem de inimico, fornicarer etc., si peccatum non esset" nollet quidem haec non esse peccata, sed manifestaret se tam vehementem harum rerum appetitionem sentire, ut eam non superaret nisi consideratione peccati et aeternae poenae reatus, qui incurreretur: — sane non peccaret graviter, immo ex se neque leviter. Cf. S. Alph. V, 13; Marc n. 349.

R. 3. Etsi obiectum, *quod* desideratur, per appositam condicionem evadat licitum; fieri tamen potest, ut praesens desiderium ut affectus sensibilis peccaminosum dici debeat. Ita desiderium actus carnalis sub condicione quod mulier sit ipsius uxor, non ex obiecto condicionato malum est, sed ex praesenti affectu libidinis ob eiusque periculum.

Ad quaesitum 2^m R. 1. Certo licet gaudere de effectu bono in se spectato; nam quod causam habuerit malam, effectui non inhaeret neque facit eum malum vel non appetibilem.

R. 2. Certo non licet de causa illa mala, ut est in se, gaudere; nam quod effectum bonum produxerit, non est ratio, cur aliquod in se malum appeti possit. Sicut enim non licet facere mala, ut eveniant bona, ita neque licet mala cupere.

R. 3. Si sumitur actio seu causa illa mala, non ut est in se, sed sub formali conceptu causae alicuius boni: etiam illicitum est tum saltem de ea gaudere, quando proportio non est inter effectum et causam. Nam si praeferam illum effectum bonum, seu si illum effectum bonum potius velim, quam nolim causam malam, eo ipso fit, ut ordinem caritatis vel etiam iustitiae aliusve virtutis laedam.

R. 4. In aliis casibus alii aliter loquuntur. Verum multum videtur lis de verbo esse; nam detestans actionem malam possum nihilominus omnino honeste gaudere, quod haec ipsa actio mala produxerit aliquod bonum, seu gaudere de hac quae actioni ceteroquin malae insit condicione, causandi scilicet boni. Quod magis valet de actione materialiter quidem contra legem, sed ab agente inculpabiliter posita, eaque tali, ut obiectivam malitiam intrinsecam non retinuerit. Cf. Bucceroni, *Institutiones* I, *de pecc.* I, 8; *Th. m.* I, 24; Marc n. 353.

Ad quaesitum 3^m R. 1. In desideriis *vindictae* et *fornicationis* Evergistus sane recte non egit. Verum si re ipsa non coxit odium vel libidinem, sed inclinationem suam involuntariam tantum prodere voluit, non peccavit mortaliter neque proprie loquendo desideravit. Busenb. apud S. Alph. l. V (al. II), 13.

In desiderio condicionato vitae coniugalis, si fuerit deliberatum desiderium appetitus sensitivi, Evergistus aperte periculum praesentis libidinis incurrit, vel ipsam libidinem fovit; hinc mortaliter peccavit.
— Immo solius voluntatis desiderium non mere transitorie concipere, sed deliberate cum mora fovere grave inducit periculum, ideoque Evergisto erit per se graviter illicitum.

Desiderium ebrietatis est graviter peccaminosum; nec iuvat condicio apposita, si eam inadvertenter in se posset producere. Nam, utut disputatur, liceatne aliquando ob gravem causam alterum inebriare, id omnes fatentur sine gravi causa hoc graviter peccaminosum esse, etiamsi alter inebriandus non peccet subiective. A pari ratione eiusmodi *factum* propriae ebrietatis graviter peccaminosum est, quando *intenditur;* aliis verbis, eius desiderium per se grave peccatum dici debet.

146 R. 2. Ad varia gaudia Evergisti quod attinet: *primum* gaudium, cum non sit de laesa lege, sed de bono prandio, a culpa excusatur. *Alterum* gaudium de morte fratris clare violat ordinem caritatis, cum infima bona fortunae praeferantur summo bono temporali fratris: (licebit tamen, abstrahendo a fratris morte, de propria hereditate gaudere). De *tertio* gaudio creati a se incendii difficilius erit certi aliquid statuere. Si de incendio casu, v. g. fulmine, exorto ageretur, nemo culpae verteret Evergisto gaudium de proprio levamine et de levamine vicini sui; neque in eo laesionem caritatis quis videret, quod horum levamen damnum sit societatis assecurationis. Verum essentiale discrimen adesse non videtur, sive naturali casu sive humana inadvertentia creatur incendium. Quare de *incendio isto* obiective sumpto propter bonos effectus gaudere peccatum non videtur esse; de actione autem sua subiectiva materialiter mala gaudere non licet. — De ipso autem incendio etiam gaudere non liceret Evergisto, si ante ebrietatem praevidisset se in ebrietate incendium excitaturum. Nam in hoc casu ipse ille effectus pro culpa Evergisto imputandus esset; de eoque gaudere esset gaudere de peccato commisso.

VITIA CAPITALIA.

SUPERBIA.

Casus. (42)

Rufa omnem fastum muliebrem adamat; se aliis pulchriorem esse vehementer gaudet; famulas et pauperes satis aspere et superbe alloquitur; devotionem tamen — quippe quod ad consuetudines moresque pertineat — frequentia Sacramentorum colit, ne in hac etiam re aliis sit inferior.

Rufinus, se alios talentis et prudentia praecedere ratus, altiora officia quaerit et ambit, atque ingenium suum et dexteritatem quavis occasione data prae se fert; gloriatur etiam, falso quidem, quod decies duellum habuerit, quod per quinque annos pedem in ecclesiam non intulerit, neque etiam in periculo mortis se velle, ut sacerdos vocetur; indignum enim esse hominem rationalem, ipsum sui iuris, caecae auctoritati se submittere. Hoc loquendi et gloriandi modo sibi viam parare putat ad honores.

Quaeritur 1° quae sit superbia.
2° quando superbia sit peccatum mortale, quando veniale tantum; quando iactantia.
3° quomodo peccaverint Rufa et Rufinus.
4° quae remedia contra superbiam sint iis praebenda.

Solutio.

Ad quaesitum 1ᵐ R. 1. Superbia in genere est inordinatus pro- 147 priae excellentiae appetitus. Qui multis quidem modis committitur et manifestatur.

R. 2. Distinguitur imprimis superbia completa et superbia incompleta: completa dicitur, qua quis subiectionem omnino abicit; incompleta, qua quis, salva subiectione necessaria, plus appetit excellere, quam sibi convenit, ideoque plura possidere cupit, quibus prae aliis excellat, vel in iis, quae habet, nimis sibi complacet eaque pluris aestimat magisque *sibi* vindicat, quam par est.

R. 3. Superbia non collocatur proprie inter peccata capitalia sed supra illa, quasi fons et origo omnium.

Oriuntur autem ex superbia imprimis haec:

a) directe utpote peccata cognata: *ambitio* (inordinatus appetitus honorum et dignitatum); *praesumptio* (appetitus aggrediendi ea, quae vires superant); *vana gloria* (inordinatus appetitus humanae aestimationis et laudis, maxime ex rebus inanibus);

b) indirecte: *pertinacia* (inordinata adhaesio proprii iudicii); *discordia et contentio; contumelia* (iniusta laesio honoris); *temerarium iudicium* et *detractio* (iniusta bonae famae laesio).

Ad quaesitum 2ᵐ R. 1. Superbia potest peccatum mortale esse 148 ratione sui; potest praeterea, etiamsi ratione sui peccatum mortale nondum sit, ad mortalia peccata ducere.

R. 2. Ratione sui superbia peccatum mortale est, si fuerit superbia *completa,* videlicet si quis nolit Deo divinisque mandatis subiacere, id indignum iudicans, ac si laedat propriam dignitatem. — Idem dic de eo, qui ex illo motivo recuset subiacere legibus humanis, utpote quae in Deo legislatore fundentur. Cf. Th. m. I, 735; Reuter, *Theol. mor.* II, n. 154, et *Neo-conf.* n. 56 sqq.

R. 3. Alii affectus in propriam excellentiam eiusque aestimatio non sunt ex natura sua peccatum superbiae mortale, eo quod essentialem erga Deum subiectionem non excludant: sunt tamen fertiles segetes peccatorum, etiam mortalium, imprimis iniuriarum, quae aliis inferantur.

R. 4. Iactantia, quantum dicit nude gloriolam capere ex re sive vera sive falsa, ex se veniale peccatum est, etsi ex gravioribus. Verum novum peccatum accedere potest ex re, de qua aliquis gloriatur. Nam de re peccaminosa, puta mortaliter peccaminosa, gloriari, peccatum mortale est, sive sit verum sive fictum peccatum, de quo glorietur. Immo facillime in tali iactantia tres malitiae mortales specifice distinctae adsunt: 1) gloriatio de offensa Dei; 2) scandalum aliorum seu pertractio vel stimulatio ad peccatum: 3) gaudium et approbatio peccati praeteriti, si narratio vera nec mendax est; desiderium peccati, si mendax est narratio. *Th. m.* I, 251; cf. S. Alph., *Homo apost.* IX, 9.

149   Ad quaesitum 3ᵐ R. 1. Rufa vana sua gloria innumera committit peccata, etsi ex se venialia.

R. 2. Si autem pulchritudine abutatur, ut in se commoveat aliorum libidinem, mortali scandalo peccat. In aspero et superbo aliorum alloquio videndum est, num gravem contumeliam vel convicia in eos intulerit: quodsi fecit, graviter peccavit; alias ex se venialiter.

R. 3. Quod vero ex frequentia sacramentorum vanam gloriam quaerit et nutrit, sane peccaminosa deordinatio est; eaque, si non solum affectus concomitanter occurrens atque admissus, sed ex industria accitus et principaliter impellens est, per se ex venialibus satis gravis. Immo in tali casu videndum est, utrum Rufa accedens ad sacramenta etiam necessaria saltem dispositione praedita sit, vero scilicet dolore de peccatis mortalibus, si quae accusat; an necessario dolore destituta Sacramentis plane abutatur. Quod si sciens committit, gravi sacrilegio peccat. Idque in eiusmodi femina timendum est, si nihil nisi cotidiana peccata venialia accusat, de quibus hanc feminam adeo vanam serium dolorem concipere valde improbabile est. Cf. vol. II, n. 287. 316.

150   R. 4. Quoad Rufinum committi potest ambitione illa grave peccatum, si ea officia cupit et quaerit, quibus gerendis se imparem esse sciat: quod in casu narrato non videtur obtinere. Immoderata tamen illa appetentia, numquam non periculosa, in se iam venialiter mala est.

R. 5. Verum in illa malitia immoderati excellentiae et honoris appetitus Rufinus non sistit; nam affectus ille eum impulit ad alia peccata omnino mortalia. Nam gloriatio illa superba de duello, de neglecto cultu divino, de infidelitate, de finalis impaenitentiae proposito certe continet in se peccata mortalia, cum ipsae illae res, de quibus fiat gloriatio, sint mortaliter malae. Nam in eo casu habes peccatum, idque grave: 1) ex eo quod gloria quaeratur ex re mala; 2) quod committatur complacentia et approbatio peccatorum perpetratorum, quorum malitiae omnes denuo contrahuntur. Accedere *potest* scandalum aliorum et similia. *Th. m.* I, 251; S. Alph., *Homo apost.* IX, 9.

R. 6. Nihilominus hic non est abs re advertere aliter nonnumquam per accidens iudicandum esse de eo, qui *nunc* quidem ad meliores mores se composuerit, quoad praeteritum autem gloriando narrat gravia sua peccata sive vera sive fictitia. — Quod *in se* quidem graves continet malitias, ut dictum est; sed fieri potest, ut iactator ille neque ad scandalum neque ad alias malitias attendat, neque vere in peccatis illis complacentiam habeat, sed solum vanam gloriam quaerat de sua quasi audacia et de ingenio ad res extraordinarias proclivi et parato. In tali casu subiective excusari potest a peccato gravi. Cf. Elbel

p. I, n. 613 cum Sporer, Lacroix l. 5, n. 289. In nostro casu eiusmodi excusatio plane exclusa est.

R. 7. In eo demum, quod Rufinus indignum homini iudicat rationem suam auctoritati subicere, habes per se superbiam completam, peccatum mortale gravissimum, quo parum obscure ipsi legi divinae subiacere recusat.

AD QUAESITUM 4^m R. 1. Ad vincendam superbiam imprimis ne-151 cessaria est seria cogitatio propriae vilitatis, quae facile elucet tum ex natura hominis in se spectata, eius ortu et interitu, tum ex natura peccato vitiata, tum ex peccatis personalibus atque poena illis iure merito debita.

R. 2. Augetur haec cogitatio per seriam considerationem effectuum superbiae, siquidem Deus superbis resistit, iis gratiarum divitias claudit, cum humilibus se suaque dona large solet communicare.

R. 3. A consideratione transiri debet ad voluntatis affectus et actuum externorum exercitia, ut nimius splendor in usu rerum abiciatur, laus propria vitetur, cum aliis hominibus etiam inferioribus condescensio et affabilitas exerceatur, vel ipsa iniuria patienter toleretur. Ad humilitatem non pervenitur nisi per humiliationem.

R. 4. Ad vilem sui ipsius aestimationem atque humiliationis exercitium promovendum multum iuvat Christi Domini exempli meditatio, qui, „cum in forma Dei esset ..., formam servi suscipiens ..., humiliavit semet ipsum" (*Phil.* 2, 6—8), atque nos ad sui imitationem provocans imprimis humilitatem commendavit.

INVIDIA (I).

Casus. (43)

Arnulfus maestitia consumitur, cum videat sodales in publico examine pro habendo officio adeo supra se excellentes, ut ipse ignobilem revera debeat sustinere personam.

Valde tristatur etiam de inimico suo nuper promoto, timet enim non parum ab eo; atque etiam magnam concipit indignationem, quod in distribuendis officiis publicis putet non merita sed favores personales praevalere, ita ut promotos libenter a suis muneribus deiceret.

Dein in arte et industria, quam spe publici muneris excisus exercendam suscepit, graviter fert multo plures ad suos aemulos confluere; et quamquam ipse satis habet, unde commode vivat, tamen ob lucrum sibi ereptum vehementi ira accensus, aemulos suos atque emptores dira imprecatione prosequitur.

QUAERITUR 1° quid sit invidia, et quale sit peccatum.
2° qui sint varii affectus cognati, ab invidia tamen distinguendi.
3° quid de Arnulfo dicendum.

Solutio.

AD QUAESITUM 1^m R. 1. Cum S. Thoma Aq., *S. th.* 2, 2, q. 36,152 a. 1 „Invidia est tristitia de alienis bonis, quando ... bonum alterius aestimatur ut malum proprium, in quantum est diminutivum propriae gloriae vel excellentiae" et art. 2 „Quarto modo aliquis tristatur de bonis alicuius, in quantum alter excedit ipsum in bonis; et hoc proprie est invidia".

R. 2. Si quaeritur, *quale* sit peccatum invidia, resp. cum eodem S. D. ib. a. 3 „Invidia ex genere suo est peccatum mortale. Genus enim peccati ex obiecto consideratur; invidia autem secundum rationem sui obiecti contrariatur caritati, per quam est vita animae spiritualis". — Notandum tamen est tum ex imperfectione actus, tum ex parvitate materiae invidiam saepe evadere peccatum veniale.

153 AD QUAESITUM 2^m R. S. Thom. l. c. a. 2 complures exhibet modos tristandi de bonis alienis, qui invidia non sunt: 1) „dolere de bono alicuius, in quantum ex eo timetur nocumentum vel sibi ipsi vel aliis: talis tristitia invidia non est, et potest esse sine peccato." 2) „Potest aliquis tristari de bono alterius, non ex eo quod ipse habeat bonum, sed ex eo quod nobis deest bonum illud, quod ipse habet; et hoc proprie est *zelus*. Et si iste zelus sit circa bona honesta, laudabilis est. Si autem sit de bonis temporalibus, potest esse cum peccato et sine peccato." 3) „Tertio modo aliquis tristatur de bono alterius, in quantum ille, cui accidit bonum, est eo indignus, ... et haec tristitia vocatur nemesis" (quem affectum S. D. pro malo iure merito habet, si tristitia seu indignatio feratur in ipsam dispositionem divinam, quae occulto providentiae iudicio in bonos et malos bona terrena distribuit).

Alii addunt vel potius enucleatius eadem enumerant, quae S. Thomas allatis verbis concluserat: 4) dolere de bonis alicuius, in quantum praevidetur eum bonis illis utcumque male usurum esse (quod in primo modo a S. Thoma enumerato quasi continetur); 5) si alterius promotione ego revera malum patiar, atque in tantum de alieno bono doleo, non proprie invidia est neque peccatum, nisi forte propter malum meum relative non magnum *ordo* caritatis laedatur (revocari hic modus potest ad 2^m a S. Thoma allatum). Cf. Reuter, *Neo-conf.* n. 75 sq.; *Th. m.* I, 619.

154 AD QUAESITUM 3^m R. 1. In *primo* casu videtur tristitia Arnulfi de propria inferioritate fuisse: quae non est invidia. Fatendum tamen est facile fieri posse, ut gressus fiat ad dolorem de bono successu aliorum, adeoque ad veram invidiam: quare sibi cavere debet Arnulfus.

R. 2. In *altero* casu minus etiam habetur invidia, eo quod Arnulfus sibi re vera timet; neque indignatio de iniqua officiorum distributione invidia est. Quod vero addit Arnulfus desiderium alios deiciendi a suis officiis, illud periculosum est. Si solum optat, ut, qui indigni sint, removeantur, nihil statuens de iniusto modo eos removendi, nullum adest peccatum. Si vero vel optat, ut etiam illi removeantur, qui digni sunt, vel ipse cupit aliquid agere sive quoad rem sive quoad modum iniustum, quo alios deiciat: sane peccat, idque ex genere suo mortaliter.

Vitia capitalia: *Invidia*. 79

R. 3. In *tertio* casu, si solum desiderasset, ut ad se etiam multi confluerent, peccati accusari non deberet. Verum illa irae signa et imprecationes prolatae ostendunt plane Arnulfum transiisse ad dolorem gravem et iniustum de bono aliorum, eumque veram invidiam concepisse. — Immo examinandus est, num praeter seriam imprecationem etiam blasphemiam commiserit: quam „dira imprecatio" non raro continet.

INVIDIA (II).

Casus. (44)

Maro inter cetera confitetur se invidum fuisse. Interrogatus a confessario, *quomodo* invidia peccaverit: *primo* aegre tuli, inquit, quando alii laudabantur, eorum laudem vel imminui vel tacens excepi, mei aestimationem inde minui ratus; *secundo* indignatus sum, quando vidi aliis suas res magis prospere procedere quam mihi meas; *tertio* dolui, quod ad aliorum officinas multi, pauciores ad meam officinam emptores accederent; *quarto* optavi, ne fratres mei diligentiores vel magis devoti essent quam ego, ne ego vilipendar; *quinto* graviter tuli, quod vicinus noster ad munus magistratus sit evectus, quia nobis adversatur nobisque nunc efficaciter potest nocere (Reuter, *Casus ad Neo-conf.* c. 12).

Quaeritur 1° quibus in casibus Maro invidia peccaverit, quibus graviter et quibus leviter.
        2° quae media contra invidiam adhibenda sint.

Solutio.

Ad quaesitum 1ᵐ R. 1. Quod alii laudabantur, id sane Maronis 155 laudes non minuit; proin Maro laudes alienas aegre ferens necessario debuit eas aestimare ut malum proprium atque sic ex iis tristari — quod proprie est invidiae. Dubium igitur non est, quin hoc modo Maro peccaverit, idque ex se graviter, nisi agebatur de rebus nullius momenti atque de laude, quae nullius aestimetur.

R. 2. In *altero* casu distinguendum est. Si Maro tristitiam ex eo cepit, quod res *sibi male* succederent, atque consideratio successus boni aliorum huius de malis propriis tristitiae tantum occasionem dederit, non peccavit invidia; si vero bonus aliorum successus erat, de quo tristabatur, quasi ipse ex eo deprimeretur, peccavit re vera invidia.

R. 3. In *tertio* casu non videtur vera invidia Maro laborasse, 156 similiter ut in priore casu dictum est de Arnulfo. Videtur enim potius tristatus esse, quod ad se pauci tantum emptores confluerent atque ipse sperato lucro careret, quod alii faciebant abundantius. Si autem non ita suum detrimentum sive lucrum cessans considerasset, unde conciperet tristitiam, sed potius ipsum aliorum lucrum, quo eos carere cuperet, utpote quo ipse fieret deterior — etiam in hoc casu peccasset invidia.

R. 4. In *quarto* casu re ipsa pura et putida invidia Maro tabescebat. Nam non ipse sibi bonum aliquod optabat, maiorem diligentiam atque maiorem sanctitatem, sed optabat aliorum in hisce detrimentum, ne ipse ignavior et inferior appareret. Immo quatenus ita de aliorum maiore sanctitate coram Deo tristabatur, commisit invidiae speciem pessimam, quae inter peccata contra Spiritum Sanctum enumeratur.

R. 5. *Quintus* ille affectus invidia non fuit, ut patet ex dictis ad priorem casum ad Quaesitum secundum.

157   Ad quaesitum 2^m R. 1. Ad invidiam expellendam conducit imprimis petere a Deo gratiam sincerae caritatis erga proximum atque etiam considerare alios homines vere esse fratres nostros vocatos heredes nobiscum regni caelestis, ubi summa est bonorum communicatio et mutuum de bonis gaudium.

R. 2. Considerare convenit, quomodo invidia infelices faciat, felices caritas et benevolum gaudium de bono alieno. Caritas enim illa facit, ut aliena quodammodo mea evadant atque ego iis vere fruar, ut fruor propriis.

R. 3. Considerandum est etiam invidiam et his in terris diabolo similem reddere invidum et eum cum diabolo aeternis poenis addicere; cum e contrario caritas et hic laetitiam generet et pro altera vita merita augeat infinita.

AVARITIA.

Casus. (45)

Crusius, vir industrialis, divitias satis magnas congessit, at earum etiam omnino tenax est. Cum se satis superque solvere debere dicat ratione tributorum pro causis communibus et causis pauperum, pauperes ostiatim eleemosynam petentes dure solet repellere; ab iis, quibus locaverat agros vel domos, pretia annua severe exigit, nulla ratione habita fortuitorum damnorum, quae occurrerint; diebus dominicis et festis, quando a laboribus vacat, per horas solet se includere in cubiculum ibique cum magna affectione perlustrare titulos pecuniarios: ex quibus cum animadvertit certum aliquem valore destitutum esse ob tempus conversionis elapsum, nihilominus fraudulenter illum cum aliis pro solutione debitorum expendit atque ita a se 1000 marcarum damnum avertit.

Arcadius congerendarum divitiarum desiderio captus erga uxorem et familiam exsistit parcus, ita ut illi querelas excitent, quod non possint more aliorum liberales se exhibere neque publicis interesse spectaculis; aliquoties etiam amore notabilis lucri diebus festis Sacrum omisit, quamquam lucro nullatenus indiget, sed vano tantum timore timet, ne diversis infortunii casibus bona deficiant.

Quaeritur 1° quae sit avaritia quodve peccatum.

2° quomodo Crusius et Arcadius in singulis casibus peccaverint.

3° quae sint remedia contra avaritiam indicanda.

Solutio.

158   Ad quaesitum 1^m R. 1. Avaritia secundum S. Thom. 2, 2, q. 118, a. 1: „est immoderatus amor habendi seu divitiarum", vel ibid. a. 3:

„Avaritia importat immoderantiam quandam circa divitias . . . uno modo immediate circa ipsam acceptionem et conservationem divitiarum, in quantum scil. aliquis acquirit pecuniam ultra debitum, aliena surripiendo vel retinendo: *et sic opponitur iustitiae.* Alio modo importat immoderantiam circa interiores affectus divitiarum, puta cum quis nimis amat vel desiderat divitias, aut nimis delectatur in iis, etiam si nolit rapere aliena: et hoc modo avaritia opponitur *liberalitati.*"

R. 2. Cum eodem S. Thom. ibid. a. 4: „Avaritia . . . secundum quod *opponitur iustitiae, ex genere suo* est peccatum *mortale.* Avaritia, secundum quod *opponitur liberalitati,* . . . est peccatum *veniale* (nisi in tantum amor divitiarum crescat, quod praeferatur caritati, ut scilicet propter amorem divitiarum aliquis non vereatur facere contra amorem Dei et proximi)."

R. 3. Etsi avaritia ut sic per se peccatum tantum veniale sit, nihilominus vitium est capitale quam pessimum, facillime in multa et maxima peccata mortalia inducens, cum divitiae sint medium ad reliquas cupiditates humanas facile implendas. Hoc sensu S. Scriptura dicit: „Avaro autem nihil est scelestius. . . Nihil est iniquius, quam amare pecuniam; hic enim et animam suam venalem habet" Eccl. 10, 9. 10; et: „Qui volunt divites fieri, incidunt in tentationem, et in laqueum diaboli et desideria multa inutilia et nociva, quae mergunt homines in interitum et perditionem. Radix enim omnium malorum est cupiditas" 1 Tim. 6, 9. 10.

AD QUAESITUM 2ᵐ R. 1. Quod *Crusium* attinet, non tam divitiarum affectus in se spectari debet, sed huius cupiditatis effectus, ut iudicetur de singularum actionum peccaminositate. In quibus primo occurrit, quod pauperes *soleat repellere* eosque repellat *dure.*

Quod igitur *dure* agat, si id intellegitur de contumelia gravi seu conviciis, quibus pauperes afficiat, hoc sane grave peccatum est.

Si a duro agendi modo abstrahitur ac solummodo id spectatur, Crusium solere eleemosynas petentibus non dare: hoc in singulis casibus saltem grave peccatum non est, nisi occurrat necessitas quasi extrema. Attamen semper sic agere Crusio *diviti,* nedum in *gravi* petentium necessitate, sed etiam in *ordinaria,* fuerit peccatum etiam grave, *nisi verum sit,* quod dicat a se per publicam auctoritatem iam exigi contributionem amplam ad pauperum necessitates sublevandas. Cf. Marc n. 488. Sed ne id quidem eum excusat, in quo casu ei occurrerit necessitas quasi extrema. Cf. *Th. m.* I, 606; Laymann, *Theol. mor. de carit.* c. 6, n. 4. 5; Suarez, *De carit.* d. 7, s. 3.

R. 2. Quod severus sit in exigendis pretiis conductorum agrorum et domorum fere similiter diiudicandum est, ut antea dictum est de eleemosyna. Verum non requiritur, ut illi pauperes homines iam constituti sint in tanta necessitate; sed sufficit, ut per duram exactionem in necessitatem extremam vel etiam omnino gravem coniciantur: quo in casu, nisi Crusius saltem dilationem concedat, graviter peccat.

Num remittere aliquid debeat ex iustitia propter infortunia alicuius anni, pendet a contractu vel eius interpretatione, sive lege facta

sive consuetudine recepta. Quodsi igitur in hac re iniuste opprimat pauperes, sane longe facilius mortale peccatum, idque ex gravioribus, committit, scilicet quam primum iniusta exactio attingat materiam relative ad pauperes gravem.

161 R. 3. Certis diebus Crusium se includere, ut cum satisfactione solus possit thesauros suos contemplari et tangere, sane peccaminosum est, at *per se* limites venialis peccati non excedit. Verum omnino retrahendus est Crusius ab ista affectione inordinata, ne altiores radices agat et ad gravia peccata eum pelliceat.

R. 4. Quod vero Crusius avaritia ductus fraudem illam commiserit atque titulum valore destitutum pro valido expenderit, certe peccavit peccato iniustitiae eoque mortali, cum agatur de summa limites gravis materiae longe excedente. Neque excusatur ex eo, quod sic a se damnum avertat. Nam hac ratione causam non habet inferendi damni nisi contra eum, qui hoc damnum sibi iniuste intulerit: intulit autem ipse sibi sive socordia sive oblivione.

162 R. 5. Quod ad *Arcadium* attinet, parcitas erga familiam videtur aliquantulum vitiosa fuisse, quod ne uxor quidem adultique filii more consueto pia opera exercere potuerint. Ex eo autem, quod publicis spectaculis interesse non possint, Arcadii illiberalitas vix est vitiosa, sed potius laudanda, quando, ut saepe fit, eiusmodi spectacula bonis moribus non apprime consonant.

R. 6. Difficilius solvitur quaestio de neglecto ab Arcadio Sacro propter magnum lucrum alioquin amittendum. Communius quidem concedunt ei, qui sibi suorumque necessitatibus per labores suos providere debeat, licere propter extraordinarium lucrum una alterave vice Sacrum omittere. At, cum Arcadius habere videatur, unde vivat, estne benigna illa legis ecclesiasticae interpretatio ei applicanda? Puto ita dici posse, 1) quia Arcadius, etsi re vera non indigeat, tamen reapse suis bonis timet; 2) quia complures theologi *universim* dicunt lucrum *pro statu extraordinarium* esse causam excusantem, quia talis lucri amissio universim gravi damno aequiparatur; ergo, si lucrum pro statu Arcadii vere extraordinarium erat, peccati argui nequit, modo tamen ipse ex honesto fine agat; hortandus etiam est, ne facilius et frequentius ob talem causam Sacrum omittat. Cf. S. Alph. III, 332; Elbel p. III, n. 368; *Th. m.* I, 554.

163 Ad quaesitum 3^m R. 1. Ad supprimendam affectionem avaritiae imprimis conducit meditatio mortis fortasse brevi secuturae, quae hominem privet omnibus rebus terrenis idque eo crudelius, quo fortior erat ad res ista affectio, et quae hominem avarum, qui misericordiam non exercuit, sistet ante tribunal iudicis severi, misericordiam praestituri iis, qui fecerunt misericordiam, condemnationem iis, qui viscera sua clauserint miseriis alienis.

R. 2. Similiter conducet ad deponendam avaritiam, si dives perpendat, quam facile sibi sit peccata sua redimere misericordiis pauperum (Dan. 4, 24); quantopere deplorandum, sed in aeternum frustra, medium adeo facile neglexisse.

R. 3. Demum homo christianus in omni re oculos conicere
debet in exemplum Christi ducis nostri atque per eius merita auxilium gratiae implorare ad quaslibet tentationes superandas. Neve
omittat homo avarus dives sibi constituere certam summam pecuniae
et certas occasiones ad misericordiae opera re ipsa exercenda. Pauper
vero, qui avaritia tangitur, multo magis ad Christum pauperem respiciat atque cum gaudio et gratiarum actione perpendat verba Christi:
„Beati pauperes spiritu, quoniam ipsorum est regnum caelorum."
Matth. 5, 3.

IRA.

Casus. (46)

Fabricius, homo bilosus, ad res vix ullius momenti ita exardescit ira,
ut toto corpore contremiscat; quo compluries factum est, ut in morbum inciderit, quo ab officio suo obeundo impediebatur. Atque in tali ira solet
verbis contumeliosis proximum impetere, liberis atque uxori omne genus
malorum imprecari. Hucusque incassum monebatur, ut affectionibus suis
moderaretur. — Nuper graviter irascens filio adolescenti vasa in terram proiciens confregit, filii pileolum novum arripiens in ignem coniecit. (Reuter
l. c. cas. 14.)

Quaeritur 1° quomodo per iram soleat peccari.
    2° quomodo in casu nostro Fabricium peccasse iudicari debeat.
    3° quid exigi debeat a Fabricio, ut confessus absolvatur, et quae
    remedia ei indicanda.

Solutio.

Ad quaesitum 1^m R. 1. Ira duobus modis peccari potest: *primo,*
ut dicitur, *ex parte obiecti,* si quis vindictam sumere optat vel ab eo
qui non meretur, vel maiorem quam meretur, vel infligendam ab eo
qui infligere nequit legitime; secundo *ex parte modi,* si indignatio et
excandescentia causam vel mensuram excedit.

R. 2. In priore modo irae peccatur ex se mortaliter, si grave
fuerit malum, quod alteri inferendum desideratur.

In posteriore modo peccatur ex se venialiter tantum; per accidens tamen grave peccatum committi potest *ex* ira, videlicet ratione
blasphemiarum vel contumeliarum, ratione scandali, vel ratione mali
gravis, quod ex ira causari iracundus praevidet.

Ad quaesitum 2^m R. 1. Morbus quidem in se non videtur fuisse
gravis; at neglectus officii gravis fieri potuit, si Fabricio praesto non
erat, qui pro se suppleret atque bene suppleret. Quare fieri potuit,
ut Fabricius ex gravi officii neglectu (vel ex gravi contracto morbo)
graviter peccaret. Quod quidem prima vice homines non solent satis
suspicari et praevidere, ac proin prima vice, qua eiusmodi effectus
acciderit, Fabricius videtur subiective excusandus esse a *gravi* peccato, non a veniali. Sed postquam iteratis vicibus id acciderit,
Fabricius potuit et debuit praevidere, immo satis praevidit se adeo

irae indulgendo simile malum sibi causaturum esse; neque ex defectu praevisionis a gravi peccato excusatur.

R. 2. Quoad contumeliosa verba, quae in alios profert, probe videndum est, quae in quos proferat. Nam a condicione personarum multum pendet, atque si quis ira valde abreptus et vix sui compos eiusmodi verba profert, contumelia multum minuitur. Nihilominus plane rationis expers Fabricius etiam in ira non erat (quod si fuisset, haec ipsa condicio, si esset praevisa, argueret iram peccati gravis: cf. Reuter, *Neo-conf.* n. 89), ac proin videri debuit, num spectatis omnibus adiunctis contumelia fuerit gravis. Quod si fuerit, Fabricius ex hac parte peccavit graviter.

R. 3. Similiter iudicandum est de imprecationibus, num fuerint *serio* prolatae seu ex animo. Quodsi non ex animo — et re vera plerumque hae imprecationes ex animo non fiunt — non peccavit graviter, quatenus imprecationes qua tales spectantur.

Verum R. 4. Quatenus hisce excessibus pravo suo exemplo Fabricius scandalo fuit, atque imprimis liberos ipsos docuit eiusmodi imprecationes atque excessus imitari, graviter peccavit. Et revera eiusmodi scandalum generatim est timendum; ac proin Fabricius ad evitandum scandalum sub gravi tenetur sibi moderari. Adde quod alias se filiis despicabilem faciat.

R. 5. Quod res suas iratus destruxerit, in hoc non fecit damnum iniustum, cum ipse volens non possit esse invitus de damno quod patitur, verum fecit damnum irrationabile: quod ut ratione sui ad peccatum mortale ascendat, debet esse valde excessivum. Quapropter ex hoc titulo damni causati Fabricius non peccavit letaliter. — Attamen si eiusmodi res saepius accidunt, etiam hae signum esse possunt, sicut alia quae acciderunt, Fabricium ad tantum excessum in ira esse proclivem, ut sub gravi teneatur incumbere in sui moderationem.

Ad quaesitum 3^m R. 1. Quoniam Fabricius in compluribus graviter peccaverit et peccare soleat in ira, certo a confessario absolvi nequit, nisi demum serium conatum adhibeat atque serio vim sibi inferat, ut irae moderetur. Quod si fecerit, relapsus saepe excusabitur a peccato mortali, eo quod excessus illi non semper fiant cum plena advertentia *actuali*.

R. 2. Imprimis igitur petat humiliter a Deo gratiam ad vincendam iram, atque quam primum sentiat se incipere excandescere, ex toto corde auxilium gratiae imploret et resistat.

R. 3. Sed etiam antequam negotia aggrediatur, imprimis ea, in quibus expertus sit se facile ira abripi, serio proponat mansuete et considerate agere cum aliis, atque sibi persuadeat contradictiones aliquas a quolibet esse patienter et pacate ferendas.

R. 4. In quem finem studeat humilitatem fovere tum seria consideratione tum exercitio atque Christi Domini exemplum sibi proponere, qui fuit *humilis et mitis* corde. Humilitas enim docet mansuetudinem, iram et indignationem saepe creat superbia.

ACEDIA.

Casus. (47)

Firmundus, nobilis adulescens, dum scholas frequentaret, a singulari morum ingenuitate, modestia, pietate commendabatur, in frequentandis sacramentis bono exemplo aliis praeibat. Sed cum altioribus studiis incumberet, liberiorem vitam edoctus malisque sociis seductus mores omnino in peius mutavit, indulgere coepit potationibus et immunditiis. Orationem iam nauseat, ad sacramenta vix tempore paschali accedit, atque demum eo devenit, ut doleret caelum abnegatione et pugna esse comparandum, feliciora aestimat bruta, quae sine periculo cruciatuum inferni voluptatibus possint indulgere. Tandem gravi morbo correptus, cum ad vitae exitum properaret, post multos conatus sacerdotis in reconciliationem cum Deo ineundam consentit, paratus ad confessionem necessariam. (Cf. Reuter l. c. cas. 15.)

Quaeritur 1° quae sit acedia, quae varia eius peccata.
2° quomodo Firmundus acedia graviter peccaverit.
3° quae sint contra acediam remedia commendanda.

Solutio.

Ad quaesitum 1^m R. 1. Acedia in genere sumpta est taedium 167 seu tristitia de bonis spiritualibus, quatenus cum labore et difficultate comparari debeant, adeoque taedium et remissio in exercitiis religionis et pietatis.

R. 2. Quatenus sic generatim sumitur, per eam peccatur, quando et quatenus exercitia religionis vel diversarum virtutum, cum *praecepta* sunt, negleguntur; atque iis peccatis gravitate et specie distinctis peccatur, quae inveniuntur in horum praeceptorum omissione.

R. 3. At speciale aliquod peccatum acediae committitur, si tristitia haec voluntarie concipitur circa bonum divinum divinamque amicitiam cum labore comparandam: quod est peccatum omnino mortale neque admittit, ut per se patet, materiae parvitatem.

Ad quaesitum 2^m R. 1. Quod dicitur Firmundus in vitia de- 168 lapsus orationem nauseare et ad sacramenta vix tempore paschali accedere: ex hoc solo *mortale* peccatum constituere potest, quod orationem adeo neglegat, ut ne graviter quidem praeceptas preces persolvat vel ne in tentationibus quidem gravibus ad orationem confugiat: in quo posteriore casu peccat eo peccato, quod succumbens tentationi committit. — Neglegenti susceptione sacramentorum novo aliquo peccato mortali non peccat, si re vera paschali tempore dignus accedat; alias peccat iis peccatis, quibus succumbit et contra quae vel in aliis piis exercitiis vel in frequentiore sacramentorum susceptione remedium invenisset.

R. 2. Quod vero tristitiam libere sustinuit de caelo per labores comparando, id denotat tristitiam de bono divino, divina amicitia et fruitione beata; etsi haec tristitia de bonis illis capiatur non propter se sed propter labores adiunctos, tamen verum est et gravissimum peccatum acediae proprie et presse dictae.

R. 3. Similiter quoties Firmundus voluntarie aestimavit feliciora bruta quam se ipsum, cui finis constitutus sit *aeternus* in Deo possidendo sed per labores huius vitae comparando: toties graviter peccavit illo peccato verae et propriae acediae.

Ad quaesitum 3^m R. 1. Ad acediam excutiendam per se sufficere deberet vel levis cogitatio de immensis illis bonis, quae in fruitione Dei aeterna et imperturbabili habentur, et de summa infelicitate atque horrendis malis, quibus involuti iacebunt per totam aeternitatem quicumque beatitudinem aeternam pessumdederint.

Quodsi humana infirmitas hisce cogitationibus non ita facile percellitur, adhibenda est seria de iis meditatio cum humili oratione, ut Deus mentem illustrare, voluntatem excitare dignetur.

R. 2. Praeterea expedit oculos conicere in ea, quae Christus Dominus, Dei Filius, fecerit atque pertulerit, ut aeterna bona nobis compararet; et in ea, quae tot sancti pertulerint, ne iis bonis exciderent.

R. 3. Demum augenda est spes et fiducia, eo quod Deus paratus sit nos iuvare atque impense cupiat nos suorum bonorum participes reddere.

GULA.

Casus. (48)

Calinus, cum et proprio labore atque ingenio et insperata hereditate magnas divitias acquisiverit, statuit labori valedicere et genio suo vivere. Quare magnificis exstructis aedibus cotidie epulatur splendide, non raro parat magna convivia atque exquisitis cibis et vinis hospites recreat; ipse dolet, quod non saepius possit comedere; cum stomachus id non ferat, medicamenta quaerit, quae acuant appetitum vel etiam, quando nimis lente effectum producunt, quae vomitum provocent, quo denuo possit epulis frui.

Quaeritur 1° quae sit gula eiusque malitia.
2° quomodo Calinus peccaverit, quidve ei iniungendum.

Solutio.

Ad quaesitum 1^m R. 1. Gula est inordinatus appetitus cibi et potus, qui ex se, quando aliud non accedat, peccati venialis malitiam non superat.

R. 2. Peccatum autem *aliquod* committitur quolibet excessu in cibo et potu. Quinam sit excessus, ex fine cibi et potus patet. Sunt enim hi ad sustentandas et reficiendas vires. Quare excessus fit, si vel a) usus alimentorum extenditur ultra id, quod ad convenientem sustentationem virium pertinet; b) si quaeritur non sustentatio sed sola voluptas: voluptas enim non finis est sed medium, quo facilius et melius sustentatio quaeratur.

Varii igitur modi peccandi per gulam enumerantur generatim (ex S. Gregorio „*Quinque modis*" 22, dist. 5 de consecr.) 1) comedere praepropere, 2) pretiosiora, quam par est, 3) exquisitius praeparata eligere, 4) mensuram excedere, 5) avidius vel ex mera voluptate comedere.

Peccata capitalia: *Gula.* — *Ebrietas.*

R. 3. Peccatum mortale ex gula committi potest: 1) si excessus fit modo vere scandaloso et indigno; 2) si quis excessu vel excessibus frequentibus grave valetudinis damnum sibi infert; si 3) adeo vili voluptati indulget, ut in ea quasi *finem* vivendi constituat.

Ad quaesitum 2^m R. 1. In omnibus iis, quae de Calino narrantur, 171 deprehenduntur certe inordinationes peccaminosae. Sed quoniam maximi refert scire, num vel quando Calinus peccet *mortaliter*, censeo: 1) peccatum mortale ex se non est splendide epulari; minus etiam hospites splendido convivio recreare, cum hoc sine omni peccato fieri possit. Videtur tamen Calinus etiam sub hospitalitatis specie excessum committere. 2) Dolere Calinum, quod non saepius possit comedere, denotat turpem quidem gulam; nondum tamen dicit ex se grave peccatum, etsi huius peccati possit esse causa vel index. 3) Idem dicendum est de eo, quod medicamenta sumantur ad acuendum appetitum, si hoc fit, ut casus innuit, ad sumendos cibos copiosiores, quam convenit; aliter sane, si quis, propter stomachi debilitatem ferendorum ciborum eorumve copiae convenientis commode concoquendae impar, sumat medicamenta ad stomachum confortandum.

R. 2. Quod autem Calinus, ad eum finem ut denuo edere possit 172 et gulae servire, vomitum provocat, generatim censetur inordinatio gravis, eamque Reuter, *Neo-confess.* n. 84, sine haesitatione *mortale* dicit peccatum; alii tamen id in dubio relinquunt vel mortale peccatum *ex se* esse negant. Cf. S. Alph. V, 73; Ballerini-Palm. tr. 4, n. 374.

Hinc est, cur ex tota agendi ratione Calini timor non levis concipiatur, ne in gula quasi *finem* vivendi constituat atque ita continenter in gravi peccato vivat. — Ceterum Calinus etiam in plena otiositate videtur vivere, quae certo certius eum in multas tentationes atque in ipsa peccata gravia coniciet.

R. 3. Imprimis Calino iniungendum est, ut illum ultimum excessum omnino omittat atque in genere a sumendis mediis, quibus ultra modum acuat ciborum appetitum, abstineat. — Dein serio perpendat hominis vitam longe altiorem finem habere, quam infimis istis voluptatibus cum brutis nobis communibus inhaerere; recogitet, quae et quanta Christus Dominus pro hominum, etiam singulorum, salute perpessus sit, et quomodo hominis christiani sit per crucem et pravarum cupiditatum abnegationem Christo similem fieri et aeternae beatitudinis ius sibi comparare; in mentem reducat miseriam tot aliorum hominum, fratrum suorum, qui fame premantur vel pereant, quos eleemosynis ex superfluo erogatis sibi apud Deum advocatos et propitiatores constituere potest, sed quos accusatores habiturus est, si pergat profusa sua luxuria eos quasi suo victu privare.

EBRIETAS.
Casus. (49)

Ansgarius magnam copiam vini adusti bibit contra venenum morsu serpentis haustum, ita quidem, ut non solum per diem et noctem gravissima ebrietate sopitus iaceret, sed etiam periculo se exponeret in isto statu ebrietatis decedendi; alias ad convivium invitatus, cum nausea quidem, sed propter importunas invitationes ad ebrietatem usque aliquoties bibit; induxit etiam alios ad ebrietatem 1) ut se liberaret a custode carceris, 2) ut ab hospite expiscaretur aliquod secretum, 3) ut latrones, qui notabilem pecuniae summam a se abstulerant, deciperet et vinctos policistis tradere posset.

Quaeritur 1° quid sit ebrietas et quale peccatum.
2° liceatne alios ad ebrietatem inducere.
3° quid in singulis casibus Ansgarius peccaverit.

Solutio.

173 Ad quaesitum 1ᵐ R. 1. Ebrietas est immoderantia in potu usque ad privationem usus rationis. Quod aliqui addunt „voluptatis causa", eatenus ad ebrietatis peccatum pertinet, quatenus internus talis potationis finis ex sese tendit ad voluptatem; necesse tamen non est, ut potitans ipse etiam subiective voluptatem experiatur vel intendat.

R. 2. Ebrietas imperfecta, quae solum nonnihil perturbat rationem, non penitus eius usu privat, *ex se* peccatum non mortale, sed veniale est; perfecta, quae pro notabili tempore ratione privat seu usum rationis impossibilem facit, ex se iam est mortale peccatum: (neque impeditur peccatum mortale ex eo, quod quis post potum, antequam privatio usus reapse adfuerit, somno se committat, si modo ille status sequatur, in quo ad usum rationis revocari non amplius possit.) *Th. m.* I, 742.

R. 3. Ebrietas etiam imperfecta *aliunde* non raro peccatum mortale evadere potest, videlicet propter effectus vel actus ex ebrietate praevisos. *Th. m.* I, 15 et 741.

174 Ad quaesitum 2ᵐ R. 1. Alios inducere ad ebrietatem ita fieri potest, aut ut alii scientes ebrii fiant vel bibentes ad periculum ebrietatis advertant, aut ut nescientes ebrietatem patiantur. In priore casu infertur quidem damnum spirituale, i. e. peccatum mortale, sed ei, qui non est invitus; in posteriore casu infertur damnum temporale, sed ei, qui invitus est. — Insuper adverti debet aliud esse proprie inducere, aliud solam occasionem praebere.

R. 2. Aliquem proprie inducere ad ebrietatem, eumque scientem seu advertentem, est inducere ad peccatum: quod licere non potest, nisi agatur de eo, qui secus gravius peccatum commissurus sit, ad id iam determinatus. In quo casu eius peccatum non promovetur, sed diminuitur; quodsi eo fine ago, ego nihil mali intendo, neque quidquam mali committo sed solam efficio mali diminutionem. *Th. m.* I, 744; S. Alph. V, 77. Alias committitur peccatum non quidem contra iustitiam, sed contra caritatem, grave scilicet scandalum, et contra temperantiam. Cf. *Th. m.* I, 630.

175 R. 3. Occasionem ponere, qua alter abusurus esse praevideatur ad committendam ebrietatem, non eodem quidem modo peccaminosum est, atque proprie ad ebrietatem inducere; tamen, si de singulari homine agitur, qui certo praevidetur excessum commissurus, gravis

omnino causa necessaria est, ut hoc peccatum alienum non-praecavendo permittere liceat; secus peccatur contra caritatem.

R. 4. Inducere vel fraudulenter occasionem ponere ad ebrietatem materialem, adeoque aliquem invitum inebriare licebit aliquando, sed ex solis illis causis gravibus, ex quibus possim ad graviora mala avertenda alicui malum temporale inferre: alias peccatur contra iustitiam et, ut supra notatum est, contra temperantiam.

Ad quaesitum 3ᵐ R. 1. In *primo* casu Ansgarius peccatum ebrietatis non commisit; potus enim necessarius, quo vita in periculo posita probabiliter servari possit, non est potus immoderatus. — Neque obstat, quod periculo sese exponit, in tali statu decedendi e vita. Nam cum alioquin de vita desperatum sit, licebit adhibere remedium, quod fortasse etiam periculum augeat vel accelerat. Verum debuit antea conscientiam suam cum Deo componere et, si potuit, sacramenta recipere, ne imparatus ex hac vita decederet. Cf. Laymann l. 3, s. 4, n. 5; S. Alph. V, 76.

R. 2. In *altero* casu, cum in convivio, etsi cum nausea, se inebriaret, graviter peccavit Ansgarius, si re vera perfecta fuit ebrietas.

R. 3. In *tertio* casu distinguendum est. Si custodi carceris damnum relative grave non est oriturum ex eo, quod reus elabatur, Ansgario in iis casibus, in quibus ex carcere fugere reo licet, custodem *inscium* inebriare licet; ad ebrietatem inducere, quae custodi peccaminosa est, tum solum licebit, si incarceratio ita certo iniusta est, ut etiam custos eius iniustitiam intellegat, adeoque detinendo reum peccet gravius quam potu immoderato, — quod erit rarissimum. Rationem habes ex Quaes. 2 R. 2.

R. 4. *Quarto* in secreto eliciendo eodem modo procedere licuit, si hospes ille secretum graviter damnosum iniuste retinuit. — Alias, si ille secreti retinendi ius habuit, Ansgarius multipliciter peccavit: a) iniuste invadens secretum alienum, b) iniuriam faciens hospiti, si eum fraude inebriavit, aut grave scandalum contra caritatem committens, si eum advertentem ad ebrietatem sollicitavit et induxit.

R. 5. In *ultimo* casu Ansgarius sane ius habuit, latrones inscios circumvenire et inebriare; immo videtur aliquibus etiam cum periculo ebrietatis formalis ex parte latronum potuisse largum potum apponere, quia revera homines isti capti et poenae traditi eo ipso a multis malis inferendis impediuntur. Nihilominus et conscientia et prudentia seu spes securioris successus movere debet, ut potius arte inscios inebriet, adeoque materialiter tantum quam formaliter. Cf. Laymann l. c. n. 6, qui solam materialem ebrietatem inducere permittit; Lessius, *De iust. et iure etc.* l. 4, c. 3, dub. 4, n. 33, qui ex gravissima causa plus concedit.

VIRTUTES ET OFFICIA VITAE CHRISTIANAE EORUMQUE LAESIO.

DE VIRTUTIBUS ET OFFICIIS ERGA DEUM.

VIRTUTES THEOLOGICAE.

DE FIDE. QUAE CREDI EXPLICITE DEBEANT.

Casus. (50) '48

Serapion vir rudis, catechismi vix non plene oblitus, sibi satis esse dictitat credere, quod credat Ecclesia, singula se capere non amplius posse, atque ita a confessario absolvitur. — Sapricius e contrario angitur, quod non elicuerit praeter alios supernaturales actus etiam actum fidei ante sacramenta paenitentiae et eucharistiae suscipienda.

QUAERITUR 1° quae sit obligatio sciendi et credendi explicite fidei obiecta.
2° quae obligatio actus fidei eliciendi.
3° quid Serapioni et Sapricio dicendum vel iniungendum.

Solutio.

AD QUAESITUM 1^m R. 1. Verum quidem est non omnia obiecta revelata ab omnibus sciri et explicite credi necessario debere; sed pro multis sufficere, ut quam plurima obiecta assumant in fide Ecclesiae, parati etiam explicite assentiri seu credere, quam primum sibi ab Ecclesia aliquid ut credendum proponatur.

R. 2. Nihilominus quaedam obiecta sunt, quae ab omnibus etiam explicite sciri et credi debeant, alia quidem ex necessitate medii, alia ex necessitate praecepti tantum.

R. 3. Necessitate medii credi debent, ita ut alias ne sacramenta quidem baptismi vel paenitentiae fructuose recipi possint, saltem 1) exsistentia unius Dei, supremi omnium domini, 2) aeterna retributio pro bonis et malis; immo probabiliter 3) etiam Trinitas personarum in una Deitate, 4) Incarnatio et redemptio hominis per Christi mortem et gloriam (in quo includitur notitia necessitatis gratiae).

R. 4. Necessitate autem praecepti praeterea multa alia explicite cognosci et credi debent, videlicet quoad substantiam saltem, si memoria deficit, 1) oratio dominica, 2) symbolum apostolicum eiusque elementaris cognitio, 3) septem sacramenta, saltem ea et eatenus, quorum usus ab homine de quo agitur fieri debet, 4) communia Ecclesiae praecepta, 5) sub veniali postulatur communiter etiam salutatio angelica. *Th. m.* I, 277 sqq.

Ad quaesitum 2^m R. 1. Obligatio eliciendi actus fidei sive per se et propter se, sive per accidens et propter alia adest praecipue: 1) aliquoties in vita; 2) quando primum certa notitia revelationis divinae factae habita fuerit, vel aliquod dogma ab Ecclesia sollemniter proponitur; 3) si quis, in haeresim lapsus, fidem amisit; 4) si tentationes aliter quam ope fidei vinci nequeant; 5) quando obligationes vel actus supernaturales agendi instant, quae rite impleri nequeant nisi ope fidei.

R. 2. In ultimo casu sub 5) indicato sufficit omnino fidem eo modo elicere, quem multi dicunt actum fidei *implicitum*. Quod etsi in se parum recte dicitur, tamen indicat sufficere eum fidei actum, qui in exercendis aliis actibus supernaturalibus necessario et natura sua exercetur, etsi de elicienda fide formalis et reflexa cogitatio minime occurrat. Alii melius dicunt sufficere fidem *virtualem*, quae nimirum eo ipso ab hominibus habetur quod in actibus suis motivo ex fide seu revelatione divina sibi noto ducantur. Cf. *Th. m.* I, 271; Wilmers, *De fide* n. 323 sqq.

Ad quaesitum 3^m R. 1. Dictum Serapionis, si sumitur, ut sonat, laxius esse patet. Si enim re vera dogmata creditu summe necessaria, i. e. Dei unius exsistentiam et summum dominium, aeternamque boni malive retributionem, SS. Trinitatem, redemptionem per Filium Dei incarnatum, nesciverit, absolvi nequit: ne certo quidem absolvetur valide, quantumvis in bona fide versetur: Si tamen casum summae necessitatis sumas, sane cum sola notitia priorum duorum dogmatum condicionate absolvendus ille est, qui ulterius instrui nequeat. Cf. thesin 64^{am} ab Innoc. XI damnatam: „Absolutionis capax est homo, quantumvis laboret ignorantia mysteriorum fidei, et etiamsi per neglegentiam etiam culpabilem nesciat mysterium SS^{mae} Trinitatis et Incarnationis Domini nostri Iesu Christi." Bene etiam notat Noldin II, n. 12 in fine: „Si essent homines adeo rudes, et nec mysteria SS^{mae} Trinitatis et Incarnationis *concipere* et explicite credere possent, de eorum salute non esset desperandum. Etsi enim fides horum mysteriorum adultis necessitate medii necessaria dicatur, eiusmodi rudes quoad hoc non sunt accensendi adultis sed infantibus, qui circa haec mysteria fidem elicere non possunt." Patet autem instructorem omnem conatum adhibere debere, ut, quantum possit, has veritates modo captui baptizandi vel absolvendi accommodato proponat.

Immo Serapion sub gravi tenetur etiam ampliorem instructionem veritatum christianarum sibi acquirere: quam si nollet sibi procurare, etiam ex hoc capite absolutione indignus et incapax esset.

181   R. 2. Verum videtur Serapion re ipsa plura explicite scire et credere, quam ipse praetendit. Si homo rudis est, accidere potest, ut memoria hominis senis fallat, neque amplius ea recitare possit, quae alias quilibet homo catholicus memoria retinere debeat. At si, interrogatus de necessariis articulis, eos intellegere et olim melius scivisse deprehenditur, iam explicitam fidem de iis saepius elicuit, et praeeunte confessario etiam nunc facile iterum eliciet. Quod in tali homine ceteroquin bonae voluntatis sufficit. Admoneatur tamen, ut pro posse se amplius instruendum curet neve omittat, doctrinae christianae et contionibus diebus dominicis et festis interesse.

R. 3. Sapricius omnem timorem tuto deponere potest et debet. Nisi enim in haeresim lapsus fidem amiserat, necesse non est, ut explicite praecipua christianae fidei dogmata in memoriam reducat iisque propter Dei loquentis auctoritatem sub Ecclesiae magisterio super omnia firmiter assentiatur. Id enim fecit saepe, facitque habitualiter, immo innumeris vicibus id facit exercite vel virtualiter, etsi de eo non reflectat. Tali modo satis superque praeceptum fidei eliciendae implet.

FIDEI CONFESSIO ET DISSIMULATIO.

Casus. (51)

Caprasius, minister acatholicus, graviter decumbens ad se vocandum curat sacerdotem catholicum in habitu laicali seque catholicum fieri velle declarat, sub sequentibus condicionibus: 1) ut, si moriatur, res tota tegatur ac sinantur cognati curam agere de corpore, prout placuerit; 2) ut, si reconvalescat, liceat sibi ad tempus conversionem suam dissimulare, donec negotia temporalia composuerit, sibi suaeque familiae potuerit providere.

QUAERITUR 1° quae sit obligatio fidem profitendi.
2° possitne aliquando fides dissimulari.
3° num Caprasio ea, quae proponit, indulgeri possint.

Solutio.

182   AD QUAESITUM 1^m R. 1. Alia est obligatio fidem non negandi, alia eam positive profiteri. Prior, cum sit lex negativa, urget semper et pro semper; posterior, utpote positiva, non urget semper. Quod etiam patet ex agendi ratione Christianorum primis persecutionum saeculis: quibus multi erant, qui occulte Christum colebant, minime publice ab omnibus ut christiani dignoscebantur, neque propterea ab Ecclesia reprehendebantur.

R. 2. Aliquando tamen adest lex positive fidem profitendi, idque non solum ex lege ecclesiastica, quando Ecclesia certam fidei professionem certamque formam praescribit (ut in assumendis certis muneribus ecclesiasticis, in assumendo docendi munere in scholis etc.), sed etiam aliquando ex lege divino-naturali, videlicet: 1) quando taciturnitas ex circumstantiis negationi vel erubescentiae fidei aequivaleat; 2) quando honor Dei promovendus vel in periculum vocatus defendendus sit positiva fidei professione; id quod maxime tum obtinebit, quando 3) taciturnitas aliis gravi scandalo fuerit, unde sumant occasionem in fide titubandi vel in infidelitate firmius persistendi.

Propositionem circa hanc rem proscriptam habes 18^{am} Innocentii XI „Si a potestate publica quis interrogetur, fidem ingenue confiteri, ut Deo et fidei gloriosum consulo: tacere, ut peccaminosum per se non damno."

AD QUAESITUM 2^m R. 1. Ex eo, quod necesse non sit semper fidem positive profiteri, sed liceat aliquando tacere, sequitur aliquando licere fidem dissimulare: quamquam numquam licet falsam fidem seu religionem simulare. — Tacere enim est quaedam veri dissimulatio. Cui taciturnitati si accedit actio quaedam, quae aliis tegat meum characterem catholicum, i. e. ita ut eum neque negem neque profitear, id moralitatem non mutat.

R. 2. Ex gravi igitur saltem causa licebit, quando obligatio fidem positive profitendi non urget, eas actiones exercere, quae catholicis et acatholicis sunt vel esse possunt communes, ex quibus nemo quidem concludere debeat me esse acatholicum, sed neque concludere possit catholicum me esse. Quodsi inter acatholicos versans ego inde ab iis habeor etiam pro acatholico, id eorum temerario iudicio, non meae actioni adscribendum est; qui enim recte concluserit, id tantum iudicare potest: non constare, utrum sim catholicus necne.

AD QUAESITUM 3^m R. 1. Si Caprasius esset homo gregarius, cuius exemplum religiosaque professio a nemine attendatur neque ulli scandalo sit vel confirmationi in haeresi: facilius posset ex gravi causa sufficere, ut ipse privatim veram fidem profiteretur atque pro casu mortis omnia silentio premerentur. Elbel p. II, n. 69.

Attamen etiam tum, ut liceat coram cognatis rem celare, debet spes eos convertendi exclusa esse; alioquin lex caritatis postulabit, eos exemplo et verbo ad conversionem etiam exhortari.

Neque tamen absolute necessarium esset, rem in foro externo tractare; quod differri posset ad tempus futurum, si forte aegrotus fuerit mortis periculo ereptus; quare aegrotus in foro interno a quolibet sacerdote ecclesiae reconciliari posset.

Ex condicione Caprasii res fit difficilior. Ipse enim ut minister sectae haereticae multos, etsi fortasse bona fide, in haeresi confirmavit atque retinuit. Si igitur nunc statim mala, quae causavit, non possit reparare, saltem possibilitatem reparandorum malorum sibi praescindere non licet: quod faceret, si tota res sacramentali sigillo clausa maneret atque pro casu mortis Caprasii secuturae perpetuo silentio opprimi *deberet*.

Non constat quidem conversionem umquam publicam fieri *debere*; nam si haec publicata bonos effectus in defuncti parochianos vix productura, mala vero et privata et publica propter iniqua tempora excitatura praevideatur: potius a publicatione abstinendum est; facilius etiam abstinere *licebit*. Sed poterit etiam fieri, ut in posterum iudicetur opportunum vel necessarium esse publicationem fieri. Quare haec possibilitas nunc dari debet a Caprasio; aliis verbis: curandum est, ut reconciliatio fiat aliquo modo pro *foro externo*. Hanc autem *generatim* fieri posse sine strepitu, multo magis in articulo mortis, habes ex decreto S. Officii d. d. 28 Martii 1900 (v. *Annal. eccl.* VIII, p. 191):

„Abiuratio fieri potest coram *quopiam*, ab episcopo delegato ut notario, *et aliquibus testibus* [saltem *duobus*]; et detur instructio 8 Apr. 1786 ad episcopum Limeric.: ‚Non est necesse, ut, qui a catholica fide defecerunt ad eamque postmodum reverti cupiunt, *publicam* abiurationem praemittant, sed satis est, ut *privatim coram paucis* abiurent, dummodo tamen promissa servent ac revera abstineant communicare cum haereticis in spiritualibus aut quidquam facere, quod haeresis protestativum sit. *Idem sentiendum de iis, qui haeresim, in qua usque ab initio educati fuere, privatim* abiurent.'

Sequenti feria VI die 30 eiusd. mensis et anni ... Leo XIII ... approbavit."

Cum actus publicatio non commemoretur, concludere licet, ex variis circumstantiis desumendum esse, num et quando eam faciendi exsistat obligatio.

185 R. 2. Si Caprasius ita agere paratus est, quaeri potest, num liceat pro casu recuperandae valetudinis ad tempus fidem dissimulare. Id non est absolute negandum. Elbel p. II, n. 70. Notari tamen debet: 1) Caprasium nihil umquam facere posse, quo falsam sectam profiteatur; adeoque in munere suo eum manere non posse neque eo umquam fungi; hinc ne praedicandi quidem munere amplius fungi licet, etsi nihil dicat haereticum; 2) si evitans omnem falsae sectae professionem brevi res ita componere possit, ut sibi suaeque familiae provideat, haec brevis dilatio non fuerit illicita. Cavendum tamen est, ne diutius publica fidei professio protrahatur, tum quia secus periculum deficiendi crescit, tum quia scandalum aliis datum et reparandum diu protrahi non potest.

186 R. 3. Si Caprasius iam in extremis versaretur, sine dubio sub condicione saltem absolvendus esset, si ipse privatim fidem veram agnosceret neque constaret eum ulteriorem gravem obligationem apprehendere, at ex altera parte timendum esset, ne ulteriore obligatione negotii in foro externo tractandi deterreretur. — Loco apertae declarationis coram testibus faciendae Elbel leviorem modum proponit, videlicet si amplius quid a Caprasio vix obtineri possit, absolute id sufficere posse, „ut, si tempus vel status infirmitatis id permittant, coram duobus vel tribus testibus protestetur se huic homini (sacerdoti scilicet catholico) aliquid religionem et animarum salutem concernens concredidisse, quod post obitum suum ipsis velit serio inculcatum; moxque in praesentia testium roget sacerdotem catholicum, quatenus post suum obitum velit reliquis suo nomine proponere et inculcare. Hoc enim modo probabiliter satisfaceret suae obligationi" (l. c. n. 69).

DISSIMULATIO FIDEI ET STATUS SACERDOTALIS.

Casus. (52)

Cerinthus sacerdos, ne in acatholicorum regione eorum ludibriis et iniuriis exponatur, studiose occultat suam condicionem; immo aliquando aperte interrogatus de sua religione „Num quid est", ait, „quod vobis in me displiceat? Honesti viri de religione neminem inquirunt; est haec res privata inter me et Deum."

Alias, cum contra catholicos ageretur persecutio, in iudicio de fide catholica et statu sacerdotali interrogatus, ut poena sibi decerneretur, ita loquitur: Cum pro crimine mihi vertatur fides catholica et status sacerdotalis, de quibus inquiror, postulo plane, ut iudicialis ordo ubique praescriptus retineatur, ut videlicet probatio accusationis proferatur; inauditum enim est reum sine ulla probatione fateri debere. Quo dimitti debebat, cum indicia, quae proferebantur, tam levia essent, ut Cerintho arguente neque statum sacerdotalem neque fidem catholicam probarent.

QUAERITUR 1° sitne status sacerdotalis et fidei catholicae profitendae eadem obligatio, dissimulandae eadem licentia.

2° quid de variis Cerinthi factis dicendum.

Solutio.

AD QUAESITUM 1ᵐ R. Sicut singulis per se obligatio non incumbit assumendi statum sacerdotalem, ita etiam eum statum positive profitendi per se non incumbit, sed summum per accidens. Quare numquam *eadem* obligatio quoad profitendum hunc sacerdotalem statum adest, quae aliquando adest profitendi fidem. Dissimulandi ratio igitur longe facilius adesse potest, adeoque etiam eum cum restrictione late mentali negandi; immo si cum mendacio negatur, non erit per se grave peccatum sicuti in fidei denegatione, sed *per se* peccatum veniale tantum. Th. m. I, 292.

AD QUAESITUM 2ᵐ R. 1. Quando positive profitendae fidei obligatio non est, licebit per se fidem occultare, si modo id fiat mediis in se licitis, neque quidquam committatur, quo fidei falsae professio exprimatur. Eiusmodi res non illicitae enumeratae iam antea sunt (casu 12, n. 41 sqq.), scil.: omissio precum ad mensam vel omissio signi crucis ante preces fundendas; si vero ratio gravis metus accedat, licita etiam fit omissio rei alioquin lege positiva Ecclesiae praeceptae, v. g. abstinentiae feriis VI etc.

R. 2. Quod ad responsum attinet eius, qui de sua religione interrogetur, dici debet privatam de fide interrogationem nondum imponere obligationem fidei positive profitendae. Quod igitur Cerinthus arrogantiam inquisitorum retundens responsum declinet, nondum dici potest peccaminosum. Circumstantiae tamen perpendendae sunt. Si enim circumstantiae eiusmodi sint, ut aliquis ex auditoribus inde scandalum sumat et in errore suo confirmetur vel in errorem inducatur, gravis oritur obligatio ingenue catholicam fidem profitendi. Th. m. I, 293.

Immo in responso dato *per se* Cerinthus limites praetergressus est; sapiunt enim quendam indifferentismum et publici numinis cultus negationem: in quo Cerinthus subiective quidem facile excusabitur, obiective non satis recte locutus est.

189 R. 3. Si publica auctoritas de solo statu sacerdotali inquisivisset, Cerinthus per se potuit utique eo modo, quo fecit, sese liberare: nam sacerdotalem statum dissimulare non est illicitum; ceteroquin nihil falsi dixit.

Verum cum ageretur etiam de inquisitione circa catholicam fidem, in his circumstantiis eam dissimulandi ratio non erat, sed potius obligatio palam profitendi, ut habes supra ex thesi ab Innoc. XI proscripta. Quare in hoc casu Cerinthus, nisi subiectiva conscientia excusetur, a gravi peccato contra fidei professionem immunis non est.

DUBIA CIRCA FIDEM ET HAERESIS.

Casus. (53)

Caius tempore Vaticani Concilii multum contra infallibilitatem Pontificis dixit et scripsit neque nunc se hanc doctrinam admittere posse dixit, nisi sibi solvantur historicae difficultates, quae sibi videantur errores a RR. Pontificibus commissos comprobare.

Proin neque Concilii Vaticani legitimitatem vult admittere neque certitudinem immaculatae B. M. V. conceptionis, utpote a solo Pontifice definitae, idque antequam infallibilis declaratus sit.

Quaeritur 1° quid sit fides eiusque motivum, quid e contrario haeresis.

2° dubia et difficultates excusentne Caium a peccato haeresis.

Solutio.

190 Ad quaesitum 1ᵐ R. 1. Fides est virtus theologica, qua veritatibus a Deo revelatis firmiter supra omnia assentimur non propter perspicientiam et intellegentiam rerum propositarum, sed propter summam Dei veritatem seu auctoritatem Dei revelantis. — Quare praerequiritur quidem sufficiens certitudo de revelatione seu locutione Dei facta, quae pro homine, qui Ecclesiam semel agnovit, per ipsam propositionem ab Ecclesia factam habetur; sed hac certitudine habita, omnes rationes apparentes contrariae necessario pro falsis habendae sunt, etsi earum falsitas ex internis rationibus non perspiciatur, atque firmissimus assensus dari debet non propriae rationi intellegenti, sed Deo loquenti.

191 R. 2. Haeresis quidem *coram Deo ab eo, qui fidem aliquando suscepit, voluntario errore in fide* committitur, atque ita *fidei assensum* denegando cuicumque veritati quam a Deo propositam seu nobis communicatam esse certo constiterit. — Ut autem *haeresis coram Ecclesia* habeatur, requiritur, ut haec veritas quae ut a Deo dicta per Ecclesiam fuerit proposita ab isto negetur.

Illud haeresis peccatum non sola articuli fidei seu rei revelatae negatione, sed etiam voluntaria dubitatione committitur; immo etiam ab eo, qui rem quidem pro vera habeat, at ob Dei loquentis auctoritatem eam pro vera assumere *omnino noluerit:* vel saltem committitur hoc modo peccatum haeresi aequivalens.

Qui enim in una aliqua re, etsi minima, auctoritatem Dei loquentis spernit neque eam dignam ducit, cui assentiatur, eam simpliciter reicit; neque reliqua, quae tenet, tenet propter Dei auctoritatem. Fidei igitur obiectum formale seu motivum abicit, atque fidem in se ipse exstinguit eiusque habitum amittit. Cf. Lugo, *De fide* d. 17, n. 102 sqq.; Suarez, *De fide* d. 16, s. 1, n. 2 sqq.

Ad quaesitum 2^m R. 1. In aestu contentionum tempore ipsius Concilii Vaticani excusatio aliqua pro Caio facilius admitti potest; attamen etiam tum intima mente paratus esse debebat sese subicere pro casu, quod concilium aliquod definierit. Verum post definitionem latam eamque ut veri oecumenici concilii definitionem indubie probatam Caius nullam amplius habet excusationem. Nam si ullum umquam concilium fuit manifeste oecumenicum eiusque definitio oecumenici concilii definitio: id quoad Vaticanum Concilium verum esse tota Ecclesia approbans manifestat testimonio suo irrefragabili.

R. 2. Rationes et difficultates historicae, quas Caius versat, nihil possunt valere contra infallibilem Dei veritatem. Caius ne primum quidem conceptum de fide fideique actu videtur habere; secus illis ineptis rationibus detineri non posset.

R. 3. Neque quod contra dogma immaculatae conceptionis dicit, eum quidquam iuvat, neque quidquam iuvit ne ante definitionem quidem Vaticani Concilii. Nimirum post Vaticanum Concilium eiusmodi effugium nullum esse patet, etsi in proclamatione immaculati conceptus B. M. V. habeamus nude definitionem solius R^i Pontificis ex cathedra. — Immo hoc factum, videlicet S^{mum} Pontificem fuisse qui dogma B. Mariae V. immaculate conceptae *definierit* — quod mihi quidem in animo non est negare — potius ostendit practice multo ante Concilium Vaticanum R^i Pontificis sollemnem definitionem ab universa Ecclesia pro infallibili norma fidei et irrefragabili lege habitam esse; nam nemo ex ingenti serie episcoporum Romae congregatorum quidquam contradixit. Verum tamen est definitionem latam non esse nisi post rogata episcoporum suffragia et post eorum in immaculati conceptus doctrinam fere unanimem consensum.

Hinc postremo quoad dogma immaculatae conceptionis illo totius episcopatus consensu etiam is, qui antea noluerit infallibilitatem solius R^i Pontificis agnoscere, penitus convincitur; nam si putaverit se certum de dogmate non fuisse ex sola Pontificis definitione, certus esse debuit ex consensu totius episcopatus. Nullus enim umquam catholicus in dubium vocavit episcopatum in unione cum R^o Pontifice, sive in concilio adunatum sive non congregatum sed in orbe dispersum, infallibilem esse in docendis fidei dogmatis.

SPES EIUSQUE VIOLATIO.

Casus. (54)

Melania scrupulis multis agitata, nuper cum diuturna tentatione fatigata esset, tandem cessit, rata se tot peccatis iam onustam esse, ut parum intersit semel amplius peccasse; ea omnia, si deleantur, unica confessione deleri. — Verum postea de vita aeterna assequenda plane desperavit, cum nullus sit dies, quo non pluries grave peccatum contrahat, quidquid antea proposuerit; sibi deesse vires immunem se servandi, neque tam copiosas gratias sibi praesto esse, quibus a gravi lapsu praeservetur. — Speciatim vero quoad sextum praeceptum suam infirmitatem et imbecillitatem experta est, neque audet in confessione promittere se amplius non peccaturam, quia certa sum, inquit, id esse impossibile; ante quindecim dies elapsos sine dubio iterum peccavero, etsi nunc nolo.

QUAERITUR 1° quid sit spes.
2° quid desperatio et praesumptio.
3° quomodo Melania peccaverit.

Solutio.

194 AD QUAESITUM 1ᵐ R. 1. Spes est virtus theologica, qua homo in Deum ut futuram suam beatitudinem tendit, nixus in ipsius Dei potenti auxilio, benignitate, fideli promissione.

R. 2. Spes igitur et fiducia aeternae beatitudinis assequendae non in nostris viribus nititur, sed in Dei gratia, quamquam propria nostra cooperatio nedum excludatur, potius firma voluntate includi debet.

R. 3. Spes, quatenus in Dei auxilio et gratia nititur, firmissima esse debet, iniuria enim esset Deo diffidere; sed quatenus propriam cooperationem includit, timorem sane admittit, immo moderatus timor christianam spem per se comitari debet.

195 AD QUAESITUM 2ᵐ R. 1. Desperatio est aversio voluntatis a prosecutione aeternae beatitudinis et a Deo auxiliante, ex eo quod quis beatitudinis assecutionem sibi iudicet impossibilem: sive quod propriam infirmitatem nimis timens gratiam divinam non consideret eique diffidat, sive quod proprias vires atque cooperationem nolit adhibere, sive quod aversionem foveat erga Deum finem suum ultimum. Qui postremus modus omnium pessimus est. *Th. m.* I, 310. Cf. etiam Noldin II, 50.

R. 2. A desperatione tamen distingui debet deiectio quaedam et timor salutis immoderatus, quem aliquando homines omnino probi et pii patiuntur, vel etiam non sine omni culpa sustinent. Qui nascitur ex imprudenti consideratione occultorum Dei iudiciorum et ex cogitatione solius humanae infirmitatis, quando haec non moderatur consideratione divinae benignitatis et misericordiae. *Th. m.* I, 311; Noldin l. c.

R. 3. Peccatum omnino contrarium est *praesumptio,* qua homo aut nimis fidit propriis viribus, neglecto Dei auxilio; aut nimis vel potius inordinate fidit in Dei gratia et misericordia, nolens ex sua parte Dei mandata servare, vel ex Dei misericordia motivum sumens peccata augendi vel in iis perseverandi. *Th. m.* I, 310 et 312; Noldin n. 52.

Ad quaesitum 3^m R. 1. Melania *in primo casu* peccato praesumptionis peccavit, si praecise ex eo, quod Deus adeo facile veniam praebeat, rationem sumpsit peccandi. Si vero haec non fuit ratio, sed solum concomitans cogitatio, etsi nonnihil impediverit, quominus magis strenua contra tentationem pugnaret, distinctum peccatum grave praesumptionis non aderat.

R. 2. In *altero casu* adest peccatum desperationis, si Melania re vera ita firmiter iudicat. — Attamen practice id non facile sumendum est. Deiectioni et tentantibus cogitationibus utique non sine omni culpa nimis inhaesit. Propter scrupulos sine dubio etiam ultra veritatem exaggeravit suos graves lapsus. Quare hac in re dedocenda est, dein et infinitae Dei misericordiae consideratione recreanda et simul excitanda ad concipiendum animum et firmam voluntatem contra quodlibet grave peccatum. Si igitur hanc voluntatem non omnino abiecit, etsi lapsum multum timuerit, at neque tendentiam in salvandam animam omnino deposuit: Melania non est iudicanda peccasse desperatione, sed immoderata deiectione.

R. 3. Simile quid de *tertio casu* dici debet. Ex eo, quod Melania re ipsa *nunc noluit* peccare, videtur in eius favorem iudicandum esse, scil. desperationis eam ream non esse, at eam animandam esse ad maiorem fiduciam et frequentem ad confessionem recursum, dein absolvendam. — Nihilominus si non solum magnum timorem relapsus haberet, sed etiam post omnem exhortationem maneret tam debilis voluntatis, ut ne absolutum quidem propositum cum Dei gratia non peccandi in posterum conciperet, absolutionis capax non esset.

CARITAS IN DEUM.

Casus. (55)

Philothea, de amore erga Deum anxia, se accusat: 1) quod Deum non super omnia amet, fortius enim se prolem suam amare; 2) dein saepe se dixisse, idque verum esse: nisi infernus exsisteret, innumera fecissem et facerem peccata; 3) quod per plures annos actum amoris erga Deum non fecerit, se enim mendacium grave timere ex recitatione formulae, in qua dicatur: „*unice* propterea te super omnia diligo, quia in te summe perfectus es", atque 4) etiam se propterea non posse actum caritatis et contritionis recitare, quia re vera non omnia peccata ex amore Dei detestetur: aliquibus venialibus peccatis se non posse valedicere.

Quaeritur 1° quid sit caritas seu amor in Deum.
        2° quae sit obligatio actus caritatis.
        3° quid de timoribus Philotheae dicendum.

Solutio.

Ad quaesitum 1^m R. 1. Amorem Dei distinguunt theologi duplicem: amorem *concupiscentiae*, qui Deum amat ut bonum nostrum;

amorem *benevolentiae*, qui amat Deum ut bonum in se et propter se: prior vocatur amor imperfectus, posterior perfectus seu caritas.

R. 2. Uterque amor, si recte et perfecto modo concipitur, est suo modo super omnia; tamen solus amor caritatis est super omnia simpliciter et absolute.

R. 3. Illud *super omnia* non necessario intellegitur de intensitate et fervore, sed de praeferentia voluntatis. Caritatis amor amicitia est; debet ergo Dei voluntatem divinamque amicitiam omnibus praeferre. — Hoc ad essentiam caritatis pertinet. Quidquid igitur Dei amicitiam destruit, cum caritate simul consistere nequit: id valet de peccato quolibet mortali. Quod autem cum Dei amicitia simul consistere potest, non necessario per caritatem excluditur: quare peccatum veniale consistere potest simul cum caritate erga Deum; etsi in tali casu caritas adsit in *gradu* inferiore, quoad *speciem* tamen amor perfectus est. *Th. m.* I, 316. 320.

R. 4. Actus caritatis non necessario supprimit alios actus supernaturales inferioris speciei, sed diversos actus vel supponit vel secum patitur, eosque vel imperare vel ab iis potest imperari. *Th. m.* I, 317.

198 AD QUAESITUM 2^m R. 1. Certe exsistit obligatio Deum aliquando etiam interno actu caritatis amandi; alioquin non intellegerentur verba Christi, quibus dilectionem Dei ex toto corde vocat maximum et primum mandatum.

R. 2. *Quoties* vero speciatim ratione sui hoc mandatum sub gravi obliget, definiri vix potest. Longe saepius videtur ex eo obligatio exsistere, ut homo re vera efficax adhibeat remedium contra graves tentationes et contra periculum peccandi sese muniat.

Negative huius mandati limites quosdam habemus per propositiones damnatas ab Innoc. XI scil. prop. 5. „An peccet mortaliter, qui actum dilectionis Dei semel tantum in vita eliceret, condemnare non audemus." 6. „Probabile est ne singulis quidem rigorose quinquenniis per se obligare praeceptum caritatis erga Deum." 7. „Tunc solum obligat, quando tenemur iustificari, et non habemus aliam viam, qua iustificari possimus." — *Positivos* limites assignatos non habemus.

199 AD QUAESITUM 3^m R. 1. *Prima* ratio timendi videtur merus scrupulus Philotheae esse. Potest enim, salvo amore Dei super omnia, fieri, ut alia intensius et ferventius amentur. Si Philothea interrogata, num propter prolem velit Deum graviter offendere, sincere respondere potest „Minime": secura sit neve angatur de teneriore amore erga prolem.

R. 2. *Altera* ratio non magis probat timorem Philotheae esse iustum. Non obstante veritate ipsius asserti, optime consistere potest verus amor caritatis erga Deum. Immo ipse timor inferni potest hominem excitare ad actum perfectae caritatis, atque ipse sibi ex timore inferni actum caritatis imperare potest: ita omnes theologi.

R. 3. *Tertia* ratio, quod per annos formulam actus caritatis non recitaverit, minime ostendit Philotheam actum caritatis non elicuisse.

Si attente et devote orationem dominicam recitaverit, exercuit et elicuit actum caritatis; atque ita in quam plurimis occasionibus. *Th. m.* I, 324.

Nihilominus optimum est magis ex professo aliquoties actum caritatis elicere; sed in nostro casu formula, quam reperit Philothea, videtur magis accusanda esse quam Philothea ipsa. Illud enim motivum diligendi Dei unice propterea, quod in se summe perfectus sit, secundum conceptum legentium minime clarum, sed errori obnoxium est.

Primo illud „*unice*" necesse non est ut addatur; immo ne falso intellegatur, explicandum est. Nam etsi actus caritatis qua talis unice inhaereat *suo* motivo, tamen compatitur alios actus et alia motiva. Si enim amo Deum simul propter sua beneficia et propter amorem in me et propter suas infinitas perfectiones: quis me poterit culpare! Neque propterea destruo ultimum motivum neque amorem caritatis, si modo motivum caritatis tandem me vere movet ad amandum Deum super omnia.

Dein illud „*in se summe perfectus*" facile sic concipitur, quasi solae perfectiones Dei absolutae me movere deberent. Quod falsissimum est. Numquid misericordia Dei, benignitas, benevolentia, amor paternus in nos desierunt esse perfectiones divinae? Si ergo non creata dona, sed ipsa Dei beneficentia etc. me movent ad amandum Deum amore benevolentiae et ad firmam voluntatem eius amicitiae conservandae: sane facio actum internum, qui sit amor caritatis erga Deum. Id ipsum expressum habes in pervulgata oratiuncula S. Francisci Xaverii, quae purissimi amoris actum exhibet. Licet enim in solo Deo inhaereat, seposita omni spe praemiorum vel poenarum timore, nihilominus ad amorem Dei erga homines ac stupendam eius per toleratum crucis supplicium manifestationem appellat: „tu, mi Iesu, totum me amplexus es in cruce . . . tulisti mortem propter me", et sic demum concludit: „Cur igitur non amem te . . . sicut tu amasti me, sic amo et amabo te, solum quia rex meus es et solum quia Deus es." Cf. *Th. m.* I, 318. 319; Noldin l. c. n. 56.

R. 4. *Quarta* seu ultima ratio timendi iam ex supra dictis futilis apparet. Quamquam enim quilibet conari debet, ut etiam minima peccata vitet eaque propter Deum detestetur: nihilominus de substantia caritatis minime dubitandum est, etsi sola peccata mortalia excludat.

VIRTUS RELIGIONIS ET CULTUS DEI ESSENTIALIS, EIUSQUE LAESIO.

ORATIO EIUSQUE NEGLECTUS.

Casus. (56)

Symmachus per annos sacramenta non recepit; sacris interfuit, quando aliter timere debebat, ne parentes offenderet, sed solum *pro forma;* non orabat, sed prae taedio alios adstantes lustrabat vel imagines et statuas contemplabatur; minus etiam domi orabat. „Orationes enim", ait, „etiam cum adhuc orabam, me nihil iuverunt. Negotium magni momenti, ex quo vitae meae cursus pendebat, cum instanter Deo commendassem, nihilominus male cessit, atque etiam cum orarem, ut Deus me a lapsu in peccatum praeservaret, vix per unam alteramve hebdomadam servabar. Quare iam diu orationi valedixi."

Quaeritur 1° quae sit obligatio et necessitas orandi.
           2° quae sit orationis efficacia.
           3° quomodo Symmachus per neglectum orationis peccaverit.

Solutio.

Ad quaesitum 1ᵐ R. 1. Esse *ex praecepto divino* obligationem orandi, idque praecipue orandi per modum petitionis, innumeris locis S. Scriptura docet. Cf. *Th. m.* I, 340. — Ex iisdem locis patet hanc obligationem *frequenter* urgere, cum iubeamur *numquam deficere* in orando. Luc. 18, 1.

R. 2. Ratio huius obligationis est 1) cultus divinus, quo tenemur, et quem exercemus cum quolibet orandi genere, sive laudis sive gratiarum actionis, tum speciatim Deum exorando; 2) indigentia, imprimis propria, dein etiam aliena. Quare haec orandi necessitas non est solius praecepti, sed est *necessitas medii,* ut theologi loquuntur. Est enim oratio seu petitio medium ordinarium, quocum coniunxit Deus auxilia gratiae, quibus efficaciter vincamus difficultates et tentationes et securam reddamus aeternae salutis assecutionem: de quo cf. Ephes. 6, 13. 18; *Concil. Trid.* sess. 6, c. 11.

R. 3. Obligatio orandi gravis, quae oritur ex obligatione *colendi Dei,* quoties urgeat, aeque difficulter determinatur, sicut dictum est supra de obligatione eliciendi actus virtutum theologicarum. Verum haec impletur abundanter ab eo, qui orat, quoties eum *indigentia* propria ad orandum obligat: *haec* enim obligatio urget, quoties gravis tentatio nos sollicitaverit, quam ut vincamus, a Deo efficacia gratiae auxilia petere et instanter petere debemus.

Accedere potest *aliqualis* obligatio orandi ex necessitate aliena, maxime communi; sed ut ex hac ratione *gravis* exsistat obligatio, circumstantiae accidentales et extraordinariae addi debent. *Th. m.* I, 347.

AD QUAESITUM 2^m R. 1. Orationem habere quandam infallibilem efficaciam, si modo debitis condicionibus munita sit, theologis omnino exploratum est, ita ut non vereantur dicere eam infallibilem efficaciam esse *fide* certam, eamque a Christi fidelibus ut rem summi momenti explicite credi debere. *Th. m.* I, 341 cum Suarez, *De oratione* cap. 27.

R. 2. Condiciones vero sunt: 1) ut res petita sit honesta et utilis ad aeternam salutem secundum Dei providentiam et ordinationem: de quo in re temporali per se numquam certi sumus; 2) ut oretur ex fide et cum fiducia, idque in nomine Christi; 3) ut oretur *cum perseverantia:* adeoque ut recurrente tentatione etiam denuo recurratur ad orandum, siquidem Deus non vult nos semel pro semper securos et certos reddere; 4) ut oretur cum voluntate, ex parte nostra *cooperandi cum divina gratia. Th. m.* I, 342.

R. 3. Oratio pro aliis, ut ex enumeratis condicionibus patet, non habet eandem infallibilem efficaciam, atque oratio quam fundimus ipsi pro nobis. Nihilominus oratio, maxime quae ab homine iusto et sancto fit, etiam pro aliis habet summam utilitatem; neque raro aliena salus aeterna ferventibus precibus exorari potest: cf. *Th. m.* I, 343.

AD QUAESITUM 3^m. Symmachus per annos vere neglexit debitam orationem ad Deum, quam ne tum quidem exercebat, quando ss° Missae sacrificio intererat. Quare sine dubio propter neglectas preces ex pluribus capitibus graviter peccavit, videlicet:

R. 1. Graviter peccavit propter neglectum cultum divinum: sufficit tamen in confessione tempus indicare, per quod adeo neglegenter vixit, siquidem eo ipso confessarius peccatum seu peccata *huius speciei* intellegit.

R. 2. Graviter peccavit propter neglectam propriam salutem: nam hac ratione toties peccavit non-orando, quoties in gravi tentatione positus erat; neque tamen haec distinctim accusare debet, saltem communiter loquendo, si modo alia sua peccata confitetur, siquidem in tentatione non orare sed tentationi cedere est unum idemque peccatum, quod tentationi et periculo temere se committendo vel tentationi succumbendo committitur. Et re vera, extraordinarium plane est aliquem in gravi tentatione positum non orare et omittendo orationem peccare, sed nihilominus quasi per miraculum ex ipsa tentatione victorem evadere.

R. 3. Symmachus etiam peccavit male sentiens de oratione: quod in se et secundum rem haeresis peccatum contra fidem est.

Potuit hoc quidem Symmachi attentionem effugere; nihilominus tota eius mentis condicio ea erat, ut catholicam religionem et fidem parum curaret; neque mirandum erit, si — quod indagandum est — in aliis quoque rebus contra fidei articulos peccaverit.

R. 4. Sane Symmachus et orationis efficaciam *male intellexit*, et ipse *male oravit*. Nam 1) de re temporali non habetur absoluta et infallibilis promissio. 2) Videtur aliquando ante tempus tentationis orasse, sed ipso tentationis tempore orationem neglexisse: haec agendi ratio seu orationis intermissio non est secundum Dei ordinationem. 3) Videtur opinari Deum propter preces semel fusas debere quasi per miraculum peccandi periculum avertere atque hominem ignavum sine labore immunem servare: cum e contrario Deus nolit ignaviam coronare, sed velit, ut homo exserat vires, pugnet contra tentationes; quod si fecerit et christiano modo oraverit, augebit Deus vires et faciet victoriam.

LAESIO CULTUS DIVINI — SUPERSTITIO (I).

Casus. (57)

Anselmus, ex Iudaeo Christianus, ceteroquin se palam Christianum profitetur, ritum vero agni paschalis cum contribulibus suis observat, religioni sibi ducendum esse dicens, si ritum Christi Domini exemplo consecratum sperneret; feria quinta in Cena Domini et per octavam festi Corporis Christi in honorem S. Eucharistiae pane azymo tantum vescitur; in honorem S. Ioannis B. decollati numquam edit ex capite animalis occisi; lotiones iudaicas plerumque observat, quia iis adeo assuetus est, ut conscientiam quietam non habeat, nisi iis peractis. Quoniam autem in suburbio habitat, distans bona leuca a proxima ecclesia, a tribus annis Sacro non iam interfuit, excepta feria quinta in Cena Dom., qua quotannis S. Communionem sumere solet.

QUAERITUR 1° quae sit superstitio et quam peccaminosa.

2° quomodo Anselmus superstitione peccaverit.

3° sitne legitime excusatus ab audiendo Sacro.

Solutio.

AD QUAESITUM 1^m R. 1. Superstitio dicitur peccatum contra debitum Dei cultum *per excessum*, i. e. excercendo aliquem cultum religiosum, qui *debet* potius *omitti*, seu exercendo actum, qui cultus quidem sit, sed *cultus vitiosus;* cum *per defectum* peccetur omittendo actus debitos vel ponendo actus, qui nullam cultus religiosi speciem sed *irreligiositatis* continent.

R. 2. Vitiosus esse potest cultus sive *ratione rei quae* colitur, sive *ratione modi quo* colitur. Ratione rei quae colitur vitiosus est cultus religiosus quilibet, qui neque immediate neque mediate tendit in verum Deum (mediate enim in Deum tendit cultus Sanctorum divino cultu inferior): quare semper vel *est* idolatria vel aliquid idololatriae habet.

Ratione solius modi cultus vitiosus est, quando Deus colitur seu eius cultus intenditur eo modo, quo ipse non vult seu quem ipse reprobat; quod fit aut per cultum *falsum* aut per cultum *superfluum*.

R. 3. Idololatria formalis seu explicita semper est peccatum 207 grave, sive est idololatria simulata, sive vera et perfecta, sive vera et imperfecta. Si autem agitur de actibus, qui implicite et reductive tantum ad idololatriam pertinent, fieri *potest*, ut peccatum evadat veniale propter defectum advertentiae et hominum simplicitatem et ruditatem.

Etiam cultus falsus, quomodocumque falsus est, generatim erit peccatum mortale; cultus tantum superfluus saepe ob parvitatem materiae est veniale tantum. *Th. m.* I, 352 sqq.

Ad quaesitum 2^m R. 1. Cum Iudaeis esum agni paschalis cele- 208 brare est sine dubio cultus *falsus* et graviter peccaminosus, etiamsi non iudaica mente celebretur. Nec quidquam valet exemplum Christi, quia usque ad ultimam cenam Domini inclusive ille ritus erat cultus *verus*, postea aliquo tempore mansit indifferens, sed stabilita et diffusa christiana religione, evasit cultus falsus et mortiferus. Anselmus igitur nisi ignorantia excusatur, graviter peccavit. Immo si ante festum Paschatis christiani ita egit, certissime graviter peccavit contra legem abstinentiae.

R. 2. Abstinere in honorem SS. Eucharistiae ab esu panis fermentati est cultus inutilis, neque tamen res gravis. — Similiter dic de vana abstinentia in honorem S. Ioannis B. assumpta: talibus enim ineptiis Sanctus non colitur. Neque tamen rem pro gravi habeo, quamquam pro maiore stultitia et indecentia quam abstinentiam priorem.

R. 3. Lotiones iudaicas observare ut ritum religiosum et a Deo praescriptum — ut Anselmus sua agendi ratione videtur facere — est utique cultus falsus et mortiferus. Examinandus tamen est Anselmus, antequam re ipsa peccati subiective gravis damnetur. Si munditiae causa, cui assuetus est, has lotiones agat, et inquietudinem conscientiae involuntarie tantum sentit eamque spernit, peccati saltem gravis non videtur arguendus esse; venialis autem propter trepidationem illam non satis spretam.

Immo hortandus omnino vel potius iubendus esset, ut ex industria aliquas lotiones omittat, easve *aliter* peragat, quam ritus iudaicus praescribit, quo periculum removeatur, ne eas pro religiosis caerimoniis habeat.

Ad quaesitum 3^m R. 1. De praecepto audiendi Sacrum fusius 209 postea sermo erit, cum tertium decalogi praeceptum tractabitur. Debemus autem in ea re primo spectare legem Ecclesiae. Sub hac ratione distantia bonae leucae a compluribus, atque etiam a S. Alph. III, 329, habetur simpliciter pro causa excusante. Quare sub peccato per se urgendus non est Anselmus, laudandus tamen, si saepius nihilominus accedat. Verum si adfuerit occasio pro exiguo pretio vehendi, idque Anselmus etiam pro aliis rebus et negotiis levibus facere solet; etiam facilius sub peccato urgendus erit, saltem ne *frequenter* a Sacro absit.

R. 2. Sed adest etiam lex divina, ex qua Christiani aliquoties saltem sacrificii N. L. participes esse debent. Haec non singulis dominicis diebus et festivis, sed aliquoties in anno urget, at requirit causam sane graviorem pro excusatione. Hinc ex hac sola ratione illa distantia bonae leucae non obstaret, quin aliquoties in anno Anselmus Sacro assistere sub gravi deberet.

SUPERSTITIO (II).

Casus. (58)

Heribertus, quando tertiusdecimus est ad mensam, sub aliquo praetextu solet recedere; quando in primo egressu e domo pedem contra lapidem offendit, diem pro infausto habet et a negotiis tractandis abstinet; vulnus aliquando incantatione et invocatione sanctorum nominum certa forma certoque numero facienda sibi sanandum curavit; nuper tum ex curiositate et cupiditate sciendi futuram suam sortem, tum ex ioco adit mulierem, quae ex chartis miscendis et ex sortibus iactis praedicit futura: quare a confessario, in cuius dioecesi „sortilegium" inter casus reservatos refertur, quod facultate donatus non sit, sine absolutione dimittitur.

Quaeritur 1° quid de variis superstitiosis observantiis dicendum sit.

2° quomodo Heribertus peccaverit, rectene excludatur ab absolutione.

Solutio.

Ad quaesitum 1^m R. 1. Superstitiones diversae, quae occurrere possunt, sunt 1) *vana observantia,* ad quam inter alia spectat observatio eventuum, quasi hi sint quaedam futurorum praemonitio, et ars sanandi incongruis et vanis mediis; 2) *divinatio* seu ars futuram sortem humanam occultis mediis cognoscendi; 3) *magia* seu ars mira, i. e. humanis viribus superiora perpetrandi, cui accedit 4) *maleficium* seu ars aliis hac via nocendi. Quae sunt per se peccata mortalia.

R. 2. *In se* quidem variae illae species morali malitia non distinguuntur (excepto maleficio, quod addit grave peccatum contra proximum), siquidem in eo ultimum conveniunt, quod ope daemonis utantur vel uti conentur ad effectus suprahumanos obtinendos. *Per accidens* tamen ea, quae restricto sensu dicitur *vana observantia,* saepe omnino aliter diiudicari debet, quia illud cum diabolo commercium eiusque auxilii imploratio in ea frequenter multum latet atque ab homine isti superstitioni inhaerente vix apprehenditur. Quare facile fit, ut in ea subiectiva excusatio a *gravi* peccato exsistat. In reliquis superstitionibus, quae serio aguntur, longe apertius patet effectum, mediis adhibitis ex se minime adaptatum, a solo diabolo posse exspectari: quod si menti occurrerit, peccatum non potest non esse mortale.

R. 3. Quando usus mediorum eiusmodi est, ut effectus naturalibus viribus adhuc videatur posse adscribi, non committitur superstitio, sed licet iis mediis uti, si modo, quando subest ratio *suspicandi* diabolicum interventum, fiat contra illum protestatio.

AD QUAESITUM 2ᵐ R. 1. In *primo* et *secundo* casu per se habe- 211
mus vanam et stultam observantiam: quasi hospes tertiusdecimus vel
fortuita pedis offensio illos tristes effectus causare vel indicare possint.
Attamen cum videatur potius vagus timor irrationalis esse quam ulla
vel suspicio diabolici interventus: Heribertus, si hinc inde stultitias
illas sequitur, censetur venialiter tantum peccare. Cf. Gobat, *Theol.
experim.* tr. XI, n. 915. 924 sqq., speciatim 999. Aliud esset, si totam
quasi vitam illis superstitiosis observantiis regeret, adeoque non timi-
ditate sed *certa persuasione* istis rebus inhaereret: quod non fieret
sine gravi peccato.

R. 2. *Tertia* ista agendi ratio seu sanatio vulneris, si in certa
formula certoque numero vis reponitur, ex hac certa forma et certo
numero invocationum, quasi necessaria sint, se prodit omnino super-
stitiosam, et fortasse etiam ex tenore ipsarum precum iam superstitionis arguitur: in se igitur seu obiective graviter peccaminosa
est; neque subiectiva excusatio erit, nisi forte ex simplicitate et
ignorantia.

R. 3. *Ultima* illa superstitio, cum Heribertus adiret mulierem 212
fatidicam, difficilius a gravi peccato excusatur. Per se enim graviter
peccat ratione scandali qui adit eiusmodi personam, quae serio illam
superstitionem agat vel profiteatur, etsi ipse ioci causa agat. Magis
etiam Heribertus peccavit, si ipse mulieris artibus nonnihil fidebat —
id quod curiositas et sciendi cupiditas, qua movetur, videntur innuere.
Nihilominus, si sola tenebatur curiositate audiendi quid sibi mulier
dicat, non fidens eius dictis, et ceteroquin ex ioco egit, facile fieri
potuit, ut ad scandalum, quod daret mulierem illicita rogando, minime
attenderet atque sic subiectivum peccatum grave effugeret.

Quod si constiterit vel probabile etsi dubium fuerit, confessarius
sane male egit non absolvens, siquidem ne de mortali quidem peccato, proin neque de reservato certus erat.

Immo etsi peccatum fuit certo mortale, confessarius male intellexit reservationem. Etsi enim illa mulieris divinatio sortilegium
vocari possit, tamen 1) consulere illam non *est* sortilegium sed sola
cooperatio; 2) dein sortilegium presso sensu ex usu loquendi ecclesiastico non dicit quamlibet per sortes divinationem, sed *maleficium
proprie dictum*. Quoniam vero in reservatione peccatorum utpote re
odiosa sensum restrictiorem sumere debemus, patet confessarium in
suo iudicio excessisse.

HYPNOTISMUS — SPIRITISMUS.

Casus. (59)

Amalia variis nervorum morbis affecta adiit hypnotizatorem, qui repetitis experimentis levamen sat magnum ei attulit; fatetur tamen suggestio-
nibus eius fieri etiam, ut sequentibus diebus certa hora insuperabili vi
adigeretur ad actiones, quae hypnotizatori placuerint; seque non raro prava
erga eum inclinatione moveri.

Nuper etiam interfuit conventui, in quo aliquis artem suam legendi cogitationes alienas produxit, idque, sicut Amalia miratur, stupenda dexteritate et exactitudine.

Etiam aliquoties adiit conventum spiritisticum ibique vidit et audivit spiritus defunctorum etiam sibi notorum, atque percepit res solatio et terrore plenas de purgatorio et de inferno, in quo gravissimo labore spiritus dicebantur contendere debere, ut emergerent ad lucem et feliciorem sortem ceteroquin condicione sua contentos et hominibus amicos.

QUAERITUR 1° quid de hypnotismo sit censendum.

2° quid sit iudicandum de arte illa intus legendi in mentibus aliorum.

3° quid de spiritismo tenendum sit et quid Amaliae iniungendum.

Solutio.

213   AD QUAESITUM 1^m R. 1. Aliud fortasse de hypnotismo in se, aliud de eius adiunctis dici debet.

Si in se consideratur hypnotismus, quo quis sive manipulationibus sive fixo rei intuitu diutius producto sopitur seu in somnum inducitur, id malum non est; neque videtur viribus naturalibus contradicere hoc modo quosdam morbos curari vel iis saltem levamen afferri posse. Quare *si* re vera tali modo aeger sublevatur, neque peccaminosae circumstantiae accedunt; cautela quidem aegro inculcanda est, curandi tamen ratio non absolute interdicenda.

R. 2. Attamen, si verum est ab hypnotizatore suggestiones imprimi posse, quae postea mentem occupent, sollicitent, quodammodo pertrahant ad ea, quae hypnotizator voluerit: haec nova ratio est, cur summa cautela sit necessaria. Verum quidem est istas suggestiones, si in rebus indifferentibus sistitur, per se sine peccato produci vel sustineri. Attamen persona hypnotizata evidenti se exponit periculo, ne pertrahatur ad illicita, nisi medicus hypnotizator sit notus ut homo fidissimus et maxime timoratae conscientiae; atque ex hac ratione meo iudicio facile res evadet illicita.

R. 3. Magis etiam res illicita evadet, quam primum constiterit inclinationem pravam oriri inter infirmam et medicum, vel hunc utcumque suo influxu in damnum infirmae abuti.

214   AD QUAESITUM 2^m R. Praetensa illa ars in mentibus aliorum intus legendi nihil videtur esse nisi iactantia quaedam, re ipsa sensibilitas quaedam magna, quae ex minimis signis sese prodentibus sciat coniectare, in quodnam obiectum mentis intuitus et voluntatis affectus tendant. — Ad animum usque ipsum penetrare ne diabolus quidem potest, multo minus homo in corpore exsistens, sed ex se solus Deus.

215   AD QUAESITUM 3^m R. 1. Dubitari nequit, quin Amalia assistens conventui spiritistico gravissime peccaverit. Est enim res superstitione et diabolica illusione plena. Quam plurima quidem explicari possunt et accidunt putida fraude praestigiatorum: alia tamen solo diabolico interventu fieri posse manifestum est. Quod indubitanter dici debet de apparitione defunctorum, *si re vera* non praestigiator eos apparere

fingit, sed — ut aliquando fit — ipsi in sua specie videntur apparere, et de eorum narratione circa sortem alterius vitae.

R. 2. Effata ista spiritistica mendaciis haereticis sunt plena; pleraque in id tendunt, ut fides aeternarum poenarum labefactetur atque ita vitiis omnibus habenae laxentur.

R. 3. Amaliae igitur 1) omnis communicatio cum spiritistis severe interdicenda est; 2) etiam hypnotismus saltem in iis adiunctis, quae in casu Amaliae occurrunt; 3) cum in fide naufragium videatur fecisse, sine dubio circa fidem instruenda et interroganda est, atque si se ad meliorem frugem receperit, absolutio quidem danda est, nisi forte ob *externatam* haeresim recursus ad altiorem superiorem fuerit necessarius.

Decreta S. Officii circa eiusmodi superstitiones praecipua continentur litteris encyclicis d. d. 4 Aug. 1856:

„Compertum est novum quoddam superstitionis genus invehi ex phaenomenis magneticis, quibus haud scientiis physicis enucleandis, ut par esset, sed decipiendis ac seducendis hominibus student neoterici plures, rati *posse occulta, remota ac futura detegi* magnetismi arte vel praestigio, praesertim ope muliercularum, quae unice a magnetizatoris nutu pendent.

Nonnullae iam hac de re a S. Sede datae sunt responsiones ad peculiares casus, quibus reprobantur tamquam illicita illa experimenta, quae *ad finem non naturalem, non honestum, non debitis mediis adhibitis* assequendum ordinantur. . . . Verum quia praeter particulares casus de usu magnetismi generatim agendum erat, hinc per modum regulae sic statutum fuit Fer. IV 28 Iulii 1847: ‚Remoto omni errore, sortilegio, explicita aut implicita daemonis invocatione, usus magnetismi, nempe merus actus adhibendi media physica aliunde licita, non est moraliter vetitus, dummodo non tendat ad finem illicitum aut quomodolibet pravum. Applicatio autem principiorum et mediorum pure physicorum ad res et effectus vere supernaturales, ut physice explicentur, non est nisi deceptio omnino illicita et haereticalis.'

Quamquam generali hoc decreto satis explicetur licitudo aut illicitudo in usu aut abusu magnetismi, tamen adeo crevit hominum malitia, ut neglecto licito studio scientiae, potius curiosa sectantes magna cum animarum iactura ipsiusque civilis societatis detrimento ariolandi divinandive principium quoddam se nactos glorientur. Hinc somnambulismi et clarae intuitionis, ut vocant, praestigiis mulierculae illae, gesticulationibus non semper verecundis abreptae, *se invisibilia quaeque conspicere* effutiunt, ac *de ipsa religione sermones instituere, animas mortuorum evocare, responsa accipere, ignota ac longinqua detegere,* aliaque id genus superstitiosa exercere ausu temerario praesumunt, magnum quaestum sibi ac dominis suis divinando certo consecuturae. In hisce omnibus quacumque demum utuntur arte vel illusione, cum ordinentur media physica ad effectus non naturales, reperitur deceptio omnino illicita et scandalum contra honestatem morum . . ."

Quae certe ad spiritismum etiam hodiernum applicantur suo modo.

BLASPHEMIA.

Casus. (60)

Traianus, homo iracundus, quibusvis occasionibus in maledicta prorumpit, dicens: „Sancta crux et mille sacramenta te perdant", „Deus me damnet",

„diabolus me rapiat", „si Deus iustus esset in caelo, equidem tot infortuniis non possem vexari."

Quaeritur 1° quid sit blasphemia et quotuplex distinguatur.
2° quid de dictis Traiani iudicandum.
3° blasphemi quomodo a confessario tractandi sint.

Solutio.

217   Ad quaesitum 1ᵐ R. 1. Blasphemia communiter definitur „locutio Deo contumeliosa". Quod ut melius intellegas, attende: 1) externa illa per verba manifestatione peccatum demum *completur,* malitia essentialiter propria iam sola mente concipitur. 2) Locutioni aequalis esse potest manifestatio per alias actiones seu signa, quae mentem blasphemam exprimant. Nihilominus quando „in odiosis" de blasphemia sermo est, v. g. in reservatione peccatorum, verbo „blasphemiae" sola *locutio* intellegitur. 3) Blasphema verba non desinunt esse vera blasphemia eo, quod loquens non directe intenderit Dei contumeliam: sufficit enim sensum contumeliosum scire ac nihilominus verba ista actu proferre ut locutionem, non ut meram relationem locutionis alienae. Cf. S. Alph. III, 121 sqq.; Suarez, *De relig.* tr. 3, l. 1, c. 4—6; Ballerini-Palm. tr. 6, sect. 2, cap. 1, n. 1 sqq.

R. 2. Distinguitur: 1) blasphemia *mere contumeliosa,* quae praeter contumeliam in Deum aliam malitiam non addat; 2) blasphemia *exsecratoria,* quae simul cum contumeliosis verbis Deum (vel homines) malis affici optat — continet igitur praeter malitiam blasphemiae communem etiam odium vel contra Deum vel contra homines; 3) blasphemia *haereticalis,* quae praeter contumeliam in Deum simul errorem contra fidem exprimit.

218   Ad quaesitum 2ᵐ R. 1. Si Traianus in ira verba sacra solum nominasset cum quadam emphasi, non tamen cum ira erga Deum, esset sola irreverentia erga res sacras, peccatum grave inter venialia, non mortale. Sed cum optet, ut res sanctissimae in summum hominis bonum institutae vergant in damnum et perditionem, vere rebus divinis et consequenter Deo probrum infert; idque verum est, si modo satis attenderit ad sensum verborum, etsi serio non optavit aliorum interitum.

R. 2. In *secunda* locutione secundum consuetum sensum habemus potius iuramentum exsecratorium quam blasphemiam, cum ab iis hominibus addi soleat assertis ad pleniorem faciendam fidem. Iuramentum est tamen mortaliter peccaminosum, si vel falsum affirmando profertur, vel si indiscriminatim adhibetur non attendendo ad veritatem vel falsitatem affirmationis. — Si vero illa locutio adhibetur non in sensu iuratorio, sed in sensu optativo, quo ostendatur, quam parum curet loquens vitam aeternam, blasphemiam habemus.

R. 3. In *tertia* locutione minus etiam blasphemia habetur; potest tamen similiter esse iuramentum exsecratorium: in quo casu num mortale peccatum sit, pendet a ratione sive *periurii* sive *temere* prolatae exsecrationis, si quam contineat.

R. 4. Quoad *quartam* locutionem patet eam plane blasphemam esse, cum deroget divinis attributis seu perfectionibus, atque insuper, si serio verba sumuntur, apertam continent *haeresim*. In qua locutione, etsi Traianus forte haereticum assensum intus non dederit, tamen propter iniuriam in Deum adeo manifestam difficillimum est loquentem propter imperfectionem actus subiective a mortali peccato excusari.

Ad quaesitum 3^m R. 1. Primo, sicut in quibuslibet peccatis, videri omnino debet, ut adsit verus dolor verumque propositum.

R. 2. Si paenitens blasphemis verbis assuetus est, absolutione non est donandus, nisi velit in exstirpandam hanc consuetudinem serio incumbere; idque non solum, si consueverit ea verba cum animo et cum attentione proferre, sed etiam si ea ex quadam inadvertentia nec serio ex ore elabi sinere solet. Nam cum verba illa obiective contumeliam Dei contineant, consuetudinarius graviter obligatur, hanc locutionem cavere. Quodsi conatum adhibeat sese emendandi, docendus est, si praeter intentionem atque sine sufficienti advertentia ex inveterata consuetudine hinc inde sibi ista verba ex ore excidant, sibi id in grave peccatum non imputari.

R. 3. Conatus practicus aderit, si statim post verba ex inadvertentia prolata doleat firmiusque maiorem attentionem proponat, maxime si quandam paenitentiam parvam sibi statim persolvendam proponat. — Insuper homini acrioribus exclamationibus assueto suaderi potest, ut corrumpat verba, ita tamen ut etiam audientes *corruptionem* verborum percipiant, vel utatur verbis acriter quidem sonantibus sed quae sensum vel nullum vel innocentem habeant.

TENTATIO DEI.

Casus. (61)

Constantia, cum variis morbis decumberet, opem medici semper recusavit, S. Agatham imitari volens, quae carnalem medicinam corpori numquam adhibuit; sed eo instantius orat ad recenter beatificatos, quo per miracula canonizationem suam promoveant, et quo ipsa experiatur, num Deus curam specialem erga electos suos gerere pergat.

Amicam, quae in serio morbo medicum consuluit, arguit propter defectum fidei et fiduciae in Deum eique persuadet, ut remedia data respuat, interposito voto, se tam diu ab omni cibo et potu abstinere velle, dum amica sit extra periculum: quod cum audiat confessarius votumque annullet, vituperatur a Constantia, quod miraculum impediverit, atque medico curam amicae aegrotae fidentius committat quam Deo et Sanctis.

Confessarius autem ordinatam fiduciam se sua experientia didicisse respondet; nam quoties imparatus ad contionandum accesserit fretus Dei ope, cuius causam apud populum demum egerit, rem non bene sibi successisse.

Quaeritur 1° tentatio Dei quid sit et quale peccatum.

2° quid de casibus propositis dici debeat.

Solutio.

220   AD QUAESITUM 1^m R. 1. Tentatio Dei est dictum vel factum, quo quis aliquam Dei perfectionem, scilicet num Deus ea praeditus sit, explorat, ac propterea alicuius divinae perfectionis manifestationem exigit.

Quod si explicite intenditur, habes tentationem Dei *formalem;* si non in se intenditur, sed solummodo aliquid fit, quod ex natura sua reducatur ad istam explorationem, habes tentationem Dei *interpretativam*. Th. m. I, 374; S. Thom. Aq. 2, 2, q. 97, a. 1.

R. 2. Tentatio *formalis* semper est grave peccatum; maxime illa, quae ex dubitatione alicuius divinae perfectionis oritur atque haeresis peccatum supponit.

Tentatio Dei *interpretativa*, etsi ex genere suo etiam peccatum grave est, tamen parvitatem materiae, ex qua fiat veniale peccatum, admittit. Th. m. I, 375; S. Alph. III, 30 sqq.

221   AD QUAESITUM 2^m R. 1. Si in morbo gravi et periculoso medici auxilium respuitur, per se peccatur graviter; venialiter tamen, si solummodo medicina differtur, etsi propter auxilium Dei naturale aliquantum temere speratum; multo minus peccatur, si agitur de morbis et infirmitatibus levibus, immo haec sine remedio tolerare, pro circumstantiis esse potest actus insignis patientiae meritis plenus. Ex quo Constantiae agendi rationem quoad hanc partem diiudica. Cf. S. Alph. l. c. n. 30 et 32; Laymann l. 4, tr. 10, c. 5, n. 8.

R. 2. Quod Constantia *secundo* petiit miraculum ad intercessionem Beatorum, videndus est *finis* petitionis et *modus*. Si cum resignatione in divinam providentiam, licet cum desiderio per miraculum promovendi cultum alicuius Beati: res est innoxia et bona; cf. S. Alph. n. 31. Si vero, ut Constantia fecit, hoc modo explorare velit, num revera Deus specialem curam suorum gerat, habes *formalem* Dei tentationem atque mortale peccatum, nisi Constantia, id quod sumi facile licebit, ex sua stultitia excusetur.

222   R. 3. Suasio illa *tertio* loco commemorata, cum ageretur de periculosa amicae aegritudine, erat similiter obiective graviter peccaminosa.

R. 4. *Quarto* votum illud additum sine dubio temerarium est et de re temeraria, proin votum nullum, quod, ut vi sua destitueretur, positiva annullatione opus non habebat. Confessarius igitur recte fecit illud annullans vel potius nullum esse declarans, neque curans vituperium feminae imprudentis.

R. 5. Quod demum *quinto* ipsius confessarii experientiam attinet, in illa temeritate, qua labore proprio spreto speciale Dei auxilium exspectabat in operibus piis, quandam tentationem Dei interpretativam commisit: verum in eiusmodi temeritatibus *grave* peccatum non censetur committi, nisi grave damnum causetur vel periculum subeatur sive proprium sive alienum. Quod in nostro casu adesse absolute poterat, si nimirum sacerdos ille munus contionandi *graviter*

laesit seu neglexit; aliter erat peccatum veniale, quia non miraculum,
sed solum speciale Dei auxilium, quod ordinariam providentiam non
excedat, sibi exspectandum proposuit.

SACRILEGIUM.

Casus. (62)

Gelasius, homo procax, in ecclesia tempore Missae cogitationibus et
aspectibus lubricis indulget, atque in monialem, quam ibi observat, libidinem
fovet usque ad pollutionem; ex angulo ecclesiae pretiosam umbrellam non
custoditam exiens sibi arripit; et cum videat pretiosum reliquiarium expositum, observat occasionem, qua clam aliquot gemmas possit ex eo excutere.

Quaeritur 1° quid sit sacrilegium.
    2° quae sint sacrilegii species.
    3° quomodo Gelasius peccaverit.

Solutio.

Ad quaesitum 1^m R. 1. Sicut blasphemia et tentatio Dei ipsum 223
Deum iniuriose seu indigne tractat, ita sacrilegium *rem sacram* seu
Deo dicatam male tractat, et breviter definitur *„violatio rei sacrae"*,
rem sumendo latissimo sensu seu pro quolibet obiecto Deo dicato.
Ut autem habeas sacrilegium proprie dictum, res quae violatur debet
publico ritu aut institutione Deo esse dicata seu ad Dei cultum depu-
tata; cf. Laymann l. 4, tr. 10, c. 7, n. 2.

R. 2. Est peccatum ex genere suo mortale. Attamen adesse
potest in quibusdam sacrilegiis, saltem realibus atque etiam localibus,
parvitas materiae. In personali sacrilegio: iniuriosam tractationem
nemo vocabit sacrilegam, quando fuerit iniuria levis; si hoc sacrilegium
luxuria committitur, non potest esse leve, nisi luxuriae *indirecte tantum* respicitur: in quo casu sicut ratione luxuriae ita etiam ratione
sacrilegii fieri potest, ut veniale tantum peccatum committatur.

Ad quaesitum 2^m R. 1. Distinguuntur tres species principales, 224
prout violatur res pressius sumpta, persona, locus Deo dicatus, eaeque
vocantur: sacrilegium *reale, personale, locale*. Verum horum violatio,
saltem si *reale* sacrilegium sumis, non habet semper eandem sacrilegii
malitiam infimam, sed saepe omnino diversam; sume v. g. indignam
administrationem vel susceptionem sacramenti, et iniuriosam SS^{ae} Eucharistiae conculcationem: quamquam in quolibet horum peccatorum
habes sacrilegium reale.

R. 2. In sacrilegio personali et locali probabiliter dici potest
ratione sacrilegii haberi hac distinctione species infimas. Dico ratione
sacrilegii, nam ratione peccati adiuncti sine dubio diversae habentur
malitiae.

Committitur enim sacrilegium personale a) luxuriosa tractatione
personae ad servandam castitatem Deo dicatae (quod fit etiam ab

hac ipsa persona propriis luxuriae peccatis, etiam internis), b) violatione privilegii clericalis *„canonis"*, idque tam late quam illud privilegium patet, c) violatione immunitatis clericalis seu privilegii *„fori"*. Th. m. I, 378. 385.

R. 3. Sacrilegium *locale* committitur 1) violatione immunitatis ecclesiae seu loci sacri, 2) exercitio actionum profanarum earum, quae sanctitatem loci maxime dedecent, 3) quolibet peccato, quo ecclesia locusve sacer *polluitur*, 4) furto rei, quae custodiae ecclesiae tradita est. Th. m. I, 378. 384.

225 AD QUAESITUM 3^m R. 1. Peccatis luxuriae *locale* sacrilegium grave committitur iis actionibus, quae manifeste habent externam malitiam gravem, etsi occultae manent. Quare Gelasius locale sacrilegium mortale commisit pollutione: de qua si publice constaret, ecclesia exsisteret polluta, ita ut ante reconciliationem in ea Sacra peragi non amplius possent.

R. 2. Cogitationibus aliisque internis peccatis Gelasius graviter quidem contra castitatem peccavit, sed malitiam sacrilegii localis, saltem gravis, non addidit.

R. 3. Verum quod libidinem fovit in monialem: si desiderium eam violandi vel cum ea peccandi voluntarie concepit, sane *mente* commisit sacrilegium *personale*. Quod sacrilegium utrum sit tale sensu strictissimo an minus stricto, pendet a statu monialis, prout monialis stricto sensu canonico est aut non.

226 R. 4. Ex eo quod umbrellam abstulit ex ecclesia, ad furtum adiunxit quidem circumstantiam aggravantem; sed quia umbrella illa non erat in bonis ecclesiae neque eius custodiae commissa — ut ex casu videtur patere — speciem mortalis sacrilegii localis satis probabiliter non adiunxit.

R. 5. Aliter se habet furtum gemmarum reliquiarii. Nam eo quod sit res ad bona ecclesiae pertinens et Deo dicata, hoc furto commisit Gelasius sacrilegium *reale*, sane mortale; atque insuper sacrilegium *locale*, cum rem ecclesiasticam et sacram *ex* ecclesia abstulerit. Th. m. I, 383.

SACRILEGIUM ET SIMONIA.

Casus. (63)

Gerardus sacrista incurius est in tractandis rebus ecclesiae: altaria et imagines sinit satis sordescere, sacra utensilia raro mundantur, paramenta reficienda non curat, nisi notabiliter sint lacera, hostias pro sacrificio Missae et Communione populi sinit per menses veterascere; hostiae consecratae aliquoties per tres menses non renovantur, licet parochus Gerardo mandaverit, ut suam ipsius oblivionem monitione excitet. — Cum de institutione in munere sacristae ageretur, instanter rogavit parochi familiarem, ut se apud parochum commendaret, pollicitus se pro bono successu summam pecuniae largiturum et in commendatione suo tempore vicem redditurum esse.

Quaeritur 1° incuria in rebus sacris sitne sacrilegium, et qualiter Gerardus in hac re peccaverit.
2° an Gerardus simonia peccaverit.

Solutio.

Ad quaesitum 1ᵐ R. 1. Ea incuria et irreverentia erga sacra utensilia et similia, quae gravem erga cultum divinum continet iniuriam, sane inter sacrilegia eaque mortalia recensenda est; si vero eo usque non progreditur, communiter dicitur mera irreverentia, non sacrilegium, vel si sacrilegio quoad speciem accenseri vis, tamen non est sacrilegium sensu perfecto seu mortale. Cf. Laymann l. c. n. 14.

R. 2. In neglegenda munditie altaribus imaginibusque debita communiter non committitur adeo gravis irreverentia, quae mortale peccatum sit. — In neglecta munditia quoad sacra utensilia dicendum quidem est censeri peccatum mortale, si illae res sacrae enormiter sint immundae — quod raro accidit. — Magis etiam patere videtur irreverentiam non fuisse mortalem relate ad paramenta sacra; nam ut hoc peccatum statui possit, immunda vel lacera debent omnino esse notabiliter; quod ex casu enarrato Gerardus studuit cavere.

R. 3. Relate ad hostias consecrandas, magis etiam quoad consecratas non dubito dicere fuisse incuriam magnam ex se mortalem, quoniam re vera non solum actum sit contra leges ecclesiae, sed etiam Ss. Sacramentum expositum fuerit periculo nullitatis. Verum hac in re primo loco gravissime peccavit parochus; Gerardus sacrista, in quantum illius gravis irreverentiae conscius sibi fuerit, cooperatur.

Ad quaesitum 2ᵐ R. 1. Simonia dicitur studiosa voluntas emendi aut vendendi aliquid spirituale aut spirituali annexum pro pretio temporali. Pretium illud temporale potest esse: 1) munus a manu (pecunia vel res aequivalens), 2) munus a lingua (commendatio, laudatio), 3) munus ab obsequio (famulatus vel humilis subiectio).

Res spiritualis, quam ita emi vel vendi non licet, intellegitur ea res spiritualis, quae cum supernaturali ordine conectitur, est autem vel res spiritualis *in se* (v. g. sacramenta, spiritualis potestas etc.) vel labor essentialiter cum functione spirituali conexus, vel beneficium ecclesiasticum spirituali officio annexum. Cf. Leinz, *Die Simonie* p. 40.

R. 2. Aliud est gerere mentem simoniacam, aliud simoniam committere: quod requirit, ut mens simoniaca aliquo modo exsecutioni sit data: (quamquam sola mens simoniaca malitiam coram Deo continet).

R. 3. Simonia quae *committi* potest, est vel mentalis, vel conventionalis, vel realis. *Mentalis*, si permutatio rei spiritualis pro pretio temporali facta est, ita tamen ut haec *permutationis* intentio manifestata nullatenus sit; *conventionalis*, si inter ambos conventum quidem est, ut permutatio rei spiritualis pro pretio temporali fiat, exsecutio autem nondum est facta; *realis*, si pactio simoniaca ex utraque parte saltem coepit impleri; si ex alterutra, *mixta*.

Cf. Laymann l. c. c. 8, n. 2 sqq.; Reuter, *Theol. mor.* II, 452 sqq.; Ballerini-Palm. tr. 6, s. 1, n. 219 sqq. 246 sqq.; Leinz l. c. p. 58 sqq.

230 R. 4 ad casum propositum. Officium sacristae, cum sit omnino munus ecclesiasticum et sacrum, obiectum simoniae esse potest. Habemus ex parte Gerardi et alterius veram pactionem seu conventionem; habemus pretium temporale tum in summa pecuniae promissa, tum in promissa commendatione. Commendatio, ut videtur, re ipsa nondum est facta; hinc ante pecuniae solutionem simonia fuit conventionalis vel mixta, post inceptam saltem solutionem simonia realis.

Neque refert, quod non ipsa officii *collatio*, sed solum commendatio ad officium empta sit; nam sive ipsa res spiritualis sive via ad eam emitur, simonia est et ab omnibus simonia habetur.

Ita res *in se* est diiudicanda. Si Gerardus id prae simplicitate nescivit, coram Deo excusari potest; coram Ecclesia autem sequelae simoniae sustinendae sunt, praecipue nullitas collationis. Neque triennali possessione ea sanari potest, quia in simonia ab ipso possessore officii commissa bonae fidei praescriptio locum numquam habet.

SIMONIA.

Casus. (64)

Titius sacerdos 1) praeter dies dominicos et festos non celebrat, nisi habeat stipendium, dicens se nolle gratis laborare; 2) quando offertur stipendium secundum taxam dioecesanam $1^1/_2$ marc., solet dicere se non acceptare nisi stipendia 3 marcarum; 3) nuper cum bis offerretur stipendium pinguius pro Missa ipso illo die celebranda, utrumque acceptat, conveniens cum alio sacerdote, ut hic hodie ad intentionem Titii, Titius cras ad intentionem illius celebret; 4) in ludo consuevit pro pecunia Missam celebrandam exponere; 5) cum habeat facultatem quadruplicis scapularis imponendi, scit inde lucrum facere, vendens scapularia satis care, videlicet expensis, quas ipse facere debuit, addit pretium sui laboris, quem subire debet in admittendis et describendis fidelibus.

Quaeritur num et quando Titius commiserit simoniam.

Solutio.

231 R. 1. Agendi ratio Titii in *primo* casu sapit quidem spiritum parum sacerdotalem, et si verba addita: „se nolle gratis laborare" sensu suo stricto sumuntur, simonia est, cum stipendium habeatur pro mercede laboris intrinsecus cum re sacra seu sacra functione conexi. Si vero verba illa serio non intellegebantur pro mercede Missae celebratae, simonia non est stipendio oblato socordiam excutere, eo non oblato socordia et pigritia vinci nec Sacrum offerre.

R. 2. In *secundo* casu iterum habes agendi modum indignum, qui fideli populo possit gravi scandalo esse. Simonia autem non erit, nisi forte in eo, qui certas Missas ex officio celebrare debet, contentus honorario per superiorem statuto. Timendum enim est, ne ille, si *exigat* plus, ratione huius excessus simoniam committat, v. g. parochus, qui pro exsequiis consueto plus exigat. *Th. m.* I, 390. Quod cum in Titio non obtineat, sed agatur de Missis, quae pro libitu celebrare potest vel omittere, simonia non adest. Immo alii universim negant per stipendium iusto maius exactum *simoniae* peccatum committi (cf. Noldin II, n. 198), eo quod titulus sustentationis, *qui maneat*, hanc malitiam excludat.

R. 3. In *tertio* casu adest permutatio intentionum: quae cum ex diversis et iustis causis fieri possit, communiter non habetur pro simonia, etsi per accidens haec permutatio sit causa vel occasio lucri. Palmieri-Ballerini tr. 10, s. 4, n. 258.

R. 4. In *quarto* casu non proprie exponitur Missa pro pecunia, sed pro pecunia ex una parte exposita fit ex altera parte renuntiatio stipendii Missae, ita ut pro victore promittat celebrare Missam, cum alias eam pro stipendio dicturus sit: in quo non est simonia. Nihilominus rem sacratissimam ingerere in ludos et inter res profanas indecentia est, atque aliis, maxime si fit coram laicis, scandalo esse potest.

R. 5. In *quinto* casu ante omnia notandum est res minimas benedictas post datam benedictionem ne pro pretio quidem, quod solutum est, denuo posse vendi, sed gratis tantum donari. Idque ita constitutum est, ut, si rebus illis benedictis indulgentiae sint annexae, per venditionem indulgentiae pereant. *Th. m.* I, 392.

Nihil tamen obstat, quo minus *ante* benedictionem pretio vendantur. Quod autem Titius carius ea vendit, videtur negotiationem continere clericis prohibitam: nam si putet se alium titulum amplius aliquid exigendi habere, utatur hoc titulo, non titulo pretii pro scapularibus solvendi. Verum pro receptione seu admissione ad scapulare non potest sine peccato simoniae quidquam postulare, neque labor illi functioni intrinsece annexus titulus pretii temporalis esse potest. Summum, pro expensis et laboribus, si subeunda sunt ad transmittenda nomina et similia, aliquid poterit accipere: quod sane minimum erit, si expensae illae distribuantur in singulos, qui ad recipienda scapularia admittuntur.

CULTUS DEI PER IURAMENTUM EIUSQUE LAESIO.

IURAMENTI NATURA.

Casus. (65)

Caius solet assertis suis addere: „per animam meam, per fidem meam, quam vere Deus exsistit; Deus me puniat, diabolus me rapiat, nisi verum sit", eaque aliquando etiam in dubiis, immo aliquoties in falsis ex levitate adhibuit. Nuper etiam amicis suis grave crimen tertii ita narravit, quod putavit quidem verum, at non sine omni formidine.

QUAERITUR 1° quid sit iuramentum et quid ad illud requiratur.
2° quae sint condiciones iuramenti, quibus licitum evadat.
3° quid de singulis casibus Caii sit iudicandum.

Solutio.

233   AD QUAESITUM 1ᵐ R. 1. *Iuramentum* est invocatio Dei in testem veritatis; si insuper invocatur ut vindex periurii, dicitur iuramentum *exsecratorium*. — Invocatio autem Dei fieri potest explicite, vel implicite quando scilicet explicite nominantur creaturae in quibus speciali modo Dei attributa relucent.

R. 2. Distinguitur iuramentum *assertorium* et *promissorium*. Prius habetur, si Deus invocatur ut testis veritatis rei narratae; posterius, si ut testis verae et sincerae voluntatis praestandi promissum et quasi ut fideiussor impletionis futurae.

R. 3. Ad verum igitur iuramentum requiruntur non solum verba ad iurandum apta, sed etiam voluntas seu intentio iurandi: quam qui sciens et volens excludit, facit *iuramentum fictum* — quod ex se est vana nominis divini usurpatio, per accidens et propter aliorum deceptionem easdem gignere potest obligationes, quas secum fert iuramentum verum.

Si quis vero verba ad iuramentum non apta adhibet volens iurare et putans se iurare: in asserendo falso eandem apud Deum malitiam contrahit atque in periurio proprie dicto. Laymann l. 4, tr. 3, c. 1, n. 3.

234   AD QUAESITUM 2ᵐ R. 1. Condiciones ad honestatem iuramenti requisitae communiter exprimuntur verbis S. Script. Ier. 4, 2: „Iurabis: Vivit Dominus in *veritate*, et in *iudicio*, et in *iustitia*", ut

nimirum 1) res asserta sit *vera* seu habeatur certo pro vera; 2) ut iuramentum fiat cum iudicio maturo non leviter et inconsiderate, adeoque *ex causa satis gravi;* 3) ut fiat *in re iusta et honesta,* neve sit confirmatio vel vinculum iniquitatis seu peccati.

R. 2. Defectus *veritatis,* quem quis sciens committit, semper est peccatum mortale, quia Deo valde iniuriosum est tamquam testem mendacii etiam levissimi induci.

Defectus *iudicii* seu iurare in re leviore, quam par est, ex se mortale peccatum non est, nisi adiungatur periculum peierandi; est autem peccatum veniale, quia continet inutilem et vanum usum sanctissimi nominis et auctoritatis divinae.

Defectus *iustitiae*, si veritas non deficit, generatim in assertorio iuramento peccatum mortale aut veniale est, prout causa peccaminosa, in qua adhibetur, mortaliter aut venialiter peccaminosa est.

Sic secreti laesio iuramento confirmata continet praeter *iustitiae* laesionem malitiam ratione iuramenti (laesionem *religionis*) gravem aut levem, prout iustitiae laesio in hoc casu gravis aut levis est. — De cetero circa hanc rem nonnihil controversam cf. Suarez, *De rel.* tr. 5, l. 3, c. 12, n. 728, et ea, quae in proximo casu dicentur de iuramento promissorio.

AD QUAESITUM 3^m R. 1. Verba illa „per animam meam" sunt 235 verba iuratoria, quia in anima ad fruendum Deo creata opera divini consilii eiusque attributa imprimis relucent. — Idem dicendum est de verbis „per fidem meam", si intellegit Caius fidem veram, catholicam, quae est fundamentum omnis iustificationis; si vero exprimere velit „fidem quam ipse mereatur" seu „fidelitatem", nihil inest iuratorii in ista assertione.

Verba illa „quam vere Deus exsistit" sunt exaggeratio quidem in se illicita, iuramentum non sunt, quia invocationem nullam, ne implicite quidem, continent. Esse in se illicitam exaggerationem ex eo patet, quod Deus eiusque exsistentia sit veritas necessaria et essentialis, cum res illae, quas Caius asserit — id quod hic iure sumere possumus — sint veritates contingentes. Attamen ad hanc aequalitatem vel inaequalitatem homines, si haec proferunt, non solent attendere: ita ut peccaminositas fere reducatur ad levitatem causae, ex qua Deus inducatur, seu ad vanam nominis Dei invocationem, si modo res asserta vera est. Nam si mendacium aliquod hoc modo confirmatur: id homines communiter pro periurio habent, et *subiective hanc* malitiam committunt, vel etiam blasphemiam, si qui suam locutionem mendacem cum veritate revelata seu divina locutione et exsistentia componant: *Th. m.* I, 408. Verum in hac re dedocendi sunt.

Verba illa „Deus me puniat, nisi verum sit" directe et explicite 236 invocant Deum in vindicem mendacii; communiter tamen dicuntur ea intentione, ut Deus indirecte prius invocetur ut testis veritatis et consequenter ut vindex periurii, ita ut habeatur iuramentum exsecratorium.

„Diabolus me rapiat" ex se non est iuramentum, sed sola exsecratio. Nihilominus ex intentione loquentis verba illa sensum iuratorium assumere apte possunt, si nimirum intellegitur providentia divina, quae per causas secundas, etiam per malos angelos, poenas peccatis infligat. *Th. m.* ibid.; S. Alph. III, 143.

R. 2. Locutiones illae, quae iuratoriae sunt, sive ex se sive ex intentione loquentis, quando adhibentur in rebus sive dubiis sive aperte falsis, periurium sunt ac mortale peccatum, nisi inconsideratio excuset. Quod in rebus aperte falsis evidens est. Sed etiam in rebus dubiis idem omnino dici debet, quia, qui sic iurat, sciens et volens sese exponit *periculo inducendi* Deum ut testem mendacem: quae eadem est iniuria atque eum pro mendacio testem *inducere*.

R. 3. In re mendaci verba illa exsecratoria, etiam quae iuramentum non continent, serio proferre, i. e. seria *attestatione*, non serio desiderio — quod nemo sanae mentis conceperit — a gravi peccato immune non est; neque, si proferuntur cum gravi dubio de veritate rei assertae.

R. 4. Quod autem Caius dicitur *ex levitate* ita egisse, nondum signum est eum a gravi peccato excusari. Nam 1) si consuevit verba iuratoria vel exsecratoria proferre non attendens ad veritatem vel falsitatem suae assertionis, saltem sub gravi tenetur adlaborare ad hanc consuetudinem exstirpandam, etsi singulis vicibus advertentia plena ad peccatum mortale non adfuerit; 2) in eiusmodi consuetudinariis potest facilius adesse illa advertentia, quamquam ob memoriam facti non vivacem postea putant abfuisse advertentiam: sed, si vere abfuit, sane *singulis* vicibus Caius non peccavit graviter.

R. 5. Etsi Caius solum in rebus veris has loquendi formulas adhibeat, peccat ex defectu *iudicii;* at venialiter tantum.

R. 6. In ultimo casu peccavit Caius defectu *iustitiae;* idque ex eo iam graviter, si agebatur de crimine non publico, graviter diffamante, alioquin venialiter. Immo quod dicitur Caius illud crimen pro vero quidem habuisse, sed *non sine formidine,* timendum est sane, ne *defectu veritatis eiusque satis certi* mortalem malitiam periurii adiunxerit, asserens rem dubiam pro certa et explorata. Verum quidem est sufficere ad excludendum defectum veritatis in iuramento certitudinem moralem; attamen fundatum dubium debet saltem exsulare. Quare circa hanc rem Caius examinandus esset, num forte illam formidinem pro non-fundata, sed inani leviterque concepta habuerit: quodsi affirmet, a *periurii* malitia per se excusandus est; facilius etiam, si solum dixerit se rem audivisse, etsi addat „a persona fide satis digna".

IURAMENTI OBLIGATIO.

Casus. (66)

Titius indigne ferens inoboedientiam filii sui duodennis, iuravit se eum pro prima inoboedientia, quam denuo committere ausus fuerit, severe puniturum, nec fecit. — Iuravit etiam se quovis sabbato duas marcas in pauperes distributurum esse, sed non raro unam tantum dedit. — Contra iuratam promissionem furi observato datam se ipsum non esse denuntiaturum, cum postea a policista, qui iam plura indicia hauserat, inquireretur nominatim, nihilominus furem prodidit. — Cum testis evocatus esset et iuramento obstrictus ad dicendam solam et plenam veritatem, nihilominus aliquod factum contra reum non narravit, immo interrogatus se scire negavit, quia factum illud contra reum suspicionem auxisset, quam Titius scivit esse falsam. — Nuper cum inter amicos acatholicos de religiosis ordinibus iocaretur, ipse coram illis iuravit se numquam concepturum animum ingrediendi ordinem religiosum, se hoc promittere, etsi uxore et liberis omnibus orbatus exstiterit.

Quaeritur 1° quae sit obligatio iuramenti promissorii.

2° quid de singulis Titii iuramentis dicendum sit deque eorum laesione.

Solutio.

Ad quaesitum 1ᵐ R. 1. Obligatio, quae ex iuramento promissorio 239 oritur quatenus iuramentum est, est *ad Deum,* seu obligatio religionis, voti obligationi similis, at paullo inferior. Haec unica est obligatio in iis iuramentis promissoriis, quae strictam obligationem erga alterum non supponunt.

R. 2. Verum saepe alia obligatio supponitur, eaque non raro ex iustitia. Quo in casu obligatio iuramenti, etsi gravior et nobilior, tamen non principalis, sed *accessoria* est.

R. 3. Immo ad explicandam extensionem obligationis iuramenti valet generale principium: Iuramentum sequitur naturam actus, i. e. eius actus cui additur; ita ut, si actus ille occurrentibus certis causis vel condicionibus corruat, etiam iuramenti obligatio corruere censeatur. Sic v. g. error, qui nudam promissionem vel contractum reddat invalidum, invalidam facit etiam iuratam promissionem.

Neque tamen id extendi debet indiscriminatim ad *rescindibilitatem* actuum seu contractuum, quae in privatum favorem contrahentis exsistit: siquidem huic favori per iuramentum renuntiari potest et renuntiari generatim sumitur. De qua re recurrit sermo infra *de contractibus.*

R. 4. Ad rem malam vel etiam plane inutilem obligatio iuramenti 240 contrahi non potest; nam sicut eius exsecutio in Dei honorem fieri nequit, ita neque fieri potest eius promissio, neque eius exsequendae obligatio potest exsistere. Cf. Laymann l. c. c. 6, n. 3. — Immo rem malam iuramento velle promittere est gravis iniuria contra Deum, quasi Deus re mala honorari seu opus malum ad honorem et reverentiam Dei possit pertinere. Idque, re rigorose sumpta, verum est, etsi promittatur res leviter mala; verum practice homines id vix ita considerant, ita ut pro regula practica sumi possit: peccari graviter per iuratam promissionem rei graviter malae, leviter per promissionem rei certo et clare leviter tantum malae. *Th. m.* I, 416; S. Alph. III, 146; Suarez, *De relig.* tr. 5, l. 2, c. 14 et 15, et l. 3, c. 19.

241 R. 5. Si in iuramento promissorio voluntas quidem iurandi est, sed positive abest voluntas implendi, graviter peccatur periurio ex defectu veritatis. Nam promissorium iuramentum quoad hanc sinceram voluntatem suo modo praestandi quod ore promittitur, est implicite assertorium iuramentum, in quo defectus veritatis mortale peccatum est.

R. 6. Si vero voluntas suo modo implendi iuramenti aderit, defectus veritatis subsequens seu omissio in praestanda re promissa gravis aut levis est pro subiecta materia. Ita cum S. Antonino, Suarez, S. Alph. l. c. n. 173, aliisque omnino dicendum est contra alios severiores. *Th. m.* I, 415.

242 AD QUAESITUM 2^m R. 1. In *primo* casu Titius ex pluribus causis non peccavit saltem graviter. Nam etsi sumamus correctionem filii pervicacis esse — ut re vera esse *potest* — obligationem gravem; tamen unica correctio in casu singulari non est materia gravis in obligatione parentum. — Dein si forte in hoc singulari casu ratio suberat differendae correctionis, nihil peccavit Titius, iuramento non obstante, quia non potuit rationabiliter sic iuramentum intellegere, ut vellet etiam irrationabili modo punire. — Insuper dubitari in eiusmodi iuramentis saepe merito potest, num vere adfuerit animus sese iuramento obstringendi: qui si defuerit, neque iuramentum neque iuramenti obligatio ulla exstitit; sed *fuit* in ipso actu veniale peccatum inutilis et vanae invocationis nominis divini. Cf. etiam Laymann l. c. c. 6, n. 3 et 5.

243 R. 2. In *secundo* casu peccavit quidem Titius contra iuramentum promissorium; de gravi peccato autem non constat. Videlicet, si voluit ita se adstringere, ut cum die exstincta sit obligatio, peccatum grave nullum commisit, cum semper fuerit materia levis. Si vero voluerit se obligare ad graviorem summam pauperibus elargiendam, dies autem certos distributos elegerit, quo minus sentiret onus: sane obligationis materia coalescit, et quam primum summa contra promissionem omissa *gravis* evaserit, erat gravis laesio iuramenti, si Titio in animo fuit, nihil supplere ex omissis; si vero semper animum habuit postea supplendi, ne in hoc quidem casu graviter peccavit contra iuramentum.

244 R. 3. In *tertio* casu promissio etiam iurata Titium non impedivit, quin, interrogatus a persona publica ad detegenda crimina constituta, furem indicaret. Suppono quidem furem non esse hominem adeo noxium et bono communi periculosum, ut ex se exsistat denuntiandi obligatio: quae si adfuerit, iuramentum Titii ab initio fuit invalidum, immo si Titius has circumstantias satis consideraverit, plane illicitum. Sed suppono rem ita esse, ut Titius bona conscientia potuerit factum silentio premere. Nihilominus nulla promissio valet contra legitimum superioris mandatum; ergo neque iurata promissio extenditur ad silentium pro eo casu, quo superior legitime interrogaverit. Interrogatio vero fuit legitima, ita ut Titius eam pro obligatoria habere potuerit, etsi fortasse non debuerit. Iuramentum igitur quod laedere Titio non licuerit intellegendum est de *spontanea* delatione.

R. 4. In *quarto* casu videndum est, quid de iis quae Titius 245 omisit, quid de iis quae negavit dici debeat. Nam in iis quae, non obstante iuramento, omisit dicere, quaeri potest de *non implenda* iurata promissione; in iis quae negavit quaeri debet, quousque restrictione non pure mentali in certis casibus uti possimus etiam in iuramento.

Iuramentum, quod a Titio exigebatur, eum non obligat nisi ad ea, quae superior legitime possit exigere. Iudici enim legitime interroganti sincere quidem respondendum est, sed ad sensum interrogantis. Sensus autem seu intentio legitima iudicis interrogantis erat de crimine poena digno. Legitime enim exigere testimonium contra reum non potest, nisi in quantum reus poena dignus est. Quare non solum licite siluit Titius de facto, quod *iniustam* suspicionem in reum conicere potuit, sed, iuramento non obstante, silere per se *debuit*: siquidem non pertinebat ad „plenam *illam* veritatem", ad quam dicendam vi iuramenti superior obligare poterat et obligavit. — Immo etiam recte negavit se de illa re quidquam scire; nihil enim scivit in ordine ad manifestandum, quia manifestare neque debuit neque licite potuit. — Si autem Titius innocentiam rei non scivit, contra quem gravia suspicandi momenta exsistebant, sane per se ea manifestare debuit, quae ad suspicionem sive augendam sive minuendam conferebant.

Dixi supra *per se* fuisse pro Titio obligationem silendi vel negandi facti plane innoxii, quod, si narratum esset, contra reum iniustam suspicionem excitasset. Obligatio autem haec cessare potest per accidens, quando nimirum Titius hac agendi ratione sese exponat gravi periculo incidendi in poenam quasi perpetrati periurii. Si enim ita est, rei veritatem sincere licebit edicere manifestatis tamen simul rationibus, quae suspicionem istam emolliant vel falsam esse ostendant; neque ulterius tenetur cum gravissimo *suo* damno damnum alienum fortasse oriturum avertere.

R. 5. In *quinto* casu sine dubio Titius iuramento isto non ob- 246 ligatur; nam ad omittendam perfectionem evangelicam seu bonum melius vi religionis seu in honorem Dei obligari nemo potest. Immo promissione omittendae rei bonae Deus inhonoratur similiter ac promissione committendae rei malae. Quare ipso isto iuramento Titius peccavit, si se ita *obligare* voluit; aliter, si, seclusa omni consilii evangelii despicientia, solum *asserere* voluit se ita animo comparatum esse, ut de amplectenda vita religiosa serio non sit cogitaturus.

IURAMENTUM PROMISSORIUM.

Casus. (67)

Sempronia, honestae condicionis puella, saepe convenerat cum Tito, paris condicionis iuvene, pluriesque cum eo peccavit. Exortis dicteriis, praecipue ex parte parentum ipsius iuvenis, contra Semproniam, haec iurat se numquam amplius cum Tito conventuram neque pedem amplius in eius domum paternam illaturam esse. Verum paulo post ab utriusque parentibus serio tractatur negotium matrimonii inter Semproniam et Titum. Quare a Sempronia

QUAERITUR liceatne sibi cum parentibus Titi in eorum domo agere atque etiam cum Tito conversari ad celebranda sponsalia.

Solutio.

247   AD QUAESITUM R. 1. Obiectum iuramenti, quod Sempronia emisit, eatenus honestum et bonum est, quatenus Semproniam a peccandi periculo removet; atque hac intentione et hoc fine illud emisit. Ubi igitur ille finis cessat, cessare censetur iuramenti obligatio.

R. 2. In domum paternam Titi non amplius pedem inferre eatenus obiectum honestum et bonum est, quatenus Semproniam a periculoso cum Tito consortio arcet, non quatenus aversionem sapit a Titi parentibus: immo *hoc* sensu malum est neque ad id exsistit obligatio. Quapropter Sempronia per iuramentum non impeditur, quo minus adeat Titi parentes, si modo nullum peccaminosi cum Tito conventus periculum est.

R. 3. Immo si propter mutatas circumstantias relatio cum Tito honesta et optanda speratur, secluso omni peccandi periculo, Sempronia etiam cum Tito conversari potest. Matrimonii cum eo ineundi si fundata spes est, sane est ratio gravis, atque in nostro casu Sempronia, non obstante iuramento, de ea re cum Tito potest tractare. Verum cum primum in conversatione cum Tito aliquid peccaminosi vel periculosi subsit, Sempronia etiam vi iuramenti obligatur, ut conversationem abrumpat atque evitet. Cf. Elbel p. 3, n. 77 sqq.; *Th. m.* I, 418.

IURAMENTI INTERPRETATIO ET RELAXATIO.

Casus. (68)

Quadratus, studiorum causa in convictum admissus, iurare debuit se statuta domus velle observare, at in multis rebis contra ea deliquit; postea munus civile suscipiens iuramento promittere debuit fidelitatem erga leges regni, verum etiam contra eas saepe aliqua commisit. — Nuper coram amico iureiurando promisit se cum ipso peregrinationem Hierosolymitanam facturum esse, sed postea, cum ex morbo in quem inciderat convaluisset, timuit sibi propter valetudinem nonnihil debilitatam atque amicum rogat, ut iuramentum sibi remittat.

QUAERITUR 1° quomodo iuramenta fidelitatis et similia iuramenta intellegenda sint.
2° quis iuramenti obligationem possit relaxare.
3° quid de Quadrati casibus dicendum.

Solutio.

248   AD QUAESITUM 1ᵐ R. Eiusmodi iuramenta non mutant substantiam illius obligationis, quae iam ante iuramentum exsistit, sed addunt tantum aliam obligationis speciem, scilicet religionis. Quare: 1) ea

quae per se sub levi tantum obligant, vel sub sola poena vel ex mera decentia observanda constituunt: etiam post iuramentum solum sub levi peccato vel sub sola poena vel ex decentia sunt observanda;

2) ea quae desuetudine vim suam amiserunt, per iuramentum non recipiunt pristinam obligandi vim;

3) ea quae ex quacumque ratione illicita sunt vel evaserunt, sane non possunt secum ferre obligationem: immo ea a iurante pro circumstantiis explicite, semper saltem implicite debent repudiari. *Th. m.* I, 420. 421.

AD QUAESITUM 2^m R. 1. Iuramenta, quae sive unice sive principaliter in honorem Dei fiunt, statim sortiuntur effectum suum, i. e. obligationem ad praestanda, quae quis se facturum iuravit, inducunt; relaxari autem possunt ex iusta causa ab auctoritate ecclesiastica, sicut vota in Dei honorem emissa.

R. 2. Iuramenta, quae principaliter in favorem alterius emittuntur, obligationem non inducunt nisi secuta acceptatione, atque postea ab ipso illo relaxari possunt, siquidem is favori sibi dato et iure acquisito potest renuntiare. Iuramenti enim obligatio, quatenus est religiosa, accessoria est et dependet ab obligatione iustitiae, quae erga alterum est contracta.

R. 3. Publica auctoritas vel ecclesiastica vel civilis iuramenta relaxare potest circa eas res versantia, quae subsunt iurisdictioni vel dominio huius publicae potestatis.

AD QUAESITUM 3^m R. 1. Iuramentum *primum* consilia non mutavit in strictas leges, leges poenales non in leges per se obligantes, praecepta levia non mutavit in gravia. Ergo timor propter transgressiones statutorum non debet esse nimius.

R. 2. Iuramentum *alterum* sic intelligitur, ut iurans velit legibus subiacere neque contra legitimam auctoritatem quidquam moliri, vel in munere suo secundum leges iudicare. Sed non intenditur, ut quodlibet legis praeceptum nunc etiam vi iuramenti impleri debeat.

Sed neque in publica legum observantia seu in munere publico iuxta leges gerendo quasi caece sine prudentia procedendum est. Non raro enim nostra aetate exsistunt leges civiles, quae sibi maiorem potestatem arrogant, superiora iura neglegentes vel laedentes, vel utcumque ultra limites excurrentes. Quas ipsas neglegendas esse patet, etiam iuramento non obstante. Iuramentum enim ad ea se numquam extendit neque extendere potuit.

Si igitur „*Constitutio regni*" quaedam continet quae sint contra iura civium aut contra iura divina vel ecclesiastica, non licet absolute et illimitate in constitutionem iurare, sed solum cum clausula: „salvis legibus Dei et Ecclesiae" vel simili; sufficit tamen, si vel publica auctoritas, quae iuramentum exigit, semel declaraverit se ita intellegere iuramenti exactionem, vel si viri catholici semel declaraverint se hoc tantum sensu iuramentum praestandum intellegere eaque declaratio ab auctoritate publica fuerit acceptata; alioqui singuli in iuramento emittendo clausulam addere debent. Cf. *declarationes S. Sedis de iura-*

mento Gallico et Belgico anno *1817*, de iuramento Austriaco *1869*, etc. apud Roskovany, *Independentia potest. eccles.;* Bouquillon, *De virtute religionis* n. 683 sqq.; Vering, *Kirchenrecht*[5] § 61, n. VI.

251   R. 3. Iuramentum *tertium* de peregrinatione Hierosolymitana cum amico instituenda penitius dispiciendum est, si Quadratus cupit ab eo liberari. Nam si solum comitatum amici respexit, ut hic haberet socium, non autem propriam devotionem vel cultum divinum: sane obligatio iuramenti principaliter est in favorem amici, atque amicus hanc obligationem totam relaxare potest, idque pro libitu sine ulla alia ratione. — Si vero Quadratus peregrinationem potius consideravit ut actionem piam in cultum Dei exercendam atque *accessorie* tantum ut amici consolationem, amicus iuramentum relaxare non potest, at neque Quadratus amici venia opus habet sed *ex iusta causa* ab ecclesiastica auctoritate potest dispensationem accipere. — Quodsi Quadratus *utrumque per se* intendit, et Dei cultum et solatium amici, debet et veniam amici et dispensationem ecclesiasticam habere. Nihilominus eiusmodi iuramentum aliquando etiam sine ulla venia vel dispensatione *cessare* potest propter circumstantias notabiliter mutatas.

CULTUS DEI PER VOTUM ET PER STATUM PERFECTIONIS IN VITA RELIGIOSA.

VOVENDI ACTUS EIUSQUE VITIA (I).

Casus. (69)

Liberius, in via ferrea cum subito infortunium accideret, statim concepit hoc votum: „Si salvus evadam, promitto me fore Trappistam"; quo voto vix concepto, currus, in quo ipse est, separatus ab aliis, qui in profundum ruunt, subsistit incolumis. Quod cum videt Liberius, promissi ipsum paenitet.

Nihilominus votum exsequitur; sed post annos experientia gravius facit sentire difficultates, quam eas sensit, quando theoretice eas animo volvebat et quando initio votis religiosis se obstringebat. Hinc ex causa, quod erraverit in difficultatibus vitae religiosae, quaerit dimissionem.

Quaeritur 1° quid sit votum.
        2° quinam error et voluntatis defectus voti valori obstet.
        3° quid de votis Liberii sit dicendum.

Solutio.

Ad quaesitum 1^m R. 1 cum S. Thoma Aq. 2, 2, q. 88, a. 1 252 votum esse promissionem Deo factam.

Intellegitur promissio seria, quae obligationem praestandi promissi secum ferat. Quoniam autem promissio *Deo* facta est, ad implendum promissum obligat *fidelitas erga Deum*, adeoque virtus religionis. Distinguitur votum a mero proposito, quod de se nullam implendi obligationem proprie dictam involvit.

R. 2. Obligatio voti est gravis aut levis pro subiecta materia. Ad rem igitur omnino levem gravis obligatio etiam voti induci nequit; verum potest e contrario in voto privato res gravis sub levi voveri, quia, sicut vovens nullatenus tenetur vovere neque ullam obligationem religionis sibi imponere, ita potest etiam imperfecte tantum vovere atque etiam in re gravi imperfectam et levem obligationem contrahere velle.

In publicis autem votis seu in iis, in quibus certus status ecclesiasticus assumitur, illa imperfecta tantum obligatio non potest admitti, quia obligationis determinatio in iis non fit privato arbitrio sed lege publicae auctoritatis.

R. 3. Votum, cum sit promissio *Deo* facta, a Deo debet acceptari posse et acceptari; aliis verbis, debet res esse Deo grata. Hinc non

solum debet esse honesta, sed etiam maiora bona debet non impedire
— quod communiter sic exprimitur: „debet esse de bono meliore."

253   AD QUAESITUM 2^m R. 1. Omnia quae impediunt, quominus exsistat *libera erga Deum promissio* circa rem, de qua agitur, impediunt voti valorem.

Imprimis huc pertinet *error de ipsa voti natura*. Habitualiter enim saltem sciri debet, quid sit vovere seu quamnam id inducat obligationem. Quodsi habitualiter scitur per votum specialem erga Deum obligationem contrahi, etsi id actu non obversetur menti expresse, sufficit haec habitualis cognitio, ut verum votum fieri possit.

R. 2. *Error circa rem promissam*, ex quo votum fiat nullum, imprimis error est *circa rei substantiam* vel circa rem, *quae in substantiam redundat*. Et hic solus error est, qui reddit invalida ea vota, quibus vitae status assumitur: — in quo habes eandem condicionem atque in matrimonio.

Alias autem, in votis scilicet privatis, nullitatem inducit etiam error circa tales rei circumstantias, quas si vovens cognovisset, votum non fecisset. *Th. m.* I, 431.

254   R. 3. Praeter errorem *defectus advertentiae* votum potest reddere nullum. Scilicet re vera votum fit nullum, si inadvertentia vel inconsideratio erat talis, ut actus non esset perfecte humanus. Nam sicut inter homines perfecta et gravis obligatio non oritur ex actu imperfecto, ita neque censetur ea oriri apud Deum.

R. 4. Demum *gravis metus* valori voti obstat. Attamen ut votum sit ex se nullum, metus non solum debuit esse a) *gravis,* sed etiam b) *iniuste incussus,* idque c) *ad votum extorquendum. Th. m.* I, 432. Nihilominus vota aliter ex metu emissa, etsi non sint nulla, facilius tamen sunt solubilia.

255   AD QUAESITUM 3^m R. 1. Neque ipsum infortunium subitaneum neque subsequens paenitudo probant Liberii actum vovendi non fuisse satis deliberatum; potuit enim etiam subito et in ipso quasi momento infortunii sibi plene et perfecte conscius esse de voto eiusque obiecto. Quodsi ob perturbationem sibi perfecte conscius non fuisset, votum esset invalidum.

Verum eventus ipse tam inexspectatae salutis innuere videtur Deo rem placuisse, atque propter verum votum auxilium caeleste adfuisse. Attamen etiam in hanc partem certam probationem non habemus. Interrogandus igitur esset ipse Liberius, si de eius a voto liberatione ageretur; qui nisi defectum advertentiae possit affirmare, voto ligatus dici debet, accedente tamen causa facilius potest dispensari, neque in hoc condicionato voto habetur reservatio papalis, quae alias voto ingrediendae religionis inhaeret.

256   R. 2. Liberius igitur voto illi re ipsa stetit, atque iam ipsa religiosa professione, non solo voto religionis amplectendae ligatus est. Quae professio non est invalida propter difficultates, quas religiosus postea experientia magis cognoscat vel potius sentiat, quam antea. In novitiatu ordinem eiusque difficultates satis superque expertus est,

neque error substantialis — qui solus professionem reddit nullam — potest excogitari. Quare dimitti, ut invalide professus, Liberius nequit; summum ex gravi omnino causa adiri potest S. Sedes et videri, num et qualem relaxationem concedat: totalis votorum solutio in nostro casu frustra exspectatur.

VOVENDI ACTUS EIUSQUE VITIA (II).

Casus. (70)

Getulius recidivus in luxuriam a confessario graviter obiurgatus ei cum magno animi dolore promittit se abhinc numquam peccatum illud commissurum; quodsi infeliciter succubuerit, se postero die ieiunaturum esse. Post mensem reversus se accusat de voto non amplius peccandi quater laeso, neque tamen se umquam ieiunasse.

Quaeritur 1° violaveritne Getulius votum tum relabendo, tum non-ieiunando.
2° quid in dubio fieri debeat.

Solutio.

Ad quaesitum 1ᵐ R. 1. Solutio huius quaestionis duo puncta continet: 1) num Getulius subiective violati voti malitiam contraxerit; 2) num in promissione illa quam fecerat obiective ea praestiterit, quae ad emittendum votum atque ad contrahendam voti obligationem requiruntur.

Interrogari ergo debet, num omittendo ieiunium se graviter peccare putaverit. Quod si affirmet, eum voti de servando ieiunio laesi reatum contraxisse sumas.

R. 2. Inde autem nondum constat, eum relabendo in luxuriam voti laesi reum exstitisse. Ad hoc enim necessarium est, ut ante peccatum iudicaverit se propter promissionem coram confessario factam novo titulo erga Deum teneri ad praecavendum relapsum. Neque si dixerit se utique scivisse, quod propter fidem datam gravius deliquerit, id iam demonstrat eum veri voti laedendi conscientiam habuisse. Nam contra quamlibet promissionem vel serium propositum agere communiter pro re deteriore habetur, quam si nullum speciale propositum vel promissum adfuerit. Elbel p. 3, n. 187 sq.

R. 3. Si obiective res spectatur, votum non satis erui potest ex iis, quae Getulius cum confessario egit. Nam non Deo, sed confessario, etsi coram Deo, promisit seriam curam contra relapsum. Haec autem promissio obligationem novam eamque gravem secum ferre non censetur. Neque natura huius promissionis ex eo mutatur, quod Getulius postea putavit se ex voto teneri ad ieiunium. Non enim *postea* votum fecit, sed aut promissione in confessione facta, aut nullum.

Nisi ergo certo dicere possit se in illa confessione voluisse omnino Deo sub novo aliquo titulo promittere, iudicari debet *de voto saltem non constare* ac proin Getulium vi voti ad nihil teneri.

258 AD QUAESITUM 2^m R. Sive certo constat Getulium non fecisse verum votum, sive hoc dubium mansit: in utroque casu confessarius Getulium dedocere debet declarans ipsum vi voti ad nihil teneri, ne videlicet novo relapsu etiam gravius peccet. Renovet, si consultum videatur, propositum, quo statuat se relapsum, si forte acciderit, ieiunio statim in se castigaturum esse; verum voti obligationem ne addat.

VOVENDI ACTUS ET OBIECTUM.

Casus. (71)

Amalia, puella octennis, cum in instructione christiana bonorum operum meritum audisset extolli, vovet cotidie se pauperi daturam esse eleemosynam, nullum amplius peccatum commissuram, et — id quod aliquando monialem e longinquo facientem viderat — cotidie Sacro inservituram.

QUAERITUR quid sit dicendum de valore horum votorum.

Solutio.

259 AD QUAESITUM R. 1. Utrum Amalia sufficientem voti notitiam habuerit, ita ut sciret quid sit votum et quamnam secum ferat obligationem, necne, non potest absolute dici, nisi inspecto eius ingenio et indole. Quodsi cognitionem sufficientem habitualiter non habuerit, ex hac ratione omnia eius vota irrita sunt.

R. 2. Supposita sufficienti voti cognitione, votum dandae cotidie eleemosynae non est ex se nullum; quantitatis autem determinatio est in arbitrio voventis; proin obligatio gravis non adest, quia in arbitrio voventis est, per materiam levem, gravis obligationis incapacem, plene satisfacere.

Verum, ut in hac suppositione votum utcumque inducat iam pro nunc obligationem, Amalia debet habere aliqua bona, de quibus possit libere disponere; nam ex bonis paternis eleemosynam dare valide vovere non potuit, neque ex iis bonis propriis, quorum liberam nondum habet dispositionem. Deficientibus igitur bonis liberis votum Amaliae suspenditur, donec habeat, de quo disponat.

Insuper parentes Amaliae possunt votum hoc, sicut alia omnia puellae vota, pro semper directe irritare, utpote vota filiae impuberis. De quo cf. infra n. 269.

260 R. 3. Votum, quo Amalia promisit se nullum amplius commissuram esse peccatum, non valet, siquidem versatur circa peccata etiam minima venialia, quae vitare homini moraliter est impossibile: verum impossibilia, etiam moraliter impossibilia, voveri valide non possunt.

Aliud est votum vitandi peccata mortalia: quod cum Dei gratia ordinaria impossibile non est. Similiter valet votum non committendi peccata venialia plene deliberata, saltem certi alicuius generis, vel in homine satis perfecto etiam votum vitandi simpliciter quaelibet peccata plene deliberata. *Th. m.* I, 439.

Sed quoniam Amalia peccata mortalia et venialia, semideliberata et plenedeliberata, non distinxit, sed per modum unius quaelibet peccata complexa est, propterea votum probabiliter ratione obiecti impossibilis *simpliciter* est *nullum*. S. Alph. III, 203; *Th. m.* l. c.

R. 4. Votum inserviendi Sacro, etsi intellegat sola responsa ex longinquo danda, non potest haberi pro valido. Nam puellam sic ministrare est rubricis contrarium, atque solum ex aliqua necessitate id licebit et ex indulgentia, si modo ad altare non accedat. Quae necessitas nequit esse cotidiana. Res igitur promissa non est plene licita seu honesta, ac proinde huius rei votum in se nullum.

VOTI OBIECTUM ET CIRCUMSTANTIAE.

Casus. (72)

Claudia, exorta rixa et aversione a sodalibus, vovet se numquam amplius visitaturam hanc domum vicinam, in qua scilicet inutili lusu non paucas horas triverat; propterea religioni sibi ducit postea visitare aegrotam ibi decumbentem.

Cum audiret patrem suum periculoso morbo aegrotare, vovit se per annum singulis sabbatis ieiunaturam, si pater evadat incolumis; qui incolumis evasit, cum levi febri tantum aegrotasset: postea, taedio vitae saecularis atque odio novercae affecta, ut huic rem valde ingratam faceret, vovit amplecti institutum sororum misericordiae.

Quo melius se ad statum religiosum praeparet et vincat vitium luxuriae, ad quod proclivem se sentit, promittit se bis ieiunaturam in pane et aqua, si per sex menses per Dei gratiam ab omni peccato contra castitatem servata fuerit immunis; verum ne isto voto teneatur, ultimo die sexti mensis ex industria peccat.

QUAERITUR 1° quid de obiecto voti notandum sit.
2° quomodo obliget votum condicionatum.
3° sintne valida vota Claudiae.

Solutio.

AD QUAESITUM 1^m R. Iam supra dictum est votum debere esse 261 de bono meliore. Accuratius tamen condiciones rei hae enumerantur, quae faciant votum nullum:

1) res impossibilis, idque non solum physice, sed etiam moraliter impossibilis, spectatis viribus humanis. Solum notari debet, quando agitur de statu per vota assumpto, si quando postea alicui videatur oriri moralis impossibilitas, eum propterea non solvi a statu suo vel votis, sed obligari ad adhibenda media, quibus cum Dei gratia illa impossibilitas moralis auferatur seu vincatur.

2) res obiective plene indifferens vel inutilis: — quibus Deus honorari nequit.

3) multo magis res sive ex se sive ex circumstantiis mala. — Sed fac attendas vel rem quae promittatur praestanda, vel circumstantiam sive finem quae in ea praestanda occurrant, debere esse mala,

ut votum fiat invalidum; nam si res bona est atque finis obtinendus bonus, etsi *motivum,* quod ad vovendum *impulit,* vitio afficitur, votum ut validum subsistit.

262   AD QUAESITUM 2ᵐ R. 1. Votum condicionatum ad implendam rem promissam obligat post verificatam condicionem.

R. 2. Si condicio ab alio tertio pendet, non licet fraudulenter impedire, quominus condicio impleatur. Quodsi fraus fuerit commissa, haec removeri debet, atque, si post remotam fraudem condicio verificatur, votum implendum est. — Verum contra votum non agit qui tertium illum *rogat tantum,* ne condicionem impleat, maxime si rogans votum suum manifestat. Th. m. I, 452.

R. 3. Votum quod fit ex alicuius facti suppositione, si factum illud falso suppositum esse constiterit, veram obligationem non inducit.

263   AD QUAESITUM 3ᵐ R. 1. Votum *primum* vitandi domum vicinam, quatenus praecludat occasionem inutilis ludi, validum est, etsi aversio contra alios concepta *ansam* voto dederit. Cf. Laymann l. 4, tr. 4, c. 2, n. 7; Noldin II, n. 216; Ballerini-Palm. tr. 6, sect. 2, c. 3, n. 34 sq. — Verum *ille* accessus ad vicinam domum, cuius omissio esset aversionis confirmatio vel signum, numquam includi poterat ut voti obiectum, quippe quod peccaminosum fuisset. Quare Claudia voto suo minime impeditur, quominus domum vicinam adeat ad visitandam aegrotam.

R. 2. Votum *secundum* validum esset, si pater vere graviter decubuisset et ex gravi morbo convaluisset. Verum quoniam suppositio gravis patris periculi falsa erat, votum corruit, sicut corrueret, si periculum exstitisset atque pater in eo defunctus esset.

264   R. 3. Votum *tertium,* si rigorose sic sumitur, uti describitur, non est validum, siquidem finis in praestanda re promissa esset malus, videlicet contristatio novercae. Attamen practice videtur aliter dicendum esse.

Nimirum si sistimus in primis verbis, quod Claudia, taedio vitae saecularis vel potius suae in vita saeculari condicionis usque ad odium novercae affecta, voverit vitam religiosam: eiusmodi verbis communiter ostenditur sola occasio et ansa, ex qua vovens ad deliberandum de vitae statu melioris eumque eligendum inductus fuerit; internum motivum et verus finis electionis factae nihilominus solet esse vitam meliorem atque securiorem ducere.

Quo in casu votum invalidum non fuerit. — Immo etiam si concomitanter ortum sit quoddam desiderium, quod voluerit novercae per suum in religionem ingressum inferre tristitiam: hic vix umquam erit finis principalis, sed solum finis peccaminosus concomitans, qui postea quidem excludendus sit, sed qui relinquat finem principalem et ipsam rem omnino honestam. — Si autem principalis finis fuerit novercae contristatio, votum, ut dixi, est nullum.

R. 4. Ad *quartum* votum re ipsa implendum Claudia non tenetur; verum respectu voti emissi graviter peccavit, cum malitioso illo modo impediverit condicionis verificationem. Quare ut iniuriam illam Deo illatam luat, suadendum est, ut ratione paenitentiae opus voto promissum nihilominus praestet; verum haec non est stricta obligatio. S. Alph. III, 218.

OBLIGATIO EX VOTO ALIENO.

Casus. (73)

Arcadia, matrona pia, vovit se filium primum quem Deus sibi dederit altaris servitio consecraturam.

Lucius abbas, cum exorto incendio periculum immineret, ne totum monasterium flammis absumeretur, vovit totam communitatem quotannis in die vigiliae S^{ae} Agathae ieiunaturam esse, si monasterium immune servaretur. Quo voto emisso, fere ilico flamma est exstincta.

Similiter magistratus alicuius urbis voto se adstrinxerunt ad festum SS. Cordis ut festum obligationis pro populo agendum, si morbus contagiosus cesset.

Quaeritur 1° num filius Arcadiae ex voto matris statum clericalem assumere debeat.

2° num monasterii incolae eorumque successores vi voti ad ieiunium teneantur.

3° num populus teneatur vi voti ad festum.

Solutio.

Ad quaesitum 1^m R. 1. Factum alienum per se non potest 265 voveri; quare filius Arcadiae non potest ex voto Arcadiae vi voti obligari, nisi forte postea consentiens votumque approbans hoc facto implicite ipse voverit. — Neque in hac re, status scilicet vitae electione, mater vel pater filios iubere potest; quare neque ex oboedientia ad statum clericalem assumendum valet obligari.

R. 2. Tenetur tamen mater, si ipse filius clericalem statum eligere voluerit, vi voti abstinere a ponendo impedimento; actionem enim alienam implere quidem nemo potest, non-impedire potest. Quare hoc saltem sensu votum Arcadiam obligat. Immo etiam tenetur filio vocationem clericalem proponere atque viam praeparare ad sortem Domini eligendam, si quam inclinationem ad hoc Dei gratia in filio excitaverit. *Th. m.* I, 441.

Ad quaesitum 2^m R. 1. Singuli religiosi, nisi ante votum inter- 266 rogati consenserint, vi voti non tenentur ad ieiunium.

Verum hic habetur obiectum, quod superior iubere potest; ac proin, ut Lucius eo quo possit modo faciat, ut quod vovit exsecutioni detur, tenetur pro communitate hoc ieiunium *inducere*. Quod si utcumque induxit, illudque communiter observatur, videtur voto suo satisfecisse, etsi singuli religiosi non sub rigoroso praecepto teneantur. At si observatio remitteretur, Lucius utique teneretur ad eam melius inculcandam vel etiam plene iubendam.

R. 2. Posteri etiam minus *tenentur* ad ieiunium nisi vi legis impositae; neque successor Lucii *vi voti* teneretur ad legem sustinendam. Sine causa autem eam abrogare esset indirecte aliquo modo contra religionem.

267 AD QUAESITUM 3ᵐ R. 1. Magistratus populum adstringere nequeunt vi voti ad festum peragendum; neque auctoritatem habent utcumque festa religiosa iubendi. Id solum est, ad quod vi voti teneantur, ut petant a superiore ecclesiastico, ut illud festum pro urbis populo inducatur. Quod si factum fuerit, tenetur populus vi legis ecclesiasticae, idque tam diu, quamdiu lex vim suam retineat.

Sane motivo religionis et gratitudinis erga Deum *decet* populum instigari, ut volens servet festum, etiam sine propria obligatione. Sed, nisi lege ecclesiastica inducatur, ne ipsi quidem magistratus vi voti tenentur pro se personaliter quotannis illud festum celebrare, siquidem privatum exercitium non voverunt.

R. 2. Si autem magistratus cum parte populi vovissent illud festum peragere, ipsi voventes, etiam ecclesiastica lege non exsistente, tenerentur vi voti ad festum, quamdiu vixerint; reliqui non.

Ita constanter respondit S. Rit. C. approbantibus SS. Pontificibus. Cf. Gardellini ed. 3, Rom. n. 1444. 1621. 1871. 1963. 2019. 4152. Th. m. I, 441.

VOTI RELAXATIO. — IRRITATIO.

Casus. (74)

Alexius, puer duodennis, devotione incensus, cum se praeparat ad primam communionem, vovit pro prima inoboedientia, qua parentes denuo contristaturus sit, numquam se amplius velle in lecto decumbere; dein vovit cotidie recitare rosarium et Sacro interesse, quintodecimo quoque die S. Communionem sumere et semel in hebdomada ieiunare.

Verum quoad primum mirantur et contradicunt parentes; quoad reliqua Alexius postero tempore, cum extra paternam domum sui iuris non sit, difficultatem patitur ea praestandi.

QUAERITUR 1° quid sit voti irritatio.
2° quinam possint vota irritare.
3° quid de Alexii votis dici debeat.

Solutio.

268 AD QUAESITUM 1ᵐ R. 1. Irritatio voti est potestas aliena exercita in *actum* vovendi vel in voti *obiectum,* quo actus ille sua efficacia privatur. — Dispensatio vero exercetur in *effectum* voti, annullando vel potius nomine Dei condonando eius obligationem.

R. 2. Irritatio alia est directa, alia indirecta. Directa est, qua in ipsum actum voventis in se spectatum potestas exercetur, isque *iuridice nullus* redditur; indirecta, qua potestas exercetur in *obiectum* voti et subtractione obiecti votum sua efficacia destituitur.

R. 3. Unde patet *directe* aliquod votum irritare non posse nisi eum solum, qui in personam voventis seu eius actus potestatem habeat; indirecte etiam eum, qui potestatem seu ius habeat in obiectum, quod alter vovit. Cf. Ballerini-Palm. tr. 6, sect. 2, c. 3, n. 87 sqq.

AD QUAESITUM 2^m R. 1. Potestatem directe irritandi vota habent 269 superiores religiosi relate ad vota suorum subditorum religiosorum post professionem religiosam emissa. Quibus communiter additur S. Pontifex ut supremus omnium religiosorum praelatus. Horum enim voluntas vi voti oboedientiae ita in omnibus subiecta est superioribus, ut ab iis dependeat. Cf. Ballerini-Palm. l. c. n. 102. 104 sqq.

R. 2. Eadem potestas conceditur parentibus vel iis, ad quos paterna potestas transiit, relate ad vota filiorum ante pubertatem emissa neque postea confirmata; immo probabiliter marito relate ad vota uxoris in matrimonio emissa. *Th. m.* I, 458; Ballerini-Palm. l. c. n. 98. 111.

R. 3. Directa irritatio extenditur ad vota omnia, quodcumque 270 est eorum obiectum; indirecta irritatio ad ea vota sola porrigitur, quorum obiectum ius tertii tangit. Ita uxor irritare indirecte potest votum mariti, quod iuri matrimoniali praeiudicaret, herus vota famuli, quibus servitium hero debitum impeditur, et ita similiter. — Praeterea quicumque habet potestatem alterum aliquid iubendi, si iuste iubet aliquid, quod voto alterius est contrarium, illud votum eo ipso indirecte irritatum exsistit, quatenus cum voto iussio impleri non potest. — Directa irritatio etiam perpetua vota plane exstinguit; indirecta pro solo statu subiectionis, ita ut mutata voventis condicione vota reviviscant.

R. 4. Iussio, quae non respicit *debitum servitium*, ut votum irritet, debet ex rationabili causa procedere, i. e. debet esse iussio valida. Alia autem irritatio sive indirecta sive, idque a fortiori, directa non indiget speciali causa, ut valide exerceatur; indiget aliquo modo, ut fieri liceat ab irritante.

AD QUAESITUM 3^m R. 1. Omnia vota Alexii parentes irritare pos- 271 sunt, cum Alexius ante pubertatem ea emiserit; idque etiam postquam aetatem 14 annorum supergressus fuerit, nisi sciens hanc rescindibilitatem post annum 14um completum confirmaverit.

R. 2. Ut illa directa irritatio fiat, parentes scire debent Alexium vota emisisse. Ut post notitiam primum illud votum licite solvant, habebunt iustam rationem ex solo voti obiecto, quod, spectata communi hominum condicione, excessivum est. Alia vota per se bona sunt, nisi forte excipias in tenera illa aetate ieiunium hebdomadarium. Quare pro tempore, quo Alexius est in domo paterna neque necessariis laboribus aliis detinetur, pii parentes scrupulo sibi ducant ea vota irritare, nisi tamen Alexius in iis implendis difficultatem habet vel scrupulis exponitur. Ex quacumque autem causa ea irritaverint, *si* irritaverint, Alexius ad nihil amplius *obligatur*. — Pro subsequenti vitae tempore, si Alexius sui iuris non fuerit, haec ratio sola sufficit, ut parentes vota irritent, addita monitione, ut filius, quantum potuerit, eadem sine voti obligatione observet.

272 R. 3. Etsi parentes, cum nihil sciant, vota non irritaverint, primum illud votum *indirecte* irritaretur pro singulis vicibus, si parentes iuberent Alexium in lecto decumbere; atque ita etiam ad reliqua vota toties Alexius non teneretur, quoties parentes iuberent aliquid, quocum voti impletio consistere non posset.

R. 4. Quando Alexius versatur extra domum paternam sub iure et servitio alieno, ab implendis votis eo ipso excusatur propter indirectam irritationem, quoties, ut supra, iussa votis contraria implere debeat. Verum ut non solum singulis vicibus, sed toto servitii tempore simpliciter excusaretur, deberet vota sua hero manifestare illeque rationabiliter iudicare, haec componi non posse cum servitio, quod Alexius praestare debeat. — Postea autem vota reviviscent. *Th. m.* I, 464.

VOTI RELAXATIO. — DISPENSATIO.

Casus. (75)

Arcadius multis se oneravit votis, varias promisit peregrinationes, modo huic, modo illi ecclesiae 20 marcarum eleemosynam, feriis IV abstinentiam observare, sabbatis recitare integrum rosarium, aliis diebus certas litanias, a potu inebriante penitus abstinere. — Sed nunc laboribus et negotiis obrutus et infirmiore utens valetudine, incipit valde graviter ferre haec vota cupitque, ut ab iis liberetur. Obstat autem, quod vovit etiam non petere dispensationem.

QUAERITUR 1° quid sit dispensatio in votis.
2° qui possint dispensare.
3° quid Arcadio suaderi vel imponi debeat.

Solutio.

273 AD QUAESITUM 1^m R. Dispensatio in votis est condonatio rei promissae nomine Dei facta. Hanc facultatem esse in Ecclesia ratio suadet, sacrae litterae indicant, traditio perpetuaque praxis certissime confirmat.

Videlicet 1) expedit adesse aliquem qui occurrentibus causis ex auctoritate decernere possit, Deo iam non esse ingratum, si quis a praestandis certis rebus promissis cesset. 2) In absoluta et amplissima potestate ligandi atque solvendi Ecclesiae data (Matth. 16, 19; 18, 18) haec facultas voti ligaminis solvendi atque nomine Dei condonandi includitur. 3) Atque Ecclesia ipsa sibi semper eam potestatem exercendo attribuit. Cf. Noldin II, n. 233.

274 AD QUAESITUM 2^m R. 1. Summus Pontifex potest pro tota Ecclesia dispensare cum omnibus fidelibus undecumque venientibus, idque a quibuslibet votis; non quod ab omnibus votis pro libitu possit solvere, sed, si iusta causa occurrat, nullum votum ex se eius potestati subtractum est.

R. 2. Episcopi dispensare possunt in sua dioecesi a votis privatis non reservatis, idque vi ordinariae potestatis. Reservata autem sunt vota: ingrediendae religionis, perpetuae castitatis, peregrinationum trium: Hierosolymitanae ad sepulcrum Dn^i, Romanae ad limina Apost., Compostellanae ad S. Iacobum. Quae vota, si *perfecte* fuerint emissa, ab episcopis sine speciali privilegio remitti nequeunt, nisi forte periculum sit in mora neque aditus ad S. Pontificem pateat.

R. 3. Praelati religiosorum aliive quasi-episcopalem iurisdictionem habentes erga suos, i. e. suae iurisdictioni subiectos et ab episcopali iurisdictione exemptos, eadem possunt atque episcopi; erga extraneos solum possunt dispensationem dare ex delegatione; quam regulares communiter habent. Cf. *Th. m.* I, 473; Noldin II, n. 237; Piat, *Praelectiones iuris regul.* II, p. 504.

R. 4. Ut valide dispensetur, requiritur causa: nam in iure alieno seu superioris nemo valide dispensare potest sine causa. At in votis etiam ipse S. Pontifex agit circa ius superius, circa ius divinum.

Verum sufficit prudens iudicium de sufficientia causae ex parte superioris, et sincera expositio ex parte subditi qui cupit dispensationem. Vota, in quorum solutione agitur de praeiudicando iuri tertii, solvi non possunt, nisi superior in ipsum illud ius tertii potestatem habeat, vel nisi ille tertius suo iuri sponte cedat; quapropter communiter requiritur in votis religiosis vel quasi religiosis recursus ad S. Sedem. *Th. m.* I, 474.

R. 5. In votis privatis iis, in quibus de iure tertii non agitur, causae dispensationis ex S. Alphonso III, 252 et 253 sunt fere hae: 1) periculum transgressionis seu maioris ruinae spiritualis, cum per se votum debeat esse in maiorem animae perfectionem; 2) magna difficultas in exsecutione; 3) scrupuli a voto eiusque obligatione oriundi; 4) immatura voti emissio; 5) bonum commune: ex quibus causis, prout gravius vel minus graviter urgent, relaxatio plus minusve plena concedi potest, non adiuncta vel adiuncta aliqua commutatione. Nimirum, quando aliquod votum semel cum plena deliberatione et maturo consilio emissum est, raro expedit ex causa privata illud sine ulla boni operis subrogatione relaxare. Cf. etiam Laymann l. c. c. 8, n. 5.

Ad quaesitum 3^m R. 1. Votum postremum non petendae dispensationis non obstat, quin Arcadius vota sua manifestet atque superior non rogatus dispenset. Quod sane convenit, si *gravis* causa exsistit. Immo possunt tantae exsistere causae, quae hoc votum non petendae dispensationis vi sua destituant, utpote quae ostendant id esse irrationabile neque Dei honorem promovens.

R. 2. Quoad peregrinationes suppono non intellegi peregrinationes illas *reservatas* (v. supra n. 274). Si negotia longiorem absentiam non permittunt, haec ratio esse potest, cur huic voto aliquod opus pium subrogetur, vel etiam elargitio tantae eleemosynae, quanti Arcadio itinera illa constiterint.

R. 3. Quoad promissiones subveniendi certis ecclesiis, primo videri debet, sintne illae promissiones rectoribus illarum ecclesiarum notificatae atque ab iis acceptatae. Quodsi acceptatae nondum sint, potest dispensatio fieri: cuius ratio esset vel immatura minusque deliberata promissio, vel damna in bonis fortunae ab Arcadio tolerata etsi non tanta quae votum redderent invalidum, vel necessitates maiores in familia Arcadii exortae. — Si vero acceptatae fuerint, debet videri, utrum Arcadius imprimis intenderit huic et illi ecclesiae subvenire, an de tali subventione minus cogitans potius in genere intenderit facere aliquod opus Deo gratum. Si hoc posterius intenderit, etiam tum potestas dispensandi subsistit (S. Alph. III, 255): si prius illud, dispensationi locus non est; sed inspici debet, num propter *mutatas circumstantias* Arcadius *excusetur*.

277 R. 4. Reliquorum votorum, abstinentiae feriis quartis observandae, certarum precum recitandarum etc., dispensatio dari potest; cuius causa sane erit multitudo negotiorum et valetudo infirmior. Nihilominus videndum est, num subrogari possint exercitia pia leviora quidem, sed pro condicione Arcadii utiliora: frequentatio sacramentorum, cotidianum conscientiae examen, similia.

Insuper quoad abstinentiam a potu inebriante videri debet, fueritne ratio huius voti periculum committendae ebrietatis, ad quam Arcadius inclinet. Quod si est, relaxandum votum non esset cum ebrietatis periculo sed solum quoad modum a medico praescribendum: nam aliter ratio non est, cur remedium peccati praeservativum adeo efficax auferatur.

VOTI RELAXATIO. — COMMUTATIO.

Casus. (76)

Getulia tredecim annos nata vovit perpetuam castitatem, ieiunium in pane et aqua singulis hebdomadis. Sed postea tentationes experta, cum opportunitas nubendi offerretur, quaerit commutationem voti castitatis: quae fit in cotidiani rosarii recitationem, in ieiunium et eleemosynam hebdomadaria.

Postea matrimonio iuncta iterum postulat onerum, quae ex votis restant, commutationem a confessario; qui cum se difficilem praebeat, a marito accipit interdictionem eleemosynae aliorumque votorum irritationem; verum cum de valore irritationis cotidiani rosarii valde dubitet, eam sibi ipsa in Missam cotidie audiendam commutat, quam mutato domicilio propter impossibilitatem postea omittit.

Quaeritur 1º quid sit commutatio votorum et a quo facienda.
2º rectene in singulis casibus Getulia relaxationem obtinuerit.

Solutio.

278 Ad quaesitum 1ᵐ R. 1. Commutatio est vel in minus, vel in aequale, vel in melius. Commutatio in melius fieri potest ab ipso vovente, si modo illud opus melius re ipsa praestatur. Commutatio in aequale, si fit etiam propria seu privata auctoritate, saltem non graviter reputatur illicita. S. Alph. l. c. n. 244. Sed quoniam auctores hac in re loqui soleant de opere *evidenter* aequali, quaestio vix est practica, nisi opus subrogatum tale sit, ut probabiliter sit

etiam *melius:* quo in casu omnes concedunt commutationem propria auctoritate sine ullo peccato fieri posse. Commutatio in minus nequit fieri sine ratione, neque ab ipso vovente sua propria auctoritate, sed potestate tantum ecclesiastici superioris.

R. 2. Commutatione per legitimam auctoritatem facta, *obligatio* ad opus primo promissum *prorsus* exstinguitur, ita ut, si res subrogata fiat impossibilis, ad nihil exsistat obligatio; non ita in commutatione proprio marte facta. S. Alph. l. c. n. 249.

R. 3. Verum quacumque commutatione sive propria auctoritate sive ecclesiastica potestate facta, etiam in melius, *licebit* semper ad opus primitus promissum redire: nisi post commutationem in melius novum votum accesserit. S. Alph. l. c. n. 248.

R. 4. Vota reservata excipiuntur etiam in commutatione, sicuti excipiuntur in dispensatione: ita ut neque propria auctoritate neque *ordinaria* potestate superiorum ecclesiasticorum commutari possint, nisi quis ea commutare velit in professionem religiosam.

R. 5. Qui accepit delegatam potestatem *commutandi* vota, non habet potestatem *dispensandi:* vice versa habet. Quare qui commutandi tantum facultate potitur, non potest opus *notabiliter* minus substituere, tamen aliquantulum minus, quia alias esset res scrupulis obnoxia. S. Alph. l. c. n. 247.

Facultas „dispensando commutare" admittit aliquid amplius, tamen excessus non debet esse nimius, cum principaliter debeat esse commutatio.

Maior etiam est facultas „commutando dispensare": quae est principaliter dispensatio, ita tamen ut aliqua commutatio seu subrogatio adiungi debeat, eaque non relative minima.

Ad quaesitum 2^m R. 1. Ut a voto castitatis rite obtineret Getulia dispensationem vel commutationem, debuit ad confessarium privilegiatum accedere seu ad aliquem, qui a S. Sede facultatem delegatam dispensandi in votis reservatis habet. Nuptiae quidem oblatae causa dispensandi non sunt, est tentatio gravis frequenter recurrens.

Ut acceptam relaxationem Getulia bene intellegat, attendere debet, utrum solutio a voto castitatis sit absolute data annon. Communiter enim non datur nisi in ordine ad *hoc* matrimonium eiusque *legitimum usum.* Quare 1) si Getulia contra coniugalem castitatem peccaret, simul contra votum peccaret, siquidem quoad hoc relaxatio voti facta non sit; 2) si forte maritus ante ipsam moreretur, votum castitatis revivisceret et cum eius reviviscentia exstingueretur obligatio ad subrogata opera.

R. 2. Commutatione legitime facta, opus subrogatum sub voti religione quidem obligat, non tamen votum est reservatum; quare exorta nova causa circa illud nova commutatio vel dispensatio fieri potest per eum, qui ordinariam potestatem in vota habet; per simplicem vero confessarium id fieri nequit, sed opus est speciali per episcopum vel S. Sedem obtenta facultate.

140 De virtutibus et officiis erga Deum. — Virtus religionis.

281 R. 3. Erravit maritus, quasi *omnia* vota Getuliae uxoris irritare possit. Ista enim irritandi potestas eaque directa dirigitur ad ea vota tantum, quae uxor post initum matrimonium emisit: ad vota ante matrimonium emissa indirecta tantum est marito irritandi potestas, in quantum iuri mariti praeiudicant. — Moderata devotionis exercitia, quae gubernationem domesticam non impediunt, impedire nequit, neque ea vota irritare: potest immoderata ieiunia, si uxor per ea ad vitam coniugalem impos redderetur; immo quando gravida est uxor, facile votum ieiunandi eo ipso cessare vel suspendi potest, si videlicet proli inde timeri debet nocumentum. — Eleemosynae elargitionem ordinariam impedire maritus ita quidem nequit, ut uxori non liceat, at videtur posse ita ut uxor elargiri non teneatur, si uxor non habet bona propria, ex quibus faciat; si haec habet, eleemosynam ex illis nullatenus potest impedire neque voti obligationem irritare.

282 R. 4. Recte Getulia dubitavit de valore irritationis voti quod per subrogationem sibi incumbebat, recitandi cotidie rosarii; solum in singularibus casibus, si quando negotia domestica tantopere urgeant, ut ne necessarium quidem tempus uxor iis subtrahere possit, licebit ei voti obligationem suspendere: quod sane rarissimum erit.

Non illicite tamen fecit Getulia illam voti obligationem commutans in Missam cotidie audiendam, si devote assistit; nam est opus evidenter melius. — Sed haec commutatio non fuit absoluta, utpote neque profecta neque confirmata ab auctoritate. Quare quam primum opus subrogatum evasit impossibile, obligatio ad recitandum rosarium revixit.

VOTORUM INTERPRETATIO. — VOTA POENALIA.

Casus. (77)

Ausonius, cum incidisset in peccatum luxuriae cum puella, a confessario correptus et dolore perculsus vovet se, si etiam semel relabatur, aut numquam matrimonium initurum ideoque castitati caelibatus servandae se obnoxium fore, aut bis quavis hebdomada ieiunaturum. Re vera iterum labitur atque gravidam reddit puellam. Quare ad honorem puellae tegendum matrimonium nequit declinare. Attamen ieiunium promissum servare ei magis displicet.

Voverat etiam ter in hebdomada abstinentiam servare: quam tamen, quando ieiunia quattuor temporum incidunt, usque ad sex dies extendi ipsi molestius est. — Per annum cotidie Sacro interesse voverat, sed diebus dominicis saepe soli legi ecclesiasticae satisfecit, non voto; aliquoties etiam, putans esse festum obligationis, Sacro interfuit et pro voto secum statuit alteri Missae interesse, sed postea audiens non esse festum obligationis Missam alteram omisit.

Quaeritur 1° quomodo Ausonius teneatur ad vota illa poenalia et a quo sint dispensabilia.

2° quomodo reliqua vota sint intellegenda, et num Ansonius iis satisfecerit.

Solutio.

Ad quaesitum 1^m R. 1. Hic primo quaeri potest, num votum, quo Ausonius caelibem vitam promiserat, sit votum castitatis reservatum. Quod ex compluribus rationibus negandum est. Nam:

1) non promisit formaliter castitatem, sed caelibatum. Et quamquam ex caelibatu *sequitur* Ausonium ad castitatem perfectam servandam teneri, non tamen tenetur ex motivo religionis, nisi indirecte tantum, neque singulis peccatis, quae contra castitatem fortasse committat, committit sacrilegium seu peccatum *contra religionem*, sed contra castitatem tantum; contra religionem esset solum peccatum quod committeret, si iniret matrimonium.

2) Etsi vovisset formaliter perpetuam castitatem, tamen reservatum votum non esset, quia non vovit castitatem absolute neque perfecte ex amore huius virtutis, sed condicionate ut poenam.

3) Votum, quod emisit, disiunctivum est: ex quo fit, ut, nisi utrumque obiectum sit reservati voti, votum ex nulla parte sit reservatum. Quod cum in casu Ausonii non obtineat, relaxatio voti, si opus est, obtineri potest ab eo qui a votis ordinariis potest dispensare.

R. 2. Si Ausonius in puellam stuprum violentum commisit, ipsi liberum non est matrimonium inire aut non inire; sed si puella vult, ducere eam debet; similiter, si puellae voti insciae matrimonium promisit. Neque sic iniens matrimonium peccat contra votum; verum in utroque casu tenetur ad alteram partem voti disiunctivi, quia voluntarie contrahens obligationem ineundi matrimonii hanc partem voti quae caelibatum spectabat, reliquit, alteram autem partem voti implendam implicite elegit. Hanc igitur nunc absolute tenetur implere.

R. 3. Maior difficultas exoritur, si sumimus Ausonium sine promissione matrimonii cum puella, eaque libere consentiente, peccasse, atque eum nunc ratione voti ex sua parte velle eligere non ieiunia hebdomadaria, sed vitam caelibem. Ratione voti libertatem habet eligendi alterutrum ex promissis. Sed quando nunc, cum ex sua parte caelibem vitam praeelegerit, propter puellae graviditatem ab ipsa eiusque parentibus urgetur, ut matrimonium cum puella ineat, teneturne vi voti ad ieiunia? Vix audeo eum stricte obligare; nam peccando cum puella sibi *obligationem* matrimonii non imposuit, adeoque libertatem eligendi inter utrumque voti obiectum sibi non ademit; potest igitur, quantum est ex se, praeeligere vitam caelibem, atque, si nolit ieiunare, ad eam omnino obligatus exsisteret, saltem si puella moreretur. Quando haec autem, vita comite, ad tegendum honorem matrimonium cum Ausonio postulat, puto pro illo rem Deo gratiorem esse matrimonium inire quam manere caelibem. Neque in rigore loquendo opus est dispensatione. Aliter, si vovisset perpetuam castitatem; nam in eo casu opus dispensatione esset, ut liceret in matrimonio debitum coniugale petere.

Ad quaesitum 2^m R. 1. Primum votum observandae ter in hebdomada abstinentiae explicatione indiget quoad sensum seu ambitum suum. Si Ausonius expresse intellexit tres dies extra dies abstinentiae ab Ecclesia praescriptos, sane, quando occurrunt ieiunia quattuor temporum in iisque abstinentia in loco actuali observatur, sexies abstinentiam servare debet. Argumentum, unde concludere possis, quae fuerit Ausonii intentio, ex eo habebis quod inquiras, utrum Ausonius voluerit communi anni tempore *praeter feriam sextam* ter abstinentiam servare, necne. Si hoc voluit expresse, etiam in proposito casu voluit sexies servare; si prius noluit, sed feriam sextam inter tres dies abstinentiae numeravit, etiam in hebdomadis quattuor temporum non tenetur ultra hos ipsos dies ieiunii alios dies pro abstinentia eligere. Immo si dubium manet de Ausonii intentione, etsi postea putaverit se ad plus teneri, tamen non tenetur, nisi ut cum diebus abstinentiae ab Ecclesia iam praescriptis *tres dies compleat*. Verum si *illis* diebus, in quibus iam aliunde obligatio exsistit, abstinentiae legem violaverit, *duplicis* malitiae reatum contrahit. *Th. m.* I, 447.

R. 2. Simile quid dici debet de voto cotidianae Missae. Nam si Ausonius de dominicis festisque diebus nihil statuit, neque de eo cogitaverit: illis diebus non tenetur ad duo Sacra, sed ad unum Sacrum *duplici titulo et duplici obligatione*. Obiective igitur satisfaciendo legi ecclesiasticae satisfecit etiam voto; num subiective peccaverit, pendet ab eius conscientia.

286 R. 3. Magis etiam in eo casu voto Ausonius satisfecit, cum Missam audiret die, quem falso putaverat esse festum obligationis et quem postea talem non esse cognovit. Immo in hoc casu, etsi voto se obstrinxisset, ut Sacro aliunde non obligatorio interesset seu diebus festis bis Missae assisteret, nihilominus satisfecisset. Neque voluntas expressa, qua Ausonius non pro voto sed pro lege ecclesiastica implenda Missam audire ex errore proposuerat, in nostro casu voto impleto obstat. Quamquam enim formalis et absoluta voluntas, per actum alioquin promissum non implendi obligationem ex voto ortam, re vera impedit, quominus votum possit haberi pro impleto, cum novam quandam obligationem vovens ipse sibi per istam voluntatem imponat: in nostro casu ipsa haec voluntas, si ita loqui fas est, erat involuntaria, utpote *ex errore* profecta *et causata*. Praevaluit igitur voluntas generalis et habitualis, quam etiam Ausonius retinuit, ut per Missam impleatur obligatio, si qua adsit, atque ea ipsa impleatur, quae adsit; adfuit autem re ipsa sola obligatio voti. Cf. *Th. m.* I, 450.

VOTI RESERVATI DISPENSATIO.

Casus. (78)

Felicula, non obstante voto castitatis ex peccato gravida facta, cogitat matrimonium inire et, quoniam diuturniorem esse moram putat, si Romam recurri debeat, sine dispensatione a voto matrimonium iniit.

Quaeritur quali dispensatione Felicula indigeat et a quo illa sit petenda.

Solutio.

AD QUAESITUM R. 1. Felicula non recte iudicavit ante suum matrimonium necessarium esse recursum Romam faciendum.

Nam etsi sumatur non esse qui ex privilegio possint a votis *reservatis* absolvere: in casu necessitatis, ubi periculum est in mora, illud votum castitatis non iam ita censetur reservatum, ut episcopus ordinaria facultate non possit dispensare in ordine ad hoc matrimonium ineundum.

Immo aliqui etiam confessariis regularibus ordinum mendicantium id ex privilegiis vindicant. S. Alph. VI, 987. 1128; III, 258.

Est autem gravis et necessaria causa, cur Feliculae dispensatio concedatur.

R. 2. Post initum matrimonium votum non totaliter quidem sed ex parte cessat. Nam reddere debitum petenti coniugi coniux alter debet; petere tamen ei qui voto castitatis tenetur non licet, immo prioribus duobus mensibus ne reddere quidem licet, quia alter ius perfectum nondum habet. Quare quo melius difficultates removeantur, dispensatio petenda est. Quoniam autem votum non iam perfectam castitatis observantiam pro obiecto habet, per ordinariam facultatem episcopus dispensare potest, atque etiam confessarii regularium mendicantium facultatibus sui ordinis instructi. S. Alph. l. c.

R. 3. Verum dispensatio, sive ante matrimonium datur sive post initum matrimonium, non est absoluta, sed datur solum 1) pro tempore huius matrimonii 2) eiusque legitimo usu (cf. supra n. 280).

VOTUM ASSUMENDI ORDINES SACROS ET VOTUM INGREDIENDAE RELIGIONIS.

Casus. (79)

Dagobertus perfectionis christianae cupidus vovit ingredi religionem; quod cum aperiat confessario, interrogatur, voveritne in religione assumere statum sacerdotalem. Cui cum respondisset se ad illum aspirare quidem sed voto hoc non comprehendisse, confessarius suadet, ut votum suum commutet in votum status sacerdotalis et curae animarum in ipsa dioecesi exercendae, quae sacerdotibus sit valde destituta; id enim opus melius et perfectius esse. — E contrario Adolphus, qui votum sacerdotii et servitii erga ecclesiam dioecesanam fecerat, atque ob hanc causam in collegio dioecesano gratis studia absolvit, a confessario interrogato responsum accipit se non impediri ab ingredienda religione, utpote in quam aliis omnibus votis praestantiorem quaecumque vota commutare quilibet possit.

QUAERITUR 1° quid sit status perfectionis; sitne perfectior status sacerdotalis an religiosus.
  2° rectene iudicaverit Dagoberti confessarius an Adolphi.

Solutio.

AD QUAESITUM 1^m R. 1. Status perfectionis christianae communiter intellegitur status, quo ad perfectionem tenditur, non quo iam obtenta sit, atque distinguitur ab ipsa perfectione. Siquidem in ipso perfectionis statu potest aliquis esse satis imperfectus, et extra statum perfectionis satis perfectus. Ipsa enim *perfectio christiana* consistit in caritate Dei et proximi eiusque frequenti et perfecto exercitio; *status perfectionis* in stabili vitae genere per modum obligationis assumpto, quo illud exercitium caritatis promoveatur et facilitetur. S. Thom., *S. th.* 2, 2, q. 184.

R. 2. Status perfectionis simpliciter et presse dictus ille est, in quo per vota assumitur perpetua obligatio ad consilia evangelica observanda, paupertatem, castitatem, oboedientiam sub certa regula certoque instituto: siquidem tali vitae genere et obstacula exercendae caritatis humanae naturae communia auferuntur, adiumenta et occasiones continuo praebentur; immo ab ipso Christo Domino pro condicione perfectionis necessaria statuitur: „Si vis perfectus esse, vade, vende quae habes . . . et veni, sequere me" (Matth. 19, 21). Qui status vocatur *status religiosus*, isque presse sumptus, si institutum supremam approbationem ab Ecclesia tulit eiusque sectatores ecclesiastica auctoritate divino servitio consecrantur.

R. 3. Si status perfectionis latius sumitur, extendi debet ad quodvis stabile vitae genus, per quod obligatio ad perfectiores actiones assumitur; atque ita status clericalis ordinum maiorum sine dubio status quidam perfectionis est, cum ex se perpetuo et irrevocabiliter clericos saltem ad consilium evangelicum perpetuae castitatis (in occidentali Ecclesia) obliget atque a saeculari cura et quaestu avocans ad servitium Dei transferat.

Magis etiam status episcopalis statui perfectionis accensetur, qui ad nobilissimum caritatis exercitium, zelum animarum perpetuo adstringit, et non tam acquirendae, quam *acquisitae perfectionis status* dicitur, cum ex abundantia dilectionis divinae in proximorum dilectionem et curam debeat intendere. Cf. S. Thom. l. c. art. 7.

R. 4. Cum status religiosus sit status perfectionis simpliciter et presse dictus, iure ecclesiastico expresse statutum est professione religiosa alia vota particularia exstingui. Sic 4 X 3, 39 titulum fert: „*Omne votum mutabile est in votum religionis*", atque ita statuitur: „*Reus fracti voti aliquatenus non habetur, qui temporale obsequium in perpetuam noscitur religionis observantiam commutare.*" Atque iure merito id statuitur, cum ex natura rei videatur quodammodo fluere.

Quod S. Thom. 2, 2, q. 88, a. 12 pulcherrime explicat: „Omnia alia vota sunt quorumdam particularium operum; sed per religionem homo totam vitam suam Dei obsequio deputat. Particulare autem in universali includitur. . . . Nec tamen religionem ingrediens tenetur implere vota ieiuniorum, vel orationum, vel aliorum huiusmodi, quae exsistens in saeculo fecit, quia religionem ingrediens moritur priori vitae; et etiam singulares observantiae religioni non competunt; et religionis onus satis hominem onerat, ut alia superaddere non oporteat."

R. 5. Inde sponte efficitur, ut status religiosus in se spectatus (adeoque seposito sacerdotio quod multi religiosi suscipiunt) quoad perfectionis christianae professionem sacerdotio sit altior et efficacior, dignitate et charactere sane inferior.

Ad quaesitum 2^m R. 1. Confessarius Dagoberti sine dubio erravit.

Nam 1) Dato, non concesso, in adiunctis loci et temporis fortasse praestare, ut Dagobertus cum sacerdotali dignitate curam animarum assumat: votum ingrediendae religionis, si religio sensu stricto sumitur, votum reservatum est, quod privatam commutationen non admittit. Quae de omnibus quidem reservatis votis regula est, at pro reliquis ea admittitur exceptio, ut liceat ea commutare in professionem religiosam; ergo debuit saltem iudicium Ecclesiae (S^{ae} Sedis) exspectari. 2) Dagobertus in ipsa religione sacerdos fieri potuit, neque propter religiosum statum assumptum ad curam animarum exercendam ineptior evadit. Potuit igitur confessarius suadere, ut Dagobertus aliquem ex religiosis ordinibus eligeret, qui curam animarum ex suo instituto admittit vel exercet. Quoniam enim ex voto suo Dagobertus non videtur certum ordinem religiosum determinasse, libere inter diversos potest eligere. 3) Soli episcopi propter officium suum prohibentur, quominus possint inconsulta S. Sede deposito munere religiosum ordinem ingredi; aliis clericis et sacerdotibus, etiam curatis, licebit *sine venia* sui Episcopi, solo dato ei nuntio, relicto officio, religiosam vitam assumere; et quamquam episcopus, si re vera clerico illo necessario indigeat, apud S. Sedem agere potest pro eius revocatione, teste Benedicto XIV, difficillimum semper erit in hoc negotio episcopum esse victurum, quod late ipse S. Pontifex prosequitur in litteris „Ex quo dilectus" 14 Ian. 1747.

Multo igitur minus potuit Dagobertus pro statu religioso, quem voverat, tuto eligere statum sacerdotii saecularem curam animarum exercentis.

R. 2. Neque Adolphi confessarius omnino recte iudicavit. Recte quidem dixit, si in casu Adolphi solummodo votum qua tale spectandum esset: hoc enim ex modo dictis patet. Verum Adolphus contraxit praeter votum obligationem fidelitatis et quasi-iustitiae erga episcopum: adeoque res cum eo antea componenda est. Cum enim bonum sit, in statu sacerdotis saeculari sub episcopo Ecclesiae servire, Adolphus potuit se ad hoc etiam erga episcopum *adstringere* atque episcopo ius concedere. Atque ita aliquando fit, ut alumni certorum collegiorum promittere debeant se post susceptos ordines sacros nolle ingredi ordinem religiosum sine episcopi vel S^{ae} Sedis venia.

Attamen etiam in hoc casu 1) videri debet, quo iure episcopus alumnis talem obligationem imponat; 2) non expedit se difficiliorem praebere in concedenda venia assumendae vitae religiosae, cum ipse etiam S. Pontifex quoad suorum collegiorum alumnos difficilis esse non soleat in tali venia danda. Alioquin Adolpho recursus ad S. Sedem manet, quae communiter pro regula sumit ea, quae in simili causa S. Gregor. M. alicui episcopo conquerenti scripsit: „Hortamur igitur, ut tam promptae devotioni eius, quam in sancto studet habere proposito, minime Vestra sit impedimento Fraternitas; magis autem, quibus valetis adhortationibus, pastorali admonitione succendite, ut fervor huius desiderii in eo non tepescat; ut qui a turbulento curarum saecularium tumultu se segregans, quietis desiderio portum monasterii appetiit, rursum in ecclesiasticarum curarum non debeat perturbationibus implicari, sed in Dei laudibus permittatur secure ab his omnibus, ut postulat, remanere."

VOTUM INGREDIENDAE RELIGIONIS.

Casus. (80)

Caius et Caia eius soror vovent haec se fieri monialem, ille se religiosum fieri velle. Verum cum Caius iam admissus esset, expelluntur e patria ordines clericales, monachalem autem ordinem ingredi non amat. Caia in mente quidem habuit sorores misericordiae, at cum candidaturam per hebdomadam egit, hanc vitam sibi graviorem fore putans, cogitat potius congregationem eligere quae scholarum curam gerit: institutum autem quod ei praeplacet exsulat in America, proin quaerit, utrum votum suum per annos differre possit, donec moniales illae redeant, maxime cum per experimentum apud sorores misericordiae iam videatur voto satisfecisse.

QUAERITUR 1° ad quid teneatur quoad ingressum, qui vovit religionem.
   2° sitne a voto suo liber, qui postea egreditur.
   3° quid de Caio et Caia in casu dici debeat.

Solutio.

293 AD QUAESITUM 1ᵐ R. 1. Quamquam *religiosus* vel *monialis* sensu stricto canonico intellegitur membrum alicuius instituti, quod pleno sensu ut *ordo religiosus* a S. Sede approbatus sit: tamen voventes, nisi hunc sensum strictum intellexerunt, possunt etiam eligere congregationes religiosas, in quibus vota religionis substantialia etsi simplicia tantum emittuntur. Quod de feminis etiam certius valet quam de viris, cum „moniales" plerumque non stricti ordinis, sed religiosae congregationis sint, neque iam moniales, si dicuntur, intellegi solent solae claustratae papali clausura et cum votis sollemnibus.

Unde etiam sequitur eum, qui vovit ingredi religionem, nisi satis constet eum in mente habuisse ordinem religiosum sensu stricto canonico, non obligari *quasi ex voto reservato*. Cf. Vermeersch, *De religiosis institutis et personis* n. 161. 162.

R. 2. Qui vovit religionem, non diu potest ingressum differre. Verum dilatio quaenam gravis sit, multum a mente voventis eiusque aetate pendet. Qui in aetate matura vel provectiore vovet, per dilationem ultra sex menses post mox quaesitam et obtentam admissionem sine causa productam graviter potest peccare; non ita qui in iuvenili aetate est. *Th. m.* I, 451.

294 R. 3. Vovens tenetur mediocrem diligentiam adhibere, ut admittatur: quare si repulsam patitur in uno monasterio vel uno ordine

(neque hunc determinatum ordinem tantum vovens intellexit), una alterave vice amplius experiri debet, num in alio ordine recipiatur: nisi forte de ineptitudine ad statum religiosum in genere iam antea constiterit.

R. 4. Attamen extra patriam et nationem propriam receptionem quaerere non censetur obligationis esse, nisi vovens id expresse intenderit. Immo feminae minor etiam obligatio est, ut admissionem quaerat in loco remotiore. Quod autem antiquitus dixerunt eam non teneri extra *provinciam* patriam receptionem quaerere, pro nostri temporis circumstantiis non universim admiserim, nisi peculiares exstiterint difficultates.

Ad quaesitum 2^m R. 1. Qui vovet se velle religiosum fieri, 295 generatim non solum experimentum intellegit, sed professionem et vitam perpetuo in religione ducendam. Quare generatim pro libitu seu ex levi causa postea, si sibi religiosa vita minus placuerit, non potest recedere sine laesione voti. Ut hoc ita leviter fieri possit, positiva ratio adesse debet, ex qua iudicetur probabiliter votum intellectum esse de solo experimento sumendo, atque voventem sibi voluisse libertatem servare dein decernendi, utrum vita religiosa sibi conveniat necne. Quodsi haec positiva adest ratio, obligatio ulterior non est urgenda. Cf. Vermeersch l. c. n. 157.

Alias autem, si votum de professione religiosa erat, non quaelibet difficultas seu molestia novitium reddit liberum, sed solum magna et prorsus inexspectata. S. Alph. IV, 72; *Th. m.* I, 454; Vermeersch n. 158.

R. 2. Similis distinctio fieri debet pro casu, quo quis admissus postea ab ordine dimittatur. Scilicet liber manet, si voverat solum tentamen religiosae vitae; non ita, si vovit seu vovendo intellexit futuram professionem vitae religiosae: in posteriore casu pro spe, quam habet admissionis iteratae vel admissionis in alio ordine, ad novum tentamen faciendum tenetur. Idque maxime valet, si ex culpa sua novitius (vel professus votorum simplicium) dimissus fuerit; verum etiam suo modo et pro spe aptitudinis suae ad alium ordinem idem valet in eo, qui sine sua culpa dimittitur. *Th. m.* ibid.

Facilius tamen sumi potest eum, qui sine sua culpa dimittitur, posse acquiescere, cum facilius iudicari possit spem admissionis in alio ordine tantam non esse, ut sit obligatio faciendi tentaminis.

Ad quaesitum 3^m. A. *Quoad Caium* R. 1. Caius non tenetur 296 ordinem monachalem ingredi, cum eos ordines vovens nullatenus videatur in mente habuisse. Quamquam enim per talis ordinis electionem votum impleret — siquidem vovit in genere fieri religiosum, non in specie religiosum ordinis clericorum regularium —, tamen non tenetur sic implere.

R. 2. Si extra patriam exsulem exsistere pro Caio res gravior videtur, vi voti sui ad id obligari stricto sensu nequit; debet tamen aliquamdiu exspectare, et si postea sibi in patria occasio fuerit ingrediendae religionis, voti obligatio reviviscit.

R. 3. Attamen si post aliquot annos possibilitas implendi voti non exstiterit, non putem Caium peccaturum esse, si statum vitae eligat cum futura vita religiosa incompossibilem.

297 B. *Quoad Caiam* R. 1. Etsi voventi imprimis obversabatur congregatio sororum misericordiae, se ad amplectendum *hoc* institutum non obligavit, sed in genere ad amplectendum institutum religiosum; quare voto suo satisfaciet amplectendo congregationem, quae scholarum curam agit.

R. 2. Si institutum sororum misericordiae sibi minus convenire videtur, per aliquot annos voti exsecutionem differre putaverim culpa vacare, dummodo interim Caia aptam se servet pro religiosa vita. Neque ad iter americanum obliganda erit absolute.

R. 3. Verum si opportunitas sese sororibus scholarum aggregandi non erit, suscipiendi itineris americani obligatio est condicionata: videlicet aut iter americanum suscipere debet, aut serium tentamen facere in congregatione sororum misericordiae. Nam cum hoc institutum imprimis ante oculos haberet, cum votum faceret, non quaelibet difficultas, quam experiatur in *hoc* instituto, ratio esse potest, cur liceat, ab omni obligatione voti se immunem considerare. Neque leve illud experimentum, quod fecit, pro voto impleto sumere licebit.

R. 4. Attamen si post serium tentamen apud sorores misericordiae factum Caia difficultatem prorsus inexspectatam experiatur, ad iter americanum iam nequit obligari. Quare si in alio instituto religioso experimentum facere impossibile est nisi in America: post aliquod tempus — *ut supra de Caio dixi* — Caia a voti obligatione se liberam censere poterit, *vel etiam prius,* si ablata est spes moniales intra paucos annos in patriam redituras esse.

STATUS RELIGIOSUS.

VOCATIO AD VITAM RELIGIOSAM. — OBSTACULA.

Casus. (81)

Reinerus iuvenis sentit se per Dei gratiam attrahi ad vitam religiosam; verum parentes, cum hoc audiunt, sese omnino opponunt, eo quod filii ope indigeant atque, nisi eius auxilio in provecta aetate iuventur, vitam miseram degere debeant; se semper id sperasse fore, ut senilem aetatem apud filium suum sacerdotem in pace ducere et finire possint.

QUAERITUR 1° quae sit obligatio sequendi vocationem vitae religiosae.
2° quae sint rationes, quae ingressum impediant, ac imprimis quae cognatorum necessitas.
3° quid Reinero consulendum.
4° quomodo peccent qui aliquem a religione retrahant.

Solutio.

298 AD QUAESITUM 1ᵐ R. 1. Religiosae vitae electio non *ex se* cadit *absolute* sub praeceptum, cum versetur circa consilia evangelica, non

Status religiosus: *vocatio, obstacula.*

circa mandata. — Nihilominus sub praeceptum cadere potest per accidens, ut medium propriae salutis, si videlicet aliquis cognoverit statum religiosum unicum sibi esse medium, quo abstineat a peccatis gravibus et securam reddat aeternam suam salutem. Quod absolute quidem necessarium medium non est, cum media alia non desint, at relative et disiunctive necessarium aliquando evadere potest. Fieri enim potest, ut aliquis se ita debilem experiatur, ut ad conservandum statum gratiae alterutro indigeat: aut segregatione a saeculo per ingressum in religionem aut usu mediorum longe difficiliorum. Quae si se adhibiturum esse ipse desperat, iam est in iis circumstantiis, in quibus vitae religiosae electio sit medium moraliter necessarium, quod sine gravi temeritate omitti non possit. — Immo quilibet, qui magnum habet gratiae divinae impulsum, temeritatem magnam committit vocationem neglegendo, eo quod se ipsum speciali Dei protectione destituat. *Th. m.* I, 510.

R. 2. Verum cum ille, qui vocationem non sequitur, sibi persuadere soleat sibi vitam religiosam necessarium medium non esse, idque pro superandis singulis peccandi periculis verum sit: non facile alicui hunc vocationis neglectum in grave peccatum vertere possumus, etsi timendum sit, ne neglectus ille multorum peccatorum gravium ansa postea fuerit. *Th. m.* ibid.

AD QUAESITUM 2^m R. 1. Quoniam Christus Dominus tam aperte 299 ad perfectionem evangelicam invitavit, omnes Christiani religionem ingredi possunt, qui apti inveniuntur vitamque religiosam ducere seu vota servare parati sunt neque aliis obligationibus detinentur.

R. 2. Excluduntur iure sive naturali sive canonico:

1) *defectu libertatis:* servi proprie dicti; matrimonio iuncti post matrimonium consummatum, nisi altera pars consentiat vel ius amiserit; episcopi sine consensu S. Pontificis;

2) *ratione iustitiae:* ii qui debitis multis ex culpa sua gravati sunt, nisi sint in periculo salutis; ii qui rationibus reddendis ex gesto aliquo munere sunt obnoxii, quamdiu rationes non reddiderint;

3) *ratione pietatis* filii, qui parentes suos in gravi necessitate positos aliter iuvare nequeunt, vel qui alios propinquos ex extrema necessitate eripere debent neque in religione possunt; magis etiam parentes ratione curae filiorum. *Th. m.* I, 513. 514; Vermeersch l. c. n. 146—153.

S. Thomas, *Summa theol.* 2, 2, q. 189, art. 6 „Parentes", ait, „habent rationem principii, in quantum huiusmodi: et ideo per se eis convenit, ut filiorum curam habeant. Et propter hoc non licet alicui filios habenti religionem ingredi, omnino praetermissa cura filiorum, i. e. non proviso qualiter educari possint. . . . Per accidens tamen parentibus convenit, ut a filiis adiuventur, in quantum scilicet sunt in necessitate aliqua constituti. Et ideo dicendum est, quod parentibus in necessitate exsistentibus, ita quod iis commode aliter quam per obsequium filiorum subveniri non possit, non licet filiis, praetermisso parentum obsequio, religionem intrare. Si vero non sint in tali necessitate, ut filiorum obsequio *multum* indigeant, possunt, praetermisso parentum obsequio, filii religionem intrare etiam contra parentum praeceptum."

300   AD QUAESITUM 3^m R. Si parentes habent, unde secundum statum suum vivere possint, etsi parce tantum, vel si iis aliter quoad necessaria provideatur: Reinerus non tenetur curare aliquam molestiam, quam ex absentia filii parentes sentiant. Nam eos sine isto solatio esse, gravem necessitatem non constituit. — Si vero parentes re ipsa in gravi necessitate versantur, ex qua filius in saeculo manens eos possit brevi eripere, debet ingressum in religionem differre, dum parentibus provisum sit.

Quando igitur provisum fuerit, non solum non habet amplius obligationem differendi vel omittendi ingressum in religionem; sed consulendum ei plane est, si modo alioquin est aptus, ut spretis parentum consiliis et querelis sequatur Deum. Nam hac in re carnem et sanguinem sequi vix non idem est ac vocationi divinae multisque Dei gratiis valedicere.

301   AD QUAESITUM 4^m R. 1. Parentes, si habent aliquid iustae causae ad filium retardandum, facile causam exaggerant, sed in hoc subiective excusari possunt. Aliud est, si nihil iustae causae adfuerit, seu si ipsi in necessitate non versantur.

Quare dicendum est: si vi, minis vel importunis precibus filium retrahunt, eos graviter peccare, cum *invitum* detineant ab assecutione boni spiritualis adeo magni. — Idem est per se dicendum, si exaggerantes difficultates religiosae vitae vel aliter decipientes et fucatis rationibus in errorem inducentes eum avertunt.

R. 2. Quod non de solis parentibus, sed de quibusvis, qui alium ab amplectenda vita religiosa avertunt, per se utique dicendum est. Immo plane puto facilius graviter peccare eum qui alium inanibus rationibus et consiliis decipiens a religione retrahat, quam eum qui vocatus vocationem sequi nolit atque se ipsum futili ratione decipit. Gravius enim obligor, ne alium fraudulenter deiciam e possessione vel e certa spe assecutionis magni boni, quam obligor, ut ipse bonum non debitum apprehendam. Cf. S. Alph. IV, 77.

R. 3. Quomodo ille, qui alterum ab ordine religioso avertit vel ingressum retrahit, tum huic tum aliquando ordini religioso ad reparanda damna et iniuriam teneri possit, non huc pertinet, sed ad quaestiones de iustitia atque de obligatione reparandae iustitiae laesae et secundum principia de restitutione ex damno illato solvendum est.

A STATU RELIGIOSO RECESSUS.

Casus. (82)

Heliodorus contra voluntatem parentum in ordinem religiosum ingressus vota emisit. Verum paulo post exorto aliquo infortunio parentes incipiunt valde egere. Quibus Heliodorus primum inscio suo superiore per ea, quae

Status religiosus: *discessus, dimissio.*

extra domum collegerat, subvenit; sed cum haec pauciora esse putet neque in ordine adeo abundanter subvenire possit, petit dimissionem. Quam superiores, cum causam non satis iustam esse dicant, volunt negare; tandem propter importunas preces Heliodorum religiosae subiectioni minus aptum indicantes secundum potestatem a Sede Apostolica acceptam a religione dimittunt.

QUAERITUR 1° quid de ingressu et de votis Heliodori censendum sit.
2° num debuerit vel potuerit parentibus sive pecunias colligendo sive ordinem derelinquendo subvenire.
3° quid de dimissione Heliodori sit iudicandum.

Solutio.

AD QUAESITUM 1ᵐ R. 1. Ex iis, quae in priore casu iam disputata sunt, patet Heliodorum potuisse, etiam invitis parentibus, ordinem religiosum ingredi: nam in gravi necessitate parentes nondum exstiterunt, utpote quae postea demum infortunio inducta sit.

R. 2. Aliter, si ante votorum emissionem propter circumstantias ruinam bonorum iam proxime impendere novisset: in quo casu, si poterat, antea curare debuit, ut *gravis* necessitas parentum averteretur, etsi propterea egredi vel vota differre necessarium fuerit.

AD QUAESITUM 2ᵐ R. 1. Post vota emissa, etsi simplicia tantum, Heliodorus se non potest oboedientiae superioris subducere, ut parentibus subveniat, nisi forte — qui casus vix non chimaericus est — agatur de extrema necessitate, cui e monasterio et cum licentia superioris subvenire nequeat. Neque tamen propterea vota religiosa per se solvuntur, sed exstincta necessitate extrema ad ordinem suum reverti Heliodorus tenetur.

R. 2. In *gravi* tantum necessitate cum superioris licentia potest quidem extra monasterium parentum curam agere, sed non tenetur cum iactura decentiae sui status id agere, etiamsi superior permitteret.

R. 3. Sine licentia sive petita et data sive praesumpta nihil agere potest. Quare recte non egit Heliodorus inscio superiore extra domum pro parentibus pecuniam colligendo: immo, nisi hac mente donatores pecuniam contulerint, ipseque ita acceptaverit, ut haec pro necessitatibus parentum intellegeretur data, contra *paupertatem* peccavit; aliter contra debitam subiectionem tantum. Multo minus ratio erat, cur cum iactura *status sui* parentibus succurreret.

S. Alph. l. c. n. 67; Th. m. I, 515.

AD QUAESITUM 3ᵐ R. 1. Recte iudicaverunt superiores causam non esse sufficientem petendae et dandae dimissionis: immo sine dubio superiores concedere parati erant, ut etiam ultra obligationem filii parentibus sive per monasterium sive per benefactores rogatos auxilium ferretur. Abundantiorem autem curam, etsi filius a votis solutus agere potuerit, debuit divinae providentiae committere.

R. 2. Heliodorus, si causam suam, obiective quidem non sufficientem, solummodo exposuit, paratus, si necessarium fuerit, statum religiosum relinquere, sed etiam paratus superiorum iudicio acquiescere, a peccato excusari poterit, quoniam naturalis amor erga parentes facile sobrium iudicium de gravitate causae impedire potest.

R. 3. Quod Heliodorus importunas preces adhibuit atque ita se superioribus ineptiorem pro vita religiosa exhibuit, a peccato certe non erat immunis; num *mortaliter* peccaverit, multum pendet a gradu improbitatis, qua urgebat suam dimissionem. Nam si alias erat omnino aptus, et solum propter importunam agendi rationem dimissionem quasi extorsit, censeo plane eum mortaliter peccasse contra vota religiosa, eumque teneri per se, saltem post sublatam gravem necessitatem parentum, iterum se aptum reddere et admissionem iterum rogare. Cf. *Th. m.* I, 517.

R. 4. Pro superiore ordinis non necessitas parentum Heliodori ratio esse potuit concedendae dimissionis, potuit esse huius obstinatus animus, quo se ordini parum aptum ostendit. Verum hac in re inspicienda est facultas a S. Sede data, ut iudicetur, ob quasnam causas in instituto religioso superiores vota simplicia per dimissionem solvere possint, alumno sive invito sive consentiente. Neque una regula pro omnibus ordinibus statui potest. Ceterum dimissio, etsi culpa Heliodori facta, valida censenda est, cum error non intervenerit.

RELIGIOSUS PAULATIM TEPESCENS — DIMISSIO EX ORDINE RELIGIOSO (I).

Casus. (83)

Herbertus, postquam cum fervore spiritus novitiatum peregit et votis se Deo perpetuo dicavit, mox incipit tepescere, regulas ut res leves et minutas spernere; aliquoties etiam contra vota graviter peccat; demum cum valetudinis non sit adeo robustae, ex eo quod onera ordinis ferre non possit, dimissionem ex defectu sanitatis petit.

Res Romam defertur, et S. Congregatio petitioni annuens superiori ordinis dat potestatem Herberti dimittendi. Superior instrumentum dimissionis conficit atque ad Herbertum mittendum curat: qui interea direxerat litteras sed a superiore nondum receptas, quibus se fatetur a daemone elusum et instanter petit, ne dimittatur.

Quaeritur 1° quae sit obligatio religiosorum tendendi ad perfectionem et observandi regulas.
2° sitne infirma valetudo ratio dimittendi religiosi.
3° quid de Herberto eiusque dimissione iudicandum.

Solutio.

Ad quaesitum 1ᵐ R. 1. Distincta ab obligatione servandi vota seu non laedendi vota in singulis casibus occurrentibus adest obligatio generalis pro religioso, quo teneatur *non abicere* tendentiam ad perfectionem.

R. 2. Abicere tendentiam ad perfectionem censetur ille religiosus, qui regulas nihil curat vel vota frequentius graviter laedit. Quare praeter peccatum, quod contra vota singulis vicibus committit, eiusmodi religiosus speciale peccatum contra obligationem aspirandi ad perfectionem committit a) frequenti violatione votorum in re gravi; b) regularum neglectu tali, qui eum coniciat in grave periculum, ne dimittatur ex ordine: quod qui advertit, sub gravi tenetur curam adhibere ad diminuendos hos defectus, etsi in se non graviter malos; c) cui accedit transgressio regularum ex formali contemptu auctoritatis (quod tamen ad inoboedientiam trahi licet). *Th. m.* I, 517.

R. 3. Alias in plerisque ordinibus regulae *ex se* non obligant sub peccato, obligant tamen ad sustinendam poenam, quae propter violatas regulas forte imponatur, atque etiam plerumque in ipsa earum violatione suberit affectus venialiter peccaminosus, qui ad transgressionem moverit.

AD QUAESITUM 2ᵐ R. 1. Infirma valetudo *novitii* raro ratio est cur debeat, facile cur possit quaerere egressum ex ordine. Pro superioribus ordinis etiam ratio est, cur vel invitum dimittant. Immo, nisi forte aliis Dei donis ille defectus compensetur, iis obligatio incumbere potest dimittendi, ne cum dispendio religiosae disciplinae multas exemptiones et dispensationes a regula facere postea cogantur atque relaxationi ordinis viam sternant.

R. 2. Post emissa vota, nedum sollemnia, sed etiam simplicia tantum, quae post decreta Pii IX data d. 19 Martii 1857 ante sollemnen professionem pro triennio emitti debent, et quae per dimissionem ex ordine plene solvuntur: infirma valetudo, quae post professionem votorum simplicium supervenerit, non agnoscitur pro causa, cur a superioribus illorum ordinum, quos decreta illa spectant, professus votorum simplicium possit dimitti. *S. Cong. Epp. et Reg.* 12 Iun. et 17 Iul. 1858.

R. 3. Nihilominus occurrente casu recursus fieri potest ad S. Sedem seu S. Congregationem Epp. et Regul., quae ex hac causa professo votorum simplicium *petenti* dispensationem et solutionem a vinculo status religiosi et votorum potest concedere. Cf. de his omnibus *Th. m.* I, 504. 505; Vermeersch l. c. n. 326.

Immo pro natura infirmitatis fieri potest, maxime si aliae rationes accedant, ut haec habeatur pro causa gravissima, cur ab ipsa sollemni professione S. Sedes concedat solutionem. Ita, ut in libellis periodicis *Linzer Quartalschrift* anni 1902 p. 110 sq. refertur, *S. Officium* ex speciali facultate a S. Pontifice accepta alicui fratri laico ordinis religiosi sollemniter professo, qui et scrupulis laborabat et iudicio medicorum periculum patiebatur in dementiam, a qua modo sanatus fuerat, relabendi, si resumeret religiosam vitam, concessit dispensationem a votis cum potestate ineundi matrimonii, certis tamen clausulis et paenitentiis adiunctis.

AD QUAESITUM 3ᵐ. A. *Quoad Herberti teporem.* R. 1. Ex eo quod Herbertus *aliquoties* contra vota graviter peccavit, inferri nondum potest, eum praeter mortalia peccata contra ipsum illud votum quod violavit commissa, insuper novum mortale peccatum commisisse abiciendo curam perfectionis: nam ad id requiritur, ut *frequenter* illud acciderit. Qui enim aliquoties, sed raro cadit, resurgendo pristinam tendentiam ad perfectionem reassumere censetur.

R. 2. In singulis regulae violationibus *per se* quidem, ut supra dixi, ne leve quidem peccatum consistit, si — ut hic supponimus — regulae sub peccato non obligant; verum cum per accidens raro violetur ulla regula sine peccato aliquo veniali, multo minus habitualis seu frequens transgressio a peccato immunis est. Grave autem seu mortale peccatum non ex eo Herbertus commisit, quod regulas pro re levi et minuta habuit. Aliud esset, si *auctoritatem* regulas statuentem *contemneret* eive subiacere nollet; sed eiusmodi contemptus ex agendi ratione non apparet. Ille contemptus adesset v. g., si Herbertus ita comparatus esset, ut non solum ipsarum regularum observationem parvi penderet, sed poenam, si a superiore infligeretur, obstinatus vellet detrectare; quare tali agendi ratione etiam ostenderet se curam perfectionis vere abiecisse.

R. 3. Facilius autem in peccatum mortale impingere potuit Herbertus, si laxiore sua vita sibi grave periculum creari adverterit, ne dimitteretur. Similiter iudicandum est, si solutiore vita et malo suo exemplo Herbertus se causam esse timere debuit, ne religiosa vita in monasterio notabiliter relaxaretur. Verum haec cum priore consideratione, periculi scilicet dimissionis, fere confunditur, siquidem propter periculum relaxandae vitae religiosae dimissio potissimum locum habebit. — Atque, ut verum fatear, posterior illa ratio relaxandae disciplinae religiosae longe facilius facit peccatum grave in superiore impune permittente, quam in subdito committente frequentem regularum transgressionem.

308 B. *Quoad Herberti dimissionem.* R. 1. Quod ad petitionem dimissionis attinet, videri debet, num causa sit vera. Nam si vera non est, ipsa petitione facta Herbertus graviter peccavit contra vota sua. — Si causa quidem aliquatenus vera est, i. e. si Herbertus utitur re vera infirma valetudine, quae molestiorem faciat vitam religiosam, quamquam nullatenus intolerabilem, a gravi peccato contra vota excusari potest sub duabus condicionibus: 1) quod statum suum infirmum non exaggeret sciens ultra veritatem; 2) quod paratus sit ad vitam religiosam continuandam, si repulsam tulerit. Alias etiam tum graviter peccat; nam quod molestior reddatur vita religiosa, non est ratio, cur absolute possit statui suo valedicere. — Nihilominus S^{ae} Sedi *potest* illa rerum condicio atque etiam timor, ne res peior fiat, ratio esse, cur solutionem a votis concedat.

309 R. 2. Dispensatio ex speciali facultate a superiore confecta atque Herberto transmissa ex diversis rationibus potest esse nulla. 1) Si reapse Herberti ratio *fictitia* erat: preces non nitebantur in veritate. Supponi autem debet S. Sedem dedisse potestatem Herberti dimittendi ex causa in petitione allata. Causa igitur hac deficiente, deficit valor facultatis superiori concessa ac proin ipse valor dimissionis.

Aliter dicendum, si superior acceperit absolutam facultatem, ex causa quae sibi videatur iusta dimittendi. Quodsi in tali suppositione

Status religiosus: *discessus, dimissio.*

superior cognoverit rationem Herberti non esse veram vel non plene veram, sed tentationem, at propter Herberti ignaviam spem non esse fore ut tentationem vincat, eum et sibi et ordini fore oneri: habuit ipse causam iustam dimissionis faciendae, etsi petendae Herbertus causam non habuit iustam. Quare ex hoc capite dimissio esset valida; attamen Herbertus in conscientia securus non esset, sed coram Deo teneretur peccatum expiare. Quod in tali casu optime fit eo modo, ut dimissus se denuo ad religiosam vitam ducendam Deo offerat atque tentamen faciat, num alicubi denuo admittatur.

Sed 2) in eiusmodi casibus frequenter accidit, ut causa non possit dici aperte falsa, neque tamen sine diabolica deceptione. Est infirmitas quaedam, quae a viro strenuo et bonae voluntatis spernitur, sed a viro disciplinae religiosae pertaeso cum oneribus religiosae vitae intolerabilis habetur. Neque id a S. Sede vel superioribus ignoratur. Quare si ratio *aliquatenus* vera erat, putaverim facultatem dimittendi adfuisse validam, etsi postea orator videat seu fateatur se fuisse a diabolo circumventum et deceptum. Quapropter ex defectu veritatis causae eiusmodi dimissio raro ut invalida cognosci poterit: quamquam quoad conscientiae tranquillitatem pro dimisso valebit, quod modo dixi supra.

Verum in casu Herberti aliud intervenerat. Cessavit nimirum a petitione sua, immo eam retractavit, antequam dimissio fuit perfecta. Cum autem dimissio daretur solum *ad petitionem,* valida non erat, quoniam ad petitionem eam fieri erat impossibile.

R. 3. Difficilior res erit, si sumimus Herbertum voluntatem 310 suam retractasse, postquam superior quidem instrumentum dimissionis confecerat, sed antequam ipse illud recepit. In quo casu tenor et modus instrumenti vel litterarum adiectarum considerandus est. Potuit enim superior statim dimissionem perficere, potuit etiam non obstante instrumento nihilominus dimissionem arbitrio oratoris committere, ita ut ipse dimissionem non perficeret, sed oratori offerret. In posteriore sumptione dimissio perfecta non erat nisi post acceptationem ex parte Herberti; in priore perfecta erat, cum primum instrumentum confectum et e manibus superioris dimissum fuit, ut cum Herberto communicaretur, quamquam hic se a votis liberum gerere non potuit nisi post acceptas litteras. Quare si nihilominus dolore facti motus religiosus manere velit, quando litteras accipit: id fieri nequit, nisi denuo rite recipiatur votaque iterum libere emittat.

Hinc puto plane expedire, ut eiusmodi dimissio, quae fiat ad petitionem religiosi, posteriore illo modo exsecutioni detur, nimirum ita ut vel oretenus vel per litteras, post facultatem habitam, dimissio demum *offeratur* atque usque ad acceptationem apud oratorem religiosum sit petitionem vel sustinere vel revocare.

Cf. *Acta S. Sedis* XXVI, 320, ubi similis casus S. Congregationi super discipl. Regul. propositus est:

Fr. N. postulavit dispensationem super votis simplicibus . . ., asserens se ob infirmam valetudinem non posse in ordine remanere.

Die 4 Sept. 1888 S. Congr. benigne annuit Patri Ministro Generali ad effectum de quo in precibus; qui die 8 Sept. 1888 rescriptum exsecutioni mandavit his verbis: „Dispensamus et ab omni vinculo et obligatione dictorum votorum liberum vitae saeculari restituimus." Interim vero die 4 Sept. 1888 Fr. N. ad Provincialem scripserat se a daemone deceptum falsam exposuisse causam, quapropter velle se in ordine mori, et rogabat, ne dispensatio a votis simplicibus sibi intimaretur. Provincialis preces exaudivit etc. Hinc quaeritur num Fr. N. reapse dispensatus exstiterit.

S. Congr. . . . proposito dubio mature perpenso, reposuit: „Negative".

DIMISSIO EX ORDINE RELIGIOSO (II).

Casus. (84)

Eustachia instanter petierat admissionem in congregationem religiosam votorum simplicium. Cum faceret spem aptitudinis ad diversa ordinis munera, ad vota primum temporanea, dein ad perpetua admissa est. Sed brevi post ostendit indolem non tractabilem, ingenii etiam aptitudinem longe minorem, quam exspectabatur.

Quare ad curandas res infimas adhibita ipsa religionis pertaesa episcopum sollicitat pro solutione votorum, sed frustra; postea ipsa superiorissa eius dimissionem cogitat atque confessarium rogat, ut post dimissionem a se factam a voti vinculo Eustachiam solvat.

QUAERITUR 1° quis possit a votis quae in religiosa communitate emissa sunt dispensare.

2° quae et qualis causa sit, cur post vota sive temporanea sive perpetua monialis dimittatur.

3° quid de dimittenda Eustachia sive ob ipsius preces sive ipsa invita ex parte ordinis.

Solutio.

311 AD QUAESITUM 1ᵐ R. 1. Post vota *sollemnia* rite emissa dimissio proprie dicta generatim non datur. Ordo ipse eiusve superiores summum propter graves culpas possunt eum qui incorrigibilis inventus fuerit *eicere*, votis non solutis. Relaxatio vero votorum ad solam S. Sedem pertinet; quae generatim non consuevit dispensationem simpliciter dictam concedere, sed solum professi vel professae saecularisationem, ita ut substantia votorum remaneat, at nexus cum ipso ordine solvatur et pro subiectione oboedientiae ordini debita oboedientia erga episcopum substituatur. Cf. tamen supra n. 306. — Dimissio post vota simplicia eodem modo fieri *potest,* votis manentibus.

R. 2. Verum vota religiosa simplicia ita etiam relaxari possunt, ut, nexu cum ipso ordine soluto, etiam votorum obligatio simpliciter exstinguatur. Quae solutio fit aut *dispensatione* S. Sedis petenti religioso vel moniali concessa, aut *dimissione* ex parte ordinis facultate generali vel speciali ad id accepta.

R. 3. Dimissio ex parte ordinis ex certis causis fieri potest in ordinibus religiosorum per solos superiores, retenta tamen forma et modo in instituto vel a S. Sede praescriptis.

R. 4. In institutis religiosis votorum simplicium distinctio adhibenda est. Si agitur de institutis dioecesanis, quae Sedis Apostolicae approbationem vel commendationem nondum assecuta sunt, episcopus dimittere atque vota solvere potest; ad solvendum tamen votum castitatis perpetuae indiget privilegio a S. Sede accepto; cavendum tamen est, ne eiusmodi dimissione ius tertii laedatur, seu ne fiat insciis moderatoribus iusteque dissentientibus. Cf. Constit. *„Conditae"* d. d. 8 Dec. 1900.

Si agitur de institutis a S. Sede approbatis vel commendatis: *dimissio* quidem est penes moderatores vel moderatrices, servatis legibus instituti atque pontificiis decretis; condonare autem vota est unius S. Sedis. Ita saltem in institutis mulierum et virorum laicorum. Immo etiam pro institutis virorum non mere laicorum haec *regula* est; videri tamen debet, num institutum ampliorem receperit facultatem. Ibid. Const. *„Conditae"*.

In institutis feminarum constitutiones a S. Sede approbatae plerumque id cavent, ut, quando de sorore dimittenda agatur, recursus ad S. Sedem fiat cum consilio ordinarii loci: de quo cf. Schuppe, *Die Frauengenossenschaften* cap. 4, § 2.

R. 5. Dimissi ab eiusmodi congregationibus, si vota soluta nondum sunt, tenentur, ut ex dictis patet, votis simplicibus et privatis S. Pontifici reservatis. Verum oboedientiae votum fere destituitur suo obiecto; paupertatis votum, cum sit simplex neque dominii habilitatem neque testandi facultatem auferat, solum imponit moderatam in usu rerum dispositionem. Nihilominus quo liberius et tutius ii qui dimissi fuerint possint agere, curandum est, ut per S. Sedem plenam accipiant solutionem. Quae non raro sic datur, ut intactum maneat votum castitatis. Sed etiamsi hoc Sedi Apostolicae reservatum esse in instrumento dispensationis expresse declaratum fuerit, id non impedit, quin exorta causa ab eo, qui ex privilegio in votis reservatis castitatis etc. dispensare possit, dispensatio vel commutatio concedatur: nisi litterae dispensatoriae *speciali* clausula etiam hoc excluserint.

AD QUAESITUM 2ᵐ R. 1. Pro votorum simplicium institutis virorum decretum Leonis XIII d. d. 4 Nov. 1892 causas dimittendi valde restrinxit: verum haec instituta mulierum non tangunt. Attamen, nisi amplior facultas in ipsis constitutionibus ordinis sive congregationis expressa et approbata est, post vota perpetua emissa ratio dimittendi non erit nisi ex culpa gravi, quae aut incorrigibilitatem quandam ostendat vel scandalum grave etiam extraneis generet.

R. 2. Post vota temporanea, si tempus elapsum fuerit: monialis per se recedere potest; ordo seu congregatio libera erit hoc sensu, ut, si monialis ex culpa sua non satisfecerit, possit dimitti seu ad nova vota non admitti. Si summum ius respicimus, idem fieri potest propter ineptitudinem ad munera religiosa; quamquam rarissime id debet accidere, nisi post ipsum novitiatum condicionata solum admissio facta atque moniali declarata est. Unde patet elapso votorum tempore maiorem esse libertatem singularum monialium in relinquendo ordine, quam sit libertas religiosi instituti eiusque superiorum in membris dimittendis. Non enim licebit pro arbitrio aliquam excludere. Ceterum quae sint accuratiora iura sive congregationis sive sororis votorum temporaneorum, ex singulorum institutorum constitutionibus sumi debet. — Si tempus votorum nondum est elapsum, similis at non ita gravis causa requiritur, sicut post vota perpetua; sed ut patet, difficultas pro ipsa persona dimissa, etsi vota non fuerint soluta, longe facilius evanescet. Cf. Vermeersch l. c. n. 324 sq.

315   Ad quaesitum 3^m R. 1. Ex parte Eustachiae sine dubio iusta causa non erat petendae dimissionis. Et revera, nisi solummodo significaverit voluntatem suam, se consentire, quando ex parte ordinis iusta putetur adesse ratio dimissionis, interim ex sua parte parata Deo perpetuo reddere quod vovit: graviter peccavit contra vota sua.
Recte igitur episcopus petitionem repulit. Verum si est institutum solum episcopale, episcopus inde ansam sumere potuit videndi, sintne ex parte instituti rationes, quae sufficiant, etsi non ad dimittendam invitam, tamen ad volentem dimittendam. — Quando de instituto a S. Sede approbato agitur, praestat generatim hanc rem ne incipere quidem tractare apud S. Sedem, nisi superiorissa id *rogaverit*: excipio tamen, si quando ea adfuerit causa, quae ad dimittendam invitam quasi cogat, aut de ea sorore agatur, quae in alio statu re ipsa plus ad Dei gloriam videatur posse peragere. In quo priore casu superiorissa (consulto episcopo) statim potest vel etiam debet dimittere, in posteriore episcopus inscia vel etiam repugnante superiorissa rem cum S. Sede tractare.

316   R. 2. Quod ad dimittendam Eustachiam ex parte instituti attinet, ex se non videtur esse satis gravis causa, cur ad dimissionem veniatur, nisi consueto amplior facultas dimittendi huic instituto concessa sit: nam quod minus apta sit Eustachia ad diversa munera, id debuit antea perpendi, quam ad perpetua vota admitteretur; quod indolis non tractabilis sit, notare non videtur graves culpas contra caritatem vel oboedientiam: quae *si* re ipsa graves et frequentes occurrerent, sane dimissionis causam praebent.

R. 3. Nihilominus si Eustachia videat se ordini notabiliter oneri esse atque ipsa difficulter ferat religiosam disciplinam: ratio esse potest, cur supplices litteras, cum resignatione tamen, pro dispensatione Romam dirigat, eaeque a superiorissa ex consilio episcopi apud S. Sedem commendentur, quo facilius S. Sedes dispensationem concedat.

DIMISSIO EX ORDINE RELIGIOSO (III).

Casus. (85)

Guentherus neo-sacerdos ordini Franciscanorum se adiunxit atque vota simplicia emisit; sed transacto fervore novitio onera ordinis fert gravius, neque sollemnem vult professionem facere, sed cupit dimissionem. Qua obtenta a suo episcopo non potest impetrare admissionem inter clerum dioecesanum: hinc necessitate pressus quaerit et obtinet admissionem apud congregationem Lazaristarum. Attamen aliquot annis elapsis neque hoc institutum Guenthero placet, eique valedicens proficiscitur in Americam, sperans fore ut ibi parochia sibi concredatur.

Quaeritur 1° potueritne Guentherus a superioribus ordinis dimitti.
2° episcopus potueritne admissionem Guentheri recusare.
3° quid de admissione et de egressu quoad institutum Lazaristarum dicendum sit et de spe americani itineris.

Solutio.

Ad quaesitum 1^m R. In antiquis illis ordinibus, qui antea post exactum annum novitiatus statim sollemnem exegerunt professionem et novo iure per triennium vota tantum simplicia habent, alumni ex sua parte perpetuo Dei servitio se addixerunt: quare sola animi mutatio ratio esse nequit, cur dimissionem accipiant[1]. Et re vera S. C. Epp. et Reg. d. 19 Nov. 1886 in tali casu necessariam dixit esse dispensationem S. Sedis: „Si simpliciter professus dimissionem petat, asserens se non habere vel amisisse animum vocationemque ad vitam religiosam, haec causa sola non est sufficiens et iusta, ut simpliciter professus ex ordine dimitti queat, sed necessaria est dispensatio Rom. Pontificis." Aichner, *Comp. iur. eccl.*[7] p. 478.

Ad quaesitum 2^m R. Ex priore iure sacerdos eo ipso, quod rite ex ordine dimissus esset post vota simplicia tantum, subiectus evadebat iurisdictioni episcopi, qui erat proprius illius episcopus, antequam ordinem ingrederetur, vel qui sacros ordines contulerat: neque sine gravi causa poterat eum excludere e sacro ministerio vel titulo sustentationis, quo ordinatus erat, privare.

---

[1] Quae constituta erant a Pio IX d. 19 Martii 1857 et 7 Febr. 1862 (cf. *Th. m.* I, 504) pro ordinibus religiosorum qui sollemnia vota emittere solent, ex auctoritate Leonis XIII per S. C. Epp. et Reg. d. d. 3 Maii 1902 extensa sunt ad ordines monialium quae similiter emittunt vota sollemnia, videlicet:

ut post exactum novitiatum et legitimam aetatem expletam emittant vota *simplicia tantum*, quae perpetua quidem esse debent ex parte voventis atque iisdem indulgentiis, privilegiis et favoribus spiritualibus moniales donant atque sollemnis professio, sed quae per dispensationem R^{no} Pontifici reservatam facilius dissolvuntur: (ius vocis activae et passivae, et eligibilitas ad munia religiosa nonnihil restringitur);

ut expleto triennio votorum simplicium ad professionem sollemnem admittatur, nisi dispensatio ad ulteriorem dilationem sit accepta vel ipsum institutum id indultum a S. Sede habeat, ut simplicia vota ad longius tempus emittantur;

ut moniales choristae quae votis simplicibus tantum ligantur, ad chorum quidem teneantur ut reliquae, a choro autem legitime impeditae ad privatam officii divini recitationem non teneantur;

ut tempore votorum simplicium retineant radicale dominium bonorum suorum, de quo definitive disponere nequeant nisi intra duos menses ante sollemnem professionem ad normam S. C. Trid. sess. 25, c. 16 *de ref. reg. et mon.* V. *Anal. eccl.* X, p. 204 sq.

Verum ex decreto 4 Nov. 1892 res aliter constituta est. Videlicet aliter de iis, qui expulsi sunt vel dimissi, i. e. ex gravi culpa dimissi, aliter de iis, qui *sponte* dimissionem vel dispensationem sive ab ipsa Apostolica Sede sive vi facultatis ab Apostolica Sede data obtinuerunt.

„Qui *in sacris ordinibus* constituti et *votis simplicibus obstricti*, sive perpetuis sive temporalibus, sponte dimissionem ab Apostolica Sede petierint et obtinuerint, vel aliter ex apostolico privilegio a votis simplicibus dispensati fuerint, e claustro ne exeant, donec episcopum benevolum receptorem invenerint et de ecclesiastico patrimonio sibi providerint, secus suspensi maneant ab exercitio susceptorum ordinum."

Ex quo patet nullum episcopum summo iure teneri, ut eiusmodi dimissum recipiat, sed dimissi esse, aliquem qui suo ministerio uti velit quaerere. Quare in arbitrio episcopi, qui Guentherum ordinaverat, erat, illum recipere aut recusare, postquam dimissionem a S. Sede obtinuerat. Videri autem debet instrumentum dimissionis, num forte ipsa dimissio eiusque valor a condicione dependeat, quod iam exstiterit ordinarius qui dimittendum recipiat.

319 AD QUAESITUM 3^m R. 1. Bonum quidem est Guentherum loco ordinis a se derelicti cogitare ingressum in aliam congregationem, quae similem vitam ducat; melius tamen faceret, haec sponte sibi proponere, quam necessitate pressus. Nam etsi — ut nunc sumo — rite dimissus et ab omni votorum obligatione solutus sit, coram Deo hac solutione, quam importunitate quadam quasi extorsit, non cum omni conscientiae securitate frui potest, nisi culpam commissam reparet. Spontanea igitur sui oblatio erga institutum aliquod religiosum optima erit reparatio.

R. 2. Verum eo, quod se congregationi Lazaristarum offerat eamque paratam inveniat ad se suscipiendum, non plane satisfacit condicionibus a S. Sede decreto laudato praescriptis, nisi episcopus loci vel alius episcopus consentiat atque pro casu, quod e novitiatu Guentherus egrediatur, eum tamquam in clerum suum receptum declaraverit. Aliter enim Guentherus a sacris ordinibus manet suspensus, eo ipso quod, antequam haberet episcopum benevolum receptorem, e monasterio sui prioris ordinis egressus est. Quo melius res expediatur, denuo recursus ad S. Sedem faciendus est; quae sine dubio facile ingressum in aliud institutum ei concedet, cui restitutionem in statum saecularem concedere parata erat, prohibebit tamen egressum e novitiatu sine novo ad S. Sedem recursu.

320 R. 3. Ex casu patet Guentherum non in novitiatu institutum novum reliquisse. Nam si ita fecisset, ex dimissione sua priore, ut in R. 2 notavi, aut adhuc haberet episcopum superiorem, cui eo ipso subiectus esset et cuius dimissoriis litteris indigeret, ut alio transmigrare posset, aut debuisset denuo Romam recurrere ut sibi provideretur. — Quodsi S. Sedes — id quod re ipsa locum vix habebit — liberius Guenthero concesserat solutionem ab ordine Franciscanorum et experimentum in instituto Lazaristarum, non esset propter novitiatum

derelictum poenis decreti 4 Nov. 1892 subiectus, sed iis, quas S. Sedes forte addidisset instrumento, quo solutionem a votis Franciscanorum concesserat.

R. 4. Nunc autem, cum re ipsa *post vota* relinquat institutum, *antequam* ordinarium benevolum susceptorem invenerit, a sacris ordinibus suspensus est, etiam in casu, quo a novis votis dispensationem rite obtinuerit.

Nam institutum Lazaristarum, quamquam non est congregatio proprie regularis, sed saecularis (quia vota, quae emittuntur, non accipiuntur auctoritate Ecclesiae), tamen vere est aliquod ex „institutis votorum simplicium", de quibus decretum „*Auctis admodum*" constanter loquitur: proin qui ab illo instituto dimissus ex claustro exeat, antequam „episcopum benevolum receptorem invenerit et de ecclesiastico patrimonio sibi providerit", suspensus manet ab exercitio sacrorum ordinum.

PAUPERTAS RELIGIOSA (I).

Casus. (86)

Lupus, religiosus votorum simplicium, cum nuper in patriam proficisci deberet et inveniret cognatos necessitate pressos, bonorum suorum, quorum dominium retinuit, dimidiam partem cognatis partim donat, partim donandam promittit, interim re deposita apud amicum, reliquam partem convertit in titulos obligationum ac secum sumit, ut apud procuratorem monasterii deponat. Superior queritur de laesa paupertate atque dispositionem factam se dicit annullare.

QUAERITUR 1° in quo consistat votum paupertatis religiosae, et quid discriminis sit inter votum paupertatis sollemne et simplex.

2° peccaveritne Lupus contra votum paupertatis.

3° rectene superior eius dispositiones annullaverit.

Solutio.

AD QUAESITUM 1^m R. 1. Votum religiosae paupertatis essentialiter versatur circa independentem usum seu dispositionem rerum temporalium pretio aestimabilium: ita ut religiosus vi voti paupertatis nulla re uti de eave disponere possit sine licentia superioris.

R. 2. Haec licentia potest esse *expressa, tacita, praesumpta*. Ad declinandum peccatum contra votum paupertatis sane sufficit licentia expressa et etiam tacita (ad quam adnumerare licet *consuetudinem legitimam*); in rebus minoris momenti sufficit saepe licentia praesumpta, saltem si commode superior adiri nequit et rationabiliter putetur, eum fore contentum. In rebus gravioribus ut ex licentia praesumpta agere liceat, debet accedere necessitas, quae moram non patiatur, neque potest esse definitiva dispositio, quando sufficit condicionata seu revocabilis.

322 R. 3. Votum sollemne hanc habet sequelam conaturalem, ut religiosum reddat incapacem dominii privati: quae sequela nihilominus in casu singulari suspendi a S. Pontifice potest. Simplex autem votum paupertatis privatum dominium *directum* eiusque *capacitatem* non aufert, aufert *indirectum* eiusque *licitum exercitium*. — Hinc etiam in religioso votorum simplicium valet principium: „Quod monachus acquirit, acquirit monasterium." Nam quod ita accipit, non sibi potest accipere, sed debet monasterio sive ordini accipere: nisi forte agatur de bonis patrimonialibus sibi nunc primum obvenientibus; de quibus iudicandum est secundum variorum ordinum statuta.

323 Ad quaesitum 2^m R. 1. Lupus fecit sine dubio dispositionem circa bona temporalia: quam facere non licuit sine consensu seu licentia superioris; nam etsi bona sunt Lupi quoad directum dominium, independens dispositio circa ea votum paupertatis laedit, etsi non laedat iustitiam. Neque in nostro casu locum habere potuit licentia praesumpta, siquidem res gravis omnino momenti erat nec urgens, cum non de sola summa consuetae eleemosynae ageretur ad sublevandam actualem necessitatem. Hinc Lupus graviter peccasse dicendus est donatione et promissione dimidiae partis suorum bonorum.

R. 2. Per se idem dicendum est, quod reliquam partem bonorum converterit in certos titulos; nam hanc venditionem et permutationem facere sane disponere est de re. Verum cum valor seu pretium rei integrum servetur et de re quoad directum dominium Lupo propria agatur, peccatum minus grave est; immo si urgeat necessitas sitque opportunitas cum evidenti utilitate commutationis faciendae, praesumpta licentia culpam poterit auferre.

324 Ad quaesitum 3^m R. 1. Si primo consideramus eam partem, circa quam promissio versatur: propter subiectionem religiosam promissio Lupi firma non est, sed revocabilis ex parte superioris, adeoque Lupus contradicente superiore ea promissione non tenetur neque eam implere potest. Nihilominus inde nondum sequitur superiorem plane recte agere. Videri enim debet, ad quid ipsum peculiare institutum religiosum, cui Lupus se addixit, in negotio paupertatis suos obliget, quid permittat. Si enim permittit vel etiam iubet, ut post certum tempus alumni omni possessione se exuant: hi non solent ad id teneri, ut monasterio vel ordini bona sua donent, sed ut cuilibet causae piae ea applicent, ita quidem ut superioris quidem sit prohibere profanum illorum bonorum usum et distributionem, sed non eligere et determinare causam, cui cessio bonorum fiat. Quare in hoc casu videndum fuerit, sintne cognati in eiusmodi necessitate, ut eorum sublevatio eaque tanta inter causas pias computanda sit. Quodsi ita fuerit, superior male aget prohibens, ne iis pars bonorum Lupi donetur.

R. 2. Si vero consideramus donationem iam factam, hanc, etsi illicite, valide tamen Lupus fecit. Cum igitur dominium translatum sit, sine iniustitia retractari res non potest, cognatis illis invitis. Aliud esset, si donasset Lupus ex bonis monasterii; haec enim donatio vel invalida vel imperfecta saltem et suspensa usque ad consensum superioris mansisset. Non ita donatio ex bonis propriis, nisi Lupus condicionem superioris consentientis adiecerit.

Neque puto cognatos teneri donum reddere ulla vera obligatione. Sola ratio, quae excogitetur, potest esse, ne se complices reddant laesae virtutis religionis, quam Lupus transgressione voti paupertatis commisit. Sed in simili causa S. Alphons. III, 492 Q. VIII excusat etiam eos, qui, ipsi non pauperes, dona vel hereditatem acceperint a clerico obligato quidem, sed non obligato ex iustitia, ad bona pauperibus vel causis piis conferenda. Cf. *Th. m.* I, 902.

PAUPERTAS RELIGIOSA (II).

Casus. (87)

Amalia monialis saepe contra regulas prandit apud familiam amicam extra monasterium; pro alumnis scholarum ut habeat quod distribuat, colligit sibi copiam imaginum dono acceptarum, inscia superiorissa; a suis bonis, quorum dominium servat, nuper sibi novam vestem emendam curavit, ut monasterio parceret, atque ex iisdem bonis etiam sibi assumpsit summam aliquam pecuniae, qua sibi refectiunculas procuraret, quando apud aegrotos vigiliam agere debet, et qua compensare posset aliquod damnum monasterio illatum, eo quod in curandis aegrotis ultra voluntatem superiorissae expensas fecerat.

Quaeritur 1° quae sit materia gravis in laesione paupertatis religiosae.
2° quomodo Amalia in singulis peccaverit.

Solutio.

Ad quaesitum 1ᵐ R. 1. Pro generali regula statui solet, ut ea quantitas, quae sit in laesione iustitiae gravis contra iustitiam, etiam gravem addat malitiam sacrilegii seu laesi voti, quando contra religiosam paupertatem agitur, ita tamen ut norma paulo elevatior, quam pro homine privato mediocris fortunae sumi possit.

R. 2. In rebus minutis coalescere quidem potest materia gravis, sicut in iustitia, ita etiam in laesione voti, quando, ut plerumque fit, simul iustitia violatur; alias non videtur coalescere materia, nisi cum animo proprietarii retineatur. Ceterum quoad esculenta, si non servantur, sed statim consumuntur, gravis materia non censetur fieri, nisi sumantur res vere extraordinariae. Nam cum sustentatio communis a monasterio debeat praeberi religioso, censent non tanti interesse, sumaturne aliquid clam an in communi mensa, ut haec inversio materiam mortalis peccati constituat. *Th. m.* I, 529.

Ad quaesitum 2ᵐ R. 1. Sumendo cibum *contra* voluntatem superiorissae, immo *sine* eius licentia saltem praesumpta, Amalia videtur peccasse contra paupertatem. Item in quacumque suppositione paupertatem laesit, si superiorissa a regula non potuit dispensare, nam, etsi consensisset, licentia fuisset invalida; aliter, si contra regulam quidem est, sed fit consentiente superiore qui dispensare possit. Sunt tamen qui a laesa *paupertate* eum excusent qui apud alterum cibos sumit, non secum portans et reservans: cf. Lugo, *De iust. et iure* d. 2, n. 50 sq. Verum etiam in alia illa communiore sententia, nisi valde extraordinarios sumptus amica pro Amalia volente in prandio fecisset, non esset peccatum grave sed veniale contra paupertatem.

R. 2. Quoad collectionem imaginum id quod additur „inscia superiorissa", indicare videtur non adesse generalem aliquam licentiam vel consuetudinem superioribus probatam, in hunc finem scholarem colligendi imagines. Quare etiam in hac re Amalia commisit peccatum contra votum paupertatis: atque obiective saltem peccatum mortale erit, quando copia simul collecta et retenta ad pretium decem circiter marcarum vel ultra pervenerit. Nam Amalia in hac re plane proprietariam agit idque circa rem, quae eo quod ipsa eam acceperit, res monasterii facta est. Quodsi munuscula non servata sunt, sed mox distributa, neque ex consulto modica accepta sint cum animo progrediendi ad plura: Vermeersch, *De religiosis institutis* etc. I, n. 267, aliique censent sacrilegia illa ex se parva, etsi saepe repetantur, non coalescere ad materiam seu culpam gravem.

327 R. 3. Emendo sibi vestem Amalia omnino posuit actum proprietatis, ideoque peccavit contra votum paupertatis venialiter aut mortaliter pro pretio expenso. Nec quidquam refert, quod expensae factae sunt ex bonis quorum Amalia dominium servat; nam ne de iis quidem bonis liberam habet dispositionem: quamquam fortasse in hoc casu materia, quae *mortale* peccatum constituat, paulo latius sumi potest. — Si autem ex reditibus dotis suae sumpsit, plane furtum contra monasterium commisit, quia reditus dotis ad conventum spectant. Neque refert quidquam, quod forte pepercerit sumptibus, quos aliter monasterium facere debuisset; nam Amalia non vovit parsimoniam quoad sumptus a monasterio faciendos, sed paupertatem personalem servandam.

Verum si Amalia diutius aberat a monasterio, atque indigentia novae vestis urgens erat: fieri potuit, ut ex licentia *praesumpta* novam vestem sibi procurare liceret sive dono aliorum, sive modo illo, quem ipsa adhibuit. Quodsi ita est, paupertatis voti laesionem non commisit.

328 R. 4. Quoad refectiunculas, quas extra tempus sumit, si hoc facit inscia vel invita superiorissa, peccat quidem contra paupertatem, verum si solas consideramus refectiunculas, per se non mortaliter. At sumendo et reservando summam pecuniae in hunc finem peccavit sane mortaliter, si summa, quam reservat vel quam reservare intendit, fuerit materia gravis.

R. 5. Rigorose re considerata peccavit etiam contra paupertatem, applicando ex bonis suis certam summam quasi pro compensatione, si haec egit inscia superiorissa; nam eo ipso de suis bonis liberam dispositionem sibi arrogavit, quam propter votum paupertatis non habuit. Aliter, si summam pro monasterio mendicasset eamque clam monasterio eiusve arcae attulisset.

Quoad expensas in cura aegrotorum ultra voluntatem superiorissae factas peccavit quidem etiam pro rata materia contra paupertatem, quia *libera* dispositio sive in causas inutiles sive in quaslibet etiam pias causas paupertati repugnat. Verum ut inde oriatur obligatio restituendi, debent non solum expensae notabiles fuisse, sed debet etiam monialis vel religiosus, qui ita egit, adhuc habere — sicut in casu nostro Amalia habet — dominium bonorum, de quibus nondum disposuit et de quibus annuente superiore nunc in favorem monasterii disponat; nam alias adest impossibilitas restituendi.

OBOEDIENTIA RELIGIOSA (I).

Casus. (88)

Melania monialis in publico conventu cum superiorissa acrius contendit, et quamquam ab illa iussa est silere, nihilominus se non potuit continere, sed etiam aliquoties contradixit, immo postea erga aliam sororem iussum superiorissae suggillavit atque se talem rem nihil plane curare dixit; cum vero pro poena ei denuntiaretur, ut per integrum diem absolutum silentium servaret, eidem sorori dixit se poenam hanc pro iusta non agnoscere neque impleturam esse.

QUAERITUR 1° quae sit obligatio oboedientiae religiosae et voti.

2° quomodo Melania contra oboedientiam peccaverit.

Solutio.

AD QUAESITUM 1ᵐ R. 1. Oboedientia religiosa in voto nititur, 329 quamquam, si accurate loqui volumus, ultra votum se extendit. Nam praeter potestatem dominativam, quam superiores nomine ordinis et Dei stricte vi voti exercent, iis inest potestas iurisdictionis ecclesiasticae (hanc tamen mulieres seu superiorissae non habent) et potestas domestici regiminis. Huic domesticae potestati et iurisdictionis potestati, si adest, subiacent etiam novitii et familiares, qui in monasterio vivunt. Cf. Ballerini-Palm. tr. 9, c. 1, n. 164.

Verum religiosi si quid iubentur, nisi aliud *constet*, censentur iuberi per potestatem dominativam seu vi voti.

R. 2. Ut iussio vero et stricto sensu vi voti exsistat, generatim non sufficit, ut superior utatur verbis *mandare, iubere*, sed addere debet: *ex sancta oboedientia, nomine Christi, vi voti*, seu similia, vel ex ipsa materia seu ex circumstantiis severum praeceptum elucere debet. Ita usus communis in religione. *Th. m.* I, 534.

R. 3. Si iussio stricta adest, eius laesio malitiam laesi voti et sacrilegii contracti habet, eamque gravem, si res gravis est, levem, si res praecepta undequaque est levis. Praesumptio est agi de re, saltem si tota sumitur, gravi.

R. 4. Attamen iussio debet esse *secundum regulas*. Quod sic 330 intellege: superiorem non posse 1) *supra* regulam aliquid iubere, scilicet non ea, quae finem et constitutiones ordinis superant; 2) non *infra,* i. e. non ea, quae plane sunt inutilia ad finem generalem religiosae vitae vel specialem huius instituti; 3) non *contra,* i. e. non ea, quae finem illum vitae religiosae vel specialem finem singularis ordinis violant: posse tamen in quibusdam regulis superiorem dispensare ac proin etiam iubere, quae iis sint contraria, si ad finem instituti faciant.

R. 5. Praeter peccatum inoboedientiae sacrilegae particularis, quod committit religiosus transgrediens mandata specialia superioris, potest committi peccatum sacrilegae inoboedientiae *generalis:* 1) quando quis se subiectioni subtrahit per *fugam* vel *apostasiam* ab ordine; vel 2) quando quis *formalem inoboedientiam* committit, asserens se nolle oboedire vel superiori subiacere, *auctoritatem contemnens:* quae sunt sane graves voti laesiones.

Cf. S. Alph. IV, 38 sqq.; Ballerini-Palm. l. c. n. 173.

331 Ad quaesitum 2^m R. 1. Quod Melania cum superiorissa acrius contenderit, videndum est, qua *occasione* et quo *modo* id fecerit. Si ita egit in conventu, ubi singulae in consilium vocatae erant, contradicendo non peccavit, si revera in re proposita contrariae erat opinionis; potuit peccare *modo immoderato,* attamen id raro evadet peccatum mortale.

Si vero agebatur de iis circumstantiis et rebus, circa quas solius superiorissae erat statuere, sola contradictio continet peccatum laesae observantiae erga auctoritatem, atque facilius quam in priore sumptione, maxime ex scandalo dato, evadere potest peccatum mortale, attamen ne tum quidem ita facile.

R. 2. Ex eo quod superiorissa iussit Melaniam silere, nondum colligitur id fuisse mandatum veri nominis, cuius violatio *ex se* sit violatio voti oboedientiae: immo si superiorissa nihil addidit, dici debet *non fuisse.* Nihilominus haec circumstantia peccaminositatem contradictionis, quam Melania ostendit, certe auxit faciliusque scandalum generavit.

R. 3. Sed ne tum quidem, quando superiorissa re vera ex sancta oboedientia silentium iniunxit, iam constat Melaniam contradicendo *graviter* peccasse; nam si animo excitato unum alterumve verbulum, etiam iterat0, oggesserit, id ex parvitate materiae pro peccato veniali contra votum habendum est; si autem serio et diutius coram aliis oppositionem fecit, materia adest non levis, ac proin, si superiorissa severe auctoritate sua usa fuerit, Melania graviter contra oboedientiam eiusque votum deliquit.

Supponitur autem superiorissam *iure* potuisse exigere silentium.

332 R. 4. Quod Melania postea apud aliam sororem mandatum superiorissae contempsit: verba ipsa, si coram superiorissa vel coram alia, quae id superiorissae nuntiet, prolata fuerint, grave peccatum formalis inoboedientiae denotant et continent. Si coram alia sorore privatim eadem prolata sunt, gravitas peccati desumi debet maxime ex *animo,* quo sint prolata. Nam si eo animo, quod ipsam rem mandatam Melania putaverit esse levioris momenti, quae serio sumi non

mereatur, excusari poterit a gravi peccato, saltem si re vera superiorissa imprudenter causam adeo levem valde exaggeraverit; si vero dictum illud oriebatur ex animo, qui nolit superiorissae auctoritati subiacere, peccatum fuit etiam tum grave.

R. 5. Quod detrectationem poenae spectat, idem dic, quod antea dictum est ad R. 4. Nam non-impletio poenae, cum non ex parte sanctae oboedientiae sit imposita, culpa quidem est, sed nondum mortalis. Attamen formalis recusatio per se dicenda est formalis inoboedientia. Solummodo si Melania primo silens accepisset nuntium poenae, postea tamen non implesset, atque etiam apud amicam privatim quasi de nimia severitate conquesta dixisset, sibi in animo non esse eam implere, nullatenus vero hanc poenae recusationem ad superiorissam cui nota fieret direxisset: nondum constaret de peccato mortali. Quilibet autem videt hanc esse pessimam animi dispositionem, et, si nondum gravem voti laesionem, tamen gravis laesionis periculum et viam. Quare Melania a confessario etiam tum graviter est obiurganda.

OBOEDIENTIA RELIGIOSA (II).

Casus. (89)

Severinus superior religiosus, cuius instituti usus non fert, ut facile verum voti oboedientiae praeceptum imponatur, timet, ne sine graviore vinculo morali observantia religiosa relaxetur; quapropter ordinem domesticum regulasque servandas se urgere dicit non voti quidem praecepto, ne sacrilegia augeantur, sed vi plenae suae potestatis iurisdictionis, proindeque transgressores etiam tum gravis peccati reos fore, nisi rerum parvitas excuset, sicut essent, si oboedientiae voto adstringerentur.

Quirinus autem religiosus, cum legat in act. et decr. concilii plenarii Americae latinae hab. 1899 (n. 331), religiosos vi voti oboedientiae teneri oboedire etiam R^{mo} Pontifici atque S. Congregationibus Romanis, praecipue S. C. epp. et regul., de laeso voto angitur propter frequentes laesiones eorum, quae a Clemente VIII statuta sunt circa disciplinam regularem decr. *„Sanctissimus"* d. d. 20 Martii 1601, atque multarum gravium culparum se reum existimat.

QUAERITUR 1° quinam vi voti oboedientiae, qui vi iurisdictionis religiosis praecipere possint.
    2° quod obligationis discrimen intercedat inter praecepta vi voti et vi iurisdictionis imposita.
    3° Severinus et Quirinus num recte senserint.

Solutio.

AD QUAESITUM 1^m R. 1. Iurisdictionis potestatem in religiosos habent:

1) Romanus Pontifex tum communi titulo pastoris supremi omnium fidelium, tum ex ratione peculiaris instituti ecclesiastici, cuius characterem religiosus ordo induit et ob quem a supremo Ecclesiae capite dirigendus est.

2) S. Congregationes Romanae, quibus specialis cura ordinum religiosorum demandata est, secundum ambitum, quem R. Pontifex iis assignavit.

3) Superiores religiosorum ordinum clericales; iique tum generales, tum provinciales, tum locales.

Neque refert, utrum agatur de ordinibus stricte dictis an de congregationibus religiosis. — Verum si agitur de institutis mere laicalibus, horum superiores religiosi vel superiorissae potestatem non habent iurisdictionis.

4) Episcopi in religiosos ordinum vel congregationum exemptarum in quibusdam tantum rebus tamquam delegati apostolici iurisdictione atque potestate praecipiendi utuntur; in non-exemptos plena sua potestate ordinaria. Nihilominus in ipsas congregationes feminarum eas, quae in compluribus dioecesibus sedem fixerint atque ab una moderatrice generali gubernantur, ea quae internas res ordinis seu congregationis spectant, episcopi dioecesani potestati subtracta sunt. Cf. *Const. Leonis XIII* „Conditae" d. 8 Dec. 1900.

334 R. 2. Potestatem dominativam vi voti praecipiendi habent:

1) primarie et certo superiores religiosi sive generales sive provinciales sive locales, i. e. horum singuli, ita tamen ut inferiores superiores nihil possint contra voluntatem altioris.

In numero horum superiorum sine dubio collocantur etiam superiores laicales atque superiorissae institutorum femineorum.

2) communius etiam dicunt R^{num} Pontificem hac potestate esse instructum in quoslibet religiosos sive stricte dictos sive late sumptos eorum institutorum, quae a S. Sede approbata sunt.

Hoc certissimum est quoad eos ordines, qui specialem oboedientiam Romano Pontifici voverunt.

Videtur etiam valere quoad reliquos religiosos omnes seu consectarium esse ipsius religiosae professionis. Nam religiosus ipsa sua religiosa professione *instituto* se tradit et ad fines instituti oboedientiam vovit; sed institutum religiosum essentialiter est institutum ecclesiasticum, quod *ut tale* non exsistit nisi per voluntatem Summi Pontificis et ut tale Pontifici ut supremo superiori subicitur. Quare qui in religioso instituto oboedientiam vovet, ille sicuti vi huius voti immediato superiori ordinis oboedire tenetur, ita etiam R° Pontifici, qui in ordinem ut talem supremam habet potestatem. Cf. hac de re Suarez, *De relig.* tr. 7, 1. 10, c. 11, n. 9 sqq.

335 Sunt tamen qui *hanc* Romani Pontificis potestatem in dubium vocent, putantes per se satis provisum esse potestate suprema iurisdictionis, qua R^{nus} Pontifex religiosos propter statum ipsorum plura iubere possit quam reliquis fidelibus. Cf. Ballerini-Palm. tr. 9, c. 1, n. 180. *Fundari* quidem hanc ampliorem iurisdictionis potestatem in voluntaria sui ipsorum traditione et subiectione a religiosis factam erga ordinem suum, *non esse* tamen *formaliter* traditionem R^{mo} Pontifici factam, neque huic inesse formaliter potestatem dominativam.

Res non est tanti momenti. Nam, sive sumas potestatem dominativam sive ampliorem illam iurisdictionis potestatem in R^{no} Pontifice, nota imprimis verba Suarezii l. c. n. 11: „Certum existimo habere Pontificem *potestatem* praecipiendi religiosis in quacumque materia capaci praecepti respectu illorum, atque adeo in omni materia, in qua omnes praelati religionis possunt eis praecipere; unde fit, ut ipsi teneantur ei oboedire etiam circa dispositionem vitae regularis. Ita docet expresse D. Thomas in 2 dist. 48 dub. ult., et consentiunt Caietanus, Soto, Navarrus. ... Unde D. Thomas non reducit hanc potestatem ad voluntariam subiectionem, sed ad supremam Pontificis iurisdictionem; ... aperte sentit non pendere hoc *ex intentione religiosorum voventium,* quia oritur ex potestate a Christo concessa. Unde etiam fit, non posse religionem in Ecclesia institui, quin in ea habeat Summus Pontifex maiorem potestatem quam quilibet alius praelatus eiusdem religionis ad praecipiendum in omni materia sine distinctione, ut dicit S. Thomas, i. e. tam pertinente ad statum ecclesiasticum quam ad statum regularem."

Infra tamen idem Suarez n. 13 addit de sententia affirmante etiam potestatem *dominativam* R^i Pontificis: „Nihilominus veram existimo praedictam sententiam. Fundari autem potest primo *in intentione* religiosorum voventium. Intendunt enim promittere oboedientiam omnibus praelatis, a quibus iuxta regularem disciplinam regi possunt; inter quos primum locum tenet S. Pontifex. ... Secundo fundari potest *in voluntate ipsius Summi Pontificis,* qui ita approbat unamquamque religionem, ut eam sub cura sua et patrocinio specialiter suscipiat; unde *ipse est, qui traditionem et vota religiosorum principaliter acceptat* etc."

Quod ultimum habeo pro ratione potissima et vera. Immo puto *aliter fieri non posse* professionem in ordine religioso, qui essentialiter sit status ecclesiasticus, in quo religiosus ut talis se tradit servitio divino secundum normam, quae per ecclesiasticam approbationem demum norma ordinis religiosi evadit. Quapropter recurrere necesse non est ad intentionem voventium formalem. Eo ipso enim quod velint vovere in ordine religioso, vovere volunt subiectionem *debitam:* quae debita imprimis est R^{no} Pontifici.

3) Longe plures negant hanc potestatem vi voti praecipiendi 336 competere S. Congregationibus Romanis, etiam speciali iurisdictione in religiosos instructis. Nam certum est eas congregationes non habere nisi eam potestatem, quam S. Pontifex iis communicaverit. Quodsi igitur ne S° Pontifici quidem ea dominativa potestas competat, de communicatione cum Congregationibus Romanis sermo esse nequit; verum etsi, ut equidem censeo, R^{no} Pontifici competat, de *huius* potestatis communicatione non constat, cum Congregationes R^{nae} munere suo plenissime fungi possint et fungantur per solam potestatem iurisdictionis. — Sunt tamen qui illam potestatem vi voti praecipiendi etiam R^{nis} Congregationibus vindicent. Cf. Wernz, *Ius decretalium* III, n. 652.

R. 3. Quod autem concilium plenarium Americae latinae hanc opinionem elegerit et ab hac opinione proficiscatur, quando explicat munera religiosorum, neque vim legis habet, neque authenticae legis interpretationis, sed limites sententiae controversae non excedit.

337 AD QUAESITUM 2ᵐ R. 1. Praecepta, quae vi voti religiosi stricte sunt imposita, cum violantur, efficiunt, ut malitia adsit in specie *sacrilegii*, sed non efficiunt, ut malitiae specifice sint distinctae, etsi res praeceptae moralitatem specifice diversam habent ex se. Praecepta vero vi iurisdictionis imposita, quae violantur, sumunt peccatorum specificam malitiam ex ipsis obiectis praeceptis in se spectatis, adeoque illae transgressiones constituunt peccata specie diversa, prout res praeceptae ad diversas virtutes vel diversa virtutum exercitia pertinent, neque aliam malitiam sacrilegii per se addunt.

Hinc est, ut iidem actus, si vi voti imperati non ponuntur vel prohibiti ponuntur, aliquando leviorem, aliquando fere aequalem, saepe graviorem malitiam constituant, quam ea est, quae propter praeceptum iurisdictionis laesum contraheretur.

338 R. 2. Etiam ex diversa utriusque potestatis natura diversoque eius fine sequitur, esse obiecta, quae vi voti, non vi iurisdictionis praecipi possint; etiam ea, quae vi iurisdictionis, non vi voti possint imponi.

In superioribus religiosis ipsis potestas vi voti iubendi communiter longe latius patet quam potestas iurisdictionis nude ex se spectata. Nam potestas vi voti iubendi ad omnia extenditur, quae regulis et constitutionibus religionis conformia sunt: haec autem excedunt multum ea, ad quae respectu boni communis (id enim iurisdictio respicit) christiani, etiam ratione diversorum statuum habita, obligentur vel communiter obligari possint. Non tamen negaverim *post praeceptum vi voti impositum* illud urgere posse superiorem etiam per suam iurisdictionis potestatem. Quod quandoque in rebus gravioribus fieri solet per auctoritatem in ordine supremam, quando scil. praeceptum oboedientiae imponitur et simul statuitur poena ecclesiastica in transgressuros.

In Summo Pontifice vero potestas iurisdictionis, si severe rem sumimus, latius patet in religiosos quam potestas illa dominativa vi voti immediate exsistens, etiamsi in ipsis votis religiosorum semel assumptorum haec iurisdictionis *amplitudo* ex maxima parte radicetur. Nihilominus rarioris usus haec iurisdictionis potestas esse debet, cum fundetur in quadam necessitate boni communis sive pro Ecclesia, sive pro ordine religioso. Quapropter R. Pontifex vi iurisdictionis, non vi voti iubere religiosos potest v. g. suscipere episcopatum, vel reformationem ordinis pati.

Broviter: Potestas iurisdictionis, etiam quando ad plura obiecta extenditur quam potestas ˙vi voti iubendi, graviorem causam postulat, ut exerceatur; quae vi voti iniungi possunt, ex causa longe minore iniungi possunt, immo sufficit sola rationabilis voluntas superioris atque spiritualis subditorum profectus.

R. 3. Sunt qui putent, quando ipsi superiores religiosi subditum 339 aliquod iubent, ex quacumque id fiat potestate, subditum non posse non teneri vi voti, cum voverit simpliciter *oboedientiam*. Ita Lugo, *De paenit.* disp. 16, n. 172.

Alii tamen id negant: ita videtur sentire Suarez l. c. cap. 6, n. 6, clare sentit Sanchez, *In decal.* l. 4, c. 11, n. 25. Et mea sententia recte quidem. Nam religiosus vovit quidem oboedire, sed tum demum, quando superior *potestate sibi per hoc votum tributa* uti *velit*. Ratio non est cur aliter intellegamus vel interpretemur votum. Iuste quidem concluditur superiorem religiosum, si quid vere iubere velit, imprimis hac dominativa potestate uti velle; at si vel ipsius praecepti verba vel circumstantiae *hanc* voluntatem excludunt, superior evidenter *non exigit* illud, quod vi voti exigere potest. Quod si non exigit, subditus non tenetur vi voti id solvere. Aliis verbis: superior religiosus potest agere 1) *formaliter ut religiosus superior,* potest agere 2) *simul ut superior ecclesiasticus,* potest etiam agere 3) *formaliter ut merus ecclesiasticus superior.* In tertio casu subditus non tenetur vi voti, in aliis tenetur; immo in altero casu transgressione praecepti specificae malitiae multiplicantur. Verum superior, quandocumque vere praecipit, *sumitur* agere primo modo; secundus vel tertius modus *probari debent.* Si quae vero praecepta dantur *per modum legis* vel cum addita *ecclesiastica poena,* sumi fere debet secundus modus atque ille semper sumitur, nisi certa probatione de tertio constet.

AD QUAESITUM 3^m R. 1. Timendum est, ne Severinus potestatem 340 iurisdictionis, qua potitur, ultra limites verae potestatis extenderit. Nam fortasse summo iure iubere quidem potest regularum singularum observationem vi voti; at vi solius iurisdictionis omnes et singulas ita urgere certe non potest. Quis enim dixerit v. g. episcopum posse haec omnia suis fidelibus vel etiam clericis vere praecipere? At potestas merae iurisdictionis, quam habet superior religiosus in suos subditos, episcopalem potestatem imitatur; est potestas gubernandi et praecipiendi ad bonum commune, i. e. in quantum commune bonum id exigit vel suadet: quod certe non exigit nec suadet, ut haec omnia stricte praecipiantur.

Suarez *eodem loco mox laudato* dicit: „materia, circa quam versantur (praecepta praelatorum religiosorum), ordinarie talis non est, ut ex vi solius iurisdictionis ecclesiasticae praecipi possit, quia est materia supererogationis vel consilii, et ita solum praecipi potest, quatenus ex vi professionis facta est necessaria. Saepe ergo per iurisdictionem solam non posset per se et directe praecipi; sed summum praecipi poterit, ut obligatio facta impleatur. . . . Praelati religionum sunt etiam ordinarii pastores subditorum suorum iuxta Ecclesiae usum, ideo *in materia proportionata* imponere possunt leges seu praecepta (scil. vi iurisdictionis)."

R. 2. Quirinus minus recte ratiocinatur. Nam dato sententiam 341 a laudato concilio propositam esse veram et certam: nihilominus certissimum est neque S. Congregationes neque R. Pontificem, nisi forte ex vi voti specialiter exigant oboedientiam, solere uti hac dominativa potestate, sed potestate iurisdictionis. Nisi autem dominativa potestate uti velint idque clare ostendant, religiosi non tenentur vi voti seu sub poena incurrendi sacrilegii oboedire. Quapropter gravitas et levitas materiae non aestimatur ex eo, quod in ea re votum oboedientiae graviter aut leviter obliget, sed ex eo, quod lex ecclesiastica qua talis, spectatis re et fine et circumstantiis, obliget graviter aut leviter. Re vera autem quam plurima ex statutis Clem. VIII non continent praeceptum graviter obligans in conscientia.

Magis etiam practice non contrahitur reatus sacrilegii a transgredientibus eiusmodi praecepta, quia sententia illa concilii Americae latinae nullatenus est ita certa, ut contraria non sit saltem probabilis.

CULTUS DEI PUBLICUS.

REQUIES DOMINICALIS.

Casus. (90)

Macarius sartor diebus sabbati non raro cum famulis et sociis suis labores ultra mediam noctem protrahit. Reprehensus a parocho reponit se putare sibi idem indulgendum esse, quod faciant impune pistores, typographi, immo etiam moniales, quas viderit apud aegrotos vigilantes simul occupatas in perficiendis sacris vestibus.

QUAERITUR 1° qui sint labores ratione requiei festivae diebus dominicis et festis interdicti.
2° quantum tempus requiratur, ut committatur peccatum mortale.
3° quid de Macario dicendum sit et de eius excusationibus.

Solutio.

AD QUAESITUM 1^m R. 1. Lex quidem vetus divina, quae septimum quemque diem in honorem Dei quieti destinabat atque omnia opera externa severe prohibebat, utpote caerimonialis, constituta Lege Nova, cessavit; verum *ecclesiastica* lex a primis temporibus pro diebus dominicis aliisque festis non ita quidem strictam, similem tamen prohibitionem fecit, quae c. 3 et 5 X 2, 9 *(de Feriis)* potius supponitur, quam de novo fertur.

Vetantur igitur: 1) opera *servilia;* 2) iudicialis strepitus; 3) nundinae publicae, at cum modificatione. Cf. Bened. XIV Const. *Ab eo tempore. Th. m.* I, 544.

R. 2. Opera servilia vetita ea sunt, quae praecipue corpus exercent, ut agros colere, artes mechanicas exercere: atque opponuntur 1) operibus *communibus* seu iis, quae ad necessariam corporis culturam pertinent, 2) operibus *mentalibus,* quae, ut artes liberales, vel unice vel principaliter animo peraguntur, ut legere, scribere, cantare, musicis organis ludere, pingere etc.

R. 3. Sive opera praestantur gratuito sive pro mercede: haec non est ratio, unde distinguantur opera non servilia et licita ab operibus illicitis et servilibus; nisi forte ex gratuito labore pro pauperibus desumatur ratio quae dicitur *excusans,* ob quam scilicet liceat opera ceteroquin prohibita facere. Alias enim v. g. agrum colere amico etiam gratuito non licet, licet e contrario etiam pro mercede conscribere vel sermonem habere.

R. 4. Alia sunt opera, quae adeo servilia sunt, ut nulla consuetudine fieri possit, ut inter opera licita recenseantur, v. g. fodere, arare, fabri ferrarii vel lignarii artem exercere et similia; alia sunt, quae, cum pro commoditate vitae publicae seu communitatis necessaria sint, per se quidem servilia haberi debeant, consuetudine tamen possint licita evadere, v. g. barbitonsoris artem exercere, panes coquere, currus agere. In his igitur consuetudo considerari debet. Quod similiter locum habere potest in operibus valde levibus, quae ad terendum tempus exerceantur.

344   Ad quaesitum 2^m R. 1. Lex illa opera servilia prohibens sub gravi quidem obligat, at parvitatem materiae admittit. Communi iam sententia theologorum habetur, mortale peccatum per se non committi, nisi quis notabiliter ultra duas horas servilia opera producat; quodsi de operibus leviter servilibus agatur, labores infra tres horas per se pro gravi materia non haberi: S. Alph. III, 305; *Th. m.* I, 550.

R. 2. Si quis aliis labores serviles mandat, sine dubio eo quod mandatarii etiam legi ecclesiasticae subiciantur, peccatum committit. Probabile tamen est labores compluribus ita impositos non coalescere, ita ut ne mandanti quidem gravi peccato sit, nisi singuli vel aliquis eorum iubeatur labores usque ad mensuram gravis materiae producere. *Th. m. ibid.*

R. 3. Nihilominus attendi debet ad rationem scandali, quod aliis detur qui advertant requiem festivam non servari. Quapropter fieri potest, ut hoc modo per labores contra ecclesiasticam legem nondum gravem materiam attingentes graviter peccetur. Quod scandalum facilius habetur: 1) si plures laborant a domino iussi, quam si unus tantum; 2) si complures successive per multum temporis vel moraliter tota die in labores incumbunt, etsi singuli brevi tantum tempore, quam si unus alterve laborat etiam tempore paulo diuturniore; 3) si labor est graviter servilis et cum strepitu coniunctus, quam si exercetur labor leviter servilis et quietus. Facilius etiam contra ipsam legem ecclesiasticam peccatur, si 4) publice quies festiva turbatur, quam si labor clam et privatim exercetur.

R. 4. Relate ad actiones iudiciales non tam tempus impensum quam qualitas actionis consideranda est. Ceterum si quando eiusmodi actio instituatur — id quod in diebus praeter dominicos festivis facilius accidere potest — privati homines, si qui in iudiciali actione partem habeant, fere coguntur atque ita propter necessitatem vel damnum excusantur. *Th. m.* I, 548.

345   Ad quaesitum 3^m R. 1. Macarius, si saepe agit, ut in casu narratur, idque ita ut vicini multum turbentur atque conquerantur, ratione scandali graviter peccare potest.

R. 2. Alias graviter non censetur peccare, nisi labores producat usque ad horam secundam cum dimidio circiter. Immo addere licet: Si versatur in regione, ubi horologia publica tempus solare medium per semihoram antevertunt, graviter non peccat, nisi usque ad horam

Cultus Dei publicus: *abstinentia a laboribus servilibus.* 175

tertiam matutinam circiter producat labores. Nam etsi *liceat* computare mediam noctem adeoque initium diei festivi secundum publica horologia, id tamen necesse non est, sed pro arbitrio computatio fieri potest secundum tempus verum vel medium loci. — Verum veniale peccatum toties committit, quoties sine causa re ipsa excusante ultra mediam noctem laborat.

R. 3. Exempla, quae affert, eum non excusant. Nam 1) pistores 346 non ubique excusantur; ubi vero consuetudo legem quoad eos mitigavit, rationabilis causa publicae quasi necessitatis eos quidem iuvat, iuvare Macarium nequit, quia pro sartoria arte neque rationabilis causa neque publica adest necessitas vel consuetudo generatim, potest esse causa excusans in casu particulari. 2) Quoad artem typographicam sunt qui eos, qui collocant characteres, excusent hac ratione, quod ille labor mentalibus potius quam corporalibus sit accensendus atque scriptioni similis: quare qui ex hac opinione, quam equidem non probo, tamquam probabili agit, non peccat. Evidenter autem haec ratio ad sartoriam artem applicari nequit. Alii autem operarii, qui in arte typographica et impressoria occupantur, prelum versant aliaque opera mere mechanica agunt, sine dubio serviliter laborant; ideoque non ratione speciei laboris sed ratione alicuius causae excusantis, si quae adest, a peccato immunes possunt exsistere. 3) Moniales, quae sint in sacris vestibus conficiendis occupatae, si artificioso opere occupantur, v. g. subtili arte acu pingendi imagines artificiosasque figuras, non servilem, sed liberalem atque licitum laborem exercent; si vero rudiore modo vel mechanice laborarent, sane non ex se seu ratione ipsius laboris licite agerent, sed solum ratione causae extrinsecus accedentis et excusantis, v. g. si pauperi ecclesiae ita gratis providere vellent. Cf. S. Alph. III, 293; *Th. m.* I, 553.

EXCUSATIO A LEGE REQUIEI FESTIVAE (I).

Casus. (91)

Marcella famulatui se addixit familiae acatholicae. Festis, quae sunt catholicis propria seu cum protestantibus non communia, laborare debet, atque etiam diebus dominicis tempore pomeridiano saepe laborat pro se in conficiendis, reficiendis, lavandis suis vestibus.

Admonita a confessario dicit se antea in fabrica laborasse, sed sibi multo magis ibi defuisse tempus, nam alternis tantum dominicis sibi datam esse facultatem quiescendi ab hora sexta matutina ad horam sextam vespertinam, alternis dominicis vice versa; quare libenter se arripuisse opportunitatem illius famulatus, qui sibi saltem dominicos dies quoad maximam partem liberam servet; in vestibus sibi conficiendis vel reficiendis se eo magis sine scrupulo tempus aliquod impendisse, quod alias etiam pias feminas viderit non indigas certis laboribus femineis occupatas.

Quaeritur 1° quae sint causae excusantes a lege operum servilium prohibente.
2° quid dici debeat de Marcella in actuali condicione et de eius condicione praeterita rationibusque prolatis.

Solutio.

347 Ad quaesitum 1ᵐ R. 1. In locis iuris can. supra n. 342 laudatis pro causis excusantibus affertur *necessitas* et *pietas:* quae si manifesta est, excusat per se; si non ita manifesta vel non ita sufficiens, dispensatio superioris consulenda vel etiam necessaria est.

R. 2. *Pietas,* ut a necessitate distinguitur, refertur ad labores, qui necessarii sunt ad ipsum cultum divinum hic et nunc exercendum.

R. 3. *Necessitas* potest esse sive propria sive aliena. Propria necessitas adest, si quis sine labore diei dominicae non habeat unde vivat; vel si per labores grave damnum a se possit avertere.

Necessitas aliena est vel incommodum actu proximum affligens, quod per me possit auferri, vel indigentia pauperis, quem per meos labores iuvare possim; magis etiam necessitas communis, cui possim occurrere, ratio est, cur id etiam cum labore facere mihi liceat.

348 Ad quaesitum 2ᵐ R. 1. Per se Marcella debet quaerere alium famulatum, in quo suscipiendo pro condicione ponere possit libertatem plenam observandi leges Dei et Ecclesiae. Quamquam enim id praetermitti posset, si solum una alterave vice occurrente festo vel dominica laborare cogeretur — hoc enim occurrere potest sive ex causis plene iustis sive ex causa etiam minus iusta apud catholicos quoque dominos —: verum id ab initio pro principio statuere, ut non concedatur requies diebus pro catholica tantum religione festivis, ita odiosum est, ut catholico non liceat id silentio premere vel sese huic condicioni submittere.

Attamen ipsa Marcella, quae ex famulatu victum quaerere debeat, interim excusatur, donec invenerit alium famulatum, ex quo habeat, unde vivat, si — excepto casu odii fidei — ad labores cogitur; siquidem non tenetur dimittere victum necessarium.

349 R. 2. Dominus vel domina debent quidem, si sine nimio gravamine possint, Marcellae diebus feriatis tempus necessarium concedere, quo possit proprias vestes reficere; attamen si hoc facere non possunt vel non faciunt, Marcella facile excusatur, si post cultum Dei publicum vespere aliquod tempus in labores pro suis rebus impendat. Nam generatim excusabit tum necessitas quaedam, tum materiae parvitas, cum singulis dominicis raro necesse sit impendere ultra duas horas.

R. 3. Quaeri autem etiam debet a Marcella, quinam sint labores, quos facere debeat diebus festis. Si enim tantum ii sunt, qui ad domesticas necessitates cotidianas pertinent, eos praestare potest sine scrupulo, etsi fortasse possibile fuerit, ut domina curet potius eos anticipandos. Neque propterea tenetur alium famulatum quaerere, si modo facultas assistendi Missae praebeatur. Si vero labores omnino non necessarii et solis diebus feriatis convenientes exiguntur, hi ex se illiciti sunt et causa erunt, cur alius famulatus sit *quaerendus.*

350 R. 4. Quoad labores in fabrica praestandos imprimis videri debet, num fabrica eiusmodi sit, quae sine magno damno domini non sinat

labores interrumpi, ita ut ex hoc oriatur causa excusans pro domino. Si ita est, sane operariis conductis etiam operari licet. Verum in casu proposito, etsi sumamus hanc subesse causam excusantem relate ad labores serviles: facta non est iusta laborum distributio. Nam ordines operariorum etiam in tali casu ita distribui debent — quantum possibile est —, ut singuli singulis diebus dominicis et festis Sacro saltem possint interesse.

Si igitur in fabrica iusto modo rationem non habent legis Ecclesiae sive quoad labores serviles sive quoad Missam audiendam: Marcella, si optionem non habet nisi inter fabricam istam et suum famulatum actualem, *hunc* sane ut minus malum potest praeferre. — Si vero in fabrica serviles labores etiam frequentiores exiguntur, at nonnisi *cum causa excusante,* in famulatu vero isto *sine causa excusante* labores vel rariores: nihilominus labor in fabrica praeferendus sub hoc respectu erit. Dico „sub hoc respectu"; nam si alias in fabrica *bonis moribus periculum* creetur, non autem in familia ista acatholica, Marcella tuto praeferat suum famulatum. Quod idem valet de puella, cui *pro condicione sua gravius* erit, in fabrica laborare.

R. 5. Quod postremo additur, alias feminas etiam pias solere quaedam opera feminea diebus dominicis facere: non haec est ratio, cur Marcellae liceat proprias vestes reficere, sed ratio esse potest sola propria necessitas. Nam neque aliis licebit similia facere, nisi *propria vel aliena necessitas* accedat, vel nisi in operibus levissimis consuetudo legem nonnihil elevaverit. Sumere ergo decet Marcellam, pias illas feminas, quas viderit nonnihil laborare diebus dominicis, id fecisse pro pauperibus vel pro paupere aliqua ecclesia ex motivo pietatis.

EXCUSATIO A LEGE REQUIEI FESTIVAE (II).

Casus. (92)

Benno agricola, suis frugibus timens, tempore messis solet primo tempore opportuno, ratione non habita dierum festorum vel dominicorum, fruges et foenum colligere. Atque cum calleat arte ferraria, ipsis illis diebus pro aliis agricolis reficere solet vomeres et alia instrumenta neque parvum inde lucrum captat.

Quaeritur num possit salva lege ecclesiastica industriam suam continuare.

Solutio.

Ad quaesitum R. 1. Fruges iam messas et foenum in agro iacens 351 colligere diebus dominicis licebit, quando imminet tempestas vel diuturnum tempus pluviosum, ita ut verum adsit periculum incurrendi damni, nisi agricolae bona temporis opportunitate data utantur. Verum periculo non imminente colligere fruges non licebit, minus etiam metere, siquidem morale periculum damni avertendi non adest.

In dubio saltem consultum est adire parochum, qui in tali re cum singulis dispensare potest vel, si causa satis sufficiens adfuerit, etiam publice declarare, finita Missa licere agricolis curam frugum agere. Quae consuetudo consulendi parochum, ubi servatur, sedulo fovenda est, ne abusus fiant vel ad frequentiores labores fideles assuescant.

Quare dubium non est Bennonem timore suo et laboribus excessisse eumque frequenter etiam graviter contra ecclesiasticam legem deliquisse.

352 R. 2. Quod ad reparanda instrumenta attinet, ille labor, si agricolae postero die instrumentis indigent, propter necessitatem assumi potest; cavere tamen debet Benno etiam in his rebus, ne tum etiam diebus dominicis et festis ea peragat, quando commode differri possunt. Immo quod *Bennoni* forte magis incommodum sit, differre laborem ad diem sequentem, ratio laborandi die dominica esse non potest; potest, quod ipsis agricolis, qui suis instrumentis indigent, sit graviori incommodo.

Exsistente igitur causa legitima Benno, quando licite laborat, licite etiam laboris sui mercedem accipit. Lucrum, quod refert, sane ratio non est, cur labores ipsi vertantur peccato; nam ne ille quidem qui illicite laboravit pro labore praestito mercedem sumens de novo peccat seu mercedem sumit illicite.

EXCUSATIO A LEGE REQUIEI FESTIVAE (III).

Casus. (93)

Blanda netrix instante aliquo festo assumpsit cum adiutricibus suis multos labores et vestes conficiendas, quas pro die festo paratas fore promisit. Verum iam antea timet, ut possit stare promissis. Quare cum suis famulis iam per aliquot dies festos praecedentes labori incumbit, et ipso illo die assignato per totam noctem usque in serum diem laborat: aliquae enim sunt vestes nuptiales quas pro ipso illo die paratas habere debet, alias pro visitandis choreis et spectaculis, quas statuto tempore non habere mulieres istae graviter ferent.

Quaeritur num revera Blanda cum suis famulis excusanda sit.

Solutio.

353 Ad quaesitum R. 1. Famulae sane excusantur, si pro Blanda adest legitima excusatio. Verum illae etiam facilius excusari possunt, etiamsi Blanda non habuerit iustam causam; nam illis tum iusta causa esse potest timor fundatus, ne dimittantur neve interim non habeant unde vivant.

R. 2. Blanda nonnihil examinanda est, ut constet, fueritne causa iusta necne. Interim supponitur ratione ipsarum vestium et modi eas conficiendi non esse aliquid, cur Blandae earum confectio, v. g. propter lasciviam cui sic faveatur, censeri debeat prohibita. Accidere igitur potest, ut extraordinaria aliqua occasione tot labores offerantur, qui perfici nequeant, nisi etiam diebus dominicis labor assumatur. Quodsi in tali occasione plures adiutrices pro tempore conduci non possint, neque ob defectum laboris continui habitualiter plures conducere Blanda valeat: 1) ipsa excusari potest quoad vestes nuptiales, quia hae ipsae nupturis necessariae sunt; 2) quoad vestes pro choreas et spectacula frequentantibus *ipsa res* causam necessitatis excusantis non praebet, cum eorum frequentatio potius mala quam necessaria sit; attamen pro Blanda nihilominus quaedam necessitatis causa adesse potest. Nam si relegando vel fallendo feminas istas, quae Blandam adierant, timere debet, ne a se avertantur ipsaque in posterum labore et lucro notabiliter destituatur: habetur necessitas quaedam, quae pro una alterave vice ab observatione quietis festivae excuset. Immo si labore suo victum quaerere debet, etiam ipsum lucrum *extraordinarium*, si quod offertur, iuste acquirendum ratio esse potest, cur pro aliqua vice Blanda habeatur excusata.

MISSA DOMINICALIS. — INTENTIO ET ATTENTIO REQUISITA.

Casus. (94)

Eduardus nuper expresse statuerat, Missam, cui assistebat, ex sola devotione audire non ad implendam legem ecclesiasticam, postea suppleturus; verum postea impediebatur, leviore quidem causa, a secunda Missa.

Alia vice in itinere, nihil cogitans de cultu divino, ex curiositate intravit ecclesiam: ubi cum videret inceptam modo Missam, rosarium quidem sumit, ut sese nonnihil componat ad orandum; verum inter recitationem voluntarie aliis rebus profanis mentem occupat, et vix aliter ad Missam attentus redditur quam per signum campanulae pro Consecratione et Communione.

Alia etiam vice cum ecclesia esset iam satis plena hominibus, commodi causa manet extra eam non procul distans a ianua, quo per motum fidelium in ecclesia adstantium partes Missae melius posset distinguere. Verum distractionibus facile abripi solet, etiam involuntarie; cum igitur casu converteret oculos in turbam prope ecclesiam transeuntem, involuntarie diu eorum aspectu occupatus, Missae plane oblitus, vix ad Consecrationem et Communionem leviter attendit.

Quaeritur 1° quaenam requiratur intentio et attentio ad satisfaciendum praecepto Ecclesiae audiendae Missae diebus festivis.

2° quid de singulis casibus Eduardi iudicari debeat.

Solutio.

Ad quaesitum 1^m R. 1. Requiritur et sufficit intentio utcumque habita colendi Dei, eaque sufficit etiam virtualis et implicita. Quare nisi quis ex profana causa et prorsus extranea intentione ad templum accedit, ipse accessus ad ecclesiam satis demonstrat intentionem sufficientem. — Neque requiritur, ut quis expresse velit satisfacere legi ecclesiasticae; sufficit velle praestare re ipsa id, quod iubet Ecclesia.

R. 2. Quoad attentionem probabiliter sufficit, ut cum intentione modo explicata adfuerit attentio quam vocant externam, i. e. abstinentia ab iis actionibus externis, quibuscum vera et interna attentio coniungi non possit, si modo de partibus principalibus Missae assistens sibi rationem aliquo modo dare potuerit. *Th. m.* I, 558; S. Alph. III, 313.

355 AD QUAESITUM 2^m R. 1. In *primo* càsu nulla est ratio dubitandi vel timendi. Eduardus nullatenus obligabatur ad alteram Missam, sed praecepto plene satisfecerat.

R. 2. In *altero* casu quoad substantiam Eduardus satisfecit, quoniam et intentionem sufficientem habuit et retinuit, et attentionem saltem externam habuit cum aliquali recordatione et attentione maiore ad principales partes. Nihilominus propter *voluntarias* distractiones peccatum veniale non effugit.

356 R. 3. In *tertio* res est difficilior. Per se quidem non procul a ianua ecclesiae consistens moraliter unitus manere potuit cum reliquis fidelibus. Sed cum, licet casu abreptus, diu aspectum figeret in homines transeuntes: videndum est, num id per partem omnino notabilem Missae fecerit. Si ita, notabili parti Missae moraliter non interfuit, quia posuit actionem externam, quae impediebat formalem praesentiam cum fidelibus in ecclesia Missae assistentibus. Nam tali actione externa, etiam involuntaria, longe facilius impeditur formalis praesentia et unio cum reliquis, si homo ita agens extra ecclesiam versatur, quam si fuerit intra ecclesiam. Adeoque causa Eduardi vix non eadem erit, ac si parti illi, inter quam accidit illa externa distractio, omnino non interfuisset. Quae si secundum infra dicenda n. 357 gravem materiam constituat, Eduardus ad supplendum vel ad novam Missam audiendam obligandus per se erit; si materiam omnino levem constituat, de stricta obligatione aliquid supplendi, etiam sub veniali tantum, non constat. *Th. m.* I, 561.

MISSA DOMINICALIS — INTEGRA AUDIENDA.

Casus. (95)

Eulalia materfamilias fere numquam satis mature componere potest res domesticas: quare fere semper serius venit ad Missam audiendam, modo cum *Gloria* dicitur, modo inter Epistulam, Evangelium vel etiam serius; immo cum per aliquod tempus, quo proprius sacerdos aegrotaret, fere leuca distaret vicinior ecclesia, venit ibi aliquoties immediate ante vel etiam post Consecrationem: quo in casu eam pudebat ecclesiam ingredi atque statim reversa est.

QUAERITUR 1° quae sit obligatio integrae Missae audiendae, seu quae pars omissa sit gravis, quae levis.
2° quomodo Eulalia peccaverit.

Solutio.

357 AD QUAESITUM 1^m R. 1. Est obligatio quidem assistendi integrae Missae; verum non quaelibet pars omissa facit peccatum grave. Quaenam sit in omissione materia gravis, pendet tum a diuturnitate temporis, tum a nobilitate partis omissae.

Ratione priore *certe gravis* est omissio, a) si quis demum post Offertorium venerit, b) item, si quis omiserit omnia usque ad Evangelium inclusive et simul ea, quae Communionem utriusque speciei sequuntur; *probabiliter levis* est omissio a) omnium, quae Offertorium praecedunt, b) omnium, quae Epistulam praecedunt et simul eorum, quae sumptionem S. Sanguinis sequuntur.

Ratione *nobilitatis* partis omissae *certo gravis* est a) omissio partis Missae a Consecratione usque ad *Pater noster;* b) etiam solius Consecrationis *et* Communionis, etiamsi omnia intermedia audiuntur; c) valde probabiliter etiam solius Consecrationis utriusque.

Cf. S. Alph. III, 310.

R. 2. Si modo ex una eademque Missa aliquis interfuerit Consecrationi utrique cum reliquis usque ad utramque Communionem inclusive, non tenetur denuo aliam Missam integram audire; si vero neglexerit ex reliquis materiam certo gravem, tenebitur ad aliquam partem ex altera Missa supplendam, si sine gravi incommodo potest.

R. 3. Satisfieri nequit legi Ecclesiae per hoc, quod aliquis adstet pluribus Missis *simul*, ita ut ex una interfuerit priori parti et simul ex alia posteriori: quod expresse proscriptum est, v. thes. 53 Innoc. XI „Satisfacit praecepto Ecclesiae de audiendo Sacro, qui duas eius partes, immo quatuor, simul diversis celebrantibus, audit."

AD QUAESITUM 2^m R. 1. Obiective sane gravis laesio legis Ecclesiae erat, quod in posterioribus casibus pars adeo magna ab Eulalia neglecta esset, ut nonnisi paulo ante vel etiam post Consecrationem adveniret neque facultatem haberet alteri Missae assistendi. Attamen cum ante Consecrationem veniret, gravis erat obligatio reliquam partem Missae nihilominus audiendi; non erat, cum veniret post Consecrationem, eo quod essentiae sacrificii assistere iam non posset. — In prioribus omissionibus Eulalia non videtur umquam usque ad gravem laesionem praecepti ecclesiastici processisse. — Praeterea propter distantiam unius fere leucae, quae ex se quidem non plene sufficit ad excusandum a lege, fieri tamen potuit, ut, accedente aliqua alia ratione, causa excusans adesset.

R. 2. Si quaeritur de *subiectivo* peccato, omnino videri debet, qua conscientia Eulalia egerit, num se habuerit pro excusata; quodsi non obtinuit, num praeviderit vel dubitaverit de periculo neglegendi *notabilem* Missae partem. Quodsi re vera praeviderit vel timuerit tale periculum, neque tamen citius sese expediverit, graviter peccavit singulis vicibus, etiam quando re ipsa non *tam* sero venerit. Valde autem probabile est Eulaliam id satis praevidisse vel timuisse singulis vicibus, postquam aliquoties experientia cognoverit se serius venire *solere;* nam eo ipso quod post Epistulam vel etiam post Evangelium consueverat venire, prudenter timere debuit ne facillime etiam accidere posset, ut demum post Offertorium veniret.

Attamen si moraliter sibi persuadebat fore, ut non ultra *Gloria* serius veniret, a gravi peccato erat excusanda. Cf. Noldin II, n. 265, 2, c; Génicot I, n. 339.

A MISSA DOMINICIS VEL FESTIS AUDIENDA EXCUSATIO (I).

Casus. (96)

Dalila puella honesta sed ad paupertatem redacta compluries omisit Sacrum diebus praeceptis. Tempore hiemali humido et nivoso timuit laceris calceis iter per semileucam conficere et in frigido pavimento consistere; alias eam pudebat veste trita et pannosa et cotidiano usu sordida coram aliis apparere, cum aliam non haberet. Nuper petebatur ad matrimonium a iuvene, qui postea tamen eam dereliquit; cum iam proclamationes matrimonii fierent, domi mansit, neglecto Sacro; item, cum aliquoties timeret insultus a lascivo iuvene atque eius scandalum, cum de turpi eius amore vix dubitaret.

Quaeritur 1° quae sit ratio excusans a lege audiendae Missae.

2° quid de Dalilae rationibus in singulis casibus dicendum.

Solutio.

360   Ad quaesitum 1^m R. Ratio excusans a lege positiva humana secundum ea, quae supra dicta sunt n. 97 sqq., quando de legibus *frequenter* occurrentibus agitur, censetur quodlibet incommodum seu damnum vel periculum *mediocriter* notabile, sive in valetudine, sive in fama et pudore, sive in rebus externis et fortunae aliisve rebus personalibus.

Similiter necessitas aliena, quae aliter sublevari nequeat et quam auferri caritas iubet vel suadet. *Th. m.* I, 563—566.

Ad quaesitum 2^m R. 1. Causae a Dalila allatae utrum sint sufficientes ad excusandum necne, pendet multum a condicione personali eius, de quo agitur. Nam res eadem uni gravis, non gravis alteri esse potest; homo rusticus et rudis eadem incommoda non ita aestimat nec sentit, sicut persona delicata et ingenua. Etiam attendi debet, utrum paenitens, qui eiusmodi causas affert, sit veri amans, an videatur res exaggerare et praetextus quaerere.

361   R. 2. Si Dalila deprehenditur ceteroquin timoratae conscientiae esse, vix ulla ex causis allatis est, quae ad excusationem non possit sufficere, ut ei liceat aliquoties, non tamen semper, Missam omittere.

Nam *prima* ratio, timor valetudinis male afficiendae, sane fundata est.

Secunda ratio pudoris non potest simpliciter repelli. Attamen videri debet, num fortasse possibilitas adsit, ut summo mane, quando vestitus a nemine conspicitur, Sacro intersit; neque nimis facile huic pudori condescendendum est, maxime si extrema paupertas ceteroqui non potest celari. In nostro autem casu Dalilam re vera habeo pro excusata.

Tertia ratio num sufficiens sit, pendet a peculiaribus circumstantiis et a *consuetudine*, immo in nostro casu, ut puto, a sola consuetudine; nam peculiaris circumstantia personalis fere reducitur ad magnam disproportionem condicionis sponsi et sponsae, quae hic nullatenus videtur adesse.

Quarta ratio timor erat insultus a lascivo iuvene. Si re vera Dalila in itinere insultus seu aggressionem in pudicitiam timet, neque comitatu tuto ea potest praecavere, propriae securitatis causa potius domi manere debet quam exire. Si tamen haec frequenter acciderent, cogitandum utique esset, ut hoc impedimentum per parochum et per policistas auferendum curaretur.

Demum *quinta* ratio ita accipienda est, ut Dalila sciens, determinatum iuvenem, ipsius amore captum, si ipsa se conferat in ecclesiam, vehementer sollicitari pravis affectibus, propterea recte *aliquoties,* non tamen frequentius, domi se contineat, etiam Missa non audita. *Th. m.* I, 635; Reuter, *Theol. mor.* p. II, n. 132.

Confessarius igitur in casibus nostro similibus paenitenti dicat, ut 362 studeat illa obstacula removere, vel etiam si nimis grave non videatur, corporalia vel temporalia incommoda ex Dei amore vincere; addat autem omnino, si quando illa incommoda maiora videantur vel gravius ferantur, legem ecclesiasticam in singulis casibus non urgere; quodsi habitualiter obstacula videantur adesse, incommodum sane gravius debere esse, quam si agatur de Missa una alterave vice omittenda.

A MISSA DOMINICIS ET FESTIS AUDIENDI EXCUSATIO (II).

Casus. (97)

Eutropius, occupatus in munere viae ferreae, per totum annum vix umquam Missae assistere potest. Alternis quidem dominicis liber est, sed tum vespere sabbati se domum confert in pagum leuca cum dimidia ab ecclesia distantem, ne perpetuo conversatione cum familia sua carere debeat; insuper tali tantum modo uxor facultatem habet adeundae ecclesiae, cum alteruter domi manere debeat; mavult autem uxori solatium illud concedere. — Diebus ferialibus aliquando contingit, ut consistere debeat diu in certa aliqua statione sibi relictus; sed cum ecclesia catholica non adsit, debet pro Sacro audiendo ad aliam stationem vehi, quod, cum suis impensis facere sibi gravius sit, gratis facere non audet, quia hoc sibi non licet nisi in rebus ad servitium spectantibus.

Quaeritur 1° sitne Eutropius excusatus ab audienda Missa diebus praeceptis.
2° debeatne diebus ferialibus omissam Missam supplere.

Solutio.

Ad quaesitum 1ᵐ R. 1. Debent quidem administratores viae 363 ferreae curare, quantum possibile est, etiam aucto numero officialium vel ministrorum, ut cuilibet praebeatur opportunitas audiendi Sacrum, si plura Sacra in loco celebrantur; vel facultatem dare ministris, ut pro brevi illo tempore vicarios sibi possint constituere. — Si autem ex hac parte officium neglegitur, officiales illi et ministri gregarii, cum vix possint alibi invenire unde se suosque sustentent, generatim excusantur, quando ministerio suo impediuntur, ne quavis die dominica Missam audiant.

R. 2. Ex parte administratorum viae ferreae conceditur quidem alternatim facultas satisfaciendi legi ecclesiasticae: sed illis diebus occurrit ratio personalis Eutropii. Estne haec sufficiens?

Si nequit familiam suam alio secum ducere, certe ratio satis gravis est, cur velit saltem diebus istis liberis, qui rari sunt, cum uxore et familia conversari, et per se est sufficiens causa, ut se conferat in locum, ubi deest occasio assistendi Missae. Ita quantum spectatur praecise lex ecclesiastica.

R. 3. Constitutus in suo pago, propter distantiam censetur ipse etiam cum uxore excusatus, saltem quominus *singulis* diebus dominicis et festis teneantur Sacro interesse. Quoniam autem causa haec habitualis est, recte facit uxor, immo censeo esse aliquam obligationem, ut studeat *aliquoties* Sacro interesse. Neque tamen recte agitur, quod semper uxor, Eutropius numquam Sacro intersit. Deberet igitur potius ita res componi, ut modo uxor, modo Eutropius Sacrum adiret. Quoniam autem *singulis* diebus adest ratio a praecepto Ecclesiae excusans, necesse non est, ut stricta fiat alternatio, sed potest uxor frequentius interesse Sacro, ita tamen, ut Eutropius etiam intersit *aliquoties*.

364   Ad quaesitum 2^m R. 1. Si res ita componi potest et ita componitur, ut modo ad 1^m R. 3 dixi, nulla erit Eutropio *obligatio* supplendi omissas Missas diebus ferialibus, etiamsi potest: facit tamen laudabiliter. Immo *supplendi* obligatio proprie nulla est; nam onus illud est diebus affixum; quare qui inculpabiliter sive culpabiliter diebus praeceptis Sacrum omisit, supplere non tenetur.

R. 2. Si autem Eutropio re vera impossibile fuerit, diebus dominicis vel festivis aliquoties saltem per annum Sacro interesse, vel etiam si culpabiliter neglexerit rem ita componere: remanet *lex divina*, quae christianis imponit obligationem aliquando seu *aliquoties per annum* Sacro assistere sine dierum certorum determinatione. Quodsi haec obligatio diebus ab Ecclesia statutis impleta non est, relinquitur, ut impleatur etiam diebus ferialibus.

Quodsi quaeris, quoties haec ratio urgeat, id in praxi potius singulorum conscientiae relinquendum quam determinandum est. Sufficit ter quaterve interesse; consultum certe est, ut pro facultate multo saepius fiat.

365   R. 3. Expensas pecuniarias facere, ut legi ecclesiasticae audiendi Sacri satisfiat, imponi iis nequit, qui alias pro itineribus unius leucae non solent facere expensas. Si autem agitur de lege divina, cum haec raro urgeat, puto expensas relative modicas faciendas esse, si alias nequeat lex impleri.

R. 4. In nostro autem casu non videtur illicitum fuisse Eutropio, eiusmodi iter etiam inter negotia ad suum servitium spectantia computare, cum occupatio in via ferrea causa sit cur *hoc modo* officiis religiosis satisfacere cogatur, atque administratores demum possibilitatem dare debeant aliquo modo haec officia implendi. Et revera Eutropius solvendo debitum suum erga Deum Dei protectionem sibi et negotiis suis conciliat, atque etiam hoc sensu negotia ad servitium viae ferreae spectantia agit. Recto igitur, etsi non obvio sensu dicere Eutropius potest se esse in rebus et negotiis ad servitium suum spectantibus. Quare licere ipsi puto, iter ad hoc necessarium *gratis* conficere.

A MISSA DIEBUS DOMINICIS ET FESTIS AUDIENDA EXCUSATIO (III).

Casus. (98)

Caesarius, studiosus, cum compluribus sociis tum catholicis tum acatholicis tempore vacationis iter facit aliquot hebdomadarum, atque per loca invia et devia discurrunt. Aliqua dominica, somno deditus, primum Sacrum, cui plerique socii catholici intererant, neglexit; cum se irrisioni aliorum nollet exponere, quae certo ipsum mansisset, si solus postea se aliis iterum iunxisset, iter, omisso Sacro, cum sociis prosecutus est. Altera vice, quando reliqui statuerant summo mane ante Sacrum instituere excursionem, quam alias eo die non poterant finire, timuit, ne incurreret indignationem amici divitis, qui omnes itineris expensas pro ipso faciebat, quique putabat legem ecclesiasticam adeo severe non esse sumendam.

Pater, de omnibus certior factus, haec aegre fert, reducem filium iratus excipit eumque sequenti die festo domi recludit, ne post Missam socios solutiori vitae deditos sibi denuo adiungat.

QUAERITUR 1° Caesarius quomodo peccaverit Sacrum neglegendo.
2° liceatne patri Caesarium includendo a Missa audienda impedire.

Solutio.

AD QUAESITUM 1^m R. 1. Ex casu elucet Caesarium in *prima* occasione potuisse solum post auditum Sacrum iter prosequi et postea se sociis adiungere sine alio incommodo gravi, nisi quod irrisiones timebat. Haec ratio excusans non erat. Nam si solae fuerint irrisiones de diuturniore somno et perplexitate inde orta, hae leves erant et ioci tantum, quae graviter ferre rationabiliter non poterat iuvenis studiosus; si fuerint de religionis exercitio legeque ecclesiastica servata, irrisiones minus etiam attendendae erant, cum ille respectus humanus omnino sit vincendus, neque ratio esse possit, cur lex divina vel ecclesiastica neglegatur. In hoc igitur casu Caesarius graviter peccavit et damnabilem commisit erubescentiam.

R. 2. In altera occasione per se vix non idem dicendum est, videlicet excursionem illam non fuisse causam a lege ecclesiastica excusantem. Verum cum Caesarius ibi ostenderet voluntatem audiendae Missae et solum cederet timori, ne amicus, a quo totum eius iter, non singularis tantum illa excursio, pendebat, offenderetur, ipsi nonnihil indulgendum est. Communiter enim agnoscunt pro ratione excusante, si quis socium itineris sibi valde utilem debeat amittere: quod licebit ad nostrum casum, cum iter iam inceptum sit, applicare. Cf. S. Alphons. III, 328, qui ait: „Excusatur etiam viator, si alias perderet expensas itineris, quas faceret socius; vel si graviores expensas subire deberet, si relinqueret occasionem illam ob Sacrum audiendum; vel si non esset securus in itinere sine comite; vel si societas illius multum eum sublevaret."

367 Ad quaesitum 2^m R. 1. Pater ex potestate paterna ius habet filium minorem puniendi, etiam per detentionem seu inclusionem. Quodsi talis poenae iusta causa sit, fere non magis pater tenetur rationem habere impossibilitatis, in qua filius versetur, audiendae Missae, quam publica auctoritas in incarcerandis criminosis. Nihilominus filius teneretur, si commode posset, tentamen facere, ut sincera emendatione promissa moveret patrem ad custodiam relaxandam.

Tamburini, *In decal.* l. IV, c. 2, § 2, n. 4 haec habet: „Pater vel quivis dominus filium vel servum ob correctionem domi vel in cubiculo quasi in carcere inclusum retinet vel negat iis indumenta ipsorum statui convenientia, unde non possint exire ad Sacrum audiendum. An sicut excusatur ipse filius vel servus ob impotentiam, ut certum est, sic excusetur pater vel dominus? . . . Respondeo: Huic scrupulo quoad filium his verbis obviam it Fagundez, *Eccl. praec.* l. 4, c. 5, n. 2 „„Aliquando possunt patres, si non omnino negare, saltem restringere et moderari filiis alimenta circa victum et vestitum ad tempus in poenam criminis, ut in posterum resipiscant, sine gravi eorum damno aut valetudine. Quod intellegendum est, etiam si filii ob vestitus negationem Sacrum non audiant diebus festis; quia parentes solum intendunt filiorum emendationem, non omissionem Missae; per accidens enim est, quod illam omittant: emendatio enim a parentibus intenta rationabiliter causa est ad utrosque, tam filios quam parentes, excusandos."" Haec merito Fagundez, quae sunt etiam propter paritatem rationis applicanda ad servum, subditum." Monet tamen postea idem scriptor similem rem prudenti examine a superiore esse ponderandam.

R. 2. Magis etiam pater potest propter iustum timorem, ne filius malis sociis adiungatur, eum domi retinere, etsi propterea impediatur ab audienda Missa. Attamen si ipse eum sibi comitem iungere potest vel alii viro fido, quo removeatur periculum, quod bonis moribus filii timetur: nulla amplius exsistit causa, cur non admittatur ad ecclesiam Missamque audiendam.

DE VIRTUTIBUS ET OFFICIIS ERGA HOMINES.

OFFICIA HOMINIS ERGA SE IPSUM.

PROPRIAE VITAE CONSERVATIO VEL NEGLECTUS (I).

Casus. (99)

Mauritius periculoso tumore laborans chirurgicae operationi subicitur, in qua, cum manus medici fallat, ei vulnus infligitur post aliquas horas letale, nisi hoc, at post horas cum novo dolore, curetur; ceteroquin eius condicio talis est, ut, nisi brevi moriatur, non ita multo post sub magnis cruciatibus vitam finire debeat.

QUAERITUR num possit, neglecto illo vulnere, nunc mortem eligere.

Solutio.

AD QUAESITUM R. 1. Practice in tali operatione aegrotus solet sensibus destitui, ut securius incisio fieri possit, ac propterea quaestio principalis est, quid possit debeatve facere medicus, si casu erravit, cum aegroti voluntas inquiri eiusque consensus exspectari non possit. Censeo igitur medicum omnino debere quam primum id quod erravit corrigere et reparare, atque aegrotum in tali statu, quantum possit, constituere, ac si non erraverit. Non enim obligavit se ad committendum errorem, sed e contrario sese obligavit ad faciendam incisionem secundum artem medicam. Quod praestiterit, et tum tantum praestiterit, si vulnus ex errore inflictum curaverit vel innoxium reddiderit.

Confirmantur haec etiam magis, si, quae ipsi aegroto licerent, quae non licerent, inquisiverimus.

R. 2. Malum casu exortum, quod hic et nunc mihi mortem illaturum est, non repellere, est mediis ad conservandam vitam non uti: quod licet, si mediis extraordinariis opus est; non licet, si de ordinariis mediis agitur. Verum vulnus inflictum curare etiam cum aliquo dolore medium est ordinarium; si extraordinarii et ingentes dolores perferendi essent, non negarem posse id extraordinariis mediis aequiparari. — Quod autem postea Mauritius magnos cruciatus passurus esse praevidetur, non est ratio, cur hic et nunc liceat vitam finire. Debet enim divinam gratiam implorare, ut patienter dolores ferat; sic enim occasio magni erunt meriti; ceterum vita futura Mauritii semper est in manu Dei, et quis scit num eum terminum attingat, in quo ex iudicio medici magnos cruciatus incursurus sit.

Quapropter timor cruciatuum futurorum ratio quidem esse potest Mauritio id eligendi, quod alias etiam eligere *possit;* non autem id, quod per se illicitum est. Si igitur vulnus nunc errore inflictum extraordinariis tantum mediis et cruciatibus curari potest, licebit mea opinione mortem praeeligere; alias non licebit.

PROPRIAE VITAE CONSERVATIO VEL NEGLECTUS (II).

Casus. (100)

Anastasia monialis, cum peccati gravis falso accusaretur, pudore et summo vitae taedio afficitur. Ex quo taedio et desiderio vitae brevi finiendae ieiuniis studet se debilitare, austeritates omnes exercet, quascumque sibi a superiorissa permittendas arte quadam impetrare potest, gaudetque quod vires paulatim sentiat deficere; periculoso ulcere laborans, cum medicus ad salvandam vitam cruris amputationem necessariam iudicet, eam constanter, contra voluntatem superiorissae, reicit.

A morbo isto praeter exspectationem restituta et post detectam erroneam accusationem ad longioris vitae desiderium revocata, e contrario omnia media ad vires reficiendas sibi deberi putat, fatigatque superiorissam, ut mutationem aëris, balnea, lautiores cibos concedat, suicidii ream se habens, nisi omnem lapidem ad haec obtinenda moveat.

Quaeritur 1° quae sit obligatio curae habendae pro propria vita et persona.
         2° peccaveritne Anastasia desiderio et cura finiendae vitae.
         3° quid dicendum de cura valetudinis, quam postea gerat.

Solutio.

370   Ad quaesitum 1ᵐ R. 1. Non licet directe vitam propriam abbreviare, seu ex motivo abbreviandae vitae quidquam facere; licet tamen ex iusta causa vitam indirecte abbreviare, videlicet ex motivo assequendi notabilis boni aliquid agere, quocum coniungatur aliquod periculum propriae vitae, illudque periculum mortis inducendae vel accelerandae licet spernere.

R. 2. Tenemur vitam nostram mediis ordinariis conservare, non vero tenemur, generatim saltem, ad media extraordinaria. Priora enim neglegere aequivalet directae occisioni, posteriora non adhibere potius indirectae vitae abbreviationi aequiparatur.

Quare nec tenemur incommoda adeo magna subire eo consilio, ut vitam nostram servemus; sed in tali casu generatim licebit se divinae providentiae committere. *Th. m.* I, 571 sqq.

371   Ad quaesitum 2ᵐ R. 1. Aliud est ex desiderio mortis aliquid facere vel omittere, quo mors adducatur, aliud nihil quidem tale committere, at inefficaciter mortem desiderare. Prius, ut ad 1ᵐ dictum est, non licet: posterius, si ex causa non-iusta fit, etiam est illicitum; si fit ex causa iusta seu proportionata, licitum vel etiam positive honestum est.

R. 2. Si in assumendis ieiuniis aliisque paenitentiis motiva causa pro Anastasia est, *ut* vitam abbreviet, peccatur, idque graviter, siquidem notabilis vitae abbreviatio in eo casu non potest non intendi. Si vero causa motiva alia honesta subest, atque probabilis abbreviatio vitae inde oritura parvipenditur, immo concomitanter desideratur, peccatum non erit: nam in tali casu summum habetur indirecta mortis acceleratio, quam ex causa mortificationis permittere, maxime cum sit satis dubia, non est illicitum.

R. 3. Verum etiamsi Anastasia solum concomitanter foveret desiderium mortis maturioris, peccaret nihilominus pergens in indiscretis austeritatibus, postquam animadvertisset austeritatibus assumptis vires ita consumi, ut earum exstinctio brevi esset timenda. Quamquam si sincere sub ductu oboedientiae etiam graviores exercet austeritates, non facile aliquid timendum est.

R. 4. Ad amputationem cruris hominem religiosum oboedientia 372 quidem videtur facilius, non tamen universim posse obligare; alias, nisi quis bono publico vel aliorum, quorum curam habet, levamini necessarius sit, ad eiusmodi operationem subeundam minus etiam stricte obligatur. Quamquam enim talis operatio chirurgica nostris temporibus non amplius adeo extraordinaria est et ab aliis fortasse inter ordinaria media collocatur, puto tamen horrorem illum, quem incutit, et deformitatem, quam secum fert, rationem esse, cur liceat aegroto eam repudiare et vitam suam divinae providentiae naturalique rerum cursui committere. — Nisi igitur superiorissa vi voti oboedientiae obligaverit — quod certe non est in casu, neque communiter fieri potest vel expedit (cf. Noldin II, 320, qui cum Lugo, *De iust. et iure* d. 10, n. 21, sentit ne superiorem quidem operationem *valde acerbam* praecipere posse, nisi aegrotus sit aliorum bono necessarius atque operationis successus moraliter certus) — Anastasia nolens amputationem graviter non peccavit. Num concomitanti desiderio mortis peccaverit, pendet a modo et a resignatione erga divinam voluntatem: iniusta illa diffamatio, quam passa est, mortis desiderandae iusta quidem causa non est, verum non ita videtur esse disproportionata, ut desiderium illud constituat peccatum *mortale*.

Ad quaesitum 3^m R. Cura valetudinis, quam postea Anastasia 373 ostendit, est sane excessiva. Ad omnia illa media adhibenda vix homines divites capaces sunt, ipsos illos raro obligat affecta valetudo ad tam extraordinaria media; multo minus pauperes religiosos. Optime igitur ab Anastasia actum fuerit, immo ad id per se tenetur, ut se committat sanctae oboedientiae et curae superiorum. Quae ab illis putantur superflua vel nimia, Anastasia tuto relinquere potest et debet, etsi forte paulo citius vitam propterea finitura sit.

Absurdae sequelae, quae fluunt ex admissa ista obligatione ad extraordinaria media, evidenter ostendunt Deum homines ordinarios non obligare ad ista omnia, quae Anastasia praetendit. Videlicet alioquin pauperes infirmi possent tuta conscientia ab aliis etiam invitis tantum sibi surripere, quantum sufficiat ad expensas illas faciendas;

quando enim agitur de cura vitae necessaria et obligatoria, bona externa huius mundi, ut theologi dicunt, fiunt communia. At quis est, qui sequelas illas non irrideat!

PERICULA MORTIS SUBIRE.

Casus. (101)

Nemesius miles vitae pertaesus in se ipsum manus inicere non audet, verum in re militari quaerit occasionem cum honore decedendi. Quare petit facultatem incendendi et explodendi navem hostilem. Praeter exspectationem servatus, cum a sodalibus lascivis puella impeteretur, eam cruente defendit, et cum a sodalibus ipse invaderetur, ne eos cogeretur occidere, cum summo periculo ex alta fenestra prosilit, at crus quidem, sed cervicem non fregit. Sanitati restitutus pericula maritima subit, in quibus mox naufragium passus tabulam iam arreptam socio cedit, atque undis se committens optatum vitae finem invenit.

Quaeritur 1° licueritne Nemesio illa pericula subire.
        2° num peccaverit, quod taedio vitae ad ea pericula subeunda permotus sit.

Solutio.

374   Ad quaesitum 1ᵐ R. 1. Abstractione interim facta a motivo, quo Nemesius ducitur, licebit militi etiam cum certo mortis periculo aliquid facere, quod ad victoriam causae iustae et ad frangendas vires hostiles multum confert. Ergo Nemesius, etsi praeviderit propriae vitae interitum, potuit navem hostilem incendio et explosioni dare. *Th. m.* I, 580, 6; S. Alph. III, 367.

R. 2. In *secundo* casu Nemesius primum bene egit defendens puellam innocentem a lascivis iuvenibus, idque etiam, si necesse fuerit, cruento modo: licet enim pudicitiam sive propriam sive alienam cruente defendere. Neque illicitum erat, propter alienam defensionem propriam vitam periculo subicere.

Dein agebatur de propriae vitae defensione contra iniustos aggressores. Quam suscipere licet quidem, sed obligatio generatim non est. Possum enim parcere vitae aggressoris, maxime cum valde probabile sit eum cum morte temporali simul incursurum esse, utut ex sua culpa, mortem aeternam. Hinc Nemesius culpandus non est, cum noluerit prosequi cruentam defensionem, sed potius ipse occumbere. At, si hoc licuit, licuit a fortiori pro *certa* morte ab aggressoribus inferenda eligere periculosum saltum e fenestra, qui ex se non necessario mortem inferret, sed probabiliter tantum.

R. 3. In *tertio* casu secundum sententiam practice omnino probabilem Nemesius licite cessit alteri tabulam, vitam alienam praeferens propriae. *Th. m.* I, 580.

375   Ad quaesitum 2ᵐ R. 1. Practice loquendo Nemesius dici nequit reus gravis peccati. Nam actiones illae, quas assumpsit, habebant ex circumstantiis rationabilem causam et finem, ob quem prosequen-

dum suscipi poterant, et quem sine dubio Nemesius proxime re vera prosecutus est. Attingere seu procurare bonum publicum magni momenti vel bonum magnum privatum hominis innocentis erat finis actionum Nemesii. Hic finis est natura sua et erat Nemesio *causa motiva,* cur periculosas actiones susciperet; desiderium finiendae vitae erat ansa et *occasio* vel *causa impellens, non motiva,* cur se ad actiones periculosas ex causa licita suscipiendas accingeret.

R. 2. Neque hoc desiderium moriendi gravem deordinationem continet; nam secundum ea, quae in casu enarrato apparent, illud gessit cum subordinatione erga divinam voluntatem. Adfuisse autem hanc erga Deum subordinationem ex eo videtur patere, quod ausus non sit contra legem divinam desiderium illud implere, sed studiose quaesierit eos modos implendi, qui cum divina lege possint componi.

R. 3. Utrum desiderium illud moriendi seu vitae propriae taedium fuerit veniale peccatum an nullum, pendet a motivo, cur taedium illud foverit. Si enim in causa erat desiderium vitae aeternae et cognitio periculorum huius vitae, quibus fortasse experientia doctus difficulter se se expedire posse putabat, cum nunc cum conscientiae pace se decessurum esse speraret: tale motivum nullatenus peccaminosum erat, sed bonum et honestum. Si vero mala terrena levia taedium illud gignebant et sustinebant: ab aliquo veniali peccato ignaviae immunis non erat Nemesius. *Th. m.* I, 582.

„AMOR INCIPIT AB EGO".

Casus. (102)

Dismas, medicus solus in loco suo, in suo munere multa animae pericula subit et non obstante usu mediorum contra relapsum non raro in peccatum labitur; similiter Didacus confessarius. Neuter officium suum dimittere potest sine gravi corporali vel spirituali detrimento aliorum.

QUAERITUR quid caritas eos, iubeat, quid iis permittat.

Solutio.

AD QUAESITUM R. 1. Ordo caritatis postulat, ut Deus divinaque amicitia omnibus praeferatur: quare nihil umquam est, ne universi quidem mundi aeterna salus, propter quam liceat — si esset possibile, nam re ipsa impossibile est — Deum offendere ne leviter quidem, multo minus mortaliter.

R. 2. Post Deum homo se ipsum ceteris magis diligere debet quoad bona spiritualia necessaria. Quare etiam hominem lex caritatis erga se ipsum prohibet, quominus possit Deum offendere vel gravi peccato eius amicitiam amittere seu huius amissionis occasioni formaliter proximae sese exponere eo fine, ut aliis in bonis quamvis necessariis subveniatur.

R. 3. Nihilominus cum periculum peccandi de se nondum sit peccatum, fieri potest, ut propter necessitatem proximi periculo peccandi etiam gravi debeam me exponere, adhibitis tamen mediis, quae periculum illud ex proximo faciunt remotum.

R. 4. Quare dicendum est ad casum: Si revera Dismas et Didacus non obstantibus remediis semper relabuntur — quod cum fideli usu remediorum vix possibile est —, cum per se non exsistat tanta, eaque extrema, necessitas aliorum, potius munere abdicare quam in proximo peccandi periculo manere debent. Nihilominus si quando in singularibus casibus occurreret extrema alicuius necessitas, saltem si esset necessitas spiritualis, cui aliter non subveniretur, deberent huic auxilium ferre, concepta firmiore spe protectionis divinae et adhibito sufficienti remedio contra periculum, quod evitare in tali casu impossibile non erit.

Cf. *Th. m.* I, 585; S. Alph. II, 26.

CARITAS ERGA PROXIMUM.

OFFICIUM CARITATIS EIUSQUE LAESIO GENERATIM SUMPTA.

ACTUS INTERNUS CARITATIS IN PROXIMOS.

Casus. (103)

Medardus neo-confessarius incidit in thesin 10 ab Innoc. XI proscriptam: „Non tenemur diligere proximum actu interno et formali". Quare timet ne contra officium procurandae integritatis confessionum deliquerit, quoniam de neglecto actu formali diligendi proximi numquam interrogavit. Nunc autem, cum omnes de hac re examinet, alii respondent se propinquos et amicos dilexisse, extraneos se non curasse, alii turbantur de laesa lege divina: quibus Medardus pro implenda divina lege iniungit, ut frequenter fundant preces illas liturgicas, quas Ecclesia in die Parasceves pro diversis hominum generibus eorumque necessitatibus Deo offert.

QUAERITUR 1° quae sit obligatio internae et formalis dilectionis proximorum.
2° sitne recta et iusta illa Medardi ratio agendi.

Solutio.

AD QUAESITUM 1ᵐ R. 1. Ille actus internus et formalis, qui sit necessarius, non intellegitur actus, qui *formaliter in singulos* homines feratur. Impossibile sane est nos omnes homines singillatim diligere. Sed actus dilectionis praeceptus intellegitur ita, ut aliquando *formaliter* adesse debeat actus erga proximum *internus,* non sufficiat actus mere externus opitulationis, qui nulla interna benevolentia feratur. In quosnam autem homines internus amoris actus ferri singillatim debeat, non ex illa thesi, sed aliunde desumendum est.

R. 2. Nisi *specialis* ratio occurrat, sufficit omnes homines universim sumptos interno amore prosequi. Qui vero attente et ex animo recitat v. g. *Pater noster* neque proximum quempiam excludit, ipsis his verbis formaliter diligit actu interno omnes homines.

R. 3. Qui autem propter specialem necessitudinem cum certis personis vel propter eorum indigentiam certos homines singulariter honorat vel iuvat, si ordinate procedit neque violenter internum affectum intercludit, non potest non, aliquando saltem, interna et formali dilectione etiam in ipsos eos singillatim ferri.

Hoc igitur modo abundanter satisfit praecepto, quod ex proscripta illa thesi constat exsistere. Cf. Ballerini-Palm. tr. 5, sect. 3, n. 36.

378   Ad quaesitum 2^m R. Valde imprudenter egit Medardus ita conscientias vexando. Nam qui alioquin paullulum christiane vivunt neque positiva odia gerunt, sine ullo dubio praecepto illi satisfecerunt: neque enim tempus, quoties praeceptum illud urgeat, accuratam habet determinationem.

Qui vero adeo irreligiose vixerit, ut numquam oraverit Deumve amaverit, *primo* ad peculiare praeceptum interne proximum amandi sane vix attenderit, et *si* hac in re peccaverit, prudens confessarius illa peccata satis colliget ex reliqua paenitentis accusatione, praesertim ex diuturna omnis devotionis exercitii omissione. — Quare preces illas liturgicas orare frequenter, pium quidem exercitium erit, attamen obligatio non erit.

ELEEMOSYNAE OBLIGATIO.

Casus. (104)

Eulalia, vidua ditissima, pauperes mendicantes ad ianuam eleemosynam petentes relegat, publica tabella affixa, quod se adiunxerit associationi benefactrici; neque, si alias colligantur pecuniae pro certis necessitatibus, vult contribuere, siquidem tributa excessiva solvere debeat, quorum pars cedat administrationi pro pauperibus communitatis.

Alia femina, eius amica minus quidem dives, in tributis quidem solvendis non sistit, sed aliquando etiam in arcam in ecclesia expositam pro pauperibus aliquam eleemosynam conicit; ceteroquin nihil vult contribuere.

Quaeritur 1° quae sit obligatio dandae eleemosynae seu subveniendi necessitatibus alienis.

2° quid de dictis agendi modis dicendum.

Solutio.

379   Ad quaesitum 1^m R. 1. In genere haec obligatio alienis necessitatibus succurrendi gravis est, ita ut ii, qui possint nec faciant, mortaliter peccent, ut patet ex sententia iudiciali quam Dominus Noster se pronuntiaturum esse minatus est. Matth. 25, 41 sqq.

R. 2. Haec gravis obligatio imprimis exsistit, quando quis occurrit in extrema seu quasi-extrema necessitate positus: cui quilibet, qui sine incommodo relative gravi potest, tenetur succurrere, nisi adsit qui melius possit et re ipsa succurrat.

R. 3. Extra hanc necessitatem gravis obligatio non aderit, nisi pro iis, qui vere superflua habent: pro quibus utique obligatio gravis statui debet non quidem relate ad singulos vel certos pauperes, tamen in genere, ita ut aliquando saltem occurrentibus necessitatibus pauperum, sive gravibus sive ordinariis, succurrant. Quantitas autem, quae in causas pias vel pauperum erogari debeat, difficulter determinatur; sunt qui putent saltem 2 % ex annuis reditibus esse elargiendas; sed hoc est incertum.

R. 4. Manet tamen in aliis etiam frequentioribus causis obligatio aliqua venialis. Haec enim adest etiam in singulis necessitatibus non extreme quidem sed ordinarie gravibus pro iis, qui commode possunt; praeterea ut non in singulis quidem casibus occurrentibus sed aliquando eleemosyna detur, obligatio venialis est, etsi solas communes necessitates spectas atque quoad largitionem eos respicis, qui non superflua quidem, sed sibi suisque sufficientia possident.

Ad quaesitum 2^m R. 1. Eulalia parum pie et christiane agit. 380 Quamquam enim quoad eos, qui ostiatim mendicant, quandoque opus est discretione, ne otiositas et vitium foveatur; tamen indiscriminatim omnes repellere duritiem sapit; neque haec omnino aufertur eo, quod in commune aliquid pro necessitatibus pauperum conferatur. Gravis autem peccati Eulalia obnoxia non erit, nisi in raro aliquo casu extremae necessitati occurrenti nolit succurrere.

R. 2. Tributa excessiva, quae solvere debeat, ratio non sunt, cur omnino excusetur a succursu aliter praestando. Verum si notabilis pars tributorum publica auctoritate indictorum pro pauperibus applicatur, haec utique ratio est, cur *gravis* peccati eum non possimus damnare, qui, seclusa necessitate quasi-extrema, amplius aliquid vix vult impendere.

R. 3. Simile quid dic de Eulaliae amica. Potius igitur quam severiore conscientiae exstimulatione aliis motivis christianis eiusmodi homines inducendi sunt, ut largius indigentibus succurrant, proposito merito et praemio, quod Christus D. misericordibus promittit, et exposita propria indigentia spirituali, cui melius et efficacius provideri non possit nisi misericordia larga et effusa: nam „beati misericordes, quoniam ipsi misericordiam consequentur" (Matth. 5, 7), et „eleemosyna a morte liberat, et ipsa est quae purgat peccata et facit invenire misericordiam et vitam aeternam" (Tob. 12, 9).

ORDO CARITATIS.

Casus. (105)

Quadratus, qui sat magnas divitias sibi collegerat, divina gratia tactus saeculo renuntiare ordinemque religiosum intrare vult. Antea autem vult disponere de bonis suis. Habet quidem fratres atque remotiores cognatos gravi necessitate pressos, sed timet, ne isti postea ingrati exsistant; quare, iis praetermissis, partem amicis suis non indigentibus titulo gratitudinis tribuit, reliqua piis institutis missionum inter infideles relinquit.

Quaeritur 1° qui ordo caritatis servandus sit in sublevatione aliorum.

2° rectene Quadratus egerit.

Solutio.

Ad quaesitum 1^m R. 1. In extrema necessitate, saltem spiri- 381 tuali, haec ipsa *maior necessitas* est, quae prae aliis sit consideranda: alioquin si plures fuerint in extrema necessitate, neque omnibus succurri possit, *maior coniunctio* attendi debet. — Idem fere valet in extrema necessitate corporali.

R. 2. In *gravi* necessitate gravis obligatio erit proxime cognatis, filiis, parentibus et fratribus, prae aliis subvenire.

R. 3. In necessitate *ordinaria et levi* aliae coniunctiones seu relationes, ut spiritualis coniunctionis, amicitiae etc., sine peccato praeferuntur. Cf. *Th. m.* I, 603 sqq.; S. Thom. II, II, q. 26, a. 8.

Ad quaesitum 2ᵐ R. 1. Non omnino recte egit Quadratus. Si fratres habet *gravi* necessitate pressos, iis prae aliis in tantum subvenire debuit, ut gravis non amplius esset necessitas. Quod, quando de bonis testamento relinquendis agitur, *gravem* esse obligationem habes ex S. Alphons. III, 946; unde concludi debet etiam in nostro casu, quo Quadratus bonis suis se exuere vult, hanc esse obligationem gravem. — Fundatus timor, si exsistat, ne sint ingrati, ratio quidem esse potest, cur ultra necessaria Quadratus nihil det, sed in alias causas pias impendat, non autem ratio, cur nihil conferat.

R. 2. Reliquis cognatis non tenebatur sub gravi aliquid dare; immo sine peccato ullo potuit alias causas necessitatis eligere, ut fecit, conferens bona sua missionibus exteris, quo sublevari possit necessitas tum missionariorum temporalis, tum spirituali necessitati infidelium satis gravi succurratur.

R. 3. Neque culpandus est Quadratus, quod titulo gratitudinis aliquam partem amicis contulerit. Attamen si erat summa valde notabilis, non egit secundum evangelica consilia, quae profiteri intendit; haec enim pauperibus seu indigentibus bona distribuenda suadent. Immo quod amicos, etiamsi titulo gratitudinis, *praetulerit* cognatis remotioribus gravi necessitate pressis, ita ut *his nihil* daret, a peccato veniali non erat immune. Cf. S. Alph. l. c.

CORRECTIO FRATERNA.

Casus. (106)

Caius in publico hospitio videt complures viros ex itinere eo congregatos mensae assidere, quos ex signo crucis quod faciunt pro catholicis agnoscit, at quos ex inscitia legem abstinentiae non servare iudicare debet: monere ex respectu humano non audet; sicut neque contradicere audet, sed cum signo complacentiae acceptat, cum hi viri in conversatione, quam cum iis habet, res diffamatorias narrant et contra religionem et bonos mores loquuntur. Etiam silentio premit, cum ex conversatione cognoscat aliquem ex hospitibus in eo esse, ut filiam suam locet in magnae urbis nobili hospitio ipsi commendato, quod Caius certo novit esse lupanar. Postea Caius, cum confitetur, se accusat de correctione fraterna aliquoties neglecta.

Quaeritur 1° quae sit obligatio correctionis fraternae.
2° quamnam in singulis casibus Caius habuerit obligationem.
3° num satisfecerit illa accusatione in confessionali.

Solutio.

Ad quaesitum 1ᵐ R. 1. Obligatio correctionis fraternae gravis 383 quidem evadere potest, eaque in superioribus relate ad subditos suos gravis est, etsiamsi cum notabili incommodo sit coniuncta, si tamen cetera requisita adsunt.

R. 2. Si officium non habeo, ut mihi privatim monere gravis sit obligatio, debet 1) constare de proximi gravi peccato commisso vel peccati committendi periculo, 2) adesse necessitas quaedam meae admonitionis, ita ut improbabile sit sine me reum se esse emendaturum, 3) adesse spes probabilis fructus, 4) abesse pro me incommodum relative magnum, saltem quando agitur de peccato plene voluntario alterius impediendo. S. Alphons. II, 38; *Th. m.* I, 611.

Ad quaesitum 2ᵐ R. 1. In *primo* casu agitur non de peccato 384 formali, sed de materiali tantum, illudque contra legem tantum humanam: in quo casu homini privato vix incumbit obligatio monendi alios etiam sibi notos (*Th. m.* I, 14); multo minus homines ignotos, eosque fortasse dispensatos, sine certa spe fructus et fortasse cum maiore scandalo. Accedit, grave onus fore, si quis homo privatus omnes alios de transgressione eiusmodi legum monere vellet. Omnino igitur excusatus erat Caius ab obligatione correctionis fraternae.

R. 2. In *secundo* casu non solum agitur de fraterna correctione, 385 sed etiam de vitandis scandalo et conniventia cum peccato aliorum. Imprimis igitur videri debet, num Caius silentio suo annuere visus sit impiis sermonibus contra fidem vel graviter contra bonos mores offendentibus, atque etiam num alii interfuerint, quos pervertendi adfuerit periculum, quos Caius autem ab illo periculo auctoritate vel doctrina potuerit eripere. Si ita est, Caius silentio graviter peccavit atque respectum humanum debuit vincere.

Si vero hae rationes abfuerunt, atque ipse silentio suo non solum non approbavit, sed potius displicentiam ostendit, non peccavit silendo. Neque convenit obvios quosque monere.

Immo etiamsi — non in sermonibus contra fidem, sed — in sermonibus lascivis non ex complacentia, sed ex quodam pudore subrisit, non censetur graviter peccasse, nisi sit homo magnae auctoritatis atque hoc agendi modo sermones graviter lascivos promoverit.

Simile quid dicendum est de sermonibus diffamatoriis: in quibus graviter non peccavit, nisi sua agendi ratione causa fuerit, cur gravis diffamatio fieret vel protraheretur. Immo in hac re positive contradicere, maxime coram hominibus ignotis, raro erit prudentiae; negative se habere plerumque sufficit omnino, ut omne peccatum proprium evitetur. Ceterum saepe difficile est iudicare, num illicita diffamatio adsit.

R. 3. In *tertio* casu agitur de peccatis futuris praecavendis 386 gravique periculo propulsando ab iis, qui videntur ex inscitia in gravissimum periculum inviti irruere. Quos monere seu instruere sane gravis obligatio est, etiam cum incommodo eius qui monet. Aliter res fuerit, si supponi debeat pericula ista et peccata non ab invitis, sed a volentibus quaeri. Nam monitio in priore illo casu valde probabiliter innocentes a gravi necessitate spirituali ereptura est; in altero non ita.

387   AD QUAESITUM 3^m R. Caius non bene confessus est; sed debuit particulares circumstantias neglectae correctionis fraternae manifestare; videlicet se *admisisse* sermones contra fidem et bonos mores (vel etiam diffamatorios), atque se omisisse monere eum, qui ignarus filiam suam locaturus fuerit in lupanari.

Aliter enim confessarius iudicaturus est illum neglectum esse peccatum vel nullum vel veniale, cum sola correctio fraterna raro graviter obliget. Verum in nostro casu ultima causa intulit vix non certe gravem obligationem, ita ut Caius graviter peccaverit; penultima pro circumstantiis grave Caii peccatum continebat non solius neglectae fraternae correctionis, sed cooperationis positivae ad aliena peccata et scandali tertiis fortasse dati.

CORRECTIO VEL DENUNTIATIO.

Casus. (107)

Melania ancilla animadvertit Annam filiorum gubernatricem noctu iuvenem quendam in cubiculum admittere atque cum parvis filiis familiae aliquando inhoneste agere. Cum Melania sedulo claudendo ianuam iuvenem illum impedire velit, Anna, quae in domus gubernatione maximam partem habet, ei gravia mala minatur, si denuo ianuam obseret vel si quidquam mali de se loquatur.

QUAERITUR num Melania propter metum Annae crimina silentio premere possit.

Solutio.

388   AD QUAESITUM R. 1. Quod ad peccatum cum iuvene illo attinet, tenetur quidem illi obsistere claudendo ianuam suo tempore, si ei haec cura a domina vel domino commissa est; nam officii neglectus hac in re esset positiva cum Annae peccato conniventia.

Si vero haec cura Melaniae non est commissa, tenetur etiam, si potest sine suo damno vere gravi, peccata illa impedire; si autem praevidet se efficaciter rem non posse impedire vel se damnum vere grave non evasuram, cum tanto incommodo ad correctionem non tenetur.

Attamen, si dominus et domina sunt homines catholici timoratae conscientiae, adeo difficile vix videtur esse, hos ita monere, ut vel Anna ne scire quidem possit, quisnam rem indicaverit, vel eius minae erga Melaniam inefficaces reddantur.

389   R. 2. Multo minus Melaniae silentio premere licet, quod pueri vel puellae familiae ab Anna seducantur ad turpia. Agitur enim de gravissimo damno spirituali ab innocentibus et simplicibus avertendo. Timor igitur incommodi vel damni etiam non levis silentium excusare

nequit. Ceterum qui erunt parentes, qui haec denuntiantem contra tantam corruptricem non defensuri sint?

Si autem propter singulares circumstantias Melania praevideret sibi efficacem delationem fore impossibilem, seque nihil effecturam esse nisi odium et persecutionem contra se: nihil relinqueretur, nisi ut moneret pro posse ipsos pueros vel puellas, atque aptam occasionem exspectaret, quo sive per se sive per alios efficacius posset monere, v. g. per parochum vel per personam vicinam dominae amicam.

SIGNA DILECTIONIS INIMICO DEBITA.

Casus. (108)

Titius, a Caio graviter offensus, brevi omnino post ab obvio salutatus non resalutat; in cotidiana recitatione orationis dominicae eum a communibus precibus vult positive esse exclusum, eo quod non teneatur cotidie pro inimico orare, proponit tamen fer. VI in Parasceve eum includere; aliquando etiam orat, ut Deus Caium infortuniis et morbis vexet, quo facilius perveniat ad agnoscendam iniuriam a se factam.

QUAERITUR 1° quae sit obligatio diligendi inimicos.

2° quomodo Titius sua agendi ratione peccet.

Solutio.

AD QUAESITUM 1^m R. 1. Ante omnia excludi debet affectus odii seu desiderium, ut inimico accidat malum, prout ipsi malum et molestum est. Qui affectus voluntarius, nisi parvitas mali desiderati excuset, *mortale* peccatum est. A quo distinguitur: desiderare inimico malum 1) quo emendetur, 2) ut desinat nocere aliis vel mihi, 3) ut secundum publicae iustitiae ordinem puniatur, 4) ut pro poena ei imponatur aliqua proportionata satisfactio mihi praestanda. Qui omnes affectus ex se quidem mali non sunt; nihilominus affectus sub 3 et 4 periculosi sunt atque facile vel oriuntur ex affectu odii initio Responsi notato, vel in eum desinunt, sicque facile evadunt mortalia peccata.

R. 2. Offensori petenti positive veniam etiam dari debet; quamquam necesse non est remittatur reparatio damni illati vel iniuriae quaedam satisfactio. Sed si hanc offensor praestare vel paratus est vel non potest dare, elargienda est venia, ut exstincta appareat personalis offensa.

R. 3. Etiam positive debetur inimico dilectio, i. e. tum internus affectus, saltem quatenus includitur in communi affectu dilectionis erga omnes homines vel erga omnes, qui sint in eadem condicione acsi inimicus non fuerit; tum externa signa *communia* secundum offendentis erga offensum relationem. Quare excludi nequit inimicus ab iis caritatis actibus, qui sive omnibus in simili condicione versantibus hominibus debentur sive libere erga eos exercentur.

R. 4. Signa illa, quae spectata condicione inimici sunt singularia et familiaria, ei non debentur; sed haec vel continuare vel incipere virtutis est ultra debitum.

392	**Ad quaesitum** 2ᵐ R. 1. *Re*salutatio generatim quidem debetur, quia *commune* signum caritatis est, eiusque omissio erga graviter infensum regulariter pro peccato mortali haberi debet. Tamb., *In decal.* lib. 5, cap. 1, n. 14. — Nihilominus resalutatio omissa, *non repetitis vicibus, sed immediate post* acceptam gravem iniuriam, nisi offensus *interne* coquat odium grave et vindictam, mortalis peccati nondum incusari potest. In tali enim circumstantia prudenter pro signo iusti doloris, non necessario pro signo odii habetur. Ex *hoc* igitur capite Titius excusari potest.

R. 2. Minus etiam omissio salutationis (i. e. non praeire salutando) statim pro gravi peccato habenda est. Videri enim debet usus regionis et ipsa quae inter offensum et offensorem intercedat relatio. Si salutare alterum est signum ordinarium, *diu* ab eo abstineri nequit; aliter iure haec omissio habetur pro signo odii. Et quamquam offensoris est, *primo* salutare, saepe tamen in inimicitiis mutua fuit offensio neque satis discerni potest inter offensorem et offensum, cum uterque putet sibi iniuriam esse factam: quare in tali casu post aliquod saltem tempus unus *et* alter urgendus est, ut quaerat occasionem salutandi vel alloquendi, vel etiam per intermedium reconciliationis tentandae. Cf. Noldin II, n. 76—78.

393	R. 3. Excludere Caium positive a communicatione precationis per se grave est peccatum. Verum quidem est non exsistere obligationem strictam cotidie pro inimico orandi; at exsistit obligatio, ne eum, *si* oro, a communi oratione excludam. Similiter non exsistit determinata obligatio omnibus civibus indigentibus certam portionem annonae distribuendi, sed, si, cum distribuas omnibus, inimicum excludas, peccas. Cf. Tamb., *In decal.* lib. 5, cap. 1, § 3, n. 17: „Licet orare, stipem elargiri, legata distribuere non tenearis; tamen posito quod ea exhibes, perspicuum esset indicium odii, si nolles aliquem ex illis admittere. Quodsi beneficium pro omnibus non sufficit, tunc profecto amicos praeferes sine culpa: ita S. Thom. II, II, q. 25, art. 9. Id enim non est signum clarae inimicitiae, sed ad summum non-amicitiae; at signa positivae amicitiae ostendere ex consilio quidem, non vero ex obligatione tenemur. Unde etiam fit, ut positive orare ex praecepto pro inimicis non obligeris; hoc enim solum est de consilio, cum ad vitandum mortale sit satis in communi oratione illum non excludere; nam *sic virtualiter includitur*."

Titius igitur proponendo postea quidem actum dilectionis erga inimicum bene agit, immo fortasse plus quam strictae obligationis est proponit facere; nunc vero eum excludens a recto deviat. — Immo agendi ratio Titii certe pro gravi peccato habenda esset, si propositum postea pro inimico orandi non positive conciperet. Quia vero iam nunc id facere proponit, inimicum revera a communione orationis non excludit, utut non *nunc* vult pro eo orare, sed potius eum ad communionem spiritualium bonorum affectu admittit: quo ostendit odii affectum abesse. Hinc *graviter* peccasse dicendus non est.

R. 4. Quod dein Titius orat, ut Deus Caium malis immissis ad 394 cognitionem et emendationem peccati permoveat: in se quidem et theoretice re spectata peccaminosum non est, immo, si sincere concipitur desiderium conversionis inimici, est actus virtutis. Nihilominus oratio illa Titii practice est valde suspecta, maxime cum in facinore Caii Titius non tam Dei offensam quam suam iniuriam videatur respicere. Ne igitur illa oratio transeat in desiderium malorum erga Caium, quatenus Caio mala sunt, excitandus est Titius, ut in orationibus illis omittat cupere mala Caio immittenda, sed, Deo relinquens *modum,* oret *simpliciter* pro Caii conversione.

INIMICITIA AUT LEVIS INDIGNATIO.

Casus. (109)

In monasterio quodam monialium duae ex illis post rixam aliquam, omnibus advertentibus, per multos annos numquam invicem se allocutae sunt. Dubitat earum confessarius, an in peccato mortali versentur, et obstinate in animo concepto persistentibus deneganda sit absolutio et S. Communio? — Ita fere Tamb., *In decal.* l. 5, c. 1, § 3, n. 28.

Quaeritur quid de tali aversione sit iudicandum.

Solutio.

Ad quaesitum R. ipsis verbis eiusdem auctoris: „Equidem, si 395 per aliquam hebdomadam post rixam a colloquendo abstinuissent, non condemnassem de mortali; quia praesumi tunc potuisset exspectari interim, ut ira defervesceret, utque captaretur loquendi prudentior occasio, vel quid simile. Unde non statim cessatio locutionis iudicari potuisset odii signum. Eodem recidisset, si per aliquod non valde longum tempus rarissimae se obtulissent sermocinandi occasiones.

Nunc vero, cum haec non supponas, puto esse distinguendum. Et si quidem causa rixae fuit de re levi, ipsaque rixa fuit levis, erit, quantum ex hoc capite odii vel scandali, haec omissio loquendi a mortali excusanda: (esto sit venialis, et ex alio capite, v. g. ex gravi contemptu vel simili, possit esse peccatum mortale). Ratio est, quia tunc, maxime in timoratis, non praesumitur id oriri ex odio gravi. — At si causa rixae fuit gravis vel gravis rixa, certe cessatio loquendi de mortali erit condemnanda, quia in his casibus cessatio loquendi per tot annos merito praesumitur ab odio non levi proficisci."

Immo equidem concludo, *studiose* declinare alloquium mutuum, cum frequenter habetur cum aliis, per tempus satis notabile, etsi non per annos vel annum, praesumendum esse semper mortale peccatum, nisi *constet* gravem aversionem abesse, atque potius quam aversionem pro causa subesse muliebrem stultitiam vel timorem quendam rixae renovandae. Cf. etiam Noldin II, n. 76 et Ballerini-Palm. l. c. n. 179.

AVERSIO ET INIMICITIA.

Casus. (110)

Olympia cum Iulia propter eius indolem turbulentam et superbam pacem tenere non potest; vix non semper quando cum ea conversatur oriuntur discordiae et clamores. Quare nunc statuit Iuliam omnino vitare, in viis et plateis eam studiose quaerit declinare, si nihilominus obviam habet, eam numquam prima salutat, vix resalutat, non sine aversione eam videt vel cogitat atque hanc suam aversionem coram aliis aperte fatetur.

Quaeritur 1° quae sit aversio peccaminosa.
2° qualiter Olympia aversione vel inimicitia erga Iuliam peccet.

Solutio.

396 Ad quaesitum 1ᵐ R. 1. Alia est aversio ab ipsa persona, qua quis tristatur de eius bonis, gaudet de eius malis, quatenus huic personae mala sunt, eave optat. Haec vocatur aversio *inimicitiae* estque peccaminosa, idque graviter, nisi sistatur in gaudio vel desiderio mali omnino parvi.

Alia est aversio, qua quis aversatur seu aegre fert, cum displicentia, alicuius qualitates vel aliquid in ipso seu ad ipsum pertinens; atque personam ipsam tantum eatenus, quatenus illa condicione affecta est. Haec vocatur aversio seu odium *abominationis*.

R. 2. Odium seu aversio abominationis peccatum non est, si versatur circa aliquod *vere malum* in persona neque iustam proportionem illius mali excedit; peccatum est, si versatur circa aliquod, quod pro malo considerari non meretur, vel si modum iustum excedit; atque ita pro iustae causae defectu atque abominationis excessu esse potest peccatum veniale aut mortale. Cf. Laymann l. 2, tr. 3, c. 8, n. 1 et 5; S. Alph. ex Busenb. II, 30.

397 Ad quaesitum 2ᵐ R. 1. Ex iis, quae in casu dicuntur, non apparet esse in Olympia odium inimicitiae erga Iuliam: interrogare eam tamen convenit, num gaudio afficiatur, si Iulia se male habeat.

R. 2. Si igitur interna inimicitia non laborat, graviter non peccat, Iuliae consortium evitans, quia subest aliqua rationabilis causa, etsi fortasse excessus quidem in hac agendi ratione insit.

Quod eam non prima salutet, per se peccati notari nequit. Verum considerari debent circumstantiae loci et consuetudines. Nam si consuetudo est in loco exiguo quoslibet utpote notos salutandi, *semper* exspectare salutationem, ut resalutetur tantum, nisi sit superior nobiliorque condicio, superbiam denotat vel aversionem et contemptum: hinc peccatum est; si vero amice resalutatur, non facile peccatum grave.

At quod Olympia vix *re*salutat, timendum est, ne graviter peccet. Nam etsi internum odium non gerat, evitare debet etiam signa, quae ab aliis prudenter pro signis odii vel gravis contemptus habentur: quae re vera non solet evitare. S. Alph. II, 28.

R. 3. Dein quoad aversionem, quam habet Olympia erga Iuliam, videndum est, utrum eam patiatur an ex industria foveat. Videtur utique eam nimis sustinere et alere. Si propter intractabilem Iuliae indolem aliqualem aversionem, quam sentiat, non positivo conatu repellat, immo ei aliquantulum indulgeat, peccati gravis id argui nondum potest. Si autem propter hos defectus, qui tandem ex parte tantum morales sunt, eam graviter contemnit, atque ex gravi contemptu magnam aversionem voluntarie et studiose sustinet, a gravi peccato vix erit immunis. Quod eo magis timendum est, cum aversionem suam coram aliis aperte prae se ferat.

Serio igitur puto Olympiam monendam esse, ut aversioni isti studeat omnino moderari, neve eam externe sive ipsi Iuliae sive aliis ullo modo manifestet, aliter ipsam periculum graviter delinquendi incurrere; de cetero quoad praeteritum confessarius ne citius peccati gravis eam ream dicat, sed, nisi res clare pateat, Deo iudicium certum relinquat.

LAESIO CARITATIS PER SCANDALUM.

SCANDALI NOTIO.

Casus. (111)

Eulalia, femina ditissima, hortum suum ad publicam viam situm statuis exornat, transeuntium conspectui obiectis, inter quas non paucae sunt impudicae, dictitans eum, qui iis offendatur, debere oculos avertere, sibi in suo horto ius esse agendi pro libitu.

Se ipsam luxuriose ornat, vestibus non satis decore tegitur, atque ita frequenter in publicis viis et in ecclesia apparet, etsi sciat ibi simul convenire iuvenem, qui lascivo amore in ipsam fertur; excusat se, quodsi haec attendere velit, se per annum vix una alterave vice ecclesiam adire posse, atque domi se reclusam consistere debere, sicut monialem strictae observantiae.

QUAERITUR 1° quid sit scandalum.
        2° quae sit obligatio abstinendi a rebus, quibus alii scandalum sumant.
        3° quid de actionibus Eulaliae dici debeat.

Solutio.

AD QUAESITUM 1^m R. 1. Scandalum cum S. Thoma II, II, q. 43, a. 1 definiri solet: „Opus minus rectum, praebens proximo occasionem spiritualis ruinae." Dicitur autem illud opus seu illa actio, quae aliis occasionem ruinae spiritualis praebet, scandalum *activum* seu *datum*, quando nimirum propter hanc circumstantiam, quod aliis occasio ruinae spiritualis praebeatur, vitanda est; ansa peccandi sumpta dicitur scandalum *passivum* seu *sumptum*.

Illud opus activi scandali potest esse in se peccaminosum, potest esse in se quidem indifferens vel bonum, at ex circumstantiis coniunctum cum aliorum ruina. Quapropter etiam haec actio in se bona, si propter illam conexionem omitti debeat, dicitur iure *minus recta*.

R. 2. Potest esse ut aliqua actio ex natura sua sit non solum utcumque peccaminosa, sed etiam aliorum ad peccatum incentiva: quae rationem scandali habet, eo ipso quod ponatur, etsi forte per accidens nemo ansam ruinae inde sumat. — Actiones vero ex se non malae sed bonae rationem scandali non habent, nisi ex singularibus circumstantiis praevideatur ab aliis inde sumi ansam spiritualis ruinae.

R. 3. Scandalum activum distinguitur *directum* et indirectum. Prius adest, si quis actione sua *intendit* alterum ad id quod peccatum est provocare; estque *diabolicum*, quando peccatum alienum *qua peccatum* intenditur; *simpliciter directum*, quando sub alia ratione, v. g. propriae utilitatis, intenditur. — Scandalum *indirectum* adest, quando non intenditur in se alienum peccatum, attamen praevidetur neque praecavetur, proin agens illud vult in causa seu indirecte.

400   R. 4. Scandalum *passivum* distinguitur: simpliciter tale, pusillorum, pharisaicum.

Scandalum *simpliciter tale* illud est, quod ex natura actionis scandali activi per se sequitur atque communiter, spectata hominum natura, locum habet: quare huic scandalo passivo maxime correlativum est scandalum activum.

Scandalum *pusillorum* dicitur, si ansa ruinae spiritualis quoddam fundamentum quidem habet in aliena actione, attamen non tam est in illa quaerenda quam in speciali infirmitate vel ignorantia eorum, qui scandalizantur: hi sunt pusilli in spiritu.

Scandalum *pharisaicum* illud est, quod proprium fundamentum in aliena actione non habet, sed ex malitia eorum, qui scandalizantur, ortum ducit, sicut scandalum pharisaeorum, qui ex sanctissimis Domini Nostri operibus ansam sumpserunt blasphemandi et sese in infidelitate obstinandi.

401   AD QUAESITUM 2^m R. 1. Scandalum directum semper peccatum est contra caritatem et contra eam virtutem, contra quam peccatum intentum versatur; diabolicum scandalum caritatem laedit specifica malitia et gravitate distincta.

R. 2. Scandalum indirectum etiam peccatum est saltem contra caritatem proximi in omnibus casibus, quibus actio mea rationem scandali retinet, seu quando propter passivum aliorum scandalum teneor ab ea actione abstinere. Haec ratio in actione aliunde mala novam malitiam addit, in actione alias non mala unica est malitia; eaque in actione aliunde leviter mala potest esse superaddita malitia mortalis, sed etiam vice versa. Nam sitne ratio scandali mortaliter mala, pendet ab eo, utrum alii excitentur ad peccata mortalia sitque mea actio iis ansa propinqua annon, vel etiam ab eo, utrum peccati alieni sit levis suspicio an certior praevisio.

Cf. Alphons. II, 45; Lugo, *De paenit.* d. 16, n. 158 sqq.; Ballerini-Palm. l. c. n. 199.

R. 3. Ab actione, etiam ex se non mala, propter quam alii 402 difficulter a lapsu in peccatum grave abstinent, teneor abstinere, nisi habeam rationem proportionate gravem, cur aliorum tentationem et probabilem lapsum possim permittere.

R. 4. Si alii ob ignorantiam ex mea actione scandalum sumunt, instruendi sunt; quod si non possint, valet idem quod modo in R. 3 dictum est: post instructionem autem datam, si nihilominus scandalum sumant, erit scandalum pharisaicum.

R. 5. Scandalum pharisaicum vix umquam tenemur vitare sub gravi; immo si subest aliqua rationabilis causa agendi, raro sub veniali, ab actione autem bona et multum utili nullatenus convenit abstinere propter pharisaicum scandalum. Cf. *Th. m.* I, 634 sqq.

AD QUAESITUM 3^m R. 1. In *primo* casu Eulalia abutitur iure suo 403 in proprio horto agendi pro libitu. Deo enim saltem rationem reddere debet de laesa caritate et de ruina aliorum causata; atque sane auctoritas publica facultatem habet et officium, istum iuris abusum auferendi et puniendi. Quod publico conspectui exponitur, longe facilius ratione scandali gravem reatum constituit, quam si quid occulte et privatim habetur, siquidem inter totum civitatis populum semper multi sunt, qui fragilitate et levitate facilius tentationibus succumbant. Quando igitur statuae notabiliter sunt obscenae, etsi non extremam obscenitatis gradum attingunt, eas ita publice exponere a peccato gravis scandali excusari nequit. — Paulo mitius iudicandum erit, si artis causa statuae non plane obscenae privatim reservantur neque cuivis patent, sed maturis tantum personis et arti deditis: quamquam ne hoc quidem laudabile est.

R. 2. Quod *ornatum* spectat (si seponas nunc quaestionem de 404 vestibus, quae non satis honeste tegant partes corporis alioqui tegendas), graviter non peccatur ex se, nisi intendatur provocatio ad peccatum. Nam naturalis pulchritudo etiam magis movet, quam ornatus additus, neque tamen naturalem pulchritudinem aliquis tenetur deturpare.

R. 3. Quoad *vestes,* quae relinqunt corpus aliquatenus denudatum, habenda est multum ratio consuetudinis. Si denudatio pro more regionis non est notabiliter inhonesta (ut inhonesta sit, sane accidere potest praecipue in choreis): non censetur ex se grave peccatum scandali, etsi in genere timeri debeat, ne sint inter multos aliqui qui scandalum patiantur, siquidem censetur potius scandalum sumptum quam datum. Nihilominus persona vere pia et caritati in Deum et in proximum intenta etiam eiusmodi res, immo leviores causas ruinae proximi, vitatura est. Cf. *Th. m.* I, 637.

R. 4. Quando non in genere tantum, sed in specie determinati alicuius hominis ruina praevidetur, longe maior est obligatio, ut huius ruinae ansam devitemus. Quare *vehementer consulendum* est, ut Eulalia luxui in ornatu corporis moderetur; verum quia non tam ornatus quam ipsa Eulalia obiectum est, quod certum iuvenem movet, ornatum deponere *sub gravi non* tenetur. Tenetur quidem, si de una alterave vice ageretur, potius domi se continere; sed quia de occasione frequenter et habitualiter occurrente agitur, *non potest* Missam praeceptam neglegere, *non tenetur* liberos exitus omittere. *Th. m.* I, 635. 636.

SCANDALI EVITANDI OBLIGATIO.

Casus. (112)

Felix diaconus, qui in seminario studiis et ascesi immoderate incubuit, pro feriis ad patrium parochum dimittitur, ut vires restauret. Qui, cum parochus ex improvisa necessitate abesse cogitur, ex eius commissione compluries baptizat, sed consueta „iura stolae" remittit, quia in uno casu expertus est inde sumi ansam incusandi parochum aliosque sacerdotes avaritiae et cupiditatis; cum curru vehi debet, ut blasphemias aurigae impediat, duplo plus solvit; in curru viae ferreae breviarium recitare non audet, ne homines qui simul adsunt irreligiosi ansam sumant blasphemandi et religionis irridendae; neque in caupona audet dispensatione a lege abstinentiae uti, ne catholici forte praesentes scandalizentur.

Quaeritur rectene intellexerit Felix doctrinam de scandalo, iudicans se ad praedicta facienda seu omittenda obligari.

Solutio.

Ad quaesitum R. 1. Quoad *primum,* nisi adfuerit peculiaris ratio, Felix recte non egit, cum parochum suum fraudaret iure, quod habuit per „iura stolae", videlicet iure tali modo accipiendae honestae sustentationis. Nam fideles hoc modo secundum consuetudinem loci ad ministros Ecclesiae sustentandos tenentur atque, si ex ignorantia scandalum sumant, dedocendi sunt. — Aliud est, si in peculiari casu propter parochiani paupertatem sive caritas sive ipsa lex ecclesiastica iubeat remittere, quae alias iure accipiuntur. Omnino enim vult Ecclesia, ne eiusmodi contributiones ita exigantur, ut ab earum solutione dependeat sacramentorum administratio.

R. 2. Neque quoad *secundum* obligatio ulla Felici erat, ut prodiga solutione aurigae malitiam vinceret; nam si haec esset, grave omnino fieret onus hominum piorum, et aliorum insolentia in dies magis augeretur, cum scirent se hoc modo pecuniam posse extorquere. — Si tamen Felix propter penuriam aurigae ei aliquam eleemosynam ultra taxam consuetam dare vult, exercebit opus misericordiae.

R. 3. Quoad *tertium* casum, si Felix praevidet aliquos specialiter religioni infensos proruplitos esse in blasphemias, et ipse commode differre potest breviarii recitationem, bene facit differendo; alias autem istorum impiorum hominum ratio habenda non est, neque propterea recitatio praescripta est omittenda, quod aliqui impii id aegre ferant et ansam sumant ad peccata odii augenda.

R. 4. Quoad *ultimum,* quod videlicet Felix nolit coram aliis dispensatione a lege abstinentiae uti: optime quidem agit, si aliis cibis non adeo indiget, et si etiam cum aliquo suo incommodo ad aliorum aedificationem attendit, quia pro personis et locis aliisve circumstantiis verum esse potest, a multis non intellegi, quod clerici etiam tali dispensatione indigere possint.

Verum, quando Felix causam rationabilem habet, maxime si alias saepius accideret, ut cum non levi detrimento intentae restaurationis virium congruis cibis egeret: non est cur non possit tuta conscientia etiam coram aliis dispensatione uti. Si quod scandalum timet, illud publica declaratione dispensationis habitae et infirmae valetudinis studeat auferre; post quam qui nihilominus scandalum sumpserint, in suo vix non pharisaico scandalo relinqui possunt.

SCANDALUM ET FIDELITAS EXPLORANDA.

Casus. (113)

Braulio, vir industrialis, multis negotiis implicatus, cum fidelissimi famuli sibi pernecessarii sint, eorum fidelitatem explorat variis modis: 1) relinquit clavem in scrinio, in quo putari potest contineri res pretiosas, quarum ablatio notatu difficilis apparet, sibi tamen est cognitu facilis; 2) famulum iam probatum exornat, ut aliis ficte proponat communem fraudem contra dominum committendum. Quos sic invenerit non fidos, dimittit.

QUAERITUR 1° num ita fidelitatem explorare licuerit.

2° num possit famulum sic deceptum dimittere.

Solutio.

AD QUAESITUM 1ᵐ R. 1. Quod in priore modo Braulio egit, de hoc communiter sic instituitur quaestio, num liceat occasionem peccandi non auferre, vel etiam ponere. Supponi debet agi hic de actione in se non mala, sicuti revera in se malum non est, clavem in scrinio relinquere vel apponere. Quando igitur ita est, atque ex alia parte gravis causa exsistit, nimirum ut aliquis sese efficacius a damnis defendat: illicitum non est occasionem aliquam peccandi alicui praebere, quae ex sese nullatenus sollicitat, sed solum ex alterius illius culpa ad peccatum fortasse ducit. Cupere autem, ut peccatum re ipsa fiat, non licet.

R. 2. Aliud dicendum est quoad posteriorem modum. Si famulus ille, quo Braulio utitur, proponeret rem ambiguam, i. e. quae in bonam partem sumi posset, sed etiam in malam, ut videret, num forte alii quos explorare vult, in malam partem accipiant: id ex gravi causa, quam Braulio habet, complures auctores pro licito habent; at proponere et incitare ad aliquid, quod necessario in malam partem sumatur, est, formaliter peccatum suadere (etsi fallaciter id fiat) ac proin, cum de gravi peccato agatur, graviter est illicitum. Cf. Tamb. l. c. n. 4 et 5; S. Alph. II, 58; *Th. m.* I, 639.

AD QUAESITUM 2ᵐ R. Nulla est difficultas in eo, quod Braulio dimittat eos, quos non fidos deprehenderit. Nam etsi fraude inducti sunt ad manifestandum suum animum, defectus fidelitatis, quem manifestaverunt, ratio sufficiens est, ut in famulatu non retineantur. Neque haec dimissio punitio est peccati nunc per fraudem commissi, sed iusta sequela indolis, quam habitualiter gerunt, seu infirmitas voluntatis, qua ostendunt se facile ab officio suo deficere posse.

PROVOCATIO AD MALUM EXPLORANDI CAUSA.

Casus. (114)

Faustus, vir policista, ut superioribus placeret, explorare statuit amicos eorum, qui sibi suspecti videbantur de socialismo et infensi gubernio. Quare ipse scommata contra gubernium profert atque querelas de operariorum oppressione, quo audientes audaciores reddat et ad similia excitet. Quos autem sic cognoverit perturbationis publicae amantes esse et ad conspirationem proclives, sibi adnotat et gubernio denuntiat, atque postea in iudicio contra eos testimonium dicit, ut puniantur.

Quaeritur utrum Fausto ita licuerit agere, an scandalo peccaverit.

Solutio.

409 Ad quaesitum R. 1. Si Faustus alios, etsi specietenus tantum, instigavit ad conspirationem aliquam illicitam, sine dubio peccavit: nam invitare, formaliter provocare ad aliquod malum, scandalum directum est, idque graviter malum, cum hic de re graviter et intrinsecus illicita agatur.

Similiter dic, si Faustus ad graves contumelias vel calumnias alios excitavit: quamquam dicteria quae fiunt contra absentes non ita facile gravia habentur.

410 R. 2. Si Faustus directe non provocavit ad eiusmodi res, neque suis fallacibus dicteriis hominibus ordinariae condicionis ansam praebiturus erat contumeliarum etc. proferendarum, sed solum iis qui pessimi animi erant occasionem dedit animum suum manifestandi: venialiter quidem peccavit compluribus rationibus, tum mendaci sua agendi ratione, tum facile aliqua etiam ratione scandali; at cum haberet causam non spernendam dignoscendi homines suspectos, non puto eum graviter peccasse, nisi — id quod facile accidat — *desideraverit* aliorum peccaminosas contumelias eorumque punitionem.

Applica huc, quod Tamburini, *In decal.* lib. 5, cap. 1, § 4, n. 3 dicit de custode qui se abscondit, *ut* in defraudatione vel damnificatione deprehensos *puniat*, scilicet eum peccare, „quia poena illa non potest intendi, nisi intendatur peccatum, ad quod poena illa consequitur"; eum non peccare, „si non intendat poenam, sed rerum sibi concreditarum conservationem atque rariores damnificationes, cum homines timere incipiant, ne a latente deprehendantur". Ergo neque ille peccat, qui intendit securitatem publicam vel qui cupit, ut eos, qui certo delictum perpetraturi sint, *ipse* comprehendat.

R. 3. Si Faustus aliquos provocavit ad ea, ad quae illi ex sese nondum erant determinati et parati, etiam peccati reus est propter poenas, quas illis intentat, cum ipse sit, qui fraude sua in illas poenas eos induxerit.

CHOREAE.

Casus. (115)

Desiderius caupo, cum magnum locationis pretium solvere debeat, opportuna lucra studiose quaerit. Quare saepe instituit publicas choreas in seram noctem producendas, propositis quibus valet incitamentis. Parochus, qui experitur non raro occasione chorearum fieri excessus sexuales et ebrietates, urget Desiderium, ut choreas omittat, sed frustra; immo cum sodalitatibus instituendis omnes illos ludos abolere nititur, Desiderium primarium adversarium habet, qui cum magna iuventutis parte querelis et oblocutionibus parochi conatum eludere nitatur.

Quare parochus aliud cogitat medium. Publice e suggestu vehementer in choreas tamquam diabolicos ludos invehit atque cum aliis confessariis studet convenire, ut neque qui choreas ducunt, neque parentes qui filios suos eas frequentare permittunt, neque caupones qui instituunt, absolvantur vel ad S. Communionem admittantur. Quo fit, ut complures a Sacramentis alienentur; alii in vicinos pagos chorearum causa se conferunt atque vel ibidem ad sacramenta accedunt, vel in suo loco quando confitentur silent de choreis frequentatis, interrogati se in ea re nihil habere, quod sibi obicere debeant, respondent.

QUAERITUR 1° sintne choreae licitae an illicitae.

2° quid de parochi et de Desiderii cauponis agendi ratione sit dicendum.

3° possintne paenitentes ita agere ut in ultimo casu.

Solutio.

AD QUAESITUM 1^m R. 1. Agitur in tota hac quaestione sane de 411 saltationibus et choreis, in quibus diversi sexus homines, iuvenes et puellae, conveniunt.

Quae ex se non sunt sine periculo, tamen nondum necessario graviter periculosae; quare pro circumstantiis licitae possunt evadere, siquidem pericula levia, exsistente causa, vitare non tenemur, atque ea omnia vitare impossibile est.

R. 2. Nihilominus si quae fiunt in choreis graviter inhonesta, sive in vestibus ratione nuditatis, sive ratione tactuum vel musicae lascivae, ea instituere vel promovere graviter illicitum est; iis interesse *regulariter* etiam est graviter illicitum: excipe, si quis ceteroquin nullam exercens auctoritatem ipse abstineat a rebus graviter ad luxuriam provocativis neque ea approbet iisve applaudat, neque ipse grave periculum incurrat; quod sane exceptio erit a regula.

R. 3. Etsi graviter inhonesta in choreis non agantur, tamen pro iis chorearum frequentatio graviter illicita est, quibus haec est proxima peccandi occasio, sive inter ipsas choreas, sive in aditu redituve lapsus accidere soleat: nisi forte aliquando, exsistente causa non levi, adhibitis cautelis periculum diminui possit et re ipsa diminuatur.

Cf. S. Alph. III, 429 cum Busenb. ibid.; Baller.-Palm. tr. 6, s. 6, n. 59 sq.

412   Ad quaesitum 2ᵐ R. 1. Parochus bene quidem egit coercendo choreas intra certos limites, ne earum frequentia et frequentatio nimis crescat: nam in tanta multitudine eorum qui eas frequentent, vix non certo sunt qui labantur. Haec a fortiore valent, si, ut casus narrat, tristis experientia multorum peccatorum accedit.

R. 2. Bene etiam per se parochus agit instituens sodalitates iuvenum et puellarum, qui, fide data, nolunt chorearum ullam partem habere. Nam etiam in iis casibus, in quibus illicitae choreae non sunt neque subiective periculosae, eas sibi interdicere opus bonum et meritorium est tum in se tum ratione caritatis et aedificationis proximi. Cavendum tamen est, ne haec indiscreto zelo urgeantur.

R. 3. In eo, quod istum pium conatum Desiderius aliique non solum apud se minus probaverunt, sed etiam agendo interturbaverunt atque impedire conati sunt, sane peccaverunt, neque a gravi peccato eos excusare ausus sim, quia operi bono tanti momenti tam grave obstaculum posuerint.

413   R. 4. Attamen quod parochus nunc indiscriminatim omnes choreas damnavit omnesque, qui aliquam partem in iis haberent, gravis peccati reos absolutionisque sacramentalis incapaces dixit, in hoc limites et prudentiae et veritatis transgressus est.

Prudentius fuisset exponere pericula chorearum; eos colligere qui inter se conveniant, ut numquam iis intersint; eos sine absolutione dimittere quibus, cum sint choreae occasio proxima, persuadere non possit, ut abstineant vel raro tantum et exsistente gravi causa atque adhibitis efficacibus cautelis accedant; imprimis autem urgere, ut in ipsis choreis omnia externa honeste peragantur, ut maturius finiantur, ut puellae non sint sine comitatu gravium personarum, ne in via in peccata labantur, quae in ipsis choreis innocentes se servaverunt.

De cetero · falso putat parochus res optime esse compositas, si quaelibet choreae penitus e medio tollantur. Iis enim sublatis, non sublatae sunt aliae peccandi occasiones, immo fortasse etiam peiores occasiones eo avidius ab adulescentibus quaererentur.

R. 5. Quamquam sive extra confessionem sive in confessione pro diversis adiunctis et pro diversa spe fructus circa choreas agendi rationem vel paulo severiorem vel paulo benigniorem habere licet: tamen numquam a sacramentis excludere fas est, qui peccata mortalia proximasque occasiones vitare serio vult, paucis, qui omnia ea vult implere, ad quae *pro circumstantiis* sub gravi obligatur. — Cur autem, hac generali regula non obstante, aliquando paulo severius, alias paulo mitius agi possit, haec est ratio: 1) pro adiunctis potest esse gravis obligatio ea *non impedire,* quae sunt maius bonum, ut supra dictum est; 2) pro spe fructus remedia contra relapsum aliquando acriora et efficaciora possunt praescribi, aliquando prudentius erit ea suadere tantum.

414   Ad quaesitum 3ᵐ R. 1. Si revera ita, ut in casu dictum est, a multis agitur, timendum est, ne committantur sacrilegia non pauca:

videlicet, ne complures absolutionem quasi furentur et fraudulenter obtineant, quibus choreae sint proxima occasio.

R. 2. Si qui vero sunt qui raro et ex aliqua causa necessitatis accesserint ad choreas aliorum pagorum neque periculum inde sumpserint, hi recte siluerunt, quia non commiserunt peccatum hac in re; atque etiam interrogati recte responderunt se hac in re nihil habere, quod sibi obicere debeant.

Immo, si revera fuerint homines, qui recte conscientiam suam formare atque de occasionibus peccati iudicare possint: ii poterant sane respondere quoad choreas se sibi nihil conscios esse, scilicet peccati commissi. Videri alicui poterit licuisse iis, si confessarius institerit, cum restrictione, si necesse fuerit, respondere se choreis non interfuisse, subintellegendo: „choreis sibi illicitis", quia de iis solis interrogandi confessario ius, paenitenti est obligatio respondendi. Verum generatim id paenitentibus practice non potest licere, cum ipsi nesciant recte de periculo proximaque peccandi occasione iudicare. Quare circa res, quae periculum secum ferre possunt, ut sane sunt choreae, si interrogantur, ordinarie sincere et clare debent respondere. Nihilominus si qui putent rationabiliter confessarium secum severius agere, ius habet alium confessarium, etiam alibi, adeundi eiusque sacramentali iudicio se suaque peccata subiciendi.

SPECTACULA — SPECTATOR EX OFFICIO.

Casus. (116)

Drusus ex officio, ut ordini servando invigilet, interest spectaculis iisque satis lascivis. Fatetur se non raro eiusmodi res cum risu excepisse, atque etiam stimulis carnis se saepe agitari, tum quando actu spectat, tum postea ex recordatione eorum quae acta sunt; atque aliquoties se etiam consensisse.

QUAERITUR 1° sitne ratio officii ex se causa excusans, cur liceat eiusmodi spectaculis interesse.
2° debeatne Drusus ratione periculi cum dimissione officii sui ea vitare.

Solutio.

AD QUAESITUM 1ᵐ R. 1. Praestat referre quae S. Alphons. 415 III, 427 habet de iis, qui nullo modo influunt in spectacula illa exhibenda vel promovenda seu approbanda, sed spectatores tantum sunt, sine quibus spectacula illa nihilominus exhiberentur: „Si in comoedia repraesententur res notabiliter turpes vel turpi modo, mortale quidem esset, illam spectare ob delectationem exsurgentem ex ipsis rebus turpibus; veniale autem ob curiositatem tantum aut ob vanum solatium, secluso periculo consensus in delectationem"; et porro: „Non damnarem vero de mortali simplices spectatores, praecipue periculo turpis delectationis, ... sine quibus comoedia etiam fieret ... Nullo autem modo a mortali excusarem adulescentem, qui absque necessitate vellet curiositatis causa huiusmodi comoediis interesse, nisi esset valde timoratus etc."

R. 2. Unde concludi debet: solum spectare, si rationabilis vel notabilis causa adest, ex se nullatenus esse peccaminosum, sed peccaminosum evadere posse ex eo, quod adsit vel maneat grave peccandi periculum. Ergo Drusus ratione officii sui sine dubio habet causam, cur spectaculis illis interesse possit, si modo curet praecavendum lapsus periculum. Causa haec non solum utcumque rationabilis est sed gravissima, ne forte propter denegatum munus vigilandi dimittatur victuque fiat destitutus.

416 AD QUAESITUM 2^m R. 1. Difficultatem facit personale periculum, quod Drusus subire videtur. Quod, si adhibitis cautelis diminui non posset, sed maneret *proximum*, sane, etiam relicto officio, deberet auferri. Verum tentari possunt remedia.

R. 2. Quod enim dicit se non raro cum risu excepisse turpes repraesentationes: non ilico quidem propterea mortalis peccati reus dici debet; nam si abfuit turpis delectatio atque turpium repraesentationum promotio, Drusus, utpote speciali auctoritate non fruens, per se venialiter tantum peccavit, vel etiam nullum peccatum commisit, quando solus ridiculus modus eius risum excitavit.

Verum hac agendi ratione ostendit se magna attentione inhaesisse istis rebus, quod sane necessarium ipsi nullo modo fuit ratione officii. Atque haec attentio imagines rerum inhonestarum menti alte infigebat atque postea movebat tentationes. Abstineat igitur in posterum ab illa morosa contemplatione, a risu, studeatque leviter tantum percipere et audire, et si oculos non omnino avertere vel demittere potest, obiter tantum aspiciat eosque apertos teneat pro rebus officii sui, invigilans in ipsos auditores seu spectatores. — Immo quoties spectacula adeunda sunt, prius firmiter renovet propositum nulli cedendi tentationi, seque ferventi prece Deo divinaeque Matri commendet. Quod si serio facit, sine dubio grave labendi periculum poterit praecavere. Sed si promissioni serio adhibendorum remediorum non steterit vel semper relapsus fuerit, urgenda est obligatio, ut aut sincerius agat, aut demum quacumque difficultate posthabita munus dimittat, vel alterum cui minus fuerit periculum pro se substituat.

SPECTACULA — ACTORES.

Casus. (117)

In oppidum aliquod, quod non habet continua spectacula, suo tempore advenerant actores. Magna pars civium instanter flagitat, ut repetatur aliquod spectaculum, quo res quidem in se graviter et nude obscenae non repraesentantur, sed quod sensualitatem summopere excitat et, teste experientia, plurimis peccatis dat ansam. Aliquae ex actricibus et cantatricibus, quae necessitate coactae his rebus se addixerant, nolebant graviter contra conscientiam delinquere; quare consulunt parochum, et

QUAERITUR quid ipsis agere liceat.

Solutio.

Ad quaesitum R. 1. Huc puto revocandum esse, quod S. Alphons. 417
III, 427 et 428 habet de iis, qui ad comoedias seu repraesentationes, etsi non plane graviter obscenas sed *notabiliter* turpes efficaciter concurrant; nimirum eos, qui sine necessitate id faciant, graviter peccare. Inter quos sane numerandi sunt tum qui eiusmodi repraesentationes instanter flagitant, tum actores qui libere eas repraesentant, magis etiam director qui eas repraesentandas curat.

Sumo tamen repraesentationes esse re vera ad lasciviam incentivas, ita ut homines in virtute non firmiter fundati facile subvertantur iisque *difficile* sit a peccato abstinere. Talem difficultatem aliis creare seu eos in illam conicere, causa gravi quae excuset non exsistente, grave peccatum haberi debet: de quo cf. *Th. m.* I, 633. Cum autem in re ipsa periculi, quod creatur, tam multi sint gradus, in praxi difficillimum erit dicere, quousque sine *mortali* peccato agere liceat, quam primum constet periculum oriundum non esse simpliciter leve.

R. 2. Qui vero necessitate ducti ad eiusmodi res concurrunt, si 418
res absolute graviter turpes non sunt, ipsique conferentes vel actores periculum grave non subeunt, ad breve tempus excusari possunt, si modo pro posse lasciviae periculum pro aliis temperent. Si qui enim ex assistentibus periculum subeunt atque labuntur, sibi potius, qui libere assistant, id culpae vertere debent, quam iis, qui ob rationem omnino gravem istud alienum periculum evitabile causent. Quare patet parochum interrogantes monere debere, ut, quam primum liceat, alium victum sibi quaerant, si saepius eiusmodi res repraesentare cogantur; interim, si, quantum possint, rem temperent atque ipsi sibi a consensu caveant, ipsos a peccato, maxime a gravi, excusari. *Th. m.* I, 644. 667.

DE COOPERATIONE AD PECCATUM PRESSE SUMPTA.

EPHEMERIDUM MALARUM EXPOSITIO.

Casus. (118)

Lucius caupo hospitium tenet in loco balneorum. Expertus est complures hospites postulare ephemerides pravae indolis, ex quibus quaerant sua placita politica et res novas annuntiatas. Quare et catholica et acatholica atque anticatholica scripta publice exponit. Quod nisi faciat, successum non habebit, et certo certius hospitium brevi deveniet in manus aliorum, qui rem catholicam plane despiciant.

Quaeritur 1° quid sit cooperatio ad alienum peccatum.
        2° sitne cooperatio ista licita.
        3° quid de Lucio dicendum.

Solutio.

419 Ad quaesitum 1ᵐ R. 1. Cooperatio non raro cum scandalo confunditur. Et revera quod ad peccaminositatem attinet, ita fieri potest. Est enim similiter peccatum, quod cooperatione committitur, peccatum *contra caritatem proximi*, atque non raro malitia propria et distincta eius peccati accedit, ad quod cooperatio exhibetur: sicut in scandali peccato semper caritas proximi, non raro insuper laeditur specialis illa virtus, contra quam peccandi ansa proximo datur.

R. 2. Nihilominus, re accurate sumpta, scandalum et cooperatio plene confundi non debent. Nam scandalum quidem, *si efficax fuerit*, seu si scandalum activum cum passivo re ipsa fuerit coniunctum, semper vocari potest cooperatio; at scandali peccatum, ut efficax sit, non est necesse. Praeterea ex altera parte cooperatio latius patet quam scandalum, neque quaelibet cooperatio scandali rationem habet. Quare iam usuvenit cooperationem sensu pressiore potius sumere pro ea, quae scandalum non sit. Attamen usus plane constans non est; quare etiam hic nomen cooperationis adhibetur, sive ratio scandali inest, sive non inest.

R. 3. Cooperatio igitur est concursus cum peccato alieno; ergo supponit alterum agentem, eumque per se ut principalem seu *ut iam determinatum* ad agendum. Nam si ego per actionem meam alterum determino vel induco ad actum peccaminosum, committo proprie dictum scandalum, v. g. iussione, suasione: quamquam etiam talis iussio vel suasio inter *cooperationes* numeratur, easque *formales*, ut statim dicetur.

420 Ad quaesitum 2ᵐ R. 1. Cooperatio formalis numquam est licita; cooperatio materialis tantum modo illicita, modo licita est. — Quod ut melius intellegatur, explicari debet, quae sit formalis, quae cooperatio materialis tantum. *Formalis cooperatio* ea est, quae *ex se* participat malitiam alienae actionis. Id obtinet non solum in iussione, suasione, sed etiam in laude, approbatione, participatione eiusdem actionis intrinsecus malae, in quavis promotione pravi animi ab altero iam concepti. — Materialis cooperatio est actio seu praestatio alicuius rei ex se non-malae, qua alter abutitur vel abusurus praevidetur, ut suum peccatum exsequatur vel commodius exsequatur.

421 R. 2. Cooperatio materialis tantum, cum ex conceptu suo non sit ex sese mala, mala evadit solum *ex effectu*, scilicet quod per abusum alterius conferat ad malum effectum (alienum peccatum eiusque sequelas) producendum. Quare applicanda sunt principia de voluntario indirecto; nimirum licere ponere causam ex se non-malam, ex qua effectus malus secuturus sit, si habeatur ratio relative gravis; sine eiusmodi ratione non licere. Recole supra n. 13 sqq. et *Th. m.* I, 12 sqq.

R. 3. Sequitur requiri, ut cooperatio materialis ad peccatum alienum licita evadat, aliquando gravissimam rationem, aliquando sufficere minus gravem, aliquando utcumque rationabilem. Nam quo remotior fuerit mea cooperatio, quo minus necessaria ad peccati alieni exsecutionem, quo minus grave fuerit illud peccatum et quo minus habeat iniustam aliquam sequelam contra tertium, quo minus probabiliter me non cooperante peccatum alienum possit impediri: eo facilius aderit pro me ratio sufficiens, ex qua liceat cooperationem praestare.

AD QUAESITUM 3^m R. 1. Si Lucius sua sponte prava folia ex- 422 poneret, favens pravae eorum tendentiae, formalem praestaret cooperationem, numquam licitam. Idem dic, si operam daret, ut faciliorem redderet hospitibus suis lectionem pravorum foliorum, bonorum lectionem difficiliorem.

R. 2. Si quodammodo coactus possibilitatem tantum legendi praestat, nullo modo ad legenda prava allicit, cooperatur quidem materialiter tantum. Sed si hanc cooperationem utut materialem tantum praestat sine gravi causa, dubium non est, quin peccet, quoniam agitur de peccatis alienis valde gravibus et periculosis, quibus viam quasi sternit. Nam fidem catholicam impugnare eamque labefactare eive detrahere est gravissima res, crassioribus peccatis longe peior.

R. 3. Nihilominus, si causam Lucii inspicimus, cum curet ut non minus facile hospites ephemerides bonas eligere legendas possint quam malas, has etiam exponendo alienis peccatis cooperatur materialiter tantum: siquidem ne lectio quidem horum foliorum, minus etiam expositio, *necessario* fidem bonosve mores laedat. Dein ad pravum effectum Lucius efficaciter non multum confert ne materialiter quidem. Nam notabiliter peior non fit condicio catholicae religionis, sive Lucius ista folia exponit sive non. Qui enim ea legere obstinato animo volunt, sine dubio ea sibi comparaturi sunt. Immo ex altera parte res catholica peior fiet, si exclusis catholicis cauponibus omnia ad manus acatholicorum devenient.

Quare, nisi agatur de illis scriptis, quae propter ipsam legem positivam ecclesiasticam ne retinere quidem licet, putaverim Lucio adesse rationem sufficientem, cur folia etiam acatholica admittat: nihilominus curare debet: 1) ne plura neve peiora admittat quam necesse sit; 2) ne ullam ostendat erga illa folia praeferentiam; 3) ut potius, si possit, ab iis legendis avertat, praebens meliora catholica, atque ut pro posse studeat, ne mala folia veniant in manus eorum qui alioquin ea lecturi non essent.

TYPOGRAPHUS IN EDENDIS LIBRIS PRAVIS OCCUPATUS.

Casus. (119)

Iulius in officina typographica operam suam locavit; sed, ut mox advertit, libri cuiuslibet generis imprimuntur. Per mensem iam fuerat sine labore et mediis, unde viveret. Nunc se locavit ad tres menses, qui per se semper ad tres alios menses prolongabuntur, nisi 14 dies ante elapsum terminum contractus ab alterutro contrahente solvatur.

QUAERITUR quid Iulio sit faciendum.

Solutio.

423   Ad quaesitum 1ᵐ R. 1. Condicio non est plane absimilis a condicione casus antecedentis, scil. cas. 118, hoc tamen discrimine, quod in praesenti casu ex denegata cooperatione efficax impedimentum effectui malo orituro minus etiam ponatur. Quare dicendum est gravem causam licitam reddere posse illam Iulii cooperationem: requiri tamen etiam causam omnino gravem, ut re ipsa evadat licita. Nam etsi, deficiente uno, certo certius alii sint, qui operam praestent, cooperatio tamen ad effectum producendum valde propinqua est, neque ex leviore causa potest excusari.

R. 2. Re ipsa adest hic et nunc causa omnino gravis pro Iulio, eo quod secus debeat victu cotidiano carere. Sed ne ipse in ea re culpam contrahat, curare debet, ut haec causa brevi finiatur. Quaerat igitur aliam officinam bonam et catholicam, in qua operas suas locare possit. Quam si invenerit, discedere debet ex priore officina, quam primum sine gravi damno possit, i. e. saltem ante proximum terminum locationis elapsum contractum solvere debet; si *potest* antea solvere sine gravi damno, debet etiam antea, contractus termino non exspectato, discedere. Vix quidem possibile erit, ut invito domino ante tempus contractus elapsum discedat, eo quod aliter grave damnum subire cogatur; alioquin in conscientia certe non tenetur stare terminis contractus. Cum enim contractus ex parte domini, qui postulat praestationem, detorqueatur ad rem obiective malam, Iulius nullo umquam tempore ad eam praestandam obligatur; summum *excusatur* ut pro aliquo tempore ea materialiter praestare possit, *non obligatur* ut debeat.

AUXILIUM SCRIPTIS PRAVIS DIFFUNDENDIS LATUM.

Casus. (120)

Claudius studiosus, qui avunculi ope indiget, eius litteras et scripta saepe secum fert et expedienda curat, quae res pravas contra Ecclesiam continere probe scit: quod nuper, cum avunculus aegrotaret neque ipse suas res curare posset, nepos ex iis cognovit, quibus legendis et scribendis tum auxilio esse debuit.

Quaeritur quid de Claudii agendi ratione dicendum.

Solutio.

424   Ad quaesitum R. 1. Eiusmodi impia scripta secum ferre atque alio mittere in se quidem materialis tantum est cooperatio, si animus pravus abfuerit: verum effectus pessimus est contra fidem causamque catholicam. Qua ratione aliis in fide debilioribus verum praebetur scandalum seu ansa contra fidem et religionem peccandi. Quare si cooperatione ista effectus ille efficaciter promovetur — alioquin non ita oriturus —, existimo cooperationem nullatenus esse licitam; si vero non promovetur efficaciter, vel per cooperationem illam omissam

seu denegatam mali vix quidquam impeditur, licebit ex graviore causa eam praestare.

R. 2. In adiunctis communibus res ita erit, ut, si Claudius abnueret, vel ipse avunculus vel alii ab eo missi litteras et scripta expedienda curarent; quare Claudius efficax causa non est, ut *magis* promoveatur effectus malus, neque in ea condicione est, ut eum possit impedire. Rationem igitur excusantem habet, ne videlicet avunculi auxilio privetur. Quod magis valet pro tempore, quo Claudius suspicatus quidem est, sed certam notitiam non habuit de malis, quae scripta contineant. — Aliud est, si in morbo avunculus re vera non haberet neque facile habere posset, qui loco nuntii eiusmodi res expediendas curaret. Nam in iis adiunctis res scandalo pro aliis plenas Claudius efficaciter magis diffunderet atque propagaret; quare vix aliter tum dicendum esset, ac mox dicetur de scriptione in R. 3.

R. 3. Gravior omnino res est, legendis et scribendis rebus impiis 425 avunculum iuvare. In *legendis* seu praelegendis praeter leges ecclesiasticas obstantes habes periculum pro Claudio ipso, cui, quominus se exponat, lex prohibet naturalis. Et quamquam lex ecclesiastica, quatenus positiva humana est, in casu gravis omnino damni haberi potest pro non-obligante: auferri nequit lex naturalis, quae vetat, ne temere quis periculum subeat. Abesse omne grave periculum res rara est.

Conscribere mala et impia, etsi dictante altero, magis etiam habeo pro actione intrinsecus mala. Sumo nunc Claudium in scribendo instrumentum esse avunculi, sed est instrumentum vivum, sicut mandatarius instrumentum est mandantis. Quare ne ut mandatarius quidem mala conscribere potest, quae destinatione sua diriguntur ad alios. Eos enim hoc modo admonet et excitat ad impietatem, saltem si *praeter scriptionem etiam divulgationem* procurat. Nam parum interest, sive scriptis sive ore alios ad peccata excitem et invitem. Verum ex alieno mandato tertio cuidam peccatum suadere eumve ad hoc excitare nemo umquam pro licito habebit.

Si autem Claudius in sola scriptione sisteret, fateor non constare de intrinseca malitia ita, ut excusari non posset propter *urgentissimam* rationem, v. g. metum mortis; attamen etiam tum ut excusatio adsit, meo iudicio requiritur, ut absit ratio gravis scandali, imprimis ne res conscriptae divulgandae praevideantur neve natura sua tales sint, ut non possint non causare gravem aliorum ruinam, eorum scilicet, qui alias ad peccatum parati nondum sint. Cf. *Th. m.* I, 669.

RITUS ACATHOLICI COOPERATIO IN NOSOCOMIO.

Casus. (121)

Cornelius est famulus in nosocomio publico, cuius cura et administratio sororibus a misericordia dictis concredita est; in quo recipiuntur aegroti cuiuslibet religionis et cultus. Quando aegroti in gravi periculo constituuntur, mos est, ut Cornelius a sororibus moneatur, ut ministrum religionis respectivae advocet, qui sui cultus solatia aegroto procuret. Ministro rogante, sorores, sicut sacerdoti catholico opem ferunt in parandis rebus pro administratione ultimorum sacramentorum, ita etiam acatholicis ministris afferunt panem et vinum aliaque ad acatholicos ritus necessaria.

QUAERITUR 1° liceatne advocare ministrum ad acatholicos ritus peragendos.
2° liceatne acatholicum ministrum sponte vel eius rogatu iuvare in suis ritibus.

Solutio.

426   AD QUAESITUM 1ᵐ R. 1. Hoc ante omnia patet: cooperationem, sive sit formalis, sive materialis tantum, esse propinquam omnino ad rem obiective graviter malam; ideoque cooperationem, etsi fuerit materialis tantum, licitam non esse, nisi ex causa gravi.

R. 2. Potest autem pro sororibus exsistere causa gravissima, nimirum non privata sed communis, ne videlicet ex denegata cooperatione causa catholicorum peior fiat atque ipsis sororibus facultas adimatur utcunque nosocomii curam suscipiendi suumque ministerium adeo utile exercendi. Quae si exsistit, dicendum est remoto scandalo licere iis illa praestare, a quibus ratio *formalis* cooperationis abfuerit. Quodsi sororibus id licet, licebit etiam earum famulo, etsi fortasse non propter ipsius bonum proprium et privatum, tamen propter causam sororum.

427   Quibus praenotatis R. 3. Proprie advocare ministrum acatholicum, *ut* ritum suum exerceat erga aegrotos suae sectae, non licet; haec enim esset *invitatio* ad rem certo obiective peccaminosam, adeoque cooperatio formalis. Verum *indicare* esse aliquem ipsius sectae aegrotum, qui cupiat illius alloquium et visitationem, est res *ex se* indifferens, cum sit tantum nuntium dare alicuius facti; atque ad exercitium falsi ritus, quod futurum esse praevidetur et cuius datur ansa, habetur cooperatio mere materialis.

R. 4. Nihilominus etiam damnum vel bonum spirituale ipsius aegroti considerari debet, ne videlicet per interventum ministri acatholici coniciatur in periculum, a quo alias mansisset immunis. Si igitur ipse aegrotus in bona fide non est circa suam religionem, vel ipse non postulaverit praesentiam et opem sui ministri, raro fas erit, huic istum nuntium dare; sed si sacerdotem catholicum vocare vel impossibile est vel non expedit, ipsarum sororum cura esse debet, ut aegrotus iuvetur in actibus virtutum necessariis eliciendis, maxime in elicienda post actus fidei necessarios caritate et contritione perfecta. Cf. vol. II, n. 515. 518 sqq.

428   De formali evocatione ministri acatholici habes responsa S. Officii in *Annal. eccl.* VII, 98:

Videlicet d. 14 Dec. 1898, interrogatum de hac re, liceatne advocare ministrum acatholicum, respondit: „Detur *decretum* in Coloniensi fer. IV, 14 Martii 1848, una cum *declaratione* ad Vicar. Apost. Aegypti fer. IV, 5 Febr. 1872."

Decretum d. d. 14 Martii 1848 est hoc:
„N. N. Sanctitati Vestrae humiliter exponit, quod in civitate N. exsistat hospitium, cuius ipse rector et capellanus est, ac in quo infirmorum curam

gerunt moniales dictae M. N. Cum autem in hoc hospitio subinde recipiantur acatholicae religionis sectatores, ac iidem ministrum haereticum, a quo religionis auxilia et solatia recipiant, identidem petant; quaeritur, utrum praefatis monialibus falsae religionis ministrum advocare licitum sit? Quaeritur insuper, utrum danda sit eadem solutio, ubi haereticus infirmus in domo privata cuiusdam catholici degit; utrum scilicet tunc catholicus ministrum haereticum advocare licite possit?

Fer. IV, die 14 Martii 1848. In congregatione gen. S. Rom. et univers. Inquisitionis habita in conventu S. Mariae super Minervam coram E^{mis} et R^{mis} S. R. E. cardinalibus in tota republica christiana contra haereticam pravitatem gener. Inquisitoribus a S. Sede Apostolica specialiter deputatis audita relatione suprascripti supplicis libelli, una cum voto DD. Consultorum, iidem E^{mi} et R^{mi} DD. dixerunt: „Iuxta exposita *non licere;* et ad mentem. — Mens est, ut passive se habeant."

Declaratio subsequens ex idiomate italico versa est haec:

„Fer. IV, die 31 Ian. 1872, proposita fuit E^{mis} Inq. gener. petitio R^{mi} Vicarii et Delegati Apost. Aegypti ad hoc tradita, ut instrueretur, quomodo agendum esset in hospitalibus mixtis, in quibus catholicae moniales servitium praestant, quoties aliquis schismaticus vel protestans infirmus inibi decumbens postulat assistentiam proprii ministri.

S. Ordo petitionem cum suis adiunctis matura consideratione ventilavit et opportunum duxit mittere sequens decretum: ‚R. P. D. Vicar. Ap. se conformet decreto fer. IV 14 Martii 1848, et opportune eidem explicetur sensus verborum *passive se habeant.* Ipse enim in epistulis datis sese difficultatibus premi dixit in interpretandis illis verbis et in iis applicandis in praxi. Et ideo praedictis E^{mis} Patribus mens est, ut notificetur Praelato Oratori, monialibus vel aliis personis catholicis addictis directioni vel servitio hospitalis, non licere directe obsecundare postulationibus infirmorum acatholicorum, quod attinet ad advocandum eorum ministrum; et bonum esse, exorta occasione id iis declarare; sed addunt adhiberi posse ab iis pro advocando ministro aliquam personam, quae ad respectivam sectam eorum qui postulant pertineat. Hac agendi ratione salva manet lex, quae vetat *communicationem in Sacris.*‘"

„Sequenti vero feria VI die 26 Dec. eiusdem mensis et anni (scil. 1898) in solita audientia a SS^{mo} D. N. Leone div. prov. PP. XIII R° P. D. Adsessori impertita, SS^{mus} D. N. resolutionem EE. et RR. Patrum adprobavit."

Revera propter hanc ipsam communicationem in sacris, quae adest in advocando ministro, ut ritum suum religiosum erga infirmum exerceat, fit ut nequeat dici exclusa formalis cooperatio ad aliquod in se illicitum. Quae formalis cooperatio non videtur adesse, si solum illi ministro dicitur esse infirmum, qui cupiat ipsum videre. Quod autem S. Officium addit bonum esse, infirmis id dici a catholicis sororibus, se non posse *directe* eiusmodi postulationibus obsecundare: ratio in promptu est. Alioquin enim erga infirmum externe se gererent, ac si directe obsecundarent — id quod aliquo modo rationem scandali habere *potest,* quae, quantum possibile est, debet evitari.

AD QUAESITUM 2^m R. 1. Iuvare ministrum acatholicum in exercitio sui ritus videtur propinquior cooperatio esse quam eundem advocare. Quodsi igitur hoc non licet, non licebit, ut videtur, a fortiore illud.

Nihilominus non satis recte id concluditur. Fateor plane hic adesse propinquiorem cooperationem, quam si agitur de solo nuntio ministris acatholicis dando; verum peior est cooperatio, quando agitur de advocando formaliter ministro, *ut* ritum suum peragat. Quae est formalis et hoc sensu quam proxima cooperatio eaque semper illicita; opem autem ferre in instruenda mensa, procurandis pane et vino, cooperatio quidem est perquam propinqua, sed non necessario formalis. Si, qui haec ministeria seu auxilia exhibet, satis ostendit se rem habere pro nihilo seque non spontanee sed quasi coacte ea facere: cooperatio erit materialis tantum, ita ut ex causa valde gravi, si declinari nequeat, videatur evadere licita, sicuti ad 1^m Quaes. responsum est.

Ad hanc rem confert, quod Laymann, *De carit.* (lib. 2, tr. 3) cap. 13, n. 5 dixit pro circumstantiis sui temporis, cum frequens erat integrarum communitatum a fide defectio et religionis commutatio: „Si aedituus, qui hactenus in ecclesia ab haereticis occupata servivit, ad fidem catholicam convertatur, sed gravi necessitate pressus servitio suo statim abscedere non possit: puto cogendum non esse, sed absolvendum, si promittat, quod servitium deseret, cum primum rerum statu immutato potuerit: modo absit scandalum atque virtualis falsae religionis professio, si nimirum vel ex aperta aeditui coram populo protestatione vel aliis rationibus manifestum sit, quod ab illo ministeria pulsandi, ecclesiam aperiendi, claudendi, panem et vinum afferendi etc. solum fiant materialiter et ut actus secundum se indifferentes sunt, et nequaquam fiant, quatenus ordinantur ad exercitia haeretica, quippe quae hominem detestari plane constet."

430   R. 2. Sponte tamen ea ministeria exhibere semper continet ipsius religiosi ritus approbationem quandam. Quare ita agere non licet. Neque solum illicitum est, non rogatum sese offerre ad ea ministeria praestanda, sed etiam, rogatum se promptum ad id ostendere, quasi libenti et religioso animo ea praestentur; debet enim *positive patere* haec minime praestari ut officia religiosa, atque praeterea gravis ratio sic materialiter cooperandi adesse debet.

Quae magis etiam attendantur oportet, si forte acatholicus minister agendi sua ratione ostendat se a monialibus ea ministeria exigere vel exspectare eo fine, ut paritatem iuris vel potius indifferentismum inter diversas religiones illae agnoscant. *Haec* enim paritas eiusque agnitio impia est, neque eo se extendit ea quae dicitur publica et iuridica paritas inter diversos cultus. Illa scilicet paritas politica tantum est; publici religiosi exercitii libertatem dicit, non doctrinae veritatem vel bonitatem.

431   R. 3. Si quando igitur propter publicas rationes diversorum cultuum ministris accessus ad aegrotos sui cultus concedi debet atque impossibile est omne plane auxilium denegare: curent moniales ea certo in loco ad manus habere et conservare, quae ministri illi religiosi exigere soleant, iisque indicent, ubinam ea reperiantur, quo

ipsi, si voluerint, sibi ea sumere possint, non moniales debeant porrigere. Nam id neminem potest offendere, si moniales dicant se ad aegrotorum curam corporalem esse constitutas, non ad munus aeditui agendum; et si quid amplius pro catholicis faciant et pro sacerdotibus, se id facere ex cultu propriae suae religionis, religionem vero alienam se *colere vel exercere* non posse. Cf. *Th. m.* I, 653.

PAROCHI CATHOLICI CUM ACATHOLICO MINISTRO COOPERATIO.

Casus. (122)

1. Rufus, minister lutheranus, adit parochum catholicum eique proponit, ut diebus dominicis et festis, quae ab utrisque celebrentur, uno eodemque tempore pulsentur campanae ad convocandos homines seu indicandum tempus servitii divini: in ampla enim urbe impossibile est, ut omnes sive catholici sive lutherani pulsum campanarum sui ritus audiant, alterutras possunt audire, maxime si coniunctim pulsantur.

2. Idem simul quaerit a catholico „confratre", num, occurrente necessitate, cedere sibi velit vinum et panes orbiculares (hostias) ad peragendam sacram cenam; se ita magno incommodo liberari, cum nescire possit singulis vicibus, quanta vini et panis materia sibi sit necessaria, domus autem parochialis catholica ab ecclesia lutherana non longe distet.

3. Rogat etiam parochum, ut pro aliquo die sibi commodare velit sacra paramenta et vestes, quo mensuram sumere possit ad ea sibi conficienda; suis enim parochianis placere cultum externum sollemniorem.

Parochus catholicus, partim ne offensum sibi reddat ministrum acatholicum, partim ut maiore commodo suorum consulat, precibus annuit.

QUAERITUR 1° potueritne tuta conscientia parochus id concedere.

2° quid eius successor agere possit vel debeat.

Solutio.

AD QUAESITUM 1ᵐ R. 1. Practice loquendo parochus debuit singula denegare.

Nam 1. Dato, non concesso omnia ista esse cooperationem materialem tantum ad falsum cultum: est tamen cooperatio satis propinqua, quae saltem maiorem necessitatis causam, ex qua liceat, requirit, quam quae hic adest. 2. Insuper cum actiones illae vel per se publicae sint vel earum notitia publica sine dubio fiat, verum orietur scandalum, cum homines fideles eas fere non possint non habere pro conniventia cum secta falsa.

R. 2. Sed iam accuratius iudicandum est de singulis actionibus atque videndum sintne cooperatio materialis tantum an formalis.

Quamquam actiones illae in se nude spectatae pro materiali tantum cooperatione haberi possunt, ex circumstantiis videntur evadere formalis cooperatio.

Ex conventione enim, non coacte pulsare campanas, quo melius possint et catholici et acatholici ad suos quique ritus celebrandos accedere, natura sua nihil est nisi etiam *ad acatholicum ritum* homines convocare seu *invitare:* quod est formalis ad falsum ritum cooperatio atque malum intrinsecus.

433 R. 3. Simile quid dixerim de concessione vini et hostiarum *ad cenam acatholicam.* Ei quidem, qui non ad hunc finem postulat, quamquam ad hunc finem adhibiturus est, res communes concedere vel vendere, materialis est cooperatio eaque ex graviore causa licet; sed si quis ad hunc finem postulat neque a concedente corrigitur, ille, qui concedit, ipsum istum finem assumit et iuvat: quod illicitum est. Debet nimirum ille finis pravus sive formaliter sive aequivalenter, non interne solum, sed etiam externe repudiari, prout etiam Laymann loco supra citato n. 429 exposuit.

Immo quoniam panes orbiculares seu hostiae hac sua forma iam usum communem non habent, sed vix non unice usum habent religiosum, admodum difficile est, earum concessionem umquam ab approbatione finis religiosi seiungere. Nihilominus quia alius usus (v. g. pro glutine) non est impossibilis, si intentio mali finis sufficienter excluditur, ex *gravissima* causa putaverim earum concessionem licere, non vero parocho in nostro casu.

434 R. 4. Commodare vestes sacras, quo sumatur mensura ad similes conficiendas, ex se quidem non est nisi materialis cooperatio. Nihilominus ex circumstantiis nostri casus ea commodatio evadit finis obiective mali *externa approbatio* — quae est intrinsecus mala. — Adde profanationem quandam rerum sacrarum benedictarum. Minimum enim, quod in hac commodatione continetur necessario, est *profanus usus,* ad quem res sacrae traduntur; sed profano usui res sacras servire peccatum est.

Ad quaesitum 2^m breviter respondere licet. Videlicet R. 1. Per se patet vinum et hostias a successore concedi amplius non posse. Sufficit quidem, ut denegentur, quando petuntur; potest autem consultius esse ad maiora odia evidanda id antea ministro acatholico nuntiare.

R. 2. Quoad pulsum campanarum sufficit, ut parochus nuntiet acatholico ministro se sibi servare ius pro *suo* arbitratu pulsandi campanas tempore sibi bene viso: etsi dein re vera idem tempus observare solet.

CONTRIBUTIO AD FINES ACATHOLICOS.

Casus. (123)

Occasione festi alicuius nationalis consilium fit, ut in honorem viri herois de patria bene meriti pretiosa statua erigatur in celebri templo acatholico, in oppido natali novum templum acatholicum pro numero incolarum necessarium construatur, atque in loco ubi defunctus est instituatur hospitium protestanticum, quo educentur atque instruantur orphani. Alfredus, catholicus, in munere publico honorifico constitutus, ut gubernio placeat sibique viam pandat ad gradus altiores, cupit pecuniam in finem istum conferre atque pecuniae colligendae munus suscipere. Verum cum dubitet, num haec cum officiis viri catholici cohaereant, confessarium consulit. Hinc

Quaeritur 1° liceatne catholicis, quo probent suum erga patriam amorem, in istos fines pecuniam conferre.
2° liceatne Alfredo partem habere in pecuniis pro hoc fine colligendis.
3° sintne, qui ita agunt, inter fautores haereticorum computandi.

Solutio.

Ad quaesitum 1^m R. 1. Non omnia opera, quae intenduntur, 435 eodem modo cum finibus acatholicis promovendis cohaerent. Nam erigere statuam viro etiam acatholico non propter causam haereticam, sed propter causam civilem atque illius viri virtutes civiles, nihil continet religiosi ac proin nihil falsi cultus religiosi, neque cooperatio *formalis* est ad aliquod illicitum. Neque quod haec statua in templo acatholico erigatur, rem per se facit religiosam.

Verum quidem est hoc modo templum istud acatholicum posse fieri celebrius atque magis frequentatum, ita ut hoc modo frequentior fiat cultus acatholicus; immo fortasse hoc ipsum a civibus acatholicis simul intenditur. Quod si obtinet, revera etiam catholici, quotquot conferunt pecuniam, remote et *materialiter* cooperantur ad promovendum falsum cultum. Quare sine causa excusante id quidem iis facere non licebit. Attamen quoniam intentio illa non est finis rei internus, sed extrinsecus illatus, neque publice indictus, et quoniam alias haec qualiscumque cultus acatholici promotio sequitur per accidens: sufficere debet ratio illa non spernenda, qua velint catholici amorem erga patriam probare, ut ad statuam illam erigendam pecuniam conferre iis liceat.

R. 2. Gravior sane res est quoad templum acatholicum con- 436 struendum. Ibi agitur de aedificio, quod ex sese finem religiosum habet, et, quoniam religio vera excluditur, finem cultus falsi habet. Insuper ille ipse finis palam annuntiatur a pecuniam petentibus.

In instructione Vicarii Urbis ad parochos *Urbis* data d. 12 Iulii 1878 et a Leone XIII sancita haec inter alia habentur: „Neque eximuntur a peccato mortali architecti, conductores, opificum domini, qui curam et operam suscipiant ad exstruendum et ornandum aliquod templum protestantium. Quod ad ipsos vero murarios aliosque opifices subalternos pertinet, ii possunt a peccato excusari, modo desit scandalum, neve, quae facere iubentur, fiant in contemptum religionis."

Si haec applicare conamur, sane qui pecuniam conferunt, non possunt subalternis operariis comparari, sed debent potius architecto. Et quamquam pro diversa locorum condicione extra Urbem fortasse paulo mitius iudicare licet de architecto conducto, non qui sponte se offerat: tamen qui pecuniam conferunt, et ipsa re et secundum hominum existimationem magis ipsum finem rei aedificandae *suum* faciunt, quam architectus conductus. Quare non puto catholico licere, in hunc finem a petentibus indicatum pecunias suas contribuere.

437   R. 3. Quoad orphanotrophium non plane idem est. Aedes illae ex sua natura seu fine interno omnino praescindunt a fine sive acatholico sive catholico. Hinc eas exstruere illicitum evadet fere ex eo tantum, quod finem illum externum, quem sibi constituunt iubentes seu mandantes, is qui construat suum facere censeatur. Quod architectus conductus facere non censetur.

Aliter tamen qui *conferunt pecuniam;* illi enim eo ipso, quod petentibus annuunt, *petentium finem suum faciunt* — nisi forte aperta declaratione hunc respuant, aliumque substituere possint et substituant.

Quodsi igitur aliquis declaret se pro acatholica quidem educatione conferre nihil posse, attamen se libenter contribuere velle concivibus suis, etiam acatholicis, ut habeant quo orphani sustententur: iam bonum finem intendit et manifestat. Praevidetur quidem facile fore, ut ab aliis adiungatur finis malus educationis acatholicae; verum id, cum impediri nequeat, potest negative permitti. Ita igitur agere, ex gravi causa, sed ex gravi tantum causa, videtur licere. Quae gravis causa habetur, si catholicorum interest probare se amore patriae vero et legitimo a nemine vinci. *Th. m.* I, 660. Caveri tamen debet, ne, qui ita contribuat, in publicis tabellis annuntietur, quasi contribuisset ad illud institutum acatholicum, neve eius nomen publicatum incitamentum sit, quo facilius vel largius alii in illum finem acatholicum conferant.

438   Ad quaesitum 2^m R. 1. Pro illis finibus, in quos catholicis non licet pecuniam conferre, minus etiam licebit Alfredo collectorem agere. Quare ad exstruendum templum acatholicum certe colligere pecunias non potest.

R. 2. Si vero fines illi tres a collectoribus seiunguntur, licebit Alfredo colligere pecunias ad erigendam istam statuam. — Et si quid pravi per accidens cum eius erectione coniungitur, causam habet ex condicione sua satis gravem, cur hoc negative permittere possit.

R. 3. Pro orphanotrophio illo practice Alfredo non licebit collectorem pecuniae agere. Longe enim difficilius ipsi est quam singulis donatoribus, finem illum externum acatholicae educationis excludere alterumque finem licitum substituere; immo id eum facere posse apud omnes, quos pecuniam petiturus adiret, videtur mihi moraliter impossibile esse. Adde scandalum, quod aliis catholicis eiusmodi agendi ratione oriturum est.

439   Ad quaesitum 3^m R. 1. Favor quem quominus praestemus haereticis graviter prohibemur, intellegitur utique in causa haeresis. Quem favorem praestat, qui ex animo promovendi haereticam doctrinam vel haereticum cultum quidquam agit; vel etiam ille, qui directe quidem hanc haeretici cultus propagationem non intendit, sciens tamen et volens aliquid facit, ex quo notabilis successus causae haereticae sequitur.

Cooperatio cum peccato alieno per caritatem prohibita. 225

R. 2. Sed quoniam ex actionibus illis, de quibus in casu, pro diversis circumstantiis et locis plus minusve causa haeresis augetur: seclusa prava mente, ex *locorum circumstantiis* praecipue pendet, utrum favor mortaliter malus haereticae causae praestari dicendus sit necne. — Ceterum collectorem agere longe facilius in 2° et 3° casu favere est causae haereticae, quam singulas facere contributiones; nisi tamen in hac contributione condicio contribuentis vel summa collata vel modus conferendi eiusmodi fuerit, quae complures alios ad dandum alliciat atque permoveat.

VIR CATHOLICUS CONSCRIBENS PRO LIBELLIS ACATHOLICIS.

Casus. (124)

Robertus, homo literatus, conscribit multa pro foliis diurnis vel periodicis, etiam iis, quae religionem catholicam insectantur; ipse tamen nihil graviter contra fidem vel bonos mores scribit, sed scriptionem hanc non vult deserere, quia meliora quam alibi accepit honoraria, facilius sibi nomen acquirit et spem maioris successus; nec quidquam iuvaret, si ipse nollet amplius conscribere, peiora enim scripta substituerentur.

Quaeritur 1° liceatne scribendo aliquid conferre atque ita iuvare folia ex magna parte prava.

2° quid de Roberto dicendum sit.

Solutio.

Ad quaesitum 1^m R. 1. Sane illicitum est mala conscribere. 440 Sed etiam indifferentia, immo ex se bona conscribere pro foliis alioquin pravis, ex hac ratione illicitum evadere potest, quod hoc modo eiusmodi folium magis succedat, maiorem numerum legentium acquirat, prava in eo contenta securius ac maiore cum damno legantur. Quod imprimis obtinet longe facilius, 1) si quis conscribere *soleat* atque ex condicto scribat, quam si una alterave vice tantum; 2) si quis vir magni nominis et auctoritatis palam scribit, quam si sit homo obscurus qui scribat vel si tecto nomine scribat. — Adde, pro condicione scribentis etiam scandalum ex ipsa eius rei notitia publica adesse potest.

R. 2. Facile igitur licebit una alterave vice aliquid inserere; vel pro gravitate causae opus bonum esse potest, bona quaedam et vera eorum legentium oculis subicere, qui alias falsa et prava pro veris legissent, maxime si quis scribat tecto nomine.

Ad quaesitum 2^m R. 1. Robertus, qui neget tantum se graviter 441 contra fidem vel bonos mores scripsisse, videtur utique fines licitos non servasse. Monendus igitur saltem est, ut *nihil omnino* contra fidem vel bonos mores dicat: ceteroquin si quid contra fidem scripsit, vix intellegi potest, quomodo id possit esse non grave.

R. 2. Examinandus omnino est, num sua auctoritate notabiliter augeat folii istius aestimationem atque legentium numerum. — Si ita, ei interdicendum est, ne porro conscribat.

Lehmkuhl, Casus conscientiae. I. 15

R. 3. Si re ipsa, ut asserit, influxum hunc non exerceat, sed potius peiora impediat (quod ne facilius credas cave) neque grave scandalum ipse praebeat: non audeo eum peccati eiusque gravis damnare. De cetero Robertus attendat praeceptum constitutionis *Officiorum ac munerum* n. 22: „Nemo e catholicis, praesertim e viris ecclesiasticis, in eiusmodi diariis vel foliis vel libellis periodicis quidquam, nisi suadente iusta et rationabili causa, publicet."

Cf. etiam Noldin II, n. 124.

PUERI CATHOLICI IN CANTU ACATHOLICO OCCUPATI.

Casus. (125)

In schola aliqua mixta ex maxima parte acatholica pro exercendo cantu adhibetur libellus, qui praeter alia etiam continet carmina religiosa lutherana. Quibus exercentur etiam discipuli catholici et, cum bene sint exercitati, invitantur ad ea carmina in publica aliqua festivitate in ecclesia lutherana canenda.

Quaeritur 1° quae sit communicatio in sacris, quam cum haereticis catholico habere non licet.
2° liceatne catholicis exercitii causa haec canere.
3° liceatne eadem in ecclesia lutheranorum cum iis canere.

Solutio.

442 Ad quaesitum 1ᵐ R. 1. Pristinis temporibus, cum omnes excommunicati essent vitandi, omnis cum haereticis communicatio, ideoque in quibuslibet etiam actionibus sacris, interdicta erat, exceptis quibusdam necessitatis casibus.

R. 2. Attamen hac generali communicationis prohibitione per Martinum V (*„Ad evitanda"*) sublata, fidelibus non amplius interdictum est, quominus in rebus in se licitis cum haereticis communicent. Quare in ritu catholico catholice celebrato nihil prohibet, quominus catholicus simul cum haeretico adsit. Neque est cur catholicus nequeat haereticum invitare, ut secum in finem certum bonum et pium preces fundat privatim, si omnis species indifferentismi et commixtionis cultuum excludatur.

443 R. 3. Prohibitum tamen manet, quominus catholicus partem habeat cum protestantibus in eorum ritu protestantico; id enim esset falsum ritum et cultum profiteri. Immo addo: etiamsi ritus vel cultus exercitus nihil falsi vel haeretici in se continet, si tamen ab acatholicis ut talibus, i. e. quatenus sectam a catholica Ecclesia separatam constituunt, cultus divinus exercetur, ille eo ipso evadit illegitimus, neque in tali publico actu catholicus partem habere potest. Partem autem habet ille, qui in tali actu simul cum acatholicis horum preces fundit, vel qui utcunque ita assistit, ut cum illis agere videatur.

R. 4. Qui eiusmodi actui religioso acatholicorum materialiter tantum interest, nihil religiosi agens neque agere apparens, non proprie committit communicationem in sacris prohibitam; nihilominus alio titulo eiusmodi assistentia potest esse illicita. Cf. *Th. m.* I, 658 nota 2; II, 72.

Simile quid dici debet de aliquo actu publico, qui religiosus quidem est, sed simul actus civilis vel politicus. Quod si fieri potest et ita fieri apparet, ut assistentia sit mere civilis et politica; haec non est prohibita titulo communicationis in sacris.

AD QUAESITUM 2ᵐ R. 1. Si liber, quo schola illa utitur, sit liber acatholicorum religiosus seu collectio carminum, qua utantur in suis coetibus religiosis: libro illo uti catholicis non licet, eo quod hi libri prohibiti sunt regula constitutionis *„Officiorum ac munerum"* n. 3: „Item prohibentur libri, qui ex professo de religione tractant, nisi constet nihil in iis contra fidem catholicam contineri." Immo etsi constaret nihil contra fidem catholicam contineri — id quod vix umquam constabit — prohibiti essent vi n. 20 eiusdem constitutionis de libris liturgicis et *precatoriis,* utpote *„publicati praeter legitimae auctoritatis licentiam".*

R. 2. Si carmina ista utcunque continent sententias haereticas, haec neque legere neque canere licebit.

R. 3. Si vero liber religiosus non est, neque carmina quidquam haeretici continent, sed ea quae christiani communiter de Deo rebusque sacris sentiunt: dedecet quidem plane hac sola ratione, quod sint res religiosae ab acatholicis compositae, catholicum ea canere; verum cum in nostro casu sit gravis quaedam ratio atque moralis quasi coactio, id illis discipulis culpae verti nequit, si in exercitio cantus ista canere iussi obtemperant. Nam actus religiosus vel liturgicus non est, neque communicatio in sacris.

AD QUAESITUM 3ᵐ R. 1. Si agitur de festivitate religiosa, clarum est catholicos non posse cantu ad eam concurrere eamque hoc modo quasi celebriorem reddere: est enim haec formalis communicatio in sacris.

R. 2. Immo si est festivitas profana vel civilis, cuius actus sollemnis in ecclesia haeretica celebratur, facile cantus cantici religiosi haberi potest pro religiosa parte istius festivitatis: quodsi ut talis re ipsa habetur, similiter catholicis non licet formaliter partem habere. Quare in omni casu ab eiusmodi cantu catholici avertendi sunt.

R. 3. Si vero sollemnitas tota retinet characterem suum profanum, locus ipse, scilicet quod celebretur in templo haeretico, vel tenor cantici, quod contineat rem religiosam, non facit, ut cantus sit actus cultus divini eiusque acatholici: cani enim potest — et saepe fit — res religiosa ad demulciendas aures et ad fruendum arte musica. Quo in casu, si abest scandalum, cooperatio catholicorum illicita non erit.

VIRTUTES MORALES QUAE ALTERUM IMPERFECTE RESPICIUNT.

PRAEAMBULA DE VIRTUTIBUS MORALIBUS INFUSIS.

Casus. (126)

Ferrerius in conventu sacerdotali disputat contra virtutes infusas; se non admittere nisi theologicas infusas; has ad vitam christianam supernaturalem ducendam sufficere; reliquas virtutes esse acquisitas neque amitti cum gratia sanctificanti; id etiam experientia probari, cum peccatores non raro in aliqua virtute, v. g. iustitia, sobrietate, excellant. Quid de hoc opinandi modo dicendum, vel enucleatius:

QUAERITUR 1° sintne re ipsa praeter virtutes theologicas aliae virtutes per se infusae.

2° quid earum virtutum sit munus, et quae a virtutibus acquisitis distinctio.

3° quid de experientia, quam Ferrerius obicit, sit dicendum.

Solutio.

446 AD QUAESITUM 1ᵐ R. 1. Non fide quidem certum est, sed longe communior theologorum est sententia, duce S. Thoma Aq., esse praeter tres theologicas alias virtutes seu habitus supernaturales per se infusas. Id S. Doctor imprimis docet 1, 2, q. 63, a. 3, videlicet: Sicut in homine sint naturalia principia, i. e. intellegendi et cognoscendi facultas et naturalis appetitus boni, ita inesse homini iusto per infusionem supernaturales habitus virtutum theologicarum, quibus tamquam principiis et fundamentis ordinemur ad Deum ut finem supernaturalem. At sicut ex naturalibus illis principiis cognoscendi et appetendi per proprios actus acquiramus nobis diversas virtutes morales naturales, quibus tendentiam ad naturalem finem exsecutioni demus: ita consequenter ad infusionem supernaturalium principiorum, virtutum theologicarum, Deum nobis infundere habitus operativos supernaturales, quibus in diversis humanae vitae officiis et operibus tendentiam in finem supernaturalem exsequamur: has esse virtutes morales infusas.

R. 2. Si vero de numero harum virtutum quaeritur, longe minus certe dici potest, quot sint, quam num sint. Facile quidem conveniunt ad similitudinem virtutum acquisitarum admittendas esse quattuor supernaturales cardinales: prudentiam, iustitiam, fortitudinem, temperantiam; quot vero statui debeant harum virtutum cardinalium cognatae virtutes, dictu difficile est, maxime cum in rebus cognatis supernaturalis habitus unus idemque officio fungi longe facilius possit quam habitus naturalis.

AD QUAESITUM 2^m R. 1. Responsum circa munus virtutum mora- 447 lium infusarum iam patet ex modo dictis. Praesident enim moribus humanis, quo possimus convenienter in diversis officiis atque relationibus humanis supernaturaliter agere. Supernaturales actiones hoc modo conaturaliter ab homine procedunt.

R. 2. Illud autem discrimen inter virtutes morales infusas et morales acquisitas est, quod hae dent homini naturalem *facilitatem* exercendi virtutis actus; supernaturales minus facilitatem quam *facultatem* dant supernaturalem.

R. 3. Quocum cohaeret aliud discrimen: Naturales virtutes non unico actu acquiruntur neque unico actu destruuntur; sed paulatim repetitis actibus enascuntur et augentur, atque diuturna otiositate vel actibus contrariis repetitis decrescunt et emoriuntur. Supernaturales virtutes instantanee cum gratia sanctificanti et caritate infunduntur, et quamquam suis actibus augentur, id non fit effective sed meritorie; similiter instantanee per quodlibet peccatum mortale, non per solum actum sibi oppositum, cum caritate et gratia sanctificanti demeritorie destruuntur, decrescunt numquam.

AD QUAESITUM 3^m R. 1. Verum dicit Ferrerius, non per quodlibet 448 peccatum mortale destrui quamlibet virtutem acquisitam, atque etiam v. g. molles posse manere iustos et sobrios; verum haec iustitia vel sobrietas in homine peccatore non est iustitia vel sobrietas supernaturalis neque ad meritum vitae aeternae quidquam confert.

R. 2. Etiam e contrario vitia acquisita per virtutes infusas non statim exstinguuntur, etsi suo modo diminuantur. Quare homo post longam vitam peccaminosam conversus et iustificatus inclinationes ad malum naturaliter insitas et acquisitas adhuc retinet, atque pugna opus est, ut eas paulatim evellat.

R. 3. Notari meretur homines iustos, qui sunt in gratia sancti- 449 ficanti, et homines peccatores, i. e. eos qui gratia sanctificanti privati exsistunt, longe aliter se habere, quando exercent actus virtutum. — Posteriores enim acquirunt quidem vel augent naturalem habitum seu facilitatem similes actus deinceps exercendi; sed nihil proprie apud Deum merentur. Idque etiam verum est, si forte excitati gratia actuali huic excitationi consentiant atque gratia porro iuvante supernaturaliter agunt: in quo casu de congruo quidem ulteriora Dei auxilia sibi mereri possunt, nihil possunt mereri de condigno. Iusti autem supernaturaliter agendo sane eodem modo naturalem facilitatem secundum exigentiam virtutis, quam modo exerceant, deinceps agendi sibi augent; sed insuper crescunt per modum meriti condigni in virtute supernaturali infusa, neque in sola illa quam exercent, sed etiam in reliquis virtutibus infusis atque in ipsa sanctificanti gratia et caritate. Quodsi forte postea peccato mortali excidant e gratia sanctificanti, supernaturales virtutes ilico amittunt, non amittunt facilitatem naturalem.

VERACITAS ET MENDACIUM.

Casus. (127)

Gaudentius magister, quo melius pueros confitentes a mendaciis et a contemptu parentum deterreat, solet iis acclamare: „Os quod mentitur, ait Scriptura, occidit animam" (Sap. 1, 11) et: „Oculum, qui subsannat patrem, ... effodiant eum corvi de torrentibus, et comedant eum filii aquilae" (Prov. 30, 17). Quos pueros cum Arcadius missionarius postea cognovisset mendacia omnemque parentum despectum pro mortalibus peccatis habuisse neque ab iis cavisse, publice convocatos dedocet et Gaudentium graviter obiurgat.

Quaeritur 1° quid sit mendacium et quale peccatum.
2° quomodo parentum despectu a filiis peccetur.
3° quid iudicandum sit tum de Gaudentii, tum de Arcadii agendi ratione.

Solutio.

450   Ad quaesitum 1^m R. 1. Mendacium dicitur *locutio contra mentem,* cui multi addunt: *cum intentione fallendi;* quod sensu proprio et pleno ad mendacium non requiritur, causative et reductive quidem id aliquo modo omni mendacio inesse concedi potest.

Hinc mendacium non committitur ab eo, qui falsum dicit putans esse verum; at committitur ab eo, qui verum dicit putans esse falsum. Neque committitur ab eo, qui falsum ore quidem profert, tamen sensum falsum ad alios non dirigit seu *iis* falsum non loquitur. Hinc qui aperte falsa dicit, sciens et volens ut audientes ea ut falsa sumant, v. g. iocando, non mentitur.

Plerumque adest intentio fallendi, i. e. voluntas, ut ii, ad quos locutio dirigitur, ista falsa pro veris habeant; verum haec voluntas propria et formalis non requiritur, ut patet in eo, qui coram testibus a visu negat se aliquid fecisse, ne convinci possit ex propria confessione. In quo casu, cum fallendi impossibilitas adsit, adesse voluntas fallendi nequit. Nihilominus *aliquo* sensu etiamtum de intentione fallendi loqui fas est, quia loquens vult, ut, quantum est ex ipsa locutione, audiens sciri nequeat nisi falsum: haec fallendi intentio omni mendacio essentialis est.

Cf. de omnibus *Th. m.* I, 771. 772; Noldin II, n. 624 sqq.

R. 2. Mendacium distinguitur damnosum, officiosum, iocosum: *damnosum,* quod praeter errorem mere intellectualem aliud damnum causat;

officiosum, quod profertur ab aliquo, ut se alterumve ex aliqua difficultate expediat vel utilitatem aliquam percipiat — quod igitur alicui officio seu utilitati est;

iocosum, quo deceptio alterius in iocum et recreationem adhibetur. *Th. m.* I, 772.

R. 3. Mendacium qua tale seu sola mendacii malitia non est 451 mortale sed veniale peccatum (cf. *Th. m.* 1. c.): malitia mortalis, si adest, extrinsecus infertur; eaque adesse potest in solo mendacio damnoso; si enim grave damnum causatur, peccatur mortaliter; venialiter, si leve.

R. 4. Nihilominus consuetudo mentiendi periculum graviter peccandi facile inducit; siquidem periculum est ne, qui solet mentiri, a mendacio non abstineat, etsi advertat grave damnum secuturum esse, vel ne forte etiam cum mendacio iuret vel ad alia peccata gravia viam sibi planam faciat. Quo sensu S. Scriptura dicit: „Os, quod mentitur, occidit animam", non quod formaliter animi mortem inducat, sed quia ad eam disponit.

Ad quaesitum 2^m R. 1. Despectus serius et gravis erga parentes, 452 etsi intus tantum concipitur, grave peccatum est.

R. 2. Signa illa externa, quae eiusmodi despectum gravem denotant, cum advertentia coram parentibus edere etiam grave peccatum est, etsi forte intus despicientia gravis absit; ex natura enim sua haec supponuntur ex eiusmodi gravi despicientia oriri atque parentes graviter offendant necesse est. Magis etiam peccata gravia sunt, si revera internus despectus ea comitatur.

R. 3. Hoc igitur imprimis valet de filiis adultis vel adulescentibus. Nam si de pueris sermo est, eorum inadvertentia et malitiae defectus ratio est, cur et absit interna despicientia gravis, et cur signa, quae alias pro gravi despectu haberentur, aestimentur minoris. Immo si res est inter homines rudes et incultos, non ilico ea pro gravibus habenda sunt, quae gravia sunt inter homines ingenuos et excultos. Cf. S. Alph. III, 334, qui ait: „in his et similibus (scil. in conviciis erga parentes) saepe excusantur filii a mortali propter indeliberationem actus, ut notant Bonacina et Elbel."

Ad quaesitum 3^m R. 1. Male omnino egit Gaudentius, falso 453 applicans verba S. Scripturae ad quaelibet mendacia vel in parentes convicia. Debuit certissime explicationem dare, si hac ratione pueris voluerit metum incutere. Potuit pericula indicare atque sanctum Dei timorem excitare, qui horrere doceat etiam levissima peccata; sed pessimum est falsas conscientias facere in ruinam animarum et ea pro mortali peccato proponere, quae veniale non excedunt. Neque iuvit intentio vel ipsa spes frequentiae peccatorum, licet venialium, minuendae. Qui ita cogitat, nescit quid faciat, non aestimans longe praestare, sexcenta venialia peccata fieri, quam unicum peccatum mortale.

R. 2. Arcadius zelum quidem habuit, sed non secundum scien- 454 tiam. Optime egisset, si in confessionali ipsos illos pueros, quos falsa conscientia laborare cognoverit, dedocuisset: immo potuit etiam uni alterive puero perspicaciori dicere, si putet alios pueros esse in eadem persuasione, bonum esse eos melius instruere et quae ipse audierit in confessione cum aliis communicare. — Publice autem ad hoc pueros convocare, ut eos instrueret, erat manifestatio eorum, quae habuit ex auditis confessionibus, atque contra sigillum confessionis. Summum potuit in ea instructione, quae consuevit haberi pro pueris, *etiam haec* tangere, ita tamen, ut non appareret ullo modo se ex notitia confessionis procedere. Sane potuit optime id perficere, si v. g. ex ordine docuerit pueros, quae sint peccata et quam gravia, quae a pueris facilius possint committi. — Similiter Gaudentium reprehendere, nisi licentiam habuerit a confitentibus, erat ex parte Arcadii contra sigillum confessionis; in genere autem dicere magistros et instructores cavere omnino debere, ne falsas faciant conscientias neve aedificent pro gehenna, nihil indicans ex confessionibus auditis, missionario utique licuit. — Ceterum de his confer, quae dicta sunt in vol. II huius operis a n. 530 et deinceps.

DE RESTRICTIONE MENTALI.

Casus. (128)

Proclus, qui inimicum occidit, interrogatus de vicino, contra quem suspicio orta erat, num vidisset illum tali et tali hora armatum domo exeuntem, id secundum rei veritatem affirmat ac propterea ut testis vocatus idem ex odio iuratus confirmat: quo fit, ut vicinus, homicidii vix non plene convictus, ad perpetuum carcerem condemnetur.

Alia vice similiter interrogatus de Iasone amico, qui furti suspectus erat et furtum re ipsa quidem commiserat, at non hoc furtum de quo quaerebatur, sed longe insignius in alio loco patratum. Iurat igitur Proclus se Iasonem exeuntem non vidisse, cum re vera viderit; immo se circa illud tempus in loco plane dissito observasse hominem, quem non recognoverit quidem, sed hominem Iasoni plane similem: cogitat nimirum intra se omnes homines sibi esse similes.

QUAERITUR 1° quid sit restrictio mentalis, quae et quando licita.
2° quid iudicari debeat de variis Procli testimoniis.

Solutio.

455   AD QUAESITUM 1ᵐ R. 1. Restrictio mentalis est suppressio alicuius circumstantiae seu rei addendae eiusque *in mente* retentio, vi cuius rei addendae tantum verba prolata determinatam et completam veritatem habent. Sine illa additione verba prolata vel non habent verum sensum vel habent sensum vagum, non satis determinatum, seu ambiguum.

Circumstantia seu additamentum illud suppressum aut ex aliis circumstantiis suppleri potest, v. g. ex condicione loquentis vel audientis, ex loco, tempore etc.; aut humano modo suppleri seu intellegi nequit. In posteriore casu est restrictio *pure mentalis,* in priore *late mentalis.*

R. 2. Restrictio pure mentalis, in qua sensus verus *nullo modo* exprimitur, sed vel insita verborum vi vel ex aliis adiunctis sensus falsus necessario colligitur: idem est atque mendacium; hinc peccaminosum.

R. 3. Restrictio late mentalis non est proprie dictum mendacium; 456
nihilominus mendacio aequivalet, quando interrogans ius habet ad
plenam et apertam veritatem; alias licet ea uti ex iusta causa, immo
pro circumstantiis adhiberi debet. Ratio est, quia locutio cum restrictione late mentali non est determinate falsa, siquidem sensus locutionis a quovis rationabiliter sumi debet et sumitur simul ex adiunctis;
sed tantum non continet totam veritatem, cum pars quaedam, circumstantia, silentio prematur. Sic v. g. qui circa meridiem interrogatus
num ederit respondet: *„Non"*, certe non vult significare se numquam
edisse, sed se prandium hodiernum nondum sumpsisse; neque mentitur,
etsi ante horam ientaculum sumpsisset.

In hoc casu additamentum quidem, quod loquens mente retinet,
sed quod necessarium est ad plenam veritatem, facile a quovis sup-
pletur. Neque tamen id *adeo facile* suppleri necessarium est, ut
locutio sit a mendacio immunis. Immo quando is, ad quem locutio
dirigitur, ius non habet ad plenam veritatem, sed indebite vel iniuste
interrogat, fieri potest, ut loquens *studiose* celare possit vel reticere
aliquid, quo demum addito determinata et plena veritas habeatur.
Atque pro circumstantiis licebit loquenti positive intendere, ne audiens
plenam et determinatam veritatem percipiat vel etiam suspicetur,
permittens interim, ut is sua propria praecipitantia in positivum
errorem incurrat. Haec necessaria esse possunt, ut secreta gravissima
sarta tecta serventur. Exempla habemus in dictis ipsius Christi Domini (cf. Ioan. 7, 8; Marc. 13, 32): quibus evidens fit, non posse
omnem restrictionem mentalem esse peccaminosam. Th. m. I, 773;
S. Alph. III, 152; Noldin II, n. 627 sqq.

R. 4. Quando iure meo possum (videlicet ex causa rationabiliter
gravi vel proportionata) celare veritatem, non tamen ad id obligor:
licebit mihi uti restrictione late mentali. Quando ex aliqua causa
propalatio veritatis ex parte mea peccatum fuerit, interrogatus de ea
re, restrictione late mentali uti *per se debeo.*

AD QUAESITUM 2ᵐ R. 1. In *priore* casu debebat Proclus celare 457
factum illud verum, illud scilicet cum restrictione negans[1], eo quod
non licuit vicinum in capitis poenam iniustam conicere. Plane enim
scit Proclus vicinum domo non exiisse ex intentione istius homicidii;
interrogatio autem de solo illo exitu intellegi potest et debet, *qui*

---

[1] *Negare* aliquam rem non haberi pro mendacio, si putetur adesse gravioris
necessitatis causam, cur veritas celetur, communi persuasione hominibus insitum est.
Sollemne exemplum habes ex iis, quae Friedjung in libro qui inscribitur *„Kampf
um die Vorherrschaft in Deutschland (Pugna de hegemonia in Germania)"* I, 326
narrat. Refert enim, cum gravissimum dissidium exsisteret anno 1866 inter Borus-
siam et Austriam atque bellum iam immineret, Guilielmum I regem Borussiae ab
Elisabetha regina vidua, fratria sua et matertera imperatoris Austriae, interrogatum
esse, num revera iniisset foedus contra Austriam cum Italia; regem autem, cum
noluisset secretum ad rem publicam spectans cognatae imperatoris Austriae prodere,
factum illud, quod re ipsa locum habebat, incunctanter *negasse.* Quo autem sensu
eiusmodi locutio haberi possit pro restrictione non pure mentali, quam ex causa
proportionate gravi liceat adhibere, explicatur fusius in *Th. m.* I, 773.

fortasse fuerit via ad homicidium: de illo enim solo exitu ius inquirendi et respondendi est. — Quamquam igitur Proclus non commisit mendacium proprie dictum, tamen graviter peccavit, etiam secluso suo odio, per solam illam affirmationem, idque *saltem contra caritatem;* immo puto confirmationem illam iudicialem fuisse *contra iustitiam,* nisi addiderit sibi tamen persuasum esse vicinum suum non ex intentione homicidii exiisse, idque — quantum possit sine suo gravissimo periculo — credibile fecerit. Sed haec huc non pertinent; neque huius loci est disputare de obligatione damni reparandi.

R. 2. In *posteriore* casu licuit Proclo restrictione illa uti, qua negavit se vidisse Iasonem exeuntem, quia re vera in ordine ad illud furtum, de quo quaerebatur, non exivit; quod autem exierit ad aliud furtum perpetrandum, hic nondum venerat in quaestionem. Attamen generatim in eiusmodi casu, sicut noster est, licebit etiam fateri, tum ut fiat pro securitate publica quaedam inquisitio contra illud furtum a Iasone re vera patratum, si ille furtis assuetus est, tum ne is, qui interrogatus a magistratu restrictione responsum declinat, postea ipse difficultatibus involvatur vel etiam periurii accusetur.

R. 3. Quod autem Proclus in posteriore casu addit, quo securius Iasonem ab omni suspicione defendat, a malitia mendacii non potest excusari. Nam 1) sine ulla iusta causa ad restrictionem hanc recurrit; 2) tali utitur restrictione, quae sit pure mentalis. Qui enim de similitudine inter homines loquitur, loqui rationabiliter nequit de illa similitudine, quam omnes homines ratione naturae humanae habent inter se, sed de aliqua similitudine speciali, i. e. in exterioribus, necessario loqui et intellegi debet.

GRATITUDO ET INGRATITUDO.

Casus. (129)

Nicander, puer egenus a Paulo susceptus et educatus omnibusque litteris instructus, postea huic aemulus exstitit in candidatura publici officii. Atque ita fit, ut contra Paulum aversionem concipiat, male de eo loquatur, atque demum in iudicio falsi criminis testis exsistat, quod se a Paulo patratum audivisse dicit — ut vere audivit, sed quod ab altero patratum esse scit.

QUAERITUR 1° quae sit gratitudinis officium, malitia ingratitudinis.

2° quomodo Nicander in Paulum peccaverit.

Solutio.

AD QUAESITUM 1ᵐ R. 1. *Positiva* gratitudinis officia revocari fere possunt ad beneficii aestimationem, recordationem, retributionem, gratiarum actionem. Quorum officiorum neglectus vix umquam grave peccatum evadit, nisi negativi officii laesionem gravem, i. e. gravem ingratitudinem simul, implicite saltem vel aequivalenter, contineat.

R. 2. Si benefactor forte inciderit in gravem necessitatem, atque ille, qui antea beneficiis ab illo auctus fuerit, possit opem ferre, certe facilius erit obligatio *ei* succurrendi, quam cuilibet extraneo, atque ordo caritatis postulat omnino, ut praeferatur.

R. 3. Ingratitudo imprimis adest eaque formalis in contemptu beneficii et benefactoris, quem quis eo animo fovet, ne videatur esse obnoxius. Ut autem mortale adsit peccatum *ingratitudinis,* supponitur magnum beneficium et requiritur contemptus *gravis.* — Dein ingratitudo committitur malum pro bono reddendo; quodsi igitur grave malum inferatur vel ratione modi gravi iniuria benefactor afficiatur, certe peccatur mortaliter; verum ut praeter communis caritatis vel iustitiae laesionem *accedat nova* species *ingratitudinis mortalis,* magnus excessus in malo quod infertur, vel in modo quo infertur, committi debet. Cf. *Th. m.* I, 768. 769.

AD QUAESITUM 2^m R. 1. Nicander sane graviter peccavit contra Paulum ratione laesae caritatis et iustitiae. Immo in tam atroci iniuria, qua sciens et volens eum gravis criminis commissi false arguit, videtur reus esse etiam specialis ingratitudinis mortalis: hanc tamen *novam* malitiam *gravem* non contrahit qualibet diffamatione, ne ea quidem, quae ratione diffamationis gravis fuerit.

R. 2. Nicandrum autem non excusari a peccato falsi testimonii propterea, quod re ipsa audierit alios in Paulum calumniam proferentes, ex iis, quae postea de testibus dicenda sunt, apparebit.

PIETATIS OFFICIA ET SIMILIA, QUAE QUARTO DECALOGI PRAECEPTO RECENSENTUR.

PIETAS FILIALIS — OFFICIUM PARENTUM (I).

Casus. (130)

Severus, curis et clamoribus, quos sustinere debet a pueris suis, pertaesus, iis saepe precatur: „utinam Deus morte vos auferat"; nuper contra filium adultiorem, qui manum contra ipsum attollere ausus erat, Deum iustum iudicem appellat, qui infortunio et matura morte indignum filium puniat; alios etiam filios prioris sui matrimonii, a noverca instigatus, ut spurios fere tractat, iam nunc testamento cavet, ne quid ultra legalem portionem accipiant, quo abundantius filiis secundi matrimonii provideat; hos studiis applicat litterarum et scientiarum, illos artibus opificum addiscendis addicit.

Quaeritur 1° quae sint officia parentum erga filios.
2° quomodo Severus peccaverit in singulis casibus.

Solutio.

461   Ad quaesitum 1^m R. 1. Parentes debent filiis internum affectum et externam opem: amorem et necessariam bonorum procurationem eamque tum corporalium tum spiritualium bonorum.

R. 2. Peccant igitur parentes speciali peccato contra pietatem:
1) si filios odio habent malaque optant;
2) si mala iis inferunt;
3) si neglegunt quae ad vitam victumve prolis necessaria sunt, sive ante prolis nativitatem sive postea;
4) si neglegunt vel diu differunt baptismum prolis, cum aeternae salutis periculo;
5) si educationi instructionique non provident vel scholis pravis filios committunt;
6) si correctionem omittunt, pravo exemplo et scandalo sunt;
7) si vitae statui pro condicione sua vel filiorum ad eum aptitudini procurandae non provident; si convenientem vocationis electionem impediunt vel invitos ad certum vitae statum cogunt.

Cf. Noldin II, n. 286—292; Aertnijs l. 3, n. 154 sqq.

462   Ad quaesitum 2^m R. 1. Parentes, si ex impatientia quadam filiis mortem exoptant, ut in *priore* casu Severus fecit, id generatim non faciunt ex animo — quare ex hoc capite a gravi peccato excusantur.

Caveant nihilominus, ne eiusmodi imprecationibus filiis scandalo sint, exemplo suo maledicendi consuetudinem eos edocentes. — Magis etiam a gravi vel ab omni peccato excusantur, qui id solum optant, ut Deus innocentes filios auferat atque a periculis huius mundi aeternaeque mortis praeservet.

R. 2. In *altero* casu, quo Severus Dei vindictam serio invocavit, certe graviter peccavit. Quamquam enim filius gravissime peccavit, atque Deus hoc filii peccatum, nisi resipuerit, gravissime castigaturus est: nihilominus Dei, non hominis est, hanc vindictam decernere. Nunc autem ipse Deus vult hanc filii resipiscentiam, non poenam, vel, si vult poenam, hanc vult in filii bonum, non in eius interitum; multo minus vult hominem alterum alterius desiderare interitum. Severus autem ostendit se ipsum filii malum seu infortunium ut tale desiderare, quod odii et vindictae illicitae est.

R. 3. Male tractans filios prioris uxoris eosque notabiliter aliis postponens etiam graviter peccat Severus: immo non solum externa actione, sed etiam defectu interni amoris, quem videtur vix retinuisse ullum, graviter peccavit.

R. 4. Parentes quidem, si iustam causam habent, non peccant, si filiorum hereditatem ad legitimam portionem restringunt, dummodo filii hac ratione non relinquantur graviter indigentes. Verum alios filios restringere ad partem legitimam, alios eo magis ditare sine iusta gravique causa a parte rei, sed ex solo inordinato affectu, id aequum amorem nimis laedit atque ex sese ansam praebet discordiarum inter fratres; quare communiter hoc parentibus grave peccatum est, idque censeo in casu Severi re ipsa obtinuisse.

R. 5. Si condicio Severi inferior est, certe ex se non peccat, si curat filios arte aliqua opificum instruendos, neque consulendum est, ut omnes filios suos ad altiorem statum evehat. Neque peccat per se unum prae aliis studiis litterarum applicando, si modo id facit in eo qui maioris videatur ingenii et qui ex intentione non prava studiorum sit amans, dum alii fortasse artes inferiores addiscere praeferunt. Verum ex sola iniqua praedilectione hoc modo filios alios aliis praeferre, vel potius alios aliis postponere, in nostro casu Severo crimini verti debet, ita ut etiam hac ratione a gravi peccato non videatur immunis.

PIETAS FILIALIS — OFFICIUM PARENTUM (II).

Casus. (131)

Theodoricus ex Lea filium suscepit, quem ambo famae tuendae causa curant in orphanotrophio educandum. Post annos fortuna notabiliter aucta, matrimonium ineunt, complures suscipiunt filios, quos more divitum et nobilium educant, priore filio in inferiore condicione et ignorantia sui ortus relicto. Conscientiae autem stimulis agitantur, ex una parte timentes, ne tam dissimili tractandi modo in primogenitum suum peccent, ex altera parte timentes diffamationem et scandalum ex tam sera agnitione filii sui secuturum.

238 De virtutibus et officiis erga homines. — Virtutes iustitiae annexae.

Quaeritur 1° quid educatio et providentia debita, si obligationem parentum spectas, comprehendat iure naturali et iure positivo.
2° quid dicendum sit de Theodorico et Lea quoad primogenitum eorum filium.

Solutio.

465 Ad quaesitum 1ᵐ R. 1. Ante omnia parentes curam habere debent vitae spiritualis omnis suae prolis. Quare, sive de legitimis filiis agitur sive de illegitimis, curari debet baptismus, dein curari debet bona atque catholica educatio.

R. 2. Dicendum est cum Busenbaum et S. Alphonso (ibid. III, 336): „Pater tenetur proli non tantum legitimae, sed etiam — in quo ius civile a canonico correctum est — spuriae curare alimenta, hoc est cibum, potum, vestitum et honestas artes, *iuxta suum statum*, nisi tamen aliunde se alere possit et non indigeat."

R. 3. Illud „iuxta statum suum" communiter quidem de statu parentum vel patris intellegitur, qui statum suum filiis communicat. Verum si quando statum suum filiis non communicare iis liceat, sufficit providere filio secundum *eius* statum in quo collocatus est.

466 R. 4. Communiter igitur tenentur parentes cum filiis suum statum suamque condicionem communicare, *eos pro filiis agnoscentes.* Quod Busenb. et S. Alph. l. c. ita exprimunt: „Graviter peccant parentes, qui sine iusta causa prolem in hospitali vel locis publicis exponunt. Iusta autem causa est, si proles sit illegitima."

R. 5. Filii illegitimi ex parentibus ad matrimonium inter se aptis progeniti subsequenti quidem matrimonio legitimantur ipsa re, idque tum canonica tum civili lege statuitur: verum civilis lex, ut eos legitimis accenseat, requirit legalem ex parte parentum agnitionem vel formalem et iudicialem, vel implicitam per non-contradictionem.

467 Ad quaesitum 2ᵐ R. 1. Fuit quidem Theodorico et Leae, cum ipsis filius illegitimus nasceretur, servanda fama gravis ratio, cur crimen suum tegerent filiumque orphanotrophio committerent, si modo cautum est bonae catholicaeque educationi. Si igitur pro sua condicione quam habebant de apta educatione pacti sunt, *hac re* non peccaverunt.

R. 2. Si post auctam fortunam matrimonium inter se inierunt — atque etiam tempore concepti vel saltem nati filii ad id apti erant — eo ipso filius evasit canonice legitimus. Verum si causa diffamationis timendae perseverat, non tenentur cum tanto suo incommodo filium illum ad se advocare: ad quod eo minus tenentur, si lapsu temporis aucta est familia et pro eo tempore mala ex agnitione filii subsequenti timenda etiam sunt aucta.

R. 3. Cum filius ille primogenitus re ipsa canonice evaserit legitimus, videtur ratione hereditatis quoddam ius habere accipiendae partis legitimae omnium bonorum, quae parentes ob auctam fortunam possident: quae sane per intermediam personam ad filium transmittenda foret. Verum obligationem strictam, si difficilis fuerit impletu, non ausus sim imponere, quia bonorum temporalium iura lege civili reguntur eaque filio non legaliter agnito ius civile non tribuit. Omnino autem curari debet, ut, quae secundum supra dicta ius naturale postulat, exsistant impleta.

R. 4. Sitne consulendum, ut post auctam parentum fortunam educatio illius filii nobilior fiat eiusque status altior, an in prima sua condicione filius retinendus, ex compluribus causis dependet. Imprimis igitur videri debet, num educatio iam sit finita statusque vitae certus iam susceptus vel inchoatus; num eiusmodi mutatio filium re vera feliciorem reddat; maxime utrum eius bono spirituali aeternaeque saluti melius vel aeque bene consulatur, an potius pericula creentur. Secundum has rationes prudenter perpensas statuendum est, quid nunc facere expediat.

PIETAS FILIALIS — OFFICIUM FILIORUM.

Casus. (132)

Rudolfus puer confitetur se parentibus saepius inoboedientem fuisse, eos irrisisse, ad iram et lacrimas provocasse; cum mater punire vellet, se ei restitisse eique malum optasse.

Quaeritur 1° quae sint officia filiorum erga parentes.

2° quomodo Rudolfus peccaverit.

Solutio.

Ad quaesitum 1^m R. 1. Officium filiorum, quod communi nomine *pietatis* dicitur, continet specialem *reverentiam, amorem, oboedientiam*.

Ratione *reverentiae* praecipitur, praeter internam aestimationem, pro tempore et more etiam externum honoris signum; prohibetur internus contemptus, externa contumelia.

Ratione *amoris* praecipitur internus affectus benevolentiae et externa in necessitatis casu opitulatio tum corporalis tum spiritualis, prohibetur speciali modo odium similisve aversionis affectus atque mali illatio.

Ratione *oboedientiae* filii ligantur non in perpetuum, sed tempore subiectionis, idque ad praestanda ea quae parentes serio praecipiunt in ordine ad bonos mores ordinemque domesticum.

R. 2. Si quando haec officia notabiliter seu deliberate et in re gravi laeduntur, peccatur mortaliter; si vel in re levi vel ex inconsideratione et levitate, venialiter peccatur.

Th. m. I, 790 sqq.; Aertnijs l. 3, n. 148 sqq.; Noldin II, n. 281 sqq.; Baller.-Palm. tr. 6, sect. 4, n. 1—20.

Ad quaesitum 2^m R. 1. In pueris laesio pietatis, nisi excessum committant, communiter est venialis; communiter enim in oboedientia res levis est, atque in toto pietatis ambitu laesio fit ex quadam puerili inconsideratione; aliter accidere potest in filiis maioribus, qui iam adolescunt.

R. 2. Rudolfus *inoboedientia*, si fuerint res quotidianae, censetur venialiter tantum peccasse; *irrisione,* si fuit post tergum parentum, etiam venialiter, immo etsi coram parentibus, non facile mortaliter, quia supponitur abfuisse gravis contemptus internus et plena advertentia.

R. 3. *Provocando ad lacrimas* dici nequit Rudolfus mortaliter peccasse, si ipse egit ex levitate, et quaestio est de matre quae ad lacrimas prona est. — Aliud plane dici debet de filiis vel filiabus maioribus, qui superba et amara tractatione parentes ad lacrimas usque contristant.

R. 4. *Optare malum* ex se mortale peccatum est, si modo de gravi malo agitur, non de re plane levi, sicut accidere potest in puero qui solum optat effugere poenam et cupit, ut mater in incessu fallat, ut ipse possit effugere.

R. 5. Demum *resistere* positive manus iniciendo vel minando ex se grave erit peccatum, atque etiam in Rudolfo puero id fuerit, nisi re ipsa sine sufficienti consideratione egerit: quod confessarius indagare debet.

PIETAS FILIALIS A FILIO LAESA.

Casus. (133)

Rogerius, filius 19 annorum, male morigeratus, rationem in vino sopit, domum reversus contra matrem insolescit, conviciis eam onerat, vix a verberibus abstinet. Quod cum iam saepius egisset, demum pater ei praecipit, ut, si sibi manere velit filius, in cauponam ne amplius pedem inferat et sequenti dominica die cum Deo reconciliationem in Sacramento paenitentiae quaerat. Haec quidem Rogerius neglegit, sed cavet ne ebrius *domum revertatur,* sed potius apud amicum devertitur.

QUAERITUR quomodo Rogerius peccaverit.

Solutio.

AD QUAESITUM R. 1. Convicia quidem ab ebrio prolata non ita aestimantur, neque *hac ratione* censetur ab ebrioso ebrietate graviter peccari. Verum Rogerii convicia videntur atrocia fuisse, atque saltem comminatio verberum, a quibus infligendis vix abfuit, est gravis contra matrem iniuria et irreverentia, quam sub gravi filius debebat evitare. Prima igitur vice, si forte nescivit se in statu ebrietatis ad illos excessus proclivem esse, potuit ratione istarum iniuriarum a mortali peccato excusari, etsi ebrietate ipsa mortaliter peccaverit; verum, cum iam ex consuetudine nosset excessus suos, eo ipso quod se inebriaverit, graviter peccavit contra pietatem, satis probabiliter praevidens se matrem iniuriose tractaturum esse. Idque verum est, etsi ebrietas ratione sui non fuerit plena nec mortalis.

R. 2. Pater, ut in casu est, filio imposuit serium praeceptum, idque plane intra limites paternae potestatis. Quare hoc violando Rogerius denuo graviter peccavit, tum frequentans cauponam, tum neglegens reconciliationem cum Deo. Existimo tamen non fuisse gravem inoboedientiam: 1) si Rogerius per paucos dies vellet differre confessionem; 2) si post longum tempus et mutatos mores, periculo recidendi in ebrietatem re vera cessante, ad honestum haustum cauponam denuo ingressus esset.

PIETAS FILIALIS A FILIO LAESA (II).

Casus. (134)

Lucinae, filiae 16 annorum, mater leviter aegrotans mandat, ut sibi resarciat et componat vestes dominicales pro crastino. Quod Lucina aegre ferens respondet se non facturam, nisi supersit tempus ex praeparatione ad choreas, quibus hoc vespere interesse debeat; amicae adstanti submisse addit vetulam illam ipsam sibi suas res curare posse: quod mater subaudiens amare flet ob tantam filiae superbiam et petulantiam, quae loco adiutorii matri praestandi choreas cogitat, ubi habere possit conventum cum iuvene a patre ob gravem causam serio interdictum.
Quaeritur quid de agendi ratione et peccatis Lucinae iudicandum.

Solutio.

Ad quaesitum R. 1. Ratione *solius inoboedientiae* erga matrem 471 multum pendet ab adiunctis, utrum Lucina graviter peccaverit necne. Si responso suo eiusque modo significare voluerit se exsecuturam quidem esse rem impositam, sed velle nonnihil differre, graviter non peccavit. Si potius voluit simpliciter indicare sibi in animo non esse illam rem exsequi, et ipsa res matri gravis erat, eo quod v. g. alias vestes dominicales quibus pro condicione sua appareret non habebat, Lucina ratione solius inoboedientiae peccavit graviter. Quodsi pro matre perinde erat, sive haberet has vestes refectas sive alias, quae erant integrae neque id multum aestimabat; inoboedientia, utpote gravi carens materia, erat venialis.

R. 2. Verba illa addita, superbia et irreverentia plena, si dicta 472 sunt ita, ut Lucina vellet ea a matre audiri, vel praevideret ea de facto a matre audienda esse: denotat peccatum *grave* contra reverentiam. Si vero contra intentionem et exspectationem Lucinae a matre audita sunt, non censentur peccatum *grave*, nisi forte internus contemptus gravis adfuerit. Cf. S. Alph. l. c. n. 334.

R. 3. Quod ad conventum cum iuvene spectat, videtur agi de mutuis amoribus atque periculo bonorum morum. Quare non solum ex ipsa re, sed etiam ex patris praecepto res est Lucinae prohibita; quapropter eo quod cogitavit seu paravit hanc conventionem, graviter contra oboedientiam peccavit.

OFFICIA ERGA PARENTES ET STATUS VITAE ELECTIO.

Casus. (135)

Celerinus, iuvenis 17 annorum, cum fervidis precibus peractis se sentiat impelli ad vitam religiosam, parentibus non valedicens se ad monasterium confert: quem discessum pater aegerrime ferens graviter praecipit filio, ut domum revertatur et patris examini consilium suum subiciat.

Anna, illius soror maior, cum iuvene suae condicionis quidem non divite sponsalia init, inconsultis parentibus, quos scit velle ut ditiori nubat: re cognita pater vult ut sponsalia solvat.

Quaeritur 1° quae sit filiorum obligatio oboedientiae erga parentes, parentum ius in electione status.

2° quid de agendi ratione filiorum eorumque obligatione in casu.

Solutio.

473 Ad quaesitum 1ᵐ R. 1. S. Thomas Aq. loquens de oboedientia *hominibus* debita etiam de oboedientia filiorum erga parentes in 2, 2, q. 104, a. 5 dicit: „Tenetur autem homo homini oboedire in his, quae exterius per corpus sunt agenda; in quibus tamen secundum ea, quae ad naturam corporis pertinent, homo homini oboedire non tenetur, sed solum Deo, quia omnes homines natura sunt pares, puta in his quae pertinent ad corporis sustentationem et prolis generationem. *Unde non tenentur nec servi dominis nec filii parentibus oboedire de matrimonio contrahendo vel de virginitate servanda* aut aliquo alio huiusmodi."

R. 2. Quando agitur de capessendo statu perfectionis seu religioso, communiter non convenit admodum, circa hanc rem consilium capere a parentibus, quia naturalis amor et rei de qua agitur ignorantia facilius eos reddit malos consiliarios. Si autem, re cum confessario vel spirituali directore communicata, firmum propositum fuerit conceptum, saepe impossibile vel etiam minus prudens est id cognatos celare; immo si nimia resistentia non timetur, expedit propositum parentibus pandere, ut cum eorum benedictione negotium peragatur. Si vero gravem eorum resistentiam vel conatum rem impediendi, licet causae iustae non adsint, filius praevideat, melius per se est, etiam invitis et insciis parentibus rem exsequi. Attamen considerandae sunt circumstantiae loci, temporis etc.

474 R. 3. Quamquam etiam in ineundo matrimonio filii voluntati parentum non subiacent, neque parentes eos impedire per se possunt sive a matrimonio in genere sumpto sive a matrimonio cum certa persona alioquin apta et convenienti: attamen si iustam causam habent certo cuidam matrimonio contradicendi, filius seu filia peccant matrimonium illud contra parentum voluntatem ineundo. Immo generatim peccant, si matrimonium promittunt vel ineunt inconsultis parentibus. Qui si iniuste contradicunt, filiis nihilominus licet matrimonium inire; idque etiam civili lege conceditur ipsis filiis minorennibus, postquam parentum causa iniusta agnita fuerit iudicialiter.

475 Ad quaesitum 2ᵐ R. 1. Celerinus per se non peccavit; immo si graves difficultates sibi exorituras esse praeviderit contra vocationem, per se bene fecit ne indicando quidem rem et locum: aliquo tamen modo pietas postulabit, ut post factum parentibus nuntiandum curet, quid de se factum sit.

R. 2. Spectatis autem circumstantiis, imprudenter actum est, quod ita ex abrupto totum negotium perficeretur. Celerinus enim, cum minoris sit aetatis, per leges civiles cogi potest, ut patri restituatur. Quodsi timendum est, ne intercedat iudicialis coactio, certe spontaneus discessus vel spontanea dimissio ex parte monasterii potius eligatur ad tempus, quam violenta abductio, quae etiam patris animum magis exacerbatura est. Attamen iussis patris non oboedire verum inoboedientiae vel pietatis laesae peccatum non est, eo quod pater ad ea iubenda coram Deo ius non habet.

R. 3. Anna sponsalia inire non debuit nisi sub condicione „nisi parentes ex iusta causa contradixerint". Verum sola maiorum divitiarum absentia non est iusta causa. Quapropter per se Anna sponsalia iam facta solvere non tenetur, immo ne ei licet quidem solvere; attamen si pater adeo restitit, ut ex matrimonio, si iniretur, graves et diuturnae inimicitiae orirentur: haec ratio Annae ius tribuit solvendi sponsalia. Confer, quae dicta sunt vol. II, n. 852 sqq.

PIETAS FILIALIS ET OBSERVANTIA ERGA MARITUM.

Casus. (136)

Sempronia uxor senem patrem pauperem cogitur sustentare in eiusque cura et servitio multum temporis impendere, nisi graves eius querelas et indignationem de filiae ingratitudine et duritie excitare velit. Ex altera parte maritus austerus et iracundus eam conviciis onerat propter commoda sua et res familiares neglecta. Quare Sempronia ex utraque parte pressa modo patri modo marito mortem exoptat orans Deum, ut se ab alterutro liberet.

QUAERITUR 1° quam obligationem curandi patris senis Sempronia habeat.
2° num et quomodo peccaverit.

Solutio.

AD QUAESITUM 1^m R. 1. Necessitatibus patris senis providere Sempronia omnino debet. Hoc enim est officium pietatis, quod etiam invito marito debet implere, immo etiam expensis mariti, saltem si propria bona Sempronia non habet. Nam maritus uxorem quae bona propria non habet sustentare debet; ad sustentationem autem requiritur, ut uxor secundum condicionem suam vivere possit, quae condicio in Sempronia ea est, ut onerata sit patris senis cura. *Ius novum German.* in omni casu eiusmodi expensis onerat *bona coniugum communia*, antequam bona separata alterutrius obligentur. Cf. ibid. § 1534.

R. 2. Nihilominus in definiendis necessitatibus attendi debet reliqua Semproniae eiusque mariti condicio et status. Si quae igitur ultra statum suum et statum filiae pater exigit, vel tempus nimium inutili et excessivo servitio vult ut sibi impendatur: ad haec Sempronia non tenetur, neque maritus tenetur ea uxori concedere vel permittere. Verum, nisi *necessitas* familiae aliud exigat, convenit, ut Sempronia erga patrem imprimis indulgentior quam severior sit, neque de hoc maritus rationabiliter potest irasci.

477   AD QUAESITUM 2ᵐ R. 1. Sempronia rea non est, ut casus omnino suadere videtur, neglectae curae patris; verum neque rea videtur esse neglectae curae mariti et rei familiaris: nam etsi commoda mariti non ita attendit, si modo *necessaria* praestat, excusari debet, cum impossibile ei sit et patri et marito plene satisfacere.

R. 2. Si *serio* optavit mortem sive patri sive marito — eam ita fecisse additae preces videntur innuere — graviter peccavit contra *pietatem*, atque impia prece contra *religionem;* neque mala seu amarae querelae, quas ipsa pati debeat, ratio sunt, cur extremum malum temporale aliis optet. Si vero Deum solummodo oravit, ut se a miseria liberet modo providentiae divinae probato, nihil statuens de morte patris vel mariti, hac re non peccavit.

R. 3. Animari igitur debet ad patientiam neque querelis sive mariti sive patris ita commoveri. Cum, ut patet, ne alterutri quidem satisfacere plene possit, studeat pro posse utrumque observare, cetera Deo commendare, gratiam patientiae ab eo petere. Elbel, *Conferentiae* P. III, n. 549.

OFFICIA FAMULORUM.

Casus. (137)

Hilda famula, cuius servitio domina pro futuro anno renuntiavit, cupit nunc ante tempus dimitti. Quare qualibet data occasione agit contra dominam, mandata neglegit, superbe respondet, vicinis narrat iurgia domestica, quae inter dominam eiusque maritum oriuntur, et quae a filiis ipsa pati debeat. Quare demum, tempore conductionis nondum elapso, domina eam dimittit, integra soluta mercede, ita ut per mensem mercenariae opera potius utatur.

QUAERITUR 1° quae sint officia famulorum seu famularum.

2° quomodo Hilda peccaverit.

3° num ius habeat ad integram mercedem.

Solutio.

478   AD QUAESITUM 1ᵐ R. Famuli tenentur erga dominos suos 1) ad fidelitatem, ne quae suae curae sunt commissa neglegant, neve secreta familiae propalent; 2) ad obsequium et oboedientiam in rebus sui servitii; 3) ad reverentiam. *Th. m.* I, 828; Gury, *Comp.* I, 383; S. Alph. III, 343 sqq.

AD QUAESITUM 2ᵐ R. 1. Cum saepius et de industria Hilda mandata neglegat, dubitari vix potest, quin graviter contra debitum obsequium peccet; utrum *singulis* vicibus in se sumptis graviter peccaverit annon, pendet ex rebus quae iubebantur.

R. 2. Superba responsione sine dubio etiam peccavit contra debitam reverentiam. Verum gravis irreverentia non adeo facile committitur, nisi verba contumeliosa coram proferantur.

R. 3. Res intra familiam gestas exteris communicare ex se est contra debitam fidelitatem. Quare si de rebus gravibus agitur,

i. e. sive de rebus graviter diffamantibus sive de aliis quas secretas teneri membrorum familiae multum interest, ista communicatione et divulgatione graviter peccatur. Alias, si videlicet sermo est de rebus iam notis vel non secretis vel non multum nocivis, peccatur leviter: quod videtur apud Hildam locum habuisse.

AD QUAESITUM 3^m R. 1. Ius ad integram mercedem Hilda non habuit, eo quod ipsa proterva sua agendi ratione causa erat, cur ante tempus dimitteretur. — Si autem leviores essent defectus, quos domina irrationabiliter ferret gravius, invita famula non posset dimitti; atque si dimitteretur, ius ad integram mercedem haberet, immo etiam ad aliorum damnorum, si quae fuerint, compensationem.

R. 2. Si Hildae propterea solvitur merces integra, quia domina timet dicteria vel litem, alias non solutura: Hilda eam ne retinere quidem posset. Si vero neque directe neque indirecte postulat, sed potius declarat se ius non habere, at a domina nihilominus merces integra solvitur, retinendi habet facultatem, non quia ius habuit, sed quia excessum ultra partem sibi debitam habere potest pro liberali dominae donatione.

Ceterum si manifeste adest causa iusta, ex qua etiam secundum leges positivas regionis famula ante tempus dimitti possit, neque famula quidquam contra dominam efficaciter in iudicio possit agere: solutio mercedis integrae, si fit, satis certo pro libera donatione haberi debet, quae secum non fert ullum onus restitutionis pro famula dimissa.

OBLIGATIO HERORUM — FAMULORUM IURA.

Casus. (138)

Getulia famula conqueritur apud confessarium, quod ad labores ultra contractum in seram noctem adigatur, quod impediatur saepius a celebratione dominicae et festorum, quod ab hero iam compluries sollicitationem passa sit et non parum vexetur ab aliis famulis malis: quodsi hanc condicionem praevidisset, se ne pro mercede quidem duplo maiore sese locavisse; sibi in animo esse compensationem occultam usque ad mercedem duplam sumere, vel, accepta mercede pro futuro bimestri per anticipationem, mox servitium relinquere.

QUAERITUR 1° quae sint obligationes dominorum erga famulos.
2° quomodo contra Getuliam ab hero vel domina peccetur.
3° quid in casu Getuliae liceat.

Solutio.

AD QUAESITUM 1^m R. 1. Domini famulos debent non dure sed benigne tractare; quare non ultra vires eos onerare possunt; si quid vero ultra contractum aliquando postulent, pro hoc specialem debent remunerationem. Si qui autem labores contractu definiti non sunt, quid exigere possint, quid non, consuetudine rationabili loci determinandum est.

R. 2. Debent solvere mercedem iustam, ideoque eam, de qua conventum est; si vero conventum non esset, saltem localem minimam. Quod posterius applica ad eos labores, qui ultra contractum a famulis non libere suscipiuntur, sed a iussis praestantur.

R. 3. Debent curam habere circa bonos mores famulorum; hinc:

1) opportunitatem praebere famulis, ut officia religionis implere possint;

2) invigilare, ne famulis sociis dent scandalum, neve ab iis patiantur;

3) magis tenentur abstinere ipsi a scandalo dando vel inferenda sollicitatione: verum cum hoc contra neminem liceat, attende: ut *specialis* malitia *nova* sollicitatione vel scandalo ab hero facto contrahatur, requiritur, ut famulus seu famula speciali heri curae, quasi loco parentum, commissi fuerint. *Th. m.* I, 827; S. Alph. III, 342; Gury l. c.

481 Ad quaesitum 2^m R. 1. Iniustitia contra Getuliam committitur eam ad excessivos labores adigendo. Verum si quando per exceptionem ob raras necessitates plus laboris ab ea petitur, non debet ita difficilem se praebere; id enim ubique potest accidere, idque solet a dominis etiam aliquo modo retribui vel compensari.

R. 2. Similiter dicendum est de opportuna requie festiva non data; ab ea enim impediri famuli non possunt, nisi forte occurrat ea necessitatis causa, quae sufficiat ad excusandum a lege illa ecclesiastica.

R. 3. Si mali adsunt famuli socii vel famulae, quae scandalo sint vel seducere tentent, hi, nisi admonitione resipiscant, relegandi seu dimittendi sunt. Immo si quando ob magnam utilitatem vel necessitatem herus eiusmodi famulos non eiciens excusari possit, nihilominus periculum saltem removere debet, quod aliis ex istorum consortio creatur, ne scilicet periculum seductionis maneat grave. — Quod ad seductionem ab hero attentatam attinet, satis est dictum in responso ad Quaes. 1^m; plerumque ancilla adigenda est, ut eiusmodi servitium deserat. De quo vide vol. II, quando tractatur occasio proxima eiusque deserendae obligatio.

482 Ad quaesitum 3^m R. 1. Ex eo quod Getulia dicat se ne pro dupla quidem mercede paratam futuram fuisse suscipere tale servitium, concludi nequit eam duplam mercedem iure exigere, idque etiam per occultam compensationem. Mala illa spiritualia, quae invita patitur, tentationes dico ab hero et a famulis suscitatas atque exclusionem a festiva requie, non sunt ex sese pecunia aestimabilia neque ius dant ad compensationem pecuniariam, etsi propter diversa incommoda qua personalia incommoda, quae certum servitium circumstant, *ex conventione* merces maior exigi possit. Solum illud, quod Getulia invita cogatur ad labores contractu maiores, ius dat ad quandam compensationem ultra mercedem stipulatam; sed ad duplam mercedem vix fieri potest ut ius conferant. Ideoque ad *aliquam* compensationem occultam ex aestimatione laborum indebitorum sumendam facile admitti potest Getulia, non ad *tantam*.

R. 2. Quod ad servitium heri sui derelinquendum post acceptam mercedem per anticipationem attinet, id ratione compensationis sane non licet, nisi ius ad compensationem tanti valoris adfuerit, quantus sit valor mercedis per anticipationem acceptae.

R. 3. Si vero ex contractu conductionis solutio per anticipationem facienda erat et facta est, postea vero famula iniusta tractatione, imprimis sollicitatione ad peccatum, ad deserendum servitium *cogitur*, ut suis erga Deum officiis satisfaciat: sane cum tota culpa apud herum sit, Getulia non tenetur per se ex recepta mercede aliquid reddere, si modo parata sit redire pro tempore contractus, quam primum secura reddatur de ablatis illis periculis atque iniuriis.

ELECTIO AD COMITIA.

Casus. (139)

In eligendis deputatis ad comitia publica, cum generatim inter diversas partes cum magno fervore decertaretur, Braulio, nolens malum eligere, sed timens ne, si viro bono catholico faveat, ex suffragio suo forte manifestato incommodum habeat, neque volens tempus et labores in rem fere inutilem impendere, ab electione abstinet. Leander vero, ut favorem domini sui sibi retineat, qui acatholicus est et „liberalis", huic suffragium dat.

Cum non pauci fuerint, qui simili modo cogitarent et agerent, factum est, ut catholicus candidatus ab aemulo superaretur.

QUAERITUR 1° quae sit obligatio partem habendi in eligendis publicis deputatis.

2° num et quomodo peccaverint Braulio et Leander.

Solutio.

AD QUAESITUM 1ᵐ R. 1. Postquam ex forma regiminis, quam *constitutionalismum* vocant, populus particeps factus est rerum publicarum per deputatos gerendarum, horum electio evasit pro populo officium atque obligatio, quae sicut omnis rei publicae gubernatio pertinet ad iustitiam legalem. Cf. Leon. XIII Const. *Immortale Dei*.

Singulorum autem obligatio concurrendi ad electionem, quae et quanta sit, ex diversis capitibus peti debet. Si enim spectamus *obligationem intrinsecus seu ex natura rei* oriunda, haec non est nisi ut iis deputatis eligendis provideatur, qui re vera bono communi consulant. Quare si praevidetur, id aut alioquin etiam futurum esse, aut id efficaciter curari non posse, singulorum obligatio ex se vel nulla vel levissima est.

R. 2. Aliquando lege statuitur, ut, qui eligendi iure fruantur, eo etiam uti debeant, nisi sint legitime impediti, idque poena addita sancitur. Quod ubi obtinet, *positiva obligatio* ex oboedientia accedit, ea tamen communiter non gravis sed levis est.

R. 3. Demum adesse potest obligatio naturalis ex causis accidentalibus oriunda, quae gravior sit neque infrequens nostris temporibus. Videlicet obligatio conferendi ad electionem ex eo exsistere potest, quod, nisi confluant viri probi ad eligendos deputatos bonos, hi deficiant vel mali eligantur atque praevaleant.

484   R. 4. Sitne *haec* obligatio in singulis electoribus gravis an levis, pendet ab eo, num morale sit periculum, ne quis suffragationem omittens causa sit, *cur malus eligatur isque efficaciter influere possit in mala facienda* vel non abroganda vel bona omittenda; maxime haec causa esse possit, cur fractio malorum praevaleat in comitiis.

Quodsi tale periculum non est, neque aliquis exemplo suo id procreet, existimo non-usum iuris esse vel nullum vel non grave peccatum, neque legis, si quae iubeat omnes uti iure suo, violationem esse gravem.

485   AD QUAESITUM 2^m R. 1. Quid de Braulii agendi ratione iudicari debeat, ex modo dictis patet. Cum magna dicatur adfuisse concertatio, iam facile sibi persuadere potuit rem catholicam non esse sine periculo. In his circumstantiis, quamquam ab uno suffragio raro res pendet, tamen considerari debet semper complures exsistere qui sive legitime sive illegitime non compareant; quapropter in tali dubio gravis erit obligatio pro singulis *in iis casibus,* in quibus factum illud, quod unus ille bonus candidatus succumbat, causa est alterutrius rei malae, videlicet causa cur vir malus qui efficaciter malus evasurus sit eligatur, aut cur saltem ipsa factio malorum *maiorem* numerum seu *pluralitatem* deputatorum acquirat.

486   R. 2. Agendi ratio Leandri *in se* etiam peior erat, maxime si hoc modo contulerit, ut catholici potestate sua destituerentur. Quodsi hoc non obtineret, videnda est penitius et animus condicioque Leandri et effectus suffragii, ut iudicetur, peccaveritne graviter.

Nam 1) dare suffragium viro malo ea mente, *ut ille vincat,* semper grave peccatum est: hoc est, suffragium formaliter pravo viro dare;

2) dare suffragium eiusmodi, ut excludatur etiam peior, non est peccatum, sed potest esse bonum, si modo nihil mali in ipso viro pravo approbetur: hoc erit, suffragium materialiter viro pravo dare;

3) dare suffragium viro pravo non ex animo sed quasi coacte, ne videlicet, qui fert suffragium, grave malum incurrat, potest a peccato gravi excusari, si hae condiciones simul occurrant, ut a) nulla *appareat* pravi viri eiusve tentaminum approbatio, b) efficax influxus in rem malam omnino absit: quae condiciones tum imprimis verificari possunt, si electio istius candidati aut nihilominus desperata aut iam aliunde certa est.

LAESIO AUCTORITATIS PUBLICAE.

Casus. (140)

Blasius, cum vino incalesceret, coram sociis in caupona invehit in ministros et reges: gubernia et principes iam esse abolendos, tributis denegandis eorumque solutione eludenda cives bene mereri; postea in publica ex adventu regis laetitiae significatione ipse ab omnibus abstinet, immo imagini principis domi illudit atque famulo mandat, ut talem imaginem publice expositam clam luto illiniat.

QUAERITUR 1° quae sint obligationes erga principes et magistratus.
2° quomodo Blasius peccaverit.

Solutio.

AD QUAESITUM 1ᵐ R. 1. Subditi tenentur erga eos qui publica 487 auctoritate funguntur ad *subiectionem* et *reverentiam*.

R. 2. Ratione subiectionis prohibentur a rebellione, obligantur ad iustarum legum observantiam et ad iustorum tributorum, quae exiguntur, solutionem; ratione reverentiae tenentur ad honorem pro maiore minoreve superioritate exhibendum, prohibentur a contemptu interno et externe a contumelia. Quod ipsa S. Scriptura exhibet ep. ad Rom. 13, 1—7.

R. 3. Peccaminosus semper est *auctoritatis* contemptus; contemptus *personae* peccaminosus est, si et quatenus fit sine iusta ratione.

Cf. *Th. m.* I, 797 et 798; Aertnijs l. 3, n. 177 sqq.

AD QUAESITUM 2ᵐ R. 1. Re obiective spectata verba Blasii gravia 488 continent peccata contra debitam subiectionem, redolent enim rebellionis et tributorum denegandorum suasionem seu ad gravia peccata instigationem. Subiective a peccato mortali excusari potest, si locutus est non ex animo neque cum periculo eiusmodi res aliis persuadendi, sed ex sola vana quadam gloriatione.

R. 2. Quod ab omnibus honoris signis Blasius abstinuerit, videri debet, ex qua ratione ita egerit. Si ex auctoritatis contemptu ita egit, graviter peccavit. Si vero iustam causam habuit, sicut haberi potest e. g. ad significandam tristitiam et indignationem, si quid mali et iniusti populus vel religio a principe perpessus fuerit, non peccavit, immo potuit obligatio sic agendi adesse, ne laetitiae significatio sumeretur pro approbatione legum iniquarum reique catholicae oppressae.

R. 3. Imaginem principis publice expositam dehonorare certe 489 gravis est contumelia, quae principi in eius imagine infertur, ideoque ex se grave peccatum. Possitne extrinsecus causa accidere, cur subiective grave peccatum non committeretur, non est huius loci inquirere.

Domi vero seu privatim, non coram aliis simile quid facere mortale esse potest ratione *contemptus interni,* si ille est mortaliter peccaminosus; ratione *contumeliae* non adest grave peccatum, eo quod contumelia, ut exsistat, exhiberi debet vel coram persona vel ita ut ad ipsam notitia rei perventura esse vel ex rei natura pervenire posse praevideatur. Cf. S. Alph. III, 334.

R. 4. Personae ministrorum, qui nomine principis rem publicam gubernant, sane non debetur eadem ac principi reverentia; quare eorum res publice gestae discuti et pro re nata reprehendi liberius possunt. Nihilominus debetur iis pro munere suo honor, atque plane caveri debet, ne liberiore loquendi et carpendi modo communis caritas vel iustitia laedatur, vel ipsa auctoritas labefactetur. Potest etiam caritas, quam quisque sibi debet, obligare, ut ab huiusmodi vituperiis plerumque plane inutilibus caveat.

INSTITUTIO VIRORUM IN OFFICIIS PUBLICIS.

Casus. (141)

Narcissus, qui rebus publicis gerendis praesidet, catholicus, cum nuper e manibus adversariorum in suas gubernatio transierit, non audet illorum morem imitari, secundum quem omnes fere magistratus et officiales mutare consueverunt; sed ex maxima parte retinet viros erga religionem catholicam indifferentes et hostiles, atque ne partium studium prae se ferat neve adversariis ansam det mutata sorte vices reddendi, non raro ad officia vacantia acatholicos eosque non satis bonos evehit iisque prae aliis favet.

Quaeritur utrum Narcissus recte agat an peccet.

Solutio.

490 Ad quaesitum R. 1. Obligatio eorum, qui rebus publicis praesunt, imprimis ea est, ut muneribus publicis praeficiant viros bonos et aptos; alioquin non solum peccant, sed etiam damno rei publicae civibusque illato reparando obnoxii sunt.

R. 2. Eadem obligatio est removendorum virorum malorum, qui damno publico sint, atque instituendorum aptorum, qui bono publico re ipsa prospiciant; ea tamen differentia, ut de eorum, qui iam instituti sunt ab antecessore, ineptitudine debeat suo modo constare, antequam obligatio sit eos removendi, cum e contra de aptitudine eorum, qui instituendi sunt, debeat humano modo antea constare.

R. 3. Partium igitur studium sane excludi debet; attamen si qui sunt viri mala doctrina imbuti, videri utique debet, num forte in munere suo propter ipsam suam malam doctrinam malosve mores officio suo male fungantur: quod non raro fit. Quare tum spreto timore removere eos Narcissus *debebit*.

R. 4. Magis etiam mores et doctrinam spectare debet Narcissus, si agitur de iis, qui nunc in officium publicum instituantur; nam ex sese *praesumi* debet hanc malam dispositionem effectus suos malos producere in muneris administratione. In singulis igitur casibus provide inquiri debet, num forte praesumptio illa fallat; alias Narcissus graviter peccat. Maxime igitur *ea* munera, quorum recta administratio a recta doctrina morumque integritate pendet, viris pravae doctrinae pravorumque morum credi nullatenus debet. — Quod autem, quo magis a se ipsam etiam speciem studii partium removeret, malos bonis praetulerit, et peccatum et stultitia est.

IUDEX CRIMINIS REUS EIUSDEM CRIMINIS ALTERUM DAMNAT REUM.

Casus. (142)

Meinradus iudex grave crimen commiserat, cuius apud se accusatum videt Philippum. Quem Meinradus interrogationibus astutis et repetitis adeo in angustias conicit, ut *iurati* eius responsa pro confessione male declinata habeant, atque accedentibus aliis indiciis eum reum pronuntiant. Quo fit, ut Meinradus gravem carceris poenam decernat.

QUAERITUR 1° quae sint in genere obligationes iudicis et iuratorum.
     2° num possit reus innocens, sed iuridice convictus, condemnari.
     3° quid de Meinrado in casu sit dicendum.

Solutio.

AD QUAESITUM 1^m R. 1. Iudex tenetur habere sufficientem doctrinam et prudentiam qua casus occurrentes discernere possit.

R. 2. Tenetur se continere intra limites suae potestatis, seu:
1) solas eas res tractare in quas iurisdictionem habet,
2) eas secundum leges, si modo non sunt iniustae seu illicitae, tractare, cum ipse non supra legem sed sub lege sit.

R. 3. Tenetur imprimis abstinere ab omni studio partium et corruptione. Neque licet ei pro expediendis causis ad quas ex officio suo tenetur munera accipere, nisi sint esculenta et poculenta minoris momenti. *Th. m.* I, 808—810.

R. 4. In dubio, quando agitur de re criminali, reo favendum est, in re civili ei qui ius suum melius probat. *Th. m.* I, 801. 808.

AD QUAESITUM 2^m R. 1. Tenetur iudex pro rei gravitate ea tentare, quibus veritas possit patere. Quapropter ubi iudici licet causam repellere et se ipsum testem innocentiae eius qui accusatur exhibere, id facere debet, nisi ipse gravi periculo se exponat.

R. 2. Tenetur etiam, postquam innocens condemnatus fuerit, pro posse ea tentare quibus ille eripiatur vel etiam clam educatur, nisi ipse iudex hoc modo sibi gravia damna timere debeat.

R. 3. Si vero ex una parte iudex causam tractandam suscipere *debet,* ex altera parte conatus ad eripiendum reum fuerit frustraneus, iudex non peccat, si secundum ea quae iuridice allegata et probata sunt sententiam ferat. *Th. m.* I, 806.

R. 4. Si vero agitur de iuratis, hi numquam eum reum dicere possunt, quem *sciant,* etsi privata scientia tantum, innocentem esse; sed neque eum, quem privata quidem scientia re ipsa reum cognoverunt, quem tamen iuridice allegata reum esse non demonstrant. In utroque enim casu condemnatio fuerit iniusta (cf. *Th. m.* I, 807), quidquid quoad posteriorem casum alii iique pauci contradicunt. Cf. Noldin II, n. 717.

493 **Ad quaesitum 3ᵐ R. 1.** Habetur hic quidem casus, quo reus scitur a iudice innocens privata tantum scientia. Si igitur sine interrogatione et inquisitione Meinradi Philippus apparuisset ita convictus, ut leges eum iuberent puniri, Meinradus sententiam condemnatoriam declinare non poterat, nisi se ipsum proderet. Ad quod generatim lex caritatis non obligat. Quare si ita esset, Meinradus reum condemnando ex sententia satis probabili non peccasset.

R. 2. Nihilominus debuit etiamtum Meinradus, si possit, occasionem offerre vel adducere, ut e carcere Philippus posset elabi.

494 **R. 3.** Verum in casu enarrato Meinradus amplius aliquid fecit. Criminis convictus Philippus non erat; sed ut eum falso convinceret, Meinradus astutis interrogationibus effecit. Id erat plane illicitum, cum debuerit potius interrogationes ita instituere, ut Philippus responsum aptum quo se purgaret posset invenire. Immo puto iudicis agendi rationem fuisse contra rigorosam iustitiam, ita ut Meinradus de malis Philippi tamquam de damno iniuste illato teneatur.

R. 4. Hinc igitur consequens est, ut etiam cum pari *suo* damno, vel etiam maiore, etiamnunc debeat vinctum eripere. Quare si eius libertatem famamque reparare nequeat nisi se ipsum accusando, ad id in conscientia tenetur. Raro admodum et per magnam exceptionem evenire poterit, ut tanta sit censenda *disproportio* inter condicionem Meinradi et Philippi ac inter utriusque famam et libertatem, ob quam liceat Meinrado tentare, num forte alia ratione, v. g. magna pecuniae summa oblata, iniuriam illatam possit compensare atque eiusmodi compensatione condonationem eius qui iniuriam passus est obtinere.

IUDEX IN PARI CAUSA LITIGANTIUM.

Casus. (143)

Lysias iudex diiudicandam habet litem de proprietate permagna satis intricatam et ex utraque parte probabilem. Condicione litis percepta, alter litigantium pondere aureo viginti milium marcarum iudici oblatarum lancem in suum favorem deflectere conatur: quod ei succedit. Sed et ipsum et Lysiam scrupulus torquet laesae iustitiae.

Quaeritur 1° possitne iudex in pari causa alterutri litigantium pro libitu favere.
2° possitne pro tali sententia munera accipere.
3° quid in casu Lysiae sit faciendum.

Solutio.

495 **Ad quaesitum 1ᵐ R. 1.** Generatim a legibus id non admittitur, ut iudex duorum litigantium causas pares esse pronuntiet, sed scrutari debet, cuinam lex faveat. — In facti autem probabilitate pari, quando neuter est in possessione, nihil aequius est, nisi ut res dividatur.

R. 2. Etiam in probabilitatibus iuris optimum *consilium* est, ut fiat divisio vel mutua compositio.

R. 3. Nisi vero lex territorialis obstat, iniustitiae reum eum dicere non possumus, qui in iuris aequalitate — maxime si exempla non desunt causarum diverso modo decisarum — pro arbitrio rem uni prae altero adiudicet. Cf. *Th. m.* I, 808.

Ad quaesitum 2^m R. 1. Plane illicitum est pro sententia ex libitu iudicis proferenda vel prolata in favorem unius prae aliis pecuniam aliave dona alicuius momenti accipere. Exstat thesis 62 ab Alex. VII damnata: „Quando litigantes pro se habent opiniones aeque probabiles, potest iudex pecuniam accipere pro ferenda sententia in favorem unius prae alio."

R. 2. Immo dicendum est agendi rationem ita prohibitam esse contra iustitiam commutativam, nisi donum quod accipiatur sit donum omnino liberaliter oblatum. Nihil enim iudex praestat laboris ex sua parte ultra id, ad quod praestandum ex officio suo iam tenebatur.

Ad quaesitum 3^m R. Lysias contra clientis sui aemulum iniustitiam non videtur commisisse. Verum ad summam illam a cliente suo acceptam ex se ius non habet, atque ad eam restituendam, si haec causa in iudicium vocaretur, iuste damnari posset. Sed si summam illam cliens sponte dederit, Lysias ante iudicialem sententiam contra se latam satis probabiliter ad restitutionem non tenetur. Cf. *Th. m.* I, 816; S. Alphons. IV, 216.

ADVOCATUS IN RE CIVILI INDUSTRIUS.

Casus. (144)

Camillus advocatus defendendam suscipit litem valde dubiam parumque probabilem, clienti suo periculum quidem excidendi indicans, spem tamen vincendi non infitians. In progressu studii perspicit rem esse desperatam, neque iuste se vincere posse; nihilominus litem semel susceptam prosequitur: dum quodam die advocatus adversae partis cum eo tractat, ut litis prosecutio dimittatur. Camillus ex expositione alterius animadvertit hunc certa adiuncta vel nescire vel non attendere, ex quibus victoria causae multum pendet: ne vero iterata causae perscrutatione sibi spes omnis praecidatur, suadet compositionem et parem rerum divisionem: quod cum etiam suo clienti persuaserit, bono successu negotium absolvit.

Quaeritur 1° quae sint generatim advocati obligationes.

2° possitne causas dubias vel desperatas suscipere et prosequi.

3° quid de Camilli agendi ratione.

Solutio.

Ad quaesitum 1^m R. 1. Advocatus imprimis curare debet, ne umquam rem iniustam suscipiat defendendam neve eam sustineat prosequendam.

R. 2. Clienti suo sincere debet condicionem causae aperire, atque etiam in decursu litis, si eam deteriorem esse detexerit, id sincere explicare: alioquin eum in spe vana et fallaci detinet atque causa damnorum exsistit.

R. 3. Clienti suo fidelitatem servare debet et secretum; immo, eius causa derelicta, generatim ne tum quidem partem adversam iuvare debet, nisi forte cliens a se derelictus *et admonitus* nolit ab iniustitia contra aemulum desistere. Cf. *Th. m.* I, 822.

498 AD QUAESITUM 2^m R. 1. Causam dubiam suscipere et sine fraude defendere licebit, si modo condicio causae omnino clienti exposita sit neque falsa spes in illo foveatur.

R. 2. Si de causa *desperata* agitur, practice haec defendi vix potest nisi fraude et mendaciis: quae adhibere nefas est. Si vero eiusmodi media advocatus non adhibet atque clienti statum causae desperatum indicavit, ille vero rem inceptam ad finem perducere mavult, advocatus pergere potest, donec causam videat plane iniustam. Quodsi perspexerit eam plane iniustam esse, eius defensionem nullo modo prosequi potest; id enim esset iudices sollicitare ad sententiam iniustam.

499 AD QUAESITUM 3^m R. 1. Camillus suscipiendo litem non peccavit, si periculum excidendi *totum* clienti suo manifestavit; alioquin peccavit.

R. 2. Cum videret se iuste rem porro tractare non posse, peccavit, *saltem affectu*, contra iustitiam, eam nihilominus prosequendo; utrum committat iniustitiam *effective* necne, pendet a litis successu.

R. 3. Eo ipso quod viderat Camillus causam non posse nisi per iniustitiam esse victricem, sed debere ex omni spe excidere, non amplius suadere poterat compositionem et rerum divisionem. Hac re iniuste egit erga partem clienti suo adversam, eique de damno illato tenetur; immo clientem *suum* monere debuit causam ex iustitia esse derelinquendam. Quodsi, ea monitione facta causaque derelicta, nihilominus cliens ipse rem prosequeretur atque ob inscitiam advocati adversarii vinceret, ille cliens atque adversae partis advocatus restitutioni obnoxii essent, non Camillus. Parti iniuste victae defectus detegere Camillo non est obligatio iustitiae, potest aliqua esse caritatis obligatio.

ADVOCATUS IN RE CRIMINALI.

Casus. (145)

Zeno advocatus ab Eugenio aditur homicidii accusato et vere reo. Patrocinium Zeno libenter suscipit atque dexteritatem suam ita probat, ut indiciorum ceteroquin gravium et testificationum vim callide eludat iuratisque persuadeat, non sine fraude et mendacio, clientem suum reum non esse. Hinc fit, ut Eugenius evadat immunis, familia occisi egens indemnitatis recipiendae iure privetur.

QUAERITUR 1° quid liceat advocato in re criminali.
   2° peccaveritne Zeno contra ordinem publicum et contra occisi familiam.

Solutio.

Ad quaesitum 1ᵐ R. 1. Cum advocatus cum reo quodammodo unam personam constituat, in re criminali fere idem ei licet, quod licet clienti reo.

R. 2. Cum igitur reus ad poenam non teneatur nisi convictus, convictus autem non sit, quamdiu rationes contra se militantes possit infringere: etiam advocato licebit omnes defectus detegere, qui in accusatione atque testimoniis contra clientem suum occurrerint, atque probationis vim, quantum fieri possit, enervare.

R. 3. Nihilominus fraudibus et mendaciis uti ne in gravissima quidem causa licet; immo si agatur de reo communitati graviter noxio, eius defensionem summum ita suscipere et gerere potest, ut poena mitigetur, non ut plene liber redditus nova damna societati inferre possit.

Ad quaesitum 2ᵐ R. 1. Certe peccavit Zeno mendaciis. Si autem mendacia et fraudes non contra tertium aliquem insontem directa sunt, per se pertinent ad genus mendaciorum officiosorum neque venialia peccata excedunt. Dixi *per se:* quia aliquando damnum commune adesse potest, de quo mox in sequenti responso.

R. 2. Sumo igitur reum non esse grassatorem vel latronem eumque incorrigibilem, ex cuius liberatione periculum commune oriatur. Nam si talis esset, mendacia fierent damnosa, neque utcumque liceret hominem istum efficaciter defendere, nisi serio promitteret emendationem et spem ostenderet emendationis re vera secuturae. Cf. Baller.-Palm. tr. 9, c. 3, p. 73.

R. 3. Si solum damnum privatum familiae eius qui occisus est in quaestionem venit, hoc ab advocato qui reum efficaciter defendit, non censetur causari sed permitti, vel censetur eius *occasio* tantum poni, cum defensio directe tendat in clientis longe maius bonum altioris ordinis. Attamen advocatus debebat monere vel etiam minis urgere clientem suum, ut etiam post secuturam sententiam absolutoriam temporalia damna familiae illata resarciret.

Quodsi hominem reipublicae perniciosum advocatus *mendaciis* liberasset, puto advocatum etiam egisse *iniuste* erga familiam laesam, si praevideret fore, ut cliens ne illa quidem damna repararet; ac proin etiam advocatum secundarie restitutioni esse obnoxium.

REUS CRIMEN NEGANS.

Casus. (146)

Maurus, coniugicidii accusatus, indiciis adeo multis et gravibus convincitur, ut iurati uno ore eum reum esse pronuntient iudicesque capitis sententiam ferant: ipse nihilominus in infitiando persistit atque iudices iniustitiae incusat, cum non semel factum sit, ut contra innocentem gravissima sed falsa indicia exstiterint atque innocens poenam sustinere coactus sit: duorum autem testium testimonii vim infringere conatur gravissima partim vera sed occulta propalans, partim falsa imponens.

QUAERITUR quid liceat reo circa negandum crimen et speciatim quid Mauro licuerit in casu.

Solutio.

502   AD QUAESITUM R. 1. Secundum antiqua iura, et etiam nunc in iure ecclesiastico statuitur principium, reum fateri debere generatim post semiplenam probationem; in criminibus quae atrociore poena puniuntur, tum demum, cum negatio evaserit inutilis neque amplius reum a poena eximere possit.

R. 2. In recentioribus iuribus rei confessio non exigitur, ut condemnari possit tamquam de crimine convictus. Quare existimo numquam adesse obligationem *gravem* confitendi; esse tamen veniale peccatum mendacii persistere in negando crimine, quando nulla amplius restrictio late mentalis concipi possit.

R. 3. Maurus igitur, postquam plene convictus sit, committit mendacium, cum pergat contestari suam innocentiam. Immo quod iudices iniustitiae incuset, ex se obiective grave peccatum est; at practice, cum Maurus satis sciat neminem esse qui sibi credat, vel qui illam accusationem sumat seriam, non puto peccatum hoc in casu fuisse grave.

503   R. 4. Quoad vim testimoniorum eludendam dici debet Maurum graviter peccasse imponendo falsa testibus crimina. Sed quoad revelationem verorum defectuum, non publicorum, aliter dicendum est pro spe quae Mauro inerat tali modo evadendi sententiam sibi contrariam. Si haec spes erat nulla, sine sufficienti ratione Maurus testibus maculam gravem inussit revelans crimina vera, proin graviter peccavit per se contra iustitiam; si spes fundata aderat, diffamatione non peccavit vera crimina manifestando. Cf. *Th. m.* I, 816.

Et quoniam reus eiusmodi spem facile retinet, etiam quando alii rem iam pro desperata habent: Maurus quoad revelationem criminum verorum subiective facile etiam tum excusabitur, quando obiective perperam egerit.

REUS PRO SUA LIBERTATE DIMICANS.

Casus. (147)

Iasonius, qui in transvehendis mercibus et vectigalibus defraudandis ex industria incumbit, custodem, qui eum capere volebat, graviter percutiens prosternit; nihilominus captus cum duceretur, in via custodem in flumen detrudit et in silvam vicinam aufugiens se abscondit. Postea cum detineretur et instaret dies quo producendus esset in iudicium, decepto carceris custode, qui accepta pecunia libertatem maiorem concesserat, aufugit; reductus et ad arctiorem carcerem condemnatus, complurium dierum labore scivit murum perfodere et periculoso saltu libertatem sibi denuo vindicare.

QUAERITUR 1° quid liceat reo circa fugam et circa poenam declinandam.

2° quid de Iasonio eiusque violentiis.

Virtutes cum debito legali: *Reo quid liceat.*

Solutio.

AD QUAESITUM 1ᵐ R. 1. Circa fugam alia reo licet agere ante sententiam iudicis, alia postea. Antea licet fuga condemnationem reddere inefficacem, si modo iniusta vis non inferatur.

R. 2. Post iustam condemnationem etiam aliquando fugere licebit, quando scilicet poena nimis gravis est, servata tamen regula, ne cuipiam innocenti damnum nimis grave inferatur: alioquin ad fugam, si eam arripere licet, revera capessendam carcerem infringere et similia facere reo communiter non vertitur peccato.

R. 3. Si vero condemnatio iniusta fuerit, plus etiam reo innocenti permittitur, excluduntur sola illa, quibus ordo publicus perturbaretur vel quae sine ulla utilitate aliis mala inferrent.

Cf. Th. m. I, 818. Baller.-Palm. tr. 9, c. 3, n. 119. 120.

AD QUAESITUM 2ᵐ R. 1. Iasonius, cum egisset contra legem saltem poenalem, cum deprehenderetur, non poterat custodem prosternere; sed solummodo fugam arripere, in quantum sine alterius violatione erat possibile.

R. 2. Similiter, cum captus duceretur, non potuit custodem in flumen detrudere, si hoc modo custodi periculum creabatur; quodsi periculum nullum afferre poterat, non videtur mortale peccatum fuisse.

R. 3. Illicitum erat custodem carceris corrumpere, eo quod ille seductus officio suo deerat; sed quod demum carcerem infregerit, a peccato facile excusatur; quod vero cum periculo vitae aufugerit, excusari nequit, si periculum vere grave adfuit neque poena mortis vel morte acerbior imminebat.

PROCURATOR REGIUS MALE VINDICANS CRIMINA.

Casus. (148)

Marinus, in officio publico constitutus (regius procurator), amicum quidem cuius deprehenderit fraudes, dimittit, at aliorum fraudes ad se delatas publice persequitur; similiter persequitur convicia contra regem et contra haeresiarchas prolata; scommata vero in Ecclesiam catholicam eiusque praelatos publice facta quae audivit, nedum ipse accuset, ne accusanda quidem suscipere vult, cum denuntientur, nisi produci possint antea tres testes probatissimi; aliquem qui denuntiare conatur sacerdotem violatae legis politico-religiosae, propter amicitiam cum illo sacerdote inhumane repellit, contra alterum tamen sacerdotem denuntiationem suscipit, ne munere suo videatur deesse ascensumque sibi praecludat.

QUAERITUR 1° quid generatim facere debeat homo in publico officio constitutus ad crimina vindicanda.
2° quid in singulis casibus de Marino sit dicendum.

Solutio.

AD QUAESITUM 1ᵐ R. 1. Generatim, supposita lege iusta, eiusmodi vir debet sine acceptione personarum denuntiare eos qui deprehensi fuerint in crimine, quod ex officio persequi debet, aut ad instantiam partis in aliis casibus debet accusare vel a reis poenam poscere: quia id requirit bonum publicum et fidelitas in munere suscepto.

R. 2. Nihilominus si qui deprehendantur, qui ex levitate vel sine vero damno rei publicae orituro peccaverint, potest sane mitius agere, ne summum ius fiat summa iniuria. Debet igitur prudenter aliquando epikia uti atque mentem legislatoris potius attendere quam legis verba.

R. 3. Si quando autem lex iniuste in aliquos poenam decerneret, eos non solum non teneretur deprehensos denuntiare, sed deberet eos impunes dimittere.

507   Ad quaesitum 2^m R. 1. Marinus sane videtur cum acceptione personarum egisse. Si amicus fraudem leviorem commiserat, poterat quidem aliqua vice mitius cum eo agere, sed debuit etiam idem in aliis observare; nihilominus si dubius erat de gravitate causae, iniustitiae reus non videtur esse, cum erga ignotos severiorem se exhiberet.

R. 2. Similiter severius egit, quaelibet convicia contra regem vel haeresiarcham severe prosequens, cum in ipsis conviciis contra regem prolatis distinguere deberet malitiam a sola levitate. Immo Marinum non recto zelo egisse ex eo palam fit, quod graviora crimina contra Ecclesiam eiusque ministros facta leviter transmittit; nam in ea re severitate maiore sane opus erat.

R. 3. Quod denuntiatorem sacerdotis, qui reus dicebatur violatae legis politicae-religiosae, noluit admittere, recte egit, quia lex illa sumitur iniusta. Quod vero id ex sola particulari amicitia fecerit atque alterum sacerdotem in simili causa puniendum curaverit, egit *male;* neque ratio hauriendae spei ad altiora munera hanc agendi rationem ex sese malam poterat excusare.

BONUM INDIVIDUALE VITAE EIUSQUE INIUSTA LAESIO
(PRAECEPTUM DECAL. QUINTUM).

MILES BELLICOS MORES SERVANS NON IN BELLO.

Casus. (149)

Evagrius miles in statione positus, cum viro accedenti acclamasset nec responsum recepisset, directo sclopeto in eum globulo ita feriit, ut vulneratus mox decederet.

Similiter egit nuper in hominem, qui cum mercibus vectigali obnoxiis terminos transierat neque iussus voluerat consistere, sed celeri cursu aufugere tentabat; atque etiam in virum, qui ob criminis suspicionem ad custodiam ducebatur, sed fugam arripiebat.

QUAERITUR 1° liceatne aliquando et ob quas causas homines occidere.
2° quid de gestis Evagrii sit dicendum.

Solutio.

AD QUAESITUM 1ᵐ R. 1. Causae, ob quas homini hominem occidere licet, saltem si de directa occisione agitur, summum duae sunt 1) crimen puniendum, 2) defensio contra aggressorem. Ad alterutrum revocatur etiam occisio in bello.

R. 2. Nihilominus gravissimi auctores defensionem contra aggressorem non tamquam directam occisionem permittunt, sed quatenus maneat occisio indirecta.

R. 3. Ad occisionem, quae in poenam infligitur, necessaria est potestas publica eaque suprema, vel potestas a suprema auctoritate commissa.

R. 4. Indirecta occisio ex variis circumstantiis licita potest evadere, occurrente scilicet ratione adeo gravi, quae sufficiat ad spernendum periculum vitae privatae oriundum.

AD QUAESITUM 2ᵐ R. 1 ad *priorem* casum. Si Evagrius proprio marte, iussione vel instructione superioris sui non accepta, ita egit, ut in casu, graviter peccavit, excepto casu, quo sibi aggressio ex parte alicuius imminebat qui accederet.

R. 2. Immo si pro simili casu instructio militaris aderat, nihilominus occisio erat illicita, nisi fuerit necessaria ad avertendam aggressionem. Alias enim debuit esse poena iuste pro crimine inflicta.

Sed crimen capitis poena dignum non est commissum. Crimen, quod commissum sit, cogitari nequit, nisi quod acclamanti responsum non sit, vel quod inoboedientia quaedam commissa sit progrediendo ultra terminos lege assignatos. At haec leviora sunt, quae mortem non merentur.

R. 3. Nihilominus publicae securitatis et vigilantiae militaris ratio causa tanta esse potest, ut iubeatur miles, postquam acclamaverit et monuerit, „ne accedens ultra progrediatur, alioqui se globulum explosurum", si alter noluerit parere, contra inoboedientem re ipsa explodere, ita tamen ut vulnerandi quidem periculum exsistat, absit per se periculum occidendi.

Nam qui tale monitum spernit iustaeque iussioni est inoboediens, propter hanc inoboedientiam, ratione boni communis graviter quidem, non tamen nece, puniri a suprema auctoritate potest.

R. 4. Ad *alterum* et *tertium* casum plane idem dicendum est. Nam ex una parte crimen tantum non committitur ab alterutro, quod poenam mortis mereatur; ex altera parte ab utroque contra legem peccatur, et ideo, postquam monitus fuerit non solum de praecepto consistendi sed etiam de poena secutura, iuste subit periculum vulnerationis. — In uno casu miles custos facultatem vel mandatum occidendi iuste accipere, adeoque fugientem sistere nolentem, post monitum re ipsa occidere potest, si videlicet agitur de ducendo vel capiendo reo *criminis capitalis convicto*.

CRUENTA DEFENSIO.

Casus. (150)

Hugo, vir militaris, impetitur ab homine vino ebrio et in furorem acto. Adversarium imperturbatus districto ense exspectat, eumque, cum nollet desistere, confodit.

Eulalia virgo a nebulone sollicitatur: qui cum in eo esset, ut vim inferret contra castitatem, a fratre virginis ad eius clamorem accurrente statim globulo necatur.

Donatus noctu evigilans audit non procul a se strepitum extrinsecus excitatum. Surgit, arripit arma, dirigit sclopetum in eum locum, unde audit strepitum, ferit; accenso lumine invenit furem pauperem cum aliquot panibus fugiturum, letaliter vulneratum et vix spirantem.

Quaeritur 1° contra quemnam aggressorem liceat cruenta defensio.
2° quid sit moderamen inculpatae tutelae.
3° quae ad singulos casus sint dicenda.

Solutio.

Ad quaesitum 1ᵐ R. 1. Contra eum, qui in eo est, ut vitam meam iniuste aggrediatur, licere mihi generatim etiam cruente, si opus sit, me defendere, et naturalis ratio et positivae leges edicunt, eaeque tum canonicae, tum civiles (*Th. m.* I, 832), sive vocare vis occisionem aggressoris, quae accidat, directam sive indirectam.

R. 2. Vix non eadem certitudine certum est licere unicuique non solam vitam sed etiam integritatem suam, adeoque etiam castitatem suam, cruente defendere; atque generatim licebit iniurias personales efficaciter propulsare; quodsi culpa aggressoris secum ferat huius occisionem, in hoc aggressor, non defensor culpandus est.

R. 3. Communiter etiam conceditur similem defensionem seu iniuriae propulsionem licite fieri posse contra iniustum aggressorem bonorum fortunae *magni momenti:* quae vero sint magni momenti, ex condicione eius qui iniuriam patitur desumi debet; certe ea sunt momenti relative magni, quibuscum vita commode sustentetur, sine quibus misere ducatur. *Th. m.* ibid. n. 835.

R. 4. Quod mihi licet ad mei defensionem, etiam ad alterius defensionem mihi licebit; nam eum qui iniuriam patitur mihi assumere possum amicum et, quae amicus patitur, aestimare, ac si ipse patiar.

Sed quamquam haec agere mihi licet, raro obligatio erit alterum cruente defendere, nisi forte mihi specialiter coniunctus sit vel eius conservationem commune bonum postulet. *Th. m.* I, 836.

AD QUAESITUM 2^m R. 1. Moderamen inculpatae tutelae dicitur 512 ea in cruenta defensione moderatio, ut non suscipiatur, nisi *necessaria* sit ad defensionem, neque plus nocumenti inferatur aggressori, quam sit necessarium ad tutam et securam periculi evasionem. Quare 1) non licet cruenta defensio, nisi iam instet moraliter loquendo aggressio; 2) neque licebit illa cruenta defensio, si aliter sine graviore incommodo aggressionem possim evadere; 3) neque licebit occisio, si sufficit atque *satis secura est* vulneratio.

R. 2. Attamen, cum in eiusmodi adiunctis tempus non fuerit multum reflectendi, atque periculosum esse possit, quominus nimis parcendo aggressoribus defensio evadat non-secura: moderamen inculpatae tutelae non censendum est laesum, nisi de hoc manifeste vel clare constet.

AD QUAESITUM 3^m R. 1. Quoad *primum* casum dicendum est: 513 Qui sine magno probro fugere *satis secure* potest, tenetur potius fugere quam cum periculo letalis laesionis aggressori cruente resistere. Hinc ad fugam, si possibilis et secura est, religiosi, clerici, communes cives tenentur. Quibus vero fuga magno vertitur probro, ii fugere non tenentur, sed adversarium possunt exspectare.

R. 2. Si homo sui compos militem, saltem superioris ordinis, impetit, hic censetur communiter ad fugam non teneri. — Verum si agitur de ebrio et amente, vulneratio, saltem letalis, illicita erit; nam 1) indecorum nemini est, ebrium vel amentem evitare, 2) ebrius vel amens videtur vix non semper reddi posse innoxius sola vulneratione, eaque non letifera.

Quapropter hac in re censeo Hugonem moderamen inculpatae tutelae non servasse.

R. 3. Quoad *secundum* casum practice dubium esse nequit, quin 514 Eulalia se contra nebulonem istum cruento modo defendere potuerit.

Idem igitur licuit etiam loco Eulaliae eius fratri. — Id solum notari debet rectum ordinem postulasse, ut frater Eulaliae prius moneret nebulonem, ut a facinore abstineret, nisi vellet occidi. Quodsi ilico non destiterit, frater iure suo utebatur sclopetum explodendo.

R. 4. Verum intendi non poterat istius nebulonis occisio, neque dirigi ita sclopetum debuit, cum haec occisio non videatur fuisse necessaria, sed videatur vulneratio suffecisse. Quodsi per accidens letaliter feriatur aggressor iste, id non defendenti culpae vertitur, sed nebuloni aggredienti.

R. 5. Quoad casum *tertium* si Donatus vidit vel sine timore periculi facile videre potuit, quid rei fuerit: sane non licuit propter istam rem minoris momenti hominem occidere vel cum periculo occisionis in eum explodere. *Th. m.* I, 835.

R. 6. Fieri tamen potuit, ut propter circumstantias noctis atque fortasse propter timorem Donati, ne ipse a fure praeveniretur ac probabiliter occideretur, crimini Donato vertendum non fuerit, quod securiorem sibi viam elegerit. Hominem igitur, fortasse ob extremam necessitatem ad facinus illud adactum, occisum esse, in eo casu infortunium est, non crimen.

CRUENTA DEFENSIO MARTYRIS.

Casus. (151)

Ut in actis martyrii Sⁱ Andreae Apostoli legitur, populus, contra iudicem tumultu excitato, s. martyrem eripere voluit atque solis ipsius Sancti precibus a vi abstinuit.

Quaeritur 1° num licuerit etiam cruento modo Sanctum liberare et e morte eripere.

2° num id licuerit ipso etiam Sancto invito.

Solutio.

515 Ad quaesitum 1^m R. 1. Re *in se sola* spectata, licuit etiam cruenta defensio. Auctore enim S° Thoma 2, 2, q. 69, a. 4 in condemnatione iniusta „tale iudicium simile est violentiae latronum; et ideo sicut licet resistere latronibus, ita licet resistere in tali casu malis principibus; nisi forte propter scandalum vitandum, cum ex hoc aliqua gravis turbatio timeretur".

Neque obstat proscriptio thesis 18 per Alex. VII facta: „Licet interficere falsum accusatorem, falsos testes, ac etiam iudicem, a quo iniqua certo imminet sententia, si alia via innocens non potest damnum vitare." Nam thesis illa merito damnatur, 1) quia id *indistincte* licere dicit, cum in nostro responso solum dicatur, quid liceat *per se*, non quid illicitum fiat per accidens; 2) quia loquitur de sententia *utcumque* iniusta, sive formaliter, sive materialiter tantum, cum *responsum* nostrum versetur de *aperta* iniustitia tum materiali tum etiam formali; 3) quia loquitur de sententia *futura,* responsum nostrum de *praesenti* sententiae iniquae *exsecutione* impedienda.

R. 2. Per accidens tamen videtur non licuisse, sicut re vera plerumque eiusmodi violenta et cruenta resistentia illicita est. Illicita enim fit 1) si fuerit inutilis; 2) si graviora publica mala inde secutura sint; 3) si bonum religionis postulat potius heroicam martyrii perpessionem.

Ad quaesitum 2^m R. Negative. Nam in defensione alterius possum huius tantum personam sustinere. Quare si ille invitus est atque — id quod accedere debet — licite praeeligere sui necem potest: mihi non amplius ius est cruentae defensionis. Verum in nostro casu omnino licuit Sancto praeeligere necem suam et martyrium. — Attamen ut in tali casu defensio dicatur fieri invito eo, qui patitur iniuriam, non solum precibus exorare debet, ne se defendant, sed sui defensionem *prohibere*.

INSIDIATOR PRAEVENTUS.

Casus. (152)

Hesychius uxori suae struit insidias. Quas cum uxor detexisset, statuit virum praevenire et veneno eum e medio tollit.

Quaeritur num liceat aggressorem ita praevenire et occidere.

Solutio.

Ad quaesitum R. 1. Non pauci erant auctores iique gravissimi, qui putabant in eiusmodi adiunctis, quando facultas evadendi insidias plane interclusa sit, licere insidiantem praevenire, eo quod moraliter iam sit aggressor, contra quem vita propria defendi possit, antequam defensio evadat impossibilis. Cf. Lugo, *De iust. et iure* d. 10, n. 155 sqq.

R. 2. Verum post thesin 18 ab Alexandro VII proscriptam (v. supra n. 515) vix sunt, qui audeant defensionem nostri casus propugnare. Et merito ab ea recedunt. Nam qui ita praevenit, *directe* intendit alterius necem, quod in propulsanda actuali aggressione necessarium non est, quodque secundum S. Thomam 2, 2, q. 64, a. 7 non licet: „Illicitum est, quod homo intendat occidere hominem, ut se ipsum defendat, nisi ei qui habet publicam auctoritatem." Immo — id quod magis etiam efferendum est — ille qui meditatur insidias necdum vitam meam impetit, proprie aggressor dici non potest. Et re vera, si semel liceret notionem aggressoris, contra quem possem etiam occidendo procedere, ita extendere latius, hallucinationibus aperiretur latissima via, pax publica in gravissimum periculum adduceretur, caedibus omnia redundarent. Quare ipsa lex naturalis id debuit prohibere. Cf. S. Alph. III, 387; *Th. m.* I, 834.

DUELLUM, PERICULO REMOTO VEL DIMINUTO.

Casus. (153)

Romelius secundum mores militares duellare cogitur. Cum nollet, minabantur ei eiectionem. Quare cum reliquum nihil esset, nisi vel duellare vel e statu suo et e re familiari prorsus excidere, elegit duellum; monet tamen patrinos, ut, etiamsi opus sit fraude, periculum removeant.

Similiter Raymundus studiosus, ne a suis commilitonibus ludibrio habeatur sibique pro futuro tempore favores utiles praescindat, duellum acceptat cum ense committendum, ita tamen ut omnes cautelas studiosorum more licitas observet.

Quaeritur 1° quid sit duellum et qua lege prohibitum.

2° liceatne aliquando ex gravi causa illud acceptare.

3° quid ad utrumque casum sit dicendum.

Solutio.

518   Ad quaesitum 1ᵐ R. 1. Duellum est pugna singularis ex condicto, armis ad letaliter laedendum aptis. Fit condictio de tempore, loco, armis. Distinguitur duellum privatum et publicum: hoc auctoritate publica constituitur vel imponitur in causa publica, v. g. ad finiendum bellum, atque licitum est, si fit ex gravi et proportionata causa, alias est illicitum. Privatum duellum est, quod in causa privata vel proprio dimicantium nomine indictum suscipitur.

R. 2. Duellum privatum tum lege naturali tum lege positiva canonica prohibitum est. Lege naturali vetatur, utpote suicidii et homicidii malitia affectum; nam sine iusta causa et sine auctoritate iusta tum propria vita tum vita aliena a duellante gravi periculo obicitur. — Lege canonica saepius pro illicito declaratum est et ecclesiasticis poenis affectum, praecipue: a Concilio Trid. sess. 25, c. 19 *de ref.*, a Gregor. XIII Const. *Ad tollendum* d. d. 5 Dec. 1582, a Clem. VIII Const. *Illius vices* d. d. 17 Aug. 1592, a Bened. XIV Const. *Detestabilem* d. d. 10 Nov. 1752, a Pio IX Const. *Apostolicae Sedis* d. d. 12 Oct. 1869. (Cf. etiam ep. Leonis XIII *Pastoralis officii* d. d. 12 Sept. 1891.)

Poenae imprimis sunt: 1) excommunicatio S. Pontifici reservata (*Apostolicae Sedis* ser. II, § 3), 2) irregularitas ex infamia iuris ex Trid. l. c.

519   Ad quaesitum 2ᵐ R. 1. Privatum duellum, utpote illicitum intrinsecus, *numquam* suscipere licet, quamdiu non exuit characterem duelli. Id habes inter alia ex thesibus a Bened. XIV in Constit. laud. proscriptis, quibus efficitur, ut ne ad evadendam quidem „amissionem famae, vel officii, vel bonorum fortunae" duellum liceat sive offerre sive acceptare.

R. 2. Duelli vero characterem exuit pugna, quae fit ilico sine condicto per actualem aggressionem: quam sane, qui patitur, potest vi repellere.

520   Ad quaesitum 3ᵐ R. 1. Ex dictis in *primo* casu periculum amittendae famae, officii cum bonis fortunae seu sustentationis mediis causa esse nequit, cur Romelio liceat duellum suscipere. Debuit igitur ex officio christiano potius iacturam bonorum temporalium fortis subire, quam ignavus duello consentire.

R. 2. Si patrinos ita instruxit, ut revera arma ipsa non amplius essent ad graviter laedendum apta, v. g. globulis ex sclopetis excussis, non amplius erat duellum; nihilominus saltem ratione scandali Romelius graviter peccavit.

R. 3. Poenas ecclesiasticas evasit, si in ipsa provocatione vel acceptatione hanc falsam speciem tantum duelli in animo habuit; si vero post oblatum vel acceptum verum duellum tandem istam cautelam excogitavit, *excommunicationem* ex provocatione vel acceptione iam incurrerat; *irregularitatem* in foro conscientiae non contraxit, quippe quae lata sit in *duellantes eorumque patrinos* adeoque verum duellum supponat.

R. 4. Raymundum etiam magis illicite egisse patet. Neque ob consuetas cautelas studiosorum ratio duelli abest, ut expresse declaravit, re mature perpensa, S. C. C. die 9 Aug. 1890 *in causa Wratislaviensi*. (Cf. *Acta S. Sedis* XXIII, 242.)

PRO DUELLO CONTUMELIA.

Casus. (154)

Gisbertus sacerdos propter levem aliquam inadvertentiam contra nobilem quendam militem commissam ab hoc iniuriis lacessitur et ad duellum provocatur. Gisbertus, arte dimicandi apprime peritus, non ut adversarium vulneret, sed ut eius impudentiam retundat, annuit, ut statim congrediantur in vicino cubiculo. Primo ictu omnes globulos vestis adversarii sui abscindit, secundo totam vestem a summo ad imum scindit, tertio ensem ex eius manu excutit et eum ludibrio omnium adstantium relinquit.

Quaeritur utrum Gisberto ita agere licuerit an duelli reatum et poenam incurrerit.

Solutio.

Ad quaesitum R. 1. Omnia quae in definitione duelli ponuntur, videntur hic adesse: 1) singularis pugna, 2) condictum, cui non repugnat, quominus ilico sequatur exsecutio, 3) arma letalia. Nihilominus veram rationem pugnae eius, quae ad duellum requiritur, censeo abfuisse tum in re, tum ex mente Gisberti. Duelli enim pugna talis est, quae tendat re vera *ad feriendum* adversarium, idque, si res ita ferat, etiam graviter. Sed species pugnae Gisberti non tendebat ad feriendum adversarium, sed ad ei illudendum. Quare non puto eum poenas duelli incurrisse, idque neque in foro interno, neque in solo externo, quippe quod ex modo agendi Gisberti eius a vero duello alienus animus cognosci plane potuerit.

R. 2. Nihilominus a culpa immunis per se non est Gisberti agendi ratio. Specietenus enim acceptavit duellum, quod miles obtulit verum; ideoque ratio scandali tum militi ipsi tum aliis praesentibus dati non videtur potuisse ab eo abesse, idque grave peccatum fuisse timendum est. Attamen quia ilico verus eius animus omnibus apparuit, probabile mihi videtur Gisbertum potuisse sibi persuadere rem gravem non esse.

R. 3. Ex parte militis grave peccatum atque excommunicationem papalem contracta esse dubitari nequit. Provocatio enim duelli, quae ad incurrendam excommunicationem sufficit, ex eius parte erat perfecta.

ABORTUS INDIRECTE AUT DIRECTE INDUCTUS.

Casus. (155)

Elpidia gravida continuo laborat vomitu; remedium a medico consultum periculum non parvum foetui afferet: quod Elpidia eo libentius et copiosius admittit, quia per abortum liberabitur ab angustiis, quas alias subitura est, si inferat prolem adulterinam in familiam mariti.

Quaeritur 1° quid sit abortus eiusve procuratio.
2° liceatne aliquando procurare abortum seu directe causare; an saltem indirecte.
3° quid ad casum propositum sit dicendum.

Solutio.

522   Ad quaesitum 1ᵐ R. 1. Abortus est immaturi foetus eiectio, i. e. in ea condicione exsistentis, in qua extra uterum vivere nondum possit. Sic distinguitur a partu praematuro, in quo foetus quidem editur, antequam ad plenam maturitatem pervenerit, sed in ea exsistat condicione, ut ei extra uterum vivere non sit impossibile.

Censetur foetus immaturus, antequam 7 menses seu 28 hebdomadae ab eius conceptione elapsi sint; immo ut vita foetus in tuto sit posita, requirunt medici periti 32 hebdomades elapsas vel ultra.

Attamen, si omnia praesto sunt ad artificialem foetus conservationem, fertur contigisse, ut foetus post elapsos 6 menses editus potuerit conservari et educari.

R. 2. Procurare seu causare directe abortum dicitur, qui media adhibet ad hunc finem, ut accidat abortus, seu qui abortum in se intendit mediis adhibitis. Qui vero non intendit abortum neque eo fine adhibet media, sed adhibitis mediis propter alium finem, matris sanitatem, simul praevidet periculum secuturi abortus: is, si abortus acciderit, dicitur indirecte causasse abortum.

523   Ad quaesitum 2ᵐ R. 1. Indirecte causare abortum, i. e. propter alias rationes et effectus alios producendos adhibere remedia, quae probabiliter etiam secum trahant abortum, licet ex causa proportionate gravi. Hinc si de curando gravi et periculoso morbo matris agitur neque adsit remedium, nisi quod foetui est periculosum, licebit ad salvandam matrem periculum abortus permittere, saltem si spes recipiendi baptismi pro foetu non evadat deterior. Nam si foetus coniceretur in grave periculum sine baptismo emoriendi — *alias illo periculo absente* —: mater potius temporalis vitae quam foetus aeternae vitae amittendae periculum debet subire.

R. 2. Causare abortum, ne foetus servetur vivus, adeoque non solum abortum, sed ipsam foetus mortem directe et in se velle semper grave peccatum est. Hinc puellam ex crimine gravidam abortum velle, ut crimen tegatur, fama servetur, ne ab iratis parentibus vel sponso occidatur, gravissimum peccatum est: siquidem in tali casu puella non potest non velle prolis mortem; nisi enim foetus e medio tollatur, effectus intentus obtineri nequit.

R. 3. Restat quaestio, num liceat abortum arte inducere, si 524 foetus immaturi eiectio solum medium est, quo vita matris servari possit. In quibus circumstantiis 1) spes servandae vitae foetus etiam sine abortu non adest; 2) spes autem salvandae matris notabiliter augetur; aliis verbis: si abortus non fit, duae vitae, et matris et foetus, interibunt; si fit abortus, vita foetus quidem peribit, salvabitur vita matris valde probabiliter. In quo casu medica ars communiter dicit abortum postulari. Cui ex ratione theologica aliquis addere possit provideri insuper probabiliter per baptismum saluti aeternae infantis, de cuius et temporali et aeterna vita alioquin actum sit.

Nihilominus haec bona oriuntur ex actione, quae est *primo* et *per se* violenta et letalis aggressio foetus, cum violenter eradicetur ex materno utero, quocum natura eum coniunxit tamquam elemento vitali, seu est quasi quaedam mortalis vulneratio adeoque *occisio*. Verum haec est intrinsecus mala. Quapropter cum non liceat facere malum, ut eveniat bonum, etiam ne ad salvandam quidem matrem vel ad habendam possibilitatem foetus securius baptizandi licebit abortum inducere. — Ceterum cum partus etiam praemature institerit, curandum omnino est, ut, si fieri possit, foetus, licet adhuc in utero matris, condicionate baptizetur.

Controversiam hac in re practice sustulit responsum S. Officii. 525 Videlicet S. Officium 1. decrevit, tuto doceri non posse licitam esse ad salvandam matrem operationem chirurgicam craniotomiae vel *quamcumque operationem directe foetus occisivam*, etsi alias et mater et foetus sint perituri. Ita d. 28 Maii 1884 et 19 Aug. 1889.

2. respondit his decretis comprehendi etiam *eam operationem, qua procuratur abortus,* ut mater graviter aegrotans salvetur. Verba decretorum sunt haec:

1) Ad Quaesitum „an tuto doceri possit in scholis catholicis licitam esse operationem chirurgicam, quam craniotomiam appellant, quando scilicet ea omissa mater et filius perituri sint, ea e contra admissa salvanda sit mater, infante pereunte?" . . . omnibus diu et mature perpensis . . . respondendum duxerunt: *„Tuto doceri non posse"*: d. d. 28/31 Maii 1884.

2) idem dici debere quoad „quamcumque chirurgicam operationem directe occisivam foetus vel matris gestantis": d. d. 19 Aug. 1889.

3) Ad Quaesitum: „Lectis quae d. 19 Aug. 1889 S. Sedis rescripsit . . . dubius haeret Titius circa liceitatem operationum chirurgicarum, quibus non raro ipse abortum hucusque procurabat, ut praegnantes graviter aegrotantes salvaret. Quare . . . supplex Titius petit,

utrum enuntiatas operationes in repetitis dictis circumstantiis *instaurare tuto possit"*, S. Off. d. 24 Iulii 1895 respondendum decrevit: *"Negative iuxta alia decreta, diei scilicet 28 Maii 1884 et 19 Aug. 1889".*

526 Ad quaesitum 3ᵐ R. 1. *Sicut casus enarratur,* practice loquendo medico licuit remedium illud dare, Elpidiae illud sumere: siquidem directe tendit in elevandum morbum, non in producendum abortum. Qui si sequatur, ne condicio quidem foetus peior evadet. Nam si remedio non adhibito mater morietur, etiam actum erit de vita foetus; immo valde probabiliter moriturus est ante matrem, cum temporali vita simul aeterna vita privandus. Si vero remedio adhibito fortasse foetus prius eiciatur, sane prius emorietur, neque certum est eum vivum eiectum iri; attamen spes eum vivum eiciendi atque baptizandi non minor sed maior potius est.

 R. 2. Nihilominus plus remedii periculosi adhibere, quam necessarium fuerit pro matre, graviter illicitum est; id enim solum tendit in abortum efficaciter procurandum. — Quare in hac re Elpidia graviter peccavit.

 R. 3. Post abortum, quem Elpidia sine culpa passa sit, ei licet quidem gaudere de hoc eius effectu, quod ex angustiis sit erepta; sed ipsum abortum, antequam fiat, non solum non directe causare vel promovere, sed ne desiderare quidem licet, cum haec sit perversio ordinis caritatis. Summum licebit ei, paenitentia commissi criminis ductae, Deum orare, ut, quo melius ipsi placeat, angustias avertat, nihil apud se de mediis statuendo.

 R. 4. Si vero ad sedandum vomitum matris medicus tentet etiam directe foetum eicere, id ex supra dictis minime licet. Neque abest ratio hac de re inquirendi, si de sedando vomitu matris gravidae agitur. Non raro enim haec matris condicio cum graviditate uterique expansione cohaeret; ac proin medici facile pro remedio statuunt uterum per foetum expulsum ad minus volumen redigere.

BELLI IUSTITIA.

Casus. (156)

 Caius, exorto bello, cogitur contra hostes pugnare; sed valde dubitat, num sibi pugnare liceat, eo quod de iustitia belli sibi nullatenus constat. Immo, cum sit homo excultus, sibi videtur ex eo illicitum esse belligerare, quod ipse sit ex parte eorum qui bellum indixerunt, neque tamen iuris certitudo sed sola probabilitas videatur adesse, iniquum autem esse, cum sola probabilitate iuris bellum *offensivum* suscipere. Esse autem non certitudinem iuris, sed probabilitatem tantum ex eo deducit, quod alioquin adversarii non possent habere ullam iuris speciem, neque eorum milites gregarii salva conscientia possent dimicare; id tamen neminem dicere ausum esse.

Quaeritur 1° quaenam causa requiratur, ut bellum geri atque practice iustum dici possit.
  2° quaenam huius iustitiae certitudo requiratur in milite.
  3° quid Caio sit dicendum.

Solutio.

Ad quaesitum 1ᵐ R. 1. Bellum aliquando licite suscipi posse 527 patet ex necessitate, cum alias in societate perfecta et independenti non satis provisum esset securitati et bono communi. Requiritur autem etiam auctoritas suprema et societas perfecta seu independens; nam in aliis causa ad iudices deferenda atque componenda est; nisi enim bellum sit necessarium atque medium unicum, illud non licet suscipere, quippe quod cum ingentibus malis coniungatur.

R. 2. Requiritur autem causa gravis et publica, quae proportionem habet cum tot malis permittendis. Requiritur etiam, ut antea ineatur via ad rem pacifice componendam. Et quoniam quaecumque bellandi causa iusta referatur ad iniuriam ulciscendam aut ad iniustitiam repellendam; praemittenda est monitio partis adversae; quae, si desistat ab iniustitia et paratam se exhibet ad satisfactionem praestandam, bello infestari nequit.

Ad quaesitum 2ᵐ R. 1. Si agitur de bello defensivo, quo repel- 528 latur aggressio partis adversae, sufficit plane, ut *non constet* de iniustitia, seu ut non constet de iure certo aggressoris. Nam tam diu licebit aggressorem repellere: idque, sive sermo est de milite gregario sive de summo duce et principe, apud quem sit ius pacis et belli.

R. 2. Si agitur de bello offensivo, videtur requiri certitudo iuris seu certitudo de iniustitia seu iniuria ab adversa parte illata, ut summo duci seu principi liceat bellum indicere. Verum non desunt qui putent sufficere, ut cum magna probabilitate de iustitia causae constet. Quod post factum observandum est, ne facilius damnentur qui bellum gesserint.

R. 3. Quod de summo duce vel principe dicitur, valet etiam de iis militibus gregariis, qui *sponte* se copiis adiungunt; sed quoad eos milites qui coguntur, i. e. qui iam conducti sunt vel iussi conscribuntur, valet sententia: in dubio parendum esse superiori, adeoque tam diu licebit illis belligerare, quamdiu de belli iniustitia non constet, seu quamdiu iis non constet suum superiorem ne satis quidem probabilem causam habere.

R. 4. Hinc *generatim* licebit illis ilico sine disquisitione, quando iubentur, in bellum proficisci, nisi magna suspicio *iniustae* causae *appareat*. Quodsi ratio graviter suspicandi palpabilis sit, atque simul spes exsistat fore, ut moderata inquisitione dubium solvatur, haec facienda est; neque, si certo constiterit de iniustitia, obtemperare mandato amplius licet, saltem non ita, ut hostibus grave damnum efficaciter inferatur: quare aëra verberare potius quam hostem ferire debet ille, cui de iniustitia causae certo persuasum est. Si vero spes solvendi dubii non appareat, disquirendi obligatio non est, et dubio manente licebit belligerare — quod sane pro gregario milite communissimum est.

Ad quaesitum 3ᵐ R. Caius potest facilius conscientiam sedare, 529 quam sibi videtur. Nam 1) certum non est cum sola iuris certitudine bellum indici posse; 2) ipse non potest omnes causas, quae subsint, cognoscere: nam si quae in publicum sparguntur ex parte adversariorum, haec illis quidem videri possunt iusta et vera, neque tamen sequitur ita etiam reipsa esse, neque intimae rationes semper possunt sciri ab iis, qui non sunt in consilio summi principis de bello gerendo.

Quare saepe evenire *potest,* ut ex utraque parte a militibus bona conscientia et bona fide bellum geratur; immo id etiam in summis ducibus fieri, difficilius quidem est, sed non impossibile, eo quod etiam ipsi decipiuntur.

Cf. etiam Noldin II, n. 344.

BELLI GERENDI MODUS.

Casus. (157)

Barbatius dux cohortis in bello hostes captos, cum difficilius esset secum ducere, iubet occidi; vicum, ex quo globulus letalis in militem coniectus erat, cum reus non posset comprehendi, flammis devovet; castellum nobilis viri praedivitis suis dat spoliandum; large ex bonis hostium providet suis quoad victum; unum tamen ex militibus, qui hostem occisum aureo horologio et bursa plena spoliaverat et viduae pauperi suem abstulerat, capitis damnat; poenam tamen condonat, cum audiat militem illum ex documento in bursa invento sumpsisse occasionem hostes insigniter decipiendi, cum mutata veste cum veste occisi hostis afferret falsificatum nuntium in vicinam urbem hostilem, quo factum est, ut haec sine pugna caperetur.

Quaeritur 1° quid sit iuris bellici in tractandis hostibus atque bonis terrae hostilis, sive ex parte ducis sive ex parte singulorum militum.

2° quid in bello liceat circa fraudes et hostium deceptionem.

3° quid de rebus in casu allatis sit iudicandum.

Solutio.

530   Ad quaesitum 1^m R. 1. Ex antiquo iure belli hostes, qui ex parte sua iniuste bellaverant et ipsi singuli gravis culpae participes exstiterant, summo iure poterant occidi, nisi forte sub condicione servandae vitae a pugna desistentes ditionem fecerunt.

Qui vero gravis culpae rei non sunt, adeoque maxime quando de iniustitia belli non manifeste omnino constat, captos occidere numquam licet.

Quoniam nostris temporibus vix umquam constare potest hostiles milites re ipsa subiective reos esse, sed contrarium sumi debet: ab hodierno iure plane abhorret hostes captos postea occidere.

R. 2. Facilius quidem damnum inferre licet in bonis fortunae; supposita enim ipsius belli iustitia, eiusmodi damnorum inferendorum causa facile esse potest vel proprii exercitus maior securitas vel debilitatio exercitus hostilis. Nihilominus, quando *specialis* ratio non subest, alienum est a more nostri temporis, privatis bonis damnum inferre.

R. 3. Quae vero ad victum necessarium pertinent, haec etiam 531 in casu belli minus iusti aliquando militibus, qui coacti bellare debebant, sumi licebit cum obligatione reddendi vel indemnitatis procurandae, ex eo quod necessitas ad id cogat.

R. 4. Seclusa actuali necessitate quoad victum, damna sive erga homines sive erga bona exerceri non possunt a singulis militibus nisi ex iussione vel permissione ducis: quare qui contra ducis voluntatem damna infert (si modo ille invitus est quoad substantiam et quoad ipsum damnum hostili regioni illatum, non quoad solum modum et propter militarem disciplinam laesam), iniustitiam committit estque restitutioni obnoxius.

AD QUAESITUM 2^m R. 1. Illicita sunt sine dubio omnia, quae sunt 532 certo mendacia atque certam falsitatem continent.

R. 2. Licitae habentur dissimulationes et fraudes seu potius artes, quae ambiguitatem et restrictionem redolent atque ipsos hostes sua culpa vel socordia in deceptionem inducunt.

R. 3. Neque tamen quaelibet mendacia et falsitates, utut illicita, censentur erga hostes graviter iniusta; sed eae fraudes tantum, quae, etiam adhibita vigili diligentia, caveri humano modo nequeant.

AD QUAESITUM 3^m R. 1. Quoad hostium captorum occisionem dux 533 *saltem* asperius egit; immo nisi eorum bellandi rationem ex parte ipsorum constiterit fuisse formaliter iniustam, ipse ex hac sola iam ratione graviter iniuste egit, id quod hodie, ut dixi, praesumendum est. Insuper dux cohortis supremam hanc vitae et mortis potestatem in bello non habet, nisi ex delegatione supremi ducis vel principis. Haec altera ratio est, cur Barbatius gravissimi peccati videtur reus esse.

R. 2. Quoad *secundum,* scilicet vicum comburendum, dico: Si incolae illi hostilitati exercitae favorem praestiterint, illa gravis punitio, supposito bello indubie iusto, severa quidem erat, sed non iniusta. Immo etsi incolae in reo occultando seu non-explorando theologicam culpam non commiserint: adest secundum ius bellicum culpa quaedam iuridica, et bono communi dimicantium valde consulitur, si tali facinore severe castigato omnes ad cautelam observandam moneantur.

R. 3. Ex hodierna consuetudine ius depraedandi bona viri privati 534 non censetur adesse, nisi vir ille singulares hostilitates exercuerit. Quod si fecerit, dux exercitus pro potestate sibi a supremo duce vel principe communicata hanc poterat poenam in eum decernere. — Ceteroquin si consuetudo vim legis internationalis habens non obstat, re rigorose sumpta, bona privata regionis hostilis ex gravi causa in praedam dari possunt. Nam ex una parte cives terrae hostilis censentur aliquatenus involuti culpa belli eiusque ex eorum parte iniusti; ex altera parte si quod damnum improportionatum passi fuerint, postea, pace composita, potestatis publicae est, hunc damni excessum sumptibus publicis resarcire.

R. 4. Ut ex casu patet, Barbatius seriam et rigorosam statuerat prohibitionem, quominus singuli milites sibi privatim quidquam arriperent praedae, sive ex exuviis hostium caesorum sive ex aliis bonis privatis. Quare miles ille graviter peccavit, atque videtur omnino contra iustitiam peccasse, cum Barbatius videatur omnino ex eo fine illa prohibuisse, ut bonis hostilibus privatis parceretur atque ipse sibi incolarum animos conciliaret.

Nihilominus quae in praedam militibus suis dare *potuit*, eorum restitutionem etiam post praedam illicite et iniuste factam potest condonare.

535 R. 5. Quod miles ille mutaverit vestem, non est fraus imperceptibilis. Quod falsum sparserit nuntium, erat, nisi per restrictionem sensus verus suberat, mendacium ideoque illicitum; magis etiam, si fortasse falsificavit documentum. Nihilominus, fueritne iniustitia proprie dicta erga hostes, nondum ilico constat. Nam si falsificatio diligenti inspectione detegi poterat, censetur in bello esse fraus quoad rem non iniusta atque solius mendacii malitiam retinere.

De cetero cf. **Laymann** l. 2, tr. 3, c. 12, n. 9—11.

DE LUXURIA
(PRAECEPTUM DECAL. SEXTUM).

Voluptatem veneream capere in solo legitimo usu matrimonii licet. Extra matrimonium quaelibet voluntaria eiusmodi voluptas peccatum mortale est. In matrimonio mortaliter quidem peccari etiam potest a coniugibus, saepe tamen peccatur venialiter tantum. Quodsi ab iis extra ipsorum matrimonium vel contra eius fines haec voluptas capiatur, eo gravius committitur peccatum quam a solutis; nam ad luxuriae peccatum et laesio iurium matrimonialium et laesio sacramenti apud christianos accedit.

Verum cum ea, quibus in hac re lubrica peccetur, in *Theologia morali* ita explicata sint, ut casuum occurrentium moralitas facile intellegatur: hoc loco paucissimos casus propositurus sum, pro accuratiore capienda notitia lectore remisso ad ipsam meam Theologiam moralem I, 860—883; II, 833—859.

LUXURIA INCOMPLETA (I).

Casus. (158)

Cuno iuvenis 25 annorum animi relaxandi et excolendi causa iter instituit, diversas urbes perlustrat ibique pinacothecas atque musea studiose invisit, statuas atque picturas etiam valde obscenas attente contemplatur cum magno gustu atque vivida satisfactione, de cetero nihil mali intendens. Verum ab eo tempore saepissime phantasiae obversantur imagines rerum, quas vidit, iisque graviter ipse tentatur neque raro trahitur ad consensum in morosas delectationes et in pollutionem ex istis phantasiis exortam.

Quaeritur 1° quid iudicandum sit de peccaminositate aspectuum obscenorum.
2° quomodo Cuno peccaverit, et quid facere debeat.

Solutio.

Ad quaesitum 1ᵐ R. 1. Aspectus rerum utcumque turpium, etsi non ex se graviter turpium, habiti ex prava intentione, qua quis velit veneream delectationem in se excitare eave frui, sunt mortaliter peccaminosi.

R. 2. Aspectus, a quibus talis intentio prava abest, si feruntur *in res graviter obscenas* atque protrahuntur neque ex gravi causa fiunt, sunt mortaliter mali utpote proxima causa pravae commotionis atque consensus periculi; aliter, si ex gravi causa fiunt et simul cum adhibitis remediis contra consensum in delectationem forte orituram.

R. 3. Aspectus sine prava intentione in res leviter obscenas per se a culpa gravi sunt immunes.

R. 4. Aspectus, qui feruntur in res neque absolute graviter neque omnino leviter obscenas, si habentur sine causa, eo facilius evadere possunt gravia peccata, quo proclivior est aspiciens ad venerem, et quo diutius protrahuntur praesertim post commotionem iam inchoatam et animadversum periculum.

R. 5. Quae censeantur graviter obscena, quae non, vide in *Th. m.* I, 868. Adverte hac in re gravius quidem movere per se aspectum hominis vivi quam picturae vel statuae; gravius aspectum in personam alterius sexus quam sexus eiusdem, atque aspiciens est: verum etiam imaginem valde obscenam attente vel cum mora aspicere a peccato mortali generatim non est immune. Cf. S. Alphons. III, 424.

538   Ad quaesitum 2^m R. 1. Re in se spectata, videlicet picturas et statuas graviter obscenas, praesertim arte magna elaboratas, attente aspicere seu contemplari graviter illicitum dici debet, cum eiusmodi aspectus protrahere causa per se sit, quae graviter excitet ad libidinem, neque minus graviter excitare soleant imagines inde a phantasia haustae atque saepius sponte exoriturae.

R. 2. Ut haec malitia gravis seu mortalis contrahatur, necesse non est adfuerit prava intentio, sed sufficit eiusmodi gravis libidinis periculum animadvertisse.

R. 3. Interrogetur igitur Cuno, 1) num tempore, quo istas res viderit, senserit motus pravos et nihilominus aspectus istos produxerit; 2) num adverterit periculum tentationum sive mox sive postea oriturarum. Si utrumque sincere negare possit, subiective eum excuses a peccato gravi tum commisso; secus peccati gravis eum arguere debes.

R. 4. Quod nunc vero saepe propter phantasiam impuris imaginibus refertam graves tentationes patitur: certe obligandus est, ut eo diligentius remedia adhibeat, quo magis culpabiliter phantasiam ipse ita efformavit. Studeat igitur serio rebus piis mentem occupare atque vivide sibi repraesentare vel poenas peccatorum aeternas vel cruciatus Christi pro nobis passi, atque fervidas adiungat preces, quibus Dei atque Virginis Matris auxilium imploret. Nam quoties consenserit in veneream delectationem qualemcumque, graviter peccavit. Cf. Elbel, *Conferent. p. IV decal.* n. 195 sqq.

LUXURIA INCOMPLETA (II).

Casus. (159)

Amalia famula saepius admittit iuvenem ad familiarem conversationem, cum speret se illi nubere posse. Accidit autem non raro, ut iuvenis liberius cum Amalia iocetur, eam tangat, amplexetur, osculetur. Quod Amalia, quamquam aliquoties graviter excitetur, tacita permittit, ne iuvenis animum a se avertat.

Quaeritur 1° quomodo tactibus inhonestis peccetur.
2° quid Amalia facere vel tolerare possit, quid debeat repellere.

Solutio.

Ad quaesitum 1ᵐ R. 1. Si qui tactus fiant ex intentione libi- 539
dinis, idem dic, quod antea de aspectibus dictum est n. 537.

R. 2. Tactus certe gravius movent quam aspectus; quapropter tactus in alienum corpus vere obsceni ex se censentur gravia peccata, nisi ex sola petulantia inter eiusdem sexus personas aliquis tactus omnino transitorie et obiter committatur; immo etiam tactus obsceni in proprium corpus, si sine causa excusante fiunt cum mora vel repetitis vicibus, ex se graviter illiciti censeri debent utpote efficax causa libidinis excitandae.

R. 3. Oscula, quae fiunt obiter, ex causa honesta salutandi amicos, cognatos, etiam inter homines diversi sexus, culpa carent, si modo inhonestus motus, quando oriturus sit, ne approbetur. Si qua autem fiant cum mora et ardore, ut libidinosa graviter prohibita dicenda sunt.

Quod idem dic de amplexibus.

R. 4. Quare etiam tactus non plene obsceni sine causa habiti idque cum mora vel ardore, inter diversi sexus homines ut graviter peccaminosi prohibendi sunt. Cf. *Th. m.* I, 869; S. Alphons. l. c. 416—420.

Ad quaesitum 2ᵐ R. 1. Si ageretur de solis osculis, salutandi 540
causa obiter datis inter sponsos vel iunctione manuum simili modo obiter facta: Amalia angenda non esset, etsi forte aliquoties turpes motus pateretur sine consensu in eos.

R. 2. Sed in casu proposito circumstantiae narratae indicant potius agi de tactibus saltem ex se iam minus honestis, ne dicam plane inhonestis. Quod si ita est, non sola Amalia, sed etiam sine dubio iuvenis ille experiebatur libidinosam excitationem; immo fortasse ex actione clam et cum ardore facta ipsa mens seu intentio libidinosa erat manifesta. Ex quo illud etiam efficitur, ut Amalia non solum non agere, sed ne permittere quidem possit eiusmodi tactus: sunt enim causa efficax libidinis propriae et rationem scandali habent erga alterum.

Neque spes matrimonii sibi favorabilis Amaliae ius dat agendi aliquid, quod in se peccaminosum est.

R. 3. Amalia igitur graviter obligatur, ut eiusmodi tactuum conatum repellat. Immo cum ipsa illa conversatio fiat sine teste, satis diu protrahatur, modo nimis familiari instituatur, omnino monenda est Amalia, ne iuvenem amplius ad conversationem admittat, nisi raro et breviter, neve admittatur nisi palam vel coram testibus. Hae cautelae si adhibentur, grave periculum exsulabit, si modo re ipsa spes matrimonii inter Amaliam et iuvenem exsistit, non merus amor vanus vel turpis. Cf. Elbel l. c. n. 198 sqq.

PECCATA LUXURIAE INTERNA.

Casus. (160)

Lysias iuvenis lascivis cogitationibus et desideriis saepe indulget. Cum videt puellas vel etiam formosos pueros, in turpes delectationes incidit, similiter in conversatione cum aliis, si quando verbulum paulo liberius proferatur. In confessione se accusat, quod quotidie circiter sexies pravis cogitationibus inhaeserit.

Quaeritur 1° quomodo distinguantur numero et specie peccata interna luxuriae.

2° num Lysias peccata sua sufficienter declaraverit.

Solutio.

541 Ad quaesitum 1^m R. 1. Quod spectat ad numerum, certe peccata numero distincta sunt ex distincto numero *obiectorum,* videl. quando ab uno peccaminoso obiecto ad aliud obiectum plane diversum cogitandum et ut tale approbandum mens transierit, licet eiusdem omnino sit speciei. Aliter, si, qui peccaminose se delectat de compluribus quidem obiectis, ea non apprehendit ut obiecta distincta, sed abstrahens solum id, quod commune omnibus est, apprehendit in eoque sibi complacet: in quo casu sufficit confiteri delectationem captam de compluribus sine accuratiore numero.

R. 2. Numerus distinguitur etiam ex repetitis *actibus peccaminosis,* etsi obiectum idem manserit. Ex quo capite peccatum novum numero distinctum certe committitur, quando quis a peccaminoso affectu retractans cessavit et dein denuo illum approbans assumit; sed etiam quando utcumque voluntarie a peccaminoso affectu cessavit atque postea eum renovat.

Qui vero virtualiter mansit in eadem peccaminosa dispositione, vix accuratius peccata mere interna eiusdem rei declarare potest, quam indicando tempus, scil. dies, hebdomadas etc., quo quasi continue pravis affectibus inhaeserit. Ex quo confessarius iudicabit non ultra duas vel tres horas unum idemque peccatum moraliter sumptum potuisse perdurare. Cf. *Th. m.* I, 241.

542 R. 3. Quoad specificam distinctionem desideria a solis cogitationibus cum prava delectatione distingui debent. Nam desideria certe specie distinguuntur, non solum prout diversi actus, completi aut incompleti, desiderantur, sed etiam induunt specificam malitiam omnium circumstantiarum obiecti, si quod obiectum individuale in concreto atque circumstantiae illae utcumque menti obversabantur.

R. 4. Si de meris cogitationibus cum turpi delectatione agitur, sane illae circumstantiae in specificam malitiam influunt, de quibus ipsis delectatio capitur. Sed si sistitur in ea delectatione, quae est communis eiusmodi cogitationibus et repraesentationibus, sufficit probabiliter communem illam malitiam specificam in confessione declarare quae illis obiectis cogitatis inhaeret. Unde Reuter *Th. m.* II, n. 209, 4 dicit: "Videtur saltem satisfacere confessarius, si paenitentem interrogat, circa qualem personam vel suppositum fuerit delectatio, an circa hominem, marem, feminam, seipsum etc.: sic enim intellegitur actus ultimatus, videlicet, utrum fuerint cogitationes fornicariae an sodomiticae etc." Immo insuper addit "non esse anxie indagandum, cum minus malum sit, confessionem non esse exactam, quam paenitentem scandalizari". Quod verissimum est. Quare etiam adverte saepe aliunde, maxime ex peccatis opere patratis, colligi posse vel brevissima interrogatione sciri, circa quasnam personas pravae cogitationes versatae sint. Cf. *Th. m.* I, 255. 256.

Ad quaesitum 2^m R. 1. Si respicitur ad distinctionem numericam, 543 quatenus ex repetitione actuum oritur, Lysias sane numerum satis declaravit, si ita est, ut dixit, etiamsi modo paulo saepius, modo rarius peccaverit. Sed de obiectis eorumque specifica distinctione accusatio nimis generica est atque suppleri debet.

R. 2. Imprimis igitur interrogandus est (non solum num etiam opere peccaverit; nam non ita raro eiusmodi homines putant sufficere, ut accusantes cogitationes dent confessario ansam interrogandi ulterius; sed etiamsi opere nihil peccavit), num quid turpe facere desideraverit vel saltem comprobaverit: quod si annuat, accuratius declarare debet, quid hoc fuerit, cum sane copula distinguatur specie a meris tactibus, mera fornicatio ab incestu, adulterio etc., naturalis coniunctio ab innaturali et a peccato solitario, idque non solum si haec peccata re perpetrantur, sed etiam si desiderantur vel comprobantur.

R. 3. Si Lysias negaverit se proprie mali quid facere desiderasse neque speciale aliquod malum comprobasse, sumi potest eum in solis cogitationibus atque delectatione ex iis capta et secuta haesisse: quae probabiliter eiusdem speciei sunt, scilicet merae delectationis venereae.

LUXURIAE SPECIES EX CIRCUMSTANTIIS PERSONAE.

Casus. (161)

Lucullus Annae viduae iuveni locat aedes suas pretio minore, sed sibi reservat ius ad eam accedendi: quod, quando uxor se difficilem praebet, singulis fere hebdomadis facit, alias una alterave vice in mense. Non semper tamen naturali modo ea utitur neque in peccatis cum Anna sistit; sed etiam in Annae sororem amore captus, cum haec nolit ipsi consentire, eam in somno opprimit atque eius filium, quem innocentissimis moribus educatum religionem et castitatem vovisse scit, seducit eumque in stabulo ad turpia cum animalibus agenda exemplo suo provocat.

In confessione paschali accusat se, circiter ter in mense se cum femina soluta peccasse, semel se puerum seduxisse: alias non addit circumstantias, neque quod matrimonio iunctus sit; id enim, neque cum peccaret neque cum confiteretur, consideravit.

Quaeritur 1° quomodo species luxuriae distinguantur.

2° in quibus accusandis Lucullus defuerit.

Solutio.

544 Ad quaesitum 1ᵐ R. 1. Ratione *luxuriae* distinguitur peccatum naturale seu *naturalis copula* viri cum femina a peccatis innaturalibus, scilicet

a) *pollutione* seu peccato solitario, quod etiam mollities vocatur,

b) *onanismo* seu copula inchoata non perfecta sed effuso semine extra vas legitimum,

c) *sodomia* eaque perfecta seu concubitu cum eodem sexu, imperfecta seu concubitu cum altero sexu extra vas legitimum,

d) *bestialitate* seu concubitu cum animali irrationali. Cf. *Th. m.* I, 870 sqq.

545 R. 2. Ratione *personae* vel peccantis vel quacum peccatur distinguitur

a) simplex *fornicatio* seu copula hominis soluti cum soluta,

b) *adulterium* seu peccatum luxuriae hominis matrimonio iuncti vel cum altero ita iuncto extra usum matrimonialem: quodsi uterque peccantium matrimonio iunctus est, committitur adulterium duplex,

c) *incestus* seu peccatum luxuriae inter cognatos vel affines,

d) *sacrilegium* seu peccatum luxuriae hominis Deo sacri vel cum homine Deo sacro: unde patet posse etiam committi duplex sacrilegium,

e) addendum est *stuprum*, quod in peccato cum persona invita committitur. Aliqui tamen stuprum vocant peccatum cum virgine; atque, si haec violenter debilitatur, stuprum violentum.

Nota autem circumstantias illas aggravantes atque speciem malitiae addentes esse non in solis peccatis consummatis, sed etiam in imperfectis; atque rationem adulterinae et sacrilegae malitiae inveniri in ipsis etiam peccatis solitariis. Cf. *Th. m.* I, 880 sqq.

546 Ad quaesitum 2ᵐ R. 1. In peccatis cum Anna perpetratis Lucullus ex hoc non est confessus integre, quod peccata contra naturam siluit. Debet igitur dicere, quoties ita egerit, atque declarare, fueritne onanismus an sodomia speciei imperfectae.

R. 2. Peccatum cum sorore Annae, etiamsi haec non fuerit matrimonio iuncta, inclusum certe non est in peccatis illis accusatis; nam adsunt circumstantiae, quae novam peccati speciem efficiunt. Accusare enim debuit omnino *violentam oppressionem* et conceptionem, si ex ea secuta sit vel sequi potuerit, eo quod gravissimam intulerit iniuriam, atque etiam si proles nascatur, de ea providere debeat.

Dein invenitur in eo peccato ratio *incestus*. Nam cum antea saepius peccaverit cum Anna, cum eius sorore factus est affinis, ac proin cum affine peccando commisit incestum. Immo ex peccato cum Annae sorore commisso factus est Lucullus etiam affinis cum Anna; quare quoties post stuprum illud peccet cum Anna, peccato suo malitiam addit incestus. Quae omnia debent in confessione declarari.

547 R. 3. Neque in accusando peccato circa puerum commissum integre est confessus. Nam si Lucullus puerum ita seduxit, ut ipse cum puero turpiter egerit, non solum clarius dicere debet, *quid* egerit;

sed etiam, ne ratione sacrilegii vel quasi-sacrilegii peccaverit, timendum est. Nam etsi puer illo voto privato nondum fuerit persona sacra, tamen, quia Lucullus *seduxit* seu scandalum *directum* puero dedit, peccato suo contraxit specificas malitias illas, quae in pueri peccato insunt, i. e. non solum luxuriae, sed etiam laesi voti castitatis seu *quasi-sacrilegii* malitiam. Cf. Lugo, *De paenit.* d. 16, n. 159; Ballerini-Palm. tr. 5, sect. 3, n. 198.

Praeterea quod dicitur Lucullus provocasse suo exemplo ad turpia cum animalibus agenda, duplici titulo Lucullus accuratius confiteri debet, quid fuerit. Nam si fuerint soli tactus sine affectu ad animal, habes solam communem libidinem; si vero graviora erant, quae tendant ad concubitum, tum in Luculli exemplo, tum in peccato pueri atque in peccato scandali a Lucullo dati habes malitiam *bestialitatis*. In quam plurimis igitur Luculli confessio erat supplenda.

PECCATA CONIUGUM — VIR INSOLESCENS.

Casus. (162)

Fulvius, vir corruptis moribus, ab uxore usum corporis petit, at aperte se nolle dicit actum ad generationem perfectum, sed suam solam satisfactionem. Mulier eiusmodi petitionibus saepe gravatur, renuere sine periculo rixarum non potest. Quaerit igitur a confessario, num vel quomodo liceat viro obsecundare.

QUAERITUR 1° quae coniugibus mutuo inter se agere liceat, quae graviter sint illicita.
2° quid uxori in casu dicendum sit.

Solutio.

AD QUAESITUM 1ᵐ R. 1. Sola ea sunt graviter illicita, quae 548 sunt *contra finem* matrimonii, videlicet effusio seminis vel venerea voluptas completa extra legitimum congressum coniugalem, aut eae actiones quae huius effusionis vel plenae satisfactionis periculum grave natura sua inducunt, quando coniuges vel nolint vel nequeant illud praevenire.

R. 2. Si ex mutuis actionibus levioribus per accidens et contra intentionem pollutio sequatur, id non efficit, ut eiusmodi leviores actus coniugibus sint graviter peccaminosi, etiamsi eiusmodi inter solutos essent.

R. 3. Quae igitur non comprehenduntur inter ea, quae in R. 1 dicta sunt graviter illicita, haec

1) plane licita sunt (vel etiam debita), si ad finem matrimonii conferunt, sive ad finem primarium sive ad secundarium vel ad fovendum amorem mutuum; magis etiam id valet quoad eum coniugem, qui alterius petitioni obsecundat, non sua sponte ab altero petit;

2) veniale sunt peccatum, si intemperate praeter matrimonii finem exercentur sola voluptatis causa: at ne veniale quidem peccatum

sunt, ut iam dixi, si coniux ea permittat vel agat, ut alteri petenti satisfaciat seu oboediat.

Cf. *Th. m.* II, 833 sqq., ubi fusius haec explicantur.

549   Ad quaesitum 2^m R. 1. Si vir solummodo usum corporis petit, de abusu nihil dicens, atque legitimum usum incipere quidem solet, sed post inceptum actum, i. e. coniunctionem corporum, eum abrumpit atque semen profundit: uxor, etsi haec praevideat, si modo ea ne approbet neve ad ea virum permoverit, sed potius monuerit ut legitime agat, ex causa graviore sive rixarum sive propriae incontinentiae periculi similive ratione, usum corporis viro praestare potest, cum ipsa ex sua parte nihil illiciti agat, sed culpa tota apud virum sit. Cf. *Th. m.* II, 858. 859.

R. 2. Si vero vir aperte petat abusum matrimonii, uxor obsecundare non potest. Potest autem ex sua parte a viro petere usum legitimum atque dein viro tacenti se tradere, etsi forte ille ad legitimum usum utcumque perficiendum rem non perducat.

R. 3. Similiter si vir petit actum incompletum gravissime turpem, qui evidenter vel pollutionem extra legitimum congressum vel eius grave periculum inducat, uxori non licebit obsecundare; nam ipsa res quae petitur est illicita in se.

R. 4. Idem dic, si onanismus exercetur non sola retractione seu abruptione ex parte viri, sed aliis modis seu instrumentis, qui actum ad generationem aptum faciant impossibilem. Haec enim omnia utpote in se mala tum in principaliter agente tum in cooperante omnino sunt graviter illicita.

PECCATA CONIUGUM — UXOR QUERULA.

Casus. (163)

Plautilla uxor, numerosa prole pertaesa, etiam apud virum has querelas saepe repetit. Quapropter vir non audet nisi raro ad uxorem accedere neque actum perficere. Ipse autem ex actibus incompletis plerumque incurrit in pollutionem; uxor vero saepe tactibus in corpus indulget, ut libidine fruatur.

Quaeritur 1° coniuges quaenam agere possint, quae non possint actibus solitariis citra culpam mortalem.

2° quomodo uxores peccent de prole ulteriore querentes.

3° quid ad casum sit dicendum.

Solutio.

550   Ad quaesitum 1^m R. 1. Coniuges non in suum proprium corpus, sed alter in alterius corpus potestatem habet: quapropter solitariis tactibus peccant, nisi fiant in relationem ad actum coniugalem mox habendum.

R. 2. Sed quoniam voluptas venerea coniugibus non sit interdicta, nisi fiat vel mente adulterina, vel fiat pollutio seu plena satisfactio extra actum coniugalem legitimum: tactus solitarii in se sumpti mortalia peccata coniugibus non sunt, nisi inducant grave pollutionis periculum, quod legitimo actu coniugali praevenire nequeant vel nolint.

Ad quaesitum 2^m R. 1. Uxor eiusmodi querelis virum conatur a petendo debito legitimo avertere. Quodsi coniciat virum in incontinentiae peccatum atque ipsa animadvertat, virum, eo periculo proximo exsistente, tamen non audere uxori molestum esse seu debitum petere, uxor graviter peccat, nisi querelas deponat; aliter, si vir rem graviter non ferat atque sine peccandi periculo a petitione debiti coniugalis desistat.

R. 2. Graviter uxorem peccare etiam magis evidens est, si suis querelis in causa est, cur vir usum matrimonii onanisticum exerceat.

R. 3. Si coniuges sine gravi periculo incontinentiae mutuo consensu continentiam servare volunt, ab hoc consilio non prohibentur, etsi eos imprimis timor numerosioris prolis ad id moveat.

In quo casu, si nolint perfectam continentiam servare, illiciti quidem iis ex se non sunt actus imperfecti, qui periculum pollutionis non inducant; verum longe cautiores et restrictiores in iis esse debent, eo quod periculum hoc ipsis facilius oriatur.

Ad quaesitum 3^m R. 1. Ut ex casu apparet, querelae Plautillae causa viro sunt frequentium peccatorum. Quapropter sub gravi obliganda est Plautilla, ut viro se paratam exhibeat ad legitimum congressum coniugalem.

R. 2. Immo ipsi illi actus mutui imperfecti videntur ita esse turpes, ut per se proximum pollutionis periculum secum ferant; ideoque illi ex se ut graviter illiciti haberi debent, atque tum viro tum uxori peccato gravi sunt.

R. 3. Quod Plautilla vero solitariis tactibus libidine fruatur, si hoc de completa satisfactione intellegitur, etiam hoc Plautillae est peccato gravi; si non eo usque perveniat neque grave eius rei periculum sibi creet, non graviter quidem, sed leviter peccat.

DE IURE ET IUSTITIA
(PRAECIPUE DE DECAL. PRAEC. SEPTIMO).

DOMINIUM ET IUS.

DE DOMINIO IN GENERE.

Casus. (164)

Suidas, nixus iure dominii pleni, quod in res suas habeat et quod complectatur ius utendi et abutendi, incendit aedes suas, comburit titulos participationis alicuius instituti industrialis, atque levi manu se exponit gravissimae suspicioni atrocis criminis, quo et sibi et familiae suae infamiam inurit.

Quaeritur 1° quid sit et in quae se extendat ius dominii humani.
2° quomodo Suidas peccaverit.

Solutio.

553   Ad quaesitum 1^m R. 1. Dominium plenum est ius habendi seu possidendi rem atque de ea disponendi vel ea utendi *ut propria*. Illud autem *proprium,* seu: *meum, tuum, suum* dicit talem conexionem rei cum eo qui eius vocatur dominus, ut in re illa habenda atque in dispositione de ea facienda ipse omnibus aliis debeat praeferri. Cf. Lugo, *De iust. et iure* d. 1, n. 5.

R. 2. Quia igitur dominus in usu et dispositione circa rem suam omnibus aliis praefertur, sequitur eum nulli homini rationem reddere debere de usu rei et dispositione; relinqui tamen rationem Deo reddendam. Possunt tamen leges etiam humanae propter bonum commune certos quosdam usus prohibere.

554   R. 3. Quod dicitur adesse ius utendi et *abutendi,* non intellegitur proprius abusus qui sit malus usus, sed usus qui sit rei per usum absumptio seu consumptio. Neque ad malum usum quispiam habet proprium ius, quamquam mali usus ratio reddenda non est alteri homini; neque propter malum usum res desinit esse domino propria, nisi forte in quibusdam causis lex publica id propter bonum commune statuerit.

R. 4. Dominium plenum habere potest homo in bona externa seu fortunae quae vocant. Habet etiam dominium in suam famam; non habet dominium sed usum tantum sui corporis suarumque facultatum: quamquam enim corpus et vires et facultates maxime sunt meae, tamen non possum de iis seu de earum substantia disponere, neque mei ipsius esse possum superior vel dominus — qui solus Deus est. *Th. m.* I, 575. 758 sq.

Ad quaesitum 2^m R. 1. Destruens res suas Suidas iniustitiam 555 quidem non commisit; nemo enim praeter ipsum ius in eas habet. Attamen peccavit non solum contra Deum male utens creaturis, sed etiam laesione caritatis proximis debitae contra hominum communitatem, siquidem res huius vitae adsunt ad utilitatem hominum universim sumptorum; neque ex eo, quod per rerum divisionem transierunt in dominium privatum dominique privati utilitati imprimis servire debent, priorem suam destinationem amiserunt. Qui igitur res suas nolit amplius habere ad suam utilitatem, eas non destruere sed aliis eorumque utilitati committere debet, si modo res sunt vere utiles. Attamen malitia qua mortalis non aestimatur ad normam iustitiae, sed ex longe maiore excessu vel ex motivo vere maligno.

R. 2. Quod Suidas titulos istos combussit, re vera non destruxit ullam rem utilem, sed se tantum dominio abdicavit; nam eo ipso aliis, qui industrialis instituti partem habent, lucrum accrescit. Id igitur per se peccato caret. Verum practice facile accidit, ut ista translatio in hos dominos et translationis modus fuerit plane imprudens, cum exstiterint alii gravi necessitate pressi, quibus potius sit succurrendum; quare hoc modo peccatur prodigalitate, potest peccari contra caritatem, immo contra iustitiam si Suidas hoc modo debitis solvendis se imparem constituat.

R. 3. Quod famam suam adeo leviter exposuit eamque proiecit, 556 si solum Suidam respicimus, non fuit peccatum iniustitiae seu iniuriae; nam nemo erga se potest esse iniustus, quia nemo a se invitus pati potest quidquam. Nihilominus: 1) si fecit sine causa honesta, peccavit imprudentia et cuiusdam prodigalitatis specie; immo, si propter infamiam ineptum se reddidit gravibus officiis implendis, peccavit graviter. 2) Si ipsius diffamatio famam laesit suorum graviter, vel ita ut cum alio gravi nocumento coniungeretur, graviter laesit iustitiam et pietatem erga suos.

DE DOMINIO IN ALIOS HOMINES. — DE SERVITUTE.

Casus. (165)

Suetonius, capellanus, zelosus propagator associationis pro Africa iuvanda, in contionibus miserrimum statum servitutis depingit eumque plane contra legem naturalem esse dicit, neque posse quemquam sine gravi peccato servum proprie dictum tenere. Eius parochus habet haec pro immodicis exaggerationibus, id solum laborandum esse, ut servorum sors reddatur tolerabilior, de cetero nigritas natura ad servitutem destinatos esse. Hinc disputationes dissensusque inter eos oriuntur.

Quaeritur 1° num Suetonius iudicaverit recte.
  2° quid de parochi sententia.

Solutio.

Ad quaesitum 1^m R. 1. Servitus ita intellecta, quod dominus 557 de ipsa servi persona deque eius vita disponere pro libitu possit, certissime est contra ius divinum et naturale: sunt enim *cuilibet* homini iura quaedam innata et inalienabilia.

R. 2. Servitus vero, quae, servatis quidem iuribus illis cuicumque homini necessariis, labores omnes laborumque fructus alicuius hominis (servi) addicat alteri (domino), atque huic imponat obligationem servi alendi: non ita repugnat naturae naturalique iuri, ut non possit causa cogitari vel exsistere, ex qua licita evadat.

Sic non solum in poenam imponi potest servitus; sed etiam libera conventione aliquis se ipsum servum perpetuum alterius facere potest.

R. 3. Ex quo patet Suetonium re ipsa ultra verum rem exaggerasse. Quodsi ita esset, ut ille dixit, cogeremur dicere Ecclesiam tum indirecte tum directe statum illicitum approbasse, immo ipsam S. Scripturam iura et officia commendasse, quae essent legi naturali contraria: quod est impium et blasphemum. Condicionem enim servorum legitimam esse posse omnes fere paginae Veteris Testamenti sumunt et confirmant, neque pauci Novi Testamenti loci idem praestant.

558 Ad quaesitum 2^m R. 1. Nihilominus status servitutis iuri naturali, quamquam non omnino repugnat, minus tamen convenit: hinc est etiam, quod Ecclesia semper inter opera bona et maxime commendanda servorum manumissionem numeravit. Cuius recentissimum exemplum habemus ex litteris encyclicis Leonis XIII ad episcopos Brasiliae *"In plurimis"* d. d. 5 Maii 1888 et aliis litteris ad catholici orbis episcopos *"Catholicae Ecclesiae"* d. d. 20 Nov. 1890.

Fieri quidem potest, ut pro certis hominibus seu individuis melius sit, ad tempus, servata condicione servili, sortem mitiorem reddere, quam eos plena libertate, qua uti non possint, donare cum periculo et temporaliter et pro aeternitate pereundi. Attamen universim praestat singulos exsistere liberos suique dominos, vel ex libera tantum conventione ab aliis dependere.

R. 2. Gravissimum utique crimen est, homines insontes invitos facere servos: quare detestandi criminis rei sunt omnes, qui eiusmodi capturae vel commercio servorum cooperantur vel favent.

559 R. 3. Quomodocumque demum servitus exsistit: servis (nisi forte quoad quaedam excipias eos, qui criminis causa loco iustae necis captivitatem vel servitutem patiantur), manet non solum ius ad vitam, sed etiam ad matrimonium, ad famam, ad spiritualia et supernaturalia bona pro omnibus instituta: quare his iuribus laedendis vel impediendis iniustitia eaque ex se gravis committitur. *Th. m.* I, 760.

R. 4. Concludendum igitur est etiam parochum limites iusti et veri omnino excessisse; atque id solum ei concedendum est, in liberandis servis abolendaque servitute non omnia fieri uno impetu posse, sed prudentia opus esse atque moderatione et praeparatione, maxime autem id etiam providendum esse, ne multitudo, subito libertate donata, mediis ad victum destituta sit, neve omnibus stimulis carens in vitio et inscitia et pigritia tabescat.

DE DOMINIO FILIORUM FAMILIAS (I).

Casus. (166)

Agilulphus adulescens 17 annorum, operarii filius, ipse etiam in fabrica laborat; ex salario hebdomadario accepto parentibus solvit pro victu et habitatione, reliqua insumit pro se, pro lusu et potatione.

Gundolphus, paris condicionis adulescens, videtur quidem totum salarium parentibus tradere, et dein ab illis parvam aliquam partem recipere, qua pro arbitrio suo utatur; re ipsa tamen multo plus ex salario sibi solet retinere.

Quaeritur 1° quae sint iura filiorum familias in bona fortunae.
2° quid iuris sit in casu proposito duobus illis iuvenibus.
3° quid confessario agendum cum eiusmodi filiis.

Solutio.

Ad quaesitum 1^m R. 1. Missa distinctione iuris Romani in bona filiorum castrensia, quasi-castrensia, adventitia, profectitia, iura recentiora generatim *duo genera* bonorum statuunt: 1) bona filiorum *libera*, quae scilicet pleno usu et administratione ad filium pertinent; 2) reliqua non-libera, quorum administratio et ususfructus non ad filium, sed ad patrem pertinet. Priora sunt ea quae filius proprio labore vel separata industria acquirit, vel quae ei sive inter vivos sive per ultimam voluntatem *ita* data sunt, ut donator omne ius paternum excluserit.

R. 2. De bonis non-liberis sermo esse potest, quamdiu filii manent sub paterna potestate seu emancipati non fuerint.

Emancipatio fieri debet, filio volente, vel secundum alia iura eo ipso fit, quando filius aetatem maiorennitatis (nunc fere ubique pro filiis et filiabus est aetas 21 annorum completorum) attigerit. Emancipatio fieri *potest* a patre (cum consensu senatus curatorii), quando filius compleverit aetatem annorum 18 (vel etiam 15). Cf. *Th. m.* I, 887 sqq.

R. 3. Quamquam bona filiorum libera usuifructui parentum non subiacent, parentes tamen administrationem habent, nisi forte donator etiam *hanc* exclusit (C. Germ. § 1638), atque postulare possunt, ut ex iis, quae filius labore acquirat et saltem ex redditibus bonorum quae possidet, sustentatio et educatio fiat, antequam ipsi parentes ex suis ad has expensas ferendas teneantur (C. G. § 1602. 1603). Cf. C. C. (Gall.) a. 385. 387. 389.

Ad quaesitum 2^m R. 1. Agilulphus aetate minor est neque aliud quidquam videtur in bonis habere, nisi quod labore suo lucratur.

Labor in fabrica est sane labor proprius, ac proin filius ea quae ex illo acquirit libere quidem possidet in suum usum et fructum secundum leges, nisi forte parentes ipsi sustentatione filii indigeant: in quo casu leges ipsae illud sustentandi onus, in quantum possunt, filiis imponunt. Semper autem administrari debent ea bona a parentibus. — Immo si leges positivae nihil disponunt, videtur ex solo iure naturali parentibus ius inesse, ut ipsi filium minorem *locent* atque mercedem totam sibi tradendam postulent, quamdiu ipsum filium sustentant atque instituunt.

R. 2. Peccat igitur Agilulphus, si partem salarii parentibus insciis et invitis eorum administrationi subtrahat et male insumat; immo non immunis est omnino ab iniustitia, si simulat se plus non accipere, quo inducat parentes, ut minore retributione sint contenti, quam ipsi pro filio expendunt. — Si vero parentes id sciunt et silent, iniuste non agit, sed, si quid peccat, peccat sola prodigalitate ex excessu in expensis.

R. 3. Clarius etiam est Gundolphum peccare pecuniae notabilis, quam parentibus administrandam dare debuit, subtractione. Verum parentes videntur vel ex ea parte, quam filius tradit, eius sustentationi providere posse, vel libentes reliquam partem condonare. — Quare si partem retentam plane utiliter impendit vel parcendo conservat, non dixerim eum peccare graviter.

Ad quaesitum 3^m R. 1. Generatim insistendum est, ut filii minores totam mercedem parentibus referant atque tradant.

R. 2. Si vero filius viderit id sibi damno fore, eo quod parentes, etsi non indigeant, ex salario filii pro sua condicione lautius vivant, non reservantes lucrum superfluum pro filio: filius non peccat, si sibi praecavet et ipse salarii excessum retinet, postquam satis solverit pro sua sustentatione.

R. 3. Immo si filius satis lucratur atque modici quid expendere vult recreationibus honestis, parentes vero nimis parci sunt in concedendo, peccato verti non potest filio, si modici quid retinet. Verum haec confessario norma sit potius post factum, quam antea; expedit enim hac in re potius severiorem quam laxiorem esse, ne iuvenili levitati habenae laxentur.

DE DOMINIO FILIORUM FAMILIAS (II).

Casus. (167)

Patre senescente, Carolus filius per complures annos nomine patris negotio praeerat atque diligentia et industria bona familiae non parum auxit. Mortuo patre sine testamento, Carolus praetendit sibi plus deberi quam fratribus et sororibus minoribus, qui, nedum auxerint, sed sumptibus et expensis suis diminuerint bona paterna. Illis nolentibus Carolus, cum publice et coram lege non possit, clam aliquot milia marcarum sibi retinet.

Quaeritur 1° debeaturne filiis pro labore in domo et negotio paterno retributio.

2° quid de agendi ratione Caroli post patris mortem.

Solutio.

Ad quaesitum 1^m R. 1. Quamdiu filius minor est et sub paterna potestate, debet secundum parentum voluntatem et statum pro viribus rebus domesticis auxilium praestare; neque pro hoc labore quidquam retributionis iure suo postulare potest. Satis enim ei esse debet a parentibus educari et sustentari.

Ita ius Germ. § 1609 expresse statuit, idque omnino conformiter naturali legi pietatis filialis erga parentes.

R. 2. Hac in re sane non potest discrimen illud attendi, quod, si plures adsint filii, alii aliis plus fortasse laborent et in communem utilitatem conferant. Quod si re ipsa notabiliter obtinuit, parentum est, ex aequitate quadam providere, ut donis vel praelegatis quandam aequalitatem inducant. Stricta tamen atque iustitiae obligatio haec non est.

R. 3. Si quid impensum est in educationem unius filii prae aliis, idque notabiliter excedat communem condicionem parentum: leges positivae generatim praescribunt, ut ille excessus computetur, quando, defunctis parentibus, facienda sit bonorum divisio, nisi parentes id vetuerint adeoque liberaliter uni filio plus quam aliis voluerint favere.

R. 4. Si quando filius *maior* pergit laborare in domo et negotio paterno, ille certe mercede dignus est, nisi volens resignaverit. Qua in re fieri potest, ut leges *praesumant* resignationem et liberalem donationem ex parte filii etiam in iis casibus, in quibus id nequaquam voluit, sed solum ex respectu erga parentes expresse non postulavit, de cetero exspectans fore, ut sibi compensatio a parentibus fiat.

Ad quaesitum 2^m R. 1. Videndum ante omnia est, num Carolus labores suos impenderit qua filius maiorennis — id quod videtur omnino ex casu elucere. Nam pro laboribus, quos praestitit in aetate minore, si proprio marte sibi sumat compensationem, agit iniuste.

R. 2. Dein videri debet, num pater Carolo maiorenni spem fecerit certae alicuius summae, quam prae aliis filiis ei pro compensatione dare voluerit, sed a qua efficaciter danda, morte praeventus, impeditus sit. Si ita est, haec promissio potest considerari ut onerosa et quasi ex iustitia vel ut conventio quaedam filium inter et patrem, quo determinabatur compensatio, quam Carolus postulare iure poterat.

Quo in casu, etsi leges positivae Carolo non ita faverent, ipse nihilominus in foro conscientiae posset, etiam occulta compensatione, ex bonis paternis tantum sumere, quantum pater iudicaverit.

R. 3. Quodsi nihil positivi actum sit inter Carolum et patrem, neque tamen pater positivam voluntatem ostendit aliis filiis prae Carolo plus favere, vel Carolum satis superque remuneratum iri dixit aequali cum aliis hereditatis portione: Carolus iniuste agere non videtur, si ante aequalem bonorum paternorum divisionem tantum sumat, quanti sit rationabiliter et moderate aestimandus labor et industria, quam ipse prae aliis in communem utilitatem contulerit: quae aestimatio facile ad aliquot milia marcarum potest pertingere. Nemo sane extraneus v. g. annuo salario aliquot centenarum marcarum videtur contentus fuisse; filius autem familias non est extraneo deterior.

DE DOMINIO FILIORUM FAMILIAS (III).

Casus. (168)

Fridolinus, filius familias, in paterno negotio mercatorio agit ut unus ex commissariis munusque suum generatim secundum mandata patris fideliter exsequitur. At ei displicet tanta patris cautio. Quare cum nuper videret occasionem negotii nonnihil quidem periculosi, sed ex quo sperari poterat magnum lucrum, sumpsit, inscio patre, ex eius pecunia, quae alioquin lucrum duarum centesimarum tantum fecisset, 5 milia marcarum, et brevi facit coemptione mercium lucrum exspectatione maius aliorum 10 milium marcarum. Quod cum noverit, silet sibique lucrum illud vult occupare; quapropter in consuetis itineribus etiam suas merces vendere studet.

Quaeritur 1° licueritne Fridolino ita agere.
    2° cuinam iure lucrum illud addici debeat.
    3° quae sit post factum Fridolini obligatio.

Solutio.

565   Ad quaesitum 1ᵐ R. Sunt plures modi possibiles, quibus Fridolinus egerit. Aut enim voluit pecuniam illam sibi propriam facere; aut pecuniam ut pecuniam patris in negotio paterno impendere, patre invito; aut, cum patrem non posset commode interrogare, consensum eius in hoc particulari casu praesumpsit.

Si *primo* modo egit, certo graviter peccavit, etsi habuerit voluntatem restituendi, si posset; fecit enim furtum cum voluntate postea fortasse rem restituendi. Attamen haec voluntas rationem furti minuit quidem, sed non aufert.

Si *altero* modo egit, etiam egit graviter illicite; nam talem administrationem invito domino sibi arrogare in tanta summa est gravis alieni iuris laesio.

Si *tertio* modo egit, non peccavit, si modo rationabiliter et probabiliter consensum praesumpsit.

566   Ad quaesitum 2ᵐ R. 1. Si Fridolinus *primo* modo egit, commisit quidem furtum et restituendi obligationem contraxit pro casu, quod forte in negotio isto falleret; sed lucrum totum sibi acquisivit, sive est filius maior sive minor aetate.

R. 2. Si *secundo* vel *tertio* modo egit Fridolinus, lucrum per se debebatur patri, quia et pecunia patris erat, et mercatoria negotiatio *nomine patris* agebatur: praeter duo illa momenta autem nihil est, quod in lucrum influxit. — Verum si filius interea munus suum ordinarium fideliter ut alias exercuit nihilque in eo neglexit, sed aucto suo labore et industria illud extraordinarium lucrum fecit, aequum est, maxime si est filius aetate maior, ut largam remunerationem accipiat.

567   R. 3. In *secundo* modo agendi etiam distinctione opus est, si accurate determinare volumus, quid summo iure Fridolinus possit sibi accipere seu retinere. Potuit enim, ut in R. 1 dixi, totum negotium agere nomine patris: tunc valet, quod ibi dictum est. Potuit autem

pecuniam quidem considerare ut pecuniam patris, in eius dominio manentem, negotium vero seu labores etiam *suo nomine* facere, quasi agens contractum societatis cum patre, ita ut unius sit pecunia, alterius labor et industria. In quo casu peccavit quidem, ut dixi, contra patris consensum eius pecuniam periculo exponens; lucri tamen facti dimidiam partem sibi retinere posset.

Ad quaesitum 3^m Responsio patet ex modo dictis ad Quaesitum 2^m pro diversa agendi ratione, qua Fridolinus negotium illud tractare voluerit et re ipsa tractaverit.

IURA UXORIS (I). — UXOR INDUSTRIA.

Casus. (169)

Uxor praedivitis viri, quae dotem non attulerat neque communionem bonorum acquirendorum fecerat, cum videret matrimonium manere sterile, cogitavit sibi pro tempore viduitatis providere. Hinc partim ex bonis viri clam surreptis, partim ex eleemosynis et donationibus, quas secundum statum suum facere poterat, sed non fecit sibique ipsa applicuit, partim ex iis, quae parcius vivendo sibi subtraxit et reservavit, partim ex labore proprio quem ultra debitum fecit, collegit sibi summam 3000 marcarum; quas committens familiari fideli per eum occulte particeps erat negotiationis, quo felici successu intra decem annos bona sua auxit usque ad summam 30 000 marcarum.

Quaeritur utrum bona illa sibi retinere possit an heredibus viri sui cedere debeat.

Solutio.

Ad quaesitum R. 1. Casus ille fundamento seu motivo caret in iis locis ubi, sicut in iure Germ., uxori superstiti satis ampla *pars legitima* hereditatis defuncti mariti ascribitur. — In iis locis, ubi viduae non satis providetur per leges, eiusmodi casus facilius accidere potest. Ceterum solutio inde non pendet.

R. 2. Casus ille proponitur et solvitur a Th. Tamburini, *In decalog.* l. 8, tr. 1, c. 2, § 3, n. 15 et 16 hoc modo:

1. Neque totum tenetur restituere, neque totum potest retinere; nam bona illa, ex quibus collectis lucrum fecit, partim erant et manserant furtiva, partim considerari ab uxore poterant ut sua.

2. Bona, quae manserant furtiva, restituenda sunt viri heredibus, idque simul cum damno vel lucro cessante, quod propter carentiam illorum bonorum vir eiusve heredes incurrerint.

3. Lucrum autem, quod factum est, sive ex bonis furtivis sive ex iis quae uxor facere poterat sua, cum non sit fructus pecuniae sed industriae, retinere uxor poterit.

4. Ut igitur ad singula descendatur; restitui debent secundum auctorem laudatum:

1) pecuniae clam surreptae [addiderim has restituendas esse heredibus, nisi de maiore damno constet, cum fenere hodiedum consueto].

2) eleemosynae, quas uxor non faciens pauperibus sibi applicuerat, eo quod ipsa inter pauperes non potuerit computari: hanc summam, dicit Tamburini, utpote quae manserit in dominio viri, restituendam esse heredibus viri vel ex probabili viri voluntate pauperibus distribuendam. [Neque hic de fenere annuo computando constet, cum vir illud nullatenus percepturus fuisset. Alias de restitutione cum Tamburini sentiendum est in iis locis saltem, ubi uxori superstiti ex bonis mariti solet provideri. Ubi vero ita non fit, uxor, si sit aetate iam provecta atque spe habendi unde vivat careat, mihi videtur inter pauperes reputari posse: quapropter circa illam summam in eo casu restitutio non videtur esse urgenda.]

3) Pecunias, quas loco donationum liberalium uxor sibi seposuit, Tamburini putat saltem non omnes heredibus viri esse restituendas, cum uxor non fuerit extraneis deterior atque ita aliqua saltem etiam sibi videatur potuisse donare [idque eo magis sustineri posse censeo, quo minus ex hereditate viri uxori fuerit praevisum — Quapropter si nimia sunt, quae uxor ita sibi retinuit, partem restituat, reliquam partem retineat: facile dimidia pars vel etiam ultra uxori concedi poterit].

4) Quae parcius vivendo sibi reservavit, uxori secundum Tamburini cedunt. [Circa quae observo: si uxor a marito certam summam consueverat accipere, quam posset pro se suisque sumptibus expendere, dubium non est uxorem bona illa residua tamquam parsimonialia retinere posse. Si autem certam summam non accepit, vir nihilominus contentus erat de eo quod uxor tantum pro se insumeret: maius quidem dubium est, num uxor ea, quibus parcebat, sua poterat facere. Verum si vir liberalis fuit, praesumi potest eum non contradixisse vel non contradicturum fuisse; ac proin obligatio haec restituendi non est urgenda; minus etiam obligatio fenus illius summae computandi.]

5) Quae ex proprio labore uxor lucrata est, sane plene sua fecit eaque omnia retinere potest.

Hinc concludendum est uxorem longe maiorem partem sane sibi posse retinere; computationem vero eorum, quae viri heredibus, quae pauperibus restitui debeant, ipsa facile instituere potest.

IURA UXORIS (II).

Casus. (170)

Eulalia uxor viri nimis parci eo inscio et invito largiores facit expensas in proprium usum usumque familiae; interdum etiam ad pias causas confert, ad quas maritum collaturum non fuisse scit.

Melania e contrario habet virum prodigum, qui quod superest ex lucro sui laboris solet luxu consumere: quare uxor timens, ne postea ipsa cum familia penuriam passura sit, paullatim viro aliqua subducit et seponit, ita ut decursu annorum collegerit notabilem summam, ex qua clam potuerit sibi parvum censum vitalitium emere, parentes egentes etiam nunc possit sublevare aliasque eleemosynas facere. Mox defuncto marito re vera censu suo indiget magis, siquidem maritus non solum nihil reliquit, sed ne omnia quidem debita apud caupones contracta ex bonis relictis solvi possunt: quae uxor occultatis rebus suis solvere renuit, siquidem maritus multo amplius expenderit pro se, quam ipsa seposuerit.

QUAERITUR 1° quae sint vel esse possint bona uxoris.
2° quale ius uxori competat in bona mariti vel familiae.
3° quid dicendum de agendi ratione Eulaliae et Melaniae.

Solutio.

AD QUAESITUM 1ᵐ R. Diversa iura hac in re statuunt diversa. 570 Generatim tamen tria genera bonorum coniugis exsistere possunt:

1) bona reservata, quorum administrationem et usumfructum vel saltem usumfructum coniux sibi reservat; 2) ea bona, quorum administrationem et usumfructum habet maritus, quo iuvetur in matrimonii oneribus, sed quorum dominium retinetur a coniuge — quae bona modo vocantur dotalia, modo alio nomine; 3) bona communia, quae in utriusque utilitatem, immo in totius familiae commodum cedunt, administrantur quidem a marito, dividuntur vero quoad dominium, soluto matrimonio, in duas partes. Ut communia possunt statui omnia utriusque coniugis bona, vel quaedam tantum; possunt statui ea quae inferuntur in matrimonium, vel ea tantum quae stante matrimonio acquiruntur.

AD QUAESITUM 2ᵐ R. 1. Si bona *communia* adsunt, quae bona 571 *familiae* vocari licet, ex iis, in quantum sufficiunt, uxor ius habet ut sumantur quae necessaria sunt ad suam suaeque familiae sustentationem aliasque *obligationes* quascumque implendas. Ita saltem ex iure Germ. (cf. § 1604).

R. 2. Quare secundum hoc ius, antequam bona sua separata expendat, ex bonis communibus sustentare potest parentes indigentes atque filios ex priore forte matrimonio genitos. — Alibi mediam partem harum expensarum potius ex bonis reservatis sumere vel, cum forte ventum fuerit ad dotalium bonorum restitutionem, in ea computare debebit, nisi maritus volens plus concesserit.

R. 3. Si uxor nihil intulit neque possidet bona reservata neque adsint bona communia: maritus ex se suisque bonis et laboribus uxorem sustentare eiusque obligationes exorituras implere debet, cum uxor eum iuvet in gerendis rebus domesticis: hoc enim officium iniens matrimonium in se volens assumpsit.

AD QUAESITUM 3ᵐ R. 1. Eulaliae agendi ratio nonnihil inquiri 572 debet. Ad eas expensas faciendas ius habet, quae necessariae sunt ad servandum convenientem familiae statum atque condicionem. Si igitur maritus, nimis parcus, ne ea quidem vult concedere, non peccat clam ea assumendo; excedere autem familiae statum, invito marito, non licet. Immo in dubio standum est voluntati mariti, si eam seriam expresserit atque in ea insistit; atque semper curandum est, ne clanculum agens uxor pacem cum viro perturbet.

R. 2. Si Eulalia notabiliter excesserit familiae statum convenientem contra certam et seriam mariti voluntatem, per se id restituere debet ex bonis propriis, si quae habet, nisi sumi possit maritum post factum condonaturum esse; alioquin studeat maiore diligentia et labore domestico id compensare.

R. 3. Quoad eleemosynas fere idem dic. Potest enim Eulalia, etiam inscio vel fortasse etiam invito viro, eleemosynas secundum statum familiae ordinarias et consuetas facere. De *notabili* excessu dicendum est, ut antea.

573 R. 4. Quoad *Melaniam*. Si revera maritus prodigalitate sua familiam in indigentiam coniecturus sit, uxor utitur iure suo id praecavens et clam quaedam seponens. Hoc enim modo gerit providam curam eam, quam maritus gerere debet sed neglegit.

R. 5. Neque quod ex pecunia sic collecta parentes indigos sustentaverit, atque paucas eleemosynas secundum condicionem et statum suum fecerit, id uxori culpae erit. — Immo quod sibi modesto aliquo censu vitalitio providerit, si iuste timere debuit maritum sibi forte superstiti nullatenus provisurum esse, puto Melaniam non peccasse. Viri enim est non solum uxorem alere, dum ipse in vivis est, sed etiam superstiti viduae, quae totam vitam in curam domesticam impenderit, ita providere, ut modeste possit vivere. Cf. supra cas. 169.

574 R. 6. Gravior difficultas oritur ex eo, quod defuncto marito non solum non relinquuntur bona communia, sed *debita*. Cum enim uxor, ut ex casu sumi debet, non habuerit bona propria, sed omnia fuerint vel mariti vel communia, videtur etiam valor census illius vitalitii pertinere ad bona viri defuncti vel ad bona communia: quod si est, ille imprimis impendendus est in debita exstinguenda.

Mitior tamen quaestionis solutio non videtur absolute excludenda, sed in favorem Melaniae circumstantiae accuratius inspiciendae sunt.

Si neque maritus ille nunc defunctus neque creditores illi caupones quidquam scierunt de summa a Melania collecta, et maritus levius contraxit, caupones admiserunt debita illa, quibus probabiliter maritus impar evasurus esset solvendis. Illi igitur sibi ascribant damnum. Quamquam autem haec sola consideratio rem non evincat, videri debet, num uxor potuerit ab initio matrimonii „acquaestum", i. e. ea quae stante matrimonio acquirebantur, pro bonis communibus considerare. Quod si ita est, et maritus, postquam acquisiverat, demum in prodigalitatem prolapsus omnia dissipavit: uxor proprio marte id exsecuta est, quod a marito postulare poterat, ut sibi quavis hebdomada vel quovis mense daretur certa summa, marito plane subtracta, pro cura sui et familiae. Quae parcius vivendo seposuit, haec *sua* fecit neque obligata erat, ut ea relinqueret communia. Sic igitur absolvi potest ab obligatione solvendi debita viri.

BONA CLERICORUM.

Casus. (171)

Celerino parocho sine testamento defuncto heredes legales eius bona residua accipiunt; similiter Raymundi canonici bona accipit nepos in testa-

Dominium et iura singulorum hominum — *bona clericorum.* 293

mento heres scriptus, cum obligatione parva quaedam legata in pias causas solvendi.

Quaeritur 1° quae sint diversi generis bona clericorum eorumque in ea iura.
2° quid de agendi ratione Celerini et Raymundi.
3° num heredes tuta conscientia bona illa possint accipere.

Solutio.

Ad quaesitum 1ᵐ R. 1. Distinguuntur 1) bona *patrimonialia,* quae clericus possidet ex paterna hereditate, sed extenditur illud nomen ad omnia ea bona, quae ex qualibet donatione aut causa profana clericus possidet.

2) *casualia,* quae clericus occasione functionum sacrarum percepit, v. g. ex stipendiis Missarum, iuribus stolae etc.;

3) *parsimonialia,* quae parcius vivendo, quam licite vivere potuit, ex bonis ecclesiasticis seposuit;

4) *ecclesiastica,* quae percipit ex fructibus beneficii ecclesiastici vel ex eo fonte, qui loco ecclesiastici beneficii subrogatus est (sume pensionem, quam respublica vel fiscus solvit pro compensatione fundorum ecclesiasticorum saecularizatorum).

R. 2. Ex ecclesiasticis bonis licebit clerico ea omnia sumere, quae ad honestam sustentationem pertinent: quae comprehendit omnes expensas secundum statum ipsius clerici necessarios.

R. 3. Quae post honestam sustentationem (ad quam sane pertinent non solum hospitalitas erga consanguineos et amicos, sed etiam quaedam remunerationes gratitudinis, atque etiam convenientes animi relaxationes) supersunt, pro pauperibus vel causis piis expendi omnino debent, idque saltem ex lege ecclesiastica et oboedientia, si minus ex iustitia, ita tamen ut in laesione huius obligationis materia parva longe latius extendi debeat, quam in strictae iustitiae laesione.

R. 4. In bona patrimonialia, casualia, parsimonialia clericus liberum omnino dominium habet, sicut reliqui homines.

R. 5. Nihilominus non decet de iis ita disponere, ut cognati non indigentes omnia capiant; id enim populo fideli parum est aedificationi.

Cf. de omnibus *Th. m.* I, 898—900.

Ad quaesitum 2ᵐ R. 1. Supponi debet quoad *Celerinum* eum voluntarie omisisse testamenti confectionem, ut heredes legales in bona superstitia possent intrare, vel saltem eum haec futura esse praevidisse: alioquin de eius „agendi ratione", cum culpa careat, quaeri iam non potest, cum humano modo nihil egerit vel agere omiserit.

R. 2. Si igitur Celerinus ex industria vel culpabiliter omisit testamentum, de eius agendi ratione vix aliter dicendum est ac de agendi ratione Raymundi. In utroque videndum est, num beneficium fuerit adeo pingue, ut ea, quae honestae sustentationi conveniant, superaret. Quod nostris temporibus *raro* obtinet. ·Si autem re vera obtinuit, et Celerinus et Raymundus male egerunt, cum contra praescriptum Ecclesiae bona ecclesiastica expenderint, excepto casu, quo cognati illi pauperes exsistant; nam in eo casu pietas postulat, ut cognati ante alios subleventur.

R. 3. Verum, etiamsi Celerinus et Raymundus poterant omnes fructus ecclesiastici beneficii in honestam sustentationem impendere atque reliquis bonis parcere: nihilominus, si utcumque summam notabilem collegerant, populo fideli vix non scandalo est parochum vel sacerdotem neglectis causis piis solis cognatis providere.

578   Ad quaesitum 3^m R. 1. Facilius responderi potest quoad heredem testamentarium, Raymundi nepotem. Nam sententia probabilis a S° Alphonso agnita (III, 492, Q. VIII) dicit: etiam si testator graviter peccaverit contra leges de bonis seu fructibus ecclesiasticis disponendo, tamen heres vel donatarius accipere potest, cum ex parte clerici malitia actus oblatione completa est; neque heres ad eam concurrit.

R. 2. Aliter quoad Celerinum, si ex inopinato defunctus est, ita ut testamentum condere non posset. Nam si ita, praesumendum est eum voluisse praecepto Ecclesiae et obligationi suae satisfacere. Quare heredes *ea bona*, quae *ex ecclesiasticis* fuerint residua, ex iustitia erga defunctum in pios usus expendere debebunt.

R. 3. Si autem Celerinus ex industria testamentum omisit, *iustitia* quidem non obligat heredes, ut ex residuis bonis in pios usus impendant; verum ea bona, quae constiterit esse ex ecclesiasticis, transeunt ad heredes cum eadem obligatione *religionis*, quae iis inhaeserat, cum essent in proprietate clerici defuncti.

Expediatne heredes id monere, an praestet eos in bona fide relinquere, prudentiae confessarii seu consiliarii est discernere.

IUS AUCTORUM.

Casus. (172)

Emericus composuit sibi sermones et conferentias scientificas quas amico commodavit. Ille, cum has elucubrationes valde probaret, eas transcripsit atque ad promovendum bonum publicum eas typis imprimendas vulgandasque curavit.

Quod idem fecit, cum interfuisset longiori seriei sermonum, quos celeber orator in templo suae urbis habuit.

Demum cum in vicino regno apparuisset utilissimum opus apologeticum, illud translatum in linguam suam vernaculam atque etiam in sua patria vulgavit.

Quaeritur 1° quae sint iura auctorum.

2° num vel quomodo Emericus peccaverit auctorumve iura laeserit.

Solutio.

579   Ad quaesitum 1^m R. 1. Si quis aliquod ingenii sui opus perfecit necdum publici iuris fecit, ius naturale prohibet, quominus alter, auc-

tore invito, illud publici iuris faciat. Nam vix quidquam est, quod
adeo sit sub dominio hominis quam foetus sui ingenii; quare ipse, exclusis aliis, de eo eiusque usu debet posse disponere.

R. 2. Plane puto idem dicendum esse de sermonibus lectionibusve etiam publice habitis iis, quos orator vel lector solet coram
diverso auditore repetere: nimirum prohibitum esse iure naturae, ne
quis auctore invito eos excipiat atque *divulget*. Nam si id fieret,
auctor ipse multum impediretur, quominus rebus suis libere ut antea
uteretur.

R. 3. Probabile est ipsum ius naturae prohibere, quominus liber
editus, invito auctore vel editore, recudatur vel etiam — si modo
probabile damnum auctori vel editori inde oriri possit — quominus
in aliam linguam translatus denuo edatur. Nimirum hoc modo auctor
editorve operis impeditur a lucro convenienti, quod naturaliter sequitur
ipsum opus eiusque divulgationem, atque ipsum opus ultra intentionem
auctoris divulgatur. Utrumque invadit ius auctoris et eius, quocum
ius illud communicavit, videlicet editoris vel impressoris libri. *Th. m.*
I, 904 sqq.

R. 4. Quoniam vero aliqui hoc naturale ius in dubium vocant,
atque re vera saltem id dubium est, quamdiu etiam post mortem
auctoris hoc illius ius in heredibus protegendum sit, convenientissime
per leges positivas certa iura certique limites definiti sunt, immo per
conventiones internationales iis robur est adiectum. Haec secundum
positivas determinationes locorum etiam in conscientia obligant.

Ad quaesitum 2^m R. 1. In *primo* casu Emericus certe peccavit, 580
nisi ignorantia magna excusetur. Neque solum ratione damni, quod
auctori probabiliter intulit, egit omnino contra iustitiam; sed ratione
solius publicationis iniustitiam contra auctorem commisit, cuius fortasse
multo magis interest res suas occultas tenere quam lucro carere.

R. 2. Censeo etiam in *secundo* casu Emericum commisisse iniustitiam: quod tamen practice solummodo eatenus urgendum est, in
quantum leges positivae, auctori faventes, laesae sunt: ex lege laesa
auctor tamquam de iniustitia contra se commissa merito potest conqueri satisfactionemque postulare. — Si autem agitur de iis sermonibus, qui, ut quam latissime divulgentur, orator ipse desiderat, vel
quos consuetudo fert ab ephemeridibus publicari: *haec* divulgatio sive
lege sive consuetudine permissa ab iniustitia immunis est.

R. 3. In quantum limites legum positivarum et conventionum
Emericus etiam in *tertio* casu transgressus est, in hoc quoque casu
iniustitiam commisit; ad restitutionem eam tenetur, quam definiverit
iudex, si in ius vocatur. Si auctor rem in iudicio prosequi nolit
neque tamen restitutioni renuntiat, id restituendum est auctori et
editori, in quo secundum aequam aestimationem damnum passi seu
lucro fraudati sint. Quodsi eiusmodi damnum non est probabile, Emericus ad compensationem pecuniariam non tenetur. Practice generatim
videndum est, num soleat vendi in eiusmodi libris et quanti vendi
soleat ius vertendi in alienam linguam.

BONORUM PRIVATORUM ACQUISITIO.

PRIVATA BONORUM POSSESSIO.

Casus. (173)

Polydorus inter operariorum coetus multas audivit obiectiones contra possessionem privatam: terram esse pro omnibus, eamque pro omnibus fructus ferre; hinc iniustum esse, eam ab aliquibus occupari aliosque excludi atque miseriae famique devoveri; saltem universali populi voluntate privatam proprietatem aboleri et in communem possessionem commutari posse, idque ut fiat expedire. Ipse, quid efficaciter respondeat, non plane perspicit; quare

Quaeritur 1° quo iure nitatur privata possessio.

2° possitne communi suffragio vel positiva lege communitas bonorum induci.

3° quid ad rationes allatas respondendum sit.

Solutio.

Ad quaesitum 1^m R. 1. Divisio bonorum et privata possessio certo aliquo sensu iuris gentium, certo aliquo sensu iuris naturalis est. Iuris gentium et positivi est eatenus, quatenus non ipsa natura bona iam divisit, sed per ipsos homines, ubique tamen, demum divisio facta est. Iuris naturalis dicitur esse, quia ipsa ratio naturalis dictat non solum homini inesse facultatem quaedam sibi exclusive assumendi, sed etiam ad humanam vitam esse necessariam certam quandam divisionem rerum, quibus quisque particulatim utatur, sive relictis sive non relictis aliis in possessione plus minusve communi. (Cf. S. Thom. 2, 2, q. 66, a. 2.)

R. 2. Iuris naturalis simpliciter loquendo est facultas singulis hominibus insita, qua possint occupare sibique propria facere ea, quae nondum a quopiam, i. e. neque a privatis individuisque hominibus neque a quacumque communitate, occupata sunt.

R. 3. Ius illud privatim possidendi lege divina omnino sancitum habemus, cum iubente Deo terram promissionis Moyses et Iosua diviterent, atque Deus in decalogo laesionem alienarum possessionum severe prohibuerit.

Ad quaesitum 2^m R. 1. Singuli quidem, qui volunt, res suas in commune conferre possunt; nolentes vero bonis suis privatis iureque acquirendi privari non possunt, neque per populum neque per legem, quia iure acquisito aliquem privare iniustum est, nisi bonum commune id postulaverit; lex autem iniusta vere non est lex. Tantum vero abest, ut bonum commune postulet privatarum possessionum abolitionem, ut potius eas summopere suadeat vel morali quadam necessitate exigat.

R. 2. Potest tamen fieri propter exigentiam boni communis, ut certa quaedam genera bonorum subducantur commercio et possessioni privatae ac rei publicae vel communitati reserventur, idque etiam per expropriationem eorum qui iam possident, facta tamen iusta compensatione.

Ad quaesitum 3^m R. 1. Terram esse pro omnibus, id aliquo sensu verum, alio sensu falsum est. Videlicet falsum est eam ita esse pro omnibus, ut omnes in omnia ius et aequum ius habeant, aut ita, ut omnia in communi esse *debeant;* sed verum est eam ita esse pro omnibus, ut omnibus facultas competat aliquo saltem modo participandi rerum ad vitam necessariarum, vel immediate eas colligendi, vel mediate ab aliis per contractum, laborem etc. eas acquirendi.

R. 2. Iniustum est terram ab aliquibus occupari ita, ut reliqui omnino excludantur, quominus partem habere possint eorum, quae terra progignit et quae ad vitam necessaria sunt: *concedo;* iniustum est, si aliqui a sola immediata possessione excludantur manente possibilitate res necessarias ab aliis acquirendi: *nego.*

R. 3. Quare etiam necesse non est aliquos fame perire. Immo in extrema necessitate ius divinum et naturale cuilibet facultatem tribuit sibi ea sumendi, etiam vi, si necesse fuerit, quae ad eam necessitatem sublevandam requiruntur. Hoc sensu sunt et manent omnia communia.

R. 4. Si supponatur — id quod numquam accidet — omnes omnino, qui res privatas possident, consentire in id, ut haec omnia in commune conferantur, *valide* facta esset possessio in communi; si vero aliqui, etiamsi numero pauciores fuerint, dissentiant, eorum bona ne valide quidem communia fieri possunt; ceterum ne omnium quidem consensio istam innovationem *licite* poterit perficere, cum sit contra exigentiam boni communis naturae humanae sicut re ipsa nunc existit, imperfectionibus scilicet et cupiditatibus variis circumdatae.

VENATIO ILLEGITIMA.

Casus. (174)

Silvester, contra leges venatus, secum fert praedam aliquot animalium occisorum. Occurrit Titus, qui venandi ius a communitate conduxerat et sibi iure suo praedam postulat. Quod Silvester iustum esse negat; sed ne in iudicium trahatur, praedam quam secum fert cedit Tito, retenta tamen alia, quam in silvam absconderat, noctu asportaturus, at simul secum statuit contra Titum tamquam ex iniusta damnificatione occultam compensationem facere.

Quaeritur 1° quomodo et a quo acquiratur dominium ferae occisae vel praedae captae.

2° Titusne an Silvester iniuste egerit.

Solutio.

Ad quaesitum 1^m R. 1. In exercenda venatione videri debet, num exerceatur contra animalia iam certo modo capta et occupata, sicuti occupantur, quando includuntur in arcto loco, unde evadere non possint, possintque facili negotio singula pro arbitrio attingi.

Quodsi in tali loco et contra eiusmodi animalia venatio fit, in singulis animalibus capiendis laeditur dominus, siquidem singula sunt iam ab illo occupata.

R. 2. Si vero fit venatio in loco aperto et pervio, animalia ibi exsistentia adhuc habent naturalem suam libertatem, nondum sunt occupata, ac proin per se fiunt primi occupantis, i. e. venatoris qui ea occidit vel capit. Ita saltem ex solo iure naturali abstrahendo a legibus positivis.

R. 3. Nihilominus quando iuste ius venandi quibusdam tantum competit, alii venatione immoderatiore illis inferunt damnum; ideoque secundum aequam aestimationem iustamque spem restitutioni fiunt obnoxii. Verum eiusmodi damnum non censetur illatum, nisi saepius vel plura animalia fuerint capta vel occisa. De reliquo leges etiam positivae, si quando singulorum etiam animalium venationem vetent et puniant, plerumque pro legibus ex se pure poenalibus habentur. Sed in quantum domino fundi vel ei qui ius venandi conduxit per leges datur facultas postulandi, ut sibi praeda capta tradatur, hoc ius in conscientia valet, et, postulatione facta, alter in conscientia praedam tradere debet.

R. 4. Accuratius aliquid et severius statuit novum ius Germaniae, quo fit, ut leges illae, si omnes spectantur, non pure poenales sint. Quatenus *vetant* venationem, existimo leges etiam illas posse sumi pro pure poenalibus. Sed in codice § 958 obstat, quominus venator, qui contra leges venatur, occupando praedam eius dominium acquirat. Unde fit, ut praeda maneat *nullius;* nam domini fundi vel *legitimi* venatoris non est. Hucusque enim fera etiam secundum leges erat *nullius;* quapropter ut alicuius fiat, debet occupari; praeter venatorem autem illegitimum, qui efficaciter occupare non potest, non est qui occupaverit.

Attamen si venator ille illegitimus nihilominus praedam secum sumpsit, inscio venatore legitimo, eamque vel consumpsit vel vendidit, cum in neminem peccaverit proprie contra iustitiam commutativam, restitutioni obnoxius non est, antequam legitimus ille venator sive dominus fundi rem cognoverit atque, quae sibi a lege conceduntur, serio postulaverit.

Ad quaesitum 2^m R. 1. Per se Silvester acquisivit dominium praedae; atque solum si immodice venatus est, ad aliquam compensationem per se tenetur: sed, ut antea dictum est, leges positivae obstare possunt, quominus dominium acquiratur, sicut re vera lex Germaniae obstat.

R. 2. Nisi leges positivae id Tito concedant, ut postulet sibi praedam dandam, non potuit iuste eam postulare ut rem suam. Verum pro renuntiatione iuris quod habuit denuntiandi Silvestri potuit etiamtum cum hoc pacisci de praeda sibi tradenda.

R. 3. Quod si ita actum est, Silvestro non licuit postea occultam compensationem facere; nam coactus est non iniuste ad feram tradendam, saltem sub condicione, quod Titus ipsum non denuntiaverit.

R. 4. Nihilominus praedam in silva absconditam Silvester potuit 588 sine proprie dicta iniustitia retinere. Id 1) certum est, si ex sola pactione de non facienda iudiciali denuntiatione praeda transivit in dominium Titi: nam pactio erat de sola praeda praesenti, non de alia ignota. 2) Vix non idem dici debet etiam in eo casu, quo leges positivae dederint Tito ius sibi postulandi praedam a Silvestro captam. Postulavit enim solam eam a se occupandam, quam captam vidit, neque aliam occupare cogitavit, cum nesciret neque probare posset maiorem praedam esse factam, neque ante probatam venationem ulteriorem culpabilem ius postulandae praedae aderat. Id eo magis teneri potest, cum simus quodammodo in lege poenali positiva, quae ius naturale venatoris ob culpam contra leges positivas commissam diminuat: quae poena num pleni iuris sit, antequam de culpa in foro externo agatur, potest dubitari. Summum igitur Silvester, si lege positiva prohibetur, quominus proprietatem huius praedae capiat, rem nullius retinet, vendit vel consumit, neque propter utilitatem vel pretium ex ea perceptum atque retentum committit iniustitiam, antequam re detecta a legitimo venditore ad cedendum sibi pretium cogatur.

FRAUDULENTA OCCUPATIO.

Casus. (175)

Venantius exquisitum cibum spargit columbis suis: quo saepe etiam columbae vicinorum attrahuntur. Quas cum videt in suo columbario, ne sibi postea aufugiant, impiger capere et occidere solet.

Similiter per canes suos sibi alios adiunxit: quos per aliquod tempus nutrit ac deinde vendit.

QUAERITUR num in illis casibus Venantio ita agere licuerit.

Solutio.

R. *ad* 1^m *casum:* Columbae quidem inter ea animalia referuntur 589 quae dicuntur *mansuefacta*, non per se mansueta seu domestica, et proin, si revertendi consuetudinem ad proprium dominum amiserint, fiunt primi occupantis seu eius, in cuius columbarium se contulerint. — Verum Venantius videtur ex duabus rationibus plus aequo occupatione usus esse. Nam 1) quod aliquando columbae alienae in suum columbarium se contulerint, nondum probat eas amisisse consuetudinem ad priorem dominum revertendi; ergo adhuc sunt alterius: aliter, si iam constanter in columbarium Venantii veniunt. 2) Timendum est, ne *fraude* Venantius alienas columbas ad se attraxerit: fraude vero agere nemini licet; sed hoc reparandi damni obligationem secum fert.

Nihilominus quoad hanc rationem videndum est, quid consuetudo permittat, siquidem non omnia media, quae aliquo modo apta sunt ad alienas columbas attrahendas, ilico pro illicita fraude habentur, nisi fiant extraordinaria. *Th. m.* I, 912.

590   Ad 2ᵐ *casum:* Canes sine dubio censentur inter animalia mansueta et domestica. Ideoque eo, quod aliquo tempore alieni canes Venantio adhaeserint, non fit, ut in eius dominium transierint vel ab eo occupari possint. Quare eos vendere non potuit.

Nihilominus si ipse curam in iis excolendis adhibuit eorumque valor inde crevit: sane pro expensis factis et labore vel industria exercita compensationem quandam, si minus ex summo iure, saltem ex aequitate postulare potest. Quominus ex summo iure postulare possit, ratio ea obest, quod inscio et fortasse invito domino in re aliena sumptus laboresque collocaverit. — Verum Venantius, postquam venditionem fecerit, in conscientiae foro, si ad externum forum res non deducitur nec diiudicatur, satisfacit restituendo damnum quod domini canum passi sunt, alioquin valorem canum pristinum.

OCCUPATIO.

Casus. (176)

Chrysanthus integrum gregem habet equorum, ut data occasione ex iis accipere possit; alioquin in prato publico sub nullius dominio constituto aluntur et vagantur. Vicinus quidam, cum iter facere debeat, inscio domino, aliquem equum sibi sumit illumque in itinere ita exercet et domat, ut facile eum pro 1000 marcis vendere possit. Quod re ipsa facit, pretium sibi retinens, cum numerum equorum Chrysanthus nesciat neque scire possit ex ea causa quod non raro ex iis pereant.

Quaeritur utrum vicino illi ita agere licuerit, an pretium illud debeat Chrysantho restituere.

Solutio.

591   Ad quaesitum R. 1. Solutio casus pendet multum a modo, quo Chrysanthus omnes illos equos occupaverit suosve fecerit. Si solum gregem in genere, non singula individua fecerit sua, ita scilicet, ut ipse prae aliis solum ius habere intendat ex iis, quando et quos voluerit, occupandi et suos faciendi: vicinus accipiendo aliquem ex equis, etiam cum intentione eum faciendi suum, iustitiam graviter saltem non laesit. Rem ita se habere conici aliquatenus potest ex eo, quod in casu narrato condicio equorum ita videtur immutata, ut non amplius plene sint inter animalia mansueta et domestica numerandi, sed accesserint quodammodo ad animalia efferata.

R. 2. Si vero Chrysanthus singulos equos iam fecerat suos, vicinus assumendo equum ut proprium, iustitiam laesit, idque graviter, si valor equi in tali condicione positi tantus erat, ut gravem materiam in furto attingeret; si tanti non valebat secundum communem aestimationem, leviter. — Facilius etiam excusari poterat, si intentionem tantum commodandi equi habuit atque vicini sui consensum praesumpsit: id enim pro diversis adiunctis rationabiliter fieri posse non nego.

R. 3. In suppositione solutionis in R. 1 vicinus ille equum fecerat suum eumque postea a se excultum vendere pretiumque retinere potuit. Si quid Chrysantho restituendum est, nullatenus est valor equi, ne pristinus quidem valor; sed aestimatio iuris diminuti, quatenus per equum istum ablatum facultas capiendi equos pro arbitrio Chrysantho diminuta sit: quod ius re vera vix quidquam est diminutum.

R. 4. In suppositione solutionis R. 2 equus ille mansit in dominio Chrysanthi, sive vicinus ille intentionem furandi sive commodandi habuit. Attamen cum valor ex industria vicini accitus longe superet valorem nativum: in conscientiae foro sufficit, si vicinus valorem nativum restituat.

THESAURUS (I).

Casus. (177)

Ferrarius aliquot operarios conducit ad fodiendum et experiendum agrum, num venae metallicae detegantur. In quo labore duo operarii detegunt vas aureis nummis plenum: Titus illud reclamat, quod ipse lingone suo illud patefecerit ideoque detexerit, Caius, quod ipse primus illud acceperit et occupaverit, cum Titus rem pretiosam esse ne advertisset quidem. Sed demum, ne alter alterum apud Ferrarium accuset isque sibi ut domino fundi et principali auctori fundi pervestigandi totum assumat, inter se dividunt, re alto silentio tecta.

QUAERITUR 1° quid sit thesaurus.
2° quis thesauri dominium acquirat.
3° quid de casu nostro dicendum.

Solutio.

AD QUAESITUM 1^m R. 1. Imprimis respicienda est notio thesauri 592 in iuribus contenta. Qui definitur

1) ex iure Romano et communi: pecunia (aliave res pretiosa vel pretio aestimabilis), quae est *abscondita, cuius memoria non exstat*;

2) ex iure Gallico: res quaecumque *abscondita vel infossa*, quam *nemo probare potest esse suam*, et quae *casu invenitur*;

3) ex iure Germanico: res, quae tam diu iacuit abscondita, ut eius dominus erui nequeat.

R. 2. Quamquam igitur diversa iura in definitione thesauri non plane iisdem utuntur verbis, in hoc tamen conveniunt, ut hae duae sint condiciones essentiales: 1) debet agi de re *abscondita*, quae nunc demum appareat seu detegatur; 2) impossibilitas inveniendi dominum orta ex probabili diuturnitate temporis, quo res erat abscondita; vel aliis verbis, ut 3) *non* sit res *palam abiecta* vel inventa; 4) *non* sit res *nuper amissa*, sed ab immemorabili tempore sine possessore.

AD QUAESITUM 2^m R. 1. Si solum ius naturale spectare licet, 593 thesaurus totus est inventoris seu eius qui primo eum occupat, vel potius qui eum detegit cum animo occupandi. Detegendo enim ius occupandi potius habet, a quo ab altero physice praeveniente non potest excludi invitus. Nam cum nemo sit qui illius rei dominium possideat vel ius suum probare possit, res est *nullius*; res autem quae *sunt* nullius, fiunt primi occupantis.

R. 2. Potuit tamen iustis ex causis lex positiva seu suprema civitatis auctoritas certi aliquid circa occupationem et dominium thesauri determinare. Atque revera quaedam vix non ubique determinata sunt, ita ut partim cedat thesaurus inventori, partim domino fundi in quo inveniatur, partim fisco.

R. 3. Communi opinione theologorum inventor eas leges eatenus etiam in conscientia servare debet, ut 1) post sententiam iudicis debeat acquiescere, 2) etiam antea *partem* domino fundi dare debeat quam lex assignat, sive sit dominus persona singularis sive moralis et iuridica tantum.

R. 4. Quatenus vero thesaurus in fundo privato inventus sive totus sive ex parte fisco addicatur, vel in poenam in certis casibus inventor sua parte privetur *totumque* thesaurum sive domino fundi sive fisco cedere debeat: eatenus leges illae considerantur ut poenales, quae ante iudicis sententiam in conscientia non obligent. Cf. Th. m. I, 913 et 914.

594. Ad quaesitum 3^m R. 1. Ferrarius non potest totum thesaurum reclamare. Id enim tum tantum posset, si ad detegendum in suo fundo thesaurum operarios conduxisset; in quo casu sane non operarii sed mandans ius habet ad occupandum thesaurum, siquidem ex conventione fructus laboris tum cedit domino mandanti, merces debetur operariis, etsi fructus nullus apparuerit. Sed agrum fodiendum curare ad inveniendas venas metallicas non est mandare inquisitionem thesauri. Quare solam mediam partem, secundum positivas leges, postulare potest.

R. 2. Difficultas est igitur, quisnam alterius mediae partis sit dominus, Titus an Caius? Practice puto in compluribus regionibus utrique ex aequo ius in illam partem competere, ita ut dimidia illa pars inter utrumque dividenda sit: nam *ut thesaurus* videtur vas illud ab utroque simul agnitum et occupatum esse. Scilicet, Titus sine dubio primo patefecit et agnovit rem ut occupabilem, neque videtur omnis intentio occupandi ab eo abfuisse; nam certe non dixit Caio, ut ille sibi rem arriperet, sed ipse Titus quodammodo *inchoavit* occupationem. Attamen Titus non re ipsa *complevit* occupationem; in ea complenda praeventus esse videtur a Caio. Cum igitur uterque ex parte primas partes habuerit in occupatione, neuter tamen absolute et integre, nihil restat, nisi ut inter utrumque fiat divisio. Aliis verbis: neuter probare potest plenum ius et exclusivum; uterque pro se rationem probabilem et partialem habet; quare aequitas vel etiam ius postulat, ut fiat divisio: nisi velint rem ad iudicem deferre, qui sententiam feret secundum eam legis interpretationem, quae sibi probabilior videtur.

595. R. 3. Ex cod. autem Germ. § 984 res videtur satis clara in favorem Titi, ita ut ei integra pars dimidia debeatur. Dimidia pars addicitur nimirum *detectori,* si quando consequenter ad detectionem

factam thesaurus fuerit occupatus. Lex igitur requirit quidem, ut thesaurus occupetur, sed non requirit, ut ab ipso detectore occupetur; nihilominus detectori addicit dimidiam partem thesauri. Utut igitur in occupatione Titus a Caio praeventus est, sine ullo dubio Titus, non Caius, thesaurum detexit. Ita etiam commentatores. Cf. Kuhlenbeck ad § 984 not. 2.

R. 4. Quod vero totum thesaurum inter se dividant, excluso Ferrario, in plerisque regionibus tolerari nequit, sed media pars ei danda est. Ubi vero positivae leges nihil statuunt, vel ubi consuetudo inventori totum cedit, Titus et Caius non sunt inquietandi.

THESAURUS (II).

Casus. (178)

Catulus in suo horto Cneium mercenarium iubet fodere et imam terram eruere pro ponendo fundamento novarum aedium. Cneius inter labores suos detegit in ima terra complures nummos aureos antiquos non multum inter se distantes, atque ex sono, quem sibi percipere videtur, cum fodere pergat, suspicatur prope esse vas maius metallicum, quo aliae res pretiosae contineantur.

Dominus, quocum fideliter dividit nummos, eum sistere iubet atque removet a fodiendo; atque ipse Catulus pergit fodere et re vera reperit vas amplum nummis aureis rebus mirae artis plenum. Quod cum totum sibi occupasset, Cneius queritur de iniustitia sibi facta, quod ipse in causa sit totius istius thesauri inventi ipseque detegere eum iam coeperit.

Quaeritur utrum Catulus recte egerit an Cneio debeat totius thesauri dimidiam partem.

Solutio.

Ad quaesitum R. 1. Quoad nummos illos aureos, quos Cneius detexerat et assumpserat, recte actum est, eo quod dividerentur inter Cneium et Catulum: ita enim fere ubique leges positivae praescribunt faciendum. — Reliqua detecta nondum erant, sed proxima aderat spes fore, ut detegerentur.

R. 2. Catulus, horti dominus, suo iure egit, sistens labores Cnei, cum esset dominus rerum suarum, etiam immobilium. Etiam iure suo usus est, cum ipse susciperet labores fodiendi.

R. 3. Res illae, quae per laborem Catuli apertae exstiterunt, detectae demum sunt a Catulo, non a Cneio. Cum spes esset ea detegendi, Cneius a Catulo impeditus est, ne posset detegere; sed hac in re Catulus non egit iniuste. Ergo Cneius harum rerum divisionem cum Catulo postulare *iure* non potest. Aequum quidem est, ut Cneius accipiat largam aliquam remunerationem, maxime cum tam fideliter nummos iam detectos cum Catulo diviserit atque propter rem *ilico* cum Catulo communicatam huic opportunitatem dederit sibi reliquum thesaurum totum occupandi. Nam Cneius *poterat* de nummis detectis *interim silere*, donec porro fodiens plus invenerit: in quo casu sibi vindicasset ius ad totius thesauri partem mediam.

Ad rem dicit Kuhlenbeck in comment. ad cod. iuris Germ. § 984: *Detector* ille est, qui rem reperit, i. e. qui sive fortuito sive ex inquisitione de industria facta cognoverit certam illam rem adesse. — Quare si operarius conductus certam rem invenit, at dominus superveniens eum vetat, ne porro fodiat, sed ipse porro inquirat et plura inveniat: ex his quae postea reperta fuerint operario nihil debetur, quia *horum* cognitionem non ipse prior acquisivit sed ipse dominus.

THESAURUS VEL REI AMISSAE INVENTIO (I).

Casus. (179)

Fridolinus in coemeterio ad oram tumuli recenter effossi invenit anulum pretiosum humo leviter tectum; quem pro thesauro retinet atque sedulo abscondit, ne qui sint qui eum praetendant nuper a se amissum, cum sibi probabile videatur anulum in ipso tumulo effodiendo esse cum humo eiectum.

Quaeritur 1° possitne haberi anulus ille pro thesauro.

2° habeatne Fridolinus ius eum sibi retinendi.

Solutio.

597   Ad quaesitum 1ᵐ R. 1. Recole ex praecedenti casu, thesaurum id secum ferri, 1) ut res sit *abscondita*, 2) ut propter diuturnum temporis lapsum eius rei dominium nemo probare possit.

R. 2. Probabile non est pretiosum anulum in coemeterio inventum ibi exstitisse e prisco tempore. Si igitur anulus est ex illa aetate, ex qua coepit locus esse coemeterium, iure pro thesauro invento haberi nequit. Nam in hoc casu aut est ex cadavere, quo resoluto in cineres anulus relictus est et postea erutus; aut est anulus nuper ab aliquo qui coemeterium visitaverat, amissus. In neutro casu pro thesauro haberi potest.

R. 3. Si vero anulus ille est ex prisca omnino aetate *confectus*, haberi facilius potest pro thesauro, qui videlicet antea sit erutus, sed non detectus, nunc primum detegatur et occupetur. Sed ne tum quidem id *constat*, adeoque aliae circumstantiae accedere debent, quibus probetur, utrum agatur de thesauro an de re nuper amissa.

598   Ad quaesitum 2ᵐ R. 1. Si adiuncta ea sunt, ut liceat anulum pro thesauro considerare, Fridolinus non peccat ex eo, quod rem palam non facit; verum eo ipso quod licentia utitur anulum pro thesauro habendi, secundum plerasque leges tenetur, idque in conscientia, medium pretium domino fundi cedere, quod in casu coemeterii est aut civitas aut ecclesia; in eius igitur utilitatem saltem impendere debet dimidium pretii. Alias debuit rem tractare ut nuper amissam atque agere, ut mox dicturus sum in R. 2.

R. 2. Si vero pro thesauro haberi non potest vel fas est rem pro thesauro non habere, est res nuper amissa, quam *abscondi* non licet, sed inquiri dominus et res cognito domino reddi debet, demum post spem cognoscendi domini exstinctam potest occupari.

THESAURUS VEL INVENTIO (II).

Casus. (180)

Gaudentia famula a Caio emit magnum piscem pro epulis a domino instituendis. Quem cum exenteraret, spectante domino, invenitur anulus aureus gemmis ornatus, in quo incisum erat emblema nobilis familiae notae.

Quaeritur 1° cui anulus addicendus, Caio an Gaudentiae, an domino, an familiae nobili.

2° quid, si familia illa nobilis eum agnoverit pro anulo filii natu maioris, qui ante decem annos in naufragio perierat, vel: si decem annis post inventum anulum id familiae constiterit.

Solutio.

Ad quaesitum 1^m R. 1. Caius, venditor piscis, nullum habet ius in anulum. Numquam enim eum occupaverat neque umquam erat in eius dominio. Si retinuisset piscem et ipse invenisset anulum, ipse *primo* ius habuisset, si quod utcumque ius erat, occupandi. Verum hoc non fecit, sed vendidit piscem, qui propter ignoratum anulum latentem et propter solam possibilitatem aliquando in eius intestinis inveniendi rem pretiosam maioris pretii non erat.

R. 2. Si nunc sumimus anulum re ipsa non fuisse in ullius dominio, dominus, pro quo Gaudentia piscem emerat, ne ipse quidem per piscis emptionem ius in anulum acquisivit; neque ius habuit Gaudentiam invitam in occupando praevenire. Nam si Gaudentia vidit anulum eumque sibi sumere voluit, eo ipso quod piscem cum anulo in manibus retinuit cum animo sibi anulum acquirendi satis eum occupavit. Verum si ipsa rem non adverterat vel animum occupandi non habuit, dominus, si eam praevenit, anulum occupatione acquisivit, nisi anulus habendus sit pro *thesauro*. In quo casu 1) dimidium pretii hero Gaudentiae debetur, etsi Gaudentia eum occupando praevenerit; 2) etiam Gaudentiae servatur ius ad dimidium pretium, etsi herus eam occupando praevenerit, ex *iure Germaniae* indubie, ex aliis iuribus non ubique ita certo.

R. 3. Ut thesaurus autem considerandus est, si apparet anulum esse *vetustum*, nec quempiam probare posse, eum a se esse amissum. Nam quod in re mobili, pisce, sit inventus, notionem thesauri non aufert. Cf. Kuhlenbeck, *Comm. in cod. Germ.* ad § 984.

Ad quaesitum 2^m R. 1. Huius quaestionis suppositio efficit, anulum non computandum esse thesaurum; quare de obligatione *dividendi* pretii non potest esse sermo. — Neque tamen illa res, quod nobilis familiae emblema reperiatur in eo incisum, iam per se videtur probare dominium familiae, nisi constiterit, eiusmodi rem ab illa familia numquam in alios transiisse.

R. 2. In *prima* secundi Quaesiti suppositione anulus reddendus est; est enim res inventa, cuius dominus mox apparet. Qui cum se probaverit dominum, ius habet recipiendi possessionem rei, cuius dominium numquam certo amiserat. — Debetur tamen inventori, in nostro casu Gaudentiae, praemium inventionis ex aequitate, secundum *ius Germ.* ex iustitia.

R. 3. In *secunda* suppositione huius Quaesiti res est paullo alia. Generatim enim, nisi rei, quae ex mari casu ad litus deicitur, dominus mox detegatur, spes eum cognoscendi brevi habetur pro exstincta. Quo in casu occupari potest res ab inventore. Quodsi postea praeter exspectationem dominus appareat — saltem post elapsum tempus ordinariae praescriptionis —, non est obligatio rei priori domino reddendae, nisi constet leges positivas loci domino ampliora iura absolute et ante iudicis sententiam concedere. Nam alioquin per legitimam occupationem alter factus est dominus, prioris domini iure exstincto. Ita in foro conscientiae; paullo aliter, si res ad iudicem deferatur, qui secundum leges loci iudicare debet: quo facto, sententia ligat in conscientia.

RES INVENTA.

Casus. (181)

Cuno agricola in nundinis inter confertam multitudinem videt ex sacculo alicuius viri chartam decidentem; quam accurrens levat et videt esse chirographum 1000 marcarum. Quasi per instinctum secum deliberat, utrum secum sumat tamquam rem inventam, an reddat; brevi post circumspiciens dominum non amplius invenire potest; quare gaudens rem domum asportat.

Alteri contigerat, ut e terra levaret titulum sortis, quem venditor publicus sortium lotteriae amiserat. Cum tam facili negotio possessor evaserit, sortem studiose servat, cui ecce accidit lucrum 30000 marcarum. Sed oriuntur scrupuli, cui iure competat illud lucrum, inventori, an sortium venditori, an societati lotteriae eo, quod sors illa non sit ullo modo vendita.

Quaeritur 1° quae sit obligatio inventoris circa rem inventam.

2° possitne inventor eam sibi occupare.

3° quid ad casus propositos dicendum.

Solutio.

Ad quaesitum 1^m R. 1. Inventor tenetur generatim ex caritate rem inventam secum ferre seu in tuto collocare, non vero ex iustitia.

R. 2. Rem secum sumptam tenetur ex iustitia non peioris condicionis facere, quam fuisset, si in loco pristino esset relicta. Atque generatim debet eam 1) diligenter custodire, 2) pro rei gravitate maiorem minoremve curam adhibere ad inveniendum dominum.

R. 3. Si ante adhibitam debitam diligentiam vel ante tempus, quo spes inveniendi domini rationabiliter censeatur exstincta, de re inventa disposuerit, tenetur domino postea apparenti de damno.

Cf. *Th. m.* I, 915.

Ad quaesitum 2^m R. 1. Si leges regionis certum aliquid decernant de rebus inventis: ille, qui secundum leges inventam rem eiusve nuntium ad magistratus detulerit, publicam annuntiationem fecerit, et, domino non apparente, per iudicem rem sibi adiudicatam receperit, in conscientia etiam factus est dominus, rem in suos usus potest impendere neque quidquam domino postea fortasse apparenti debebit.

R. 2. Qui *legales* modos inveniendi domini non adhibuit, habuit tamen *moralem diligentiam,* in conscientia quidem post longius tempus potest de re ut de sua disponere; verum raro ante tempus ordinariae praescriptionis: atque etiam postea, si ex inopinato dominus appareat *et* leges ei etiamtum ius rem suam sibi vindicandi tribuant, rem adhuc exstantem vel in quo inventor ditior evaserit, reddere tenetur. Ad maiorem autem indemnitatem non tenetur, nisi forte ob iuridicam culpam a iudice ad id condemnetur.

R. 3. Sunt quidem qui putent rem inventam, si dominus inveniri nequeat, pauperibus esse distribuendam. Verum id laudabile quidem est, obligatio non est. Nam illa opinio supponit 1) hanc esse domini voluntatem implicitam, 2) rem mansisse etiamtum in dominio prioris possessoris. Quorum neutrum potest evinci. Utut homines pii generatim id *cupiunt,* ut res illae deserviant pauperibus, eos hanc absolutam voluntatem habere idque *excluso inventore,* difficulter probatur. Vel immo si id probaretur, deest ratio, cur haec voluntas inventorem ligare debeat. Nam eo ipso quod spes recuperandae rei exstincta sit, videtur *naturaliter* exstingui ipsum ius seu dominium, siquidem nullius amplius utilitatis est. Cf. *Th. m.* I, 916.

AD QUAESITUM 3^m R. 1. Deliberatio illa, sitne reddenda res an occultanda, ex se erat peccaminosa; et re vera mora tracta in investigando domino in his circumstantiis ex natura sua apta erat ad inducendum domino grave damnum, impossibilitatem scilicet recuperandae rei suae. — Verum haec deliberatio potuit esse quasi instinctiva neque plene libera vel culpabilis: quod videtur sumendum esse in nostro casu, cum Cuno brevi post re ipsa circumspexerit ad cognoscendum dominum.

R. 2. Debuit nihilominus etiam postea facere inquisitionem, atque etiam publicam annuntiationem (quae tamen, si fuisset summa aliquot tantum marcarum inventa, praetermitti potuit). Inquisitione frustra facta, pecuniam poterat retinere et expendere, remanente tamen per aliquod tempus onere reddendi summam, si forte dominus appareat.

R. 3. Quoad *secundum casum.* 1) Si Cuno, cum acciperet vel cum servaret sortem, habuit intentionem solvendi pretium sortis, potest sortem illam *ut suam* considerare et lucrum retinere: siquidem venditor habuit voluntatem potius vendendi omnes sortes quam retinendi. Solvere tamen etiamnunc debet pretium sortis. — 2) Si Cuno venditorem non cognovit adeoque adire non potuit, videtur etiam potuisse retinere sortem et proin lucrum secutum, detracto tamen nunc pretio sortis. — 3) Si vero Cuno, cognito venditore, quasi per furtum sortem retinuit, dicendum est, eum dominium sortis numquam acquisivisse neque lucrum eum posse retinere. Reddere illud debet. Sed quaeritur, *cui.* Puto debere reddi venditori sortium, qui libenter quidem sortem vendidisset, sed nunc bona fortuna sua nec vendidit nec vendere potuit, sed cavere debuit societati lotteriae pro pretio sortis amissae. Cum incurrerit primo hoc damnum culpa Cunonis, habeat etiam nunc in bona pace lucrum suum.

Neque recte redderetur domino lotteriae, qui in nostro casu est *fiscus*. Nam venditor sortium singulas sortes antea quidem non facit suas, sed solum nomine fisci eas curat vendendas, et quas vendere non possit, eas non soluturus est ipse, sed redditurus fisco; verum sortem illam, quae omnino ex possessione venditoris disparuit et cuius pretium *debuit* solvere, ipsa solutione sane condicionate suam facere in animo habuit potius quam et sortem et omnem spem lucri abicere, atque re ipsa suam fecit.

Qui vero fisco ut domino restituere debet, aliquando poterit loco fisci causam publicae et communis utilitatis eligere, cui summa illa pro restitutione addicatur, eo quod harum causarum, etiam piarum, fiscus curam agere debet.

ALLUVIO — COMMIXTIO.

Casus. (182)

Dum nuper mulieres alicuius pagi linum recens erutum per prata hinc inde dispersissent, accidit, ut exorta terribili tempestate partim ventorum turbine, partim impetu vicini torrentis omnia lina inter se commiscerentur, et tandem tum ad certam sepem, tum ad prata Titii deponerentur. Vix sedata tempestate, ecce alia oritur gravissima tempestas inter mulieres istius pagi, quarum unaquaeque quantum possit capere rapere nititur, ita ut causa fiat rixarum et verberum. Interim Titius, quantum potest, colligit sibique titulo alluvionis vindicat (ex Elbel p. V, n. 232).

Quaeritur 1° potueritne Titius aliquid ex lino sibi proprium facere.

2° habuerintne mulieres illae ius ex communi massa, quantum quaeque poterat, occupandi.

Solutio.

606   Ad quaesitum 1^m R. Titius nequaquam titulo alluvionis aliquid sibi potuit vindicare. Alluvio enim, vi cuius dominium augetur, intellegitur solum incrementum agri seu soli ab alluente flumine paullatim effectum. Ergo nedum intellegatur res mobilis, quam fluminis impetus rapiat et ferat ad oras adversas, ne illud soli quidem augmentum intellegitur, quod repentino casu fiat, scilicet quando aquarum vi notabilis soli pars ab uno agro scinditur et ad alterum feratur. Ex quibus patet, mulieribus totum linum reddendum esse.

607   Ad quaesitum 2^m R. Impossibile quidem evasit, ut unaquaeque mulier linum illud in specie recipiat, quod ex suo agro collegerat. Verum secundum mensuram lini a se collecti etiamtunc ex communi massa recipere debet, neque amplius. Immo cum sine dubio non parva copia plane dissipata et deperdita sit, ne totam quidem illam copiam antea possessam recipere potest, sed secundum proportionem tantum, ne videlicet, quae ita impigrae esse non possint in rapiendo, plane maneant re sua destitutae.

Quando igitur non accurate scitur, quantum linum unaquaeque ex agro suo habuerit, id bono et aequo iudicio prudentis arbitri relinquendum est, ut pro magnitudine et fertilitate agrorum decernat, quid quaeque sumat. Quare si quae hanc mensuram excesserit, aliis reddere debet.

RES FURTIVA EMPTA.

Casus. (183)

Mamachius lanio duas oves emit et mactat, quas venditor e grege Domni furtim abstulerat, earumque carnes venales exponit. Quod cum Domnus advertit, statim accurrit, vultque carnes istas ut suas secum auferre.

QUAERITUR utrum carnes illae transierint in dominium Mamachii, an in dominio Domni manserint. (Cf. Elbel l. c.)

Solutio.

AD QUAESITUM R. 1. Iure naturali et e plerisque iuribus positivis emptio a fure, etsi bona fide facta, dominium ovium non transtulit in Mamachium. Emptio enim rei alienae vel generatim per eius traditionem non perficitur, sed dominium manet apud priorem dominum, vel a translatione dominii excluduntur res furto sublatae sive amissae (cf. cod. Germ. § 935). — Immo si quae leges excipiunt res publicas in nundinis seu in foro emptas, id non putarim dominum ita obligare, ut debeat in conscientia abstinere a vindicatione et captione suae rei, si eam forte alicubi repererit.

R. 2. Sed iam quaeri potest, num dominium in Mamachium sit translatum ex actione subsequenti peracta. Nam revera qui actione sua rem transformat in eamque aliam speciem seu specificationem inducit, huius novae rei dominium acquirit; pro bona vero vel mala fide, quacum actum est, priori domino plus minusve actionis in eum, qui rei alienae novam dederit specificationem, conceditur.

R. 3. In nostro igitur casu praecipua quaestio est, habeaturne mactatio vel in frusta concisio pro nova specificatione. Occisio non censetur eiusmodi specificatio. Nam nova forma non inducitur, sed res forma sua privatur; dein animal ad mactandum destinatum moraliter manet *idem* animal, sive sit vivum sive mactatum, utut physice speciem mutaverit. — Aliud est de concisione in frusta: quam Elbel habet pro specificatione (p. V, n. 238), quae dominium transferat. Nihilominus datur Domno actio in Mamachium de damno resarciendo.

Ceterum in diversis regionibus videri debet, quid leges de domino et dominio in tali casu statuant; nam diversae diversa habent, idque in conscientia servari debet, nisi certam contineat iniustitiam.

USUCAPIO ET PRAESCRIPTIO (I).

Casus. (184)

Paulus ab Andrea pro legato acceperat agrum aliquem et omnia utensilia domestica; reliqua bona accipit Petrus ut heres.

Verum post decem annos ager ostenditur esse Iacobi, similiter ex utensilibus aliqua pocula gemmis ornata. Petro vere exhibentur complura debita ab Andrea nondum soluta, alterumque agrum non esse ab Andrea acquisitum, sed conductum.

QUAERITUR 1° quid sit praescriptio, et quid ad eam requiratur.

2° debeantne Paulus et Petrus bona illa possessa domino reclamanti reddere atque creditori debita solvere.

Solutio.

610   AD QUAESITUM 1ᵐ R. 1. Praescriptio vocatur modus ille, quo per ipsum temporis lapsum ius certum aliquod constituitur: quod non tam ex natura rei fit, sed lege positiva propter bonum commune et possessionum securitatem inductum est. Dicitur praescriptio *liberativa,* si ipso temporis lapsu unius ius aliquid exigendi vel habendi exstinguitur, alterius onus solvendi vel aliquid patiendi sublevatur; *acquisitiva,* quatenus lapsu temporis legitimum dominium vel ius aliquod acquiritur.

Quamquam a iuristis liberativa illa praescriptio simpliciter vocatur praescriptio (germanice: *Verjährung*), acquisitiva autem usucapio (germanice: *Ersitzung*).

611   R. 2. Condiciones ad praescriptionem necessariae exhibentur hoc versiculo: „Res habilis, fides, titulus, possessio, tempus." Nimirum

1) *Res habilis* intelligitur ea, quae privatae possessionis commerciique privati capax est: alias enim nequit ullo modo ab homine privato acquiri, proin neque per praescriptionem. Excluduntur igitur ut inhabiles: a) *res vel iura sacra,* quae vendi non liceat vel quae et quatenus non sint in privato dominio: si quae vero sacra utensilia in dominio privato exsistunt v. g. pro oratorio privato, haec etiam praescriptione acquiri possunt; b) res natura sua publicae v. g. publica via; c) res positiva lege inalienabiles.

612   2) *Fides bona,* quae excludat conscientiam culpae perfectae seu gravis, adeoque persuasio adesse debet, qua quis putat, se iure suo agere seu se suam rem propriam tenere. — Dicitur bona fides *positiva* ipsa haec proprii iuris persuasio; bona fides *negativa* absentia persuasionis de iure alieno, vel absentia actionis fraudulentae. Hinc dubium fundatum destruit bonam fidem positivam, non negativam. Ad actionem positivam ponendam, ex qua ortum ducere possit praescriptio, requiritur bona fides positiva; ad actionem omittendam sufficit bona fides negativa: verum si agitur de continuanda actione positiva, quae bona fide positiva incepta est, sufficit, ut exorto dubio et inquisitione facta bona fides negativa perseveret seu dubium non solvatur in partem contrariam; quo in casu censetur bona fides positiva non destructa. Ceterum requiritur bona fides continuata per totum tempus ad praescriptionem requisitum, ita ut desinente bona fide seu exorta mala fide eo ipso praescribendi facultas in conscientia corruat. Ita expresse ius canonicum statuit: „Possessor malae fidei ullo tempore non praescribit", i. e. ille, qui ullo tempore est vel erat malae fidei possessor, praescriptione uti nequit. — Venialis autem neglegentia

non constituit malam fidem theologice sumptam, sed potius bona fides censetur cum illa consistere. *Th. m.* I, 920.

3) *Titulus* dicitur causa illa seu factum, in quo nitatur possessio et persuasio, cur quis putet se rem suam possidere seu suo iure agere. Sane non requiritur, ut illa ratio sit recta et vera; nam si ita esset, haberemus hoc ipso acquisitionem rei vel iuris validam, neque praescriptione opus esset.

Distinguitur autem praeter titulum *verum,* titulus *coloratus,* titulus *existimatus* vel *praesumptus,* titulus *vitiosus.*

Titulus *coloratus* est positivum factum, quod habet speciem tituli veri, ita ut error sit excusabilis neque patens.

Titulus *praesumptus* et *existimatus* saepe pro eodem sumuntur, videlicet dicuntur adesse, quando factum quidem iuris specietenus translativum ostendi nequit, ex prudenti tamen ratione censetur obtinuisse. — Existimatus aliquando nonnihil distinguitur ita, ut adsit, quando mediatum factum, ex quo ius meum oriundum sit, certum quidem est, defectus autem isque occultus ortum ducit ex immediato facto alieno: v. g. mandavi famulo, ut rem emat, ille me inscio commodavit.

Titulus *vitiosus* dicitur, quando defectus iuris transferendi apertus est, vel oritur ex ignorantia (etsi non culpabili) iuris aperti et facile cognoscibilis: v. g. si quis habet instrumentum contractus commodati, quem sumpsit erronee pro donatione.

Requiritur pro praescriptione temporis ordinarii titulus *coloratus; praesumptus* (adeoque nullus positivus) sufficit pro praescriptione temporis extraordinarii; *vitiosus* numquam, ita ut valeat sententia: „Titulus nullus vitioso praestat."

4) *Possessio.* Requiritur possessio vel quasi-possessio civilis seu legalis eaque continua tempore legis completa. — (Quasi-possessio dicitur, quando adest exercitium iuris agiturque de acquirenda re incorporea). Si quando igitur desinit legalis possessio, desinit currere praescriptio, neque denuo incipit nisi alio titulo. R e u t e r , *Th. m.* p. 3, n. 103.

Neque aliud rei ius praescriptione acquiri potest, nisi circa quod possessio versatur: v. g. qui rem possidet ut mandatarius, eam praescriptione acquirere sibi ut propriam nequit; qui possidet rem ut emphyteuta, i. e. ut locatarius perpetuus seu hereditarius, eam non potest praescriptione acquirere ut dominus.

5) *Tempus* lege statutum: quod quidem *ordinarium* in plerisque iuribus est decennium (annis absentis domini duplicatis) quoad immobilia, triennium pro mobilibus; *extraordinarium* spatium triginta annorum, vel si de rebus privilegiatis agitur 40, 60, 100 annorum. Verum iura alia aliter disponunt; atque pro certis personis vel certis temporibus praescriptio *dormit* seu *non currit,* quando nimirum certum illud tempus non computatur neque praescriptio potest compleri; vel etiam post tempus legale completum intra certum tempus datur ius *restitutionis in integrum.*

Imprimis ius *Angliae* longe aliter statuit tempora praescriptionis. Atque ius *Germ.* pro acquisitione *mobilium* requirit praescriptionem *decennalem*, pro immobilibus *trecennalem* cum titulo i. e. inscriptione in libris publicis fundorum. Cf. *Th. m.* I, 917—927.

615   Ad quaesitum 2ᵐ R. 1. Supponitur Paulus bona fide accepisse legatum et tenuisse. Legatum autem ubique agnoscitur pro legali titulo transferendi vel acquirendi dominii. Completo igitur decennio, si Iacobus extra provinciam absens non fuerit, ager re vera factus est Pauli, etsi eousque titulus non verus sed coloratus erat: ita in iis locis, ubi decennalis praescriptio immobilium viget. Similiter dic de utensilibus; immo haec elapso triennio in plerisque locis Paulus iam acquisivit ut sua. Quare nihil tenetur reddere Iacobo. — Neque fructus ultimorum annorum reddere tenetur. Quamquam enim hi sunt bona mobilia nondum per legitimum tempus possessa, atque si sola sine agro praescriptione acquirenda essent, deberent saltem a triennio fuisse a Paulo percepta, nunc vero simul cum agro acquiruntur secundum axioma: „Accessorium sequitur principale."

616   R. 2. Aliud est de Petro herede. Hereditas enim titulus quidem est acquirendi; sed heres cum herede vel iuridice unam personam unumque possessorem facit, vel saltem sustinere debet personam antecessoris eiusque obligationes. Si ergo mala fides fuit testatoris, Petrus propter bonam suam fidem non liberabitur, quin indemnem faciat Iacobum, *nisi forte* per triginta annos in bona fide fuerit. Utrum debeat ager ipse reddi, an sufficiat alia indemnitas, pendet ab eo, utrum leges cum iure Romano heredem cum testatore pro una persona morali considerent, ita ut mala fides aliique defectus testatoris transeant in heredem, an cum aliis iuribus id quidem negent, at obnoxium heredem faciant solvendis omnibus testatoris debitis. Re vera pro Andrea testatore non solum non aderat titulus coloratus, sed titulus erat *vitiosus;* quapropter, si Petrus cum Andrea facit unam personam iuridicam, illud vitium tituli etiam contra Petrum vertitur (*Th. m.* I, 925).

617   R. 3. De aliis debitis item quaeri debet, utrum testator mala fide non solverit. Si ita, Petrus etiam post decem annos et ultra tenetur solvere. Verum mala fides hic difficulter adest. Quare Petrus, cum fuerit per legitimum tempus in ignorantia debitorum neque creditores umquam solutionem petierint, .facile negare potest obligationem solvendi. Quamquam enim in praescriptione liberativa triennio minore liberatio in foro conscientiae difficulter admittitur atque etiam ab ipsis legibus potius pro deneganda actione iuridica quam pro iuris exstinctione habetur, potest tamen admitti in praescriptione longiore, quae hic locum habet.

R. 4. In omni casu probabile est, Petri obligationem solvendorum debitorum vel indemnem faciendi eum qui damnum passus sit, exstingui praescriptione extraordinarii temporis, scilicet 30 annorum, vel, si de privilegiatis agitur, 40, 60 etc. annorum. *Th. m.* I, 925.

618   R. 5. Si nunc sumimus, casum nostrum agi in Germania, aliter solvendus est quoad agri usucapionem; immo vix possibile est, ut res ita acciderit. Debuit enim mox fieri mutatio in tabulis publicis quoad

proprietarium agri illius; atque error facile detegebatur. Sed etsi post decem annos error demum esset detectus, deesset tempus necessarium 30 annorum, vel etiam inscriptio Pauli vel Andreae tamquam domini agri in publicis tabulis. Quapropter Paulum non iuvat titulus coloratus, quod ex legato Andreae agrum possederit bona fide per decennium. In aliis rebus mobilibus decennalis illa possessio eum fecit dominum.

PRAESCRIPTIO (II).

Casus. (185)

Iuniperus, in solvendis debitis valde neglegens, compluribus operariis, famulis, mercatoribus pro rebus ordinariis et victu debet. Aliqui monuerant, dilationem tamen patienter tulerunt; alii non monuerant, immo oblivioni dederant, sicut ipse Iuniperus. Post aliquot annos cum copiam litterarum accipiat, quibus rationes instituunt creditores et solutionem urgent, Iuniperus obicit praescriptionem, quae secundum leges semestri vel anno vel summum biennio perfecta sit.

Quaeritur 1° valeantne praescriptiones illae civiles ad exstinguenda debita in conscientia.

2° quid de Iunipero eiusque praetensa praescriptione.

Solutio.

Ad quaesitum 1^m R. 1. Videndum in his rebus omnino est 1) quid lex civilis intendat, 2) num, si intendat plenam exstinctionem, eam re ipsa in foro conscientiae et quibus sub condicionibus efficiat. Si enim lex civilis post elapsum certum tempus dicit tantum, praescriptione exstinctam esse actionem civilem contra debitorem, hunc sine dubio non intendit in conscientia liberare, sed ad diminuendas lites causam istam non amplius admittit in tribunali neque iudicialiter cogit debitorem. Atque ita communiter statuitur in praescriptionibus illis brevissimis, quae ne ad triennium quidem extenduntur. Quare ex hac sola ratione Iuniperus male se liberum censet.

R. 2. Verum etsi vellet lex civilis non solum actionem civilem eiusve facultatem exstinguere, sed ipsum debitum; id tam brevi temporis spatio non videtur fieri posse. Nam *primo* serium excitatur dubium, utrum talis iuris dispositio proficua bono communi fuerit, an potius summe nociva, eo quod occasio detur imprimis homines debiliores et egentiores bonis suis fraudandi. Quare non sine ratione aliquis forte dixerit, praescriptione triennio minore propter solum iam *defectum congrui temporis elapsi* in conscientiae foro debita non exstingui. — Sed si hoc non ita certum est, accedit aliud.

Nimirum ad facultatem denegandae solutionis debiti certi in conscientia opus est bona fide, i. e. persuasione debiti vel soluti vel non exsistentis; eaque persuasio debet adfuisse toto tempore praescriptionis assignato. Verum id in eiusmodi brevissimis praescriptionibus vix non impossibile est in ipso primo debitore. Aliud dixerim de herede, qui ipse per legitimum tempus conscientiam habuit, se nihil debere: alioquin etiam in praescriptionibus triennio maioribus non ilico licet inferre, debitorem esse in conscientia liberum, sed constare debet, abfuisse certam eius scientiam debiti contracti vel nondum soluti.

621   Ad quaesitum 2ᵐ R. 1. In omnibus illis debitis, in quibus creditores hinc inde monuerant, clarum est, Iuniperum praescriptionem non posse praetendere, quo nunc neget solutionem.

R. 2. Neque videtur in quibuscumque aliis debitis iure posse solutionem negare. Nihilominus si quae sunt antiquitus contracta, quorum memoria diu aberat, seu quae iam diu probabiliter putabantur exstincta, post triginta saltem annos elapsos re vera haberi possunt pro exstinctis etiam in conscientia; immo etiam iam antea, si lex regionis vel consuetudo satis clare non negationem tantum actionis iudicialis, sed ipsam debiti cessationem intellegit.

PRAESCRIPTIO (III).

Casus. (186)

Cunibertus ab Anselmo summam pecuniae, chirographo dato, pro mutuo accepit aliaque debita contraxit. Pro aliquibus fenus annuum diligenter solvit, pro aliis non solvit differens in aliud tempus melioris fortunae, neque a creditore, utpote viro divite, monitus est. Lex regionis est, ut eiusmodi chirographa debitorum valore destituantur spatio 20 annorum, nisi renoventur.

Cunibertus circa illud tempus Anselmum non monet, putans non esse suas partes invigilandi, sibi feliciter cessurum, si hac ratione liberetur a debito suo; ceteroquin se paratum esse ad agnoscendum et renovandum chirographum, quam primum intra tempus legale Anselmus id postulaverit. Re ipsa Anselmus omittit renovationem, et post tres menses demum instat pro renovando chirographo.

Quaeritur num Cunibertus possit tuta conscientia et solutionem et chirographi renovationem negare.

Solutio.

622   Ad quaesitum R. 1. Auctoritas publica non potest sine gravissima ratione de bonis privatis disponere dominiaque mutare. Et quamquam ad certam praescriptionem sive acquisitivam sive liberativam statuendam gravis ratio publicae quietis impulit, nihilominus Ecclesia in foro conscientiae eam reprobavit, *deficiente bona fide*. Tota igitur quaestio in nostro casu est, utrum ad bonam fidem sufficiat bona fides negativa i. e. absentia positivae fraudis, an requiratur bona fides positiva seu subiectiva persuasio aeris alieni non exsistentis. Quod posterius communiter a theologis tenetur. Inde fit, ut Cunibertus etiam post elapsos annos 20 solutionem negare non possit. *Th. m.* I, 923.

R. 2. Puto nihilominus, sufficere posse bonam fidem negativam, si quando consuetudo ita legem regionis interpretata sit in iis casibus, in quibus usura satis ampla quotannis solvatur. Nam hac annua solutione fieri potest, ut absolute diminuatur et exstinguatur debitum; magis igitur, ut exstinguatur condicionate, scilicet sub condicione, quod creditor debitam curam non adhibuerit.

PRAESCRIPTIO (IV).

Casus. (187)

Gelasii aedes hanc patiuntur servitutem, ut vicino liceat per eius atrium iter sumere etiam cum curru onusto. Gelasius hac re molesta pertaesus tempore, quo alias vicinus viam hanc sumere solet, eam variis obstaculis obstruit: quo fit, ut vicinus, ne querelas excitet, alia via utatur, praescriptionis contra suum ius forte complendae plane immemor. Sed cum termino praescriptionis elapso denuo vetere iure suo uti vult, a Gelasio prohibetur.

Quaeritur num Gelasio ita agere liceat.

Solutio.

Ad quaesitum R. 1. In eiusmodi servitutibus exstinguendis probabilis theologorum sententia est, sufficere cum tempore praescriptionis bonam fidem *negativam,* quae consistit in non-negando vel non-impediendo iure eius, in cuius favorem servitus exsistit. Quare si Gelasius solum siluisset, neque obstaculum creasset: postea elapso tempore praescriptionis tuto prohibere posset vicinum ab usu veteris iuris, utpote eius incuria exstincti.

R. 2. Sed quia positive obstacula posuit, ne vicinus ille commode posset iure uti, fraudulenter eum ab exercitio iuris impedivit, fraudeque praescriptionem extorsit. Quare hac praescriptione, etsi per legem uti licet, in conscientia uti nequit, sed vicinum in suo iure vetere denuo constituere debet.

R. 3. Immo etsi ex adiunctis satis certo colligatur, vicinum illum neglecturum fuisse usum iuris sui, etiamsi Gelasius obstacula illa non creasset, adeoque legitima praescriptione in eo casu vicinum ex iure suo excisurum fuisse: revera nunc non excidit, sed a Gelasio in eo restituendus est. Nam nunc non debet attendi, quid fortasse facturus fuisset, sed quid re ipsa locum habuit. Re vera locum habuit fraus Gelasii, qua impeditur, quominus valida fiat praescriptio, quae sine fraude valida fuisset.

R. 4. Aliter dicendum esset, si via ista communiter soleret esse obstaculis impedita atque tantummodo petente altero libera et pervia redderetur. Quo in casu vicinus ille, si per tempus praescriptionis omisisset petere, ut sibi transitus patefieret, iure antiquo iam exsisteret destitutus.

IUSTITIA LAESA.

MATERIA GRAVIS IN FURTO VEL INIUSTITIA.

Casus. (188)

Reimarus operarius, cum salarium sit satis parvum, ut sibi accumulet aliquam summam, qua familiam condere possit, saepe minuta quaedam aufert, quae a domino non sentiuntur, maxime cum potuisset minus laborare ideoque minus domino lucrari. Ab octo fere annis ita egit, atque retinet nunc summam, quam partim surripuit et partim usuris auxit, usque ad 1000 marcas.

QUAERITUR 1° quae sit materia gravis in iniustitia et speciatim in furto.
    2° num furta minuta coalescant graveque peccatum constituant.
    3° quid ad casum.

Solutio.

624   AD QUAESITUM 1^m R. 1. Communiter distinguunt materiam *absolute gravem*, videlicet quae si *cuicumque* furto auferatur sufficiat ad constituendum peccatum mortale; et *relative gravem*, quae aestimatur pro diverso statu eius cui res aufertur. Haec igitur non est una, sed diversa, minor quidem quam materia absolute gravis, plus minusve autem amplior, quo perveniatur ad materiam peccati mortalis, prout homini ditiori vel egentiori auferatur.

R. 2. Infima determinatio limitis materiae levis et gravis pecunia expressae pendet a valore pecuniae; est igitur diversa pro diversis temporibus et regionibus. Haec fixa determinatio magis attendenda est, quando agitur de imponenda obligatione restitutionis, quam pro discernendo peccato mortali vel veniali a paenitente subiective commisso. Utrum enim paenitens graviter an leviter tantum peccaverit, pendet a subiectiva eius apprehensione et aestimatione, num videlicet furans rem habuerit pro re satis magni momenti i. e. pro re gravi. Supponendum tamen est, id locum habuisse, si materia erat *circiter* ea, quam theologi pro gravi assignant; non fuisse, si moraliter eam non attigit i. e. notabiliter infra eam haesit.

625   R. 3. Materia *absolute gravis* attenditur in furto apud homines ditissimos vel contra aliquam communitatem satis locupletem facto; estque pro nostris temporibus et plerisque orbis culti regionibus summa 20—30 marcarum.

Materia relative gravis attendi debet in aliis furtis contra homines in ordinaria condicione positos commissis. Statuitur satis recte res tanti valoris, quae requiritur pro diversa status condicione ad cotidianam patrisfamilias cum suis sustentationem, vel summam cotidiani lucri quod solent facere eiusdem condicionis homines. Cf. S. Alph. l. c. n. 383, q. 2; Aertnijs lib. 3, n. 287. Aliter sume pro operariis ordinariis circiter 3 marcas, pro hominibus fortunae tenuis circiter 5 mc., pro mediocriter divitibus 8—10 mc., pro vere divitibus 15 mc. vel ultra. Si quod furtum fit contra hominem vere pauperem, valor 1 marcae vel minus sufficere omnino potest ad peccatum mortale. *Th. m.* I, 931.

Alii auctores recentes idem fere statuunt. Palmieri in Ballerini, *Opus theol. mor.* tr. 8, p. 2, n. 67 notat relate ad divites praestantes non tamen opulentissimos sufficere 3—4 aureos (1 aur. circ. 5 frc.), pro divitibus ordinariis 2—3 aureos, pro hominibus mediae fortunae 1 aur., et sic porro.

D'Annibale, *Summula* II, 220 n. 13 ita statuit: Materia absolute gravis 30 frc., relate ad operarios vel opifices 2—2$^1/_2$ frc., ad mercatores pro diversa condicione 2$^1/_2$, 4, 8 frc., ad divites 7—10 frc.; quoad communitates seu personas morales 10—20 frc.

Buccerone, *Institutiones theol. mor.* I, praec. 7°, n. 448 et 450: Materia absolute gravis circ. 30 frc.; relate ad operarios seu opifices 2—3 frc.; relate ad homines melioris fortunae 5—6 frc.; relate ad ordinarios divites 9—10, quoad opulentiores 10—15; relate ad ditissimos materia absolute gravis.

Attende tamen, pro variis regionibus variam esse pecuniae raritatem et aestimationem. Quare normam ab auctoribus modo allatam forsan recte tenueris pro regionibus minus divitibus; normam a me statutam pro regionibus satis divitibus, ut Germania, Gallia, Belgio; pro regionibus, quae divitiis excedunt, v. g. Anglia, America septentrionali, etiam normam ampliorem.

AD QUAESITUM 2^m R. 1. Furta minuta seu singula in materia levi coalescunt 1) ex intentione furis, qui intendit totalem summam gravem auferre vel post intervalla furta repetere, licet singulis vicibus sumat parum; 2) sine illa intentione ex eo, quod fur demum materiam gravem advertens detineat, vel etsi non detineat tamen sine magno intervallo advertens compleat.

R. 2. Qui priore modo ab initio intentionem habet perveniendi ad gravem materiam, statim primo furto et singulis vicibus graviter peccat; neque ad grave peccatum amplior requiritur summa, quam quae sufficit in singulari furto. In ordine ad confessionem autem dici potest adesse peccatum *numero unum* diu continuatum. — Qui vero hanc intentionem minime habet, sed ut in R. 1 dixi demum complet gravem materiam, censetur non tam facile ad peccatum grave pervenire, quam si una vice furaretur, sed tum, quando *dimidio plus* sumpserit, si uno eodemque domino res suas aufert; *duplo plus,* si pluribus iisque diversis, nemini rem simpliciter gravem auferat. Neque tamen umquam ultra 30 mc. ascendi posse puto sine peccato gravi.

627 Si quis tandem neque intentionem habet perveniendi ad materiam gravem, neque furta servat in se vel aequivalenti, atque post longius tantum intervallum in furti peccatum recidat; in hoc casu furta minuta non censentur in materiam gravis peccati coalescere. Intervallum autem, si furta minuta non multum infra materiam gravem haeserunt, debet esse duorum circiter mensium; si valde multum infra haeret materia, saltem post mensem non censentur amplius eiusmodi furtula coalescere; *valde minuta,* quae consumuntur, ne post hebdomadam quidem censentur coalescere.

In his scilicet furtulis valde minutis rem ex variis adiunctis dimetiendam esse, bene notat Ballerini ad Gury I, n. 610: „Ita v. gr. reprehenduntur quidem, qui per agros uvas, ficus, fabas, poma etc. leviusculis furtis saepe surripientes vorant; at vix reperies, qui notam laxitatis timeat, si etiam post plures huius consuetudinis annos scrupulum ipsis gravis furti ob materiam coalescentem non iniiciat." Quod magis etiam observa, quando agitur de esculentis et poculentis a membris familiae domesticae furtive consumptis, si modo sint communia non extraordinaria: nam in illis domini non censentur ita esse inviti, ut facile evadant furtula illa peccatum mortale.

628 Ad quaesitum 3^m R. 1. Clarum est, furtula Reimari coaluisse. Et quamquam primo aspectu alicui videri potest, id valere de sola summa *sublata,* non de usuris inde perceptis: tamen practice si quae furta fiunt contra negotiatorem suis rebus intendentem, hodie sumi debet, eum percepturum fuisse etiam usuras ex summa illa, quam seposuisset, si furtula commissa non essent.

R. 2. Si vero Reimarus post commissa furtula laborem pro rata *ultra debitum* praestitit, sane restitutionem iam peregit, atque summam cum usuris retinere potest.

R. 3. Item retinere posset, si Reimarus re ipsa reciperet salarium iusto minus; sed practice de tali iustitiae defectu raro omnino constabit, quando recipitur salarium consuetum. Nam in tali casu fieri potest, ut pro Reimaro quidem, qui se suosque alere debeat, sit salarium minus, non sit iusto minus pro domino solvente propter peculiares eius rationes vel generales societatis condiciones anormales. Nisi autem de iniustitia constat, occulta compensatio nequit permitti. Cf. infra cas. 192 et cas. 193.

NB. Quod dictum est de furto, applica ad alias etiam iniustitias sive fraude et dolo sive damnificatione qualibet commissas.

FURTULA.

Casus. (189)

Lia, apud sororem famula, huic solet iam per complures annos quovis mense circiter 6—8 marcas diversis vicibus auferre, non intendens maioris summae furtum, sed data occasione utitur atque summam surreptam pro suis usibus expendit.

Quaeritur quomodo Lia peccaverit, et an ita possit absolvi.

Solutio.

Ad quaesitum R. 1. Ex iis, quae in praecedenti casu n. 626 et 627 dicta sunt, patet, Liam saltem graviter peccasse et deinceps peccare, postquam, furtis aliquoties iteratis, animadvertit, furta indubitanter crevisse usque ad materiam gravem. Nam, utut in singulis furtis pro se sumptis fortasse dubium mansit, saltem singula furta eam constituunt materiam, quae non multum absit a materia gravi; verum in iis intervallum unius mensis non sufficit, ut censeri possint non amplius coalescere. — Quare post aliquot furta peracta Lia iam dicenda est singulis vicibus graviter peccare, nisi forte sincerum quidem habeat propositum priora furta restituendi, sed nihilominus ex peculiari quadam ratione novum furtulum separatum committat.

R. 2. Num statim ab initio per furtum 6—8 marcarum Lia graviter peccaverit, idem est ac quaerere, num haec summa sit in se materia gravis. Ex se est fere in limite gravis materiae, etiamsi soror illa sit mediocriter dives; verum si ita est, ratio cognationis reddit sororem paullo minus invitam, quam si extranei furtum committerent; propterea in hoc casu Liam non auderem *certo* damnari gravis peccati. — Attamen quando soror sorori famulatur, raro supponi potest, adesse re vera divitias; quare si Liae fortuna non est nisi tenuiter bona, sistendum est in minore summa 5—6 marcarum, quae sufficiant pro materia gravi: quam cum Lia non parum *superet*, censeo, eam, licet furata sit suae sorori, in singulis furtis statim ab initio graviter peccasse.

R. 3. Si vero, ut casus videtur innuere, non quovis mense uno furto, sed *frequentibus* furtulis levioribus tantum sumit, ut quovis mense summa evadat 6—8 marcas: tamen idem dici debet, ut in R. 1.
Nam etsi singula furtula in se certe levia sint, tamen, cum vix videatur hebdomadae intervallum inter singula intercedere, dubium nullum est, quin etiamtum coaluerint atque grave peccatum iam diu constituerint.

FURTUM AN INIUSTITIA.

Casus. (190)

Rosalia, in publico hospitio serviens, ex iis quae hospites post refectiones suas intacta relinquunt, saepe consuevit partim consumere partim colligere, ut exquisitiore cibo et vino matrem suam vetulam recrearet. Furtim tamen egit et dubitabat de liceitate, maxime cum valor totalis rerum sic sumptarum facile 100 marcas superet.

Quaeritur num et quomodo Rosalia peccaverit.

Solutio.

Ad quaesitum R. 1. Si dici debet Rosalia iniuste sibi res illas accepisse, valor totalis tantus est, ut intercessisse intervallum notabile, quod coalitionem materiae impediat, inter singula furta improbabile omnino sit.

Ergo propter repetitionem post brevius tempus et propter summae totalis magnitudinem res dicenda est gravis, graveque peccatum.

R. 2. Sed dubitari ab aliquo poterit, fueritne iniusta sublatio, scilicet domino rationabiliter invito.

Ad quod ut iuste respondeatur, videndum est, qui fuerit dominus, utrum hospites, an hospitii dominus. Si sunt hospites, facile suppones, eos non curare, sive famula, sive hospitii dominus reliquias colligat, adeoque eos non fuisse invitos quoad Rosaliae actionem. Si hospitii dominus, ille per se rationabiliter invitus censetur, cum plus impendere debuerit, adeoque damnum tulerit vel minus sit lucratus. Fuisse autem hospites dominos rerum quae appositae erant, ex eo suaderi potest, quod pro omnibus illis debuerint solvere omniaque consumendi ius habuerint.

632 Nihilominus puto, rem sic non esse considerandam, saltem non, quando hospitibus in mensa communi (table d'hôte) cena paratur. Dominus hospitii large debet in convivio res apponere. Et quamquam hospites pro libitu possint consumere, consueverunt domini hospitii computum suum ita facere, ut supponant, non omnia esse consumenda. Neque ullibi mos est, ut hospites ex epulis appositis distribuant. Id quidem de esculentis. Quamquam si famuli ex his etiam sibi sumunt et comedunt, id difficulter evadere gravem materiam, in priore casu iam dictum est.

De vinis vero atque etiam de cibis, quae singulis in certis portionibus ministrantur, aliter iudicandum est. Si — ut communiter fit — vinum non in cumulo subministratur, sed pro singulis lagenis separatim solvi debet, clarum est, illud transire in dominium hospitum, et si quid relinquunt, non fit domini hospitii, sed est res derelicta, quam herus quidem iure sibi occupare potest, sed a qua occupanda etiam famuli non excluduntur.

Quare si praecipue eiusmodi reliquiae fuerint, quas Rosalia matri attulerit, ex aliis esculentis non adeo multum, a peccato saltem mortali excusanda est, etsi putet ex diuturnitate temporis valorem ascendisse ad 100 circiter marcas. Minus etiam propter esculenta *a se* consumpta videtur gravis peccati condemnanda esse. Cf. *Th. m.* I, 934; Lessius, *De iust. et iure* l. 2, c. 12, n. 48.

NECESSITAS NUM A FURTO EXCUSET.

Casus. (191)

Meletius operarius a domino dimmissus, iam per aliquot hebdomades frustra quaesivit, cui labores suos addiceret: interim ipse cum familia fame premitur. Demum cum aliquo die iterum frustra locationem quaesierat, intrat officinam pistoriam atque subito sublatis aliquot panibus aufugit.

Andronicus rusticus, cura numerosae familiae pressus, tempore hiemis ad angustias redigitur: quas ut paullulum levaret, noctu cum amico in vicina silva aliquot arbores caedit atque domum asportat, ut saltem habeat, quo se calefaciat.

Plautus, cum nuper propter criminis suspicionem quaereretur ad capiendum, non procul conspicit equum in prato, quem conscendit et feliciter terminos territorii attingit persecutoremque evadit. Equus autem, ceteroquin rarae speciei, qui supra vires coactus erat ad currendum, mox concidit et moritur.

QUAERITUR 1° quae sit necessitas, quae auferentem res alienas a furto excuset.
2° quid ad casus propositos dicendum.

Solutio.

AD QUAESITUM 1ᵐ R. 1. Necessitas alia est extrema, alia quasi-extrema seu valde gravis, alia simpliciter gravis, alia ordinaria vel etiam levis. *Extrema* adest, quando ipsa vita periclitatur sive statim sive post tempus non ita longum; *quasi-extrema,* quae vel periculum incidendi in necessitatem extremam secum fert, vel *grave* damnum *perpetuum* sive *diuturnum* inferat; *gravis simpliciter,* quae incommodum quidem grave sed transitorium non perpetuum, vel incommodum nimis diuturnum affert; *ordinaria,* quae cum ordinaria paupertate non nimis misera coniuncta sit; *levis,* si incommodum ne tantum quidem sit.

R. 2. Necessitas levis vel ordinaria non dat facultatem rem alienam auferendi, nisi forte agatur de re minima ad subitaneam necessitatem sublevandam, v. g. si quis ex agro sibi sumat aliqua poma ad famem sitimve sedandam. Sed ne simpliciter gravis quidem necessitas ius illud confert: quod, praetermissis rationibus, sequitur ex thesi 36 inter proscriptas ab Innoc. XI: „Permissum est furari non solum in extrema necessitate, sed etiam in gravi."

R. 3. Certissimum est, licere cuilibet ea sibi sumere ex rebus, quas natura procreat, quantum necesse est ad depellendam necessitatem *extremam;* atque etiam, ex communi theologorum sententia, id licet in necessitate *quasi-extrema.* Non tamen licebit res enormis valoris destruere. *Th. m.* I, 936.

R. 4. Si autem sufficit rem commodare, non licet eam occupare et propriam facere; si sufficit eam in mutuum accipere, non licet eam absolute et gratis sumere. Quare qui habet propria in re vel in spe, sed non actu praesentia, in necessitate etiam extrema non potest aliena sibi assumere nisi cum onere rem aequivalentem reddendi.

Aliter qui nihil habet, neque in spe probabili, sed postea praeter spem aliquid acquiret; ille enim pro iis, quae in necessitate consumpta sunt, restituere nihil tenetur.

AD QUAESITUM 2ᵐ R. 1. Meletius, si minus in necessitate vere extrema, tamen in quasi-extrema versatur. Si enim ipse cum familia diu fame torquetur, vel incidet in ipsam extremam necessitatem, vel saltem causabit sibi suisve languorem morbumque incurabilem. Debuit quidem, si nimis grave ipsi non fuerit, antea aliquid pro eleemosyna petere; ceterum in eo quod hoc omisit, non peccavit saltem graviter, neque ita tum peccasset, si — quod re ipsa non obtinuit — res sublata fuisset materia gravis.

R. 2. In *secundo* casu non eadem quidem necessitas adfuit. Sed si Andronicus non habuit, unde in hieme teneros filios calefaceret: saltem hi erant in necessitate quasi-extrema, cum periculum esset, ne propter frigus tabescerent graveque valetudinis damnum incurrerent. Fere idem igitur valet, quod in priore casu, dummodo tamen Andronicus ea tantum ligna sumpserit, quae sufficiebant ad ignem faciendum, non ea quae ad alios usus apta maioris valoris erant.

636 R. 3. In *tertio* casu, si Plautus in periculo erat incidendi in longam captivitatem seu carcerem diuturnum, haec necessitas habetur pro *quasi-extrema* (Lugo, *De iust. et iure* disp. 16, n. 154). Quare potuit sumere equum, quem primum invenit aptum ad fugam, idque in omnibus casibus, in quibus ei fugere liceat, sive innocens fuerit sive reus. Si autem ex fuga propter securitatem acceleranda equus viribus exhaustus corruit, Plautus, si habet bona fortunae, pretium domino reddere debet; si nihil habet, excusabitur. Item excusabitur, si equus non propter nimiam defatigationem et malam tractationem, sed casu interierit; tum enim perit domino.

COMPENSATIO OCCULTA (I).

Casus. (192)

Lentulus debitorem habet Medardum, qui ipsi debet 300 marcas pro variis rebus emptis. Cum pluries monitus non solvisset, a Lentulo per aliquot annos dimittitur, dum demum severius monitus praescriptionem obicit. Quare Lentulus sub promissione 20 mc. convenit cum Medardi familiari, ut ille sibi ex bonis Medardi clam summam istam afferat.

QUAERITUR 1° quid requiratur, ut compensatio occulta sit licita.
2° quid de Lentuli agendi ratione.

Solutio.

637 AD QUAESITUM 1ᵐ R. 1. Ut compensatio occulta licite adhiberi possit, 1) debitum debet esse non dubium, 2) debet removeri periculum, ne debitor ad bis solvendum cogatur, 3) debet occulta compensatio *necessarium* medium esse, 4) debet compensatio quantum possibile est, in eadem specie fieri, in qua facienda esset solutio seu restitutio. *Th. m.* I, 938.

R. 2. Nihilominus ultima condicio non nimis urgenda est, neque obligat sub gravi. — Tertia condicio similiter non obligat sub gravi, atque notabilis difficultas vel repugnantia trahendi rem ad iudicem creditorem simpliciter excusabit. — Secunda condicio ex se quidem gravis est; attamen sic intellegenda, ut si debitor in culpa est, ut creditori nihil relinquatur nisi via occultae compensationis, ipse sibi adscribere debeat, si forte creditor praeter voluntatem bis recipiat solutionem.

638 AD QUAESITUM 2ᵐ R. 1. Si ius Lentuli certum est, occulta compensatio est medium unicum, quo ius suum possit recuperare. Nam

ex supposito tempus praescriptionis elapsum id facit, ut iuridica actio non amplius possit institui. — Sola difficultas est, utrum ius Lentuli re vera per praescriptionem sit exstinctum. Quod satis certo est negandum. Nam non solum sive ipsa lege sive consuetudine hae praescriptiones brevioris spatii non exstinguunt ius ad rem in foro conscientiae, sed solum ius *agendi in foro externo;* dein etsi ius ad rem lex velit exstinguere, id in nostro casu in conscientia locum non habet propter defectum bonae fidei in Medardo. Cf. supra n. 619 sqq.

R. 2. Si Lentulus autem ius habet — sicut habet re vera — faciendae occultae compensationis, id etiam facere ei licet per alterum; ideoque nihil obstat, quin et Lentulo et Medardi familiari ita agere liceat, posteriori etiam contra suum herum, quippe qui culpabilis sit.

R. 3. Pro actione autem Lentulo utili, sibi incommoda, vir ille familiaris licite accepturus est remunerationem.

COMPENSATIO OCCULTA (II).

Casus. (193)

Almachius cum aliis operariis in reductionem salarii consentire debuit, nisi vellet plene dimitti, cum tanta sit operariorum copia, qui pro minore illa mercede labores suos collocent. Secum igitur reputat, operarios penuria premi et ipsis ad victum necessariis destitui, dominos autem ad luxum usque omnibus abundare sibique ea vindicare, quae operarii producant et sudore suo lucrentur: unde concludit, partem tantum iustae mercedis se sibi compensaturum, si data occasione domino quaedam surripiat; quod etiam facit.

Quaeritur 1° num copia maior operariorum, qui se offerant ad laborandum pro minore mercede, ratio iusta sit diminuendae mercedis.

2° num lucrum domini seu patroni improportionate maius sit signum mercedis iusta minoris solutae.

3° quid ad casum et compensationem ab Almachio tentatam.

Solutio.

Ad quaesitum 1^m R. 1. Maior operariorum numerus, qui minorem 639 mercedem praeferant otio et carentiae cuiuslibet mercedis, ratio esse nequit deprimendi salarii infra limites mercedis naturaliter iustae; et quamquam ille, qui sumit eam rationem deprimendi usque ad limites infimos pretii naturaliter iusti, sane non peccat contra iustitiam, tamen etiamtum contra aequitatem omnino peccare potest.

R. 2. Merces naturaliter iusta in condicionibus societatis bene compositis tantum exigit, ut operarii communiter loquendo se suosque honeste alere possint. Quare (nisi propter commercii statum depressum lucrum tantum non habetur — cf. n. 628) merces minor iustitiam laedit, quia ne infimos quidem eius limites attingit.

R. 3. Si vero status commercii depressior est neque tantum lucrum acquiritur, ut merces illa solvi possit, iniustum non est minus solvere: siquidem operarii re vera malunt aliquid lucrari quam nihil.

Verum haec rerum condicio potest quidem esse transitoria et brevis temporis, ex se non diuturna vel habitualis. Fieri tamen potest, ut, si reliqui patroni *nolint* altiorem mercedem solvere, unus seu singularis patronus impos sit plus solvendo, nisi velit cum suo damno agere.

640   AD QUAESITUM 2^m R. 1. Ex lucro patroni satis magno per se concludi non potest, mercedem esse iusta minorem. Nam operarii non necessario per modum societatis cum patrono coniuncti supponuntur; sed sufficit, ut contractus, qualis cum mercenariis, ineatur, quo fit ut eorum labores cedant in lucrum damnumve patroni variabile, ipsis manente salario fixo. Si patronus igitur propter singularem industriam vel scientiam et dexteritatem, vel propter singularem fortunam plus ceteris suae condicionis mercatoribus lucratur, id potest, salva iustitia, sibi retinere, si modo mercedem naturaliter iustam solverit. Sed si tempore magni lucri prosperique successus mercedem vix elevat supra limites infimos iustitiae, non licebit ei tempore minoris lucri vel etiam transitorii damni propter damnum, quod pro tempore passurus sit, mercedem infra limites alias iustos deprimere.

R. 2. Si patronus lucrum magnum pro se colligit, loci et temporis consuetudinem, si re ipsa merces infra iustum manet, sibi saltem pro ratione sumere non potest, ut hanc mercedem minorem tantum solvat, etsi alii fortasse propter lucri defectum excusentur. Utut hi contra iustitiam non peccant, ipse peccabit contra iustitiam commutativam.

641   AD QUAESITUM 3^m R. 1. Si merces pro loco et tempore consueta solvitur atque alii adsunt operarii, qui illa mercedis mensura plane contenti sunt: difficile admodum et rarum erit, ut *constet* de iustitia ex parte patroni laesa. Quare in hoc casu practice Almachio concedendum non est, ut proprio marte titulo compensationis sibi ultra mercedem stipulatam aliquid sumat. — Aliud, si ceteri etiam operarii ex sola necessitate coacti demum in mercedem consentirent, quam constaret esse iniustam et quam patroni sine suo damno augere possent. Cf. *Th. m.* I, 940; S. Alph. III, 522 sq.

R. 2. Similiter, si accideret — ut aliquando fit —, ut praeter stipulationem propter rationes non aequas aliquid de mercede detraheretur, ad id occulte sibi compensandum operario ius est.

IUS LAESUM REPARANDUM SEU RESTITUTIO.

RESTITUTIO QUAM PRIMUM FACIENDA.

Casus. (194)

Getulius ex furto et damnificatione restitutionem debet 50 marcarum. Cum sit pecuniae tenax, restitutionem hanc, quamquam aliquoties a confessario monitus, per 4 annos distulit.

Quaeritur quomodo et quoties Getulius peccaverit.

Solutio.

Ad quaesitum R. 1. Restitutio facienda est quam primum, quia detentio rei alienae continuat semper iniustitiam semel illatam; neque tamen eam continuare licet, sicut neque licuit eam inferre. *Th. m.* I, 763 et 941.

R. 2. Si vero restitutio statim i. e. brevissimo tempore facienda cum nimio damno vel difficultate coniungitur, domino autem per hanc dilationem novum damnum non oritur vel nonnisi relative parvum, aliqua dilatio non est illicita, si modo damnum novum pro domino oriturum etiam postea compensetur. Ratio, cur in hoc casu aliquam dilationem adhibere liceat, est, quia dominus rationabiliter non est invitus. Iniustitia vero committitur tantum contra eum qui rationabiliter invitus est.

R. 3. Qui igitur sine ratione legitime excusante restitutionem notabiliter differt, peccat graviter; attamen si ceteroquin seriam voluntatem restituendi habet, sola dilatione tum tantum graviter peccat, quando aut novum damnum grave domino creatur aut periculum omnino non restituendi inducitur. Verum restitutio diu dilata frequenter arguit defectum seriae voluntatis utcumque restituendi — quod sane peccatum grave est, quam primum furti vel damnificationis materia est gravis.

R. 4. Qui gerit animum non restituendi, si diu in hac animi dispositione haeret, unum idemque peccatum furti vel damnificationis *protrahit*, adeoque auget peccati gravitatem, numerum peccatorum non auget. Qui vero modo proponit restituere, modo hoc propositum retractat, *toties* grave peccatum numero distinctum committit, quoties a proposito restituendi denuo recedit. Quod ad Getulium applica.

Verum, etiamsi in singulis confessionibus serio proposuit restituere, confessarius imprudenter omnino egit semper denuo impertiendo absolutionem; nam saltem postquam una alterave vice Getulius fregit fidem, debuit ante absolutionem restitutionem re effectam exigere; immo id iam in prima confessione postulavit prudentia, si modo reditus ad confessarium non erat adeo difficilis et molestus.

DILATIO RESTITUTIONIS (I).

Casus. (195)

Vulpinus, mercator, cum, si omnia sincere tractat, lucrum conveniens, unde vivat, habere non possit, incepit modo res adulterare, modo mensuram et pondus diminuere, atque hisce artibus demum summam aliquot centenarum marcarum collegit, quae esset filiae suae pro dote, ut convenienter posset nubere. — Confitetur quidem peccata sua et dolet; sed a restitutione se putat excusari posse, et cum confessarius eum obligare velit, ut statim se exuat summa illa, quasi desperandus dicit, si ita res se habeat, sibi nihil reliquum esse, nisi ut filiam prostituat.

QUAERITUR utrum recte confessarius praeceperit restitutionem quam primum faciendam, an Vulpinus excusetur a restitutione.

Solutio.

644   AD QUAESITUM R. 1. Non potuit Vulpinus his artibus uti, nisi pretium rerum alias manserit infra pretium iustum infimum currens. Et si ipse fortasse non tam parvo pretio res vendere potest, ut alii venditores, haec non est ratio, cur alii emptores debeant plus solvere.

R. 2. Facilius concedunt aliquam adulterationem innoxiam rerum venalium, quando emptor videt et gustare vel experiri potest rem, neque quidquam contra rem obicit sed eam probat. Si enim sine aliqua adulteratione seu mixtione rerum qualitatis inferioris pretium iustum obtineri nequit, ista ars censetur vel licita vel, si adhibetur mendacium, tamen *non graviter* peccaminosa, neque contra iustitiam commutativam.

645   R. 3. Sed etiam ex suppositione, quod Vulpinus graviter peccavit contra iustitiam, confessarius severius iniunxit restitutionem *mox* peragendam. Quamquam enim verum est generatim, retinendo rem alienam peccari *eodem peccato* atque auferendo, id tamen verum tum tantum est, quando ex una parte res ablata retinetur simpliciter, et ex altera parte restitutio moraliter fieri potest. Hic vero Vulpinus versatur in valde gravi necessitate, cum in eo sit, ut filiam prostituat, quam S. Alph. III, 520 non universim quidem, aliquando tamen, gravioribus adiunctis circumstantiis, *extremae* necessitati aequiparat. Hinc concludere licet, admodum raro quidem evenire, ut propter hanc causam et necessitatem aliquis possit aliena invadere, facilius tamen restitutionem alioquin debitam omittere vel, usque dum venerit ad meliorem sortem, differre.

R. 4. De modo autem restituendi propter similes iniustitias commissas, infra sermo erit; ex quo denuo patebit, legitimum restituendi modum *in tali casu* non requirere ilico totalem summae abdicationem.

DILATIO RESTITUTIONIS (II).

Casus. (196)

Medardus, cum Hermogenis mobilia transmittenda curaret, retinuit mala fide arcam, quae in se circiter 50 marcis valet, sed quam Hermogenes tum quia a progenitoribus hereditate eam acceperat, tum quia artificiose confecta est, longe pluris aestimat neque pretio comparabilem habet. Nunc in regionem dissitam transmarinam se contulit. Medardus furti paenitens quaerit, quomodo restituere debeat, cum transmissio arcae plus 100 marcis constitura sit.

Dein nuper creavit incendium: quodsi nunc indemnem faciet societatem assecurationis, timet, ne sicut incendiarius agnoscatur.

QUAERITUR 1° quae sit causa differendae restitutionis.

2° num Medardus Hermogeni rem sublatam transmittere debeat, atque societatem assecurationis statim indemnem reddere.

Solutio.

AD QUAESITUM 1ᵐ R. 1. Ut restitutio brevi omnino differatur, sufficit rationabilis causa vel quod commodius restitutio possit effici, si modo interim domino laeso novum damnum inde non oriatur.

R. 2. Ut diutius differatur restitutio, non solum requiritur, ut absit periculum oblivionis vel restituendi impossibilitatis ex hoc oriturum, sed etiam ut incommodum, quod ex accelerata restitutione debitor incurrat, longe maius sit quam illud, quod ex dilata restitutione domino oriatur. Aestimari hoc potest ex iis, quae de faciendis expensis theologi communiter docent.

Nam ut *omitti* possit ipsius domini laesi indemnitas et pro eo pauperes, quibus res donetur, eligi possint, volunt, ut expensae alias necessariae *plus quam duplo* superent valorem rei: i. e. si damnum iniqui debitoris duplo plus superet damnum domini laesi, ad hoc damnum debitor non censetur teneri.

AD QUAESITUM 2ᵐ R. 1. In *primo* casu Medardus differre quidem nonnihil potest restitutionem, si sperat fore ut postea rem domino facilius possit transmittere; excusari autem ita, ut liceat valorem rei pauperibus dare, non potest, siquidem damnum domini in casu nostro non est aestimandum ex solo materiali rei valore, sed ex pretio affectionis, quod fortasse 100 marcas aequat vel superat: damnum igitur 100 marcarum Medardus potius quam Hermogenes subire debet.

R. 2. Damnum grave in fama sane superioris ordinis est, quam damnum in bonis fortunae. Quare in *secundo* casu, *si* certae personae vel societati restitutio facienda est, quamdiu grave periculum famae subsistit, tamdiu differri potest restitutio. Verum curari debet, ut brevi ineatur modus — id enim possibile est —, quo per intermediam personam et sine periculo restitutio fiat. Sitne autem re vera restitutio facienda societati assecurationis, an alia restitutio eligi possit, de hoc infra sermo recurret.

POSSESSOR BONAE FIDEI (I).

Casus. (197)

Getulius in fundo ex hereditate accepto construxit ingentes aedes et machinas, magnamque operariorum copiam attraxit: quo factum est, ut brevi tempore locus ille eousque incultus colatur atque agri qui circum sunt siti aedibus exstruendis apti decuplo pretio atque etiam maiore veniant. Sed mox testamentum in favorem Getulii factum impugnatur atque iuridice irritatur in favorem Evagrii.

QUAERITUR 1° debeatne Getulius fundum cum aedificiis Evagrio cedere, vel saltem partem fundi aedibus vacuam; an quomodo indemnis fieri debet sive Evagrius, sive Getulius.

2° debeatne Getulius restituere pretium locationis a novem annis acceptum pro parte agrorum, quos locaverat.

Solutio.

648   AD QUAESITUM 1^m R. 1. Casus ille supponit, Getulium egisse bona fide. Agitur in hoc Quaesito de restitutione circa substantiam rei, in sequenti Quaesito de restitutione fructuum.

Substantia rei, quando pro aliena cognoscitur, vero domino tradenda est, nisi *ipse* mavult pretio rei a priore possessore oblato contentus esse. Hic vero deducere potest expensas *utiles,* quae valorem rei auxerunt; atque secum ferre potest ea quae adiecit et separari possunt. *Th. m.* I, 953.

R. 2. Si stricto sensu ius *Romanum* sumimus, Getulius deberet cum fundo omnia cedere quae in eo construxit et aedificavit, accepta compensatione expensarum. Recentiora autem iura non omnia eodem modo litem componunt, imprimis tamen id attendunt, ut neutra pars, quantum fieri possit, damnum ferat. Hinc aequitati consentaneum videtur, ut Getulio ea relinquantur, quae ipse multis expensis aedificavit et construxit, ut non exturbetur e statu suo et vitae suae condicione.

649   R. 3. Plane autem Evagrius postulare potest eam fundi seu agrorum partem, quae commercio et artibus seu opificiis exercendis pro Getulio necessaria non est, etsi valor decuplo maior est quam antea: res enim, sicut perit, ita etiam crescit domino. Atque etiam eam fundi partem, quae cum aedibus exstructis Getulio ceditur, iure secundum valorem actualem licet aestimari, quando pretium compensationis decernitur.

Verum si non Evagrius, sed solus Getulius posset continuare exercitium officinarum et commercii quod instituit, atque proin ipsi quidem sed non Evagrio fundus aedesque tanti valerent, aequum non videtur Getulium cogere ad solvendum totum fundi pretium. Immo si solus Getulius est, qui suo labore suaque industria valorem fundi auxerit augereque possit, excessus valoris *ipsi* debetur.

R. 4. Quoniam autem in aestimandis sive expensis sive pretio fundi in eiusmodi casu summa difficultas est, suadenda est amica compositio ex aequo et bono; fortasse etiam res optime solvi potest per societatem inter Getulium et Evagrium ineundam.

Ad quaesitum 2ᵐ R. 1. Pretium locationis sunt fructus non naturales sed civiles, sed locum tenent pro fructibus naturalibus, cum censeantur respondere valori fructuum, quos natura procreat, deducta proportionata parte pro laboribus impensis. Naturalis autem iuris est, ut fructus rei cedant rei domino. — Hinc secundum ius naturale Getulius eos fructus restituere debebit, quos per praescriptionem nondum acquisivit (plerumque *triennio* censentur praescriptione acquiri), et sive in se sive in aequivalenti detinet.

In aequivalenti dicitur retinere, si propter fructus perceptos aliis sumptibus pepercit; aut si vendidit, pretiumque venditionis etiamnunc possidet.

R. 2. Recentiora quaedam iura possessori bonae fidei etiam plus concedunt quoad fructus. Quae etsi non omnia ilico pro foro conscientiae ita valida dixerim, ut impediant verum dominum, quominus ipse sibi ex iis vindicare possit, tamen id efficiunt, ut prior possessor non certo adigi possit, ut sponte omnia reddat. *Th. m.* I, 948.

POSSESSOR BONAE FIDEI (II).

Casus. (198)

Caesarius consuevit quotannis cuidam monasterio insigne donum donare; nuper dedit vas aureum, quod ipse dono acceperat. Postquam illud a monasterio venditum et fusum est, illud vas fuisse furto sublatum constat.

Quaeritur quis quid domino illius vasis restituere debeat.

Solutio.

Ad quaesitum R. 1. Si vas illud fusum non esset, sed integrum exsisteret, dubium non esset, quin restitui deberet a monasterio; quia res clamat domino.

Nunc autem vas qua vas periit, et videri possit alicui applicabile aliud axioma: „Res perit domino." — Verum quominus ita dicatur, obstat, quod vas illud exsistat etiamnunc aliquatenus in aequivalenti, nimirum in metallo fuso vel eius valore.

R. 2. Ille igitur restituere debet, qui ex aliena re cum damno veri domini ditior factus est. Videtur hoc primo intuitu monasterium esse. Et ita re vera obtinet, si Caesarius possessione vasis aurei motus erat, ut monasterio donum conferret, alioquin nihil donaturus: in hoc casu monasterium sine dubio aurum illud fusum seu potius pretium acceptum restituere debet. — Quodsi autem Caesarius absolute et in quibusvis circumstantiis donum monasterio daturus erat, ipse ditior evasit, cum non suis expensis — id quod alias fecisset — donum contulerit. Quare potius ipsius esset loco monasterii restituere: ad quod tamen *obligari* quidem nequit, cum voluntatem erga monasterium beneficam, quam hucusque gessit, possit deponere et illum donandi actum, qui efficax nondum fuerit, suspendere vel revocare. Cf. *Th. m.* I, 949.

R. 3. Dominus quidem vasis, si Caesarius sive monasterium restituet, plene indemnis non fiet, cum valor auri qua auri massa non tanti valeat, quanti vas arte elaboratum, neque monasterium vel Caesarius plus teneatur restituere, quam pretium pro vendita auri materia acceptum, i. e. in quo ditiores evaserint. — Damnum, quod superest, titulo damnificationis fur restituere tenetur. Quodsi ille non comparet vel non restituit, damnum illud a domino ferendum est.

POSSESSOR MALAE FIDEI.

Casus. (199)

Iulius puer arbusculas furatus in suo horto plantavit: senex, cum per annos mala et pira multa ex iis collegisset et in eo esset, ut tres insignes abietes quae creverant, caederet, furtum suum confitetur. Neo-confessarius, qui alte retinuit axioma „Res fructificat domino", pronuntiat in Iulium sententiam, ut domino eiusve heredibus reddat pretium fructuum collectorum et tres illas abietes caesas.

Similiter aliquando furto abstulit vicino suo aliquot ova, quae supposuit gallinae, et ita paullatim sibi procreandam fecit magnam copiam gallinarum, ex qua nunc non parvum lucrum capit.

Etiam vaccam gravidam abstulit, quam, nato vitulo, domino reddendam curat. Vitulum, quem dominus non servasset, servat et nutrit, isque in grandem bovem crevit. Putat autem se bovem pro fructu industriali habere et sibi retinere posse; pretium autem vituli compensari expensis illis quas fecerat pro alenda vacca gravida.

Quaeritur 1° quid restituere debeat possessor malae fidei.

2° possitne ille fructus retinere et sibi compensare expensas.

3° quid in casibus propositis Iulius restituere debeat.

Solutio.

652 Ad quaesitum 1ᵐ R. 1. Possessor malae fidei restituere debet 1) titulo possessionis ipsam rem alienam, in se vel in aequivalenti exsistentem; idque facere debet, etiamsi haec restitutio cedat ita in emolumentum domini, ut hic, si in possessione rei suae mansisset, rem perdidisset vel deteriorem fecisset.

R. 2. Debet, si dominus rei ex ipsius rei carentia maius damnum vel lucri defectum subit, 2) totum illud damnum insuper restituere titulo iniustae damnificationis, si modo illa damna in confuso praevideri poterant.

Haec quidem ex iure naturali. Si quid amplius imponunt leges civiles, ad id possessor malae fidei tenetur demum in conscientia post iudicis sententiam, antea ad id non tenetur.

653 Ad quaesitum 2ᵐ R. 1. Ex R. ad Quaesitum 1ᵐ sequitur, possessorem malae fidei non teneri ex se ad amplius; ergo postquam indemnis factus est dominus, deducere potest expensas necessarias et

utiles, in quantum valorem pro utilitate domini auxerunt; vel ea quae possessor malae fidei addidit quacumque ratione, haec auferre ei licet, si quidem *re intacta* separari possunt.

R. 2. Iure positivo saepe aliud non conceditur possessori malae fidei, nisi compensatio pro solis expensis necessariis, non pro utilibus. Quare ubi ius regionis id statuit, ipse quidem possessor malae fidei ante iudicis sententiam tentare potest compensationem pro expensis utilibus, non tamen occultam. Ratio, cur occulte eam compensationem facere non liceat, est quod dominus sine iniustitia omnem compensationem potest prohibere neque fraudulenter licet eum ab huius iuris sui usu impedire. Si igitur dominus hoc iure utitur, ille malae fidei possessor acquiescere debet, saltem si dominus paratus sit rem ad iudicem deferre. Quodsi ad iudicem recurrere non vult, possessor malae fidei non videtur iuri suo naturali cedere debere.

R. 3. Fructus omnes restituere debet, in quantum ipsi rei respondent; nam in quantum respondent labori et industriae malae fidei possessoris, ab hoc possunt retineri. Sententia iudicis secuta, de his idem dic quod in R. 2 de expensis.

AD QUAESITUM 3^m R. 1. In *primo* casu neo-confessarius male applicat principium illud: „Res fructificat domino." Plantae enim et arbores non fructificant, nisi radices egerint in terra adeoque cum suo fundo unum quid constituant, ut possint fructificare. Generatim autem quoad dominium fundus trahit secum ea, quae in eo aedificata et plantata sunt. Ergo Iulius factus est dominus arborum, quae creverunt earumque fructuum, etiamsi arbusculas furto abstulit. Debet tamen dominum vel dominos arbuscularum indemnes facere. Quod generatim fit, si aliquid amplius quam valor arbuscularum tempore furti solvitur (ius *Romanum* statuit duplex pretium). Dico „aliquid amplius"; nam si dominus eas arbusculas evulsisset, sufficeret ipsum pretium; sed si hoc non fecisset — neque id sumi potest — pretium similium arbuscularum, quas de novo plantare potuit, non suffict ad plenam indemnitatem, quia arbores de novo plantatae minus bene crescunt, quam quae in solo suo manserunt. Duplex pretium ordinarie sufficit, nisi in extraordinariis adiunctis constet de damno maiore.

R. 2. In *secundo* casu censeo etiam, procreationem gallinarum ex ovis esse fructum industrialem; non necessario eam debere spectari fructum naturalem ex ovis ortum. Ergo manent gallinae in dominio Iulii. Restituere tamen debet pretium ovorum furto ablatorum. Ceterum, si dominus cui ablata sunt ova, voluisset ipse ex iis gallinas procreari, sine difficultate potestatem habuit id efficiendi ex aliis ovis.

R. 3. In *tertio* casu vitulus natus certo est fructus vaccae iam gravidae; ac proin vitulus ille iure est eius, cuius Iulius abstulit vaccam.

Hinc est, quod summo iure vitulus etiam bos factus illi debeat restitui, etiamsi ille dominus vitulum non servasset neque enutrisset. Attamen deducere potest Iulius expensas ad nutriendum vitulum necessarias. Practice hae expensae cum imposito labore circiter aequant incrementum vituli. Quare, si dominus vitulum non servasset, Iulius valorem quidem quem debet solvendo satis restituturus est. Debitum igitur saltem exstinguet, si solvat pretium *vituli* cum ordinario eius fenore annuo. Nam ut loco ipsis rei sublatae solvat eius pretium seu valorem ratio sufficiens est, ne se prodat furtumque debeat fateri.

Unde patet, Iulium, si *nihil* voluerit pro vitulo restituere, malam fecisse computationem sibique nimis indulsisse. — Immo si furtum factum esset contra pauperem agricolam, qui volebat vitulum enutrire, sed qui post furtum similem vitulum sibi emere non potuit, restitutio longe maior fieri deberet; siquidem agricola ille damnum longe maius tulit. Illi enim homines sine multis expensis novis animal enutriunt, et labores suos libenter impendunt, quos aliter cum lucro impendendi occasionem non habent.

POSSESSOR DUBIAE FIDEI.

Casus. (200)

1. Fulvius aurifaber emit ab homine quem habuit pro non suspecto vasa aurea et argentea; postea cum audiret de furto eiusmodi rerum commisso suspicatur et timet ne emerit furtiva. Sed ut se subtrahat incommodis et damni incurrendi periculis, vasa illa conflat, nec amplius constare potest, utrum hae res fuerint furtivae necne.

2. Amalia, oeconoma apud divitem familiam, sibi res quasdam assumit tum titulo compensationis propter mercedem iusto minorem tum titulo parsimoniae, eo quod ipsa cum sua familia plus consumere potuerit vi contractus, quam re ipsa factum sit. — Res sic sibi assumptas offert Anastasiae in officina mercatoria famulae emendas. Quae ab interrogata domina officinae responsum accipit, de veritate rei responsabilitatem habere Amaliam; quare nihil obstare, quin res illae modesto pretio emantur. Quod ita fit.

Quaeritur 1° quae sint obligationes possessoris dubiae fidei.

2° quid ad casus sit dicendum; qui quo loco seu ordine restituere debeant.

Solutio.

Ad quaesitum 1^m R. 1. Qui antequam possideat, dubius est, utrum res quam alter possidet, huius sit an sua, eam sibi non potest assumere possidendam, altero invito; alioquin esset possessor *malae* fidei. Neque si dubius est, utrum sit res illa propria possidentis, an tertii alicuius inviti, eam potest a possidente acquirere, nisi forte cum animo rem bene gerendi pro vero domino dubio.

R. 2. Si eiusmodi dubium ante inceptam possessionem adest circa rem, quae in nullius reali possessione invenitur, utrum scilicet mea sit an aliena, eius quidem possessionem incipere possum, attamen non cum absoluta intentione dominii exercendi, sed cum animo inquirendi et rem certo domino tradendi.

R. 3. Qui post inceptam possessionem dubitat, utrum res sua sit an aliena, aut qui secundum modo dicta dubio exsistente *legitime* possessionem incepit, *tenetur inquirere*. Quodsi inquisitione seria facta dubium non solvitur, possessor de re tamquam de sua disponere potest, *utiliter tamen,* simul paratus ad utilitatem perceptam alteri cedendam, si quis fortasse postea certum ius suum probaverit. Verum si dubium inceptam possessionem praecesserit, ceteris paribus diutius, si fieri potest, differri debet ea circa rem dispositio, quae eius valorem vel utilitatem diminuat. Cf. *Th. m.* I, 957 sqq.; Lugo, *De iust. et iure* d. 17, n. 89 sqq.

R. 4. Qui inquisitionem secundum dicta in R. 3 necessariam cum gravi culpa neglegit, tenetur 1) damnum resarcire, si postea certus dominus apparuerit; 2) si dominus certus non apparet et ex omissa inquisitione impossibile fit dubium solvere, pro rata dubii *aliqua* restitutio debetur ei, qui etiam ius dubium seu probabile habuit: quodsi nemo determinatus sit, consulendum quidem est, ut pro rata dubii aliquid in pauperes vel causas pias conferatur, obligatio stricta non est. Vide *Th. m.* l. c.

R. 5. Qui vero *illegitime* cum dubio possessionem acquisivit, domino certo postea apparenti rem reddere et damnum reparare debet, quod illi ex hac illegitima possessione ortum fuerit. Similiter dubio manente vel effecto insolubili, restitutio ex parte fieri debet, idque certis personis, si quibus probabile aliquod ius circa rem erat, alioquin pauperibus vel causis piis. Ratio, cur in hoc casu paullo severius res sumenda sit quam in R. 4, ea est quod in nostro casu *ab initio* fuerit dubia seu *mala* fides, in priore fides *bona,* cui dubium tantum supervenerit.

AD QUAESITUM 2^m R. 1. Fulvius — ut enarratio casus nos sumere iubet — bona fide incepit possessionem; verum brevi post oritur et oriri debuit dubium certe rationabile eo quod fama spargeretur de furto talium rerum perpetrato. Quare Fulvius debuit inquirere (nisi forte potuerit ei, a quo emerat, res reddere et ab eo recipere pretium solutum), neque licuit, manente dubio, conflando de rebus disponere.

R. 2. Si igitur postea certum fieret, esse ipsas illas res furtivas, quas Fulvius emerat et conflaverat, domino postulanti deberet totum damnum seu valorem rerum restituere, neque sufficeret reddere massam auream et argenteam; de pretio a se soluto recursum tamen haberet ad eum, a quo ipse emit. — Si vero res certa reddi amplius non posset, domino, cui furto similes res sublatae dicuntur, pro rata restituere deberet, atque vix sufficeret, ut restitueret excessum veri pretii massae super id quod ipse solverat: is enim adeo magnus esse nequit, nisi in ipsa emptione habuerit Fulvius venditorem suum pro suspecto; in quo casu ipse propter malae fidei cooperationem gravis iniustitiae reus esset atque maiorem etiam contraxisset restituendi obligationem.

R. 3. Quoad *alterum* casum primo videri debet, num rationabiliter sumi potuerit, Amaliam ex rationibus allatis res illas quas offert, fecisse suas. Quod relate ad bona parsimonialia facilius sumi potest; quoad ea, quae occulta compensatione quasi propter minorem mercedem sibi assumpsit, practice sumi non potest, nisi in casu exceptionali veritas huius rei ab Amalia assertae emptrici perspecta fuerit. — In posterum igitur neque Anastasiae neque eius dominae emptio illa permittenda est.

R. 4. Post factum hae emptrices difficulter plenam habere possunt rei certitudinem. Sed quia res ab initio erat valde suspecta, pro rata dubii aliqua restitutio (circiter medii valoris) iis incumbit erga illam familiam divitem, quae damnum passa est; domina tamen ante Anastasiam tenetur, tum quia in eius arcam totum lucrum confluxit, tum quia mandans erat. Verum ante ambas illas emptrices tenetur Amalia saltem quantum attinet ad pretium receptum; emptrices ad excessum valoris rerum supra pretium solutum primarie tenentur, Amalia secundarie. De cetero Amalia illi familiae, apud quam oeconomam agit, tenetur de *toto* damno illato, etsi circa partem aliquam regressum habeat ad emptrices; eaque non manebit in dubio, sed certa est vel facile evadere potest de iniustitia, eiusque magnitudine, quam erga familiam commiserit.

RESTITUTIO EX CULPA IURIDICA (I).

Casus. (201)

Aiax, adulescens 20 annorum, patri in angustiis constituto dicit: „Pater, sine me incendere domunculam, quo recipere possimus pretium assecurationis." Cui pater respondit: „Ne me de ista re interroges; nec quidquam de ea re scire vel audire volo." Quod Aiax accipiens pro approbatione consilium exsequitur.

Quaeritur 1° quae sint iura et obligationes ex paterna potestate oriundae.

2° debeatne Aiax eiusve pater restituere.

3° quid dicendum esset, si ageretur de incendio domus alienae.

Solutio.

660   Ad quaesitum 1^m R. 1. Cum in nostro casu de damno illato agatur, quaestio prima de paterna potestate videtur ad ea restringi, quae versantur circa damna inferenda vel impedienda. — In genere tamen ii, qui paternam potestatem habent, debent curam agere et personae et bonorum eius, in quem eam potestatem habent. Cura personae ex *cod. Germ.* § 1631 complectitur et educationem et invigilantiam.

R. 2. Potestas illa paterna exercetur toto tempore minorennitatis, i. e. usque ad annum 21um completum, nisi forte prius facta sit (iuridica) emancipatio: verum pro aetate diversa diverso modo potestas paterna est exercenda.

R. 3. Cavetur legibus civilibus etiam expresse, ut, qui in alterum tenetur secundum legem invigilare, damnum resarcire debeat, quod ille alter forte intulerit: a qua obligatione ut eximatur, diversae leges statuunt diversa; cod. Germ. satis aeque dicit, obligationem cessare, si quis diligentiam lege praescriptam adhibuerit, vel non obstante qualicumque invigilantia, damnum nihilominus exortum esset; secundum C. Gall. a. 1384 ille qui alterius curam habet, debet probare *se non potuisse* factum damnificativum impedire.

R. 4. Quae quidem damni reparandi obligatio perfecta fit in conscientia post sententiam iudicis; antea utrum adsit necne, pendet ab eo, utrum adfuerit culpa gravis theologica contra iustitiam, an culpa *iuridica tantum.*

AD QUAESITUM 2ᵐ R. 1. Adulescentem 20 annorum nemo dixerit 661 subici debere continuae parentum invigilantiae actuali, sicut subiacere debet infans usu rationis carens. Pertinet tamen ad invigilantiam debitam, ut parentes si viderint filium adulescentem meditari mala, haec ei prohibeant eumque, quantum possit, a malo arceant.

R. 2. Inutile videri poterit alicui quaerere, utrum pater an filius restituere debeat, in eo saltem casu, quo, ut in nostro, filius *propria* bona, ex quibus restituere possit, non habet, sed solum ea quae a patre se accepturum sperat. Nihilominus patrem et filium discernere, non est inutile. Nam si patri per se obligatio reparandi damni incumbit, ipse sibi imponere debet expensarum moderationem, quo habere possit ut totam summam solvat; si filius obligatur, pater illud incommodum ferre non tenetur, sed summum ea pars bonorum paternorum ad reparandum damnum impendi debet, quae constituat partem hereditatis pro filio legitimam, neque haec quidem pars vivente patre; nam tota obligatio curandae reparationis damni filio inhaeret, qui labore suo videat, quid possit colligere.

R. 3. Sed in nostro casu solutio danda non est secundum com- 662 munes regulas reparandi damni a filiis minoribus illati. Repetenda enim est imprimis ex contractu assecurationis, qui communiter sic concipitur, ut societas assecurationis cavere quidem debeat pro damnis assecuratae rei illatis, exceptis iis damnis, quae orta fuerit ex culpa vel assecurati, vel eius uxoris, vel eius filiorum. Quapropter vi contractus pater Aiacis excluditur ab omni iure recipiendi pretium domunculae incensae, quando constiterit, Aiacem re vera incendium excitasse; ideoque pretium acceptum restituere debet.

AD QUAESITUM 3ᵐ R. 1. In alia illa sumptione *Quaesiti 3ⁱⁱ* re- 663 vera Aiacis pater reparare damnum debet, si consilium Aiacis tacite approbaverit. Attamen verba, quibus usus est, eiusmodi approbationem non exprimunt.

R. 2. Quodsi pater consilium Aiacis non intellexit, neque de tentamine quidquam animadvertit, ne legalem quidem culpam commisit ex defectu invigilantiae, neque ex iure Germ. ad quidquam obligari posset reparandum; si vero aliae leges cautionem patris latius extendunt (et sane leges Gall. difficilius patrem a cautione solvent), id non inducit reparandi damni obligationem in conscientia, nisi post sententiam iudicis.

R. 3. Si pater animadverterit, filium incendium moliri vel iam tentamen facere, neque impediverit, cum potuerit: secundum omnes leges civiles positivas, etiam cod. Germ., ipse pater damna reparare tenetur; idque sine dubio post condemnationem a iudice factam etiam in conscientia facere debet. Antea vero, quamquam culpam theologicam gravem commisit, eum ad reparationem condemnare non ausus sim, quia neglectus gravis in cura paterna debita peccatum contra pietatem est, non videtur esse contra iustitiam; neque pater iustitiae obligationem habuit, sed caritatis, avertendi damnum a bonis proximi, quod a filio plenum usum rationis habente inferrebatur. Aliter, si filius usum plenum rationis vel deliberandi facultatem nondum habens damnum tertio causat, parente conscio.

RESTITUTIO EX CULPA IURIDICA (II).

Casus. (202)

Proteus, ludi magister, alumnos suos comitatur ad faciendam aliquam excursionem. Verum horum aliqui procacis ingenii, agricolae grave damnum inferunt, segetes conculcando. Qui cum ab his, utpote pueris, non possit damni restitutionem recipere, neque eos in ius vocare, insistit, ut Proteus sibi damnum restituat, quippe qui illud impedire debuerit.

Quaeritur 1° teneaturne Proteus in foro conscientiae statim illud damnum resarcire.
2° debeatne id facere post sententiam iudicis hoc restituendi onus illi imponentis.

Solutio.

Ad quaesitum 1^m R. Proteus sine dubio alumnis et pueris invigilare tenetur, quamdiu sunt sub eius tutela. Quare si inter pueros sunt, qui sufficientem discretionem nondum habent, hosque Proteus animadvertens sinit damnum agris inferre: *hoc* damnum ante omnem iudicis sententiam ipse reparare tenetur. Alia damna non tenetur resarcire ilico ex se.

Ad quaesitum 2^m R. Verum etsi pueri plenam discretionem adepti erant, nihilominus ex lege positiva Proteus cavere debet pro damno ab iis illato post iudicis sententiam. Iudicis etiam est videre, quae sint causae, quae secundum leges Proteum a reparandi obligatione liberent. Post legitimam sententiam latam etiam in conscientia damni reparatio debetur. Quodsi ille qui laesus est, iudicem adire sit paratus, isque secundum leges Proteum certo condemnaturus: sane convenit, ut, iudiciali sententia non exspectata, Proteus pro damno ab alumnis causato solvat — regressum sibi servans in ipsos alumnos, si scientes et volentes damnum intulerint.

RESTITUTIO EX CULPA IURIDICA (III).

Casus. (203)

Isocrates, vir industrialis, omisit in sua officina quasdam cautelas ad impedienda infortunia aptas, quas lex quidem praescribit, praxis tamen etiam aliorum raro observat, eo quod periculum sit modicum, quod mediocri operariorum diligentia facile caveatur. Nihilominus re vera infortunium accidit, ita ut tres patres familias misere perierint, qui numerosam familiam indigentem reliquerunt.

QUAERITUR 1° debeatne Isocrates damnum ferre, an societas assecurationis.
    2° quid, si damnum, quod familiae illae patiuntur, superat summam, quam assecuratio solvat.

Solutio.

AD QUAESITUM 1ᵐ R. 1. Quod ipsos operarios vel potius eorum 665 familias superstites attinet, eae sine dubio iuste recipient a societate assecurationis id, quod lege vel conventione statutum est, siquidem infortunium illud comprehendatur illis casibus, in quibus lex pro operariis eorumque familia subsidium dare intendit.

R. 2. Si Isocrates gravem neglegentiam culpabilem non commisit — id quod non videtur esse factum in casu nostro —, non tenetur ipse ex sese pandere defectus minimos qui occurrerant in cautelis illis praescriptis adhibendis. Verum si ex parte societatis assecurationis vel aliter a deputatis fit inquisitio de infortunii adiunctis, non potest Isocrates *falsis assertis* rem tegere neque falsis testibus instructis inquisitores decipere; et si inquisitione facta *iuridica* culpa Isocratis deprehenditur, ob quam ipse societatem assecurationis indemnem reddere debeat, id societati postulanti debet in conscientia. — At si societas assecurationis adeo rigorose non inquirit, cum sciat leges cautelarum adhibendarum difficulter ad amussim servari, Isocrates indemnitatem praestare non tenetur.

AD QUAESITUM 2ᵐ R. 1. Si leges positivae latae non essent de 666 certis cautelis adhibendis, spectato solo iure naturali, Isocrates, cum *moralem* diligentiam adhibuerit, absolute loquendo ex rigorosa iustitia non teneretur damnum familiis superstitibus resarcire, eo quod tum infortunium casu, non gravi Isocratis culpa evaserit, tum contractus desit, vi cuius Isocrates de infortuniis caverit. Nihilominus, ut familiarum indigentium curam suscipiat et, quantum possit, sublevet, sane summae aequitatis est.

R. 2. Cum leges ad maius tutamen operariorum cautelas etiam maiores praescripserint, operarii ius habent postulandi, ut omnes illae ad amussim adhibeantur: quodsi herus operariis invitis eas omittit, obnoxius fit damnis praevisis reparandis. Si vero operarii vel expresse vel tacite consenserunt atque contenti erant cautelis illis, quas re ipsa Isocrates adhibuerat, neque plures postulabant: ille ex se obnoxius non est supplendae indemnitati familiarum, quae interitu patrumfamilias damnum incurrerunt.

R. 3. Nihilominus *familiae illae* ius habent accusandi Isocratem violatarum legum atque recipiendi omnem indemnitatem, si quam leges ipsis attribuunt. Immo possunt cum Isocrate agere et pro summa pecuniae sibi danda iuri accusandi renuntiare: quod eo libentius Isocrates videtur praestiturus esse, quia facta accusatione certe damnum longe maius subibit.

DAMNIFICATIO REI QUAE PUTATUR PROPRIA.

Casus. (204)

Licinius canem suum amiserat. Canis, post aliquot hebdomadas accurrens, cum idem esse videatur, a Licinio irato arripitur et occiditur. Occisum canem cum accuratius inspiciat, videt se errasse; esse canem alienum, cuius pretium dominus mox superveniens saltem centum marcas aestimat: quod sibi a Licinio postulat solvendum.

Quaeritur 1° quae requiratur actio ex qua imponi debeat obligatio restitutionis.

2° quid ad casum sit dicendum.

Solutio.

667 Ad quaesitum 1ᵐ R. 1. Ut actio damnificans obligationem secum ferat indemnitatis praestandae, per se, abstractione facta a lege positiva, requiritur, 1) ut actio sit plene voluntaria et *culpabilis*, ut 2) actio sit non utcumque illicita, sed illicita quia contra ius alienum strictum (seu contra iustitiam commutativam), ut 3) actio sit efficaciter damnificans, non affectu tantum, ut 4) actio sit damni causa, non occasio tantum.

R. 2. Nihilominus lex positiva hanc obligationem praestandae indemnitatis acuere potest, ut non solum eam imponat etiam pro certis casibus, in quibus per se ius strictum laesum non fuerit, sed etiam propter culpam non theologicam, scil. propter omissam diligentiam lege praescriptam, sive ex culpa omissam sive sine culpa. Quae omissio praescriptae diligentiae vocatur culpa iuridica; quodsi haec omissio facta fuerit sine culpa theologica seu coram Deo et propria conscientia contracta, dicitur *culpa mere iuridica*.

R. 3. Ex culpa *mere* iuridica obligatio praestandae indemnitatis tum demum adest, quando res ad iudicem lata atque ab eo decisa fuerit: antea non est obligatio in conscientia, si quidem leges eiusmodi severius intellegi non tam bono communi utile esset quam potius nocivum; multiplicarentur enim peccata atque durius aliquid hominibus imponeretur, quam quod ferret communis hominum condicio. Cf. *Th. m.* I, 965.

668 Ad quaesitum 2ᵐ R. 1. Si Licinio, antequam canem occideret, ne serio quidem cogitatio vel dubitatio de errore forte occurrente in mentem venerit, subiective non egit iniuste, cum de re tamquam sua disponeret; adeoque non ad reparandum domino damnum sed ad tradendum ei canem occisum obligandus est.

R. 2. Si vero serio dubitans, num re vera sit canis suus, egerit, sane egit temerarie, praevidens in confuso probabile damnum: in quo casu ad reparandum damnum tenetur.

R. 3. Si subiective quidem excusatur, externum autem discrimen inter duos istos canes facile erat agnitu, atque iudex secundum leges regionis Licinium ad praestandam indemnitatem obligaverit: haec obligatio etiam in conscientia sustineri debet.

DAMNIFICATIO PER ACCIDENS.

Casus. (205)

Lupus, insigni perpetrato furto erga peregrinos, quos reperit somno deditos in solitario loco quiescentes, mox post se audit clamores et minas. Pro vita sua timens, ilico ascendit equum, quem eques pro momento reliquerat, et cursu celerrimo fugam arripit, dum equus quidem viribus exhaustis concidat, ipse autem in tuto sit positus. Post annos confitetur: ubi
Quaeritur num Lupus debeat valorem equi domino quem bene novit restituere.

Solutio.

Ad quaesitum R. 1. Si Lupus pro vita sua timere debuit, certe iure suo usus est ascendens equum, quo fugam arriperet; neque per se de damno equo illato teneretur, si per accidens equus periret. Sed si ipse habebat, unde commode viveret, cum solum commodandi equi ius habuerit, et pro commodato equo usus ille quem fecit, potius abusus quam usus fuerit, valorem equi domino debet reddere. Alias igitur sufficit, ut restituat furta ablata et reparet damna ex furto exorta.

R. 2. Verum lege positiva, saltem in cod. Germ. § 228, obligatur ad reparationem damni, quod alienae rei in propria defensione vel in propulsando periculo infert, si ipse in causa est, cur in periculo ipse vel sua res versetur. Quod sane aequissimum est. Quare in omni casu dominus equi ibi, ubi eiusmodi leges exsistunt, etiam in conscientia ius habet postulandi a Lupo indemnitatem; Lupus, saltem post iudicis sententiam, in conscientia ad praestandam indemnitatem tenetur.

DAMNI CAUSA VEL OCCASIO CONTRA IUSTITIAM ET CARITATEM TANTUM.

Casus. (206)

Fabius in agro suo, per quem frequenter transire scit inimicum, altam fodit foveam eamque ramis leviter contegit. Expresse quidem monet inimicum ipsi ius non esse transeundi per suum agrum, neque se cavere posse de quocumque accidenti. Verum hac generali motione nullatenus perterritus, inimicus pergit vespere consuetam viam sumere; atque infeliciter incidit in foveam, ita ut crus et bracchium frangat: de quo malo inimici Fabius valde gaudet illudque praeviderat atque intenderat. Sed
Quaeritur debeatne Fabius inimico damna resarcire.

Solutio.

Ad quaesitum R. 1. Actio Fabii est sine dubio graviter culpabilis, est damni gravis efficax, est etiam damni concausa, non occasio tantum. Unica condicio est dubia, sitne illa actio *contra ius* illius viri inimici.

R. 2. Quodsi ageretur de via publica, per quam, etsi raro homines transeant, tamen transeundi ius habent, omnino laesum esset ius inimici, si clam eruta esset fossa, in quam incidendi viatori erat periculum.

R. 3. Idem dic, si Fabius per suum agrum homines transire passus esset: in quo casu iustitia prohibet, quominus beneficium, quod specietenus praebet, vertat in alicuius hominis perniciem; atque si Fabius postea transitum velit prohibere, serio *de periculo* monere debet, si quod periculum transeuntibus creaverit.

R. 4. Nunc vero inimicus ius non habuit transeundi, insuper monitus est aliquatenus de periculo, quamquam parum graviter. Hinc non audeo, Fabium commissae iniustitiae condemnare, quae secum ferat obligationem damni reparandi, at gravissime laesae caritatis.

R. 5. Ex codice Germ. § 226 videtur gravior ratio contra Fabium urgere. Paragraphus illa denegat cuilibet exercitium iuris, quod solum finem habeat alteri damnum inferendi, atque in tali casu secundum § 826 indemnitatem praestandam imponit. Quapropter si Fabius in ius vocatus ad indemnitatem inimico dandam condemnatus fuerit, hanc certo in conscientia debet. Immo censeo in iis locis, ubi leges dominum tali iure privant, Fabium etiam ante iudicis sententiam ad damnum reparandum teneri. Nam ratio, cur actio fodendi fossam, quam scit transeunti nec quicquam suspicanti fore in ruinam, ex sese non sit contra iustitiam, ea est, quod Fabius in re sua agens deque ea disponens usus sit iure suo; verum lex, ut sumo, eum hoc usu tamquam iure privat; ergo non iam utitur *iure suo* ac proin laedens alterum contra hunc agit *iniuste*.

USUS IURIS AN ABUSUS.

Casus. (207)

Lipsius possessorem agri vicini odio prosequitur. Quare utens iure suo avertendi torrentem aquae a suo agro superiore, qui ceteroquin incultus iacet, rivulum ita dirigit, ut in agrum vicini inferiorem magna vi defluat atque segetes modo caesas secum rapiat et perdat.

Quaeritur utrum Lipsius revera iure suo usus sit, an vicino damnum illatum resarcire debeat.

Solutio.

Ad quaesitum R. 1. Secundum *cod. Germ.* in superiore casu laud. certum est Lipsium contra vicinum suum iniuste egisse eique ad reparanda damna teneri. Atque ita in universim dicendum puto, quia actio Lipsii longe magis quam actio Fabii in superiore casu *causa* est damni alieni. In superiore enim casu propinquior causa damni erat ipsa inimici illicita actio transeundi per agrum alienum;

hic autem causa immediata et efficax alieni damni una est Lipsii actio qua dirigit torrentem aquae in agrum vicinum. Est igitur haec actio *causa* damni, causa *efficax*, causa *plene voluntaria* atque *culpabilis;* est etiam *iniusta,* nam iniusta esse ex hac sola ratione desineret, necessaria esset quod ad proprium damnum avertendum; de proprio autem damno Lipsii avertendo plane non agitur in casu.

R. 2. Si quando haec aquae aversio utcumque utilis fuisset agro Lipsii, etiamtum damnum longe maius a vicino incurrendum potius evitare debuisset, iure tamen ipse a vicino indemnitatem postulasset. — Si vero utriusque damnum fere fuisset aequale, vicinus, quantum fieri potuit, monendus quidem fuisset, ut pro posse sibi caveret, sed postea Lipsius iniuste non egisset, suae utilitati vel suo avertendo damno intendens; immo ne tum quidem iniuste egisset, restitutioni obnoxius, si ad suum damnum avertendum impulsus esset sola praevisione et intentione damni vicini sui: quamquam tum graviter peccasset contra caritatem.

INTENTIO REDDENS ACTIONEM INIUSTAM.

Casus. (208)

Petrus et Paulus adeunt cubiculum communis amici, qui abest. Petrus horologium quod ibi reperit clam in saccum mittit. In quo cum a Paulo deprehendatur, speciem induit faciendi ioci atque Paulum etiam excitat ad secum sumendos aliquot libros, „quos", ait, „mihi crastino die affer, ut post hebdomadam res quasi inventas amico reddere possim". Verum ipse intendit ea nullatenus reddere, sed sibi omnia retinere. At ipsa hac nocte, antequam Paulus Petro libros afferre posset, et huic horologium et Paulo libri furto auferuntur.

QUAERITUR 1° num *intentio* damni facere possit, ut modo adsit, modo absit obligatio restituendi.

2° in nostro casu teneaturne Petrus vel Paulus ad restitutionem amico faciendam.

3° num quidquam intersit, utrum Paulus ipse sibi libros assumpserit an a Petro iam assumptos acceperit.

Solutio.

AD QUAESITUM 1^m R. 1. Intentio damni facere potest, ut actio sive in se sive qua damnificans sit voluntaria, cum alias esset propter inadvertentiam vel damni secuturi ignorantiam *non-voluntaria.* In quo casu certe potest fieri ut propter intentionem damni adsit restituendi obligatio, absit intentione deficiente.

R. 2. Intentio damni aliquando demonstrare potest actionem esse non solum obiective damnificativam, sed etiam formaliter iniustam. Scilicet si sola ratio defendendi rem propriam causa est, cur actio alteri damnosa non sit iniusta, intentio damni alieni demonstrare potest hanc defendendi rationem abesse ab actione, eamque proin esse iniustam. — Si tamen utraque ratio, et rei propriae defendendae et damnificandae alienae, simul concurrit, actio non arguitur esse iniusta ex posteriore illa prava intentione.

R. 3. Intentio inferendi damni etiam alio modo interdum non quidem efficere potest, ut actio aliqua sit *causa* damni, tamen ostendere eam esse in hisce circumstantiis seu propter specialia adiuncta eius, qui damnum patitur, huius damni concausam, cum alias esse possit sola occasio vel summum causa per accidens, quae cum damno coniungi possit sed non soleat.

R. 4. Intentio aliquando directe efficere potest, ut eadem actio materialiter spectata modo sit iniusta, modo non iniusta. Sic v. g. qui aufert rem alienam ea intentione, ut eam tamquam suam usurpet, iniuste agit furando; qui eam aufert, ut eam domino melius servet, non agit iniuste; neque iniuste agit, qui aufert eam ex praesumpta domini licentia, ut ea pro commodata utatur.

R. 5. Alias, si actio externa *formaliter* non mutatur per intentionem, sola intentio damni alieni non facit, ut actio voluntaria, alioquin non iniusta, fiat iniusta.

675   Ad quaesitum 2^m R. 1. Petrus re vera furtum commisit neque unquam hanc furandi mentem deposuit. Actio autem furtiva est ex sese damnosa, et fur de omni damno quod aliquo modo provideri poterat domino tenetur. Quare dubium non est, quin teneatur amico horologium eiusve valorem restituere, etsi sibi novo furto sublatum sit; nam actione sua furtiva onus restitutionis in se suscepit, quidquid postea evenerit.

R. 2. Paulus non habuit animum furandi. In se quidem contra voluntatem domini rem alienam assumpsit — quod est contra iustitiam. Verum ioci causa ita agere cum intentione mox reddendi non est pleno sensu seu perfecte iniustum neque censetur actio *damnosa*. Quare Paulus non tenetur restituere, si fortuito illae res sibi a fure auferantur: debuit tamen res alienas ita caute custodire, sicut homines communiter res suas custodiunt; secus de damno tenetur. Alias autem neque eius intentio, qua voluerit non amico sed Petro libros tradere, rem mutat pro Paulo, siquidem furtivum Petri animum ignoravit atque omnia iocandi causa peregit. Quodsi Petro libros tradidisset, atque ille eos animo furtivo accepisset, ab eo momento Petrus omnino pro libris cavere debuisset.

676   Ad quaesitum 3^m R. 1. Plane res mutata esset. Nam si a Petro accepisset, in eo casu Paulus retinuisset libros nomine Petri; i. e. retinuisset libros *furtivos,* etsi ipse bona fide eos retinuerit. Quapropter in eo casu non Paulus quidem, sed Petrus etiam librorum valorem amico omnino restituere deberet.

R. 2. Si vero Petrus, cum a Paulo deprehenderetur, animum mutasset, atque re vera non iam furando sed ioci causa ea mente, ut paulo post res amico redderet, eas secum tulisset, neque Petrus ad quidquam teneretur; sed amicus damnum tamquam fortuitum pati deberet: nisi forte, re ad iudicem delata, positiva sententia onus restitutionis imposita esset. Quod non est iniustum.

CAUSA ET OCCASIO.

Casus. (209)

Cunibertus chemicus in praeparandis variis mixtionibus occupatus ad adstantes hospites iocando dicit: in his et illis lagenis praeparavi pretiosissimum et delicatum potum; re vera tamen omnes illae mixtiones graviter nocivae sunt. Publius, homo simplex, serio sumens verba Cuniberti experiri vult illum potum, sed infelici haustu in vitae periculum adducitur, expensas medicas multas incurrit atque per plures menses potestate providendi suis victum privatur.

Dagobertus confingit litteras, quibus falsum rumorem exprimat optimae condicionis alicuius instituti novi industrialis: quas laceratas abicit in publico loco. Iulius curiositate ductus partes colligit atque legit; et nuntio illo permotus studet collatis pecuniis partem habere illius instituti; re vera autem insigniter decipitur atque magnum subit damnum.

QUAERITUR 1° sintne Cunibertus et Dagobertus obnoxii ferendis illis damnis.
2° quid, si videntes hominum illorum stultam curiositatem eam non impediverint; vel si intenderint illa damna.

Solutio.

AD QUAESITUM 1ᵐ R. 1. Per se neque mixtio illa chimica ne- 677 que iocosa illa locutio, neque ex parte Dagoberti illa litterarum fictio et abiectio *causa* est damnorum; sed potius occasiones sunt, quibus aliorum curiositas, levitas atque stultitia usa est ad sibi inferendum damnum. Nemo enim prudenter agens poterat sine meliore inquisitione illis manifestis iocis fidere, vel saltem de mala arte gravissime debuit dubitare. — Quapropter si insciis Cuniberto et Dagoberto aliquis damnum passus est, id illi reparare non tenentur.

R. 2. Sed si aliae fraudes essent adiunctae, quibus vel Cunibertus certo homini *persuasisset* esse potum innoxium; vel quibus Dagobertus certo viro credibilem fecisset rumorem illum; sane poterant istae fraudes causae esse alieni damni atque ita obligationem faciendae indemnitatis secum trahere. *Th. m.* I, 980.

AD QUAESITUM 2ᵐ R. 1. Si *Cunibertus* viderit virum ex simpli- 678 citate arripientem potum nocivum a se praeparatum, certe tenetur sub gravi eum impedire. — Quilibet qui id animadverterit, tenetur *ex caritate* saltem; idemque de Cuniberto dicendum esset, si Publius esset homo qui sciret qui esset potus, sed ex temeritate vellet eius vim in se experiri. At cum agatur de homine, qui ex simplicitate quidem, re ipsa tamen actione Cuniberti (videlicet nocivi potus praeparatione nec reclusione, magis etiam commendatione quam non ipse quidem sed alter seriam sumpsit) *inductus* est ad illud experimentum nocivum, tenetur Cunibertus *ex iustitia* eum impedire. Quod nisi facit, obnoxius fit restitutioni faciendae propter damna, quae homo ille simplex patiatur. Et re vera illa actio Cuniberti, quae ex se non est nisi remota occasio possibilis damni, in hisce concretis adiunctis a Cuniberto cognitis fit vera damni causa.

R. 2. Idem dic, etsi Cunibertus fatalem errorem non viderit, sed eum in homine simplici, quem *facile decipi posse* praeviderit, *intenderit*. Nam haec intentio ostendit in isto certo viro propter eius simplicitatem et ignorantiam actiones Cuniberti habere rationem *causae*, non occasionis tantum.

R. 3. Caritatis quidem laesae, non tamen laesae strictae iustitiae cum obligatione restituendi reum dixerim Cunibertum, si solum eiusmodi res praeparasset atque in genere malevolum illum animum fovisset, utinam aliquis illicite potum sibi assumeret. Nam haec *vaga* intentio (vel rectius velleitas, non voluntas, seu desiderium non efficax sed inefficax), quae neminem determinatum hominem respicit neque allicit, fere solam possibilitatem spectat, neque facit, ut actio Cuniberti, quae ex se sola est mera occasio, evadat damni *causa*.

R. 4. Quoad *Dagobertum* illa circumstantia, quod viderit hominem aliquam litterarum partes componere et legere, nondum fecit, ut esset causa damni; nam eiusmodi simplicitas et imprudentia, qua quis frustis istis serio utatur, ne in legente quidem supponi potest, sed debet probari. Quodsi cognovisset lectorem lectione illa moveri ad actiones sibi damnosas, debuit monere vel dubium excitare, ita ut temeritatem suam *posset* animadvertere: alioquin puto eum iniustitiae reum et restitutioni damnorum obnoxium evadere sicut Cunibertum in priore casu, si hominem simplicitate deceptum vidisset potum illum venenatum pro potu innoxio sumere atque haurire.

DAMNUM EX ERRORE CAUSATUM (I).

Casus. (210)

Claudius temere iocans cum Paulo eius anulum e manu arripit. Qui cum diceret: „Cave ne perdas; pretiosus est", id irridens neque credens, anulum in vicinum flumen proicit, cum revera audit anulum quingentis marcis constitisse.

QUAERITUR, ad quid teneatur Claudius in conscientia.

Solutio.

AD QUAESITUM R. 1. In foro externo dubium non est, quin Claudius, cum temeritatis suae argui potuerit, ad pretium anuli integrum solvendum obligetur. Quo facto, etiam in conscientia ad id tenetur, quomodocumque demum erraverit.

R. 2. Si Claudius satis, etsi dubitando, animadvertit Paulum serio efferre magnum anuli pretium, etsi non accurate valorem noverit, in confuso tamen verum valorem satis coniectabat atque plene voluntarie damnum tale, quale respondet integro anuli valori, Paulo intulit. Hinc statim in foro interno, iudiciali actione non exspectata, totum damnum debet reparare.

R. 3. Quodsi Claudius sincere protestetur se plane ne cogitasse quidem de tanto rei valore, sibi persuasum fuisse Paulum ioci causa in immensum exaggerasse, se summum existimasse anulum 10 marcis valere: antequam res iudicialiter agatur, Claudius in conscientia ad 10 marcarum quidem restitutionem tenetur, ad amplius nondum tenetur. Excessus igitur damni tamquam ex infortunio exorti interim in domino anuli residebit. Sed ne in hac quidem sumptione Paulus prohibetur, quominus iudiciali actione Claudium cogat ad integri valoris restitutionem. Cf. Th. m. I, 968. 970.

R. 4. Quodsi Pauli condicio sit hominis ditissimi, Claudii vero viri fortunae tenuis, ne illa quidem 10 marcarum restitutio ante iudicialem actionem obligabit sub gravi, quia in ditissimo homine damnum 10 marc. non censetur grave, neque Claudius graviter peccasse censendus est.

DAMNUM EX ERRORE CAUSATUM (II).

Casus. (211)

Rutgerus bona fide narrat amico certarum mercium pretium brevi auctum iri; quapropter monet, ut sibi de iis provideat. Mox audit e contrario valorem iri minutum. Cuius rei apud amicum non amplius mentionem facit; quo fit, ut ille satis magnum damnum incurrat.

QUAERITUR 1° num ex actione inculpabili aliquis teneri possit ad damni reparationem.

2° quid de Rutgero eiusque obligatione.

Solutio.

AD QUAESITUM 1ᵐ R. 1. Ex actione inculpabili qua tali nemo ad reparandum damnum tenetur. Potest tamen esse, ut actio inculpabilis sit fundamentum, in quo ob circumstantias nitantur aliae obligationes ex iustitia damni reparationem inducentes.

R. 2. Eiusmodi adiuncta seu circumstantiae exsistere possunt inter alia: 1) si fit contractus, et unus contrahens de damno orituro cavere debeat; 2) si lex positiva aliquid praestandum imposuit, quo non praestito, reparandi damni obligatio imponatur.

AD QUAESITUM 2ᵐ R. 1. Narratio illa bona fide facta non induxit obligationem reparandi damni, quod forte ex illa narratione oriturum sit: sed aliter iudicandum de omissa illa retractatione. Videlicet:

R. 2. Cum primum Rutgerus cognoverit se falsum narrasse et suasisse, debuit, quantum potuit, amicum monere, ne falsa illa narratio et suasio pergeret damnum producere. Quod si plena advertentia culpabiliter neglexit, ex eo iam fit reus laesae iustitiae et damni causati. Quare damnum, quod ab eo tempore oritur, ipse causavit causa efficaci iniusta plene voluntaria: atque ad illud reparandum in conscientia tenetur.

R. 3. Quodsi Rutgerus obligationem retractandi gravem non intellexerit, subiective excusatur neque in conscientia reparando damno est obnoxius.

LUCRUM TERTII ALICUIUS IMPEDIENS (I).

Casus. (212)

Rufinus, cum duorum competitorum, qui petebant concursu parochiam vacantem, scripta examinaret, magna partialitate ductus inferiorem superiori praetulit atque ita hunc ab obtinendo beneficio excludit.

Rufus nuper dissuasit amico peregrinationem, quam quotannis facere hic soleat, consuetus sanctuario trecentas marcas offerre. Odio egit erga custodes sanctuarii, praetendens ex munere suo tamquam medici peregrinationem illam amici sanitati esse periculosam; ceteroquin custodes illos sanctuarii atque ipsum sanctuarium satis superque possidere.

Quaeritur 1° ex quanam ratione avertens a beneficio obnoxius sit indemnitati praestandae propter lucrum non secutum.

2° quid ad casus sit dicendum.

Solutio.

684 Ad quaesitum 1^m R. 1. Videri debet, num ille qui beneficio sperato destituatur, ex aliquo titulo strictum *ius* habuerit ad beneficium illud accipiendum, consideratis omnibus circumstantiis. Nam si ita est, ille, qui eum a iure tali recipiendo quomodocumque impedit, eum *iure* stricto privat adeoque iniustitiam committit cum onere restituendi.

R. 2. Si verum ius ad certam rem non adest, restat, ne *iniustis mediis* impediatur in generali illo iure acquirendi, sive donatione sive aliis contractibus dominii translativis. Quae media iniusta esse possunt directe contra eum, qui bona quaedam sperat, v. g. vi, minis, fraude eum detinendo, ne possit cum tertio a quo sperat agere; vel immediate erga tertium a quo bona sperantur, eum circumveniendo vel detinendo, ita ut invitus ab actione alioquin alteri benefica abstineat; vel erga utrumque, i. e. et eum qui bona sperat et a quo sperat, v. g. diffamatione mediisve mendacibus animum tertii beneficum diminuendo seu exstinguendo. Omnibus istis modis iniustitia potest committi, quae inducat secundum spem habendorum bonorum obligationem pro rata reparandi damni, quod quis incurrerit. Nam etiamsi iniusta media tangunt directe solum benefactorem, indirecte tangunt etiam qua iniusta eum, cui ille voluerit exsistere benefactor.

R. 3. Attamen prout iniustitia directe in benefactorem vel solum vel primarie et efficaciter commissa est, aut in eum qui bona speravit, discrimen illud observandum est, ut in priore casu, si res est adhuc integra, sufficiat iniustitiam deceptionemque tollere a benefactore, ut reparatio iniustitiae censeatur esse facta; non ita in altero casu. In hoc ultimo casu damnum ex lucro non capto semper reparari debet, neque umquam dici potest rem mansisse integram, quando vis et deceptio completa erat atque plenum suum effectum produxerat.

685 Ad quaesitum 2^m R. 1. In priore casu ille, qui vincit competitorem, ius strictum ad ecclesiasticum beneficium habet, a quo ne immediatus quidem superior ecclesiasticus, multo minus examinator,

eum excludere potest. Lex enim ecclesiastica, quae victori iubet
beneficium conferre, illi post factum periculum et condicionem impletam ex quasi contractu rigorosum ius confert non in re quidem,
sed ad rem.

Quare dubium non videtur, quin Rufinus teneatur ei, qui damnum
passus sit, damnum reparare; immo si iniustitia patet, retractanda est
beneficii collatio, atque actio iudicialis de laesa iustitia instrui potest.
Cf. *Th. m.* I, 972.

Modus autem reparandi damni aliquando non ita difficilis est.
Nam si Rufinus curare potest, ut ille, quem iniuste postposuit, beneficium alterum aeque bonum recipiat, damnum reparatum exsistit.

R. 2. In posteriore casu custodes sanctuarii ad eleemosynam 686
illam annuam ius strictum habebunt nullum. Quapropter si Rufus
propter impeditam illam eleemosynam ad restitutionem tenetur, tenetur ex solis iniustis adhibitis mediis: quae singillatim discuti
debent.

R. 3. Quod egerit ex odio, peccavit quidem, sed nondum contra
iustitiam, nisi media sint *re* iniusta. Occurrit primo praetextus valetudinis periculo non exponendae, quo dissuasit amico iter illud et
consequenter effecit, ne occasione itineris daretur eleemosyna. Haec
fraus quidem est, sed imprimis fraus erat erga amicum, qua averteretur *ab itinere,* non detinebatur ab eleemosyna: hanc enim, si
voluit, etiam potuit mittere. Quodsi non misit, id satis ostendit eum
non invitum cessasse ab eleemosyna, atque illud damnum sanctuarii
ex persuasione Rufi secutum esse per accidens et quasi ex occasione,
non tamquam ex causa. Existimo igitur hoc titulo Rufum non teneri
ad resarciendam sanctuario speratam illam eleemosynam. L u g o
tamen *De iust. et iure* d. 18, n. 100 severius iudicat.

R. 4. Accedit quod Rufus directe dixerit sanctuarium illud 687
satis superque possidere, atque aperte suaserit amico, ne eleemosynam
conferret. Quoad hanc suasionem videri debet, num ratio *vera* sit.
Suasio enim non erronea neque fraudulenta contra caritatem quidem
est, si ex odio oritur, contra iustitiam non est, quia neque contra
donatorem neque contra donatarium iniustitiam continet. Cf. L u g o
l. c. n. 98. Sed si ratio addita *falsa* est, eaque Rufi amicum determinavit, ne eleemosynam alias daturus daret, Rufus tenetur iniustitiam
reparare. Multi sunt qui eum obligant ad conferendam eleemosynam
illam ex suis, si quando amicus noluerit amplius dare, etsi falsitatem
rationis allatae edoctus sit. Alii putant sufficere, ut Rufus amicum sincere veritatem doceat eumque roget, ut solitam eleemosynam donet:
ita, si amicus in condicione plane eadem manserit neque ullum maius
incommodum senserit in eleemosyna nunc conferenda; quodsi autem
mutata voluntate nolit amplius eleemosynam dare, id non esse contra
sanctuarium iniustum, neque proin committi a Rufo aliquid contra
sanctuarium efficaciter iniusti; iniustum enim solummodo esse, si
invito amico sanctuarium lucro illo privetur, neque amicus amplius
sit in ea condicione ut commode possit dare.

LUCRUM TERTII ALICUIUS IMPEDIENS (II).

Casus. (213)

Cassius obviam habet amicum, quem videt properantem ad theatrum, ubi insignis cantatrix prodibit, quam amicus ille amore abreptus dono 1000 marc. honorare statuit. Cassius hanc vesaniam esse secum reputans atque simul invidens „omnibus istis mimis et cantatricibus", quod tam facili negotio ingentes divitias colligant, amicum falso timore incusso, ne in insidias sibi structas irruat, detinet, atque ita gaudet, quod directorem theatri et cantatricem illa summa pecuniae defraudaverit. Sed cum postea fraudem suam in confessione narrat, confessarius eum obligat ad reparandum illud damnum iis, qui passi sint.

Cassianus, homo satis dives, oeconomo suo dixit, ut circa festa natalitia Domini ab iis omnibus, qui ostiatim res suas venales offerant, large emat ad ornamenta festiva, etsi fiat ad magnam abundantiam; pauperes enim illos aliquid libenter lucrari velle. Oeconomus vero emit ad sufficientiam, non amplius.

QUAERITUR 1° num fraus illa obliget Cassium ad reparandum damnum.
2° quid de Cassiani oeconomo dicendum quoad venditores illos pauperes.

Solutio.

688   AD QUAESITUM 1^m R. 1. Paulisper seponamus animum illum invidum, quem Cassius gerat, et gaudium de deceptione contra theatri directorem et cantatricem istam effectum sortita. Si enim solum effectum *in se* spectamus, videlicet prodigalitatem *sane aliquo modo* peccaminosam impeditam, nemo dixerit peccatum esse contra iustitiam atque contractam esse obligationem reparandi damni seu lucri cessantis. Impedire peccatum bonum est; quod si factum fuerit modo non plane probando, id tamen non facit, ut actio illa sit graviter peccaminosa vel graviter iniusta; immo quoad ultimum effectum amicus ille Cassii ne rationabiliter quidem erat neque esse poterat invitus. Quodsi ipse non fuit invitus, fraus illa ab iniustitia erga Cassii amicum hac sola ratione iam purgabitur; verum iniustitia contra theatri directorem et cantatricem saltem non adest, nisi mediante iniustitia directa contra Cassii amicum; aliis verbis: iniustitia, si fuerit commissa, quando relate ad hunc amicum aufertur, aufertur etiam iniustitia contra illos.

R. 2. Sola illa invidia mente concepta vel gaudium illud de lucro a scenicis non habito actionem Cassii non facit iniustam, nisi ex se externam et efficacem iniustitiam iam contineat: quapropter ex eo capite non tenetur ad restitutionem.

689   R. 3. Aliter quidem res esset, si diffamando vel falso deprimendo artem scenicam sive directoris sive cantatricis Cassius in causa fuisset, cur lucrum eorum diminueretur: id enim per se esset directe iniustitiam committere contra scenicos.

Sed ne tum quidem constaret lucri perditionem Cassio imputari. Videlicet ei non imputaretur illa lucri amissio neque iustitiae laesionem contineret, 1) si actio scenica fuisset impudica, cui neque director et cantatrix sine peccato cooperari, neque alii, ut Cassii amicus, sine peccato assistere potuissent: nam in hoc casu, utut *diffamatio artis* fuerit iniusta, *effectus* huius diffamationis, i. e. lucri cessatio, non esset iniusta. 2) Atque ex simili ratione, etiam quomodocumque sit donatio impedita, *si et quatenus* erat *prodiga,* i. e. *illicita* tum ex parte donantis tum ex parte accipientis, obligatio restituendi non est, etsi spectaculum secundum se fuit honestissimum.

Unde patet confessarium citius, quam par erat, Cassio obligationem reparandi damni imposuisse. Cf. Tamburini, *In decal.* l. 8, tr. 3, c. 4, § 2, n. 7 sqq.

Ad quaesitum 2^m R. 1. Cassianus, ut patet, intendebat lucrum 606 istorum venditorum, magis quam propriam utilitatem. Quare oeconomus male egit, contra voluntatem domini sui parcius emendo.

R. 2. Nihilominus iniustitia contra neminem eorum commissa est; neque quisquam ius certi lucri iam habuit, nisi emptione peracta; neque cuipiam determinato ex mente Cassiani spes lucri collata erat, sed solummodo venditoribus in genere hanc spem fecerat. Quare oeconomus ad restitutionem aliquam non tenetur; mentem tamen domini sui sane exsequetur, si pro potestate sibi a domino facta satis largus exsistat in eleemosynis dandis.

LUCRUM TERTII ALICUIUS IMPEDIENS (III).

Casus. (214)

Lambertus graviter decumbens volebat nepotem suum facere heredem: quapropter famulo mandat, ut notarium vocet; qui rogatus ab aliis cognatis differt et iterum a Lamberto monitus eum domi non esse dicit. Quo demum fit, ut Lambertus decedat intestatus, atque nepos partem quidem hereditatis capiat, sed longe minorem, quam accepisset ex testamento confecto.

Quaeritur sintne famulus atque cognati obnoxii indemnitati nepoti defuncti procurandae secundum spem integrae hereditatis.

Solutio.

Ad quaesitum R. 1. Si indemnitas praestanda est, haec incumbit 691 non famulo solum, sed etiam cognatis, immo illis imprimis, quia famulus ille vel nomine vel saltem in favorem cognatorum ex eorum voluntate egit. Idque ita verum est, ut, si famulus — id quod improbabile est — potuerit facere et fecerit reparationem, nihilominus pro parte, quam cognatorum quisque acceperit, ad eum vel eos habeat recursum.

R. 2. Sitne nepoti defuncti indemnitas procuranda necne, pendet ab eo utrum actio famuli fuerit fraudulenta Lamberti circumventio, ita ut invitus a condendo testamento impeditus sit, annon. Si igitur Lambertus retinuit voluntatem seriam condendi testamenti, ipse autem scribere non iam potuit aut nonnisi difficulter potuit, fortiorem autem iussionem non repetiit ex eo quod mortem non adeo propinquam habebat: censeo actionem famuli et cognatorum esse fraudulentam Lamberti inviti circumventionem.

R. 3. Si vero Lambertus facile tulit dilationem, animadvertens cognatos sese opponere; seu si facile potuit alterum advocare vel etiam facile ipse conficere testamentum validum: haec omissio voluntaria pro signo sumi potest voluntatis aliquatenus mutatae vel pro approbatione hereditatis ab intestato. Quodsi ita morali quadam certitudine iudicari potest, famulus atque cognati excusari possunt a lucro cessante nepoti restituendo.

DAMNUM INCONSIDERATE FACTUM.
Casus. (215)

Tullius in iudicio contra Caium leviter testimonium dixit, rem parum aestimans; quo factum est, ut Caius per complures menses ad poenam carceris condemnaretur et per annum honore civili privatus decerneretur. Sed mox Tullius cognovit se inconsiderate falsum dixisse; nunc vero, si retractet, se periurii accusatum et ad 5 annos carceris condemnatum iri.

Quaeritur 1° ad quid Tullius teneatur, si errorem suum adverterit, sive antequam Caius poenam solverit sive postea.
2° quid, si Caii familia propter eius absentiam penuriam patiatur.
3° quid dicendum esset, si Caius esset sacerdos, qui ob solas leges civili-ecclesiasticas iniustas in sui muneris exercitio violatas accusaretur.

Solutio.

Ad quaesitum 1^m R. 1. Per se ille, qui causam posuit alterius damni iniusti, tenetur, quantum potest, effectum, si productus nondum est, impedire vel impedire ulteriorem effectum; idque non solum, si culpabiliter causam posuit, sed etiam, si id fecerit inculpabiliter, cum eo tamen discrimine, ut in posteriore casu ad id non teneatur cum incommodo relative magno, sed damnum quod nihilominus oriturum sit tum adscribatur casui fortuito, non causae liberae et voluntariae. Cf. *Th. m.* I, 969.

R. 2. Hinc Tullius, quam primum cognovit se falsum contra Caium dixisse, per se debebat retractare, quo Caius in honore restitueretur et praeservaretur vel liberaretur e carcere. Quodsi nihil aliud timendum erat nisi quaedam nota inconsiderationis, quae Tullio aspergeretur, haec tanta non erat, ut propterea excusaretur a retractatione, etsi in testimonio dicendo graviter non peccaverit. — Et revera plerumque id effici potest, ut testis appareat non ex consulto dixisse falsum sed humano modo errasse.

R. 3. Si vero Tullius re ipsa incurrat periculum poenae periurii, id tantum malum est et damnum proprium, ut ad id subeundum non teneatur, si inculpabiliter falsum dixit. Immo idem dicendum est, si a veniali quidem temeritate non fuerit liber, graviter tamen non peccaverit; nam levis culpa potius inculpabili actioni comparatur quam plenae culpae.

R. 4. At quid, si re vera graviter peccaverit vel etiam ex consulto falsum contra Caium dixit? Si sola poena carceris, maxime si ea ex parte iam fuerit soluta, spectari liceret: facile fieri posset, ut damnum Tullio impendens nimis superaret damnum a Caio adhuc ferendum, neque illud Tullius subire cogendus esset. Verum si insuper agitur de *fama* Caii, quae generatim eo ipso graviter laeditur, quod quis ad poenam carceris et privationem honoris civilis umquam fuerit condemnatus: existimo Tullium debere ferre incommodum illud longe maius ex sua retractatione secuturum, nisi forte condicio Tullii sit *longe superior* condicione Caii. Verum tentandi sunt alii modi ad famam Caii restituendam. Eiusmodi medium fortasse adest, si Tullius fugam arripiat et e loco securo publice Caii innocentiam testetur.

Ad quaesitum 2^m R. 1. Si Tullius in dicendo testimonio graviter peccaverit, in omni casu tenetur familiae Caii damnum resarcire, idque, sive habet causam retractationis formalis non faciendae, sive non habet.

R. 2. Si graviter non peccavit, tenetur tum solum ex iustitia ad damnum illud familiae resarciendum, si, cum posset et deberet sine magno suo incommodo retractare vel impedire falsi testimonii effectum, id non fecerit. Tum enim ex hac culpabili omissione tenetur de damno ex ea secuturo: v. *Th. m.* l. c.

R. 3. Attamen si Tullius dives est et commode potest, certe in *omni* casu decet quam maxime eum inopi familiae subsidium erogare.

Ad quaesitum 3^m R. 1. In hac nova suppositione Tullius, sive verum sive falsum dixit, graviter peccavit atque iniuste egit. Quapropter damna omnia, quae Caius passurus vel passus est, Tullius, in quantum possunt reparari, reparare tenetur. Honoris autem et famae Caius in tali casu detrimentum apud bonos passus non esset; poena carceris iam tolerata resarciri nequit; restat igitur damnum temporale, si quod ortum sit.

R. 2. Sed si res est adhuc integra vel poena nondum finita, Tullius, quando *falsum* dixit, efficaciter impedire potest poenam ejusve continuationem; atque id per se etiam cum suo gravi periculo facere deberet. Quando *verum* dixit, atque iniusta Caii condemnatio ex legum iniquitate facta est: efficax retractatio ex parte Tullii erit impossibilis; nec quidquam restabit, nisi ut de crimine commisso seriam agat paenitentiam et temporalia forte damna studeat reparare.

TRIBUTORUM ELUSIO.

Casus. (216)

Iugurtha artes quaerit evadendi solutionem tributorum et vectigalium, cum nimia ea esse dicat atque in multas res inutiles immo nocivas impensum iri. Redituum annuorum vix mediam partem indicat, neque periculum est ne fraus detegatur, cum maximam partem bonorum habeat in titulis innominatis. Insuper quo diminueret reditus tributo obnoxios, filiis suis adscripsit singulis tot bona, ut eorum reditus non excedant taxam a tributo liberam; quae tamen donatio legali formalitate non accurate instructa coram lege valida non est. In transvehendis mercibus saepe magna fraude utitur; quodsi custodes in eo sunt ut detegant, eos liberali donatione a perscrutandis rebus avertit, quandam summam solvit secundum suam indicationem, ut decuplum plus non solutis vestigalibus transmittere possit.

Quaeritur 1° quid in genere dici debeat de tributis eorumque solutione, atque in specie de tributis indirectis seu vectigalibus.

2° quid de variis Iugurthae artibus iudicandum sit.

Solutio.

696   Ad quaesitum 1ᵐ R. 1. In genere a subditis tributa solvi debere, et naturale ius et fides divina docet (cf. Rom. 13, 6. 7). Nisi enim singuli conferant ad necessitates communes, impossibile est, ab auctoritate publica bonum commune curari. Ius autem exigendi ex parte publicae auctoritatis et obligatio solvendi ex parte subditorum non est nisi relate ad fines necessarios et utiles.

R. 2. In qua causa tributorum sententia satis communis in dubio de iustitia tributorum mitius sentit quam in aliis causis dubiis, in quibus supremum principium statuitur: in dubio praesumendum esse pro superiore iubente. Rationes, quas pro hoc discrimine afferunt, sunt plures: 1) quia praesumptio de iustitia omnium tributorum factis contrariis nimis sit labefactata; 2) quia in dubio praecepti iusti, si nimis difficile quid praecipiatur, non sit obligatio oboediendi; esse autem tributorum solutionem nimis difficilem; 3) quia lex tributorum non solum actionem aliquam iubeat, sed etiam civibus damnum inferat; quod quando fiat, favendum in dubio esse possessori, in hoc casu civibus, ne solvendo possessiones suas minuere debeant. Cf. S. Alph. III, n. 617, et Lugo, *De iust. et iure* d. 36, n. 90.

R. 3. Singuli non tenentur ad tributa nisi secundum quod exigantur a superioribus eorumque deputatis; idque proxime ex iustitia legali seu ex oboedientia legibus iustis debita, non ex iustitia commutativa. Nam distributio onerum communium pertinet ad superiores, neque inferiores ante distributionem factam ad certum et determinatum onus praestandum tenentur. Post distributionem factam potest esse, ut tributa postulata ex iustitia commutativa debeantur; potest esse, ut etiamtum ex sola legali iustitia postulentur. Cf. Marc, *Inst. Alph.* n. 967.

697   R. 4. Indirecta tributa seu vectigalia communi legum interpretatione proxime lege mere poenali debentur, videlicet ita ut transiens vel solvat tributa, vel deprehensus solvere debeat etiam in conscientia longe plus pro poena. Et revera, cum hoc modo finis legis satis obtineatur, non est cur severius lex debeat urgeri, praecipue quando lex ista maxime afficit peregrinos, in quos decet quam minimum exerceri iurisdictionem et potestatem. — Sunt quidem qui

velint idem statuere de tributis directis. Verum non video rationem, quae hoc convincat, cum in genere certissime constet subditos non posse obligationem solvendi tributa in certa quadam mensura e conscientia sua excutere. Id facilius dari potest, legem qua quis iubeatur ipse ad amussim proprios suos reditus declarare, quo determinari possint tributa, esse legem ex se mere poenalem, cum et illa lex rem statuat hominibus valde difficilem et odiosam, et sinceritatis defectus, quando deprehendatur, gravissima mulcta compensetur.

AD QUAESITUM 2^m R. 1. Ratio Iugurthae, quod non raro tributa 698 impendantur in res inutiles et nocivas, sane non potest ubique reprobari penitus. Facile igitur potuit satis magnam probabilitatem concipere de *partis* tributorum iniustitia. Quapropter si in deprimendis suis reditibus annuis intra modestos limites se continuisset, post factum obligari non posset ad aliquid restituendum. Quod autem vix mediam partem redituum suorum indicat, videtur nimia fuisse veri suppressio. Nihilominus si sibi persuadeat se sive tributis sive aliis donationibus et eleemosynis ad *communes* necessitates et *fines sociales* proportionate satis conferre atque defectum commissum se tali modo satis consuevisse supplere, urgeri nequit in conscientia ad plus solvendum. Ita maxime iudicabis, si, etiam dato quod Iugurtha peccaverit, tenes tributa non ex iustitia commutativa sed ex legali iustitia esse solvenda.

R. 2. Quod filiis suis partem bonorum suorum donet atque tantum quantum sufficiat, ut eorum reditus maneant a tributis immunes: in hoc utitur iure suo. — Quodsi aliquis defectus legalis formalitatis occurrerit, ille censetur nimis per accidens esse, quam ut donationem in conscientia faciat irritam, bonaque illa relinquat in conscientia tributis obnoxia, si modo pater seriam perfecerit donationem. Nihilominus si Iugurtha in hac re deprehenditur, debebit solvere iuxta leges, etsi hae gravem forte poenam imposuerint.

R. 3. In defraudandis vectigalibus ex probabili legum inter- 699 pretatione non peccat, si sine mendacio solis artibus se a solvendis vectigalibus liberat; at corrumpere custodes, ita ut illi contra officium suum delinquentes Iugurtham scientes dimittant, non licebit. Nam etsi custodum advertentiam fallere non sit contra iustitiam, non licet eorum peccatis subiectivis cooperari; peccant autem ipsi, idque contra iustitiam, si in munere suo, quamdiu de tributorum iniustitia non constat in specie, fidelitatem non servant; ergo etiam ii contra iustitiam peccant, qui eorum peccatis *cooperantur*.

Hinc non quaelibet quidem munerum largitio statim dici debet corruptio: at videri debent adiuncta et custodum animus, et revera in *notabili* donatione donatoris animus corrumpendi per se supponitur. Quare si custodes pecunia accepta moventur, ut neglegenter agant cum Iugurtha eiusque merces recognoscere dissimulent, satis constat rem non agi sine custodum corruptione efficaci, atque ex ea restituendi obligationem enasci. Quae restitutio ita facienda est, ut

Iugurtha pro facta defraudatione in communes necessitates seu utilitates conferat, si se proportionate satis iam ad eas contulisse iudicare nequeat.

MILITIAM EVADENS.

Casus. (217)

Manlius iuvenis militiam abhorrens atque alendis parentibus fere necessarius conscriptionem effugere studet fingens morbum et defectus corporales atque medico ex officio constituto, quem dubitantem animadvertit, notabili munere de veritate morbi persuadere studet. Itaque incapax declaratur. Confessarius, cui rem narrat, eum laesae non solum iustitiae legalis arguit, sed etiam commutativae iustitiae erga eum iuvenem, qui ultimo loco militari manui adscriptus sit, qui, ait, sine dubio liber evasisset, si Manlius a fraudibus abstinuisset: quapropter ei reparandum esse damnum temporale quod hoc modo incurrerit.

Quaeritur 1° quaenam sit obligatio ad militiam.
2° rectene iudicaverit Manlii confessarius.

Solutio.

700 Ad quaesitum 1^m R. 1. Si lege inducta est conscriptio universalis, lex illa pro circumstantiis dici nequit per se et absolute iniusta; quapropter generatim iustitia *legali* iuvenes tenentur illi legi oboedire.

R. 2. Possunt tamen esse rationes, cur in singulari casu lex evadat iniusta. Ut enim taceam eum casum, quo culpa gubernii causae religiosae militum non provideatur, vel quo in proximam peccati occasionem coniciantur: possunt esse in certis hominibus externa adiuncta, ob quae eos milites conscribere iniquum fuerit. Ita v. g. ii, qui se volunt dicare statui religioso vel clericali eique iam aliquo modo adiuncti sunt, eximuntur omnino hac in re a civili potestate: quod non solum positiva lege ecclesiastica cautum est, sed etiam naturali aequitati consonat, siquidem hi munere suo longe eminentius ad bonum commune conferunt. Ceterum in variis regnis hi lege etiam civili eximuntur vel se eximendos curare possunt. — Sic etiam ii, qui familiae alendae necessarii sunt, abripi nequeunt, cum aliunde iuvenes numero sufficientes adsint.

701 R. 3. Generatim quidem ex aptis iuvenibus complures sorte liberantur, ne militiam sequi debeant, sed postquam de aptitudine constiterit. Medici quidem, qui ex officio de aptitudine corporali examinant, debent sincere procedere neque uni plus favere quam alteri: neque eorum est, de aliis causis exemptionis iudicare. Nihilominus crimini verti non potest, si aliquem, qui lege quidem non certo eximatur, propter iustam causam tamen eximi debeat, facilius declaraverunt *ineptum*, diligentius inquirentes ut defectum lege agnitum inveniant. Nam aptitudo non est sita in puncto indivisibili; nec raro fit, ut tuta conscientia de eodem homine aptitudo vel affirmari vel negari possit.

Ad quaesitum 2ᵐ R. 1. Manlius videtur peculiarem causam habuisse, cur prae aliis eximeretur. Nam etsi horror militiae ea causa non sit, tamen specialis necessitas alendae familiae est causa iusta. Quodsi ita est, fictio illa morbi mendacium quidem quoddam est, sed non est mendacium per se nocivum, atque effectu obtentae libertatis sane sine novo peccato frui potest.

R. 2. Quodsi medicus hanc causam scivit, potuit, si *probabilem* defectum repererit, sine laesa conscientia eum „ineptum" declarare, ut modo dictum est. Quod pro hoc bono officio munus acceperit, laudandum sane non est, immo ex se est contra iustitiam, si, cum in favorem Manlii ageret, inter limites officii sui manserit. Solum si causa Manlii non ita clara esset atque munus datum non notabile, illud haberi posset pro *liberali* dono ex parte Manlii. — Si vero medicus hanc causam iustam Manlii nescivit, vel causa non aderat: et Manlius corrupit medicum, medicus munus suum prodidit; uterque igitur peccavit. Neque tamen medicus restituere tenetur donum acceptum; nam prodens officium suum periculum subiit in favorem Manlii, quod dono illo quodammodo compensatur.

R. 3. Sed etiamsi Manlius prae aliis iustam causam non habuit, cur liberaretur, non videtur neque Manlius neque medicus contra aliquem alium iuvenem laesisse iustitiam commutativam. Nam 1) non constat quidem *ullum* iuvenem assumptum esse loco Manlii; nam Manlius etiam, postquam fuisset aptus declaratus, potuisset *sorte* liberari. 2) Minus etiam constat, *quinam iuvenis* revera assumptus sit pro Manlio, nam si in toto negotio examinandi iuvenes omnia ad strictissimas leges peracta essent, sortes, quibus aliqui liberati sunt, longe aliter forte cecidissent. 3) Alii iuvenes ex iustitia quidem commutativa ius habent, ne *contra se* fraudes fiant quibus militiae addicantur; verum non habent ex iustitia commutativa ius, ut prae aliis sibi faveatur. Si qui igitur alii quocumque modo militiam effugiant, iustitia quidem legalis, non vero commutativa videtur esse laesa; neque hunc favorem uni prae altero ex commutativa iustitia lex videtur concedere. Cf. *Th. m.* I, 988.

Ex quibus constat confessarium Manlii saltem citius protulisse suam sententiam. Cf. etiam Marc n. 973, qui restituendi onus theoretice quidem imponit, sed solum in casu corruptionis medici; practice etiamtum suadet magnam prudentiam.

RESTITUTIO EX HOMICIDIO.

Casus. (218)

Brutus, homo ferox, cum audisset Claudium in ira Caio minitantem mortem, hac occasione uti statuit, ut impunius Caium iam diu sibi inimicum occideret. Atque ita fecit. Quo et familia Caii egestate premitur, Caii creditores spe recipiendi sua destituuntur, ipse Claudius necis illatae graviter suspectus tribus annis carcere detinetur.

Quaeritur 1° quae sint obligationes ex homicidio vel vulneratione oriturae.
2° Brutusne omnia damna in casu narrato exorta, quae probabiliter praevidit, immo intendit, debeat reparare.

Solutio.

704   Ad quaesitum 1ᵐ R. 1. Homicida certe ergo eum, quem vulneravit, si statim non occubuit, ferre tenetur omnia damna seu expensas ex curandis vulneribus exortas atque resarcire illud lucrum, quod illo tempore, quo aegrotat, fecisset. Quae quidem debita vulneratus remittere valide potest, non tamen licite ita, ut sui non habeant unde sustententur.

R. 2. Homicida debet proxime cognatis et *necessariis* heredibus ea, quae defunctus iis probabiliter lucraturus erat, i. e. non secundum eam summam, quam probabiliter tantum lucratus esset, sed secundum probabilem huius spei aestimationem; imprimis autem debet *sustentationem* iis, quibus defunctus eam debebat et praestiturus erat secundum leges, siquidem secundum eas hi in *iure* suo laesi sunt.

R. 3. Quando iis, quos dixi, defunctus fuisset inutilis, vel si propter defuncti mortem iis aliter providetur: in hoc casu damnum efficax hi non incurrerunt, neque de damno reparando sermo est. Quod imprimis observari potest in uxore, si haec ad secundas nuptias transierit. Cf. *Th. m.* I, 990.

R. 4. Idem complures probabiliter dicunt, si defunctus ante mortem haec omnia homicidae remiserit. Cf. Aertnijs n. 369, Q. 4.

705   R. 5. Gravior difficultas atque controversia est quoad creditores defuncti, utrum homicida iis aliquid debeat necne.

Theoretice videtur haec obligatio adesse, si satis certo debitor ille occisus creditoribus satisfacturus fuisset; *practice* autem saltem restringi potest illa obligatio ad casum, quo homicida per necem debitori illatam creditoribus damnum inferre *intendit:* alias enim solet sufficiens praevisio istius damni abesse, atque insuper illud damnum censetur sequi *per accidens* (cf. Marc n. 954; Aertnijs l. c. Q. 2). Immo ob ultimam rationem non desunt qui simpliciter negent obligationem creditoribus aliquid restituendi. (Cfr. Vogler, *Iuriscultor* n. 399 sqq.)

706   Ad quaesitum 2ᵐ R. 1. Quoad familiam Caii superstitem dubium non est, quin Brutus ex se obligetur ad sustentationem ei procurandam secundum eum modum, quem ab ipso Caio poterat exspectare. Quodsi forsitan Claudius ad eiusmodi expensas ferendas condemnatus fuerit, Brutus Claudio haec resarcire debet.

R. 2. Quod creditores Caii damnum subeant, ex eo quod hereditas a Caio relicta non sufficiat ad eius debita solvenda, ipse vero, si in vivis mansisset, labore acquisivisset unde solveret: Brutus videtur excusari ab onere illis indemnitatem praestandi, maxime cum hoc damnum non fuerit intentum atque per accidens sequatur.

R. 3. Restat ut videamus, quid rei sit circa damna, quae Clau- 707 dius incurrerit propter suspicionem contra se excitatam. Si Brutus dici debet huius suspicionis causa iniusta et efficax, Claudio damna illa reparare tenetur; immo cum maiore etiam damno proprio tenetur efficere, ut liberetur, non tamen cum eo damno proprio, quod sine comparatione maius sit.

Si igitur Brutus aliquid fecerit, quo post patratam caedem in Claudium suspicionem coniceret: censeo eum causam iniustam et efficacem huius suspicionis esse; immo cum ex sese illud dictum Claudii iam aliquam suspicionem facinoris facti in ipsum coniceret, puto talem actionem contra Claudium directam, quae ex se sola non excitaret suspicionem gravem, nunc sufficere, ut dici deberet suspicionem gravem ex actione Bruti esse efficaciter contra Claudium completam, v. g. si posuerit corpus prope domum Claudii, vel si Claudii pugione usus sit.

Verum si Brutus nihil fecerit contra Claudium, ipse causa efficax suspicionis non est. Si nihilominus Claudius ad carcerem damnatus est, id effecit aut iudicum levitas in iudicando aut ipsius Claudii temeraria comminatio. Brutus huius suspicionis non posuit causam, sed occasionem tantum: quod non sufficit ad inducendam obligationem faciendae indemnitatis. Aliter, si, re in iudicio agitata, Brutus etiam quoad hanc indemnitatem praestandam condemnetur.

RESTITUTIO EX DUELLO.

Casus. (219)

Lucius Lupum provocat ad duellum. Qui quasi coactus invitus demum acceptat et in duello prosternitur. Quo fit, ut pauper mater vidua omni subsidio, quod alioquin Lupus large praestiturus erat, exsistat privata.

Alia vice provocat Cneium, quem putat religionis causa duellum non accepturum. Quod est quod intendit; scit enim eiusmodi rem non mansuram esse occultam sed delatum iri ad tribunal privatum honoribus servandis intentum; quod cum primum fiat, Cneium, si in abnuendo duello persistat, ex officio suo cum magno suo damno esse dimittendum. Ita re vera actum est.

Quaeritur 1° debeatne ex duello fieri reparatio damni, sive ei qui laeditur sive illius familiae.

2° quid de obligatione Lucii ex commisso duello, quid de eius obligatione ex duello non commisso, ad quod provocaverat.

Solutio.

Ad quaesitum 1ᵐ R. 1. Sunt qui provocantem obligent, si 708 provocatum occiderit vel laeserit, ad praestandam necessariam et statui convenientem sustentationem superstitibus heredibus necessariis, qui morte defuncti eam amiserint; sunt qui hoc negent. Cf. Marc n. 955, Q. 2; S. Alph. III, 630. 638.

R. 2. Si *universim* haec obligatio exstiterit in provocante, idque ex eo quod illi superstites laesi sint iniuste in iure, quod occisus exstinguere non potuerit: idem dici debebit de libere acceptante, nisi eius acceptatio et ipse conflictus non iam sit proprie loquendo duellum sed nihil aliud ac contra iniustum aggressorem defensio. Nam alioquin etiam qui provocatus duellum acceptat, iniuste agit feriendo provocantem, tum contra huius ius vitae inalienabile, cui consentiendo renuntiare nequit, tum contra ius cognatorum indigentium. Verum provocatum, qui occiderit provocantem, ad indemnitatem praestandam superstitibus nemo ausus est obligare.

709 R. 3. Quare dicendum puto ex solo iure naturali non constare de illa obligatione, eo quod probabile sit secundum dicta n. 704, pro familia occisi facultatem habendae sustentationis ab occisore esse solum eatenus, quatenus occisor hac in re substituendus sit pro occiso. Verum facultas habendae sustentationis ex bonis occisi sive acquisitis sive acquirendis non adest ex titulo rigorosae iustitiae, qua occisus obligetur, sed ex titulo *pietatis*, quam laedere non licet quidem, at cuius laesio non violat ius rigorosum. Hinc etiam *tertius*, qui officium illud pietatis impedit (in nostro casu occisor), in eos, qui hac ratione tanguntur, veri nominis iniustitiam eatenus solum committtit, quatenus, *invito sustentatore* familiae, familiam bonis, quae alias sperare poterant, privat. (Cf. S. Alph. III, 630 cum Busenb., Lessio, aliis contra Lugo, *De iust. et iure* d. 11, n. 63.) Verum in duello hoc non fit illo sustentatore invito, eo quod ille ipse volens duellum suscipit seseque vitae periculo exponit. Nihilominus positiva lege occisori, sive extra duellum sive in duello, obligatio eaque ex iustitia imponi potest, ut familiae superstitis sustentationi providere debeat. Immo ex legibus cod. Germ. §§ 823. 826 illa obligatio *consequenter* deducitur, sive provocans sive provocatus adversarium occiderit. At num praxis iudiciaria leges ita interpretatura sit, dubitari potest.

710 AD QUAESITUM 2^m R. 1. In primo casu, si paulisper abstrahimus ab illa morali coactione, quam Lucius Lupo intulit, dici debet Lucium ex lege positiva iuste damnari ad matrem Lupi indemnem faciendam, ex se tamen sola naturali lege spectata de ea obligatione non constare, eo quod Lupus acceptans duellum in omnes sequelas omniaque damna forte oritura consenserit.

R. 2. Si moralis coactio eiusmodi erat, ut Lupus coniceretur in necessitatem aut acceptandi duelli aut excidendi e sua condicione, ita ut non amplius posset matris sustentationi providere, idque Lucius satis praevidebat: puto, etiam sola lege naturali spectata, Lucium teneri ad matrem indemnem faciendam, eo quod eiusmodi damnum Lupo iniusta vi coacto adeoque *invito* inevitabiliter a Lucio illatum est.

711 R. 3. Ad *alterum* casum ex principiis a S. Alph. III, 632 probabiliter concluditur propter pravam intentionem nocendi actionem Lucii contra Cneium esse iniustam atque reparandis damnis obnoxiam.

R. 4. Nihilominus ex aliorum opinione probabile est intentionem non reddere actionem efficaciter iniustam, quae non sit iniusta efficaciter sine illa intentione; atque ipsa S. Alphonsi sententia supponit actionem, quae sit causa damni, sed quae deficiente intentione haberi possit causa per accidens. Verum actionem Lucii ex natura sua esse istius iniusti damni *causam* non ita certum est. Dici sane potest illam provocationem ad duellum fuisse causam, cur Cneius acceptationem debuerit reicere et reiecerit; sed illius ex officio dimissionis causam non esse nisi iniquam illam privati tribunalis sententiam, quam Lucius desideravit, sed non provocavit, cuius occasionem quidem iniqua sua ad duellum provocatione dedit, non posuit veram causam.

R. 5. Attamen si Lucius non solum praevidit fore, ut causa repudiati duelli ita ab isto tribunali tractaretur, sed si ipse ad illud tribunal provocavit vel ut provocaretur curavit seu sententiam illam sollicitavit, sane cum illo tribunali restitutioni erga Lupum erit obnoxius, idque, ut opinor, primarie seu ante istos iudices, si ipse iudices quodammodo ad ita iudicandum coegit neque hi ex sese ad tractandam causam parati erant.

OPERATIO CHIRURGICA TEMERE FACTA.

Casus. (220)

Albitius medicus Caium querulum de incommodis ex faucibus et naribus male affectis subicit operationi chirurgicae. Scit quidem ex ista operatione oriri periculum alias affectiones morbidas facile contrahendi; sed illud periculum, quod non semper in damnum re secutum transit, Caio non pandit. Qui gavisus de bono successu libenter solvit magnam taxam, quam Albitius maximam sibi permissam postulat. Non ita multo post Caius re vera in alia mala incurrit, quorum causam ipse nescit, et ex quibus mox vita fungitur.

QUAERITUR 1° licueritne Albitio in Caio operationem chirurgicam perficere.
2° teneaturne fortasse ad aliquam restitutionem.

Solutio.

AD QUAESITUM 1ᵐ R. 1. Albitius omnino iniuste egit in Caium. 712 Revera eum sciens periculo affecit. Nam periculum ut adsit, non requiritur, ut transeat in certum damnum. Ita saltem non solum, quando coniectare debuit Caium interrogatum non fuisse consensurum, sed etiam, quando, utrum consensurus fuisset necne, plane nesciebat.

R. 2. Solum quaeri potest, num potuerit cum consensu Caii illam operationem perficere. Quod nihil aliud est nisi quaerere, num Caio liceat tali periculo se exponere. Ad quod ut recte respondeatur, videri debet, quale sit illud periculum cui exponatur, et quales sint molestiae quibus liberetur. Nam si molestiae sunt nullo modo periculosae neque intolerabiles, ad eas evitandas non licet subire grave sive propinquum vitae periculum. Quodsi periculum vitae est valde remotum vel solum per accidens cum aliis istis infirmitatibus quae contrahi possunt est coniunctum, tale periculum saltem sine peccato gravi subitur, immo omnino licite, si infirmitates, quae forte exoriturae timentur, rationabili iudicio officia humana vel singularis status munia minus impediunt, quam eae quae tali modo tolluntur.

713 Ad quaesitum 2^m R. 1. Nisi fallor, quilibet prudens iudex fori externi, ad quem causa similis sive ab aegroto sive a familia defuncti deferatur iudicanda, medicum plectere neque solum ad accepti salarii restitutionem, sed etiam ad indemnitatem familiae superstiti praestandam, si quod damnum passi fuerint, condemnare debebit.

R. 2. Idem censeo in foro interno dici debere, nisi excipias casum, in quo medicus prudenter (etsi non plane certe, tamen satis probabiliter) iudicaverit: vel 1) Caium ante operationem, si periculum sincere explicatum esset, fuisse consensurum; vel 2) saltem post factum etiam post explicatum periculum tamen libentius laturum fuisse illud periculum quam molestias istas, a quibus non felici successu liberatus sit.

In hoc probabili et prudenti iudicio, quod *secundo* notavi, necesse non est Caium ante operationem hanc praeelecturum fuisse; neque sane subsequens Caii condicio vel consilium, cum iam in vitae periculum revera exstiterit, necessario attendi debet: sed quaeri debet, num periculum illud, cum *remotum* esset, fuisset libentius laturus. Si enim agitur de periculo remoto, quod reale fieri potest, sed non ut probabile praevidetur, illud multi quidem prae aliis malis praeeligunt; tamen, in ipso damno per accidens secuto positi, illud non praeelegissent, si damnum illud re secuturum praevidissent. Hae igitur considerationes de futuro contingenti non debent necessario iudicium de obligatione vel non-obligatione medici determinare.

RESTITUTIO EX FORNICATIONE VEL ADULTERIO COMMISSO (I).

Casus. (221)

Afra puella Titum et Titium amatores admittit, ab utroque receperat matrimonii promissionem atque cum utroque peccat. Cum concepisset neque sciret, utrum a Tito an a Titio, Titum ditiorem patrem esse dicit eumque ad matrimonium ineundum, quo fama tegeretur, valde urget. Re post proclamationes iam factas confessario declarata, hic Afram obligat, ut vel rem Tito sincere narret vel a matrimonio desistat. Quod cum nolit promittere, non absoluta ad s. communionem et matrimonium celebrandum accedit atque post mensem rem alii confessario denuo pandit.

Quaeritur 1° quae sint obligationes ex fornicatione oriundae.
2° rectene iudicaverit confessarius.
3° quid post matrimonium alter confessarius facere debeat.
4° quid dicendum, si Afra non puella esset sed coniux alii viro legitime iuncta.

Solutio.

714 Ad quaesitum 1^m R. 1. Qui utcumque cum puella peccat, si ex hoc peccato constat prolem esse natam, ad huius prolis sustentationem et educationem tenetur sive solus sive cum matre.

R. 2. Qui vi vel fraude ita egit, tenetur ad reparanda omnia damna inde oritura; hinc, qui vi feminam violavit, praeter alia damna solus ferre debet partus et educandae prolis expensas.

R. 3. Qui promissione matrimonii puellam induxit ad peccatum, sive vere sive ficte promiserit, per se tenetur ad eam ducendam, maxime si puella concepit, sed etiam alias: nisi forte puella fictionem promissionis intellexerit vel intellegere facile potuerit, aut ex aliis causis infelix praevideatur matrimonii exitus. Quo in casu damna aliter debent reparari.

R. 4. Si puella libere consensit in peccatum, ad partus quidem expensas pater per se non videtur teneri, si puella eas ferre potest; expensae autem pro educanda prole per se tum a matre tum a patre ferendae sunt, utut ex modo seducendae puellae patri ampliores obligationes reparandi damni ortae fuerint. Leges tamen positivae earumque determinationes hac in re semper possunt invocari, etsi patri maius onus imponatur.

R. 5. Si puella in causa est, cur de paternitate non constet, per se vir non tenetur ad ullas expensas ferendas. Si vero leges positivae nihilominus ei has ferendas imponunt, id iniustum non est, atque puella iure suo utitur, si, quae leges statuunt, a viro postulat. — Cf. *Th. m.* n. 996 sq.; Marc n. 956 sq.; Aertnijs n. 370 sq.

AD QUAESITUM 2^m R. 1. Promissiones illae matrimonii, sive a Tito et Titio sincere sive ficte factae sunt, certo neutrum obligant, nisi forte posterior condicionem puellae plene noverit atque promissionem suam dederit hypothetice, pro casu quod prior iuvenis matrimonium repudiaverit. Alias enim praesumitur promissionem non spectasse puellam ab altero corruptam et flagitiosam sed honestam et fidam.

R. 2. Minus etiam poterat Afra alterutrum iuvenem secundum libitum pro patre prolis traducere, cum certa non esset atque ipsa, cur certa fieri non posset, esset in causa: nisi forte in poenam delicti leges regionis permiserint, in tali casu cuilibet onera paternitatis imponere, sicut revera lex Austriaca permittit.

In cod. *iuris Germ.* § 1717 pro patre habetur, i. e. cum obligatione ferendi eius *onera*, „qui intra tempus aptum (a die 180^{simo} ad 302^{dum} ante prolis nativitatem) cum matre coierit, nisi intra hoc tempus coierit etiam alter. Coitus vero, ex quo conceptionem sequi non potuisse manifestum est, nullatenus respicitur."

In codice *iur. Austr.* § 163 *ratione non habita complurium qui cum muliere peccaverint*, ille pater praesumitur, qui vel iudicialiter convincitur, vel fatetur, etiam extraiudicialiter, se intra tempus pro conceptione aptum cum matre coiisse.

R. 3. Ex legum igitur diversitate patet confessarium citius condemnasse Afram. Nam haec si sub lege Austriacae simili vixerit, iuvenem utrumlibet paternitatis accusare poterat. Quodsi ille, quem primo paternitatis arguebat, maluerit per matrimonium rem tegere, quam publice traduci, Afra non ita iniuste egit, ut teneatur a matrimonio iam parato desistere.

Immo etiam ubi leges puellae hanc optionem nullo modo dant, sed pro casu admissorum plurium fornicatorum eam omni iure quemquam accusandi privant, confessarius videre debet, num imperata illa sui manifestatio vel matrimonii abiectio probabiliter successum habitura sit. Alioquin si ex una parte puella in bona fide erat, ex altera parte de successu monitionis vix non erat desperandum: sine causa, immo valde imprudenter confessarius ea imposuit, quae providebat ad exitum productum non iri, atque sua imprudentia Afram in sacrilegia detrudit.

718   AD QUAESITUM 3^m R. 1. Quaecumque fuerint obligationes Afrae ante matrimonium, post matrimonium contractum res plane mutata est. Cum enim matrimonium semel valide contractum non possit solvi, imprimis curari debet, ne pax inter coniuges perturbetur. Quapropter Afra, nedum obligetur ad manifestanda marito peccata cum altero viro commissa, ea generatim ne licet quidem manifestare, quia pax coniugalis in grave induceretur periculum.

R. 2. Post initum matrimonium, cum non constet in matrimonium illatam esse prolem adulterinam, haec nequit ut adulterina tractari neque excludi a iure hereditatis paternae. Quare propter eius dubiam legitimitatem non in sola Austria, sed in aliis quoque regionibus obligatio reparandi damni, quasi marito illati, videtur ab Afra abesse.

Ergo Afra, si modo de peccatis commissis nunc sincerum ostendit dolorem, a confessario absolvenda est.

719   AD QUAESITUM 4^m R. 1. In tali casu, cum adulteria sint commissa, iniuria illata est Afrae marito; atque hanc iniuriam non Afra solum sed etiam Titus et Titius ei intulerunt et damnis forte orituris reparandis se obnoxios fecerunt. Attamen in nostro casu, quando agitur de damno propter prolem adulterinam familiae illatam reparando, res difficultate non caret. Damnum marito illatum praeter expensas partus sunt expensae educationis; damnum genuinis filiis illatum vel certo impendens est hereditatis diminutio ex consortio illegitimae prolis secutura. Quapropter

R. 2. Si *certo* constiterit prolem non posse esse ex matrimonio, mater ex sua parte certo tenetur pro posse damna reparare ex bonis propriis, si habet, vel alio quo possit modo; quodsi insuper constiterit certo, uter ex adulteris sit pater, ille cum matre in solidum de istis damnis tenetur (imprimis quoad partus et educationis expensas, dein etiam quoad hereditatem), nisi forte, quod raro tantum locum habebit, mater prolis adulterinae suppositionem (per partum occultum in brephotrophio) facile evitare potuerit neque fecerit.

720   R. 3. Nisi tamen probetur *impossibilem* esse ortum prolis ex ipso matrimonio, omnino standum est pro prolis legitimitate, neque ex eo quod probabiliter, immo valde probabiliter orta sit ex adulterio, sive adulteris viris sive matri imponenda est obligatio reparandorum damnorum, idque ne pro rata dubii quidem, cum praesumptio iuris sit omnino, id quod nascatur *in* matrimonio, natum esse *ex* matrimonio, nisi contrarium probetur certo.

R. 4. Quando constat quidem prolem ex matrimonio non esse seu esse non posse, sed ex *cuius* adulteri consortio sit non constat: mater sane manet obligata ad reparanda damna; contra adulteros maritus etiam iure suo utitur, si quando ei leges actionem civilem de damno concedunt, atque iure quemlibet de integro damno convenire potest; alioquin viri adulteri summum tenentur singuli pro rata, idque *post* mulierem (nisi forte ei vim intulerint), et solum quando sciverint mulierem plures adulteros admisisse, ita ut ipsi quoque efficacem causam eam posuerint scienter, ex qua paternitas manere debeat *dubia*.

Cf. *Th. m.* I, 998; S. Alph. l. c. n. 659; Marc n. 961 sqq.; Marres, *De iust.* n. 305.

RESTITUTIO EX FORNICATIONE COMMISSA (II).

Casus. (222)

Claudia, puella quattuordecim annorum, a divite nebulone inducitur ad peccatum cum ipso committendum, datis aliquot marcis pro mercede. Claudiae pater, operarius, cum haec audiat, ira gravi incensus nebulonem illum in ius vocat et seductionis eum accusat, utque causam obtineat, minis cogit filiam, ut iurata dicat se nullam a viro isto mercedem accepisse. Quo fit, ut vir ille ad aliquot centenas marcas solvendas condemnetur, cum, si constitisset peccatum pro mercede esse admissum, liber evasisset.

Quaeritur utrum pecunia illa possit retineri an restitui debeat.

Solutio.

Ad quaesitum R. 1. Iure naturae vir ille *Claudiae* nihil debet 721 praeter mercedem ex conventione solutam, siquidem puella libere in peccatum consenserit.

R. 2. Verum quidem est legem positivam et, ea exsistente, iudicem secundum legem posse eiusmodi peccata *punire,* adeoque post iudicis sententiam legibus vigentibus conformiter latam et virum illum debere in conscientia solvere, et Claudiam vel eius patrem mulctam legaliter solutam retinere posse.

R. 3. Attamen ad mulctam solvendam ut adsit obligatio, ad eam recipiendam ut facultas adsit, requiritur sententia iusta, seu quae non ex iniustitia ortum suum habet: nam nulla poena privativa legibus humanis indicta obligat ante sententiam iudicis neque ultra legem obligat. Sed in nostro casu sententia contra defloratorem nititur plane in iniustitia contra eum, cum per solum mendacium et periurium iudices in istam sententiam flecterentur.

R. 4. Explosis igitur titulis vel naturalis obligationis erga Clau- 722 diam vel positivae legis poenalis, solus restat titulus obligationis erga Claudiae parentes, qui per filiae violationem videntur passi esse iniuriam et potestatem accepisse exigendae reparationis. Quae ratio afferri quidem potest, quando parentes revera damnum temporale passi sunt, v. g. eo quod augere debeant dotem, ut honeste secundum statum suum filiam in matrimonio collocent — quamquam etiam in tali casu ius et obligatio probabilitatis limites non excedunt (cf. Azor tom. 3, l. 5, cap. 5, diff. 9). — Sed pro sola iniuria, quam parentes in filia minorenni deflorata videantur pati, aliquid parentibus reddendum esse ante legem positivam eiusque per sententiam iudicis applicationem, sententia est singularis Cordubensis, quae communissime reicitur (v. Azor l. c.; Lugo, *De iust. et iure* disp. 12, n. 8). Nam ut ex peccato illo cum filia nascatur vera iniuria erga parentes, debuit esse iniuria erga filiam. At haec non adest in consentiente. Nisi igitur aut damnum illud augendae dotis causatum sit, aut puella sit minis vel erroneis verbis seu fictis promissionibus seducta (haec esset iniuria contra puellam, quae redundet ex puella minorenni in parentes vel in eos qui eorum locum tenent): mulcta illa iniuste accepta, proin viro isti reddenda est.

Si vero secundum explicationem datam pater damnum augendae dotis ferre debet, illum ipsum excessum hoc titulo exigere a divite isto viro potest, non amplius. — Si demum propter minas vel fraudes primum Claudiae et per eam parentibus iniuria est facta: haec aestimationem certam et definitam non habet; at facile aliquot centenis marcis aestimari potest compensanda. Etsi igitur ex iniusto titulo mulcta illa sit imposita, fieri potest, ut ex alio iusto titulo retinere liceat summam eandem, ac proin restitutionis ex obligatione faciendae locus non sit.

IUSSIO ET MANDATUM UT TITULUS RESTITUTIONIS.

Casus. (223)

Rictius famulum iubet noctu incendere aedes Caii inimici, viri nobilis et divitis. Quod famulus ita prompte exsequitur, ut non solum Caii aedes in quibus ille habitat, sed etiam eius villam leuca distantem eadem nocte incendio destrueret. Laudatur a Rictio, quod tam large suam voluntatem interpretatus sit.

Idem cum alia vice simile quid mandasset sed postea litteras revocatorias misisset, famulus suspicans talem retractationem litteras clausas servat, donec rem mandatam exsecutioni dederit.

Rictius, in missione instituens confessionem, ad omnia illa damna reparanda obligatur.

Quaeritur 1° mandans et iubens ad quae damna reparanda teneantur, et quo ordine.
2° rectene iudicaverit confessarius.
3° quid, si in posteriore casu litterae ex neglegentia officialis postalis serius famulo traditae sint.

Solutio.

Ad quaesitum 1ᵐ R. 1. Iubens ille est, qui quasi auctoritate agit et subditum habet; mandans non necessario hanc superioris erga subditum relationem supponit. In eo autem iubens et mandans conveniunt, quod uterque alterum assumat pro instrumento, ipse vero primarie actionem ut suam seu suo nomine positam consideret et considerare debeat.

R. 2. Unde sequitur mandantem et iubentem obnoxios esse reparandis omnibus damnis, quae inferenda mandaverunt et quae vi mandati illata sunt, sicut etiam ea, quae in exsequendo mandato ulterius illata sunt, quando a mandatario difficulter tantum poterant vitari. Haec omnia *ex* mandato ortum habent, atque haec reparare mandans debet etiam ante mandatarium.

R. 3. In eo autem iubens a mere mandante distinguitur, ut iubens semper teneatur etiam ei, quem iussit, damna reparare, quae in exsequendo mandato passus est et quae probabiliter poterant praevideri; mandans autem ei mandatario, qui libere mandatum accepit, in rigore nihil debeat, nisi de mercede et de cautione *pactum* sit: nam alias mandatarius ipse respondere debet de damnis, quae sibi accidant. Communiter tamen mandans ex formali vel tacita pactione in se sumit periculum damnorum, quae mandatario ex mandato probabiliter imminent.

AD QUAESITUM 2^m R. 1. Rictius certe debet reparare aedes, quas 724 incendio destruendas mandaverat. Villam incendi non iusserat; sed famulus proprio marte hanc incendit; neque ratihibitio facit, ut ipse Rictius vere fuerit auctor principalis. Quare censeo: 1) famulum quoad hoc damnum primarie teneri, immo Rictium quoad hoc damnum ad restitutionem nullatenus teneri, nisi forte — quod vix possibile est — subsequenti approbatione famulum impediverit, quominus restitueret, *alioquin restituturus*. Nam cum famulus non videatur fuisse in hac condicione, ut mox restitueret, laus illa et approbatio quoad damnum illatum fuit inefficax. Aliter dicendum quoad damna fortasse futura, ad quae inferenda famulus laude heri sui moveatur. Si enim revera famulus ad ita agendum determinatur, ad haec damna reparanda ipse herus, secundarie tamen seu deficiente famulo, tenetur.

R. 2. In altero casu famulus fraudulenter litteras clausas tenuit; quapropter re vera mandatum pro revocato habere debebat, vel saltem, cum suspicaretur, non poterat amplius nomine heri sui absolute agere, sed in se sumpsit omne periculum, nomine proprio agens. Quapropter non Rictius, sed famulus ad reparanda damna tenetur. Quodsi forte, re manifesta facta et ad iudicium delata, Rictius nihilominus ad reparanda damna cogeretur, haec poena esset positiva, quam lex vel iudex statuere potest, sed quam nemo incurrit nisi sententia lata.

AD QUAESITUM 3^m R. 1. In sumptione tertii Quaesiti famulus 725 mansit Rictii mandatarius. Mandatum enim manet, donec efficaciter sit retractatum; adeoque famuli actio actio fuit heri, atque is de omnibus sequelis debet respondere. *Th. m.* I, 1001.

R. 2. Solummodo quaeri potest, num Rictius habeat regressum ad officialem illum postalem, qui neglegentia sua in causa fuit, cur mandati retractatio non evaderet efficax, et cur damnum re ipsa inferretur. Dico, num habeat recursum; nam Rictium primo loco obligari viro cui a famulo damnum illatum est, est extra dubium.

Eiusmodi recursus ex eo tantum iuste potest haberi, quod neglegentia illius officialis fuerit 1) graviter culpabilis, idque 2) in ordine ad effectum damnosum. Verum 1) raro eiusmodi dilatio constituit gravem neglegentiam obiectivam, multo minus subiectivam; 2) suspicio autem *talis vel similis damni* ex dilatione forte orituri vix est possibilis, neque haec sumi potest, sed debet probari. Quare ille recursus Rictio denegandus est; seu officialis ille in conscientia ex se non obligatur ad Rictium faciendum indemnem.

Quodsi lex vel iudicis sententia ob culpam viri officialis iuridicam severius contra eum iudicat, id post sententiam iudicialem demum in conscientia obligat; at iudicem Rictius sane non appellabit.

CONSILIUM DANS RESTITUTIONI OBNOXIUS.

Casus. (224)

Rembertus famulus Titum amicum docet secretas vias et artes, quibus invadi possit arca domini, eumque stimulat, ut data occasione furti faciat experimentum, inita pactione, ut praeda dividatur. Verum postea conscientiae stimulis actus urget Titum, ut desistat utque sibi promittat se artibus illis numquam usurum esse; si demum velit furari, ut res aliquas furetur a Iudaeo ditissimo et noto potius, quam ab hero suo, qui longe gravius ferre debeat eiusmodi furtum. Titus quidem promittit, sed accurate instruit socium, qui post paucos dies insigne furtum 5000 mc. contra Remberti herum exsequitur; neque vero Titus ipse furtum contra Iudaeum omittit.

QUAERITUR 1° quaenam sint obligationes consilium dantis quoad restitutionem damnorum.

2° teneaturne Rembertus ad damna illa reparanda.

Solutio.

AD QUAESITUM 1^m R. 1. Consilium inferendi mali aliud vocatur *nudum,* aliud *vestitum,* videlicet *motivis additis;* ab utroque distingui debet subministratio mediorum, quibus iuvetur exsecutio.

R. 2. Consilium est causa moralis tantum damnorum, ac supponit aliam causam physicam et immediatam, exsecutorem. In hoc quidem convenit cum iussione et mandato; at ab iis distinguitur ita, ut iubens vel mandans sit primarie agens, cum *eius nomine* fiat exsecutio; consiliarius vero non ita, sed quia, qui consilium capit vel sequitur, proprio nomine agit, is primarius agens est et primarie ad reparanda damna tenetur, consiliarius secundarie seu in defectu prioris.

R. 3. Verum fieri potest, ut consilium non solum iniuriam contra tertium contineat, sed etiam iniuriam contra eum cui consilium datur, si videlicet consilium sit erroneum et fraudulentum. In quo casu fraus illa primaria actio est iniusta contra eum cui consilium datur, et si ex illa fraude sequitur per consilii exsecutionem damnum tertii, quod exsecutor ex errore seu non-voluntarie intulit, actio consiliarii quoad hunc effectum damnosum iniusta etiam erat contra illum tertium. Quapropter in eo casu consilium dans primarie tenetur ad restitutionem, si modo hoc damnum fieri posse saltem in confuso praeviderit.

R. 4. Consilium cum non immediate influat in effectum; sed ad 727 effectum damnosum exsequendum postulet aliam causam, potest ante effectum efficacitate sua destitui, ita ut non amplius inducat restitutionis obligationem. Quod fit *retractatione*.

Si igitur consilium *nudum* datum sit, sufficit simplex retractatio. Si consilium erat *motivis vestitum*, per se requiritur, ut motiva subministrata vi sua destituantur; alioquin pergunt influere in voluntatem eius cui consilium datum est et consequenter in damnum tertii, ad quod motiva data eum incendunt. Ideoque consiliarius motiva efficaciora colligere et proponere debet, quae contrarium suadeant: S. Alphonsus (III, 559) motiva *aeterna* seu *supernaturalia* dissuadentia pro taliter efficacioribus habet; quod propter s. Doctoris auctoritatem in praxi probabile haberi licet.

Si praeter motiva subministrata sunt subsidia, haec insuper auferri vel obstaculis appositis reddi debent inefficacia: alioquin in damnum, quod perpetrabitur, influere atque obligationem restitutionis secum ferre pergunt.

Ad quaesitum 2^m R. 1. Rembertus, quatenus *consilium* dederat, 728 videtur sufficienter retraxisse; sed quatenus subministravit media, ea non sufficienter fecit inefficacia. Si enim facilem accessum ad cubiculum et arcam domini ostendit vel modum quo arca aperiatur: debebat omnino curare, ut aditus ille obstrueretur vel diligenter custodiretur, atque ut modus aperiendae arcae mutaretur. Quod cum non fecerit, a secundaria obligatione restituendi domino damni non potest liberari, in quantum id sibi possibile est.

R. 2. Accedit nunc consilium seu suasio furti committendi contra Iudaeum, quod Titus non quidem loco prioris furti commisit, sed simul cum illo commisit vel committendum curavit. Quaeritur videlicet, num hoc furtum Remberto imputetur.

Quodsi in genere tantum suasisset, ut potius a ditiore homine Titus summam auferret quam a suo domino minus divite, haec suasio ut causa damni non imputaretur, eo quod non damni sed minoris damni et peccati suasio et causa fuisset. Verum cum animum furti in specie direxerit in certum quendam hominem divitem, ille generatim rationabiliter invitus est et de iniustitia contra se commissa potest apud Rembertum conqueri. Quare Rembertum ab obligatione restituendi non habeo immunem. *Th. m.* I, 1004.

RESTITUTIO EX SUFFRAGIO NON DATO.

Casus. (225)

Iulius, unus ex deputatis consiliariis municipalibus, invitatur ad sessionem, in qua decidatur litis contestatio inter municipium et ecclesiam, quae a municipio iniuste movetur et quae, si ad tribunal civile deferatur, certo ob leges iniustas contra ecclesiam finietur. Iulius abest. Quo fit, ut una voce supra medietatem lis contra ecclesiam decidatur, cum, si Iulius adfuisset atque pro parte ecclesiae stetisset, haec in paritate votorum incolumis mansisset. — Similiter egit in alia causa, in qua municipium contra aliquod institutum iniustum damnum est passum.

Quaeritur 1° qui quo ordine teneantur ad restitutionem.
         2° quid, si plures abfuissent, quorum singuli suffecissent ad impedienda illa damna.

Solutio.

729   Ad quaesitum 1ᵐ R. 1. Iulius, si tenetur ad restitutionem, non tenetur nisi in defectu eorum, qui sessioni interfuerunt et suo suffragio damnum causarunt. Hi enim *positiva* actione damnum produxerunt, Iulius sola negativa causa est; at qui negative influunt, *post eos* tenentur qui in eundem effectum positive influxerunt. Th. m. I, 1016.

R. 2. Utrum Iulius utcumque teneatur ad restitutionem necne, pendet ab altera quaestione, debueritne ex officio damnum illud impedire an ex caritate tantum.

Ex officio debebat impedire, 1) si aut ipse ex officio erga damnificatos sessioni cuilibet debebat interesse, nisi ex iusta causa fuerit excusatus; aut 2) si consilium illud ex officio curam agere debebat damnificati, videlicet si ei haec habitualis cura incumbat.

In hoc casu Iulius, etsi negative tantum, tamen *iniuste* causavit damnum. Nam eum re ipsa damnum *causasse* seu *efficaciter* in illud influxisse patet ex eo quod solum Iulii suffragium requireretur et sufficeret ad damnum illud efficaciter impediendum.

R. 3. Neque consilium illud municipale, neque proin Iulius ex munere suo re ipsa erat constitutus ad protegenda iura ecclesiae; ergo in ecclesiam iniuste non egit ab omni actione *abstinendo,* etsi graviter deliquerit contra caritatem. Neque ipse propter suam absentiam, sed reliqui qui *positivum* suffragium nocivum tulerunt, ad reparandum damnum iniuste illatum tenentur.

Immo ut Iulius debeat utcumque ex officio *cuilibet* sessioni interesse, non videtur moris esse nec congruere cum modo, quo obligationes singulorum membrorum corporis moralis intellegantur et observentur.

730   R. 4. Alia res est in secundo casu, quo municipium damnum iniustum sit passum. Nam consiliarii ad hoc eliguntur, ut curam boni communis habeant; ideoque muneri suo desunt, si hoc commune bonum neglegunt vel laedi sinunt. Existimo igitur in hoc posteriore casu Iulium etiam damno resarciendo obnoxium esse, si re vera et

eius absentia in causa fuerit, cur damnum efficaciter sit exortum, et ipse culpabiliter atque cum praevisione illius damni eiusve periculi abfuerit. Nam si vel iustam causam habuit cur abesset, vel istud damnum eiusve periculum praevidere nullo modo potuerit: neque formaliter iniuste egit neque reparando damno est obnoxius.

R. 5. At etiam quando ad resarciendum damnum tenetur, ad id non tenetur nisi *post* eos, qui *positive* damnum causaverunt; immo, si resarcivit, ad eos regressum habet et compensationem facere potest.

AD QUAESITUM 2^m R. 1. Si agitur de damno, quod ecclesia passa sit, res diiudicanda est ex iis quae ad Quaest. 1^m R. 3 dicta sunt. Cum nemo ex iis qui abfuerunt *ex iustitia* teneretur ad damnum illud impediendum: nemo ad restitutionem faciendam potest stricte obligari.

R. 2. Si agitur de damno municipii casus posterioris: illi complures, si culpabiliter abfuerunt atque praeviderunt ab uno suffragio deficienti illud damnum pendere posse: omnes illi in solidum tenentur, at post eos qui agerunt positive. Videlicet 1) si illi positive agentes damnum reparaverint, ii qui abfuerunt tenentur ad nihil; 2) si vero illi damnum nec repararunt nec reparaturi sunt, ii qui abfuerunt ad resarciendum damnum tenentur cum facultate habendi regressus ad priores; atque singuli absentes tenentur saltem pro rata, hypothetice vero ad totum, videlicet si reliqui restituere vel non possint vel nolint.

RESTITUTIO EX PARTICIPATIONE.

Casus. (226)

Varus, cum videat tres fures trabem deportantes, se illis in labore sociat; similiter cum videat alios duos viros ignes aedibus supponere, ipse tertius se adiungit atque ignem supponit, aedes vero usque ad fundamenta exuruntur.

QUAERITUR 1° ad quid *participans* teneatur.
2° quid ad casum sit dicendum.

Solutio.

AD QUAESITUM 1^m R. 1. Participatio esse potest in re aliena detinenda aut in actione damnificativa exercenda. Si fit in re aliena detinenda: ea pars quae detinetur sine dubio ab eo qui detinet primarie est restituenda; reliqua restituenda sunt, si actio participantis in detentionem aliorum vel in eorum furtum efficaciter influxerit, at etiamtum in defectu tantum eorum qui re ipsa detinent.

R. 2. Propter participationem in actione damnificativa restituendi obligatio erit imprimis relate ad illud damnum quod immediate a participante effectum fuerit; relate ad reliquum damnum eatenus aderit reparandi obligatio, quatenus illa participatio in reliquum illud damnum efficaciter influxerit. Nam si nullum damnum produxerit, nisi cuius causa efficax iam erat posita, non est cur ad quidquam reparandum teneatur, nisi alterius causae efficientiam *praevenerit*.

R. 3. Si quis vero vi vel gravibus minis cogatur ad participationem in actione aliqua damnificativa, haec pro eo qui sic cogitur licita evadere potest, quando scilicet agitur de conservando bono alterius ordinis, pro quo alter damnum suum merito debeat parvipendere. In quo casu certo non potest statui obligatio reparandi damni. Haec devolvitur in eum, qui metum intulit. Verum si causa tanta non est, ut liceat alienum damnum pro meo parvipendere, licebit mihi nihilominus ad alienum damnum concurrere, si paratus fuero damnum a me causatum resarcire. Cf. *Th. m.* I, 1011; S. Alph. III, 571.

Ad quaesitum 2^m R. 1. Si Varus cum tribus aliis trabem occupasset, ita tamen ut alias etiam illi tres trabem abstulissent, pro rata (i. e. quartam valoris partem) deberet restituere domino trabis. At cum trabes iam occupata sit, et tres illi fures sufficiant omnino, ut videtur, ad trabem illam in tuto collocandam, Varus nullius damni causa efficax est, nisi forte eius cooperatio id effecerit, ut furtum celerius et securius exsecutioni sit datum: quod num damnum domini *auxerit* atque hoc titulo aliquam restitutionem imponat, ex circumstantiis diiudicandum est.

R. 2. Si vero tres illi fures viribus defecerint atque indiguerint alterius ope, ne a furto deberent desistere: Vari cooperatio seu participatio efficacem influxum exercuit in totum damnum, utpote efficaciter non ponendum sine Vari cooperatione. In quo casu saltem in defectu aliorum totius damni reparationem Varus facere per se tenetur.

R. 3. In altero casu si ignis ab aliis excitatus in tantas flammas excreverat, ut omnes aedes iam essent in condicione desperata, atque eas vel partes earum servandi spes non amplius superesset, ignis a Varo excitatus efficacem damni influxum non exercuit, vel si quid reapse physice destruxit, destruxit rem nullius in hisce circumstantiis valoris. *Th. m.* I, 1017.

R. 4. Sed si in illo casu periculum tantum nondum excreverat: ignis a Varo excitatus re vera partem aliquam alienarum aedium consumpsit, etsi, si ab illo igni consumptae non essent, aliorum ignis eas etiam fortasse consumpsisset. Immo si ignis igni coniungitur, difficile est dicere, quas et quantas partes singulorum ignis consumpserit, cum singulorum ignis sufficiens fuerit ad totum damnum efficiendum. In quo casu singuli quidem ad partem, pro rata, restituendam obligandi sunt; in solidum ex solo iure naturali obligari nequeunt, nisi egerint ex condicto.

R. 5. Hinc Varum obligaverim ad ferendam tertiam partem damnorum, neque ad amplius, etiamsi forte reliqui ad suam partem restituendam sint impares; ad plus restituendum sane obligabitur, si, re ad iudicem delata, is maiorem poenam imposuerit.

COOPERATIO NEGATIVA ET POSITIVA IN DAMNO (I).

Casus. (227)

Scipio, oeconomus nobilis viri, videt puerum excitare incendium, ex quo magnae parti silvae impendet interitus. Cum velit accurrere, ut illi damno praeveniat, obvium habet Cornelium, qui ipsum divertit et detinet, ita ut revera magna silvae pars flammis consumatur.

QUAERITUR 1° quae sit eorum, qui positive, et eorum, qui negative damno alieno cooperantur, restituendi obligatio et ordo.
2° quid, si Cornelius Scipionem hac damni inferendi intentione vel vi ac fraude retinuisset.

Solutio.

AD QUAESITUM 1^m R. 1. Qui positive ad alienum damnum co- 735 operantur, ad damnum reparandum tenentur, sive principaliter sive secundarie, idque quoad integrum vel partiale damnum, prout principaliter egerint aut non, prout in totum damnum efficaciter influxerint aut in partem tantum: excusantur in solo hoc casu, quo propter gravissima mala propria evitanda illa cooperatio evaserit licita. Cf. supra n. 732.

R. 2. Qui negative cooperatus est non impediendo, si restituere tenetur, tenetur *post* eum, cuius actionem non impedivit, nisi forte hic sive naturaliter sive legaliter non sit sui iuris, ita ut eius actio cum sequelis potius ei, qui eius curam agit, imputetur, quam ipsi damni auctori positivo.

R. 3. Ut autem is utcumque ad restitutionem ob damnum ab 736 altero illatum teneatur, debuit obligatus esse ad impediendum illud damnum non ex caritate tantum, sed ex iustitia, sive propter relationem officii quam habet erga damnificatum, sive propter eam quam habet erga damnificatorem: in quo posteriore casu, ut dixi, fieri potest, ut teneatur reparare damnum principaliter seu ante damnificatorem.

Ratio autem, cur solum ille, qui ex iustitia teneatur, restituere debeat, ea est, quod propter solam *laesam iustitiam*, non propter laesam caritatem ad restitutionem quisquam obligetur. In applicatione tamen caute circumstantiae considerandae sunt, quia fieri potest, ut ille, qui ad damnum illud impediendum immediate quidem ex sola caritate teneatur, laedat tamen mediate iustitiam.

AD QUAESITUM 2^m R. 1. Scipio, si oeconomus fuit, qui in genere 737 bonorum domini sui curam habebat, ex officio suo seu ex iustitia obligatus erat invigilare et damna impendentia avertere. Quando igitur animadvertebat incendium excitari, quo rebus domini sui et consequenter domino suo damnum inferretur, debebat ex iustitia accurrere ut impediret; et si *gravem* neglegentiam commisit, ut cooperator negativus ad reparanda damna obligatur.

Solum difficultas excitari potest ex eo quod dominus non necessario damnum patiatur, sed vel arca assecurationis, si res assecurata sit, vel incendiarius, si oeconomus eum novit eumque sceleris accusare potest; erga neutrum autem videatur obligationem ex officio seu ex iustitia habere, ut debeat *eorum* damna avertere. Quod verum est quoad damnificatorem. Si igitur eum revera comprehendere eumque, cum damni reparandi capax sit, etiam ad reparandum cogere possit: fateor oeconomum non laesisse iustitiam, utut fortasse etiamtum laeserit caritatem. Sed si agitur de societate assecurationis, res paulo aliter diiudicari debet. Dominus ipse assecuratus sane debet moderatam diligentiam adhibere ad praecavenda damna a rebus suis, idque ex contractu seu ex iustitia, ne facilius societas assecurationis solvere cogatur; quae domini obligatio in oeconomum, qui quoad curam bonorum fortunae dominum repraesentat, ex ipso officio transit. Ergo theoretice loquendo revera ut cooperator negativus tenetur erga societatem assecurationis vel eos quibus societatis loco restitutio facienda est. Practice autem, cum pro societate assecurationis pauperes aliaeve causae communes facile sumi possint, res facilius componetur. Nam non solum eleemosynae quas ipse oeconomus ex *suis* bonis facit pro restitutione computari possunt, sed consentiente domino etiam ea quae ex bonis domini in pias causas post exortum damnum conferentur.

R. 2. Si vero oeconomo haec cura generalis non erat demandata neque specialis cura silvae: non tenebatur ex iustitia a domino suo neque a societate assecurationis damnum avertere. Hinc ad restitutionem nullo modo teneretur, utut ex gravi neglegentia vel ex consilio damnum non averterit.

738 R. 3. Non plane idem dicendum de Cornelio, qui Scipionem damnum avertere volentem detinuit. Quodsi eum detinuit sine vi et fraude, ita ut Scipio sciens et volens se detineri passus sit, Cornelius restituere non tenetur nisi *post* Scipionem; ergo summum, si Scipio ex officio debebat ignem exstinguere, neque tum, nisi Cornelio de Scipionis officio aliquo modo constiterit, et Cornelius illi efficaciter consuluit vel suasit eumve permovit ne exstingueret.

Si autem vi vel fraude Cornelius Scipionem detinuit, praevidens fore ut ita aliquis damnum pateretur a quo Scipio damnum avertere voluit, Cornelius ad reparandum damnum tenetur, non Scipio, idque sive Scipio ex iustitia tenebatur damnum impedire sive non. Neque necessarium est, ut Cornelius ex ipsa hac intentione Scipionem detinuerit; sufficit ut hoc fecerit cum damni praevisione.

739 R. 4. Quae restitutionis obligatio ex parte Cornelii, si vi vel fraude usus est, communiter aderit, quando damno afficitur ipse dominus vel societas assecurationis; non ita, quando incendiarius comprehenditur et ad damnum reparandum cogitur. Nam ille semper ex crimine commisso censetur ante Cornelium obligatus esse ad damna a se causata reparanda.

Verum in nostro casu haec ratio non plene valet. Si enim puer fuit, qui rationis quidem compos erat, plenam deliberationem tamen non adhibuit: optime intellegitur Scipionem voluisse impedire, ne ille puer — etsi propria bona habeat, ex quibus possit et debeat damna reparare — in illud discrimen coniceretur, atque ab hac sua voluntate exsequenda per Cornelium iniuste esse impeditum. Magis etiam, si secundum leges pueri parentes ex suis bonis ad damnum a filio causatum cogerentur reparandum, bene intellegeretur, quomodo Scipio intenderet suo interventu hoc damnum a parentibus vel etiam a puero levi ex caritate avertere. In quo casu Cornelius, qui vi vel fraude Scipionem detinuisset invitum, parentibus (vel etiam puero, si constaret eum ex levitate vel sine peccato gravi vel sine sufficienti cognitione damni eiusve magnitudinis egisse) damnum, quod paterentur, deberet reparare.

COOPERATIO POSITIVA ET NEGATIVA IN DAMNO (II).

Casus. (228)

Sumo in casu praecedenti silvam non fuisse assecuratam et dominum damnum tulisse. Oeconomus neglegentiae suae sibi conscius rem domino narrat et veniam impetrat his verbis: „Tibi quidem totam rem condono, non vero Cornelio viro isti nequissimo, qui iam saepe mihi nocere studuit."

QUAERITUR 1° quid iuris sit, si ex pluribus cooperantibus unus condonationem acceperit.

2° ad quid Cornelius loco Scipionis teneatur.

Solutio.

AD QUAESITUM 1^m R. 1. Si complures sunt qui diverso ordine 740 ad restitutionem teneantur: condonatio uni facta secum non ducit condonationem pro iis qui *ante eum* seu potiore iure tenentur; sed condonatio ei facta qui potiore iure restituere debet, secum ducit condonationem pro omnibus iis, qui tantummodo *post eum* seu eo deficiente tenentur. Condonatio enim est loco restitutionis factae. Verum si, qui potiore iure restituere debet, restituit, reliqui qui post eum tenentur, ab omni onere exsistunt immunes. At si ille, qui secundarie tenebatur restituere, re vera restituit, is recursum habet ad principalem actorem.

R. 2. Si ex iis qui aequali ordine tenentur unus accepit condonationem, reliqui, qui sive hypothetice sive absolute tenentur, non liberantur ab obligatione restituendae suae partis. Si vero obligantur in solidum, non possunt amplius obligari ad totum nisi detracta illa parte, quae in distributione aequali recideret in eum qui accepit condonationem.

AD QUAESITUM 2^m R. 1. Si Cornelius Scipionem sola suasione 741 sine vi vel fraude detinuit, condonatio Scipioni facta non potest non extendi ad Cornelium, etiamsi ex odio erga dominum egerit. Nam consiliarius ex se non tenetur nisi deficiente eo qui consilium accepit et libere exsecutus est; immo si restituisset, ad eum recursum pro indemnitate haberet.

R. 2. Si vero Cornelius erga Scipionem oeconomum vi vel fraude usus sit, sane non Scipio sed Cornelius tenetur ad restitutionem; vel, si qua etiam Scipionis culpa intervenerit, Cornelius ante Scipionem tenetur. Quare condonatio huic data per se ad illum non extenditur. Hinc cum dominus expresse hanc extensionem excludat, Cornelius obligatus manet, sicut obligatus erat ante omnem condonationem a domino factam.

DAMNUM EX CONVENTIONE ILLATUM.

Casus. (229)

Operarii complures cum Cantio praeposito, eo suadente, conveniunt, ut singulis mensibus quantitatem maiorem carbonum notent se transvexisse, quam re vera attulerunt et qua in fabrica usi sunt. Lucrum, quod hoc modo praepositus sibi acquirit, ex condicto inter eum et operarios dividitur. Curtius operarius post aliquot annos, per quos ita actum est, concepto scrupulo, rem cum confessario communicat; verum se nunc rem mutare non posse, nisi se et alios operarios et praepositum prodat, cum intellegi nequeat, cur nunc ilico minor quantitas carbonum a se adnotetur, nisi antea fraus fuerit commissa.

Quaeritur 1° ad quantam restitutionem Curtius obligatus vel obligandus sit.
2° possitne Curtius ob allatas rationes ita pergere, si excessum pro sua parte restituat.

Solutio.

Ad quaesitum 1ᵐ R. 1. Certo Curtius tenetur quoad ea, quae ipse ultra veritatem se fabricae tradidisse asseveravit, et quae fabricae dominus pro acceptis habuit seu pro quibus pretium solvit: quamquam quoad eam partem eorum, quam praepositus sibi retinuit, ad eum habet recursum; idque, si necesse sit, etiam per occultam compensationem.

R. 2. Si agendi modum rigorose inspicimus, singulorum operariorum cooperatio seu conspiratio ita necessaria erat, ut, si vel unus cooperationem ad fraudem istam denegasset, nemo eam committere ausus esset vel audere potuisset, eo quod ilico superioribus praepositis fraus illa patuisset. In quo casu adest obligatio singulorum in solidum; etsi ad complices, i. e. ad quemque pro sua parte, ille qui totum reparaverit habeat recursum.

R. 3. Nihilominus illa obligatio in solidum adeo difficilis est atque adeo vix intellegitur ab hominibus, ut practice melius sit, in tali casu eam non formaliter imponere, sed reos monere, ut et pro sua saltem parte satisfaciant et reliquos complices movere studeant quemque ad suam partem reparandam. Cf. circa hanc rem S. Alph. III, 579: „Rudes, etsi teneantur in solidum, raro expedit obligare ad totum, cum difficulter isti sibi persuadeant se teneri ad restituendam partem a sociis ablatam. Quinimmo satis praesumi valet, quod ipsi domini, quibus debetur restitutio, consentiant, ut illi restituant tantum partem ab iis ablatam, cum aliter valde sit timendum, ut [ne] nihil restituant, si obligentur ad totum."

AD QUAESITUM 2^m R. 1. Per se Curtius non solum quoad suam lucri partem tenetur domino vel dominis fabricae indemnitatem procurare, sed quoad totum valorem seu pretium quod falso libris inscriptum est. Ita primo loco quoad praeteritum. Verum quoniam vix possibile erit operario ordinario totum hoc pretium restituere, aliud fere non relinquitur nisi ut moneatur de restituenda parte sua et de urgendis aliis, etiam metu iniecto, ut suam quisque partem restituat.

R. 2. Sed cum iam quoad praeterita damna per se sit obligatio restituendi in solidum seu integre, quoad futura multo minus permitti potest damni inferendi continuatio eaque cum periculo, quominus dominus exiguam tantum partem per restitutionem recipiat.

R. 3. Quod vero ad fraudem praeteritam solum occultandam pertinet, permitti potest, ut interim per verba ambigua haec occultetur. Immo, etiamsi haec occultatio aperto mendacio aliisve mediis *illicitis* fieret, vel etiamnunc falsa notarentur in libris rationum, statim vero excessus pretii fraudulenter notatus in cassam domini refunderetur: nova *iniustitia*, quae restitutionis obligationem secum traheret, non committeretur. Ad *eum* modum commissae iniustitiae reparandae sane non tenentur quo simul grave famae detrimentum, vel immo etiam dimissionem paterentur vel horum grave subirent periculum.

MODUS RESTITUENDI RES FRAUDATAS.

Casus. (230)

Fulvius in nundinis publicis tempore patrociniorum diversa loca percursando varias res venales habet; sed in illis occasionibus, cum soleant homines plus expendere, facile potest artibus et fraudibus uti, quibus, si lucra ita per annos hausta colligat, saltem 2000 mc. male acquisivit. Verum retinuit nihil; quo plus enim lucrabatur, eo plus solebat expendere, alias restrictius vivebat.

Similiter Antimus mercator per decem annos in vicino oppido, nunc per tres annos in actuali domicilio modo falso pondere, modo rerum adulteratione continuas parvas fraudes commisit; bonis fortunae nunc gaudet satis amplis, cum satis moderate vixerit atque annua lucra superflua non otiosa reliquerit sed ex iis, emptis „actionibus" quas vocant, uberes usuras perceperit. Quae sic ex defraudationibus collegit, circa 5000 mc. aestimat; verum si usuras quas percepit addat, saltem habebit 10000—12000 mc. Pro restitutione vult in testamento legatum facere 5000 mc. in favorem hospitalis municipalis.

QUAERITUR 1° quae restitutio facienda sit in casu multarum fraudum commissarum.
          2° debeantne usurae restitui sive perceptae sive non perceptae.
          3° quid de casibus propositis et de modo restitutionis ab Antimo cogitato.

Solutio.

744   Ad quaesitum 1ᵐ R. 1. Si multae fraudes commissae sunt, quarum nulla est ex se gravis, omnes simul sumptae certo gravem constituunt materiam: quando gravis materia adhuc retinetur in se vel in aequivalenti, restitutio debetur saltem ex rei alienae detentione; si non amplius retinetur, titulus restitutionis desumi debet ex *culpabili* actione damnificativa.

R. 2. In posteriore igitur casu, ut gravis obligatio adsit, debet constare de gravi peccato commisso. Quare si quis intentionem saepius iterandi fraudes usque ad materiam gravem non habuisset atque post longiora tantum intervalla, quae coalitionem iniustitiarum excludant, fraudes iterasset lucrumque consumpsisset: restitutio sub gravi urgenda non esset, etsi cursu temporis summa totalis satis magna evasisset.

Attamen in casu proposito, etiam priore, id sumi non potest. Nam non aderat inter singulas fraudes tantum intervallum; immo si adfuisset, non abfuit ab initio intentio saepe fraudes repetendi atque perveniendi ad summam gravem. Quapropter etiam in Fulvio obligatio restituendi ex titulo actionis iniuste damnificativae et graviter culpabilis statui debet; in Antimo autem insuper ex rei alienae detentione.

745   R. 3. Si vero quaeritur, *cui* facienda sit restitutio et quomodo, respondendum est: In genere quidem ei, qui laesus est, debetur restitutio; verum sub gravi tum tantum, quando is ipse graviter laesus est. Hinc si universim laesio facta est gravis, sed solum propter laesionem multorum, nemo tamen singillatim sumptus graviter est laesus: obligatio quidem utcumque restituendi est gravis; ut restitutio fiat ipsis illis qui laesi sint, est levis tantum obligatio, eaque desinit simpliciter, si causa rationabilis vel nimia ita restituendi difficultas accedat.

R. 4. In casu iniustitiae propter multas fraudes in pondere et mensura commissas, si fere iidem emptores accedere pergant, modus commodior et rectior est, ut eodem modo nunc augeatur pondus et mensura, dum ad iustam restitutionem perventum sit.

746   Verum obligatio gravis vel utcumque stricte dicta *sic* agendi non est, tum ex ratione mox allata, tum quia efficax restitutio etiam tali modo non est extra dubium: nam emptores, cum rem nesciant, propter fraudes quas passi sunt, fortasse plus expendere sunt coacti, at num propter auctam mensuram ipsis ignorantibus nunc expensis parcant, dubium est.

Quare censeo sine ullo scrupulo statim fieri posse restitutionem in pauperes vel in publicos fines pios et utiles ipsius loci, ubi fraudes commissae sunt; fieri etiam posse in *quoslibet* pauperes vel causas pias saltem sine peccato gravi, vel, si adsit rationabilis causa, sine omni peccato. Cf. *Th. m.* I, 1019 et auctores ibi laudatos.

Accedit autem nostra aetate facile alia ratio, cur non necessario sistere debeamus in pauperibus vel causis piis ipsius loci, quod nimirum hodie incolae loci longe saepius mutentur quam anterioribus temporibus. Etsi igitur idem locus servatur pro facienda restitutione, in quo factae erant iniustitiae: tamen, si de iniustitiis per multos annos protractis agitur, incertum valde est, num restitutio redundet in favorem eorum qui laesi sunt. Quod olim longe probabilius erat. Nam per restitutionem pauperibus vel piis causis loci factam loci cives levabantur, qui alias eiusmodi causis suo modo providissent vel etiam providere debuissent.

AD QUAESITUM 2^m R. 1. Si ipsi illi qui fraudes commiserunt, 747 usuris non fruebantur, uti revera Fulvius in priore casu non fecit, titulus ad restituendas usuras esse nequit nisi ex eo quod, qui fraudes passi sint, etiam damnum usurarum habuerint, quas alias fuerint percepturi. Sed eos re vera eiusmodi damnum habuisse, valde dubium, immo in plerisque hominibus valde improbabile est. Ad id enim necessarium esset, ut homines non solum lucra annua residua ad usuras darent, sed etiam ut in usu rerum cotidianarum culinam et victum spectantium ad apices sequerentur praestitutam mensuram, eamque in casu nostro per se ipsos rectificatam. Quod sane rara exceptio est, et, si fit, fraus brevi detegitur neque postea incurretur!

Ergo, nisi per exceptionem in casu raro domini laesi re vera usurarum damnum pertulerint, usurae non perceptae a fraudatore non necessario debent in restitutione computari.

R. 2. Inde fere idem deducere licebit quoad usuras a fraudatore perceptas. Cum enim summae illae minimae, in quibus singuli damnum passi sunt, usuras non fecissent; usurae quas fraudator colligendo et administrando summulas istas percepit, non tam fructibus naturalibus quam industrialibus accenseri possunt. Hinc etiam in posteriore casu Antimus quoad hunc usurarum valorem non videtur ad restitutionem obligandus.

AD QUAESITUM 3^m R. 1. Fulvii restitutio fieri potest in pias vel 748 utiles causas publicas vel in pauperes quoslibet. Id ex antea dictis sequitur, eo magis, quod fraudes commissae sunt in diversissimis locis, ita ut certi loci cives, qui damnum passi sint, vix dignosci possint.

R. 2. Ex eo vero, quod quilibet pauperes eligi possint, sequitur Fulvium, *si re vera pauper sit*, in nostro casu inter istos pauperes computari posse. Quodsi ita est, de restitutione eiusque quantitate pecuniaria, qua Fulvius se abdicare debeat, non iam multum erit disputandum. Potest enim ipse magnam partem retinere. Quominus ei integram summam retinere a confessario permittatur, obstat pastoralis prudentia atque ipsum bonum commune, ne videlicet Fulvius peccatum suum levius sumat neve nullam sentiat poenam satisfactoriam convenientem; verum pro rerum adiunctis sufficit ei iniungere, ut *aliquid* sive statim sive paullatim aliis pauperibus tribuat.

R. 3. Supponitur tamen semper non constare de ullius emptoris laesione in materia gravi a *Fulvio* peracta. Nam si qui singuli cognoscuntur vel cognosci possunt, qui singuli in gravi materia defraudationem passi sunt, hi singuli certo indemnes reddi debent.

Quod idem observa ad casum Antimi. — Immo si ita fuerit, sumi facilius debet etiam quoad usuras eos indemnes esse faciendos.

749 R. 4. Si Antimus iam est moribundus, haec per testamentum restitutio admitti potest, attamen cum cautione, de qua mox dici debet. Alias non est ille modus admittendus. Cum Antimus restituere possit nunc, non potest hoc usque ad tempus post mortem differre. Restituere igitur potest per donationem manualem statim perficiendam. Alioquin illum finem, hospitale dico, eligere pro subiecto cui restitutio applicetur licebit.

Verum adhibenda est cautio, maxime si res devenerit ad restitutionem per ultimam voluntatem, ut summa illa re ipsa pio illi fini applicetur. In Germania quidem nunc donatio usque ad 5000 mc. inefficax fieri nequit per denegatam approbationem gubernii. Si quando in aliis locis eiusmodi donationes ab approbatione gubernii dependent, atque timor est habendae repulsae, alia via restitutionis quaeri omnino *debet*.

RESTITUTIO IN PAUPERES ALIASVE CAUSAS PIAS.

Casus. (231)

Sigfridus insignem fraudem commisit contra aliquam associationem. Quam ut cum honore reparet, vult non associationi sed piis causis restituere, videlicet duo milia marcarum hospitio pauperum et tot etiam ecclesiae pauperi sui oppidi. Utitur ea ratione, quod actionarii illius associationis, utpote ditissimi, damnum non sentiant, immo ut francomurarii summam in malum usum sint impensuri.

QUAERITUR possitne in casu et ex causis propositis Sigfridus restitutionem pauperibus vel causis piis applicare.

Solutio.

750 AD QUAESITUM R. 1. Generalis regula est, ut restitutio fieri debeat domino laeso; eaque, si fieri potest, obligat sub gravi, si uni eidemque domino materia gravis sublata fuerit vel ipse in re gravi sit damnificatus. Cf. supra n. 745 sqq.

R. 2. Haec regula valet etiam in laesa persona iuridica seu morali tantum, quando *certus aliquis finis* licitus in materia gravi damnificatur. Quodsi vero non certus ille finis sed singuli illi domini, qui ad certum finem prosequendum societatem inierunt, damnum re ipsa patiantur, *gravis* obligatio *ipsam hanc personam iuridicam* indemnem faciendi non adest, nisi in quantum singula illius societatis membra vel aliquod eorum in materia gravi damnum patiantur quod *hoc modo* eoque solo reparetur.

R. 3. Pauperes vel causae piae loco dominorum laesorum eligi possunt: 1) si ipsis dominis laesis restitutio fieri nequit, 2) si nulla singularis persona in gravi materia laesa est, et insuper non impossibilitas quidem sed gravior quaedam difficultas est, ipsos laesos indemnes faciendi; quodsi in posteriore casu illa difficultas vel gravior quaedam causa non adest, *venialiter* peccatur, si restitutio quidem fiat sed loco dominorum laesorum alii egentes eligantur.

R. 4. Sigfridus in hoc errat, quod putet ideo se posse ipsos dominos laesos transmittere, quod ipsi damnum illatum *graviter non sentiant;* nam si revera singuli *in materia gravi* sunt laesi, nequaquam possunt ipsi praetermitti. *Th. m.* I, 942. Neque illa est ratio excusans, quod illi domini laesi rebus suis male utantur. Nam ex eo id solum sequitur, ut, si ad certum aliquem finem malum conveniant et pecunias conferant, ille finis non possit esse re ipsa persona iuridica distincta, sed dominium pecuniarum maneat apud ipsos dominos qui contulerunt.

R. 5. Id tantum Sigfrido concedi potest: in hoc casu considerari posse laesionem, non quae societati qua tali, sed quae singulis membris facta sit. Nam etsi pro certo fine prosequendo convenerint, ille finis intermedius est, non est is, cui lucrum serviat; sed tota associatio in id demum tendit, ut commune lucrum vel damnum in singulos dividatur. Si igitur Sigfridus sciret tot esse actionarios, ut, damno 4000 marcarum distributo, in neminem caderet damnum materiae gravis (quae, cum sint homines ditissimi, ut sumitur, ascendere debet ad 20—30 marcas): in hoc casu sine peccato gravi eligere posset pro restitutionis subiecto pauperes vel causas pias, et occurrente graviore causa sine ullo peccato. — Verum id scitu est difficillimum. Facile enim constabit quidem actiones seu titulos illius societatis esse numero plures quam 200; sed non facile constabit non esse inter actionarios qui possideant tot titulos simul, ut ex damno totali 4000 marcarum ipsis non respondeat damnum saltem 20—30 marcarum. Quod si non constiterit, Sigfrido nequit permitti, ut modum restitutionis, quem optat, exsequatur.

ORDO RESTITUTIONIS. — CESSIO BONORUM.

Casus. (232)

Terentius, status fortunarum labilis sibi conscius, adit amicum creditorem eique, confidentialiter condicionem suam aperiens, simul offert integri debiti solutionem circiter 50 000 mc., non sine spe fore, ut ille amicus postea notabilem summam sibi cedat. Quo fit, ut mox facta cessione bonorum reliqui creditores non ultra decimam partem recipiant, inter quos aliqui etiam sunt indigentiores et duo pia instituta, quae Terentio mutuam dederant pecuniam.

QUAERITUR 1° sitne aliquis ordo in solvendis debitis necessarius et qui.
2° quid de agendi ratione Terentii dicendum sit.
3° num cessione bonorum exstinguatur obligatio solvendi simpliciter.

Solutio.

AD QUAESITUM 1ᵐ R. 1. Ordo, de quo quaeritur, attendendus tum tantum est, quando non omnibus plena solutio dari potest. Hinc

quod quaeritur perinde est ac si quaeratur, sintne aliqui creditores
quibus satisfieri debeat etiam cum praeviso damno aliorum. Quod, si
ita generatim et indeterminate quaeritur, sane affirmari debet.

R. 2. Imprimis ius naturale postulat, ut, si quae res exsistunt
apud debitorem alienae, seu quarum dominium in debitorem nondum
transierat, eae veris dominis restituantur. — In reliquis si qui
prae aliis iura potiora habent, haec fere ex contractu vel ex lege
positiva derivantur; verum in quibusdam, deficiente lege positiva contraria, ius naturale, etsi non exigat, permittit tamen aliquorum praelationem.

753   R. 3. Secundum positivas leges, in diversis quidem diversimode,
privilegiata debita, quae prae aliis solvenda sint, recensentur:

1) Merces famulorum et operariorum ex certo tempore restans
sicuti debita recentia pro rebus victui necessariis, vel similia.

2) Debita *realia*, scilicet pro quibus hypotheca vel pignus datum
est: haec enim *primo* solvenda sunt ex pretio rerum sive immobilium
sive mobilium, quae pro certo debito oppignoratae sunt, idque, si plura
debita in iis rebus fundantur, singula integre secundum ordinem *inscriptionis*, ita ut *prima* hypotheca praeferatur aliis, secunda tertiae
et sic porro. — Quibus debitis privilegiatis aliquando (non ubique)
bona uxoris dotalia accensentur.

3) Debita *personalia:* in quibus, si cessio bonorum iam declarata
est, nullus ordo praelationis legaliter agnoscitur (nisi forte creditor
tempore debito non apparuerit); sed si bona debitoris ad omnia debita exstinguenda non sufficiunt, singulis pro rata solvetur. Immo
non raro solutiones brevi spatio ante cessionem, quod lege determinatur, forte factae pro irritis habentur, ita ut hae in communem
massam conferri debeant: quod etiam in conscientia observari debet.

754   R. 4. Si quando debitor ante illud tempus a lege determinatum
statum suum labilem praevidens certis debitoribus prae aliis favere
et integre solvere velit, ius naturale haec *permittit:*

1) ut pauper praeferatur diviti;

2) ut, qui prior tempore creditor exstitit, prius solutionem integram accipiat: cf. reg. iur. 54 in 6to; Lugo, *De iust. et iure* d. 20,
n. 146 sqq.; S. Alph. III, 690.

3) ut, qui prior tempore solutionem petat seu urgeat, eam recipere
possit. Unde fit ut, si debitor aliquem ex creditoribus, in quo *iusta
causa est cur praeferatur*, amice moneat isque solutionem petat, ei
satisfieri possit: Lugo l. c. n. 174.

Cum enim in omnibus istis casibus creditores non habeant ius in
certas res debitoris, sed illae in dominio debitoris maneant, iis, qui
postea minus recepturi sunt, non proprie fit iniuria, eo quod ex prioribus nemo plus receperit quam quod suum erat, posteriores autem
creditores solum in ea bona quae cessione facta restant ius possint
exercere.

Th. m. I, 1025 sqq.

AD QUAESITUM 2ᵐ R. 1. Si Terentius homini illi pauperi vel etiam piis institutis tempore lege adhuc permisso integre solvisset, nullo modo reprehendendus esset. Cf. Marc n. 1005 et 1006.

R. 2. Quod vero virum ditiorem monuit: si hoc fecit tacita quadam conventione, ut vir ille specietenus tantum evaderet bonorum illorum dominus, ipse Terentius re vera ea retineret, ita tamen ut invadi a reliquis creditoribus lege non iam possent, egit iniuste neque absolvitur ab obligatione reliquis creditoribus pro posse satisfaciendi.

Si vero sincere actum est neque stipulatio ulla intercessit, sed sola spes habendi postea auxilii per amicum istum: iniustitiae incusari Terentius nequit; atque ab omni peccato immunis fuerit, si hoc modo solum ea se postea recepturum esse intendit, quae sibi sint *necessaria*. — Verum eo facilius ei incumbet obligatio, etiam postea, si quando ad meliorem fortunam venerit, debita integra solvendi.

AD QUAESITUM 3ᵐ R. 1. In casu proposito Terentius, cum arte quadam complures creditores excluserit ab recipienda proportionata solutione, tacita condonatio debitorum absoluta praesumi nequit.

R. 2. In aliis autem circumstantiis, quando ex infortunio cessio bonorum inculpabiliter fieri debuit, atque debitores non integram quidem solutionem, magnam tamen partem receperunt: aliquando ex modo agendi concludi potest eos velle hoc modo debita habere *pro exstinctis*. Quodsi hoc cum quadam morali certitudine colligitur, debitor, etsi postea possit, antiqua debita solvere non amplius tenetur.

R. 3. Quodsi de eiusmodi condonatione non constat, atque debitor omnia *legaliter* egit, i. e. nihil ultra leges sibi retinuit neque uni prae altero solvit: saltem non tenetur reliqua solvere, nisi postea commode potuerit. Si vero ultra ea quae leges permittunt, in suum vel amici commodum quaedam retinuit vel solvit: *commodam* solvendi facultatem exspectare in conscientia ei non licet, sed debet etiam cum quadam status et victus diminutione ea comparare unde solvat, non tamen cum incommodo nimio.

R. 4. Difficilior res est, si quaeritur, num in debitore qui omnia legaliter cesserat, si postea forte commode potuerit, obligatio integre solvendi reviviscat. De qua re ita dico: Si quando in certis regionibus communis persuasio fuerit in bonorum cessione, quae sine culpa evaserit necessaria, omnia debita haberi pro exstinctis non solum coram lege sed simpliciter etiam in conscientia, eam interpretationem ii, qui sine omni fraude et cum plena conformitate legum egerunt, sequi possunt. Id imprimis valet, si pro pecuniis mutuo acceptis ad negotiationem usurae amplae solutae fuerint; non enim iniustum est, ut in tali casu pecuniae etiam partem habeant *periculi,* cum alias pecunia sine omni labore et periculo nimium lucrum colligat atque pedetentim omnes possessiones sibi rapiat. — Et quoniam mercatores et negotiatores ita solent mercium pretium determinare, ut damnorum ex cessionibus sibi emergentium rationem iam habeant: quoad hos creditores restitutionem ab eo, qui postea ad meliorem fortunam devenerit, puto *generatim* non amplius ita esse urgendam. Quoad alios creditores non audeo universim restitutionis obligationem negare, nisi consuetudo id permittit. Cf. fusius de hac re n. 773 sqq.

MODI RESTITUENDI OCCULTE (I).

Casus. (233)

Getulius ante aliquot annos amico inscio fraudulenter intulit damnum 1000 mc. Quod ut sine sui manifestatione reparet, statuit facere donationem, idque, ut periculum *inefficacis* reparationis ex reciproco dono timendae excludat, exsequi vult per testamentum, filium amici primogenitum scribendo legatarium 1000 mc. Quod confessario non probatur.

Quaeritur 1° quibus modis restitutio possit fieri, num etiam donatione.

2° sitne modus a Getulio electus approbandus et admittendus.

Solutio.

758   Ad quaesitum 1^m R. 1. Dummodo restitutio ita fiat, ut revera dominus laesus id recipiat, quod suum est, hoc sufficit; atque perinde est, utrum fiat palam an secreto, scienti domino an inscio, per ipsum debitorem etiam dissimulato vero titulo an per intermediam personam.

R. 2. Hinc per se nihil obstat, quin restitutio fiat per modum donationis. Attamen, ut in ipso casu effertur, saepe fieri potest, ut donatio moveat donatarium ad donum reciprocum, quod certe non dedisset, si veram donationis receptae naturam cognovisset. Quapropter eiusmodi donum accipi vel retineri non potest, sed saltem eius valor est restituendus.

R. 3. In donatione, quae locum restitutionis teneat, id etiam observari debet, ut re vera donum sit donatario, i. e. domino laeso, *utile;* nam nisi re ipsa pro domino tantum valorem habet, quantum res illa quae ipsi debetur, donatio manca est neque integram perfecit restitutionem.

759   Ad quaesitum 2^m R. 1. Dispositio testamentaria, quae effectum demum habebit in morte Getulii, certo non sufficit, cum restitutio non possit per annos amplius differri, sed quam primum fieri debeat. Solum si agitur de moribundo restitutioni obnoxio, ille modus eligi potest, si alioquin satis secura videatur efficacia istius dispositionis testamentariae.

R. 2. Quod consequens est, Getulius non solvit debitum integrum. Nam cum per dilationem diuturnam amico inferat novum damnum seu damni augmentum, illud damni augmentum non studet resarcire.

R. 3. Quod legatarium facere vult amici laesi filium, damnum illatum non reparat; amicus enim ipse laesus est, non eius filius. — Immo si sumas amicum iam esse defunctum, ne tum quidem hunc restituendi modum Getulius eligere potuit. Nam in eo casu *heredibus,* non uni ex heredibus restitutio esset facienda. Quare tum tantum restitutio primogenito filio facta debitum exstinxerit, si ille filius primogenitus fuerit solus heres ex asse, qui aliis fratribus vel sororibus certam tantum ac determinatam summam pro legatis ex testamento reddere debeat: quod communiter non solet evenire. Si igitur aliter alii etiam filii ac filiae quotam partem hereditatis acceperint vel accepturi sint, in singulos pro rata acceptae hereditatis mille marcae et amplius distribui debent.

MODI RESTITUENDI OCCULTE (II).

Casus. (234)

Getulius igitur, prioris casus debitor, cum confessarii approbationem quoad suum restituendi modum non accipiat, confessario summam tradit, ut meliore quo possit modo quasi ex longinquo summam illam domino transmittat. Qui chirographum mille marcarum litteris inclusum in dissito loco per officium postale expedivit; verum, ut postea comperit, litterae illae furto sublatae sunt, neque, cum assecuratae non fuerint, ipse ab officio postali recepturus est indemnitatem.

Quaeritur 1°, si restitutio fit per intermedias personas, quandonam debitor censeatur suae obligationi satisfecisse.

    2° possitne Getulius de solutione ut absoluta securus esse an debeat denuo restituere.

Solutio.

Ad quaesitum 1^m R. 1. Si solutio vel restitutio fit per alterum, 760 regula per se valens haec est, ut respiciatur, cuius nomine ille alter restitutionis summam receperit: utrum nomine debitoris an nomine creditoris. Si nomine creditoris potuerit summam recipere et receperit re ipsa, per illam receptionem liberabitur debitor a suo debito; si vero ille intermedius nomine debitoris debet creditori rem vel pecuniam transferre, debitor tum demum liberabitur, quando intermedius creditori res tradiderit.

R. 2. Quapropter si res restituenda tempore intermedio, antequam ad dominum seu creditorem pervenerit, perit, amittitur, furto aufertur: in posteriore hypothesi Responsi 1^{mi} periculum et rei interitus ferenda sunt a debitore, in priore hypothesi a creditore; pro circumstantiis diversis et diversa viri intermedii culpa sive debitor sive creditor ad eum quidem recursum habent.

R. 3. Generatim igitur dici debet, si quando solutio per quemlibet fieri potest, debitor vero pro suo arbitrio et sua sponte aliquem elegerit, debitorem periculum ferre, donec solutio per intermedium domino facta fuerit. Si vero creditor aliquem elegerit vel debitori aliquem eligendum mandaverit, post rem illi intermedio viro traditam periculum a debitore in creditorem transfertur. Difficultas solummodo oritur, quando solutio fieri nequit manifeste, atque quasi natura duce aliquis designatus est cui soli munus intermedii tuto committi posse solet. De quo in quaesito secundo.

761 AD QUAESITUM 2^m igitur R. 1. Si respicimus medium illud, per officium postale transmittendi summam, haec transmissio manca erat. Nam via satis consueta atque omnino tuta ea est, ut ipsa *solutio* committatur officio postali; quo fit, ut solutione facta in loco A apud officium postale, officium postale in B solutionem tuto et certissime perficiat apud eum, ad quem missio dirigitur. Neque hoc quasi-cambium magnas secum fert expensas, sed minimas tantum, quas debitor ex delicto pro securitate facere debet.

Si igitur debitor mancum illum modum solvendi mandavit sive confessario sive cuilibet alii, certo dici debet periculum fortuitum mansisse apud debitorem, eumque denuo in nostro casu solvere debere.

762 R. 2. Sed re ipsa Getulius confessario summam dedit neque modum aliquem praescripsit. Quare videndum est, num per traditionem confessario factam censeri possit ab omni obligatione liberatus.

Quod aliis verbis est quaerere, utrum confessarius necessario debeat considerari ut mandatarius debitoris, an considerari possit non ut mandatarius quidem stricte sumptus, sed ut negotiorum gestor creditoris seu domini laesi. Longe communius eum considerant ut mandatarium debitoris; eaque re vera est magis obvia muneris confessarii interpretatio.

Verum alia interpretatio non videtur improbabilis, secundum quam confessarius non solum habeatur pro mandatario debitoris paenitentis, sed electio confessarii etiam pro negotiorum gestore creditoris approbetur voluntate interpretativa ab omnibus, quibus acciderit pati damnum per culpam alienam, ad quod reparandum confessarius demum paenitentes reos permoverit. Quod si ita est, assignatio summae restitutionis confessario facta debitoris obligationem exstinguit. Neque necesse est ut confessarius expresse cogitet se nomine creditoris agere velle; sufficit, ut creditor hoc modo exstinguendi debiti habitualiter sit contentus. Quodsi dein sive ex culpa confessarii sive ex infortunio res tempore intermedio perierit, damnum vel a confessario vel a creditore est ferendum. Cf. *Th. m.* I, 1030.

Immo, etsi haec solutio alicui videatur non satis probabilis, nihilominus in praxi prudentia plerumque prohibebit, quominus moneatur debitor de iterata solutione, si quando inculpabili neglegentia intermedii prima solutio ad effectum non fuerit deducta. Nam si intermedius ex gravi culpa solutionem seu restitutionem non fecit, hic sine dubio damnum ferre debet: quamquam ne tum quidem prior ille damnificator ab obligatione erga suum creditorem liber evasit, sed ipse creditori tenetur, sibi intermedius.

RESTITUTIO PAUPERIBUS PRAEPROPERE FACTA.

Casus. (235)

Diogenes ex procacitate in turba hominum viro vicino inscio sibique ignoto eripuit horologium pretio circiter 50 mc. illudque in flumen proiecit. Alia vice in via valde frequentata reperit bursam 500 mc. continentem;

cuius dominum aliqua inquisitione privata facta non invenit. Confessarius, cui brevi post res suas pandit, pro utroque casu iubet summas illas pauperibus dare. Quod Diogenes facit, notabili tamen parte sibi retenta, ex eo quod iam nuper largam eleemosynam ex suis dedisset. — Restitutione ita peracta, et dominus bursae apparet, in publicis foliis inquirens de inventore, et virum illum, cui horologium eripuerat, moraliter certo Diogenes agnovit ex iis, quae eum narrantem audit de infortunio et facinore quod in se gestum sit.

QUAERITUR 1° largitione in pauperes facta utrum obligatio restituendi exstinguatur simpliciter an condicionate tantum.

2° debeatne Diogenes iterum solvere.

Solutio.

AD QUAESITUM 1^m R. 1. Pauperes vel causae piae in causa restitutionis tum demum evadunt subiectum, cui iure restitutio fieri possit, quando laesa est communitas vel tanta hominum multitudo, ut totalis quidem laesio gravis sit, non autem gravis contra singulos; aut quando singularis quidem homo laesus est, sed qui detegi nullatenus possit. Ita saltem, si agitur de restitutione ex gravi culpa orta. Cf. supra n. 745 sq.

R. 2. In priore casu, quando videlicet nullus singularis homo graviter laesus est, restitutione erga pauperes facta, obligatio absolute exstincta est. Quod idem dici debet, si loco restitutionis compositio seu condonatio maximae partis facta fuerit a S. Sede, utpote quae de bonis causarum piarum vel ecclesiasticarum, quarum supremus administrator sit, ex iusta causa possit disponere.

Verum in tali condonatione cavetur semper, ut, dum forte dominus *certus* postea apparuerit, pro iis quae huic debeantur, debitor restitutioni obnoxius maneat.

R. 3. Tenendum est etiam, quando confessarius citius imposuerit, ut restitutio fiat erga pauperes, propterea dominum laesum, qui postea comparuerit, ius suum non amisisse, sed contra damnificatorem retinere. — *Th. m.* I, 1031; S. Alph. l. 3, n. 703.

Verum pro diversis adiunctis, pro maiore minoreve damno illato, pro maiore domini laesi liberalitate et similibus aliquando iudicari potest, dominum laesum non esse graviter invitum neque eum restitutionem bis faciendam exacturum esse. — Saepius etiam paenitens in bona fide circa iteratam restitutionem relinqui potest vel etiam debet.

R. 4. Aliter iudicandum est, si agitur de re inventa. Haec enim non necessario danda est pauperibus; sed exstincta spe inveniendi domini ab inventore potest occupari. Qui igitur *imprudenter* ilico pauperibus res inventas distribuerit, domino postea comparente tenetur pro gradu culpae ex imprudentia. Qui vero *prudenti iudicio* nixus ita egit, neque ex re aliena detenta neque ex gravi culpa ad restitutionem in foro conscientiae tenetur (cf. Aertnijs III, 346, Q. 1); sed si leges positivas non servavit, post iudicis sententiam huic parere debet.

766   AD QUAESITUM 2^m R. 1. A restitutione iterata valoris horologii Diogenes per se non excusatur; habet tamen ad *temerarium* confessarium regressum. Num praestet eum ab alio confessario in bona fide relinqui, huius prudentiae est iudicare.

R. 2. Quoad pecuniam illam inventam et in pauperes distributam cum Diogenes sine scrupulo consilium confessarii secutus sit, ipse quidem prudenter egit, etsi forte confessarius egerit imprudenter; quare ad eam iterum restituendam non tenetur, nisi forte cogatur per iudicem.

R. 3. Quod autem a summa illa in pauperes distribuenda detraxerit notabilem partem sibique reservarit pro compensatione eleemosynae prius datae: id eum non iuvat ita, ut ab ea summa retenta nunc domino comparenti restituenda excusetur. Habet enim adhuc hanc partem rei alienae, quam suam facere obiective nondum potuit. Excusaretur tum tantum, quando circumstantiae eiusmodi fuissent, ut summam inventam potuisset sibi retinere.

Verum domino apparenti palam restituere seu sese ut inventorem prodere pro Diogene periculosum est, cum se exponat periculo subeundi coactionem ad restituendam summam totam. Quare eligere potest restitutionem occulte faciendam.

NECESSITAS A RESTITUTIONE EXCUSANS.

Casus. (236)

Diomedes, vir nobilis et mediocriter dives, ad augendam fortunam negotiationes apud bursam agit. Consensit quidem, ut compluribus aliis fraudulenta operatione damnum, sibi lucrum, aliquot milium marcarum, fieret; verum cum satis astutus non sit, in decursu negotiationum res feliciter non cessit, sed ruinam fere fortunarum suarum incurrit. Retinere quidem ei permissum est, quae ad parcam sustentationem necessaria sunt; sed cum in confessione audiret de restitutione propter commissas fraudes sibi incumbente, quasi in desperationem actus deliberare coepit de duabus filiabus suis prostituendis; ex eiusmodi enim restitutione se in summas angustias coniciendum esse videt.

QUAERITUR 1° quae necessitas excuset a restitutione.
2° confessarius quid Diomedi imponere debeat.

Solutio.

767   AD QUAESITUM 1^m R. 1. Cum extrema vel quasi-extrema necessitas permittat ex alienis *sumere,* facilius permitti debet aliena non reddere vel restitutionem *differre.* Requiritur tamen omnino gravis necessitas, in qua debitor versetur vel per restitutionem coniciendus sit, ut dilatio diuturnior concedatur; nam levis seu brevis dilatio restitutionis ex minore causa permittitur, quando creditori ex ea novum damnum grave non infertur.

R. 2. Necessitas illa nimis gravis, quae excuset a restitutione nunc peragenda, sumi debet secundum condicionem debitoris. Qui non tenetur status sui iuste acquisiti deiectionem pati, diminutionem tamen sustinere debet. Quare virum nobilem ad omnem famulatum abiciendum theologi non obligant, obligant tamen, ut eiusmodi expensas diminuat, quo colligere possit quae restituat. Cf. S. Alphons. III, 698, 5. 7.

Ad quaesitum 2^m R. 1. Ut ex narratis patet, Diomedes statum suum et expensas consuetas iam necessario multum diminuit; quare si nunc urgeretur ad restitutionem faciendam, in egestatem redigeretur. Confessarius igitur debet ei dicere obligationem illam reparandi fraudes non quidem exstingui, at in hisce circumstantiis suspendi, dum melius restituere possit.

R. 2. Ad rem nostram habes ex Busembaum, quem S. Alph. tacite approbat III, 698, 9: „Item excusaris a restitutione, si fieri nequit absque periculo animae tuae vel tuorum; ut v. g., si non possis absque peccato, ut, si sit periculum, ne uxor aut filiae se prostituant, ne filii se dent latrociniis, ne ipse per impatientiam incidas in desperationem. Bonac., Less., Molina, Filliucc."

Quod comprobatur alio loco S. Alphonsi, vid. III, 520, ubi S. Doctor quaerit, ob quamnam necessitatem liceat alicui ex alienis bonis necessaria assumere. Dicit igitur: „Sed dubitatur, an putetur eadem necessitate laborare pater, qui ob inopiam est in periculo prostituendi filiam. Affirmat Bonacina, et consentit Mazzotta cum Caietano, Suarez etc. Sed probabilius contradicunt Salmantic., quia nulla necessitas potest cogere aliquem ad peccandum, cum possit alia via, saltem mendicando, suae necessitati subvenire. Sed quid, si aliquem virum honoratum valde puderet mendicare. . . . Negant Salmant. etc. . . . Affirmant vero . . . *Hocque probabilius mihi videtur, si pudor mendicandi esset tantus, ut potius ille mortem subire vellet quam mendicare.*"

Unde conclude facilius sane posse permitti dilationem restitutionis quam alienorum bonorum invasionem.

INDUSTRIA AD DECLINANDAM SOLUTIONEM DEBITORUM.

Casus. (237)

Gaudentius negotiator, audax in negotiis suscipiendis, multas congessit divitias; nunc vero implicatur aliquo negotio, ex quo sibi impendet damnum 500 000 marc. Ex lucro antea facto coëmit praedia et villas et agros valoris circiter vicies centenum milium marc. Quae ut salvet, tempore opportuno transfert in uxorem. Post annum nondum elapsum cogitur cedere creditoribus bona sua, quae 400 000 marc. haerent infra debita adhuc solvenda.

Quaeritur 1° num Gaudentius tuta conscientia ita agere potuerit.
    2° quid dicendum, si ante suscepta negotia, quae vix non semper cum spe lucri etiam periculum damni secum ferunt, maximam bonorum partem vel lucra annua in uxorem transtulerit, sibi retenta sola sorte, qua negotiari pergit.
    3° debeatne uxor ex bonis acceptis restituere seu integra debita solvere.

Solutio.

769   Ad quaesitum 1ᵐ R. 1. Attendendum est imprimis principium ab omnibus statutum, non licere contrahere debita cum proximo periculo non habendi unde solvantur, neque licere res alienas gravi vel proximo periculo capiendi detrimenti exponere; ita enim agere ab omnibus pro iniustitia habetur. Haec tractantur late apud Lugo, *De iust. et iur.* disp. 20, sect. 6.

R. 2. Similiter tenendum est, quod Lugo l. c. n. 116 tradit: „Communis et verior sententia ponit obligationem restituendi in foro conscientiae, quoties, qui rem accipit (vid. a debitore impotente ad solvendum) sive titulo lucrativo sive oneroso, conscius fuit impotentiae debitoris ad solvendum suis creditoribus, sive ad id inducat sive non inducat, sed solum acceptet rem gratis vel cum onere oblatam."

Quod magis explicatur ex iis, quae n. 113 dixerat, videlicet eum, qui mala fide acceperit a debitore impotente, teneri ad restitutionem creditoribus faciendam; quibus addit: „nam qui bona fide accipit ignorans damnum creditorum, non peccat contra iustitiam nec tenetur ad restitutionem, nisi rem alienam vel hypothecatam acceperit, vel si titulo lucrativo accepit, quo casu tenetur ad id, in quo factus est locupletior", videlicet quamdiu non praescripserit.

770   R. 3. Inde deduci debet negotium aliquod suscipi non licere, si quando grave periculum est, ne damnum oriturum excedat facultates negotiatoris; neque tali periculo *gravi* obici posse pecunias mutuo acceptas, nisi forte consentientibus mutuatoribus.

Communi tamen seu ordinario periculo quod cum negotiatione vel industria, quae spem lucri faciat, coniungi solet, etiam mutuatam pecuniam obicere licebit, idque eo magis, quo maiores usurae annuae solvuntur. Nam hoc ipsum aliquale sortis periculum cum facultate lucri faciendi ex pecuniis inseparabiliter coniungitur atque ita una ex potissimis rationibus est, cur ex pecuniis sine proprio labore annuum lucrum percipere liceat.

R. 4. Ex dictis patet Gaudentium iniuste egisse, cum periculum ex negotiatione oriundum advertens debita quidem contraxerit, sed facultatem solvendi per donationem uxori factam sibi adimere conatus sit. Atque etiamsi secundum leges omnia rite peregerit, eo quod donatio illa uxori facta subsequentem bonorum cessionem et solvendi impotentiam *declaratam* per legale tempus praecesserit, nihilominus in conscientia reus est commissae iniustitiae.

771   Ad quaesitum 2ᵐ R. 1. In secundi Quaesiti suppositione Gaudentius ex suis bonis numquam amplius quid committit periculo damni nisi certam aliquam pecuniae summam, cum, quae lucra ultra acquirat, eo ipso acquirantur uxori. Quod per se iniustitiae accusari nequit; alioquin quaelibet societates, quae vocantur societates *actionum* seu anonymae, iniustitiae essentialiter reae essent.

R. 2. Attamen ut in tali agendi modo Gaudentius rite et iuste procedat: 1) hanc bonorum suorum dispositionem iis, quibuscum negotiatur et quorum interest, notam reddere debet (saltem per publicam inscriptionem in tabulis, quae inspici a singulis possint); 2) Gaudentio non licet negotiationes adeo periculosas inire, quae *grave* inducant periculum se reddendi impotentem: nam eo ipso iniuste agit contra eos, erga quos contrahit debita, quae solvere verisimiliter non possit.

R. 3. Quando negotiator ab initio haec agit, ut bonorum maximam partem in uxorem transferat, quo securius negotiari possit: timendum est, ne audacior pericula etiam gravia damni spernat, si simul adsit spes aliqua, etsi minor, magni lucri, atque ita peccet contra eos, erga quos debita verisimiliter non solubilia contrahat. Sed si revera a tali audacia cavet et solummodo pericula communia et ordinaria subit, non peccat, etsi ex mero infortunio interdum accidat, ut talis negotiator solvendo impar evadat.

Ad quaesitum 3^m R. In proposito casu translatio bonorum facta est, cum iam exsisteret periculum damni. Hinc et Gaudentius iniustitiam commisit, et uxor in ea cooperata est. Quapropter indubie uxor tenetur in conscientia solvere debita mariti ex bonis ab eo acceptis, etsi lege regionis cogi non possit.

CESSIO BONORUM.

Casus. (238)

Castor, in suis speculationibus infortunio tactus, solvendo impar declaratus de novo incipit cum uxore sua aliquod negotium, quod satis prospere succedit. Castore brevi post defuncto, uxor negotium illud porro gerit, atque tum ex lucris negotii tum ex aliis donis et reditibus bona multum auxit, ita ut iam sine ullo condicionis suae detrimento antiqua illa debita, quae maritus non soluta reliquit, possit exstinguere. Quaerit autem ex confessario, num bona collecta in hunc finem expendere teneatur.

In quaestione proposita, ut iustum sit responsum, inquiri debet, seu:

Quaeritur 1° num maritus, si viveret, deberet debita illa etiam nunc solvere.
  2° quaenam sit uxoris, nunc viduae, condicio et obligatio solvendi debita.

Solutio.

Ad quaesitum 1^m R. 1. Si quis solvendo impar declaratur atque, cessione bonorum sive sponte sive iudicialiter facta, cum creditoribus paciscatur de quota debitorum parte solvenda: haec pactio non communiter sic intellecta est, quasi contineat reliqui debiti condonationem, sed obligationis solvendi suspensionem seu dilationem, ita ut solvendi obligatio, quam primum commode fieri possit, reviviscat. — Ita S. Alphons. III, 699, ubi approbat et confirmat doctrinam Busembaum: „Quodsi tamen postea redeat ad pinguiorem fortunam, tenetur adhuc restituere." Marc, *Instit. Alphons.* n. 1022: „Per cessionem bonorum . . . suspenditur quidem sed non tollitur restituendi obligatio: quia, nisi de opposito alicubi constet, nec lex (saltem in plerisque Europae statibus) nec creditores intendunt remittere debitori illam partem, quam nondum solvere potuit." Aertnijs l. 3,

n. 365, postquam retulit sententiam negantem obligationem postea solvendi et sententiam affirmantem communiorem, concludit: „Usus hodie est inter negotiatores, saltem apud nationes mercatrices, ut post cessionem admissam infortunatus debitor in posterum amplius non conveniatur; quod sane prodest bono communi commercii; quia, cum precaria semper sit negotiatorum fortuna, par est pro quolibet spes lucri et periculum damni. Utrum autem ex usu isto inferri possit vera condonatio, decidere non audeo. *Unde in praxi, donec de condonatione satis constet, debitorem solutioni obnoxium esse concludendum est.*"

R. 2. Fieri igitur potest, ut propter specialia adiuncta creditores satis clare manifestent voluntatem suam numquam amplius quidquam a debitore repetendi. Quod si vel aperte seu explicite declaraverint, vel si prudenti iudicio id ex modo agendi creditorum colligitur: debita habeto pro exstinctis.

R. 3. Fieri etiam potest, ut in aliqua regione evaserit communis, etiam piorum virorum, interpretatio cessionis bonorum, ut, qui eam fraudulenter non induxerit, per eam obtineat debitorum integram exstinctionem. Quae interpretatio, scientibus omnibus, aliquod periculum imponit imprimis pecuniis mutuo datis: quod ex se non est iniustum, sed potius hodiernae quasi-fertilitatis condicioni pecuniarum consentaneum. Quare ubi de tali interpretatione usuali *constiterit,* existimo eum, qui inculpabiliter rerum suarum ruinam passus sit, posse hac consuetudine sibi favorabili uti universim. Immo quoad debita erga negotiatores et mercatores contracta hodiedum — ut supra notavi cas. 232 — generatim iam ubique ille usus videtur convaluisse.

Utrum vero et ubinam de tali consuetudine quoad *quaelibet* debita *quoslibetque* creditores in decoctione bonorum constet, diiudicandum est secundum leges locorum earumque consuetas interpretationes. Crolly, auctor Hibernus, in opere, quod inscribitur *„Disputationes theologicae de iustitia et iure",* tom. III, n. 1232 leges Anglicas sic interpretatur, ut iudicialis sententia, qua post cessionem bonorum debitor ab obligatione solvendi liberetur, „eum, si bona fide condiciones legis impleverit, ab *omni* obligatione praeterita debita iuste contracta solvendi liberare" censeatur, idque *etiam in foro conscientiae.* Nam post rationes allatas sic concludit: „Itaque sententiam, quam propugnavimus, quod ad usum attinet, certam esse censemus, quia stante tali dubio nemo cogi debet neque in conscientia obligari ad restitutionem faciendam."

R. 4. Quapropter, si Castor in omnibus sincere et candide egit, nullaque fraus intercessit, nec quidquam quod leges non permittant occultando retinuit: pro ipso Castore obligationem strictam postea solvendi, quando ad meliorem fortunam rediturus fuerit, facile dixeris dubiam vel nullam. — Quatenus vero in aliis regionibus talis lex vel consuetudo legitima non plene viget (cf. Sabetti, *Compend. theol. mor.* n. 463), eatenus obligatio exstincta haberi nequit nisi ex condonatione creditorum sive expresse declarata sive prudenter sumpta.

Ad quaesitum 2^m R. 1. Si communis fuerit mariti et uxoris negotiatio, ita ut per modum societatis essent uniti, atque eadem nunc mansit „Firma", quae debita contraxerat: id quod dictum est de Castore, etiam ad eius uxorem applica. Si vero ipsa suo nomine, dum Cato viveret, negotii socia non erat neque eandem „Firmam" continuat, circa debita a Castore contracta, etiam quando Castor teneatur, ipsa non tenetur, nisi *in quantum* a marito bona residua post eius mortem acceperit.

R. 2. Magis etiam, si uxor seu vidua post mariti mortem proprio nomine negotiata est vel alio modo bona acquisivit, ex iis non tenetur mariti debita solvere; idque ne tum quidem, si maritus in culpa fuisset, modo ipsa culpam non commiserit. Nam exsulante culpa, uxor non potest teneri nisi ex *bonis acceptis;* verum, ut supponitur, ipsa nihil a marito accepit neque a mariti creditoribus ipsa acceperat.

R. 3. Si vero fraus intercessit, etsi coram lege civili fraus non possit probari vel pro fraude non habeatur, v. g. si, post cognitum labilem statum fortunae, pars bonorum translata fuerit in uxorem atque ideo creditoribus subtracta: uxor etiam post mariti mortem tenetur de omnibus damnis, quae hac agendi ratione creditores passi sunt. Si igitur, quando fraus non exstitisset, creditores integram solutionem accepissent sive statim sive postea, eo quod maritus consuetis industria et labore verisimiliter ea lucraturus fuisset quae ad integram solutionem suffecissent: uxor vidua omnia solvere debet eaque cum usuris, si creditores etiam hac in re damnum incurrerunt. Si vero Castoris condicio ea erat, ut, etiamsi fraudes non essent commissae, integram solutionem facere non potuisset, etiam eius vidua postea non tenetur totum solvere, sed eam partem, in qua ad efficax damnum creditorum cooperata est.

R. 4. Ad honorem mariti plenius servandum convenire quidem potest, ut uxor, maxime si *idem* est negotium quod sub suo quidem nunc nomine continuat, postea integre solvat; verum *obligatione* veri nominis non tenetur, nisi *contractu* se ad hoc obligaverit. Nam etsi forte post maritum defunctum eius negotium „*cum omnibus bonis et debitis*" assumpsit: haec per se intelleguntur de negotio secundum praesentem suam condicionem, non secundum condicionem praeteritam.

RESTITUTIONIS ELUSIO IUSTA AN INIUSTA.

Casus. (239)

Irminus equum apud Albertum collocaverat, pro expensis soluturus et mox eum repetiturus. Re vera postridie iratus in domum Alberti irruit, equum suum postulans, quem, ut Albertus intellexit, conscendere vult ad inimicum persequendum eumque interimendum. Quo intellecto, Albertus ilico mittit famulum, ut Irmini equum educat in agros, atque apud Irminum conqueritur, fatali casu equum cum aliis eductum esse in agros. Quod Irminum quidem in furorem excitat, cum videat se fraudatum spe inimici interimendi; hinc minatur se contra Albertum acturum esse de damno sibi illato.

Cum dein infeliciter accidat, ut equus sequenti nocte furto auferatur, Irminus ab Alberto petit pretium equi, eo quod in mora fuerit, quominus equus traditus sit, atque ita causa damni exsistat. — Albertus autem id graviter ferens cum se a solvendo pretio liberare non posset, occulta compensatione ab Irmino illud repetere studet.

Quaeritur 1° rectene Albertus Irmino equum subduxerit an reddere debuerit.
2° quaenam fuerit Alberto obligatio restituendi pretium equi.
3° potueritne uti occulta compensatione.

Solutio.

777 Ad quaesitum 1^m R. 1. Pro causa a restitutione rei alienae excusante communiter afferunt damnum creditoris vel alicuius extranei. (Cf. *Th. m.* I, 1036.) Quod in nostro casu obtinet. Nam si Albertus Irmino equum restituisset petenti, Irminus gravissimum incurrisset damnum patrati sceleris, eius inimicus vitae periculum incurrisset.

R. 2. Quapropter Albertus non solum licite potuit equum celare, sed, quando sine suo damno valde gravi celandi facultatem habuit, celare debuit atque restitutionem differre.

778 Ad quaesitum 2^m R. 1. Ex responsis ad Quaes. 1^m patet Albertum in mora culpabili, quominus equus redderetur, non fuisse neque ex hoc titulo Irminum posse repetere pretium equi casu sublati.

R. 2. Videndum est, quo titulo Albertus equi custodiam assumpserit, num fortasse ex hoc restituendi pretii obligatio colligatur. Si solum ex amicitia vel humanitate equum custodiendum sumpsit, certe non tenetur de damnis equo illatis, nisi gravem commiserit neglegentiam. Hanc autem non commisit.

R. 3. Si quasi ex munere suo equum custodiendum assumpsit, eo quod publici receptaculi sive pro hominibus sive pro solis animalibus curam gerit, videri debet consuetudo et lex regionis, ut sciatur, ad quamnam diligentiam et quamnam periculi cautionem Albertus teneatur. Sic secundum ius Germ. § 701 caupo cavere debet de damno illis rebus illato, quae eius custodiae ab hospitibus traditae sunt, nisi vi elementari aut ab ipso hospite eiusve sociis periculum et damnum fuerit inductum.

779 R. 4. Attamen in nostro casu ne hunc quidem titulum videmur applicare debere. Nam quicumque contractus vel quasi-contractus circa custodiam equi Irmini intercesserit, illum contractum licet Alberto pro rescisso habere, eo ipso quod Irminus tanta vehementia tantaque ira commotus suum equum sibi reddendum postulaverit. Ab hoc momento Albertus, rescisso contractu circa equi custodiam, agere potuit et egisse censendus est ex iure suo, quod habuit, propulsandi gravissimi damni tum ab Irvino ipso tum ab eius inimico. In hunc finem equum Irmini abduxit alio, atque in hac abductione equus sine culpa Alberti damnum passus est. Quod damnum ferre debet dominus, non Albertus.

780 Ad quaesitum 3^m R. 1. Si re ipsa causa iudicialis instructa est de mora culpabili Alberti, quam abfuisse Albertus probare non po-

tuerit, quia non potuit probare Irmini intentionem pravam interimendi inimici: accusatio erat iniusta et sententia obiective iniusta nixa in falsitate facti. Hinc Irmino ex illa sententia nullum ius ortum est, neque iure retinere potest pretium acceptum. Quod si ita est, Alberto in foro conscientiae competit ius occultae compensationis.

R. 2. Ex iis autem, quae dicta sunt, elucet alium titulum, ex quo Albertus iuste condemnari possit ad pretium equi solvendum, non solum non allegatum esse, sed ne potuisse quidem iuste allegari. Manet igitur Alberto occultae compensationis ius in conscientia.

RESTITUTIO EX BONIS ECCLESIASTICIS DETENTIS.

Casus. (240)

Conradus complura possidet praedia, quae sunt ex bonis ecclesiasticis saecularizatis. Nescit, num causa illa sit composita cum S. Sede, cum ab antecessoribus suis hereditate ea acquisiverit; neque impleta fuerunt umquam onera pia, quae illis possessionibus antiquitus inhaeserunt, immo ne sciri quidem amplius accurate illa onera possunt.

QUAERITUR 1° quod ius in bona ecclesiastica saecularizata nunc exsistat.
    2° onera antiquitus bonis illis inhaerentia num adhuc debeant impleri.
    3° quid in casu nostro faciendum sit.

Solutio.

AD QUAESITUM 1^m R. 1. Elapso saeculo a SS. Pontificibus ampla 781 facta est condonatio bonorum ecclesiasticorum a guberniis occupatorum; facta non est communis condonatio eorum, quae forte a privatis hominibus primum *occupata* fuerint; attamen eorum, quae a gubernio occupata dein ad privatos homines legaliter pervenerunt.

R. 2. Longum est omnes eiusmodi publicas condonationes enumerare. Praecipuae sunt hae:

1. Pro Gallia, i. e. pro regno Galliae, prout tum temporis exsistebat die 15 Iulii 1801, condonatio facta est eorum bonorum ecclesiasticorum, quae ad illud usque tempus a gubernio occupata erant. Illa quidem condonatio primitus facta restringebatur ad ea bona, quae a gubernio occupata *et alienata* erant: verum postea per resp. S. Paenit. 1818 et per Breve Pii VII d. d. 20 Oct. 1821 extensio facta est ad omnia bona, quae die 15 Iulii 1801 *occupata erant a gubernio,* sive alienata sive non alienata.

2. Similis condonatio pro regno utriusque Siciliae habetur 7 Mart. 1819.

3. Pro tota Sardinia habetur condonatio d. 14 Maii 1828.

4. Pro Belgio condonatio facta est d. 16 Sept. 1833.

5. Pro regno Borussiae d. 27 Nov. 1891 condonatio diei 15 Iulii 1801 quoad dioeceses Colon., Trevir., Monast. ita extensa est, ut idem valeat relate ad occupationes a gubernio Gallico usque ad finem anni

1814 in sinistra Rheni ripa continuatas; ultima condonatio die 7 Febr. 1894 extensa est „ad bona ecclesiastica, quae in toto regno Borussiae usque ad finem anni 1824 saecularizata sunt et de praesenti a privatis tamquam propria possidentur vel in posterum possidebuntur" (*Anal. eccl.* III, 211).

782   AD QUAESITUM 2^m R. De oneribus S. Sedes satis clare disposuit, ut hortaretur quidem possessores bonorum antea ecclesiasticorum ad onera pia iis antiquitus inhaerentia adimplenda, strictam et veram obligationem non imponeret.

Quod eo magis S. Sedes facere potuit, quod ob gravem causam possit defectum illorum piorum operum atque auxilii, quod alias ex iis secundum intentionem fundatorum oriundum sperabatur, ex thesauro Ecclesiae supplere.

783   AD QUAESITUM 3^m R. 1. Si Conradi possessiones sunt intra fines Borussiae et quidem ex illis saecularizatis: dubium serium exsistere amplius non potest, ut patet ex responso d. d. 7 Febr. 1894. Si extra regnum Borrussiae quidem possessiones sitae sunt, at ex iis, quae sub perturbatione Gallica a gubernio occupatae sint, imprimis videri debet, num fuerint usque ad 15 Iulii 1801 iam occupatae; alias condonatio non exsistit, nisi forte per condonationem in concordato cum respectivo regno a S. Sede inito amplior condonatio continetur, cuius tenor respici debet.

R. 2. Si per generalem condonationem res pro finita haberi debet, de persolvendis piis oneribus ex supra dictis scrupulus sublatus est.

R. 3. Si vero bona a Conrado possessa ea sint, ad quae condonatio non extenditur, recursus haberi debet ad S. Sedem (si res agitur in confessionali, recursus fieri potest per confessarium ad S. Paenitentiariam, quae reliqua providebit), et accurate ea observanda erunt, quae Roma scribentur.

Atque imprimis eiusmodi recursus necessarius erit, quando agitur de recenti rerum ecclesiasticarum occupatione vel acquisitione, ut de ea, quae in Italia ultimis decenniis facta fuerit. Neque ita absolute et sine omni cautione haec condonatio atque a censuris absolutio dari solet, ne usurpatorum audacia nimis crescat.

DE CONTRACTIBUS.

CONTRACTUS DE RE TURPI.

Casus. (241)

Tiberius, homo ferox, tempore dissidiorum publicorum conducitur ab aliquo virorum consortio ad occidendum adversarium ipsis valde exosum. Data arrha 20 mc. promittunt pro patrato facinore duo milia marcarum et opportunitatem fugiendi in Americam.

Cui Tiberius, cum gravetur cura, quam agere debet matris vetulae, libenter assentit. Patrato crimine, isti viri nihil solvunt, Tiberium relinquunt, qui capitur, convincitur, morte multatur: mater superstes, in summas angustias redacta, vix extremae necessitati potest providere.

Quaeritur 1° valeatne contractus turpis vel pretii eius aestimatio.
2° sitne iniuste actum contra Tiberium eiusve matrem.

Solutio.

Ad quaesitum 1^m R. 1. Contractus de re turpi seu illicita quacumque praestanda sane invalidus est, cum nemo obligari possit ad ea praestanda, ad quae omittenda obligatus est. — Attamen ex hoc nondum sequitur post rem turpem praestitam non esse obligationem reddendi ea, quae pro re ista turpi fuerint promissa. Nam haec promissi solutio seu impletio aliquid turpe per se non continet.

R. 2. Non pauci quidem scriptores censent contractus quoslibet de re turpi seu illicita ita esse invalidos, ut etiam post rem illicitam praestitam non sit promissam mercedem solvendi iustitiae obligatio. Verum id universim tenere ducit ad absurda, v. g. labores die Dom. praestitos non esse solvendos; ducendae puellae sub promissione matrimonii seductae nullam esse obligationem, etc. Proin practice teneri debet contrarium, nisi forte in quibusdam rebus lex positiva in poenam criminis vel communis boni protectionem ius exigendae mercedis sustulerit — id quod publicae auctoritatis facultatem non excedit. Cf. *Th. m.* I, 1052 sqq.

R. 3. Antecedens igitur contractus turpis continet in se laboris et periculi, quod cum re turpi praestanda coniungitur, vel similium appretiatio ex conventione. Cui per se postea standum est, nisi clare appareat esse promissionem excessivam. In quo casu prudenti iudicio merces promissa reduci potest.

785 Ad quaesitum 2^m R. 1. Erga matrem superstitem obligatio iustitiae *immediate* contracta non est, sed eatenus tantum, quatenus commissa est iniuria seu iniustitia contra Tiberium, eum impediendo quominus matrem quam voluerit sustentare potuerit. Aliter ex aequitate quidem urgeri potest, ut illi subveniatur, postulari ex iustitia non potest.

R. 2. Sed quatenus mater superstes heres est Tiberii defuncti, intrat in eius iura realia. Quare quaestio manet circa obligationem solvendae summae promissae. Quae obligatio videtur sustinenda esse tum ex iis quae supra dicta sunt de appretiatione rei, tum ex eo quod actio illa gravissimas habeat sequelas, videlicet damnum et periculum summum praevisum, ad quod subeundum Tiberius, nisi sibi solvatur, fraude et circumventione inductus est, adeoque iniuria; verum damnum, fraude causatum, ab iis ferri debet qui fraudem intulerunt.

786 R. 3. Nihilominus quod ad priorem rationem, rei praestitae appretiationem, attinet, in nostro casu dici probabiliter potest eam lege positiva eludi, eo quod actionem homicidii, quod libere demum Tiberius patravit, lex positiva summa poena puniat, quae mercedis cuiuslibet accipiendae ius secum auferat.

Verum remanet saltem altera ratio fraudis commissae eiusque damnosae. Quapropter existimo ex hac ratione non exsistere quidem formaliter ius ad *mercedem* promissam, sed ad indemnitatem praestandam pro damno causato: quae indemnitas Tiberio quidem, postquam capite plexus est, praestari amplius nequit, praestari tamen potest matri, tum quod heres sit filii eiusque iurium realium, tum quod ipsa per se damnum passa sit per impossibilitatem, in quam Tiberium fraus illa induxit, matri subveniendi. Quae damna saltem aequivalent summae promissae.

Hinc sentio ex iustitia Tiberii matri subveniendum esse ab iis, qui Tiberium fraudulenta promissione ad crimen capitale instigaverunt.

DE OBIECTO CONTRACTUUM.

Casus. (242)

Claudius gravissimum habet negotium urgens in aliquo vico tractandum, ex quo pendent ingentes divitiae aliquot millionum marcarum.

Aberrat a via, devertit fessus in primam quam reperit domunculam. Exponit summam necessitatem, in qua sit, quam celerrime perveniendi in istum vicum. Petit igitur, ut sibi pro mercede quantalibet paretur qua indigeat cena, ut sibi commodetur equus, suo interim ibi relicto, et ostendatur via recta ad vicum. — Herus causatur has esse res sibi non consuetas; at cum Claudius pro quantolibet pretio ea postulet, pro parca cena herus computat 20 mc., pro commodando equo per diem 100 mc., posita condicione ut, si detrimentum capiat, sibi pro eo 2000 mc. solvantur; item pro servitio 5 minutorum, quo rectam viam et tutam indicet, 80 mc., quamquam idem iter ipse facere debebat ad propria agenda negotia. Quae omnia Claudius nullis querelis obiectis solvit.

Quaeritur 1° quae sint generatim condiciones rei, de qua contrahatur.

2° fuerintne illi contractus iusti et validi in casu.

Solutio.

Ad quaesitum 1ᵐ R. 1. Praecipuae condiciones rerum, de quibus paciscuntur, sunt hae: 1) ut sit res possibilis idque tum etiam moraliter secundum vires physicas, tum secundum leges morales, neque in genere tantum, sed etiam ipsi paciscenti; 2) ut res sit satis determinata, quo sciatur, de qua re agatur; 3) ut res suo modo sit pretio aestimabilis. Ratio, cur hae condiciones necessariae sint, per se facile intellegitur.

R. 2. Imprimis in contractibus permutationum attendi debet ad aequalitatem rei ad rem: alioquin committitur iniustitia. Iustitia enim in permutationibus exigit, ut tantum recipiam ab altero, quanto me privem in huius favorem, et ut tantum contrahenti cedam, quantum ab eo recipiam.

Ad quaesitum 2ᵐ R. 1. In proposito casu totum pendet ab eo, utrum secundum necessitatem alienam, cui succurro, et a quo liberari alterius multum interest, vel secundum utilitatem quam res sive actio mea alteri affert, pretium, quod exigam, augere possim. — Hoc complures quidem, imprimis recentiores, eatenus admittunt, quatenus propter eiusmodi utilitatem (non propter necessitatem) pretium ultra id, quod aliter sit pretium iustum summum, augeri liceat; idque ex praxi communi, etiam hominum piorum, putant posse confirmari: quos vide infra in casu subseq. n. 792.

R. 2. Verum, si in venditione sistimus, tali agendi modo omnis conceptus iustae venditionis evertitur. Nam utilitas aliena, quae in eius persona, arte, industria vel labore, vel in singularibus circumstantiis in quibus versetur plane nititur, non proprie rei, quam vendo, inest neque umquam inerat. Haec utilitas numquam erat neque erit mea: quodsi mea non fuit, eam vendere non possum; et re vera non hanc sed rem vendo. Quare ex tali causa pretium ultra pretium ex se summum iustum augere habeo pro strictae iustitiae laesione.

R. 3. Attamen cum ego alteri occasionem praebeam magnae utilitatis vel lucri, aequum est, ut emptor ex liberalitate vel gratitudine mihi ultra pretium iustum sponte sua donum liberale offerat. Licet igitur pro *pretio* ultra summum pretium iustum postulare nihil possim titulo venditionis, licet tamen titulo gratitudinis seu doni liberalis aliquem excessum accipere. Sed tale donum debet esse gratuitum, neque postulare neque stipulare illud possum. Cf. *Th. m.* I, 1050.

R. 4. Percurrentes singulas res in casu proposito, haec habemus notanda:

1) Quoad cenam praeparatam facile permitti potest, ut pretium maius postuletur, quam quod caupo pro ea postulasset. Qui enim ex improviso aditur, longe maiores habet labores minoremque facilitatem: verum ad 20 marcas ascendere modum plane excedit.

2) Quod equum commodatum spectat, pretium diurnum pro commodato equo ad 100 mc. attollere impudentia est, maxime cum periculum damni, quod timeri possit ex viribus equi ultra modum exhauriendis, stipulatione ingentis pretii remotum sit.

3) De stipulatione pretii pro equo, si forte detrimentum sumpserit, idem dici debet, scilicet esse pretium maxime iniustum, si equus est ordinarius ruralibus laboribus destinatus; aliter, si esset exquisitae speciei.

4) Demum quod ille homo utilitatem Claudio praestiterit sine ullo labore ostendens viam breviorem et tutam, id quidem ex parte Claudii est pretio aestimabile, sed non ex parte rustici, qui ostendit; mercedem autem postulare nequit nisi pro eo quod ex parte *sua* fecit. Iniustum igitur est pro hac re 80 marcas postulare; sed iniustum non est, eam summam, si ex liberalitate et gratitudine a Claudio offertur, *pro dono accipere*.

Quapropter agricola ille, qui Claudium adeo pressit, ut tantam summam ab eo extorqueret, securus in conscientia esse nequit, nisi Claudio fateatur excessum commissum ab eoque rogans illum excessum pro dono acceperit. Hoc demum modo eoque solo vitium purgatur, et pro titulo commutationis, qui iniustus est, iustus titulus donationis substituetur.

PRETIUM QUADRUPLUM.

Casus. (243)

Alaricus agricola agros villae viri nobilis et divitis vicinos possidet. Omnino prope villam erigit stabulum animalium: quo fit, ut strepitu, sordibus et foetoribus viro illi nobili magnum creetur incommodum. Quapropter hic conatur emere agrum. Id quidem Alaricus intenderat, sed se invitum gerit neque in vendendum illum agrum se consentire posse dicit, nisi accepto pretio affectionis: quod re vera quadruplo maius statuit, quam quo communiter ager ille aestimatur.

Quaeritur rectene egerit Alaricus.

Solutio.

Ad quaesitum R. 1. Plane recte Alaricum egisse quis dixerit? Nam ignobile saltem est et aequitati contrarium eiusmodi artibus uti, ut pretium venditionis augeatur. Verum hoc loco illud potissimum spectandum est, utrum iustitia commutativa sit laesa necne.

R. 2. In erigendo stabulo animalium et in eligendo loco videtur Alaricus iure suo usus esse; alicubi enim illud erigere sibi necessarium erat, in quonam determinato loco id facturus esset, erat in suo arbitrio positum. Dubitare aliquis potuerit solummodo ob § 226 iuris Germaniae, si ibi res acta est. Paragraphus illa negat vel aufert domino ius utendi re sua seu de ea disponendi eo solo fine, ut alter damnum patiatur. Sed ne haec quidem iuris positivi dispositio, ceteroquin valde iusta, huc applicari potest. Finis enim internus illius stabuli construendi seu *finis operis* est sane finis oeconomicus ad procreanda et alenda animalia; esto finem externum seu *operantis*, quem Alaricus simul mente conceperit et alat, esse incommodum creare viro vicino eumque movere ad offerendum pretium magnum pro agro.

Unde deduco, si vicinus ille dives ob situm stabuli sibi valde ingrati Alarico obtulisset pretium, quo hic cederet iure suo, et ille pacisceretur, infra certam distantiam a villa quidquam simile numquam aedificandum atque stabula quae adsint transferenda esse: haec summa oblata, etsi satis magna, sine iniustitia accipi potuisset. Verum pretium illud debebat notabiliter haerere infra pretium ipsius agri, cum non de agri dominio cedendo, sed de restringendo usu agri ageretur. Alioquin non esset pretium contractus, sed donum viri divitis, quod hic non videtur voluisse omnino liberaliter conferre.

R. 3. Alaricus potuit in hisce circumstantiis pretium agri *alias summum* iuste exigere; immo si revera ex suae possessionis diminutione incommodum aliquod sensit, etiam pro hoc incommodo insuper rationabilem potuit compensationem accipere. Sed pretium „affectionis", quod pretium rei in se spectatae arbitrarie excedat, postulare mea sententia non potuit, nisi re ipsa ex certa quadam ratione singularem affectionem ad agrum habuit, v. g. quod sit res per longas generationes hereditate accepta, vel simile aliquid. Attamen eiusmodi affectionem eum habuisse casus non solum non innuit, sed innuit potius eam non adfuisse sed ab Alarico solummodo esse praetensam.

R. 4. Timendum igitur est, ne Alaricus re vera propter excessivum pretium iniustitiam erga divitem vicinum commiserit. Si consilium quaerit, sane suadendum ei est, ut saltem mediam summam acceptam restituat. Esse tamen theologos qui putent pretium augeri posse non propter necessitatem quidem, sed propter affectionem vel singularem utilitatem emptoris ex re hauriendam, supra in casu praecedenti notavi. Quod mihi quidem non probatur, nisi propter eiusmodi utilitatem aliaque adiuncta rei valor *communi aestimatione* creverit; at si quis putet se illorum theologorum auctoritate nixum rem pluris vendere posse, eius conscientiam non perturbabo. Verum qui pretium *augeri* dicunt, nondum ilico pretium quadruplum pro iusto statuunt.

Sententiam secundum quam non liceat propter utilitatem soli emptori orituram pretium augere, tenet S. Thom. Aqu., *S. th.* 2, 2, q. 77, a. 1 c.; S. Alph. III, 806; Palmieri in Ball., *Opus theol. mor.* t. 8, p. 3, n. 395; Bucceroni, *Inst. theol. mor.* I de 7° praec. n. 294; Marc n. 1130, Q. 4°; Aertnijs l. 3, n. 474.

Marc autem addit: „Contradicunt tamen plures moderni ob receptam consuetudinem adaugendi pretium rei quae emptori speciale allatura est commodum", nominatque Scavini II, 393 adnot. ad 3; Gousset I, 840. — Aertnijs ita dicit: „Verumtamen, si emptor non ex necessitate, sed solius commodi vel oblectamenti causa rem aliquam exoptet et propterea non publicum venditorem sed hominem privatum roget, ut ei rem illam vendat, tunc hodiedum usus et aestimatio communis habet, ut pretium crescat. Ita moderni theologi Konings n. 967 4°, Berardi, *Praxis conf.* n. 491 C". Quibus addi possunt Waffelaert, *De iustitia* I, n. 615; Marres, *De iustitia* lib. 4, n. 188; similiter Génicot I, n. 633 et Noldin II, 588, qui alteram quidem sententiam *communem* vocant, huic tamen benigniori non negant omnem probabilitatem.

EMPTIO FILIORUM MINORUM.

Casus. (244)

Guido et Felix, pueri 14 annorum studiosi, prior filius divitis mercatoris, alter egeni opificis, sibi emunt singula horologia pretii 60 mc., quod Guido ex iis solvit, quae genii gratia a patre et avo conceduntur, Felix ex summa, quam pro patre acceperat a debitore domum transferendam. Patres vero Guidonis et Felicis indignabundi de levitate filiorum et de pretio horologiorum, quod pro excessivo habent, cum pro 50 mc. possint alia eiusdem qualitatis comparari, adeunt artificem postulantes rescissionem contractus, quam artifex denegat, eo quod levitate et stultitia emptorum horologia iam detrimentum ceperint.

Fulvius caupo studiosis iuvenibus 16—20 annorum copiosum subministrat potum pecunia non soluta, sed solutione dilata, immo non raro dat iis pro mutuo pecuniam accepto chirographo, quo se debitores agnoscunt. — Verum tum parentes tum complures ex istis iuvenibus maiores facti denegant solutionem.

Quaeritur 1° filii familias minores num possint valide contrahere.
2° rescissio contractus iustene postuletur an denegetur.
3° quid censendum sit de debitis illis ex potatione similibusque rebus contractis.

Solutio.

Ad quaesitum 1ᵐ R. 1. Vix non ubique leges positivae facultatem contrahendi minoribus restrinxerunt, ita quidem ut non possint firmiter contrahere, si agatur de re adhuc praestanda, vel si res acta cedat in filii minoris detrimentum seu incommodum. Ad firmiter contrahendum indigent consensu curatoris, qui quoad filios familias est ipse pater. Rescissio igitur contractus non iis quidem, qui scientes cum minore contraxerunt, sed ipsi minori eiusve curatori conceditur, secundum complura iura simpliciter, secundum *Gallicum* (art. 1125) et *Anglicum,* si se laesum esse probaverit. Cf. Marc, *Inst. Alph.* n. 1039; D'Allègre, *Le code civil commenté* ad l. c.

R. 2. Nihilominus si agitur de rebus minoribus, in quibus contractus perficitur traditione rei et solutione pretii, generatim valet contractus, quando sumi potest adesse consensum parentum vel curatorum. Accuratius videndae sunt leges regionis. Ius Germ. dicit § 110 contractum *valere,* „si minor *praestiterit* ex iis, quae sibi vel *ad hoc* vel *ad liberam dispositionem* sive a legitimo curatore sive eo consentiente a tertio data sint".

R. 3. In aliis rebus, si minor *fraude* usus est, rescindendi contractus ius sane non amittit *curator:* verum filius ille minor tenetur ex fraude sua, ideoque saltem postquam maior factus fuerit, ad praestandam indemnitatem.

Ad quaesitum 2^m R. 1. Guido solvit horologium ex iis pecuniis, quae ad liberam dispositionem a patre vel eo consentiente acceperat. Quare in Germania saltem venditio a patre Guidonis rescindi nequit; neque ibi Guido in casu allato *laesionem* praetendere potest, cum tantus non sit, si vere est, pretii excessus. — In aliis locis videri debet, num forte admittatur actio contra artificem in favorem Guidonis *ut laesi:* quae si conceditur, eam etiam in foro conscientiae licet instruere.

R. 2. Felix emit non sua pecunia sed patris: quare praestatio facta non est ex iis, de quibus vel ad hunc finem vel alias libere potuerit disponere. Quare contractus a patre Felicis sane potest rescindi; neque videtur ei difficile esse *probare* emptionem factam esse a filio non legitime.

R. 3. Quod nunc artifex causatur horologiis iam damnum illatum esse culpa emptorum: id illum iuvare quidem potest contra Guidonem eiusque patrem, non vero contra patrem Felicis; neque, si verum est, a Felice indemnitatem potest recipere. Neque postea Felicem, postquam maior factus fuerit, puto in conscientia ad quidquam teneri, eo quod supponi nequeat gravem ab eo culpam esse commissam.

Ad quaesitum 3^m R. 1. Quae iuvenes illi soluta pecunia emerunt et consumpserunt, de his contractus non rescinditur; sed caupo ea iure suo retinet, utut forte peccaverit illis iuvenibus connivendo in excessibus.

R. 2. Quae vero debita facta sunt apud cauponem sive bibendo sive pecunias in mutuum acceptas dilapidando: haec solvi a parentibus certe non debent, neque ex suis bonis neque ex bonis filiorum, si quae propria habent sub administratione parentum.

R. 3. Si quam pecuniam in mutuum acceptam iuvenes illi etiamnunc retinent, hanc certe reddere debent cauponi; immo etiam pro expensis *utiliter factis* debent solvere, sive parentes sive filii ipsi, idque, si parentes non fecerint, filii etiam postea maiores facti. Ad quas expensas utiliter factas etiam referenda ea esse puto, quae ad *honestam* recreationem secundum uniuscuiusque statum et condicionem pertinent.

R. 4. Circa alia vero debita inhoneste contracta, in quibus fraus vel dolus a iuvenibus commissus non sit, ne postea quidem, cum maiores facti fuerint, iuvenes illi stricte tenentur ex iure Romano; quam dispositionem ubique in conscientia valere posse puto, nisi lex regionis *clare* contradixerit. Cf. *Th. m.* I, 1055; Marc l. c. n. 1040.

CONTRACTUS AB UXORE FACTI RESCISSIO.

Casus. (245)

Celerinus agens cum Anna uxore Bernardi, quam putabat habere liberam rerum suarum administrationem, ei vendidit villam. Qua stipulatione peracta, illi offeruntur pro eadem villa 1000 mc. amplius; quam oblationem dimittit pacto suo ligatus. Verum Anna, quae revera administrationem liberam non habebat, viro suo suadet ne consentiat, atque ita contractum rescindere vult, nisi Celerinus 500 mc. pretii stipulati remittat. — Cum vero alia vice Anna esset in condicione rem vendendi, atque post factam venditionem maius pretium ei offerretur, ipsa alteri emptori rem ilico vendidit, priore relicto.

Quaeritur 1° quinam possint contractum initum cum eo, qui non sit plene sui iuris, rescindere.

2° quid in casu proposito notandum.

Solutio.

796   Ad quaesitum 1^m R. 1. Haec contractuum rescindibilitas non est in favorem eorum, qui cum iure diminutis contraxerunt (hi enim non possunt rescissionem invocare), sed in favorem ipsorum qui pleni iuris non sunt, atque eorum qui cum illis cohaerent, ideoque eorum curatorum, heredum seu iuris successorum. Ita ex iure Gall., Germ. etc.

R. 2. Curator, qui confirmare potest eiusmodi contractus, postquam confirmavit, rescindere eos nequit, neque post eius confirmationem ab ullo possunt rescindi; alii autem, qui confirmare nequeunt, etiam post consensum scienter datum illam possunt revocare.

797   Ad quaesitum 2^m R. 1. Videri debet, num Anna Celerinum in errorem induxerit vel in eo confirmaverit. Si ita est, ipsa tenetur ex dolo vel fraude commissa Celerino damnum quod passus est resarcire. Alias Celerinus scire debuit vel inquirere in condicionem uxoris, quacum contrahere intendit; regimen enim bonorum inter coniuges solet in publicis libris esse inscriptum.

R. 2. Si igitur dolus vel fraus ex parte Annae abfuerit, Anna non impeditur, quin contractum rescindat secundum leges loci, vel etiam marito suadeat, ne consentiendo contractum confirmet.

R. 3. Quod Celerinus se ligatum putavit et impeditum, quominus oblationem sibi favorabilem acciperet, videtur ipse esse in culpa. Alioquin debuit statim urgere Annae maritum, ut declararet, velletne stare stipulationi cum uxore factae an ab ea recedere. Quodsi ille abnuerit stare contractui, Celerinus liber erat.

R. 4. Quando Anna ipsa vendidit, si aberat fraus, iure suo usa est, arripiens occasionem sibi magis favorabilem et rescindens contractum cum priore. Verum aequitas vel pro circumstantiis ipsa iustitia postulabat, ut priori emptori res intimaretur, antequam contractu hoc rescisso alter iniretur; atque ut prior emptor, si etiam ipse pretium similiter augere vellet, prae altero ius accipiendi villam haberet.

INTIMATIO ET ACCEPTATIO IN CONTRACTU.

Casus. (246)

Lysias litteris datis Roberto offert praedium statuto pretio. Cum responsum intra triduum exspectari possit, post elapsos 5 dies Lysias quaerit alterum emptorem, quocum negotium venditionis statim perfecit. Quo vix peracto accipit litteras Roberti, quas ilico scripserat, sed quae casu aliis litteris iunctae alio missae erant et tardius ad Lysiam venerunt.

Quaeritur 1° quaenam in contractibus requiratur acceptatio et factae acceptationis intimatio.
2° quinam contractus Lysiae valeat.
3° quid, si Lysias secundum emptorem nondum invenisset atque, cum Robertus responsum distulisset, demum post hebdomadam sese liberum declararet ab omni obligatione.

Solutio.

Ad quaesitum 1ᵐ R. 1. Ex natura rei requiritur, ut unus offerat, alter acceptet; utrumque externo modo fieri debet, ut de consensu constet.

R. 2. Si quando inter praesentes contractus fit, nullum dubium moveri potest de *mutua* consensus manifestatione: quae nisi *ilico* fit, neuter ligatur, atque etiam offerens libere potest recedere, nisi certum tempus deliberationis ipse concesserit.

R. 3. Si vero contractus fit inter absentes, non convenit inter doctores, utrum sufficiat post notitiam oblationis habitam acceptatio facta, an requiratur huius acceptationis erga offerentem intimatio. — Leges positivae generatim hac in re certi aliquid praescribunt, quod etiam in conscientia sit observandum. Nimirum generatim volunt, ut offerens post missas litteras non possit ilico revocare, sed stare debeat, nisi differatur acceptatio ultra tempus, quo soleat recipi posse responsio. Neque tamen offerens impeditur, quin retractationem mittat adeo celerem, ut retractationis nuntius veniat ante nuntium oblationis vel simul cum eo. (Ita etiam ius Germ. § 130.)

Ad quaesitum 2ᵐ R. 1. Lysias quarto vel quinto die revera liber erat secundum ius Germ. § 146 sqq., ac proin secundus contractus valebit, maxime cum non iam stipulatio, sed ipsa traditio videatur esse perfecta.

R. 2. Si cuius culpa probari potest, ex qua factum sit ut litterae a Roberto missae retardarentur: Robertus agere potest de indemnitate sibi praestanda, quatenus aliquod damnum ex emptione sibi utili impedita passus sit; alioquin illud infortunium ipse ferre debet.

Ad quaesitum 3ᵐ R. 1. Videntur leges positivae id offerenti (in nostro casu Lysiae) concedere, ut post elapsum terminum, quomodocumque ad se intimatio acceptationis non pervenerit, liber sit ab obligatione, seu oblationem factam pro suo arbitrio vel sustinere vel retractare possit. Ita saltem ius Germ. l. c. Ergo etsi Lysias secundum emptorem nondum invenerit, liber tamen est ad mutandas condiciones vel etiam ad retinendum praedium.

R. 2. Verum secundum idem ius Germ., quando vidit Lysias litteras Roberti ex parte eius legitimo tempore esse datas, ilico ei respondere debet se propter responsum non mature acceptum sese non amplius habere pro obligato; alioquin obligatur denuo.

Hinc Lysias in nostro casu debuit multo ante hebdomadam Roberto nuntium dare; et quia non fecit, stare debet priori oblationi, utpote quae in suppositione *Quaesiti tertii* per novum contractum nondum facta sit impossibilis. Si vero praedium alteri iam vendidisset atque similiter responsum Roberto mittendum tam diu distulisset: Robertus, si forte ex hoc damnum haberet, de damno illato posset agere.

ERROR IN CONTRACTU (I).

Casus. (247)

Arcadius sacerdos sibi quaerit pannum pro vestibus. Cum plures diversos inspexisset, sibi certum pannum eligit atque determinatam quantitatem separandam curat sibique „ad creditum" emit. Domum reversus pannum cum clariore luce inspiciat, non nigri coloris sed viridis esse sibique inutilem videt. Quare eum remittit neque vult solvere. Mercator non vult recipere atque solutionem pretii exigit.

Quaeritur 1° quid faciat error in contractibus.

2° quid de contentione inter Arcadium et mercatorem iudicandum.

Solutio.

801   Ad quaesitum 1^m R. 1. Error substantialis ex natura sua facit contractum *irritum* seu *nullum*. Substantialis autem error ille est, qui versatur vel circa ipsam obligationem (v. g. commutatio venditionis cum locatione) vel circa ipsum contractus obiectum, v. g. qui intendens emere farinam accipit arenam.

R. 2. Ad errorem substantialem pertinet etiam error circa qualitatem rei quae redundat in substantiam; aliquando etiam error in persona, quacum contrahitur. Verum non ita facile est distinguere, quandonam hi errores revera sint substantiales; et speciatim error in persona in contractibus bilateralibus onerosis non censetur substantialis; facilius in contractibus gratuitis.

802   R. 3. Error circa rei qualitatem, quae in substantiam non redundat, contractum ex se non facit nullum; facit tamen rescindibilem, si et dedit ansam contractui, i. e. si cognita qualitate contractus initus non esset, et error ille culpa alterius contrahentis in altero contrahente exstiterit. Alias rescindi nequit contractus onerosus simpliciter, sed id debet vel fieri ex mutuo consensu vel coniungi cum compensatione damni exorituri.

R. 4. Aliquando leges positivae accuratius determinant nullitatem vel rescindibilitatem: quae, quando erranti ampliora iura concedunt, tuta conscientia possunt invocari; naturale autem ius modo expositum in conscientia iis, quorum interest, licet interim observare, etiamsi a lege positiva non plene agnoscatur.

R. 5. Ius Germ. etiam in errore substantiali dicit contractus rescindibiles tantum (cf. § 119): quod practice tamen vix non perinde est ac eos statuere nullos; atque eos quidem sic rescindibiles pronuntiat, in quibus error occurrerit, *qui in commerico humano habeatur pro essentiali,* quando sumi debeat illius erroris cognitionem impedituram fuisse contrahentem a contractu.

Ius Gallicum rectius *nullos* pronuntiat contractus initos ex errore vel de *natura* contractus vel de eius *obiecto;* si error fuerat de qualitate substantiali obiecti (vel de persona contrahentis, quando in contractibus persona ipsa, quacum quis contrahere putabat, fuit causa contrahendi principalis) declarat eos *rescindibiles* (l. c. art. 1108, 1110, 1117).

AD QUAESITUM 2^m R. 1. Si Arcadius venditori *indicavit* se quaerere 803 pannum *nigrum,* venditoris erat vitium illud Arcadio indicare, cum hic postularet certam huius panni mensuram. Novit enim vel potuit et debuit nosse errorem hac in re pro Arcadio esse essentialem. Atque in hoc casu etiam ius Germ., etsi solam rescindibilitatem in casu erroris substantialis statuat, dicit per rescissionem non imponi rescindenti obligationem reparandi alteri contrahenti damnum oriturum.

R. 2. Si Arcadius hanc suam intentionem habendi panni *nigri* non indicavit; error quidem manet pro sacerdote, qui panno alterius coloris non utitur, error substantialis atque facit iure naturae contractum quidem irritum. Et si *inculpabiliter* neglexerit id venditori indicare et inculpabiliter erraverit, ex se seu abstrahendo a lege positiva vix tenetur ad damni reparationem. — Verum leges positivae *iuste imponunt reparationem damni* vel propter solam culpam iuridicam, quae habetur eo ipso quod Arcadius neglexerit colorem a se quaesitum indicare, vel propter externam speciem contractus validi.

R. 3. Quapropter mercator si nolit acquiescere, *postulare potest* 804 *iuridice* damni sibi orituri compensationem. Quae compensatio facienda in iure Germ. secundum § 122, p. 2 imponitur rescindenti, nisi alter errorem vel cognoverit vel ex sua neglegentia non cognoverit. Atque haec iuris dispositio cum iura mutua ordinet ex contractu secundum apparentiam externam valido, sane est observanda, idque communiter etiam ante *iuridicam* actionem, quippe qua inutiliter res protrahatur atque expensae augeantur.

Verum emptor si videatur sibi habere rationem, cur putet mercatorem ex ipsa condicione sacerdotis ementis scire debuisse solum pannum nigrum a se peti, sane experiri potest actionem iuridicam atque iudicis sententiam exspectare.

R. 4. In eo tamen mercator omnino excedit, quod contractum venditionis simpliciter vult sustineri. Cum enim naturaliter sit nullus, saltem rescindibilis ex iuribus positivis, ipse nequit eius omnimodam firmitatem sustinere. Sufficit igitur saltem, ut Arcadius id solvat, in quo per dissectionem panni certae mensurae mercator damnum patiatur, siquidem aeque bene non amplius eum possit vendere.

ERROR IN CONTRACTU (II).

Casus. (248)

Paulus a Fabio emit aliquot dolia vini, quod gustatum sibi placuit. Postea cum uti eo inciperet, ex affectione stomachi de vini bonitate dubium hausit et inquisitione facta comperit vinum esse plane artificiosum maximam partem ex alienis materiis compositum.

Alias emerat dolium vini expresse „pro Missa", intenderat tamen eo magis etiam uti ad mensam. Quod vinum non plene quidem arte confectum esse postea cognovit, sed maximam partem verum vinum de vite, non modicam tamen quantitatem alienae materiae habere admixtam. Paulus statuit illud cum lucro vendere, cum gustui valde placeat neque noceat quidquam; attamen a Fabio postulat amplam pretii reductionem, nisi velit, ut sibi remittatur vinum suo periculo suisque expensis.

Quaeritur 1° sintne illae emptiones irritae vel rescindibiles.

2° quid dicendum sit de posteriore illa Pauli oblatione.

Solutio.

805   Ad quaesitum 1ᵐ R. 1. Vinum artificiosum, i. e. quoad maximam partem ex alinea materia factum, nemo dixerit *vinum* simpliciter. Quapropter Paulus, cum vinum vellet et postularet, erravit *quoad obiectum*.

Hinc secundum omnia iura contractus est saltem rescindibilis, idque etiam cum damno Fabii, utpote qui errorem seu defectum essentialem noverit, vel, si ipse aliunde illa „vina" coemerat, ex sua neglegentia atque culpa saltem iuridica non cognoverit. Secundum alia iura et ipsum ius naturae dixerim contractum ex se nullum.

R. 2. Quodsi Paulus verum vinum non curaverit, et ex circumstantiis patebat Fabium non cavere de vini veritate: aliter dicendum est. In eo casu non habetur error obiecti neque qualitatis essentialis, nisi constet de mixtione *nociva*, adeoque neque irritus neque rescindibilis est contractus. Etsi forte subsit error dans causam contractus, nihilominus Paulus, qui rem gustavit et probavit, eum errorem *sibi* debet imputare.

Sed si agitur de mixtione nociva, etiam gravius contra Fabium agi potest; quare saltem Paulus ab eo postulare potest contractus rescissionem.

806   R. 3. Quoad posteriorem vini emptionem non habemus errorem de ipso obiecto, tamen de obiecti qualitate.

Ex se parva admixtio alienae materiae, quae aliquando adhibetur ad meliorem gustum efficiendum vel etiam ut melius possit vinum conservari, non censetur in humano commercio defectus essentialis. Aliter tamen, si agitur de vino pro ss. Missae sacrificio, dummodo non agatur de ea sola admixtione alcoolica, quae ad conservandum et transvehendum vinum etiam pro Missa ab auctoritate ecclesiastica permissa est. Nam si alia facta est admixtio, vinum pro Missa est, etsi forte non invalidum, tamen utpote illicitum *certe ineptum*. Qui defectus et error *est* certe essentialis, isque, si expresse vinum pro Missa postulatum sit, venditori imputandus. Quapropter, etiamsi talis error neque a venditore neque a iudice agnosceretur pro essentiali, nihilominus in conscientia ab emptore plane haberi potest pro essentiali, neque is tenetur in conscientia stare contractui, si quidem „vinum pro Missa" *postulaverat.*

Si nunc autem haec applicare volumus ad casum Pauli et Fabii, difficultas est ex eo quod Paulus vino illo magis etiam uti voluerit pro se ad mensam. De quo nunc dicturus sum in Quaesito secundo.

AD QUAESITUM 2^m R. 1. Si Paulus *postulavit* vinum „pro Missa", 807 certe intendit *vinum pro Missa habere*, eamque intentionem venditori expressit, etsi non intenderit omni illo vino *uti pro Missa*. In contractu autem imprimis attendi debet, quod exprimitur, non quod latet in mente. Ergo censeo omnino Paulum posse defectum et errorem habere pro essentiali.

R. 2. Cum igitur contractus primo initus aut sit nullus aut ad nutum Pauli saltem rescindibilis iure habeatur, Paulus sine iniustitia novum contractum cum Fabio circa illud vinum inire potest, modo ne infra pretium iustum velit descendere. Neque iniustum est circumstantiis illis, ex quibus Fabius alias patiatur damnum expensarum vecturae, ad hoc uti, ut ille consentiat in pretium iustum *infimum*. Immo id ne contra caritatem quidem est, nisi forte Fabius paupertate prematur et re vera vinum pro Paulo sit maioris quam infimi pretii.

R. 3. Quod vero Paulus opportunitate utatur vinum illud carius vendendi, si modo non transgrediatur pretium iustum summum (inter quod et pretium infimum quoad vina aliquando esse potest magna differentia), ne id quidem novum contractum cum Fabio reddit iniustum.

R. 4. Verum si Paulus *hac intentione* novum contractum cum Fabio init, cum sacerdos sit, committit *negotiationem* lege canonica sibi interdictam. Aliud, si in gratiam Fabii, etiam cum aliqua pretii diminutione, vinum retineret et dein *per accidens* cum lucro illud venderet.

ERROR ET FRAUS IN CONTRACTU (I).

Casus. (249)

Benignus vendiderat Dafroso asinum sibi non amplius satis utilem utpote iam nonnihil annosum. Dafrosus eum, bene comptum, vino usto quod gustandum dedit fecit agiliorem et quasi penitus immutatum, ita ut nemo annosum asinum agnosceret. Sic illum vendendum producit in forum, quo Benigni procurator venerat ad asinum iuniorem emendum. Dafrosus eum videns offert asinum suum atque re vera accepto pretio cum lucro non parvo vendit. Domum ductus asinus sponte protinus prosilit in stabulum suum: quo Benignus eiusque procurator melius inspicientes carum animal, cum aegro animo et cum risu simul fraudem agnoscunt.

Quaeritur 1° sitne ille contractus validus et firmus.
2° quid de pretio a Dafroso recepto huiusque obligatione iudicandum.

Solutio.

808 Ad quaesitum 1ᵐ R. 1. In hoc casu non solum habetur error, sed fraus, quae errorem induxit.

Ratione *erroris* non habetur ullus error substantialis, quamquam error erat de qualitate qui dedit causam contractui. At ex hoc solo secundum iura positiva contractus emptionis vix umquam est rescindibilis.

R. 2. Sed propter *fraudem*, erroris causam, tum naturae ius, tum iura positiva faciunt contractus ita initos *rescindibiles*. Ius Gallicum id statuit quidem solummodo, quando alter contrahens fraudem commiserit; ius Germanicum, cum iure naturali in hac re plane conveniens, quando fraus vel ab altero contrahente commissa, vel a tertio quodam commissa quidem, sed alteri contrahenti *cognita* fuerit sive cognosci debuerit (§ 123 cf. C. C. art. 1116).

Re vera positiva iura, etiamsi *ratione erroris* contractus dicant rescindibiles tum tantum, quando error habeatur pro *essentiali: ratione fraudis* rescindibilitatem statuunt, quando contrahens ex fraude contra se commissa ad contrahendum permotus fuerit; quod idem est ac *error dans causam contractui*. Cf. ll. cc.

R. 3. Quapropter non dubito, quin in conscientia contractus ille post cognitam fraudem rescindi possit: utut fortasse aliquando propter leges speciales in iudicio ille, qui deceptus est, ius suum non possit vindicare.

809 Ad quaesitum 2ᵐ R. 1. Quoniam contractus non est ex se iam invalidus seu nullus, Dafrosus non tenetur ex sese contractum rescindere seu pro rescisso habere. Immo ex se ne ius quidem habebit, asinum clam subducendi et reddendi Benigno pretium venditionis. Si enim ille ex quacumque causa, etiam in memoriam fraudis, velit contractui stare, ab hoc per Dafrosum impediri nequit.

R. 2. Nihilominus non ab omni obligatione Dafrosus immunis exsistit. Nam certo ex sese debet reddere excessum pretii, non necessario quidem differentiam inter pretium a se antea solutum et postea a se acceptum; sed illum excessum, quem ultra pretium iustum accepit. Cum enim Dafrosus fraude sua fecit, ut animal magis iuvenile et validius appareret, quam re ipsa erat, sumi debet eum etiam pretium sumpsisse animalis validi et iuvenilis.

Immo si Benignus insistit in contractu rescindendo, Dafrosus debet, recepto animali, pretium reddere integrum; atque si Dafrosus in causa est, ut emptor sit damnum passus, debet hoc resarcire.

R. 3. Ab omni obligatione immunis evadere potest Dafrosus ea tantum ratione, quod ex circumstantiis satis certo concludere possit Benignum excessum pretii condonare. Quod *per se* sumi nequit; aliquando tamen ex adiunctis potest constare.

ERROR ET FRAUS IN CONTRACTU (II).

Casus. (250)

Frontonus voluit a Firmano agrum emere, qui sibi vicinior erat et magis commodus quam proprius ager; sed propter quadruplex pretium a Firmano postulatum desistit. Quod cum aegro animo amico narrasset, hic „sine me agere" ait. Occasionem quasi fortuitam nactus narrat Firmano se in suo agro, quod contiguum sit agro Frontoni, invenisse venas metalli, quae ultra huius limites etiam producantur; Frontonum nondum quidquam scire; sibi in animo esse mox construere machinas ad sumendum experimentum, sed se praeferre prae Frontono alterum socium, cum deveniendum sit ad magnum lucrum ex fodinis hauriendum, de quo faciendo se non amplius dubitare. „Pro dolor", inquit, „quod te socium non possim habere." „Oh", respondet Firmanus, „fortasse rem componere possum, sed sile, quaeso, interim erga Frontonum." Firmanus igitur Frontonum adit quaerens num etiamnunc cogitaret de emendo agro. Quodsi pretium a se postulatum nimium esse putet, se cogitasse de alio modo.

Se ideo tantum postulasse, quia sibi durum esset omni agro carere; sed nunc sibi in mentem venisse, fieri posse commutationem inter agrum suum et agrum Frontoni, facta utriusque iusta appretiatione. Cui assentit Frontonus, facta tamen agri sui aestimatione, quae excessiva erat etiam prae aestimatione quam Firmanus quoad suum agrum fecerat.

Post contractum conclusum et inscriptionem in tabulas publicas factam, cum Firmanus vellet experimentum sumere et inquirere de venis metalli, Frontoni amicus dicit se specie metalli delusum esse et omni spe excidisse.

Quaeritur quid dicendum sit de valore istius contractus atque de damni exorti reparatione.

Solutio.

Ad quaesitum R. 1. Ex iis, quae dicta sunt ad casum praecedentem, iam patet positiva iura inter se non omnino convenire. Nam secundum ius Gallic. contractum *rescindere* Firmanus nequit: quod tamen ius vel obligationem non facit in foro conscientiae.

R. 2. Secundum ius naturae et secundum positivum ius Germ. distingui debet. Si Frontonus actionum fraudulentarum conscius erat vel de fraudibus dubitabat atque ita inquirere et fraudem cognoscere debebat, fraus illa ab amico adhibita facit, ut Frontonus rescissionem contractus pati debeat, ac si ipse fraudem commisisset. Atque revera ex casu allato praesumptio ea est, quod Frontonus fraudis satis fuerit conscius.

Quare etiamsi in foro externo haec Frontoni complicitas vel fraudis cognitio probari non possit, in conscientia tamen obligaretur ad rescindendum contractum. Si tamen, imprimis in territoriis iuris Gall., loco rescissionis plenam indemnitatem Firmano praestaret, iniustitia quoad substantiam esset sublata, vel saltem generatim inordinatio non esset gravis.

R. 3. Nihilominus fieri potest, ut Frontonus nihil sciret neque suspicaretur de fraudibus ab amico adhibitis. Quo in casu nullibi obligatus erit, ne in conscientia quidem sola, ad contractum rescindendum; adeoque agro desiderato et nunc acquisito frui potest, si modo res componatur quoad pretium forte excessivum, quod Frontonus postulaverat. Verum Firmano etiam damni, si quod ulterius passus sit, reparatio ab aliquo debetur; proxime quidem a Frontoni amico, sed cum ille in commodum Frontoni egerit, practice Frontonus illam indemnitatem praestare debet, nisi praeferat contractum rescindere.

R. 4. Quod autem Firmanus spe lucri ex fodinis metalli hauriendi fraudatus sit: hoc lucrum cessans nemo illi tenetur compensare. Ad hoc enim per se ius non habuit, et quod inaniter illud speraverit, suae credulitati et levitati imputet.

METUS IN CONTRACTU (I).

Casus. (251)

Numidius adulescens, qui studiorum et educationis causa apud avunculum habitat, cum a cognatis ex linea materna fecisset magnam hereditatem, ab avunculo aditur, ut secum ineat ad 10 annos societatem in negotio satis periculoso; si ipse annuat, se curaturum consensum patris; si renuat, se posse curare, ut pater ipsum retrahat a studiis. Quibus Numidius perterritus, utut invitus, annuit. Cum post aliquot annos maior factus sit, obicit metum sibi illatum, et quoniam loco lucri detrimentum adsit, totum societatis contractum pro invalido ab initio tractari vult, detrimentum in solius avunculi fortunas coniciens.

Quaeritur 1° quid efficiat metus in contractu.
2° rectene censeat Numidius in casu.

Solutio.

Ad quaesitum 1ᵐ R. 1. Iure naturae metus gravis, etiam iniuste incussus, contractus non facit nullos sed rescindibiles, nisi forte excipias matrimonium, quod, si semel validum fuerit, rescindibile esse non possit. — Verum ex solo iure naturae rescindibiles facit solos eos contractus, in quibus alter contrahens metum causans vel metus conscius fuerit.

R. 2. Iure positivo ecclesiastico complures actiones ex gravi metu ortae ipso facto irritae seu invalidae redditae sunt: quas vide *Th. m.* I, 1066.

R. 3. Iure civili tum Gallico (a. 1109—1117), tum Germanico (§ 123) non irriti, sed rescindibiles sunt contractus, „ad quos aliquis iniusto metu seu iniuste per minas adactus" est: ita ex iure Germ., alia iura de *gravi* metu loquuntur, quod practice non adeo magni discriminis est, eo quod levis metus non soleat esse *causa adigens* alicuius actionis. Nihilominus in iure Germ. longe facilius, quando metus *obiective gravis non* fuit, iudici relinquitur perpendere, num nihilominus subiective ille metus contrahentem determinaverit.

R. 4. Secundum iura positiva nominata non tantum, quando alter contrahens ad extorquendum contractum iniuste metum incussit,

rescindibilitas sustinetur, sed etiam quando metus in alium finem est
incussus, vel a tertio incussus est, vel si dirigebatur non contra contrahentem ipsum, sed contra alios, si modo propter illum metum iniuste incussum contrahens ad contrahendum est permotus.

AD QUAESITUM 2^m R. 1. Numidium metu permotum esse ad
contractum societatis ineundum clarum est; id ex casu allato sumitur.
Tota quaestio est, sitne metus *iniuste* incussus; et secundum quaedam
iura, num censeatur metus *gravis*.

R. 2. Si Numidius timere potuit, ne avunculi actiones effectum
haberent apud patrem, metus ille, ne retraheretur a studiis atque a
statu vitae sibi iam forte praestituto, sane in adulescente gravis
metus est. Ceterum ne id quidem in iure Germanico oportet
inquirere.

R. 3. Minae quidem parentum retrahendi filium a studiis non
necessario sunt iniustae. Si studiis incumbere est supra condicionem
parentum, id nihilominus alicui filio concedere favor est indebitus;
quem retrahere iniustum non est, etiam si quando fuerit contra caritatem. Si vero studiis vacare est secundum condicionem parentum,
sine causa proportionata filium invitum ab iis retrahere est suo modo
contra educationem, ad quam leges filiis *ius* concedunt.

Longe autem saepius *iniustum* erit, instigari a tertio quodam
parentes, ut filium retrahant. Quod si fraudulenta sive mendaci modo
fit, semper fit iniuste contra filium; idque etiam, quando post factam
mendacem enarrationem res precibus tantum similibusque modis apud
parentes vel eum agitur, qui procurandae educationis ius et officium
habet.

Hinc in nostro casu vix dubium est, quin Numidius ex metu iniuste incusso adactus sit ad illum contractum societatis, adeoque
recte petere possit, ut ille contractus declararetur tamquam ab initio
invalidus.

R. 4. Etiam in dubio rem suam coram iudice ei agere licet, ut
ille pro sua persuasione decernat. Quodsi favorabilem sententiam
tulerit, ea potest uti atque totum damnum ferendum in avunculum
conicere.

METUS IN CONTRACTU (II).

Casus. (252)

Ausonius, nobilis iuvenis, ex levitate contraxit multa debita, quorum
solvendorum terminus instat. Quodsi parentibus statum suum manifestat,
vix non certum est patrem non soluturum sed filium exheredaturum esse.
Quod infortunium ut evadat, adit Iudaeum qui paratus est dare 3000 mc.
ea lege, ut Ausonius, postquam adierit paternam hereditatem, sibi debeat
30 000 mc. Ausonius necessitate pressus Iudaeo dat syngrapham postulatam.
Sed paulo post noctu opprimit Iudaeum, obstruit eius os et stricto ense
postulat, ut sibi reddat syngrapham, immo ut insuper declaret scripto omnia
debita ante hanc diem contracta exstincta esse. Metu adactus Iudaeus
ita facit.

Quaeritur 1° quinam actus et contractus in casu enarrato fuerint ex metu irriti vel rescindibiles.

2° quae iura inter Ausonium et Iudaeum etiamnunc subsistant.

Solutio.

815   Ad quaesitum 1ᵐ R. 1. Difficile est aliquid invenire, quo constet metum iniustum incussum esse vel minas iniuste esse adhibitas, quibus Ausonius adactus sit ad contractum cum Iudaeo ineundum et ad tradendam illam syngrapham.

Nam metus, qui occurrit, est et metus exheredationis ex parte patris faciendae, et metus non accipiendae pecuniae a Iudaeo. Sed prior metus fortasse non iniuste incutiebatur; si autem re vera iniuste pater id minabatur, metus non potuit esse efficax, siquidem sine iusta causa exheredatio non valet neque habet effectum. Posterior ille metus non continebat iniustas minas, quia Iudaeus sane non tenebatur Ausonio in illis angustiis subvenire. Ergo ex gravi metu neque nullitas neque rescindibilitas peti potest.

R. 2. Verum exactio illa in se est ex parte Iudaei plane iniusta. Quis enim sanae mentis pro mutuo dato umquam decuplum reddendum petere potest! Etsi enim fortasse aliquod periculum pro sorte adsit ultra commune, tamen 10% usurarum vix non iam excederent iustae perceptionis limites.

816   R. 3. Quod autem ad vim postea Iudaeo illatam attinet, Iudaeus sine dubio vi seu minis adactus est ad reddendam syngrapham Ausonio et ad exstinctionem omnium illius debitorum. — Neque dubium exsistere potest de minarum illarum iniustitia. Erant enim iniustae quoad modum quem Ausonius adhibuit, et iniustae quoad finem in quem dirigebantur seu quoad rem quam voluit extorquere. Actiones igitur Iudaei sic extortae non sunt iuridice efficaces.

Si Ausonius solummodo extorsisset redditionem suae syngraphae, non negans debitum mutui, id iniustum non fuisset quoad rem; et moderata vis adhibita excusari posset ab iniustitia in eo casu, quo cum magna tantum difficultate vel suo magno incommodo iuridice reductionem debiti sui obtinere potuisset.

817   Ad quaesitum 2ᵐ R. 1. Ex resignatione Iudaei, ut dictum est, ius aliquod repeti nequit. Ergo si Ausonio incumbebant alia debita exceptis illis debitis ex syngrapha, haec manent eadem, sicut antea subsistebant.

R. 2. Quoad debitum ex mutuo ortum dici debet conventionem illam de decuplo utpote manifeste iniustam esse *nullam*. Quare habemus mutuum sine determinatione usurarum. Ex quo pronum fuerit concludere, eo quod usurarum stipulatio, i. e. stipulatio valida, non adsit, obligationem ad usuras plane abesse, cum hae debeant stipulari. Verum ex adiunctis exsistentibus aestimo secundum hodiernam rerum condicionem moderatas usuras esse ex ipso illo mutuo dato subintellegendas; attamen satisfacturus est Ausonius, si ad consuetas usuras annuas se restringat, v. g. 4% pro tempore quo debita nondum possit solvere: quam primum autem possit, sibi licere *mutuo reddito* ab omni onere sese eximere, etiamsi futurum sit, ut Iudaeo summa illa iaceat otiosa. Haec quidem, si Ausonius est maiorennis seu ad contrahendum sui iuris.

R. 3. Si vero sumatur Ausonium esse nondum sui iuris sed in aetate minore, contractus mutui in se spectatus nondum factus est efficax. Pater Ausonii interpellatus potest consensum suum dare, potest denegare. Denegato consensu contractus fit invalidus, et Iudaeus ius habet repetendi quod ex mutuo superfuerit. Quodsi pater non interpellatur, valor manet in suspenso, dum Ausonius fiat sui iuris: ex quo tempore ipse potest contractum confirmare vel rescindere. Rescisso contractu sane reddere debet mutuum acceptum, quantum habet; sed si nihil habeat bonorum propriorum, solutio evasit impossibilis neque obligat parentes. Cf. supra n. 795.

MODUS IN CONTRACTU.

Casus. (253)

Iulius, cum plures dies transigeret apud avunculum, se ostendit amatorem equorum. Quod cum animadvertat avunculus dives, domum redeunti dat 1000 mc. „pro emendo equo". Iulius obstupefactus in via recogitans statuit equo valedicere, sed mediam summam pro se collocare in arca parsimoniaria, mediam partem dare pro eleemosyna missionibus indigentibus.

Seminarium puerorum cum nobili hospiti hospitium dedisset, ille abiens oeconomo dat 100 mc. ad sollemnius prandium parandum alumnis in die vacationis. Oeconomus melius ducens consuetum ordinem retinere statuit pecuniam in alium finem adhibere ad emendam piam statuam, quam alias expensis seminarii comparasset. Alumni interrogati, ut, si quis talem commutationem aegre ferret, surgeret, omnes a dissensus signo abstinuerunt. Nihilominus complures inter se querebantur oeconomum melius egisse, si ex suo penu statuam emisset, quam si alumnos iure suo ad extraordinarium prandium privaret.

Quaeritur 1° quid sit *modus* in contractu et quomodo obliget.

2° quid de dispositionibus in casibus propositis factis.

Solutio.

Ad quaesitum 1ᵐ R. 1. Contractus „*sub modo*" dicit ad contractum addi aliquam certam obligationem ad rem, quam alter contrahens (offerens) vult effici, et ad quam efficiendam acceptans per acceptationem se obligat.

R. 2. Quamquam valor contractus ab impleto vel implendo modo non pendet, ille tamen, cui rem implere incumbit, per se ex iustitia ad implendum tenetur, atque ab altero contrahente vel aliis, quorum interest, ad implendum etiam iuridice potest cogi, alioquin tantum reddere debet, quantum impletio illa sit aestimanda, non tamen ultra id, quod ipse per contractum lucratus est vel lucrari poterat. (Cf. *Ius Germ.* § 527).

R. 3. Si vero impositus modus sit inhonestus vel lege prohibitus seu utcumque impossibilis ille modus haberi debet *pro non adiecto*, ita ut contractus valeat, ac si nulla fuerit res ultra imposita. In iure Germ. tamen aliter disponitur: videlicet impossibilitatem implendi secum trahere nullitatem vel rescissionem donationis (per ultimam voluntatem), at *tum tantum,* quando sumi debeat testatorem facturum non fuisse illam dispositionem independenter ab ista obligatione imposita. (C. G. § 2195). Quod applica suo modo ad contractus inter vivos. Si autem res in se possibilis sit, at ipse obligatus sit in causa cur *sibi* evaserit impossibilis, is de damno seu compensatione tenetur. Cf. *Ius Germ.* § 2196.

819 R. 4. Certus modus est *„sub causa"*, quando videlicet alteri contrahenti aliquid offertur seu praestatur ad certam aliquam causam seu in certum aliquem finem. Quodsi offerenti certus ille finis attingendus cordi est, habetur sane modus obligatorius, atque donator totum donum revocare potest, donatarius debet restituere, si in finem indicatum donum non impenditur.

Verum saepe ex adiunctis patet benefactorem voluisse tantum in donatarii gratiam huic facultatem facere in certum aliquem finem aliquid expendendi, neque tamen eum curasse illum finem in se spectatum. Quodsi ita est, nulla acceptanti imponitur obligatio. Quae intentio offerentis in dubio praesumenda est, quando finis seu causa totalis est in favorem acceptantis; non ita, si sit in favorem tertii. Cf. *Th. m.* I, 1076; Lugo, *De iust. et iure* d. 23 n. 111.

820 Ad quaesitum 2^m R. 1. In *priore* casu sumi nequit Iulii avunculum voluisse nepotem suum obligare ad emendum equum, sed solummodo illi ad hoc facultatem facere. Ergo si Iulius in finem utiliorem et pium donum acceptum expendit, egit laudabiliter neque ad quidquam tenetur. Summum si avunculus postea conquereretur et sibi pecuniam restituendam postularet, id quod reliquum esset, esset reddendum.

R. 2. In *posteriore* casu oeconomus seminarii non accepit donum illud in suam solam utilitatem, sed in utilitatem alumnorum eamque determinatam. Quapropter ex se finem mutare non potuit. Poterant tamen ipsi alumni.

821 R. 3. Verum ille tacitus consensus ex metu reverentiali datus non fuit verus consensus, ut facta sequentia monstraverunt. Quapropter oeconomus non potest iure uti consensu sic accepto.

Immo videri alicui poterit subesse alteram aliquam fraudem, quod videlicet summam *pro alumnis* acceptam in alumnorum favorem nullatenus impendat, sed in favorem fabricae seminarii, parcens expensis, quas alias facturus fuisset in commodum quidem alumnorum, at ex seminarii bonis.

Attamen ex hac parte nondum constat oeconomum iniuste egisse. Si enim voluerit quidem statuam emere, sed nondum fecerit neque id facere debuerit, sed ex liberalitate erga alumnos ita sibi proposuerit: ius non laesit cum mutaret suam voluntatem atque illam statuam emeret potius ex pecunia illa, quae in gratiam alumnorum data erat. Verum, ut dixi, ad hoc necessarium erat, ut alumni libere omnino consentirent; nam ipsorum tantum erat mutare finem, quem in ipsorum commodum donator constituerat.

Retinent igitur alumni ius ad extraordinarium prandium, nisi donator finem mutaverit; aut huic donatori summa accepta reddenda est.

CONDICIO IN CONTRACTU.

Casus. (254)

Rufus, francomurarius, nepoti suo instrumento scripto donat 2 milia marcarum quattuor distinctis temporibus solvendarum a nummulario, ea tamen condicione, ut post annum se francomurariis adscribendum curet et Amaliam, suam ex alio fratre neptem, ducat.

Alterum nepotem duodennem eodem modo securum facit de recipiendis 500 mc. annuatim, etiam post suam mortem forte secuturam, toto tempore studiorum, sed ea condicione, ne sacerdos fiat vel religiosus.

QUAERITUR 1° quae sit condicio contractui apposita; quid efficiat condicio suspensiva, quid resolutoria.
2° quid in casibus propositis, si prior francomurariis se non adiungat, Amalia nubere recuset; alter nepos sacerdos fieri velit.

Solutio.

AD QUAESITUM 1ᵐ R. 1. A *condicione*, aliter ac de *modo* dictum est, contractus valor vel effectus pendet. Neque in hac re difficultas est, quando agitur de condicione vel praesentis rei vel praeteritae, sed solum quando agitur de condicione rei futurae.

Nam si condicio est de re praeterita vel praesenti, statim contractus aut validus est aut invalidus, prout condicio, quaecumque est, fuerit verificata vel non verificata.

R. 2. Si condicio est de re futura, discrimen magni momenti attendendum est inter condicionem *suspensivam* et *resolutoriam*. — Condicio *suspensiva* suspendit effectum contractus usque ad tempus, quo condicio fuerit impleta; condicio *resolutoria* contractum ab initio validum rescindit seu efficacia et effectu suo privat, cum primum condicio quae ut non verificanda apposita est verificetur, vel quae apposita est ut verificanda suo tempore fuerit non impleta. Haec quidem, si condiciones sunt honestae et possibiles. Aliter, si de condicionibus inhonestis vel impossibilibus rei futurae quaeritur, idque sive lege naturali sive lege positiva.

R. 3. Generatim quidem 1) *suspensiva* condicio de re impossibili vel de re turpi futura contractum facit nullum; atque etiam post impletam condicionem turpem valor non iam ex priore consensu sed aliunde petendus est.

2) resolutoria condicio de re impossibili vel turpi censenda est pro non adiecta: i. e. si res turpis vel impossibilis postuletur, ne

rescissioni seu resolutioni obnoxius habeatur contractus, vel si aliquid ne fiat postuletur, cuius omissionis postulatio sit turpis. Scilicet non solum rem illicitam postulare turpe est, sed etiam est turpe postulare, ne actio aliqua bona, sive ea praecepta atque necessaria est, sive est de bono meliore, exerceatur.

R. 4. Attamen ne res in concreto sumpta dubia maneat, videndum est quid statuant leges positivae. Nam si solum ius naturae spectas, quando contrahens cum altero primarie turpis rei impletionem intenderit, vel turpiter aliquid boni impedire voluerit, contractum ipsum potius dixeris effectu ab initio carere. Idem dicendum magis etiam est, si contrahens consensum suum dependere fecerit ab actuali voluntate alterius contrahentis exsequendi rem turpem, isque eam voluntatem non habuerit. Si vero habuerit, tenetur quovis tempore hanc pravam voluntatem retractare contractumque rescindere.

Verum leges positivae alteri illi contrahenti favorem, quem ex contractu accepturus sit, addicere possunt, ac si alter contrahens sine ulla condicione contraxerit.

R. 5. Re ipsa complures leges positivae ita statuunt de donationibus inter vivos et de dispositionibus testamentariis.

C. C. Gall. quoad *donationes liberales et dispositiones testamentarias* art. 900 declarat „omnem condicionem impossibilem aut illicitam (legibus vel bonis moribus contrariam) haberi pro nulla." Verum praxis iudicialis hanc legem in multis causis reddit illusoriam, cum, quando iudicant condicionem lege prohibitam fuisse causam donationis determinantem, eam non pro donatione sed pro contractu oneroso commutativo tractent. (Cf. Allègre, *Code civ. com.*⁵ I, 595).

Quoad alios *contractus* art. 1172 dicit condicionem impossibilem aut illicitam esse nullam et *reddere nullum contractum, qui a tali condicione pendeat*.

Ius Aust. imprimis statuit circa *dispositiones testamentarias:* condiciones suspensivas impossibiles vel illicitas reddere dispositionem *nullam*; condiciones impossibiles vel illicitas resolutorias haberi *pro non adiectis*. C. C. § 698. Dein § 897 *idem* statuitur quoad condiciones *contractibus appositas*.

Ius Roman. seu commune in ultimis voluntatibus condiciones impossibiles et turpes habet pro non adiectis; contractus vero eiusmodi condiciones reddunt *nullos*: de qua re late disputat Lugo, *De iust. et iure* d. 22, sect. 13.

Ius Germ. de condicionibus appositis nihil speciale statuit, sed solum de rebus seu actionibus, circa quas praestandas contractus versatur quive contractus sunt fines, et de *oneribus* alicui contrahenti vel legatario impositis. Atque de iis statuit haec: 1) ut, si de praestanda re impossibili vel prohibita agatur, contractus sit invalidus (§§ 307—309 et 2171); 2) ut, si onus rei impossibilis vel prohibitae solum supperaddatur (v. g. legatario), dispositio illa tota, i. e. in casu allato legatum, tum tantum sit invalida sive irrita, quando sumi debeat, illud onus impositum fuisse ex intentione testatoris *condicionem sine qua non* (§ 2195).

AD QUAESITUM 2^m R. 1. Quod ad illam adiunctionem ad francomurarios attinet, haec condicio, utpote turpis et de re prohibita, in locis ubi ius Rom. vel Austriacum vel Gallic. simileve ius positivum servatur, pro non adiecta habenda est. Neque propter eam neglectam nepos Rufi privabitur iure suo recipiendi doni stipulati.

At ubi eiusmodi leges positivae non vigent, sed ex solo iure naturae res decidi debet, atque etiam intra fines iuris Germ., tota illa donatio pro irrita habenda est, si re vera Rufus istam rem ut condicionem sine qua non habuit. — Quamquam in imperio Germaniae, ubi lex francomurarios prohibens non observatur, vix hanc condicionem ut turpem considerant. At in hoc casu propter *condicionem non impletam* donatio sane irritabitur.

Si demum Rufi nepos re vera condicionem peccando impleverit, existimo eum etiam ibi, ubi condicio ista pro turpi atque contractum irritanti habetur, in acquisitione et possessione doni manere posse, donec iuridice non deturbetur. Nam etsi donatio non valeat vi primitivi contractus, valere tamen *naturaliter* potest post impletam condicionem alia ratione.

Nihilominus nepos ille semper tenetur francomurariis renuntiare, etsi simul renuntiare debeat isti dono. Immo etiam ubi ob leges positivas condicionem illam neglegens donum accipere et retinere potest: considerari debet, num propter scandalum forte oriturum accipere *liceat*. Quodsi nepoti non liceat, ab eo tamen accipiatur, peccat quidem, sed *non contra iustitiam commutativam*.

R. 2. Quod attinet ad matrimonium cum Amalia, haec res est per se quidem impossibilis, quae tamen per dispensationem, exsistente causa, possibilis fieri possit. Quodsi nepos dispensationem petierit eaque denegata fuerit, condicio evasit simpliciter impossibilis et de re illicita. Quapropter defectus condicionis impletae pro diversis regionibus diversum operabitur effectum.

Verum nunc ex alia ratione condicio illa mansit inefficax, eo quod Amalia nepoti nubere nolit. Condicionis implendae onus impositum est Rufi nepoti. Quodsi igitur per ipsum non stet, quominus eam impleat, sed aliunde ab ea impediatur: haberi solet condicio pro impleta, nisi constet Rufum non tam in favorem nepotis quam ex intentione absoluta illius matrimonii donationem fecisse. (Cf. in iure Germ. §§ 2195, 2196.)

R. 3. Quoad alterum nepotem duodennem condicio apposita sane in se iniqua est, cum iuvenem abducere velit ab eligendo vitae statu meliore, ad quem fortasse Deus vocabit. Quapropter donum accipere iuveni silenti de ista condicione per se habeo *pro illicito,* quia eo ipso accipiens annuit iniquae intentioni donatoris atque eius malitiae fit particeps. Licebit tamen iuveni sincere dicere, si ita est, se nondum habere animum suscipiendi statum clericalem vel religiosum, se tamen pro futuro tempore sibi servare ius eligendi. Atque ita tuto accipi potest summa annua.

Quodsi postea consilium capiat ille nepos Rufi, i. e. *certam et determinatam voluntatem* sequendi statum clericalem vel religiosum, ex solo iure naturae atque etiam in locis, ubi leges contrariae donatarium non iuvant, existimo nepotem non amplius posse summam annuam recipere, nisi declarato donatori suo consilio.

Verum ubi condiciones turpes (resolutoriae) ex positiva lege habentur pro non adiectis, existimo plane nepotem pergere posse in recipienda summa annua etsi consilium suum donatorem celet, neque interesse quidquam, si publica legum illarum, ubi tamen exsistunt, interpretatio Rufi condicionem pro turpi forte non consideret. Certo enim turpis est; atque in foro conscientiae quivis legem sequi potest secundum interpretationem obiective certo veram, etsi haec interpretatio non sit usualis vel consueta in iudicio. Interpretatio enim etiam usualis legem non facit neque aufert, quando aperte est falsa, sed solum quando est dubia.

IURAMENTUM CONTRACTUI ADIECTUM.

Casus. (255)

Iodocus cum Almario convenit oretenus de rei venditione, ad quam per leges conventio *scripta* requiritur; attamen alter alteri iurat se velle stare iis, de quibus inter se convenerint. Paulo post Iodocus opportunitatem habet longe carius eandem rem vendendi. Quapropter quaerit, num teneatur stare contractui illi lege invalido, idque ex iustitia, et num solvi possit a suo iuramento.

Similiter Iodocus contraxit de re emenda cum Adalberto, qui post paucas hebdomadas annos maiorennitatis completurus erat, et quem Iodocus iurare fecit se curatori suo interim nihil esse dicturum atque etiam post annos maiorennitatis se contractui staturum esse. Post expletam aetatem maiorennitatis eum facti paenitet; monitus confirmationem et exsecutionem contractus differt a mense ad mensem et quaerit ex confessario, num in conscientia contractu et iuramento teneatur.

QUAERITUR 1° quid sit iuramentum contractui adiectum et quid efficiat.

2° quando iuramentum sit inefficax vel solubile.

3° quid responderi debeat ad casus.

Solutio.

828   AD QUAESITUM 1^m R. 1. Iuramentum exsistere potest ita, ut ex se solo obligationem producat; potest etiam ita esse, ut actum aliquem atque obligationem exinde ortam iam praesupponat eique novum robur novamque obligationem addat.

Si sermo est de iuramento contractui adiecto, contractus praesupponitur vel omnino perfectus et firmus vel saltem exsistens infirmo et labili modo, ita ut ad eius consistentiam et firmitatem aliud quid, v. g. consensus tertii, per se accedere debeat. — Quapropter contractui invalido seu nulli iuramentum adici nequit; sed si quod iuramentum in tali casu emittitur, tota obligatio ex hoc iuramento est petenda.

R. 2. Aliquando leges positivae statuunt, ut in certis casibus contractus alioquin labilis et infirmus *iuramento firmetur*, ita ut propter emissum iuramentum revocari seu rescindi amplius non possit, cum, iuramento non adiecto, id contrahenti in tali contractu permittatur. Ita *ius Rom.* in reverentiam iuramenti aliquot contractus, alias rescindibiles, adiecto iuramento ita firmos esse voluit, ut rescindibilitati esset renuntiatum, contractusque eo ipso firmus exsisteret etiam coram lege et in iudicio.

Recentiora iura haec solent omittere atque iuramenti additi obligationem soli conscientiae relinquere.

R. 3. Ex natura igitur rei iuramentum certo facere potest, ut 829 conventio aliqua, in qua secundum leges vel consuetudinem libertas recedendi pro certo tempore relinquitur, statim libertati alterutrius contrahentis subtrahatur, atque solo consensu *mutuo* liceat eam dissolvere. (Nam ne iuramentum quidem obstat, quin mutuo consensu contractus solvatur, siquidem in solum alterius contrahentis favorem alter iuramentum praestiterit.)

Dixi *non licere* conventionem sine mutuo consensu dissolvere; nam in rigore si ex lege sit solubilis atque re ipsa contra iuramentum dissolvatur, iuramentum quidem violatur, at dissolvitur conventio. Nihilominus obligatio conscientiae est vel redintegrare contractum, si possibile sit, vel damnum alteri exortum resarcire: alioquin contra alterum committitur iniustitia, qui per promissionem sibi iuratam ius acquisivit.

R. 4. Si contractus nullus seu invalidus est vel natura vel positiva lege, idque ita, ut alteri contrahentium ius obligandi alterum sublatum sit: iuramentum, si licite et valide fieri possit, nequit obligationem producere nisi solius religionis, non iustitiae erga alterum.

AD QUAESITUM 2^m R. 1. Ex iis, quae ultimo loco dicta sunt, 830 patet hoc: Quando vel natura rei vel lex positiva obstat, quominus ille, quocum contrahitur, ius illius rei, de quo in contractu convenitur, possit acquirere: obligatio iuramenti per potestatem ecclesiasticam ex iusta causa remitti potest. Videlicet possunt generatim in foro conscientiae iuramenta remittere, qui possunt in votis dispensare.

R. 2. Si quando autem ille quocum contrahitur *ius acquisivit,* solummodo ex graviore causa, ex qua possit auctoritas publica ius privatum exstinguere, licebit S. Pontifici cum unius iure illo acquisito alterius etiam iuramenti obligationem exstinguere. — Quodsi agatur de re, quae pertineat ad potestatem civilem: duo modi, quibus iuramenti obligatio solvatur, possibiles sunt. Videlicet aut 1) civilis auctoritas cum unius iuris acquisiti exstinctione similiter simul exstinguere potest alterius iuramenti obligationem utpote accessoriam (fere sicut ille contrahens qui libere renuntiat iuri per contractum acquisito); aut 2) exstincta iustitiae obligatione per potestatem civilem, quilibet iudex ecclesiasticus vel confessarius ille, qui a votis possit dispensare, potest religionis obligationem remittere.

R. 3. Iuramentum manet inefficax a principio, quando contractus non solum invalidus, sed etiam *prohibitus* est, aut quando iuramentum ex errore procedit: (quod fieri potest, si quis inducitur ad addendum iuramentum ignorans potestatem, quae sibi per legem facta sit a contractu recedendi). Nimirum in iis circumstantiis iuramentum ipsum non obligat.

831 Ad quaesitum 3^m R. 1. Forma scripta a lege requisita, ut contractus valeat, ea quidem est, ut contractus sine ea non valeat in tribunali fori externi; atque hinc fieri potest, ut contrahentes communiter ne antea quidem intendant firmiter sese ligare, etsi oretenus de obiecto contractus convenerint.

Attamen libertas naturaliter se oretenus obligandi manet; quam ob rem qui scientes et volentes veram iustitiae obligationem inire voluerunt, et contractu et adiecto iuramento *tenentur in conscientia,* ut stent contractui.

R. 2. Quapropter Iodoco dicendum est ipsum obligari ex iustitia ad contractum adimplendum; neque locum esse dispensationi a iuramento, eo quod ratio dispensandi absit, manente omnino obligatione iustitiae.

832 R. 3. Minores *firmiter* non posse contrahere sine consensu patris vel curatoris ideo statuitur, ut ipsi minores contra levitatem animi et contra astutiam eorum, quibuscum contrahant, defendantur. Atque propterea leges illas sic plane intellego, ut censeam iis, qui cum minoribus contrahant, adimi facultatem acquirendi ius firmum contra minores; et — id quod inde sequitur — minori, qui iuravit a stipulatis non recedere, non incumbere obligationem iustitiae, sed summum incumbere obligationem religionis, quae ex iusta causa per ecclesiasticam potestatem solvi possit.

R. 4. Hinc fit, ut Adalbertus ne post expletam quidem aetatem maiorem teneatur ex iustitia ad implendum contractum, sed ut hoc dependeat ab eius libera voluntate, qua iam *sciens* condicionem iuris sui contractum confirmaverit.

Immo, si casus in Germania agitur, valor contractus, qui a curatore neque probari neque reprobari poterat, pendet ita a confirmatione Adalberti maioris natu facti, ut, si monitus per quindecim dies sileat, eo ipso hoc silentium habeatur pro dissensu seu contractus rescissione: cf. Ius G. § 108.

Summum igitur restat in tali eventu, ut obligatio religionis per iuramentum ut tale inducta, dispensatione, si opus fuerit, tollatur. Causa vero dispensandi est ipsa levitas et inconsideratio aetatis minoris. Nec quidquam mutari debet ex eo, quod Adalbertus maiorennitati proximus fuerit. Favore enim legis ei frui licet usque ad ultimum terminum.

PROMISSIO (I).

Casus. (256)

Benignus, cum audiat penuriam amici sui, coram compluribus protestatur se quam primum dono 1000 mc. eius penuriae subventurum esse, si modo ille amicus velit procurare, ut toto tempore eius eiusque filii vitae post suam (Benigni) mortem pro sua anima quotannis Missa anniversaria dicatur. Quod unus ex audientibus amico illi afflicto refert, qui ilico se cum grato animo id acceptare declarat. Sed rei paenitens Benignus dare renuit atque 100 tantum marcas dono largitur.

Quaeritur 1° quae promissio qualem secum trahat obligationem.
2° quid de Benigni eiusque amici obligatione sit dicendum.

Solutio.

Ad quaesitum 1ᵐ R. 1. Promissio omnino gratuita per se obligat *ex sola fidelitate,* neque sub gravi sed sub veniali tantum, nisi speciales circumstantiae accedant. 833

R. 2. Fieri tamen potest, ut obligatio exsistat ex iustitia, si nimirum talis obligatio expresse suscipitur, vel si promittens praevidet fore, ut promissarius confisus in promissione committat aliqua, ex quibus in defectu impletae promissionis sibi damnum grave oriatur.

R. 3. Obligatio autem sive iustitiae sive merae fidelitatis non oritur nisi post promissionem *acceptatam*. Immo ante acceptationem locus etiam est retractationi, ita ut post eam factam nulla oriatur obligatio.

Quae quidem retractatio, si modo fiat ante acceptationem, etsi nota nondum fiat vel fieri potuerit promissario, ex solo iure naturae impedit, quominus valide acceptari promissio possit. — Verum positiva iura aliquando statuunt, ut retractatio in quocumque contractu non valeat, nisi alteri (promissario) vel ante nuntium de facta promissione vel simul cum ea notificetur.

Ad quaesitum 2ᵐ R. 1. Benignus re vera amico nondum quidquam ex sua parte promisit; nam promissio, ut ex parte promittentis valeat, debet a promittente coram promissario eiusve vices gerente fieri, vel ex mandato promittentis sive per nuntium sive per litteras alterutri scil. vel promissario vel eius vicem gerenti fieri. Cf. Lugo, *De iust. et iure* d. 23, sect. 5. 834

R. 2. Si igitur Benignus illum, qui rem narravit, re ipsa misisset, ut suam voluntatem amico manifestaret, valeret promissio, cum primum amicus ille eam acceptavisset: nisi forte interim Benignus voluntatem suam mutasset.

R. 3. In casu validae promissionis amicus ille, postquam accepisset pecuniam promissam, certe ex iustitia obligaretur, ut quotannis curaret Missam dicendam pro anima Benigni post eius mortem secutam, atque etiam curare deberet, ut haec condicio a filio toto vitae ipsius decursu adimpleretur.

R. 4. Nihilominus ne post acceptatam quidem promissionem, si Benignus eam amico manifestandam curasset, Benignus sub gravi teneretur ad promissionem implendam, eo quod solius fidelitatis obligatio exsisteret. Neque obstare potest, quod promissio illa fuerit aliquo modo onerosa, cum amico onus annuum imponeretur. Nam haec certissime non transfert contractum promissionis in contractum bilateralem onerosum commutativum, neque illud onus impositum obligare incipit, nisi postquam promissio per pecuniam datam fuerit impleta.

Quapropter, Benigno a sua promissione recedente, amicus ille onus numquam subibit, vi cuius curare debeat Missam quotannis celebrandam.

PROMISSIO (II).

Casus. (257)

Bertramo promittit eius avunculus se 2000 mc. daturum esse. Qua promissione gaudenter accepta confisus Bertramus cum altero init societatem negotiationis, vi cuius post annum debeat 2000 mc. conferre. Avunculus nihil solvit neque monitus quicquam largitur. Ex quo fit, ut Bertramus eiusque socius in negotiatione magnum subeant damnum. — Bertramus conqueritur atque avunculum obnoxium dicit damno reparando. Cui ille respondet sibi in animo numquam fuisse vaga illa promissione ullatenus se obligare, neque posse se agnoscere cuipiam debito solvendo se esse obnoxium.

Quaeritur 1° num obliget, et quando, promissio ex iustitia.

2° rectene sentiat Bertramus, an eius avunculus.

Solutio.

835   Ad quaesitum 1^m R. 1. Ut in priore casu dictum est, promissio *potest* ex iustitia obligare, idque re vera fit: 1) si expresse obligatio iustitiae suscipitur; 2) si tacite suscipitur, videlicet scienter permittendo periculum, ne promissarius ex non implenda promissione damnum subeat. In quo casu obligatio iustitiae est aut implere promissionem aut damnum exortum resarcire. Alioquin haberetur deceptio damnificativa.

R. 2. In foro externo quidem promissio, nisi facta sit authentico scripto legitima, secundum recentiora iura pro valida non agnoscitur (cf. ius Germ. § 518). Atque id in dubio, utrum promittens voluerit vere se obligare an solummodo propositum suum declarare, etiam in foro conscientiae tenendum est. Verum si constat de contraria voluntate vel de fraudulenta et damnificativa promissione, in foro conscientiae obligatio reparandi damni vel implendae promissionis non excutitur.

836   Ad quaesitum 2^m R. 1. Si avunculus Bertrami re ipse ignorabat vel levitatem, qua hic statim iniit societatem cum altero, vel Bertramum ex se solvendo imparem esse: credi debet dicenti se nullatenus voluisse veram subire obligationem; vel saltem sumi debet eum ex iustitia se obligare noluisse. Quare etiamsi Bertramus damnum passus sit, id sibi suaeque levitati adscribere debet, neque avunculus est damno reparando obnoxius. Debebat enim Bertramus exspectare, dum haberet illius promissionis legitimum documentum.

R. 2. Si vero Bertramus, audita illa promissione, avunculo dixerit se hac promissione fretum ausurum esse negotiationem inire, quae cum periculo quidem coniungatur, sed magni etiam lucri spem faciat, neque avunculus quicquam opposuit; vel si serio interpellatus, num in negotio aliquo suscepto vel suscipiendo fidi possit promissis, avunculus responderit se certo promissis staturum esse: certe in conscientia obligatur ad reparandum damnum, quod Bertramus passus sit, usque ad ipsam summam promissam, idque, etiamsi iudicialiter sustineri non potest promissio facta.

R. 3. In omni casu, quo promissio donationis per legale instrumentum factum fuerit, praesumendum est promittentem *ex iustitia* sese obligasse; atque promissarius iure suo utitur, si neglegentem etiam iudiciali actione ad solvendum compellat. — De cetero, quando ob circumstantias ex improviso orituras donatio promissa effectu careat, ipsae leges positivae communiter definiunt (cf. ius Germ. § 519); immo condiciones mutatae promittentis vel etiam promissarii, quae, si praevisae essent, *certo* effecissent, ut promissio non fieret, promissionem solent in conscientia vi sua destituere.

PROMISSIO (III).

Casus. (258)

Aulius, qui cum numerosa familia propter bonorum suorum decoctionem ad egestatem redactus est, accipit ab Aurelio, divite amico, 500 marcas cum promissione se post mensem ipsi donaturum esse alia 3000 marcarum. Qua promissione accepta, omnes coeperunt respirare. Sed mense nondum elapso primum Aurelius, dein etiam Aulius morte abripiuntur. Aurelii heredes, cum tenaciores sint, difficultatem movent neque Aulii familiae superstiti summam istam solvere volunt.

QUAERITUR 1° debeatne, defuncto promissore vel promissario, promissio impleri.
2° quid iuris esset, si Aurelius misso nuntio promisisset, sed ante nuntii adventum Aulius vel etiam Aurelius mortuus esset.

Solutio.

AD QUAESITUM 1ᵐ R. 1. Si de solvenda pecunia agitur, ii, quorum interest, sequi possunt leges positivas sui loci, nisi constet eas in singulari casu iniustas esse. Si vero agitur de pecunia accipienda, ii, quorum interest, sequi possunt etiam legem naturalem eiusque probabilem interpretationem, quamdiu ab altera parte non urgentur ad sequendas leges positivas.

R. 2. Promissio legitime facta etiam ab herede impleri debet. Utrum autem, defuncto promissario, ad *eius* heredes transeat ius postulandi quae promissa fuerint, pendet ab intentione promittentis, videlicet utrum solum personalem promissarii favorem intenderit, an utilitatem etiam familiae promissarii. Quod quidem, si promittens supervixerit, ipse prae aliis scire et declarare potest; ipso defuncto, heredes in dubio rem praestandam restringere possunt ad solum promissarium ipsum. Cf. de hac re Lugo l. c. n. 75 sqq.

R. 3. In proposito casu praesumendum est Aurelium voluisse non solum Aulium, sed eius familiam relevare. Quare, si legitima forma facta fuerit promissio, non dubito quin Aurelii heredes et in foro conscientiae et in foro externo civili solvere debeant superstiti Aulii familiae summam ab Aurelio promissam.

Si vero legitima forma servata non sit, neque Aurelius per ultimam voluntatem suam promissioni implendae providerit: in foro conscientiae consulendum quidem valde, immo aliquatenus urgendum est, ut heredes loco Aurelii huius promissa etiam erga Aulii heredes impleant. Verum obligatio eaque gravis statui demum nequit.

838   Ad quaesitum 2^m R. 1. Quodsi Aulius, promissarius, mortuus esset ante acceptationem, superstite Aurelio promittente, res per se solvenda est secundum ea quae dicta sunt ad Quaes. 1^m. Generatim igitur promittentis est declarare, num voluerit non defuncto solum, sed etiam eius familiae favere; sed antequam hanc declarationem fecerit, vix stricta obligatione potest teneri.

R. 2. Difficilior est quaestio, quid iuris sit, quando Aurelius mortuus fuerit, antequam Aulius (quem sumamus superstitem) acceptare potuerit.

Si merus fuit nuntius, per quem fieret promissionis communicatio, ex se videtur non posse acceptationem fieri, sed exspectandam esse renovatam promissionem heredum Aurelii: idque sive mors Aurelii nuntio, dum demum Aulio rem communicaret, nota fuerit sive ignota.

Si vero nuntius ille vere fuit Aurelii *mandatarius* constitutus: videri debent positivae regionis leges. Codex Germ. statuit § 672: mandatum in dubio non exstingui morte mandantis, exstingui morte mandatarii. Quapropter in nostro casu acceptatio valeret etiam post mortem Aurelii, eiusque heredes promissioni stare deberent; idque *primo*, si modo facta fuerit legitima forma per nuntium; verum *secundo*, si facta ab eo non fuerit legitima forma, ipse nuntius ad id faciendum obligatur, neque ab hoc impediri ab Aurelii heredibus potest.

DONATIO (I).

Casus. (259)

Agritius quinquagenarius, qui hucusque ex uxore prolem non habuit, Iulio consobrino suo, quem prae aliis diligit, donat villam cum praediis, legitimo documento confecto, praeter alia pretiosa dona manualia, atque ita dimidia fere parte bonorum suorum se abdicavit. Post duos annos res inopinata contingit, ut uxor Agritio pariat filium. Contendit igitur, ut Iulius villam sibi reddat atque pretiosa dona manualia restituat.

Quaeritur 1° quid sit donatio et quomodo perficiatur.

2° possitne donatio facta revocari et quando.

3° quid in casu nostro sit dicendum.

Solutio.

839   Ad quaesitum 1^m R. 1. Alia quidem est donationis promissio, alia ipsa donatio. Verum quando promissio donationis publico instru-

mento firmata est, practice parum differt ab ipsa donatione, cum promittenti liberum amplius non sit donationem negare.

R. 2. Donatio ipsa in rebus mobilibus traditione ipsa perficitur etiam coram lege, eo quod per utriusque consensum simul cum rei traditione dominium etiam legaliter seu civiliter ab uno in alterum transeat. In rebus immobilibus autem requiruntur communiter aliae formalitates, imprimis nova inscriptio in tabulis publicis.

R. 3. Iure tamen naturae eiusmodi formae ad valorem donationis non requiruntur. Sed sufficit utriusque, et donatoris et donatarii, consensus manifestatus, quo prior exprimat se in favorem alterius iuri suo in certam rem nunc cedere, posterior, se ius illud sibi oblatum nunc accipere. Atque eiusmodi informes donationes posse etiam in conscientia, nisi peculiaris ratio obstet, ius et obligationem parere, plane tenendum est, idque etiam aliquando contra leges positivas, si quae iniquo modo facultatem disponendi vel acquirendi certis personis, imprimis personis moralibus seu iuridicis tantum, auferant vel arctioribus limitibus circumscribant.

AD QUAESITUM 2^m R. 1. Donatio non tantum, si solummodo pro- 840 missa est, sed etiamsi sit exsecutioni data, aliquando potest revocari: ex iure quidem naturali facilius, si solummodo fuerit promissa, exsecutioni nondum data, videlicet quando mutatio condicionum ea fuerit, ut, si fuisset provisa, promissio nullatenus esset facta; si exsecutioni iam fuerit data, vix aliter revocari potest nisi ex dispositionibus iuris positivi, vel propter appositam condicionem resolutoriam. Ceterum iuris positivi dispositiones donationem instrumento publico promissam fere aequiparant donationi *factae*.

R. 2. Causae sive totalis sive partialis revocationis communiter lege civili admittuntur hae: ingratitudo enormis donatarii; proles donatori postea nata; onus vel condicio non impleta, si donatio fuerit onerosa. Saepe etiam per breve aliquod tempus revocandi ius donatori reservatur sine ulla causa. Ceterum unusquisque hac in re leges suae regionis respicere debet, cum in variis regionibus varia statuantur. Cf. *Th. m.* I, 1085.

R. 3. Leges iuris Germ. ex duabus causis statuunt revocationem *partialem:* 1) si quod onus donatario impositum fuerit, ab eo autem non impletum: ea donationis pars repeti potest, quae expensis pro implendo onere aequivaleant; 2) si donator donatione illa incapax redditur ad suae suorumque sustentationi secundum condicionem sui status congrue providendum, donatio revocatur eatenus, quatenus congruae illius sustentationis sumptus supplendi sunt.

Propter solam *gravem ingratitudinem*, i. e. grave delictum contra donatorem eiusve proxime cognatos commissum permittunt simpliciter revocationem *totalem* (§ 530).

AD QUAESITUM 3^m R. 1. Cum *villae donatio* per publicum instru- 841 mentum perfecta sit, videri debet, num proles postea nata Agritio in loco competenti ius det revocandae donationis per leges positivas; alias revocare eam non potest. — Si vero donatio perfecta nondum esset, ius naturale ei permitteret, ut donationem non exsequeretur, quia causa sine dubio gravis est, quae, si fuisset praevisa, Agritium a donatione promittenda detinuisset.

R. 2. Quod ad *dona manualia* pertinet, haec donatio perfecta erat donorum traditione. Quapropter ius naturale non postulat, ut Iulius dona illa reddat, neque Agritio ius tribuit ea a Iulio invito repetendi.

Si vero omnino magni momenti sunt, etiam in iis revocandis Agritius sequi potest leges suae regionis. Immo si tanta essent, ut ipse propterea coniceretur in impotentiam congrue providendi sibi suaeque proli nuper natae, etiam *naturalis* aequitas postularet, ut Iulius, si ipse iis non indigeret, eatenus ea redderet, quatenus Agritii penuria esset sublevanda.

DONATIO. — REVOCATIO (II).

Casus. (260)

Drusillus iuvenis, ab avo praedilectus, ab illo saepius accipit liberalia dona; nuper studiorum causa 5000 mc., quae tamen interim manent deposita, ita ut nunc quidem annuos reditus, post finita studia sortem accepturus sit. Praeterea eum scripsit in testamento legatarium 10000 mc. Verum Drusillus incipit moribus dissolutis uti, cum puella inhonesta publice vivere atque compluries avum insigniter decepit, ut ampliores haberet pecunias. Quibus fit, ut demum avus eum domo interdicat utque palam fateatur Drusillum nihil amplius a se sive vivo sive defuncto exspectare posse.

Paulo post moritur. In testamento Drusillum non expunxit. Alii heredes censent revocandum esse illud legatum Drusillo factum, immo ipsam illam donationem 5000 mc. postulant revocandam, eo quod Drusillus propter ingratitudinem dono accepto, propter indignitatem legato vel hereditate privandus sit.

Quaeritur 1° possintne heredes donatoris donationem revocare vel legatum.

2° quid iuris sit in nostro casu.

Solutio.

Ad quaesitum 1ᵐ R. 1. Gravis ingratitudo, seu ea delicta contra donatorem commissa quae ingratitudinem gravem denotent, causa quidem sunt, cur donator donationem revocare possit. Ita et ius *commune* et ius Gall. (art. 955 sqq.) et ius nov. Germ. (§ 530). Verum dubitari potest, num illae deceptiones considerentur ut *gravia delicta contra donatorem;* minus etiam vita dissoluta ita considerabitur. Nam imprimis spectantur *personales iniuriae* vel damna fortunae omnino magna ex industria illata (cf. Plank, *Comment.*, not. 1 ad C. G. § 530). Consonant dispositiones iuris *communis* et C. Gall.

Ius Germ. in hoc extendit causam ingratitudinis, quod eam admittat, etiamsi „grave delictum" committatur non contra ipsum donatores, sed contra *proxime cognatos:* quod alia iura non addunt expresse; videntur tamen aliquatenus admittere, scil. quando iniuria gravis proxime cognatis illata redundet — id quod saepe fit — ut iniuria gravis in donatorem: cf. Carrière, *De contr.* n. 609.

R. 2. Heredes donatoris ius revocandi donum inter vivos secundum ius *commune* vel *Gallicum* non habent, nisi donator actionem iudicialem iam inceperit, vel (cf. Carrière l. c.) infra annum a die delicti decesserit; secundum ius Germ. habent, sed in *eo tantum casu*, quando donatarius *donatorem voluntarie occidit* vel eum voluntarie et iniuste *a revocatione impedivit* (l. c.).

R. 3. Quoad testamentarias dispositiones eas proprie *revocare* potest solus testator; atque privatio etiam *ipsius partis legitimae* testatori conceditur non solum propter rationes ingratitudinis, ob quas donatio revocari possit, sed etiam propter vitam inhonestam contra voluntatem testatoris ductam (ius Germ. § 2333); ius Gallic. revocationem dispositionis hereditariae admittit, etiam ex parte heredum testatoris, ex iisdem causis iniuriae vel delicti gravis contra testatorem facti, sicut statuit revocationem donationis inter vivos, nisi haec delicta censeri possint a testatore condonata: cf. art. 1046, 1047 et Carrière l. c. n. 618.

R. 4. At *ubique* quaedam admittitur *indignitas*, vi cuius etiam heres excludi possit ab omni hereditate, idque post mortem testatoris possit postulari ab iis, quorum interest testamentum rescindi.

Rationes indignitatis diversae a diversis iuribus assignantur.

C. Gall. imprimis pro rationibus habet machinationes vel graves calumnias contra testatorem, vel horum facinorum cooperationem etiam negativam; C. Germ. dolosum vel violentum impedimentum posuisse, quominus testator libere testaretur. (Cf. C. Gall. art. 727; C. Germ. § 2339, 2345.)

Ad quaesitum 2^m R. 1. Testator quidem habuit rationem excludendi Drusillum ab hereditate; sed revocandae donationis iam factae rationem fortasse ne ipse quidem habuit.

R. 2. Cum testator Drusillum eiusve legatum non expunxit, alii heredes potestatem impugnandae dispositionis testamentariae non habent, nisi constet de *legitima indignitate* Drusilli. Quae cum neque secundum ius Gallicum neque secundum ius German. vel ius commune adsit: heredes illi ius non habent impugnandi legati Drusillo relicti, minus etiam impugnandae donationis iam factae.

COMMODATUM. — PERICULUM REI.

Casus. (261)

Agricola commodat Ausonio duos equos in hebdomadam ad colligendas fruges agrorum, quas ipse e suis agris iam collegerat, Ausonius colligere nondum potuit. — Sed eo tempore Ausonius patitur insigne furtum nocturnum; quod mox animadvertens, conatur fures persequi ascendens equum commodatum: qui incitato cursu corruit et inutilis redditur. Postridie exorto incendio in pago, et Agricolae et Ausonii aedes conflagrarunt, atque alter equus apud Ausonium igni periit. Agricola utriusque equi pretium sibi solvi ab Ausonio debere contendit.

QUAERITUR 1° quae sint obligationes et iura in contractu commodati.
2° quis in casu damnum ferre debeat.

Solutio.

845   AD QUAESITUM 1ᵐ R. 1. Commodatum per se *gratuitus* est contractus, quo alicui res aliena ad usum traditur (ad tempus); nam si pro pretio usus conceditur, habes pro commodato *locationem*. Tendit igitur commodatum in utilitatem commodatarii.

R. 2. Ex his sequitur commodatarium teneri ad *diligentem* rei custodiam et tractationem, eumque teneri in conscientia ad reparanda damna, quae ex neglecta diligentia res passa fuerit. Et quamquam, si in solo conscientiae foro res agitur, commodatarius obligandus ad reparanda damna non est, nisi culpam theologicam commiserit: tamen voluntarius neglectus diligentiae ei est theologice culpabilis, et postquam iuridice probata fuerit culpa etiam mere iuridica, etiam in conscientia compensationem sibi impositam facere tenetur.

R. 3. Commodatarius non potest alium rei usum facere, nisi quem concessit commodans. Quapropter si alium usum facit, periculum rei in se sumit; atque si in illo usu non-concesso res damnum patitur, hoc damnum etiam sine ulla culpa theologica commissa commodanti compensare debet. In quo videntur cum iure naturali positiva iura consentire. Cf. ius Germ. § 603 atque auctoris ad eam notas; Gall. art. 1881.

846   R. 4. Damnum autem illud, quod ex usu rei concesso natura sua sequitur, *certo* non tenetur commodatarius compensare. Fortuita damna, quae in usu concesso oriuntur, secundum ius Germ. non tenetur ferre commodatarius, sed rei dominus; idque in foro conscientiae plane dicendum est: quapropter si quae leges positivae aliter statuant, hae in conscientia non videntur obligare nisi post iuridicam condemnationem. Obligare possunt antea, si consuetudo loci legem aliter interpretata sit, vel ex consuetudine ipse contractus sic intellegatur, ut commodatarius omne in se sumat periculum fortuitum. Verum id iustum vix erit, nisi *longior* usus rei concedatur.

Ius Gallic. damnum ferendum dicit a commodatario, 1) quando ipse *parcens rebus suis* alienam permiserit perire; 2) quando in contractu commodati res tradita *certi pretii aestimata* fuerit, nisi in hoc casu contrahentes periculi cautionem a commodatario excluserint (art. 1882 sq.).

847   AD QUAESITUM 2ᵐ R. 1. Ausonius certe adhibet equum alterum ad usum non concessum. Nam etsi forte Agricola interrogatus illum usum etiam concessisset, re ipsa eum non concesserat. Quapropter ex hac ratione censeo omnino Ausonium per se esse reparationi damni obnoxium.

R. 2. Quod ad alterum equum pertinet, cuius fecit usum solummodo concessum, casum fortuitum ferre Ausonius non tenetur. Idque non solum non tenetur, si equus apud Agricolam eodem modo periisset, sed ne tum quidem tenetur, quando apud Agricolam in tuto collocatus fuisset. — Verum si Ausonius, exorto incendio, graviter neglexit curam habere equi eumque salvare potuit: sane tenetur ad pretium Agricolae solvendum; ex iure Gall., saltem post iudicis sententiam, iam ex hoc solo, quod forte res suas potius salvaverit quam equum commodatum (cf. supra n. 846).

R. 3. Ex eo, quod fortasse ambo equi apud Agricolam periissent 848 incendio, si Ausonio commodati non fuissent, aliquis concluserit, quando de hoc constet, ne priorem quidem equum, i. e. eius pretium, ab Ausonio Agricolae reddendum esse, eo quod ex commodato nullum passus sit damnum, illud solum damnum passus, quod alias fuisset passurus. — Haec, ut fateor, quandam ostendunt aequitatis rationem, cur Agricola Ausonio indulgeat. Verum in rigore censeo Agricolam prioris equi pretium ab Ausonio postulare posse, cum re ipsa non perierit ex incendio, sed ex usu, qui commodatario non erat concessus. Hinc, statim atque equus ille inutilis evaserit atque periit, ius acquisivit Agricola ad pretium sibi ab Ausonio solvendum, neque ius illud periit propter subsequens incendium. Insuper saepissime incerta res est, num incendium subsequens tam certo equum illum apud Agricolam perdidisset, quam apud Ausonium perdidit alterum.

COMMODATUM VEL DEPOSITUM.

Casus. (262)

Fulvius ruri degens in loco a via ferrea dissito ad gravissimum negotium peragendum cito in urbem longe distantem proficisci debet. Ascenso equo valido pergit usque ad locum viciniorem, quo via ferrea uti possit; ibique tradit Albino equum, permittens eius rationabilem usum, dum post quindecim dies revertatur. Albinus gaudet, cum pluribus quam habet equis indigeat. Verum post aliquot dies omnes equi morbo pessimo inficiuntur et occidi debent. Ex quo Albinus concludit equum Fulvii suos infecisse atque ab hoc damni reparationem postulat, cum e contrario Fulvius suum equum apud Albinum infectum esse contendit atque huius pretium ab Albino petit.

Quaeritur 1° quomodo depositum eiusque obligationes distinguantur a commodato.

2° quis damnum ferre debeat in casu.

Solutio.

Ad quaesitum 1^m R. 1. Depositum fit in favorem deponentis, 849 neque per se confert facultatem utendi re depositario.

R. 2. Unde fit, ut depositarius per se ad minorem diligentiam teneatur circa rem quam commodatarius. Atque leges positivae in deposito *gratuito* non ad maiorem diligentiam depositarium obligant, quam sit ea, quam de rebus suis quis habere soleat. (C. Germ.

§ 690, Gall. art. 1927 sqq.): aliter, si depositarius servat res pro mercede. — Si in solo foro conscientiae de damno ferendo agitur, etiam hic requiritur et sufficit culpa theologica gravis, ut obligatio adsit damni reparandi.

R. 3. Accidere etiam potest, ut sive deponens sive commodans per rem, quam alteri tradit, huic damnum creet; quod fit imprimis, quando res sive commodata sive deposita vitiosa est atque proprias res commodatarii vel depositarii inficiens corrumpit. In quo casu *ius Germ.* inter commodantem et deponentem sic distinguit, ut commodans damno reparando obnoxius fiat tantum ex directa deliberatione et ex *gravi* neglegentia (§ 529 *Vorsatz* und *grobe Fahrlässigkeit*), deponens obnoxius sit reparationi damni ex re deposita oriundi, nisi a) vitium rei depositario notum fecerit vel illud ei notum fuerit, aut nisi b) constet deponentem vitium rei neque novisse neque nosse debuisse (§ 694). Ius Gall. (art. 1933) ea damna supponit reparanda esse per depositarium, quae *per eum („par son fait")* orta sint; deponentem obnoxium facit reparandis omnibus damnis, quae depositum depositario causaverit (art. 1947). In utroque casu in foro conscientiae videndum est, utrum adfuerit culpa gravis theologica, quae ex voluntaria neglegentia in deponente facilius adest quam in commodante. Alias autem positivae leges regionum diversarum, postquam res ad forum publicum delata fuerit, observandae sunt.

850   Ad quaesitum 2^m R. 1. Casus propositus ad normam *depositi* diiudicandus est, non ad normam commodati. Nam initus est contractus rogatu Fulvii, ut hic rem suam, equum, ad tempus in tuto collocaret, non rogatu Albini, usum equi sibi utilis postulantis. Quod vero etiam Albino utilitas quaedam offerebatur, hoc in contractu secundarium est et per accidens.

R. 2. Unde fit, ut coram lege Fulvius facilius cavere debeat etiam sine culpa theologica de damno, si quod ex vitio sui equi causatum fuerit; et ut Albinus facilius a damno reparando excusetur, si quod sine sua culpa gravi theologica ex condicione stabuli vel consortio equorum morbidorum equo Fulvii causatum fuerit.

R. 3. Antequam res iuridice componatur, in solo foro conscientiae neuter ad reparandum alteri damnum obligari potest, eo quod de neutrius theologica culpa gravi constet.

Sed, re per iudicem definita, nisi in facto iudex erraverit, eius iudicio, saltem si fuerit sententia iudicialis suprema, etiam standum est in conscientia.

CUSTOS PECUNIARUM PUBLICARUM INDUSTRIUS SED PARUM FIDELIS.

Casus. (263)

Elpidius, in munere publico constitutus, publicas pecunias cotidie affluentes habet custodiendas. Cum fieri possit, ut per tres vel etiam sex menses pecuniae relinquantur otiosae, post rationes modo redditas sumit pecuniae summam, ut suo nomine cum ea negotietur. Quod saepius optime cessit in lucrum satis magnum, quod Elpidius sibi retinet. Sed demum infelici casu damnum 10 000 mc. patitur. Quod, cum reparare nunc non possit, ne detegatur, rationes librorum sic mutat, ut accepta et expensa appareant aequalia, neque defectus „cassae" animadvertatur.

Quaeritur 1° ad quem pertineant lucra et damna, quae Elpidius fecerit.

2° potueritne Elpidius arte illa uti.

Solutio.

Ad quaesitum 1^m R. 1. Generatim superiores auctoritates publicae, 851 nedum consensum dent ad usus pecuniarum, quae collectae fuerint et custodiendae sint, dissentiunt et prohibent talem usum. Quare ne implicite quidem vel etiam interpretative ea voluntas aderat, vi cuius Elpidius potuisset conari nomine fisci agere. Ergo cum pecuniam sumeret et cum ea negotiaretur, sumpsit rem alienam atque cum re aliena negotium suo nomine exercens lucrum fecit. Quod lucrum Elpidii industriae, non pecuniae qua tali adscribi debet. Unde dubium non est, quin Elpidius lucrum, quod fecit, percipere et sibi retinere possit, utut iniuste egerit erga fiscum, de eius pecuniis contra voluntatem supremi administratoris disponendo.

R. 2. Verum sicut lucrum facere potuit, ita etiam damnum ferre debet. Quapropter certissime debitor est et manet illorum 10 milium mc. Nam si iam commodatarius propter usum rei, quem ultra concessionem sibi usurpat, de damno fortuito cavere debet, a pari vel a fortiore depositarius, cuius nullus rei custodiendae usus est concessus.

Ad quaesitum 2^m R. 1. Elpidius certo illicite egit alienas pe- 852 cunias usurpando, magis etiam in periculum inducendo. Quod generatim a peccato gravi nequit excusari. Solummodo in extraordinariis circumstantiis, si esset in momentanea aliqua necessitate et simul plane *certus esset* se brevi omnino tempore reponere pecuniam posse neque interea periculum esse, quin tamquam de fraude commissa deprehenderetur: non auderem Elpidium *gravis* peccati arguere, si summam aliquam usurparet, mox, uti dixi, restituturus. Nam in hoc casu neque damnum neque damni periculum fisco infert.

R. 2. Sed Elpidius, postquam iniuste usurpaverit pecunias fisci idque infelici eventu, iam in gravissimo discrimine est, nisi factum suum tegat.

Nihilominus mendacio sive verbali sive reali uti non licet. Quare si libros rationum *falsificat,* etiamsi habet intentionem damni quam primum reparandi, semper peccatum committit mendacii.

Insuper autem animadvertere debet se tali falsificatione sese gravissimae poenae periculo exponere atque hac etiam ratione committi posse peccatum.

Certo autem graviter peccat, si in quacumque falsificatione, etiam alicuius rei ex se levis, damni reparandi voluntatem non habet.

MANDATUM. — NEGOTIORUM GESTIO.

Casus. (264)

Avelinus principalis adiutor Braulii, viri industrialis et potentis, ab hoc, cum ad breve tempus peregre proficisci deberet, accipit mandata in certis rebus negotia pertractandi. Sed cum ex inopinato absentia Braulii longior fiat, occurrunt negotia gravissima, de quibus Avelinus nullum habet mandatum, sed quae urgent, nisi magni omnino lucri occasio praetermittatur, neque tamen sine periculo damni sunt. Avelinus ea tractanda assumit nomine Braulii atque de re feliciter gesta laudem sibi meruit atque liberalem remunerationem. — Alias, simili occasione recurrente, Avelinus damnum fecit 2000 mc.; quod Braulius postulat, ut ex media parte ab ipso Avelino feratur.

Quaeritur 1° quid sit mandatum, quid negotiorum gestio eorumque condiciones.

2° quid iuris sit in casu proposito inter Avelinum et Braulium.

Solutio.

Ad quaesitum 1ᵐ R. 1. Mandatum contractus est, quo unus alteri negotium gerendum sive in specie sive in genere committit, alter hoc negotium vel haec negotia alieno nomine gerenda suscipit: quod vel gratuito vel pro mercede fieri potest. — Generatim id scripto committitur, quo mandatarius fidem facere possit.

R. 2. Mandans tenetur rata habere, quae mandatarius vi mandati egit. — Ipsi mandatario, si cum mandati exsecutione periculum coniunctum est, mandans compensare debet damnum forte exortum, saltem si mandatum erat gratuitum; nam si pro mercede, res pendet a conventione. Ius Gall. etiam in hoc casu per se obligat mandantem ad praestandam indemnitatem (cf. art. 1999 et 2000).

R. 3. Mandatarius debet se continere intra limites mandati. Quae in exsequendo mandato culpabiliter causavit damna in mandato non contenta, haec ipse resarcire debet sive mandanti sive aliis. Quae extra limites mandati agit, per se proprio agit nomine atque pro iis cavere debet, non mandans, nisi forte eius voluntatem praesumpserit atque propter mutata adiuncta iure praesumere potuerit, vel is acta rata habeat. (Cf. Ius Germ. § 665.) Ius Gall. postulat, ut ad praesumptionem ex parte mandatarii accedat mandantis ratihabitio saltem tacita (art. 1998).

R. 4. Mandatum semper revocari potest ex parte mandantis, renuntiari ex parte mandatarii, ita tamen, ut non *causetur* aliquod damnum.

R. 5. Negotiorum gestio eo differt a mandato, quod negotium alienum tractandum *non commissum sit*, sed ex praesumpta domini voluntate *suscipiatur:* quod etiam positiva lege in compluribus casibus permittitur, imprimis ad avertenda gravia damna a domino impedito, et ad tractandum negotium, cuius tractandi domino impedito incumbit obligatio.

In quo casu, quando negotiorum gestor prava voluntate vel gravi neglegentia peccat, domino damna causata reparare debet; alias non debet, immo dominus ea, quae ex ipsius voluntate rationabiliter praesumpta ille egit, rata habere debet.

R. 6. Ex naturali aequitate vel ex positivis regionis legibus pro labore assumpto negotiorum gestori debetur merces; quare, ubi leges positivae id statuunt, iure suo eam postulare potest; semper tamen postulare potest damni et expensarum compensationem.

Ad quaesitum 2^m R. 1. Avelinus, si cognoverit domini sui in-855 dolem, in priore casu recte potuit negotia tractanda suscipere.

R. 2. In posteriore casu eo magis rationabiliter praesumpsit domini voluntatem; neque propter infelicem eventum non praevisum agendi ratio Avelini irrationabilis evadit, si modo Avelinus a gravi neglegentia immunem se servaverit.

Quapropter, ut ex supra dictis colligitur, ubi ius Germanico simile viget, iniquum est Braulium petere, ut Avelinus mediam partem damni ferat seu compenset. Qui potius si diligenter egit atque ultra officii labores extraordinarios labores subiit, non pro expensis solum, sed etiam pro labore suo iuste postulat aliquam mercedem, si eiusmodi labores pro mercede fieri solent. (Cf. etiam Plank, *Comment. ad ius Germ.* ad § 683 not. 1.)

Ubi vero ius Gallicum vel simile viget, non aequum quidem est, damna in mandatarium conicere, at contra rigorosam iustitiam non est, cum mandatarius sciverit vel scire debuerit se extra limites mandati agentem pericula omnia in se sumere.

DISPOSITIO CIRCA REM ALIENAM SINE MANDATO.

Casus. (265)

Caius, civis Trevirensis, extra urbem emit frumenta eaque apud Titium in pago deposuit, suo tempore Treviros vehenda. Titius frumentum saltem aeque bonum possidet Treviris. Ut igitur Caius expensis parcere possit, statuit Titius ex suo frumento eandem copiam tradere, atque Caii frumentum apud se depositum vendit, alioquin suum frumentum Treviris conditum venditurus. Sed antequam Caio frumentum traderetur, Titii horreum Treviris exsistens cum omni frumento incendio perit. (Ex Reuter, *Theol. mor.* III, 176.)

Quaeritur, utrum Titius possit pecuniam pro vendito pretio retinere, ita ut Caius damnum ferat, an Caio reddere debeat, totum damnum solus passurus.

Solutio.

Ad quaesitum R. 1. Si Titius Caio voluntatem suam indicasset, 856 isque consensisset, considerari potuerit permutatio frumenti perfecta, ita saltem ut Titius Caii frumentum pro suo possit considerare et ut suum vendere, cum obligatione ei ex suo frumento Treviris exsistente illud compensandi. — In quo casu Titius posset pecuniam acceptam retinere, et Caius damnum ferre deberet. Id facilius colligi potest ex similitudine contractus emptionis et venditionis, si hunc secundum ius Romanum consideramus; secundum quod consensu facto periculum rei etiam ante traditionem transit in novum dominum, i. e. emptorem; similiter igitur hic post consensum a Caio datum periculum frumenti Treviris exsistentis transiisse censeri potest in Caium. — Difficilius res expedietur secundum ius Germaniae, ex quo rei venditae periculum in emptorem non transit nisi post traditionem. Nihilominus, cum veram venditionem et emptionem non habeamus, sed depositum atque dispositionem circa rem depositam, hanc dispositionem seu permutationem depositarius etiam nomine deponentis facere potuit, adeoque rem suam *suo* nomine tradere atque idem ipse nomine *deponentis* accipere seu permutationem perfectam reddere poterat: in quo casu sane periculum transire debet in eum, qui rei dominus factus fuerit, seu in Caium deponentem.

857 R. 2. Nunc vero permutatio frumentorum facta nondum est, sed solum proposita. Titius quidem vendens egit ex praesumpta Caii voluntate; sed vendidit frumentum etiam tum alienum, atque pretium receptum *iure* pertinet ad Caium, etsi pro nunc in ea condicione sit, ut mox transire possit in dominium Titii.

R. 3. Quapropter cum, post exortum incendium, Caius sine dubio non amplius consentiat in permutationem, nihil restat, nisi ut dicamus omne frumentum periisse Titio; Caio servari ius ad accipiendum pretium frumenti venditi. Atque ita in foro externo fore ut causa decidatur videtur omnino certum esse.

R. 4. Reuter l. c. huic solutioni plane assentitur dicens: „Probabilius damnum ferendum est a Titio depositario; nam Caius, deponens apud eum, non censetur consentire in commutationem, nisi cum obligatione, ut Titius depositarius sua frumenta tradat, sicut deponentis Caii frumenta occupavit et vendidit. Si dicas: ‚si res deposita inciperet deteriorari, et depositarius ex praesumpto domini consensu eam venderet, quando dominus moneri non potuit, pretium autem sine culpa depositarii auferretur, damnum ad deponentem pertineret; ergo a pari in nostro casu' — resp.: Non est paritas; nam *frumenta* Titii nunc combusta remanserant semper sub dominio Titii, cum Caius non praesumatur consensisse in permutationem, nisi sub condicione, ut traderentur sibi Titii frumenta; sed *pretium* proveniens ex re deposita vendita erat sub dominio deponentis, *cuius nomine* [in suppositione casus obiecti] depositarius rem, quae incipiebat deteriorari, vendidit. In altero casu, i. e. nostro, Titius egit *nomine suo*, cum Caius deponens non censeatur absolute consensisse."

COMMODATUM ET MUTUUM — DISCRIMEN.

Casus. (266)

Asturius Celsum adiens: Commoda mihi, inquit, mille marcarum; subito debeo solvere debitum; post hebdomadam ipse solutionem eorum, quae mihi debita sint, recipiam atque tibi reddere potero. — Similiter Benno facit ex alia prorsus ratione, et expresse petit mille mc. in moneta aurea. Scis, inquit, patrem sponsae meae esse hominem singularem; me hodie visitaturus est; nisi apud me actu inveniat summam auri, periculum est, ne filiam suam mihi deneget. Cognovisti tamen statum meae fortunae, quod satis magnam partem habeam *obligationum* et *actionum*. Post unum alterumve diem tibi reddam.

Utrique Celsus morem gerit. Sed uterque infortunio tangitur: Asturio, antequam domum sit reversus, clam sublata est summa, quam in sacculum absconderat; Bennoni postero die, cum sub vesperam restituere cogitaret, furto pecunia ex arca aufertur. Concludunt pecuniam utpote Celso debitam ei ut domino periisse, seque a restitutione esse immunes. Celsus autem cum per tres menses exspectasset frustra pecuniam sibi reddendam, serio monet, ut sibi cum usuris consuetis pecunia redderetur.

Quaeritur 1° quid discriminis sit inter commodatum et mutuum.
      2° debeatne Celso pecunia illa reddi.
      3° quid de usuris, quas postulat, solvendis sit dicendum.

Solutio.

Ad quaesitum 1ᵐ R. 1. Mutuum pro obiecto habet res fungibiles seu eas, quae primo usu consumuntur; commodatum autem non eas res, quae primo usu consumuntur, vel saltem non *ut* eas res pro obiecto habet, sed eas, quae utilitatem seu usum habeant salva eorum substantia.

R. 2. Unde sequitur in mutuo transire ipsas res individuas, cum primum traditae sint, in dominium mutuatarii, sed cum obligatione easdem res in suo genere, seu similes res eiusdem qualitatis, numeri et mensurae reddendi postea. In commodato autem res ipsa individua manet in dominio commodantis; commodatarius obligationem eam diligenter custodiendi et ipsam rem individuam postea reddendi habet.

Ad quaesitum 2ᵐ R. 1. Totum responsum pendet ab eo, utrum habeatur in propositis casibus commodatum an mutuum. Si commodatum, Celsus mansit dominus, eique res furto sublata periit. Si adfuit mutuum, non Celsus, sed mutuatarii evaserunt domini pecuniae, adeoque illis periit, neque propterea a solutione erga Celsum liberantur.

Quod autem verbo „Commoda mihi" usi sunt, quaestionem non solvit. Nam verbo commodandi etiam utuntur non raro pro mutuo; cuius exemplum habes in S. Scripturae parabola illa amici, a quo amicus petiit tres panes commodatos, qui sine dubio erant mutuo dandi, utpote ad consumptionem ipso illo vespere destinati.

Pecunia autem recensetur inter res fungibiles seu primo usu consumptibiles, cum destinetur ad expendendum: quae est consumptio moraliter intellecta.

R. 2. Quibus dictis patet Asturium voluisse habere et accepisse pecunias ad eas expendendas — voluit enim eas expendere in solvendum debitum — adeoque eas per traditionem ipsam transiisse in Asturii dominium. Quapropter cum furto auferrentur, *ipsi* auferebantur et perierunt, non Celso. Celsus igitur recte postulat restitutionem.

860   R. 3. Casus Bennonis non ita certo pro mutuo habendus est. Nam revera non intendit pecuniae usum ut rei primo usu consumptibilis. Voluit et petiit has ipsas pecuniae species ad ostentationem, atque ipsos nummos individuos, quos accepit, videtur reddere voluisse. Quod si ita est, potius commodatum habemus quam mutuum; neque Benno tenetur ad reparandum damnum, quod furto pecuniae illatum est, nisi neglegentiam culpabilem admiserit. — Verum, si hunc suum animum Celso non satis clare manifestaverit, in foro externo videtur Celso ius manere exigendi, ut contractus consideretur et tractetur ut contractus mutui. Attamen in solo conscientiae foro censeo satis constare atque pro expressa habendam esse Bennonis intentionem solummodo nummos commodandi.

861   Ad quaesitum 3^m R. 1. Contractus mutui ex natura sua est gratuitus. Sed quia hodiedum pecunia instrumentum est, quo, adiuncto labore vel arte et industria, lucrum facile percipiatur: temporanea cessio pecuniae alteri facta pretio aestimabilis habetur, neque amplius iniustitiae reus haberi ille debet, qui pro pecunia mutuo data moderatum fenus exigit.

R. 2. Si de fenore eiusque mensura nihil conventum est in contractu mutui, ex se mutuatarius non tenetur fenus solvere. Ita dici debet, si secundum solum ius naturale causa decidenda est; ita etiam in iure positivo Germ. (cf. § 608 et 609). Si quae alia iura positiva aliter disponunt, hae leges in suis locis respiciendae sunt, vel etiam consuetudo vim legis obtinens.

R. 3. In nostro igitur casu de obligatione solvendi fenus certo non constat; neque Celsus ius exigendi habet, nisi lege sui loci iuvetur.

MUTUUM ET FENUS.

Casus. (267)

Achatius, qui in nosocomio decumbit et alioquin vir bonus videtur esse, sacerdoti tamen, qui curam aegrotorum gerit, ab aliis describitur ut vir tenax, qui ad augendos reditus suos diversas pecuniae summas mutuo dare soleat, sed fenus annuum satis magnum, modo 6%, modo 8%, modo 10% et ultra percipiat: propter quod apud multos non bene audit. Sacerdos secum reputat, quid sibi agendum sit in excipienda Achatii confessione, tum si se accusaverit excessus in percipiendo fenore commissi, tum si de ea re omnino sileat.

Quaeritur 1° quae sint causae fenoris percipiendi et quanti percipiendi.

2° quodnam consilium in causa Achatii confessario capiendum sit.

Solutio.

862   Ad quaesitum 1^m R. 1. Causa generalis, quae communiter adest neque in singulis casibus probetur oportet, sed in ipsa pecunia in

coniunctione circumstantiarum nostrorum temporum et condicionis oeconomicae nititur, pendet quoad determinandam quantitatem ab aestimatione communi, vel, si leges hac in re exsistunt, a determinatione legali.

R. 2. Ut autem taxam legalem vel consuetudine determinatam excedere liceat, requiruntur causae speciales, quae ostendant *pluris interesse pecunia ad tempus privari.* Quae causae sunt *antiqui tituli*, ob quos theologi licere dixerant aliquam usuram ex mutuo percipere, iique *consueto graviores;* videlicet:

1) damnum emergens, si maius damnum ob carentiam suae pecuniae mutuatori re vera immineat: quod integrum a mutuatario ut sibi compensetur mutuator petere potest; nemini enim officium, quod alteri praestat, debet nocere. Cf. S. Alph. III, 769 sq.; Aertnijs l. 3 n. 456.

2) lucrum cessans, si nimirum re ipsa pecuniae carentia causa sit, cur mutuator lucrum non faciat, quod alias facturus esset. Verum si praeter pecuniam laborem impendere deberet, saltem lucri pars labori tribuenda, neque hanc partem sibi compensandam postulare potest a mutuatario; minus etiam lucrum probabile pro lucro certo ponere potest. S. Alph. ibid.

3) periculum sortis: ex quo fit, ut, si consueto periculosior sit negotiatio, in qua pecunia adhibeatur, vel mutuatarius personaliter parum fidus, propter hoc solum periculum annuum lucrum maius stipulari iuste possit; neque propterea mutuator impeditur, quin possit, si periculum non evaserit factum reale, postea totam sortem etiam recipere. In quo casu sane lucrum habebit magnum; verum si periculum transierit in reale damnum, loco lucri detrimentum satis magnum incurret. Quantum autem hoc titulo recipere sine iniustitia possit, id diverse determinandum est ex periculi magnitudine. Est enim illud auctuarium pretium quoddam assecurationis, quod mutuator solvere deberet, si cum tertio quodam de assecuratione suae sortis contraheret. Quae res cum aleae subiaceat, suam habet latitudinem.

AD QUAESITUM 2^m R. 1. In ordinariis circumstantiis lucrum annuum censetur $4-5^0/_0$, ita ut iam ad iustificandum lucrum $6^0/_0$ aliquid speciale accedere debeat, v. g. occasio insolita felicius negotiandi vel minor rei mutuo traditae securitas. Imprimis quoad ultimam rationem, defectus securitatis seu periculum rei mutuo traditae non commune adesse debet, idque maius, ut permitti possit perceptio $8^0/_0$ vel $10^0/_0$. Nihilominus eiusmodi circumstantiae, raro quidem, adesse possunt, ex quibus non 10 tantum, sed longe plures, 20 centesimae et amplius evadant iustae.

R. 2. Unde patet non praepropere Achatium esse damnandum, sed esse examinandum. Ita etiam „spectatis circumstantiis temporum et raritatis pecuniae" a S. Officio dimissa est seu tolerata praxis alicubi invecta percipiendi $8^0/_0$: 18 Dec. 1872; cf. *Theol. m.* I, 1108 notam.

R. 3. In casu Achatii consuetudo non videtur afferri posse, alioquin Achatius apud alios non male audiret: sed circumstantiae particulares possunt adesse. Quodsi adfuerint, detractores dedocendi sunt. Si vero non adfuerint, Achatius autem in bona fide versatus nihil circa hanc rem confitetur, tota res pendet a prudentia confessarii, utrum videlicet certo sperandus sit monitionis fructus, an peiora sint timenda. In posteriore casu conandum est, ut alio modo scandalo, si quod sit, medeatur, atque res ipsa silentio praetereunda, imprimis si Achatius sit moribundus.

FENUS IN MUTUO QUOMODO AB ECCLESIA PERMISSUM.

Casus. (268)

Veranus confessarius, si incidit in paenitentes religionis exercitii neglegentes atque augendis divitiis plus aequo intentos, eos accurate examinat, etiam de percepto fenore ex mutuo, iisque speciatim inculcat Ecclesiam tolerare quidem nostra aetate hanc praxim, sed definitivo iudicio non approbasse, atque paenitentem sibi promittere debere se, cum primum Ecclesia eam praxim reprobaverit, ilico a percipiendo fenore velle desistere perceptumque reddere. Sic multos offendit atque non-absolutos dimittit.

Quaeritur 1° quid sibi velit clausula a S. Sede addita: „*dummodo parati sint stare mandatis Ecclesiae*".

2° quid de agendi modo Verani sit dicendum.

Solutio.

Ad quaesitum 1^m R. 1. Cum praeterito saeculo S. Sedes, de lucro annuo ex mutuata pecunia percipiendo interrogata, saepius responderet fideles, qui moderatum lucrum percipiant, non esse inquietandos, atque severiores confessarios redargueret: consuevit re vera hanc restrictionem addere: „dummodo sint parati stare mandatis Ecclesiae", atque adeo viam apertam reliquit aliquando retractandi permissionem nunc datam.

R. 2. Haec autem, si umquam futura sit, retractatio sane non fiet sine causa. Atque cum, nisi mutatis *penitus* condicionibus hodiernae oeconomiae, ratio retractandi vix appareat, illa autem oeconomica mutatio fortasse numquam, saltem non proxime, sit futura: non est cur paenitentes in speciales timores vel conscientiae angustias coniciantur. Sufficit, ut generaliter parati reperiantur fideles ad obsecundandum praeceptis Ecclesiae.

Ad quaesitum 2^m R. 1. Veranus imprudenter agit quemlibet paenitentem de percepta usura examinando. Immo etsi agatur de re illicita, ne tum quidem semper expedit interrogando perturbare bonam fidem. Quando enim paenitens rem obiective malam fecisse deprehenditur nihil suspicatus de malo, ratio autem sit putandi eum de rei veritate edoctum in gravem casurum esse tentationem, cui fortasse succumbat, interrogatio et monitio omittenda est. Magis etiam omittenda est in eiusmodi paenitentis condicione, si agitur de re non prohibita sed quae ut in posterum prohibeatur, possibile est. Ergo saepissime praestabit contentum esse, si paenitens in genere voluntatem manifestet abstinendi ab omni gravi peccato seu ab omni re, quae sive lege naturali-divina sive lege positiva sub gravi fuerit prohibita.

R. 2. Peius etiam Veranus addit interrogationem, num paenitens paratus sit fenus perceptum reddere, si forte Ecclesia permissionem suam retractaverit. Nam Ecclesia sane hanc restitutionem impositura non est. Cum hucusque titulus legitimus, saltem probabilis, adfuerit, lucra percepta restituendi nulla est ratio, etiamsi in posterum titulus legitimus defecturus sit. Nam Ecclesia non permisit, ut iniusta perciperentur et ad tempus retinerentur; sed iudicavit ex circumstantiis hodiernis saltem probabile esse titulum exsistere iustum, ideoque nunc lucrum percipi et retineri posse; quando vero in futuro per iudicium Ecclesiae constiterit ex mutatis circumstantiis lucrum percipiendum evasisse denuo iniustum, lucrum *ab eo tempore* non amplius percipi posse.

VENDITIO (I).

Casus. (269)

Evagrius equum emendum quaerit. Cum in foro publico ex multis eum elegerit, qui sibi videbatur aptus esse, de pretio tractat. Venditor, qui animadvertit Evagrium equi specie captum esse, pretium boni equi summum postulat atque facile obtinet, quamquam equus altero oculo caecus erat; quem defectum venditor non aperuit, sed potius equum ita constituit, ut defectus ille in oculos non incurrat. Vix e foro egressus, Evagrius videt, qualem equum habeat; quare contendit se utpote deceptum contractum rescindere posse.

QUAERITUR 1° ad quid teneatur venditor quoad manifestandos defectus.
          2° quodnam ius competat emptori propter rei emptae defectus.
          3° quid ad casum sit dicendum.

Solutio.

AD QUAESITUM 1ᵐ R. 1. Defectus substantiales dicuntur qui 866 rem emptori reddunt nocivam vel notabiliter inutilem; alii dicuntur accidentales. Possunt autem aliquando defectus in se non substantiales tales fieri relate ad certum finem manifestatum, quem emptor intendit.

R. 2. Quando quaeritur de manifestando defectu, supponitur defectum non esse ex sese manifestum. Verum illud, „manifestum vel non manifestum esse" complures habet gradus. Manifestum enim saepe sumitur esse non solum illud, quod statim in oculos incurrit, sed etiam id, quod facile potest cognosci. At hac in re homines periti facile quaedam cognoscunt, quae non ita facile cognoscunt alii; immo homines valde imperiti ne id quidem facile cognoscunt, quod communiter cognitu facile est. Hinc sequitur etiam in contractu venditionis defectus manifestos vel non manifestos sumi debere relative secundum condicionem ementis.

R. 3. Defectus igitur substantiales, qui ex se manifesti non sunt, semper manifestari debent; si ex se manifesti sunt, plenius manifestentur oportet iis tantum, quos apparet sive ex interrogatione sive alia ratione ita rudes vel imperitos esse, ut etiam manifesta non advertant.

R. 4. Defectus, qui parvi momenti sunt et in se et relate ad finem emptoris, manifestandi obligatio est, si venditor interrogatur; alias stricta obligatio non est, si modo pretium ratione defectus minuitur neque *dolose* defectus occultetur.

867 R. 5. Ius Germanicum (§§ 459 sqq.) fere eadem exprimit, quae ex modo dictis iure naturali venditori imponuntur. Videlicet venditor respondere debet pro omnibus defectibus, qui usum rei venditae consuetum vel a contrahente postulatum illusorium reddant vel minuant, non tamen de levioribus, neque de iis, quos emptor, dum emeret, novit. Si vero emptor nosse quidem poterat defectus, sed ex gravi neglegentia re ipsa non noverat, venditor respondere de iis non tenetur, nisi vel eos dolose occultaverit vel interrogatus eos adesse negaverit. — Ius Gall. breviter dicit venditorem teneri quoad defectus occultos qui rem reddant inutilem vel viliorem, non teneri quoad defectus manifestos (art. 1641, 1642). Quae in foro conscientiae diversimode applicanda sunt. — In emptione et venditione animalium obligationem venditoris leges restringunt ad *certos* defectus eosque principales intra *certum* tempus detegendos. (Ius Germ. § 481 sqq.; ius Gall. lex 2 Apr. 1884.)

868 Ad quaesitum 2^m R. 1. Si agitur de defectibus substantialibus vel maioribus, venditor ex iure naturali emptorem plane indemnem facere debet; ex iure naturae sufficit *contractum rescindere*, neque ad amplius emptor ius habebit, nisi forte per accidens grave damnum passus sit, quod venditor poterat praevidere.

R. 2. Si quid amplius ex iure positivo conceditur, emptor eo uti poterit. — In iure Germanico emptori optio datur postulandi vel contractus rescissionem vel pretii diminutionem vel indemnitatem *ex contractu non impleto* (§ 462, 463); in quibusdam *animalibus* venditis sola rescissio contractus postulari potest (§ 487).

869 Ad quaesitum 3^m R. 1. Quidquid statuitur legibus positivis regionis, venditor iure naturali saltem tenetur ad diminuendum pretium. Quare si Evagrius tantum solvit, quantum solvi solet pro equo omni defectu carenti, certe ius habet in conscientia, ut partem pretii recipiat.

R. 2. Ad aliud autem stricto iure non videtur venditor obligatus esse, siquidem agitur a) de defectu ex se non-occulto, b) neque de defectu, quem abesse venditor affirmaverit, vel quem emptor ordinaria diligentia cognoscere non potuerit, c) neque, ut videtur, de defectu dolose occultato.

R. 3. Nam si ita egerit venditor, ut *dolose* occultaret defectum vel interrogatus responderet equum omni defectu esse immunem, Evagrius ius habet ad rescindendum contractum aut ad plenam indemnitatem.

VENDITIO (II).

Casus. (270)

Dioscorus, mercaturam agens in victualibus, lac aqua miscet, farinae triticeae aliam ex fabis factam addit, oleum ex nucibus expressum pro oleo olivarum vendit, atque ita alias res adulterare solet vel nomine ementito vendit. Increpatus a confessario dicit se ita agere debere, ut modicum lucrum habeat, neque alios venditores a similibus artibus abstinere.

QUAERITUR 1° quae qualisque iniustitia committatur per rerum venalium adulterationem.
2° possitne Dioscori agendi ratio excusari et permitti.

Solutio.

AD QUAESITUM 1^m R. 1. Imprimis graviter contra iustitiam peccatur *nociva* adulteratione rerum, quae ad victum pertinent; vel etiam ea, quae finem rei notum pessumdat. Immo in tali agendi ratione aliae malitiae possunt accedere, v. g. sacrilegii malitia, si agatur de adulteratione vini ad usum Missae destinati, qua sacra actio liturgica fiat vel invalida vel dubia vel etiam utcumque graviter illicita.

R. 2. Neque ab iniustitia pro rerum diversitate graviore vel leviore excusari potest adulteratio, etsi non proprie nociva, tamen eius rei, quae expresse pura postulatur et pro pura expresse venditur. In quibus casibus per se contractum licebit rescindere.

R. 3. In aliis casibus res fere reducitur ad *pretii iustitiam*. Iniustum videlicet est exigere vel recipere tantum pro re adulterata et viliore, quanti valeat res pura. Si igitur pretium proportionate diminuitur, vix aliud restat, quam ut videatur num emptoribus gravis creetur displicentia vel mendacium veri nominis committatur. Quod non necessario adest; nam communi usu ordinarium rei, nomen imponitur etiam rei cum altera aliquantum mixtae. Quapropter si mixtio non est notabilis neque pretium, etiam habita ratione mixtionis, ultra mensuram iustam: in hisce casibus extra suppositionem in R. 1 et R. 2 factam res facilius transmitti potest.

Cf. S. Antonin. p. 2, tit. 1, c. 17, § 4; S. Alph. III, 820; Noldin II, n. 579; Th. m. I, 1112.

R. 4. Lege quidem positiva adulterationes in rebus cotidiano usui omnium destinatis aliquando severius prohibentur atque poena gravi puniuntur. Quod tamen non impedit, quin pro conscientiae foro regulae modo datae adhiberi possint, antequam eiusmodi adulterandi ars ad forum externum deducatur.

AD QUAESITUM 2^m R. 1. Quod ad lac attinet, id communiter habet pretium in foro fixum: quod sane statuitur pro lacte puro. Quapropter facillime per aquae mixtionem iniustitia ratione pretii committitur. Nihilominus considerandae sunt peculiares circumstantiae. Nam v. g. si Dioscorus habet lac communi specie pinguius et aquae mixtione exigua reducit id ad qualitatem communem; existimo Dioscorum excusari, maxime si vera sint, quae praetendat: alioquin potius cogeretur *infra* commune pretium vendere, siquidem commune pretium sit pro rebus qualitatis communiter occurrentis.

R. 2. Similiter dic de adulteratione farinae. Generatim enim haec prohiberi debet; attamen in peculiaribus adiunctis ista prohibitio non est nimis urgenda. — Graviter tamen interdicenda erit, si agatur de farina, ex qua coquantur panes orbiculares pro Missae sacrificio adhibendi.

R. 3. Ex se gravius videri potest, quod res plene altera pro altera vendatur. Verum etiam in hoc videndus est usus et consuetudo. Nam si communis usus fert, ut certae res vocentur nomine emendicato e re simili meliore, ne id quidem pro iniustitia vel mendacio haberi debet: si modo iustitia in pretio servetur, neque expresse res proprie isto nomine intellecta postuletur vel ea sola ad usum declaratum apta sit. Examinandus igitur nonnihil est Dioscorus quoad olei venditionem.

R. 4. Haec quidem imprimis referuntur ad mercatores, qui vendunt res ad immediatum usum victus et consumptionis. Nam si agitur de maiore rerum quantitate, quae in negotiatione venduntur et ab ipsis mercatoribus emuntur, longe facilius iniustitia committitur, cum vix fieri possit, ut non fiat deceptio in pretio et in rei specie expresse postulata.

VENDITIO EIUSDEM REI BIS FACTA.

Casus. (271)

A Gellio Petrus emit anulum pretiosum; at eum nondum secum sumit, sed sequenti die se missurum dicit qui anulum secum ferat et pretium solvat. Interea Paulus, cui idem ille anulus placet, Gellio pro pretio 100 marcas amplius offert. Gellius igitur Paulo eum vendit atque accepta pecunia tradit. Quid iuris sit, definiendum est, cum Petrus anulum ut suum reclamet neque Gellius alterum habeat.

Quaeritur 1° venditio quando valeat et quid iuris constituat.
2° quid iudicandum sit de venditione posteriore.
3° quis quando in casu dominus anuli factus sit et quaenam iuris laesi reparatio sit necessaria.

Solutio.

Ad quaesitum 1^m R. 1. Emptio et venditio perficitur mutuo consensu de re et rei pretio; ex se sufficit consensus verbalis; ex conventione vel ex lege in quibusdam rebus requiri potest consensus scripto documento expressus.

R. 2. Secundum pleraque iura emptione perfecta nondum acquiritur ipsius rei dominium seu ius in re, sed ius ad rem, qua venditor obligatur ad rem emptori tradendam. — Dominium rei traditione sive reali sive aequivalenti (etiam symbolica) in emptorem demum transit.

AD QUAESITUM 2^m R. 1. Ex parte Gellii sine dubio venditio 873 posterior erat illicita. Debuit enim necessario alterutrum decipere et iniuria afficere, cum impossibile esset utrique id praestare, ad quod praestandum conventione sese obligavit.

R. 2. Difficile dictu est, quid iuris acquirat Paulus, secundus emptor, spectato solo iure naturae, si ille nescivit rem Petro iam esse venditam, utrum videlicet venditio posterior sit illicita solum an etiam invalida, ita ut etiam rem sibi traditam reddere debeat Petro. Nam quamdiu Paulo anulus nondum sit traditus, Petrus sine dubio prior et potior est in iure, ut sibi anulus tradatur.

R. 3. Iura positiva id, quod naturali magis convenit, etiam constituunt, ut traditio rei, quae communiter faciat ius in re, etiam in eiusmodi venditione posteriore vincat iura priora primi emptoris, qui eo usque solummodo ius *ad rem* habebat: nisi tamen emptor posterior iura prioris emptoris noverat.

AD QUAESITUM 3^m R. 1. Ex dictis colligitur Paulum per anuli 874 traditionem dominium acquisivisse atque Gellium pecuniam a Paulo sibi datam posse retinere, si Paulus rerum condicionum inscius erat, cum anulum emeret. Quodsi sciverit anulum iam esse Petro venditum, debet eum Petro dare atque pretium solutum a Gellio potest repetere. Petrus vero Gellio solvere debet pretium, circa quod ipse cum eo convenerat.

R. 2. Si igitur Paulus anulum iure retinet, Gellius aliter tenetur erga Petrum. Communiter quidem eiusmodi res transmittuntur, eo quod emptor teneat etiamtum pecuniam suam atque facili negotio alibi similem rem sibi possit comparare. Sed si id fieri nequit et si summo iure casum decidere volumus: Petro ius inest postulandi a Gellio plenam indemnitatem. Quare si forte similem anulum nonnisi maiore pretio sibi comparare possit, Gellius ad solvendum excessum pretii tenetur; vel etiam ad solvendum tantum, quanto intersit Petri anulum ilico habere, cum nunc similem habere non possit nisi post aliquod tempus; vel si Petrus intenderit anulum iterum vendere idque Gellius suspicari potuerit, atque Petrus opportunitatem nactus sit cum lucro vendendi, illud lucrum cessans potest a Gellio petere, si tamen lucrum illud mansurum erat inter limites pretii *iuste* aucti.

R. 3. Quae quidem etiam iuridice postulandi Petro facultas aderit, si probare possit et emptionem a se factam et damnum a se incursum. Verum etsi probare non possit, in conscientia ius idem retinet, Gellioque eadem incumbit obligatio.

VENDITIO PER INTERMEDIUM (PROXENETAM SEU „MÄKLER").

Casus. (272)

Arsenius artifex per Drusum mandatarium studet picturas vendere. In quadam occasione pro certa pictura Druso offeruntur 3000 mc. Drusus se consensum domini sui petiturum esse dicit; sed cum pretium ducat pro consueto maiorem, quaerit per telegraphum ab Arsenio, num pictura illa venalis sit pro 2500 mc. Cui cum Arsenius annuisset, picturam vendit pro pretio *oblato,* sibi 500 mc. retinens.

QUAERITUR 1° quae mandatarius in emptione et venditione universim observare debeat.

2° potueritne Drusus, cum 3000 mc. pro pretio nimio haberet, nihilominus illud accipere.

3° ars illa, qua sibi lucrum comparaverit, fueritne iusta, an iniusta seu cum restitutionis obligatione coniuncta.

Solutio.

875 AD QUAESITUM 1ᵐ R. 1. Mandatarius, sive gratis sive pro honorario munus suum suscepit, ex contractu illud fideliter implere debet. Munus autem in eo est, ut negotium sibi demandatum nomine mandantis atque pro eo diligenter tractet, non minus quam si proprio nomine ageret.

R. 2. Imprimis igitur voluntatem mandantis sibi manifestatam exsequi debet vel pro regula habere; alioquin pro maiore minoreve facultate sibi a mandante concessa sequi debet eius voluntatem interpretativam seu rationabiliter praesumptam vel eam ante negotii tractationem explorare.

Per se autem patet eum numquam ita commodum et utilitatem mandantis prosequi posse, ut iniustus fiat erga alios. Neque enim ita propria negotia curare cuiquam licet.

876 AD QUAESITUM 2ᵐ R. 1. Si ageretur de pretio iusto maiore oblato ab homine imperito, qui putaret rei venali aliquod inesse quod non inest: ille certe edocendus esset; alioquin committeretur iniustitia. Verum id in nostro casu accidisse nullatenus innuitur.

R. 2. Cum agatur de re, cuius pretium inter limites valde latas includitur, Drusus sane dicere vix potest excessum vel defectum 500—800 marcarum efficere pretium *iniustum.* Quando igitur pretium reputat *nimium,* videtur solummodo id dicere velle et posse, *sibi* rem illam non tanti valere neque se tantum pro ea umquam soluturum esse. Quod non impedit, quominus pretium conventionale cum altero emptore conventione determinandum tantum esse possit. Quapropter si emptor, homo non imperitus, eam summam offert, scrupulum de iniustitia sibi facere non debet.

877 AD QUAESITUM 3ᵐ R. 1. Videri potest Drusus voluntatem Arsenii mandantis satis explorasse et ei satisfecisse, si 2500 marcas Arsenio solvat. Attamen in se id falsum esse existimo, nisi Drusus

Arsenio rem totam sincerus exponat, hicque Druso 500 illas marcas addicat.

Nimirum R. 2. Consensus ille Arsenii obtentus est fraude. Putavit enim non plus esse oblatum pro pictura. Nisi enim de contraria voluntate constet, sumi debet Arsenium voluisse res suas vendere quam pluris iuste posset.

R. 3. Drusus non vendidit rem suam sed rem alienam, neque suo nomine sed nomine alieno. Ergo et res illa aliena non sibi sed domino crevit seu aestimationem maiorem habuit; et Drusus non suo nomine sed nomine Arsenii contractum venditionis perfecit, hinc etiam pretium determinavit et recepit. Quapropter totum pretium receptum utiliter pro domino, i. e. Arsenio, acceptum est.

R. 4. Aliter quidem, si Drusus sibi picturam post exploratam Arsenii voluntatem emisset et postea aucto pretio illud carius vendidisset. In quo casu pretii excessum sibi comparasset. At etiam tum infideliter egisset munus suum, saltem si tum demum voluntatem sibi emendi picturam concepisset, cum iam spem haberet fundatam eam carius vendendi.

Facilius tamen ab iniustitia proprie dicta et restituendi obligatione excusaretur in posteriore sumptione, si demum utcumque periculum aliquod in se sumpsisset non solum lucri sed etiam damni faciendi.

LICITATIO SEU VENDITIO SUB HASTA (I).

Casus. (273)

Arminius in licitatione cum multa supellectili etiam crucem vestutate foedatam, sed in se pretiosam et arte longe pretiosiorem, emerat pretio vilissimo. Cum eius valor Arminio sit ignotus, Crusius, rerum vetustarum artificialium colligendarum cupidissimus, offert 500 mc.; pro quibus Arminius eam libenter cedit: verum Crusio ne pro 2000 marcarum quidem venalis est.

QUAERITUR 1° unde petatur pretii iustitia.
        2° possitne eiusdem rei emptio et venditio, ut in casu, fieri pretio vilissimo, pretio 500 mc., 2000 marcarum.

Solutio.

AD QUAESITUM 1^m R. 1. Pretium distinguitur vulgare, legale, conventionale. Conventionale, quatenus omnino abstrahit a vulgari pretio, raro admodum adhiberi potest. Legale, si quod exsistit, pro certis rebus tantum exsistit, idque per se, omnino fixum, non admittit ullam a fixa illa mensura deviationem. Vulgare illud est, quod in communi aestimatione rei consistit, habet autem aliquam variationem seu latitudinem inter pretium infimum et summum atque determinatur accurate ipsa conventione inter emptorem et venditorem facta. Cf. Noldin II, n. 584—589; *Th. m.* I, 1116 sqq.

R. 2. Quamquam vulgare pretium immediate per communem aestimationem determinatur, haec determinatio non est arbitraria, sed fundatur in utilitate, quam res afferre solet, in raritate et difficultate eam comparandi; neque sine laesione iustitiae ab illo pretio vulgari recedere licet, nisi occurrant *speciales* rationes, quae in particulari casu pretium vel deprimant vel augeant. Licebit tamen citra iniustitiam infimo pretio emere vel summo pretio vendere, modo ne ad haec admittenda alter contrahens inducatur extorsione iniqua vel dolo.

879 R. 3. Peculiaris utilitas, quam venditor ex re habere potest, ius quidem dat ad pretium augendum; non ita utilitas specialis, quam emptor ex re sperat. Si vero emptor propter speratam illam utilitatem pretium ultra summum *libere* offert, id sane venditor accipere et retinere potest. Cf. quae supra dicta sunt nn. 788 et 792.

R. 4. Pretium *omnino conventionale* attenditur in rebus, quae communem aestimationem non habent, sed ex solo affectu aestimantur: quod 1) in rebus merae artis quadantenus quidem, non tamen plene obtinet; nam latitudinem quidem magnam pretium istarum rerum habet ex diverso ementium affectu; certi tamen limites etiamtum observari solent; 2) obtinet in licitatione; ibi enim contentione offerentium demum pretium determinatur, ita ut ei, qui plus offerat, res sit addicenda, etsi valor rei longe maior sit, neque tamen ille recedere a pretio oblato possit, etsi valorem rei longe superet. Attamen etiam ibi supponitur non esse fraude effectum pretium maius, neque fraude pretium esse depressum. Cf. S. Alph. III, 808.

880 AD QUAESITUM 2^m R. 1. Crux illa pretiosa in licitatione empta est, ut ex casu elucet, sine omni dolo vel fraude. Quare nihil obstat, quominus pretio etiam vilissimo acquiri potuerit, cum deessent alii, qui plus offerrent. Neque ignorantia valoris quidquam valet *in licitatione;* in qua periculum minus habendi vel accipiendi, sed etiam plus solvendi fere semper adest.

R. 2. Post licitationem Arminius erat in iusto crucis illius pretiosae dominio. Quae sine dubio, etsi aestimationem valde fluctuantem habeat, habet tamen aliquam aestimationem certam, infra quam salva iustitia descendi nequeat. Quae imprimis materiae pretium saltem debet superare: quanto autem superare debeat, difficulter determinatur; iudicium relinquendum est peritis, ut illi pretium saltem infimum statuant. Quodsi illud infimum pretium 500 mc. non superet, Crusius iniuste non egit, crucem illam pro hac summa emendo; alias iniuste pretium depressit et Arminio ulteriorem summam debet.

881 R. 3. Num in sumptione, pretium 500 mc. non esse iniustum, liceat nihilominus 2000 mc., si offeruntur, accipere, pendet ab altera quaestione, quaenam sit latitudo diversae aestimationis in rebus, quae pro artificiis habentur, vel in pretio affectionis. In pretio affectionis rei pretium in se spectatum est fundamentum valde infirmum; neque mirum esse debet, si quando affectionem peculiarem aliquis habeat, ut quadruplex pretium commune libenter solvat. Verum haec circumstantia peculiaris affectus, quem habeat emptor, venditori iustum titulum non dat augendi pretii ultra id, quod alias est summum; dat

iustum titulum affectio illa, qua ipse venditor erga rem tenetur, si nihilominus emptor insistat, ut sibi res vendatur.

Adeo magna igitur differentia inter diversa pretia in rebus artificialibus ex sola affectione explicari et iusta declarari vix potest. Attamen in iis rebus ars et affectio peculiaris saepe miscentur; atque ita fit, ut haec aestimatio afficiat *ipsam rem vendendam* seu venditori facultatem tribuat pluris rem vendendi, quam ipse eam aestimaverit.

Quibus consideratis, agendi ratio Crusii non potest certo dici iniusta, neque confessarius ei imponere potest restitutionem erga Arminium, dummodo fraudem contra illum non commiserit.

Immo alia insuper ratio considerari debet, quae magis etiam Crusium potest excusare. Res artificiales vetustae in collectione positae maiorem saepe valorem habent, quam si singulae considerantur. Quapropter si id in nostro casu obtinet, mirum non est Crusio ne pro 2000 mc. quidem crucem illam venalem esse, etsi 500 mc. tantum pro ea solverit.

VENDITIO SUB HASTA (II).

Casus. (274)

Callepodius statuit copiam rerum venalium sub hasta vendere. Cum observasset aliquos emptores oculos in certas res coniecisse, subornat amicos, qui studeant harum rerum pretium augere; se cavere velle, si forte venditio haereat in pretio ultimum ab ipsis oblato; in quo casu se postea illas res denuo aleae submissurum esse. Res bene succedit, atque Callepodius res istas pretio duplo maiore vendit, lucro 500 marcarum.

Quaeritur 1° possitne et quando committi iniustitia in augendo vel deprimendo pretio in licitatione.

2° ad quid in casu nostro Callepodius teneatur.

Solutio.

Ad quaesitum 1ᵐ R. 1. Iniustitia committi potest erga emptores. 882 Quod fit, si *in errorem inducuntur* circa res venales earumque bonitatem et valorem; vel fieri potest, si impediuntur, quominus ille ex emptoribus, qui plus obtulit, rem re vera accipiat.

R. 2. Subducere aliquam rem ex iis, quae iam venales expositae erant, si ex antiquo iure res diiudicatur, videtur iniustum esse: attamen consuetudo contractum licitationis liberae sic interpretari potest, ut id liceat; atque revera hodiedum ita agi solet, ut dominus, si minus quam certa taxa offeratur, rem retrahat atque curet, ne adiudicetur offerenti pretium nimis parvum. Facilius etiam id agere licebit, quando solummodo res in genere indicatae et propositae fuerint, v. g. aliquod emporium, aliqua bibliotheca; nam dominis illarum rerum licebit sane, antequam incipiat licitatio, aliquas res ex collectione sibi reservare, eas a cumulo subtrahere. Cf. Aertnijs lib. 3 n. 490 et 491.

883 R. 3. Iniustitia committi potest etiam contra venditorem vel dominum rerum; maxime si dominus non sponte vendit, sed ad vendendum cogitur. Ita enim iniuste aliquis agit, quando alios emptores sive fraude sive minis detinet, ne ipsi quoque concurrant. Hoc modo pretium manet infra id, quod venditor iuste poterat exspectare et quod accepturus esset.

Ad quaesitum 2^m R. Non est dubium, quin Callepodius contra iustitiam peccaverit. Nam fictos emptores submisit, qui suis oblationibus opinionem suscitarent res illas venales re ipsa aestimari longe pluris, quam aestimabantur. Hinc per se singulis emptoribus restituere debet: quos si nesciat, pauperibus vel causis piis restitutio debetur.

VENDITIO SUB HASTA (III).

Casus. (275)

In coacta licitatione exponuntur res domesticae Amaliae viduae ex nobili familia omnino pauperis factae. Spes non erat res pluris vendendi, quam quod sufficiebat ad solvendum pretium locationis, ob quod non solutum dominus aedium durus publicam venditionem postulaverat. Cuius rei misertus Alfredus, vir satis dives, qui habebatur pro peritissimo in aestimandis vetustis manuscriptis, accedit, lustrat res omnes; dein convenit cum praecone, ut primum libri atque manuscripta vendantur, atque ut in iis vendendis, quam lente possit, procedat. Oblato vetusto manuscripto ipse incipit offerre 20 marcas. Quod attentionem movet aliorum, etiam istius duri locatoris, qui ceteroquin ipse quoque vetustorum manuscriptorum amantissimus erat neque ferre poterat, quod sibi ab altero eriperetur aliquod antiquum documentum, quod adesse suspicabatur. Fit concertatio, etiam a tertio quodam, quamquam hunc quidem Alfredus monuerat se de valore rei nullatenus posse cavere, donec demum dominus ille locator 1000 marcarum offert — et obtinet rationes culinarias ab ultimis 50 annis.

Quo facto, Amalia videns sibi post solutum pretium locationis tantum superesse pecuniae, ipsa sibi conatur res suas domesticas redimere, damnum illud libri cum risu ferens.

Quaeritur 1° num Alfredus iniusto modo pretium auxisse dicendus sit, vel ad quid teneatur.

2° licueritne ipsi Amaliae sibi per se sive per suppositas personas suas res redimere.

Solutio.

884 Ad quaesitum 1^m R. 1. Si ea, quae in priore casu dicta sunt, huc applicamus, videri potest Alfredus decepisse alios emptores seu induxisse in errorem circa manuscripti illius, quod vendebatur, valorem. Quod si ita sit, neque Amalia pretium utpote iniustum retinere poterit, et Alfredus, saltem in defectu Amaliae, emptorem indemnem facere debebit.

R. 2. Sed re intimius inspecta, discrimen observari debet inter hunc et priorem casum. Alfredus, ut in casu narratur, sincere procedit, in animo habens solvere, si ultimus fuerit offerens, in favorem

Amaliae. Locator ille dives sane deceptus est; sed quaeritur, utrum deceptus sit ab Alfredo an potius a se ipso. Ipse animum Alfredi ita interpretatus est, quod ageret ex cupidine habendi manuscripti pretiosi, cum in hisce circumstantiis eum interpretari sane posset, quasi gereret animum beneficentiae et misericordiae. Quam intentionem si, sicut ipse respuit, abesse etiam ab Alfredo putavit, ipsius culpa est et cordis duritia. — Insuper levitas erat magna et imprudens aemulatio, non antea inspicere, de quo manuscripto emendo ageretur: quae etiam in ipsum emptorem recidit.

Fortasse nonnihil deceptus est concursu etiam tertii emptoris. Sed eius agendi ratio eo minus Alfredo culpae verti potest, quod Alfredus eum monuit. Quodsi noluit ille credere, ipse sua culpa deceptus est; et inscius decepit alterum emptorem neque actione iniusta theologice culpabili erga illum.

In hoc igitur casu nullam censeo esse iniustitiam ab Alfredo commissam; sed divitem illum et durum locatorem debere plane ex iustitia pretium oblatum solvere.

R. 3. Quaeri potest, num forte Alfredus ex caritate obligatus 885 fuerit deceptionem istam impedire. Nam generatim si video ex mea actione inculpabili alterum ansam sumere deceptionis et actionis sibi damnosae ponendae, ex caritate obligor, ut eum moneam, si sine incommodo relative magno possum.

Et revera recte egit Alfredus positive monendo tertium emptorem. Apertius monendi obligationem non adfuisse censeo, si ille etiam valde dives erat, ita ut damnum, si forte incurreret, leviter ferret; sed Alfredum potuisse tum permittere etiam tertii illius deceptionem et probabile damnum, eo quod illud vergeret in longe maius bonum pauperis viduae.

Minus etiam habuit Alfredus obligationem monendi divitem illum locatorem, qui ipse culpa sua et duritie pauperem viduam in angustias coniecerat atque vix non gravissime peccaverat. Immo poterat Alfredus gaudere, quod homo iste etiam invitus sua ipsius deceptione et levitate coactus miseriam viduae, quam creaverat, deberet suis impensis levare. Obligatio illa caritatis erga eum in hoc casu plane erat nulla.

AD QUAESITUM 2^m responsio difficultatem non habet. Cum enim 886 non Amalia sit proprie quae vendat, sed durus ille locator: ratio non est, cur ipsa excludatur a concursu et emptione. Re ipsa generatim in simili casu id est impossibile, quia dominus rerum in coacta venditione non solet habere, unde solvat. Sed ab his angustiis Amalia liberata est per ius acquisitum ad illas mille marcas. Ergo in conscientia potest esse tuta.

VENDITIO SUB HASTA (IV).

Casus. (276)

Possidius, pauperculus rusticus, in angustiis positus propter debita mox solvenda, statuit per licitationem ligna aliasque res vendere. Emptores, qui pauci sunt, inter se res emendas distribuunt atque conveniunt mutuo, ne unus, maius pretium offerens, alterum impediat, quominus cum lucro possit emere.

Possidius, cum aliquot res iam viderit vilissimo pretio divenditas, lacrimabundus accurrit ad vicinum, eum deprecans, ne sinat reliqua tam vili pretio divendi, sed ut saltem triplo maius pretium offerat; se velle postea curare, ut pretio etiam multo maiore res vendantur, atque ut lucrum ex venditione ultra medium pretium commune reportandum inter se et vicinum dividatur. Quod ita fit.

Quaeritur 1° num peccaverint isti emptores ita inter se convenientes.

2° potueritne Possidius, qui sponte res suas obtulerat vendendas, nihilominus per suppositum vicinum res suas sibi redimere.

Solutio.

Ad quaesitum 1^m R. 1. Satis naturale est hominibus, ut studeant quam minimo pretio emere, quam maximo vendere. Communiter id damnari non potest, nisi media, quae adhibeantur, sint illicita. Illicita autem esse possunt tum ex laesione iustitiae, tum ex laesione solius caritatis.

R. 2. Rogare alios emptores concurrentes, ne offerant seu concurrendo pretium augeant, nemo habet pro actione iniusta, cum venditor ius nondum habeat, ut aliquis emat vel certam summam solvat. — Contra caritatem id ipsum *aliquando* esse potest, non tamen communiter; videlicet in iis casibus, quando dominus rerum in tanta sit penuria, ut eam levare renuntiatione lucri et commodi sperati obligatio sit pro emptore; ac proin id non a sola penuria eius, qui res proprias vendendas offert, sed etiam a condicione emptoris pendet.

R. 3. *Convenire* cum aliis, ut a concursu desistant, adeoque eos adstringere certe plus est, quam rogare. Quare si *rogare* potest esse contra caritatem, magis ita esse potest *stipulatio* cum aliis inita.

R. 4. Sunt qui eiusmodi stipulationem *iniustam* esse dicant, nisi forte agatur de conventione inter amicos, quorum negotia aliquis ut sua propria consideret. Verum id difficulter sustinetur, etsi antiquum ius licitationis spectatur; multo minus, si hodiernam praxim respicimus.

Neque in iis licitationibus, quae omnino sponte a domino rerum instituuntur, talis conventio dici potest esse contra caritatem. Liberum enim erit domino res suas servare et a venditione retrahere, si iudicet pretium oblatum sibi non convenire. Quodsi plena libertas res retrahendi penes dominum est, liberum esse debet emptoribus, quocumque modo non iniusto sibi cavere, ne plus aequo solvere debeant. Cf. Aertnijs l. c. n. 490 et 491.

Ad quaesitum 2^m R. 1. Ex hodierno conceptu licitationis difficultas hac in re esse nequit. Qui enim potest res retrahere, etiam res per virum intermedium emere potest, si modo sincere procedatur; videlicet si non ita agatur, ut per fictum concursum et fictam emendi voluntatem pretium iniuste augeatur.

R. 2. Immo ne necessarium quidem est, ad mutatam condicionem hodiernae licitationis confugere; nam Possidius in casu specietenus tantum *sponte sua* licitationem instituit; re ipsa potius cogitur ad eam instituendam; quare optimo iure etiam ipse emere potest.

R. 3. Neque ulla fraudulenta ars adhibetur. Nam vicinus sincere rogatur, ut res illas venales *sibi emat;* alias enim Possidius nullam haberet utilitatem: indiget enim sine dubio pecunia hoc ipso tempore, quam recepturus non est, nisi vicinus vere emat et pro emptis rebus solvat. Quod dein Possidius promittit se curaturum esse, ut ipsa illa res postea multo carius vendatur, hic novus contractus est, qui potest addi, sed qui licitationem nullo modo afficit neque inficit vitio.

MONOPOLIUM.

Casus. (277)

Aurifax aliique, qui petroleo dominantur, inter se conveniunt; conventione enim facta ipsorum est pretium determinare. Quo fit, ut, aucto pretio tertia parte, lucrum annuum ultra consuetum Aurifax percipiat vicies centena milia marcarum.

Quaeritur 1° quaenam species monopolii sint iniustitia affectae.
          2° peccentne Aurifax eiusque socii contra iustitiam vel contra caritatem.

Solutio.

Ad quaesitum 1^m R. 1. Communiter iniustum esse dicitur 1) dolo 890 et fraude vel coactione alios impedire, quominus merces advehant vel minoris vendant; 2) omnes certi generis merces coemere atque dein ultra pretium, quod alias summum esset, vendere; 3) conspirare cum aliis, ut ultra pretium summum, quod in naturali rerum cursu communi aestimationi respondeat, certae merces vendantur.

Cf. Aertnijs l. 3, n. 486 sqq.

R. 2. Haec per se valent de rebus, quas natura pro hominum usu producit, vel de aliis mercibus iam confectis et exstantibus, si quas aliquis singularis homo vel pauci conspirantes coemerint.

R. 3. Difficilius iniustitia probatur, si in quaestionem veniunt 891 res, quae multorum laboribus et industria demum producuntur. Nam compensatio artis, laboris humani etc. longe maiorem latitudinem aestimationis patitur. Nihilominus etiam in iis rebus demum regula quaedam pretii iusti eiusque summi statui potest. Videlicet quatenus natura res producit, eae fiunt eius qui dominus est fundi; sed aestimatio ipsius rei ut a natura datae pendet tum ex eius utilitate, tum ex eius raritate. Dein sume labores hominum fortasse conductorum, qui, si impendendi sunt, facile computantur. Si facta computatione omnium horum momentorum non modica annua usura, sed lucrum enorme nascitur ei vel iis, qui sine ullo labore vel periculo pecuniam praestant, qua fabricae machinaeque ad res perficiendas necessariae construuntur vel merces transvehuntur, seu iis, qui partes habent non in possessione soli sed in industrialibus constructionibus: id iustos limites transcendit; atque ita re vera per monopolium vel quasi-monopolium pretium iusto maius, i. e. iniustum, effici potest.

892 Ad quaesitum 2^m R. 1. Si pretium petrolei in se sumimus, id pro longiore tempore vix elevari potest ad normam iniuste magnam. Cum enim complura alia sint media, quibus lucem sibi necessariam vel calorem (si ad eum producendum petroleum adhibeatur) procurare homines possint: pretium unius ex multis mediis diu excedere nequit aestimationem communem illius utilitatis, quam sibi homines quaerunt; alioquin prae petroleo alia media adhiberent. Aestimatio autem communis circa rei alicuius utilitatem pretium determinat. Ideoque ex hac parte Aurifax, etsi annuos reditus nunc longe maiores quam antea percipiat, cum eos percipiat ex re sua frugifera, iniustitiae accusari vix potest.

R. 2. Nihilominus fieri potest, ut contra iustitiam delinquant Aurifax aliique domini fontium petrolei erga operarios suos. Nam ut petroleum condicionem usibus humanis proxime convenientem induat, opera multorum opus est, qui, si adeo magnum est lucrum dominorum, etiam ius habent ad mercedem tantam, qua *commode* se suosque alere et sustinere possint. Quae merces nisi in huiusmodi circumstantiis solvatur, erga operarios committitur iniustitia.

R. 3. Insuper fieri potest, ut aucto pretio ex sola ea ratione, ut augeantur immodice annui reditus, committatur laesio caritatis erga emptores. Aliquod enim medium, quo necessaria lux comparetur, ad humanos usus etiam pauperibus plane necessarios pertinet. Quodsi igitur alia media nequeunt nisi etiam cariore pretio comparari, augmentatio pretii ultra illud quod et dominis et operariis conveniens lucrum praestat atque eo usque in usu erat, potest caritatem graviter laedere (S. Alph. III, 817), atque reapse ita laedit, si, conventione illa non facta, res vilius venderetur. Difficilius constat de laesione, quando agitur de rebus ad luxum vitae spectantibus.

OPERARII EORUMQUE CONDUCTIO (I).

Casus. (278)

Catilina, socialistarum ideis abreptus, inter operarios sodales agitator exsistit eosque ad conventionem excitat, ut a laborando desistant, nisi domini mercedem, quae vix sufficiat ad alendam familiam, augeant. Quod cum domini nolint, Marius fere invitus cogitur, ut feriantibus se adiungat et cooperetur in excludendis iis operariis, quos domini aliunde invitaverant. Diuturna feriatione ex operariis illis desidibus complures ad varios excessus committendos perducuntur, atque mercium necessariarum iam sentitur publica penuria cum communi damno satis magno: quo tandem efficitur, ut domini coacti mercedem sexta parte augeant.

Quaeritur 1° liceatne sic desistere a labore ex condicto.
2° quandonam tali agendi modo committatur iniustitia, quando non.
3° quid confessarius iudicare debeat, si Marius vel Catilina paenitentiae tribunali se sistant.

Solutio.

AD QUAESITUM 1ᵐ R. 1. Quies a labore turmatim ex condicto facta fere natura sua tanta secum trahit mala, ut vix umquam consulenda sit. Nam ut alia taceam, pessimos habet effectus in mores operariorum, qui otiositate facile feruntur in ebrietatem, luxuriam, violentias, atque insuper proni redduntur ad id, ut, etiam per iniuriam, eos ad deponendum laborem cogant, qui ex sese laborare optant.

R. 2. Nihilominus non in omni casu quaelibet quasi-coactio in alios operarios exercita est iniusta, minus etiam semper iniusta est denegatio laboris a volentibus etiam ex conventione facta.

AD QUAESITUM 2ᵐ R. 1. Tempore contractus, etiam iusti et aequi, elapso, qui volunt, sine iniuria erga dominum desistere possunt, idque etiam ex conventione, quae tamen conventio raro parit obligationem. Alios autem non volentes ad hoc incitare, nisi gravis causa necessitatis exsistat, contra caritatem tum operariorum tum dominorum est; si fit mediis iniustis, etiam est contra iustitiam sive illis operariis, sive dominis, sive utrisque pro diversa rerum condicione debitam.

R. 2. Tempore contractus nondum elapso sine iniustitia labor deponi nequit, nisi et contractus sit vel evaserit iniustus contra operarium, et dominus nolit ab iniustitia recedere. — Quae iniustitia 1) aperta est ex parte domini, si condiciones stipulatae non servantur; 2) non ita clara et aperta est, si agitur de mercede stipulata, quam contendunt operarii infra iustitiam esse depressam: complures enim possunt esse causae, cur mercedem aliquantum deprimi liceat, atque conventio facta praesumptionem pro se habet iustitiae non laesae.

Nihilominus quoniam operarii non raro moraliter coacti sunt, ut consentiant in mercedem a domino statutam etsi iusto inferiorem, morali certitudine et peritorum iudicio aliquando constare potest in certis casibus mercedem infra iustitiae limites haerere; quapropter tum, si dominus, cum possit, eam augere usque ad infimos iustitiae limites nolit, per se licebit, sine iniustitia, laborem ex contractu assumptum deponere.

R. 3. Quodsi iniustitia dominorum clara est et in commune damnum operariorum grave redundat, iniustum non erit etiam eos operarios, qui vellent pergere pro illa mercede inferiore laborare, *moraliter cogere,* ne faciant: modo ne fiant contra eos violentiae, neque ii, labore deposito, in damnum coniciantur. Aliter enim impedimento erunt, quominus operariorum communitas ad iustam mercedem possit pervenire.

R. 4. Tempore contractus legitime finito, operarii, ex libera conventione atque seclusa omni coactione contra operarios dissidentes, statuere possunt labores non resumere seu contractum non renovare, nisi domini promittant mercedem etiam maiorem. Videlicet iniuste non agunt, quamquam fortasse imprudenter, si mercedem intra limites iustitiae *summam* postulent.

Eos hac in re *iniustitiam* committere, elevando mercedem ultra summam, quam iustitia permittat, ex hodiernis condicionibus, quibus domini longe praepotentes esse solent, raro possibile est. *Potest* tamen id accidere in aliqua subitanea domini penuria et necessitate transitoria, si forte ex contractu debeat brevi multas merces confectas transmittere neque praesto sint alii operarii, quos possit arcessere.

897 Ad quaesitum 3^m R. 1. Postulatum illud, ut merces sufficiat ad alendam familiam, si sobrie sumitur atque intellegitur de ordinariae familiae personis iis, quae et quamdiu sunt laborando impotes, neque excluditur supplementum ex laboribus eorum sumendum, qui communiter in familia adiumentum praestare possunt: iustitiae *per se* congruit. Quare nisi condiciones anormales vel singulares dominum coniciant in impossibilitatem eam mercedem solvendi: huius mercedis denegatio ex parte domini facta Catilinam excusat ab iniustitia, si omnem lapidem movit persuadendo et monendo, ut alii etiam secum conventionem in hunc finem ineant, ut ad tantam mercedem solvendam dominum impellant. Neque in Marium graviorem videtur exercuisse influxum, nisi eum quem iuste exercere licuerit.

898 R. 2. Tam Catilina quam Marius implicati sunt in conatu eoque, ut videtur, efficaci, ut excluderent vel impedirent adventum aliorum operariorum, qui pro viliore mercede conduci potuerant.

Qui conatus sane gravissimas habuit sequelas. Si igitur a) operarii desides ius non habuerint extorquendi maiorem mercedem: ista agendi ratio iniusta erat tum contra alienos operarios, tum contra dominum, immo etiam in damnum publicum iniustitia redundabat; quibus omnibus damnis Catilina et Marius cum aliis sociis in ea sumptione erunt obnoxii.

b) Sed si sumimus apertam fuisse iniustitiam ex parte dominorum, ut innuimus in Resp. 1, iniustitia non est commissa a Catilina et Mario cum sodalibus in eo, quod domini coacti sint plus solvere neque potuerint alienos operarios adducere, pro viliore mercede laboraturos.

c) Neque contra illos operarios in posteriore illa sumptione censeo iniustitiam esse commissam, si solum suasionibus et admonitionibus detinebantur, vel etiam quibusdam deterrebantur minis, sed iis solum, quibus excludebantur ex parte aliorum operariorum ab eorum bonorum communicatione, quae illis non absolute debebatur. Erat enim quaedam proprii iuris defensio, qua utebantur ad obtinendum ius suum, i. e. mercedem iustam.

d) Si violentiae atque pugnae exercebantur, in hoc quidem commissus est excessus, sed in necessitate vindicandi proprii iuris ne sic quidem puto iustitiam ita laesam esse, ut iniustitia consistat in exclusione operariorum istorum alienorum ab ineundo contractu operario, *quasi de lucro amisso queri possint*.

899 R. 3. Quod alios excessus attinet, qui a turba operariorum desidum commissi sunt, ii quidem rei sunt sive peccati in genere sive iniustitiae, qui eos excessus commiserunt; Catilina et secundarie Marius

rei erunt coram Deo laesae caritatis atque dati scandali, si *sine gravi omnino causa* eorum excessuum, quos moraliter certo praevidebant, per excitationem ad deponendos labores, ansam dederunt. Si vero gravis causa erat depellendae a multitudine operariorum gravis iniustitiae, mitiora autem media ad hanc iniustitiam auferendam frustra fuerant adhibita vel omni spe successus erant destituta: ipsi activi scandali rei non sunt, sed passivum scandalum ex causa sufficienti permiserunt.

Cf. circa hanc quaestionem *de operistitiis* Vermeersch, *Quaestiones de iustitia* n. 473—475; Lehmkuhl, opusc. cui titulus „Arbeitsvertrag und Strike" (seu gallic. vers. „Le contrat entre patrons et ouvriers et les grèves").

R. 4. Quod ad publicam penuriam atque commune damnum spectat, Catilina et Marius aliive sodales ex hac parte rei sunt aut non rei, prout iustitia causae iis defuit aut adfuit.

Ex dictis facile colligitur, quid confessarius iudicare debeat, si Catilina vel Marius tribunali paenitentiae se sistant. — Verum investigare etiam debet, quomodo sentiant circa falsas et reprobandas socialistarum doctrinas. Sed haec huius loci non est monere.

OPERARII EORUMQUE CONDUCTIO (II).

Casus. (279)

Sulla, director societatis anonymae, imprimis in id incumbit, ut per reditus annuos amplos societatis aestimationem suumque lucrum augeat. Quod cum mercium deterioratione atque pretii elevatione constanter efficere nequeat, in id animum intendit, ut quo minore possit mercede operarios conducat. Ita fit, ut, cum operariorum adsit copia, iique misera mercede *aliquid* lucrari malint quam postulata mercede maiore penitus excludi, Sulla operariorum habeat abundantiam atque facile habere possit, qui contenti sunt eo lucro diurno, quod sibi solis ad misere vivendum sufficiat. Neque de hac sua agendi ratione Sulla stimulos conscientiae sentit, neque in annua confessione quidquam dicit.

QUAERITUR 1° merces operariorum quaenam sit iusta.
2° possitne Sulla tutus esse in conscientia.
3° ad quid teneatur quoad praeteritum, ad quid pro futuro.

Solutio.

AD QUAESITUM 1ᵐ R. 1. De mercede operariorum eiusque iustitia 900 in priore casu iam complura dicta sunt: quae, quaeso, benignus lector recolat.

R. 2. In Encyclica *„Rerum novarum"* d. d. 15 Maii 1891 *de condicione opificum* Leo XIII de hac re loquens ita dicit: „Esto igitur, ut opifex atque herus libere in idem placitum, ac nominatim in salarii modum consenserint: subest tamen semper aliquid ex iustitia naturali, idque libera paciscentium voluntate maius et antiquius, scilicet alendo opifici, frugi quidem et bene morato, haud imparem esse mercedem oportere. Quodsi necessitate opifex coactus aut mali peioris metu permotus duriorem condicionem accipiat, quae, etiamsi nolit, accipienda sit, quod a domino vel a redemptore operum imponitur, istud quidem est subire vim, cui iustitia reclamat."

Difficultas est, quid comprehendatur verbis illis „alendo opifici haud imparem", comprehendatne victum solius singuli opificis, an etiam suo modo victum familiae quae aliunde victum habere non possit. — Ad quod quid dicendum sit, innuitur alio loco eiusdem encyclicae: „Ius coniugii naturale ac primigenum homini adimere . . . lex hominum nulla potest. . . . Sanctissima naturae lex est, ut victu omnique cultu paterfamilias tueatur quos procrearit: idemque illuc a natura deducitur, ut velit liberis suis, quippe qui paternam referunt et quodam modo producunt personam, anquirere et parare, unde se honeste possint in ancipiti vitae cursu a misera fortuna defendere."

Cf. de mercede quam vocant *familialem* Vermeersch l. c. n. 437 sqq., ubi pro thesi statuitur: „*Limes inferior mercedis qua commutanda est opera opificis validi atque adulti est stipendium quod per se congruit patrifamilias.*"

901 AD QUAESITUM 2^m R. 1. Sulla minime tutus esse potest in conscientia. Quod enim, quantum fieri possit, prosperam condicionem societatis anonymae, cui praeest, procuret, vituperandum non est, si modo servet iustitiam erga alios. Nam per iniustitiam divitias augere etiam alienas non est officii fidelitas, sed criminis impietas.

R. 2. Vana est excusatio, quam solam praetendere potest, quasi propter consensum operariorum iniustitia exsularet. Consensus enim ille nec liber est nec rationabilis. Non est liber, videlicet physica quidem libertate praeditus est, sed non morali, cum ex metu nihil plane habendi consentiant in mercedem viliorem. Consensus non est rationabilis. Nam obligantur operarii non solum ad alendos se ipsos, sed etiam ad alendam familiam suam. Renuntiare igitur parti mercedis, quae ad sublevandam suorum penuriam necessaria est, eamque in divites possessores „actionum" transferre irrationabile est atque iniquum contra officium pietatis, quo etiam operarius erga suos tenetur.

R. 3. Haec excusatio locum habere potest tempore alicuius crisis, quando dominus officinae potius suo damno quam lucro pergit in mercibus conficiendis, atque misericordia potius in pauperes operarios movetur ad continuandos labores, quam utilitate lucri, quod fortasse plene aberit. Sed cum in nostro casu expresse agatur de augendis magis magisque divitiis, sumus plane in ea condicione, ut *ante eas* spectari debeat merces, quam vocant familialem, secundum explicationem supra datam.

902 AD QUAESITUM 3^m R. 1. Pro futuro Sulla omnino id efficere debet, ut merces infimos saltem limites iustitiae attingat, etiamsi reditus annui seu „dividendae" diminuendae sunt.

R. 2. Quoad praeterita Sulla quidem iniustitiam fecit, principaliter tamen in favorem aliorum. Quare si iidem etiamnunc manent actionarii, qui lucrum obiective iniustum acceperunt, licebit Sullae cum dispendio „dividendarum" actualium operariis damnum illatum resarcire, ex suis bonis addita ea parte honorarii, quam acceperat maiorem propter dividendas iniuste auctas.

Quodsi tali modo fieri nequeat restitutio, videndum est, num revera in Sulla abfuerit conscientia mortaliter mala. Quae si satis probabiliter abfuit, ipse nequit stricte obligari, ut ex suis omne damnum operariis obiective iniuste illatum compenset, sed solum ea, quae ipse ex aucto honorario iniuste perceperit. — Ceterum integram restitutionem ex suis facere, si operariorum est magnus numerus, Sullae facile erit impossibile: quamquam haec ratio in se sola non excusabit totaliter, sed solum secundum partem quae sit impossibilis et quamdiu sit impossibilis.

ARCHITECTUS ERRANS.

Casus. (280)

Publica evocatione facta, Geruntio, utpote minus postulanti, aedium amplarum constructio suscipienda a Gallo, divite domino, addicitur. Opere ex magna parte perfecto, Geruntius, cum denuo computos faciat, reperit se damno suo laborare debere, nisi condiciones mutentur. Quare deprimere incipit mercedem operariorum, qui, cum tum temporis alios labores facile invenire nequeant, inviti demum consentiunt; materiam adhibet viliorem, quam de qua contraxerat; sed cum ne sic quidem quicquam lucri habeat, a Gallo postulat compensationem. Quam ille negat.

Quod cum Geruntio alia vice idem accideret in aedibus publicis quas construendas susceperat, silet quidem de re; sed bona nactus occasione, ipse compensationem amplam exsequitur, cum copiam magnam marcarum postalium, imminente mutatione flammis destinatam, incendio eriperet atque, antequam valore destituerentur, suo lucro venderet.

Quaeritue 1° quid iuris competat architecto, qui in computis faciendis in suum damnum erraverit.
2° possitne suo marte in tali casu diminuere mercedem operariorum vel materiae qualitatem.
3° quid de Geruntio eiusque agendi ratione in priore et posteriore casu iudicandum sit.

Solutio.

Ad quaesitum 1ᵐ R. 1. In foro externo non videtur ullibi ei, qui statuto pretio certum opus perficiendum suscepit, ius dari habendi maioris pretii propter errorem a se in computandis expensis commissum. Insuper etiam in foro conscientiae certo ius non habet exigendi compensationem neque alter contrahens obligationem solvendi, nisi certo constet de errore atque damno architecti, neque ullo modo ultra eam summam, pro qua alii opus praestitissent, etiamsi in hoc casu architectus, qui re ipsa opus suscepit, ob singulares circumstantias damnum habeat.

R. 2. Si vero certo constat de errore commisso atque certum sit opus, de quo agatur, a nemine tam vili pretio potuisse vel posse perfici, aequitas vel etiam iustitia naturalis postulat, ut detur saltem

pretium iustum infimum. Et quamquam, quando pretium concursu
determinatur, generatim id iustum esse dici possit, de quo sit conventum: id tamen intellegi debet de libera conventione; sed error
libertatem ex ea parte, qua erratur, aufert.

Si vero leges positivae id non considerant, ratio est, quia nolunt
legislatores lites augeri; immo diligentiam et considerantiam in contractibus faciendis iuste ita velle possunt acuere, ut etiam iis, qui
inculpabiliter in iis defecerit, iuridicam actionem negent, atque negotium componendum contrahentium conscientiis relinquant.

904 Ad quaesitum 2^m R. 1. Materiam, de qua conventum est, in
viliorem mutare per se non licet, praecipue id non licet, si hoc modo
opus construendum minus evadat durabile vel periculo damni facilius
exponatur. — Id vero practice in quaestionem venire vix potest nisi
agatur de defectibus materiae occultis, siquidem in rebus manifestis
architectus id vix audebit, ne detegatur neve loco lucri damnum habeat.

R. 2. Si post factum architectus se ita egisse confiteatur, idque ita, ut opus aeque durabile sit neque ullum incurratur damni
periculum, atque ex ea causa, quod alias ne pretium quidem infimum
attigisset sed — id quod ex errore non praeviderit — suo damno debuisset laborare, ut in casu nostro propositum est: existimo eum non
esse obligandum ad compensationem domino faciendam. Debebat
enim ille, si rationabiliter agere voluerit, aut pretium solvendum
augere aut viliore materia contentus esse. Verum quidem est electionem per se debuisse esse apud dominum, utrum scilicet magis velit
pretium augeri an viliorem materiam adhiberi; at si hanc electionem
illi proponere architectus prudenter iudicavit sibi esse periculosum,
huic indulgendum est, si id omiserit.

R. 3. Quod pertinet ad mercedem operariorum, primo distingue
inter mercedem iam ex conventione determinatam et mercedem nondum determinatam.

905 Si primum obtinet, iniustum est operarios moraliter cogere ad
consensum in mercedem diminutam, etsi merces antea statuta sit infimo iusto maior. Neque quod architectus in suum damnum erraverit,
causa esse potest, cur contra operarios committat iniustitiam.

Etsi merces nondum sit determinata, non licebit angustiis operariorum abuti, ut iis offeratur merces, quae haereat infra infimos
limites iusti et quam iustam recipere potuissent, si opportuno tempore alteri labores suos locassent. Nam infra limites alias iustos
deprimere non licet, nisi re ipsa labores praestiti tanti non valeant
atque ex misericordia erga laborantes aliquid saltem solvatur. —
Verum labores, de quibus praestandis nunc demum fiat conventio,
liceat architecto, si operarii consentiunt, conducere pro pretio intra
limites iustos *infimo*.

906 Ad quaesitum 3^m R. 1. Ex modo dictis *prioris* solutionem facile colliges.

R. 2. In *altero* casu modus agendi est ars quaedam fraudulenta;
sed quaeri demum debet, num Geruntius quoad rem seu effectum in-

iuste egerit hac compensatione, quae est compensatio quaedam occulta proprio marte facta. Si ius habuerit ad rem, i. e. ad maiorem summam tantam, quanti valet copia illa marcarum, condicio primaria, quae ad compensationis occultae liceitatem requiritur, est verificata; alia condicio secundaria, difficultas aliter habendi quod suum sit, dubium non est quin adsit: nam praeposito aerarii publici persuadere ius suum res desperata et impossibilis est.

Habuitne Geruntius re vera ius, ut summa maior, quam de qua conventum est, sibi solveretur? Ut antea dictum est, ex naturali aequitate vel etiam ex iustitia id ei competebat, si ea erat non singularis Geruntii condicio, sed condicio *communis*, ut pro pretio illo, de quo convenerat, revera opus susceptum construi nullatenus potuerit, adeoque Geruntius in faciendo computo inculpabiliter erraverit. Quodsi ita est, Geruntius in posteriore casu relinquatur in pace, modo ne maior sit valor marcarum, quam summa illa, per quam additam Geruntius perveniat ad pretium constructi operis *infimum*.

LOCATIO-CONDUCTIO (FAMULATUS).

Casus. (281)

Thecla famulatum susceperat apud Annam matronam, quam sumpserat esse piam et religiosam, sed quam nunc reperit esse valde singularem et intractabilem: quo fit, ut saepe ex levissima causa famula detineatur, ne possit diebus dominicis et festis Sacro interesse. Quod Thecla cum ferre non posset, post tres hebdomadas ex abrupto matronae valedicit, secum sumens res suas atque salarium pro trimestri iam receptum, quo vivere possit, dum alium quaerat famulatum. Sed Anna protestata Theclam cogit iudicialiter, ut redeat et ut damnum ex recessu sibi causatum compenset.

Ambrosia, in simili condicione posita, monet quidem dominam suam, sed frustra. Quapropter melius sibi providere statuit. Cum salarium hucusque nullum acceperit, ex rebus dominae suae sibi sumit, quantum salario trimestris aequivalet, atque clam in alium locum aufugit, ubi omnes politiae conatus facile eludit.

Quaeritur 1° quae sint iura et obligationes dominorum et famulorum in dissolvendo famulatu.
  2° quid ad propositos casus dicendum in foro externo, quid in foro conscientiae.

Solutio.

Ad quaesitum 1^m R. 1. Per se tum ab heris tum a famulis servari debet tempus contractus, vel dissolvendi contractus notitia praevie danda est tempore vel lege vel speciali conventione statuto. Alias qui solvit contractum seu *violat*, alteri tenetur de damno quod patitur.

R. 2. Nihilominus exsistere vel accidere possunt causae graves, ob quas alterutri liceat, alterius consensu non exspectato ante tempus statutum a contractu recedere.

Eiusmodi causas, quatenus iure naturali exsistant neque positiva lege impediri possunt, habes 1) eo quod alter contrahens iniuste agat erga alterum in rebus contractus neque monitus velit desistere; 2) eo quod ex ratione improvisa contractus evadat nimis gravis neque sumi possit ad eiusmodi eventus obligationem susceptam extendi.

R. 3. Non raro positivae leges accuratius definiunt causas, ob quas licet statim a contractu recedere, et alias causas ob quas solus conceditur recursus ad iudicem. Atque quoad famulatum domesticum plerumque speciales exsistunt leges, quibus difficilius fit hisce famulis recedere quam aliis mercenariis vel alieno servitio addictis. Quae quidem practice saltem ad maiora evadenda mala observari debent; verum si recursus ad iudicem est vel impossibilis vel praevidetur inefficax vel propter dilationem rei periculosus seu damnosus, hunc legalem ordinem servandi non est in se obligatio conscientiae.

908 R. 4. In iure novo *Germ.* generatim quidem dicitur (§ 626) a contractu inter dominum et eum, qui ei operam suam addixit (Dienstverhältnis), posse ab alterutro contrahentium recedi ilico *ex gravi causa;* neque quae sint eiusmodi graves causae accurate describitur. Sed statuitur dominum teneri iis mediis uti, quibus a labore imposito periculum vitae vel sanitatis, quantum laboris natura patiatur, satis avertatur; et ut, si alter in familiam seu domesticam receptus sit communionem, ea praestentur, quae respectu valetudinis, bonorum morum, religionis exercendae sint necessaria. Quare si dominus, etsi monitus, haec neglegere pergat, alter, qui se ei addixit, ilico potest recedere.

Verum quoad famulos domesticos proprie dictos (Gesinde) exceptio facta est secundum leges singularum regionum, atque accuratius recenseri solent causae, ex quibus liceat recedere, tempore contractus non exspectato. Re ipsa in paucissimis locis causa religionis exercendae, quae a domino impediatur, agnoscitur pro ratione, cur *hisce* famulis liceat ilico recedere. Agnoscitur tamen in *Bavaria* et in paucis parvis territoriis.

909 AD QUAESITUM 2^m R. 1. In utroque casu habemus causam, quae naturaliter dat ius recedendi, si re vera sine iusta causa famulae saepius detinentur ab exercitio religionis praescripto; si vero domina iustam causam habet, quae excuset a lege audiendae Missae, propterea quod detineantur, famulis non erit ius recedendi ante tempus contractu constitutum.

Quamquam autem in priore casu Thecla per se dominam antea monere debuit: tamen, si haec monitio videbatur fieri frustra, eius omissio non tanti momenti est, ut Thecla ius dominae notabiliter laeserit, idque eo minus, quando lex territorialis eiusmodi religionis exercendae impedimentum pro causa, cur recedere liceat, agnovit.

R. 2. Cum liceat alicui ex gravi causa recedere, sine dubio, si quis huius causae culpabilis auctor exsistit, ille damnum ferre, immo etiam alteri recedenti damnum, quod hic patitur, resarcire tenetur. Quapropter in propositis casibus neque Thecla neque Ambrosia, saltem non per se, tenetur dominae damnum reparare, quod illa ex famulatu praepropere finito patiatur; utraque vero ius habet, ut a domina sua tantum recipiat, quantum unaquaeque damnum incurrat ex carentia famulatus vel salarii, quo victum sibi comparet. Si igitur neutra plus secum sumpsit, in conscientia nec Thecla neque Ambrosia inquietanda est: nam etiam posterior non fecit nisi compensationem occultam non iniustam. Si vero Thecla vel Ambrosia plus secum tulerit, ad id ius non habuit, nisi leges positivae plus iuris iis concedunt qui ex iusta causa contractum ante tempus solverint.

R. 3. Haec ultima sumptio, quod leges positivae plus iuris concesserint, in nostro casu videtur esse exclusa: alioqui dominae derelictae actionem iudicialem non possent efficaciter instruere. Potius videtur secundum leges territoriales in utroque casu recessus illegitimus. Ex quo fit, ut etiam dici debeat, quid Theclae incumbat post iudicis sententiam. Nam de Ambrosia sub hoc respectu nihil dicendum occurrit, utpote quae hanc sententiam fecerit impossibilem.

Thecla in eo iuridicam culpam commisit, quod dominam non antea monuit. Si igitur ex hac monitionis omissione qua tali dominae aliquod damnum ortum fuerit, id Thecla post sententiam etiam in conscientia resarcire debet. Sed si sententia, quamquam secundum legem, damnum resarciendum imponit ex recessu praepropero qua tali, id censeo esse iniustum, eo quod in tali casu sententia cogeret ad illicita, ad violationem legis ecclesiasticae sine causa sufficienti.

Dixi sententiam iudicis continere coactionem ad illicitam legis ecclesiasticae violationem. Etsi enim in tali casu Thecla subiective seu personaliter excusetur a Missa audienda ex eo, quod se praevideat coactum iri ad subeundum grave damnum: tamen omissio Missae manet obiective contra legem, eaque legis violatio imputatur iis, qui sine iusta causa ad omittendum cogunt.

LOCATIO-CONDUCTIO.

Casus. (282)

Clodius cum familia sua conduxerat pretio reducto domum, quam inspexerat quidem, et cuius condicionem non salubrem adverterat. Sed vix coeperat ibi habitare, cum timet pro uxore et filiolis, ne notabile detrimentum valetudinis capiant. Quapropter inquirit statim in aliam domum conducendam; qua reperta, illam priorem domum, locatore non praemonito relinquit, nec quidquam pro locatione solvere vult. Locator autem Clodium in ius vocat, quo saltem pro toto tempore semestri, ad quod de locatione contractum erat, locationis pretium recipiat, negata etiam facultate, qua Clodius domum derelictam pro illo tempore aliis sublocaret. Et cum paulo post, exorto in vicinia incendio, etiam domus ista damnum pateretur, huius damni reparationem a Clodio postulat.

Quaeritur 1° quae sint consuetae condiciones locationis.
        2° quid Clodio faciendum sit, cum in ius vocatur.
        3° quomodo in foro conscientiae lis inter Codium et eius locatorem componenda sit, si externum forum abhorreant.

Solutio.

911   Ad quaesitum 1ᵐ R. 1. Libera conventione licet generatim certas condiciones constituere: quae si honestae sunt, debent servari. Particularibus condicionibus ex libera conventione oriundis deficientibus, standum est legibus regionis vel consuetudini loci. — Leges autem, quae onus imponunt ultra naturalem aequitatem atque in praesumpta culpa fundantur, absente culpa theologica non obligant in conscientia nisi post actionem in foro externo factam.

R. 2. Locator rem tradere debet talem, sicut conventum est; propter defectum non notabilem contractus non fit rescindibilis, etsi pretium pro rata possit reduci (C. Germ. § 542); locatarius finita locatione rem reddere debet qualem recepit, ita ut de detrimentis rei teneatur, exceptis iis, quae res ex usu communiter patitur. Casus autem fortuitos sine culpa exortos non locatarius sed locator fert: in qua re diversae leges diverse statuunt quoad probationem culpae vel immunitatis a culpa; sed si culpa theologica abfuit, locatarius iis legibus non tenetur nisi post iudicis sententiam iuste latam. (Cf. C. Gall. art. 1734; C. Germ. § 547 sqq.)

R. 3. Rescindere contractum ante tempus ex gravi tantum causa licet; alioquin locatarius pro toto tempore quo contractus obligat, i. e. usque ad proximum terminum quo liceat eum finire, censum solvere debet.

R. 4. Quoad usum rei locatarius non potest facere usum abusivum; quoad sublocationem rei locatae eiusve partis standum est legibus loci, quae modo eam permittunt, nisi in contractu specialiter sit interdicta (C. Gall. a. 1717), modo eam excludunt, nisi in contractu fuerit permissa (C. Germ. § 549).

912   Ad quaesitum 2ᵐ R. 1. Quoad subitam contractus rescissionem iure Germ. § 544 cautum est, ut propter condicionem domus valetudini notabiliter adversam locatio rescindi statim possit, *etiamsi condicio domus locatario nota fuerit, immo ab eo renuntiatum sit iuri locationis rescindendae.* Quae lex sane iusta est; neque tamen iniusta esset alia, quae in tali casu eum, qui sciens et volens contraxisset, cogeret ad solvendum pretium locationis integrum.

R. 2. Pro tempore, quo re ipsa Clodius domo conducta usus est, iustitia exigit, ut census stipulatus solvatur, i. e. pro rata temporis. Immo si lex regionis eum, qui cum plena rei cognitione sic contraxerit, ad plus solvendum obligat, censeo, legem illam etiam ante sententiam iudicis ibi obligare, modo pretium sit moderatum; non obligare, ne post iudicis sententiam quidem, si condicio illa mala ignota plane locatario erat ex culpa seu fraude locatoris; obligari quidem sed post sententiam iudicis tantum, si ignota locatario erat ex eius neglegentia seu culpa iuridica.

913   R. 3. De iure sublocandi domum desertam sermo esse nequit nisi relate ad id tempus, pro quo Clodius etiam post mutatam habitationem censum locatae domus debeat. Quod si pro aliquo tempore

obtinet, per se lex regionis respici debet, sicut supra ad Q. 1ᵐ R. 4 dictum est. Verum cum in nostro casu agatur de habitatione valetudini incolarum notabiliter nociva, potius quaelibet sublocatio debet dici interdicta, nisi forte condicio eiusmodi sit, ut non sit nociva omnibus, sed solum Clodio eiusve familiae membris propter eorum valetudinem iam debilitatam et male affectam.

R. 4. Circa damnum ex incendio ortum standum est iudicis sententiae, nisi haec aut contra Clodium lata sit ex facto falso supposito vel sine ulla eius culpa etiam mere iuridica, aut contra dominum propter culpam Clodii theologicam commissam quidem sed *non probatam*.

Ad quaesitum 3ᵐ R. Responsum iam habes ex iis, quae ad Q. 2ᵐ dicta sunt, videlicet: 1) generatim aliquid solvendum est pro tempore illo, quo Clodius re ipsa domo utebatur; 2) si domus non est insalubris omnibus, sublocandi facultatem concedere convenit pro casu, quod Clodius solvat censum pro toto tempore initi contractus; immo concedi debet, si Clodio condicio domus locatae non erat antea omnino nota; 3) quoad damna ex incendio orta haec Clodius, si res in solo foro conscientiae agitur, reparare non tenetur, nisi culpam theologice gravem commiserit.

DE PIGNORE.

Casus. (283)

Onesimus pro debito, quod erga Philocratem contraxerat, ei in pignus dedit copiam vini, quam suo tempore, soluto debito, sibi afferendum curaturus sit. Philocrates post aliquod tempus experimentum sumens de vinis, comperit aliquot dolia in periculo esse, ne corrumpantur. Scribit quidem ad Onesimum, sed responso nondum accepto opportunitatem nactus vendendi illud vendit dimidio pretio eius quod alias habuit, atque sibi ipsi eodem illo pretio dimidiato applicat doliolum, quo statim utitur in instructa aliqua festivitate. — Onesimus postea conqueritur atque saltem usque ad ³/₄ partes consueti pretii compensationem a Philocrate postulat; quod si nolit, minatur litem intendere de *toto* damno utpote ex incuria Philocratis causato.

Quaeritur 1° quae sint generatim officia debitoris seu rei domini, quae creditoris seu pignoris possessoris.
2° quid in specie liceat circa rem pignoratam vendendam.
3° quid ad propositum casum fuit dicendum.

Solutio.

Ad quaesitum 1ᵐ R. 1. Creditor, qui pignus possidet, debet ut bonus administrator curam rei agere, ne ex sua culpa rem pessumdet vel in periculum inducat; alioqui rei domino, i. e. debitori, tenetur damnum resarcire.

R. 2. Quodsi ad rem conservandam expensas facere debuit, has ut debitor resarciat, ius habet.

R. 3. Rei fructiferae fructus per se non possessoris pignoris sunt, sed domini. Nihilominus si pignus datum est in plenam creditoris possessionem, praesumitur eum posse fructus sibi facere, ita tamen ut in partem factae solutionis debiti computentur; alioquin de fructibus in ipso contractu stipulandum est. Cf. Cod. iuris Germ. § 1212 sqq. C. Gall. a. 2081.

915   AD QUAESITUM 2^m R. 1. Ex modo dictis sequitur, ut, si res in pignus data periculum corruptionis subeat, id tempestive nuntiandum esse debitori seu pignoris domino, ut sibi providere possit. Ceterum de his aliisve casibus occurrentibus cod. Germ. accuratius iura definivit.

R. 2. Quodsi periculum sit in mora, ita ut dominus moneri nequeat, aut si monitione facta, sub comminatione rem alioquin venditum iri, dominus hanc monitionem neglexerit; possessor pignus vendere potest atque ex pretio accepto solutionem debiti computare. Ita ex iure Germ. § 1219 sqq.

R. 3. Si tempus solvendi debiti advenerit, pro quo creditor pignus acceperat, atque debitor est in mora solvendi: creditor post monitionem frustra factam elapso mense pignus etiam vendere potest (ius Germ. §§ 1228 sqq.). Verum monitio debet accurate fieri secundum leges; alioquin creditor domino pignoris tenetur de damno ex praepropera venditione secuto. — Venditio autem fieri debet vel pro pretio currenti (Marktpreis) vel venditione publicae licitationis.

916   AD QUAESITUM 3^m R. 1. Philocrates per se debuit responsum Onesimi exspectare, antequam vinum venderet: nisi forte extraordinariam nactus opportunitatem illud melius vendendi, quam alias sperari licuit, consensum Onesimi rationabiliter praesumpsit. Sed talem opportunitatem revera nactus vel ea usus non est, ut ex casu patet.

R. 2. Cum de pretio currenti sermo esse nequeat, maxime quia agitur de vino, quod vilius factum est: per se Philocrates, etiamsi habuisset facultatem vendendi, debuisset illud vendere in publica licitatione. Quare Onesimus non tenetur contentus esse pretio illo dimidiato, sive agitur de vino quod Philocrates consumpsit, sive de eo quod vendidit.

R. 3. Quare si Onesimus insistit in petendo pretio maiore aut in intendenda lite, ad haec ius habet, atque post latam iudicis sententiam huic Philocrates etiam in conscientia stare debet; antea si ad eam evitandam rem cum Onesimo composuit, stare debet huic conventioni.

R. 4. Verum si Onesimus non urget, Philocrates non tenetur ex sese aliquid resarcire, nisi fraudulenter egerit. Si igitur putaverit se in licitatione maius pretium non esse consecuturum, potest in venditione privatim facta acquiescere atque etiam sistere in computando eodem pretio pro vino a se consumpto. Quoad maiorem damni compensationem exspectare potest petitionem vel iudicialem actionem Onesimi. — Sed si fraudulenter egit, a compensatione damni non excusabitur nisi per condonationem ab Onesimo sciente et volente factam.

ASSECURATIO (I).

Casus. (284)

Marcus maritus assecurandam curat vitam suam, quo post suam mortem uxor aliive heredes notabilem summam recipiant. Procurator assecurationis Marco tradit interrogatorium seu schedam typis impressam, qua enumerantur condiciones quam plurimae et minutae circa statum et valetudinem assecurandi, quarum si qua falso negata vel non manifestata fuerit, iure quicquam recipiendi assecuratus privatur: ceterum procuratori sufficit testimonium medici a se assignati. Quod Marcus quidem attulit, non tamen manifestat se ante annos inflammationem pulmonum passum esse atque sanguinis copiam evomuisse. — Post alios annos mala illa affectio recruduit, atque Marcus adeo graviter aegrotat, ut de eius vita sit desperatum. Conscientiae stimulis agitatus in confessione quaerit a confessario, quid propter rem istam in assecuratione celatam facere et num uxorem omni ope destitutam relinquere debeat.

Quaeritur 1° quid de assecuratione eiusque iustitia notandum sit.
2° condiciones istae oppositae quid efficiant.
3° quid de casu Marci sit dicendum.

Solutio.

Ad quaesitum 1ᵐ R. 1. In se eiusmodi assecurationes licitae sunt 917 tum ex parte eorum qui eas quaerunt, tum ex parte eorum qui pro soluta annua taxa eas praestant, servata tamen iusta proportione inter annuam taxam et summam, de qua post mortem vel elapsum terminum solvenda conveniatur.

R. 2. Quae proportio prioribus quidem temporibus maximam censebatur habere latitudinem, quin laederetur iustitia, cum assecurationis contractus contractibus mere aleatoriis accenseretur. Sed cum ex hodierna praxi hunc characterem ex magna parte exuerit et ad providam curam pro familia superstite soleat pertinere: iustitia taxae fundamentum habet ex statistica, quae praebet probabilitatem, secundum quam mortes in similibus casibus accidere soleant. Multo minus tamen accurate determinari poterunt limites iusti, quam in mercium emptione et venditione; ita ut conventioni libere initae generatim standum sit.

R. 3. In contractu exsulare debet omnis fraus: quae ex parte eorum qui assecurationem quaerunt committitur, quando pericula maturioris mortis celantur; ex parte eorum qui assecurationem praestant, non solum quando non habent unde postea solvant, sed etiam quando contractum eiusve valorem eiusmodi clausulis saepiunt, ut communiter homines eas capere nequeant atque ita inscii incurrant periculum amittendi iura sua.

Ad quaesitum 2ᵐ R. 1. Contractus initur vix non semper cum 918 *societate* assecurationis. Diversae illae societates diversimode clausulas statuunt atque interpretantur. Agitur videlicet de veritate vel falsitate in iis quae postulantur *declarationes*.

Aliae, ut societates Americanae, clare distinguunt inter falsitates vel errores, qui reddant contractum nullum, et alios errores: in posterioribus societas solum ex fraude, quam passa sit, vel ex errore notabili, in quem sit inducta, indemnitatem petere potest pro damno quod incurrerit.

Aliae statuunt, ut propter falsas declarationes (sive a scientibus sive a nescientibus factas) notabiles contractus sit nullus.

Aliae statuunt nullitatem propter falsas declarationes notabiles scienter factas; quae si factae sint inscio contrahente, non nullitatem, sed solam *reductionem* summae stipulatae inducant.

Aliae statuunt, ut propter solos errores ex gravi neglegentia vel scienter commissos contractus possit impugnari.

Aliae statuunt, ut propter errores quomodocumque commissos, qui ex iudicio prudentum in contractum influere potuerint, societas ad nihil teneatur.

R. 2. Hanc nullitatem contractus vel obligationis societatis aliquae societates expresse ita intellegendam esse statuunt, ut nihilominus praemia annua soluta societati maneant addicta: nisi assecuratus probet errorem factum esse sine sua culpa; in quo casu praemia soluta, subtracta tamen certa parte, reddentur.

R. 3. Non paucae societates declarant contractum propter falsas declarationes invalidum vel rescindibilem, postquam per *quinque* annos duraverit, haberi pro sanato et valido.

Cf. his de rebus Huppert, *Der Lebensversicherungsvertrag* p. 23 sqq.

919 R. 4. Potissima igitur quaestio est, quousque obligationes in conscientia extendantur. Ad quod breviter haec dicenda esse censeo:

1) Quamquam fraudulenter aliquid reticere vel falsum affirmare numquam non sit peccatum: nihilominus, quando lapsu temporis contractus sanatur, post tempus elapsum si eo usque damnum nullum fuerit exortum, fraus non amplius secum fert obligationem restitutionis. Quod certe magis valet de errore inculpabiliter admisso vel causato.

2) Quamdiu contractus manet in foro externo impugnabilis, si re vera impugnatur, standum est clausulis contractus et iudicis sententiae etiam in conscientia, nisi societas assecurationis iusto duriores clausulas (cf. R. 2 ad Q. 1^m) statuerit vel per suos procuratores eum, qui contraxit, fraudulenter circumvenerit.

3) In aliis casibus, atque imprimis tempore illo intermedio labilitatis contractuum, probabile puto esse, contractum non pro plene nullo in conscientia haberi debere, sed tum demum quando nullitas eius a societate invocetur. Quod nisi fiat, obligationem ex declaratione falsa vel erronea oriundam hanc esse, ut *damnum efficaciter illatum* societati resarciatur.

920 Rationes, quae me movent ad ita sentiendum, sunt hae: Si in conscientia contractus eo ipso plene nullus esset, non liceret assecurato demum summam a societate oblatam accipere. Id autem universim statuere durissimum est. Porro: a) aliquae societates di-

cunt in casu erroneae declarationis se *non esse obligatas*. Quod recte intellegitur, etiamsi ille, qui assecuratus est, non sit obligatus solutionem a societate oblatam respuere. b) Etiamsi aliquae societates dicant contractum *nullum;* iam usu receptum est atque ex iurisperitorum sententia fit, ut *leges,* quae certos quosdam contractus statuunt nullos, intellegantur ita, ut contractus illi tum demum *plene* nulli sint, quando eorum nullitas ab alterutro contrahente *invocetur*. Cf. Van Gestel, *De iustitia et lege civili*[2] n. LXXXIII. c) Si nullitatem plenam ilico in conscientia statuas, eiusdem iuris haberi debet amissio omnium praemiorum annuorum iam solutorum: sed eam *poenam* deberi sine ulla sententia, vix cuipiam suadebis, immo id iustitiae consonare merito dubitabis. d) Complures societates nullitatem aeque statuunt propter errorem inculpabilem (si quando immunitas a culpa non potest probari) atque propter errorem culpabilem. Sed in priore casu ante sententiam iudicis aliquem ad tantum damnum tantamque poenam teneri, est contra omnem analogiam, immo contra iustitiam. Ergo ratio est, cur illam *nullitatem* sumamus pro nullitate non plena seu pro rescindibilitate.

R. 5. In omni autem casu damnum *efficaciter* societati causatum resarciri debet 1) ex titulo actionis culpabilis, 2) etiam damnum ex inculpabili errore ortum, quatenus error ille causa fuit, ut propter annuum praemium iusto minus acceptum societas verum damnum incurrerit. Quae obligatio, cum realis sit, transit etiam ad heredes saltem secundum vires hereditatis.

Ad quaesitum 3ᵐ R. 1. Si societas, quacum Marcus assecurationis contractum iniit, post quinquennium non amplius contractus impugnat, atque quinque anni ab inscriptione in societatem elapsi sunt: Marcus ab omni obligatione ex reticentia sua forte oritura est liber atque consequenter in casu mortis eius heredes summam stipulatam accipere possunt integram.

R. 2. Si vero eiusmodi sanatio contractus locum non habet, distingui debet: 1) si societas assecurationis contractum impugnatura sit post Marci mortem, heredes Marci nihil accipient neque ad quidpiam ius habent, minus etiam occulta uti possunt compensatione. 2) Si res ad notitiam societatis non pervenerit, heredes summam oblatam accipere possunt; verum si Marcus re ipsa decesserit ex illa inflammatione paulo *post* inscriptionem suam recrudescente, saltem occulta restitutione augere debent praemia annua hucusque soluta. Videlicet propter affectam valetudinem Marci ab initio augebatur periculum citius decedendi, quam si bona valetudine usus esset, adeoque etiam periculum pro societate assecurationis, ne citius, i. e. post pauca praemia annua accepta, totam summam cum suo damno solvere debeat: verum secundum hoc periculum praemia annua sunt aestimanda, seu aucto hoc periculo praemium annuatim solvendum ab initio statuitur et debetur *maius*. Ergo praemia reapse soluta manserunt iusto minora, atque etiam nunc ab heredibus defectus ille supplendus est. Quare si res ita est, Marcus per se heredes monere debet de illa obligatione. 3) Quodsi Marcus tam diu vixit, quamdiu victurus esse praevidetur, seu non citius mortuus est, quam probabiliter moriturus est etiam alius vir similis in bona valetudine constitutus, obligatio nulla in conscientia imponenda est, etiamsi societas non soleat per lapsum temporis contractus habere pro sanatis et firmis, cum de damno *efficaciter* illato non satis constet. Et hac in re, si solum legis naturalis exigentiam secundum normam iustitiae spectamus, probabilis ista vitae et mortis aestimatio magnam omnino habet latitudinem, cum homines etiam eximiae valetudinis sexcentis infortuniis subiacere et exstingui possint.

ASSECURATIO (II).

Casus. (285)

Lenaeus, cum vitam suam vult assecurare, interrogatus, num pravos habeat habitus, num aegrotaverit, chirurgicam subierit operationem, haec accidisse negat. Re vera caste non vixerat, atque etiam ante annum quidem ulcere in pede laboraverat, quod chirurgus debuerat excidere; sed huius rei tamquam minoris momenti mentionem non fecit. Verum tribus annis postea in eodem loco ulcus recrudescit atque Lenaei mortem adducit.

Quaeritur 1° possintne Lenaei heredes, illius rei conscii, eam silentio premere et pecuniam ab assecuratoribus accipere.

2° assecuratores, si rem cognoverint, possintne iure omnem solutionem negare.

Solutio.

923 Ad quaesitum 1ᵐ R. 1. Cum modus, quo in foro conscientiae diiudicari contractus assecurationis possit, in casu antecedenti explicatus sit, statim ad practicam solutionem transire licet. Solutio pendet ab eo, utrum agendi ratio Lenaei dici debeat fraudulenta, necne; dein utrum circumstantiae silentio pressae eiusmodi sint, quae a prudentibus habeantur pro adeo notabilibus, ut propterea praemium annuum assecurationis augeri soleat. Ut igitur de hac re dicam, quid pro casu proposito sentiam:

R. 2. Inquisitio de intimis moribus est adeo exorbitans, ut non videantur homines teneri ad occulta vitia eaque probrosa manifestanda; sed societas assecurationis, si in differentia morum notabile discrimen ponit pro aestimando pretio assecurationis vitae, sistere videtur in iis, quae iudicium prudentis medici circa statum valetudinis ex hac parte male affectae notabiliter mutare possint. Quae si aberant, responsum Lenaei circa hanc rem neque mendacium erat sed restrictio non pure mentalis, neque iniusta fraus erga societatem.

924 R. 3. Quod pertinet ad ulcus illud, quo Lenaeus in pede laboraverat, sane non erat tanti momenti, ut praeteritio huius rei dici possit mala fraus vel culpa gravis a Lenaeo commissa. Nam haec res censetur iure parvi momenti, neque ulla esset societas assecurationis, quae propterea aliquem a contractu secum ineundo reiceret

vel annuum praemium augeret, nisi forte medicus aliunde de valetudine male iudicaret. Sed si ita esset, iam casus transfertur et mutatur in alias circumstantias. Alias autem si dein revera eiusmodi ulcus postea in eodem loco recrudescat, id censetur per accidens fieri, et si mors inde sequitur, id collocandam est inter accidentia, quae societas assecurationis ferat.

Censeo igitur heredes Lenaei accipere et retinere posse summam, quam pro assecuranda vita Lenaei spoponderant.

AD QUAESITUM 2^m R. 1. Ad hanc quaestionem non potest dari 925 unum atque generale responsum. Nam multum pendet a tenore contractus. Ex eo enim quod heredes Lenaei possint a societate summam oblatam accipere neque teneantur ipsi omnium circumstantiarum accuratam notitiam ei communicare, nondum sequitur societatem ex sua parte non posse licite aliter rem tractare.

Si igitur ex tenore contractus huius nullitas invocari possit atque revera invocetur vel etiam iudicialiter pronuntietur: nolim negare societatem iure suo uti, si negat solutionem. Verum in hoc casu praemia annua soluta, *modica* facta deductione expensarum, heredibus Lenaei restituenda sunt, siquidem culpa vel fraus nulla adest neque poena confiscationis omnium praemiorum annuorum iusta fuerit.

R. 2. Quodsi in tali casu tenor contractus eiusmodi esset, ut societas et nihil solveret et integra praemia annua sibi soluta retinere posset: talem contractus dispositionem pro satis iusta habere nequeo, immo merito dubitari potest, num in iudiciali actione haec contractus dispositio pro iusta sustineatur. Quare heredes Lenaei iure suo agunt, si societati assecurationis litem intendant.

ASSECURATIO (III).

Casus. (286)

Marcion mercator in favorem familiae ante decem annos vitam suam assecuravit pro 20 000 marcarum. Non indicavit patrem et fratrem maiorem in Americam profectos phthisi esse mortuos, neque indicavit se domi in officina sua res periculo explosionis obnoxias venales habere: quas vidit esse circumstantias, ob quas societas assecurationis contractus declaret nullos. Nunc vero ex infortunio viae ferreae laesus morti proximus exsistit, atque angitur, utrum possit uxori cum tribus filiis alioquin indigentibus assecurationis summam relinquere an debeant omni iure ad illam renuntiare.

QUAERITUR 1° quid iuris sit ex parte societatis assecurationis.
  2° quid Marcioni eiusve heredibus in conscientia liceat.

Solutio.

AD QUAESITUM 1^m R. 1. Circumstantiae non declaratae sane eius- 926 modi sunt, ut, si notae fuissent, in contractum eiusque mutationem multum influxissent. Quare iure suo utitur societas, si contractus invocet nullitatem, immo si neget — quando per contractum hoc ius habuerit — omnem praemiorum annuorum qualemcumque restitutionem, cum in *hoc* casu, aliter atque in *priore* (n. 923 et 924), sane culpabilis adfuerit reticentia.

R. 2. Iure igitur societas instituet inquisitionem ad detegendas omnes circumstantias. Verum societatis est haec inquirere, non Marcionis vel eius heredum haec ex sese manifestare.

927   Ad quaesitum 2^m R. 1. Si non ex infortunio viae ferreae sed naturali rerum cursu ex afflicta valetudine Marcion mortem subiturus esset, respondendum esset ut supra casu penultimo ad Q. 3 R. 2 n. 922.

R. 2. Nunc vero puto, responderi posse magis in favorem Marcionis. Ex reticitis circumstantiis mors Marcionis praematura non est inducta, cum re ipsa inducta sit per infortunium viae fereae, quod Marcionem, etsi robustissimus fuisset, aeque prostravisset. Quare ex reticentia illa, utut in se culpabili, *efficax* damnum societati nullum infertur. Ex iniusta igitur damnificatione obligatio restituendi non exsistit. Quare cum contractus assecurationis probabiliter in foro conscientiae solum sit rescindibilis, illi stari potest seu summa assecurationis accipi, donec societas re vera nullitatem invocaverit.

DE ULTIMIS VOLUNTATIBUS.

TESTAMENTUM INFORME.

Casus. (287)

Colon paulo ante maiorennitatem conscribit testamentum propria manu, omisso in indicando loco et tempore ipso die mensis, quem post maiorennitatem supplere intendit. Id clare dicit amico heredi scripto, quo is supplere possit, urgente necessitate, defectum per diem pro libitu addendum, si modo testamentum non mutatum ad eum pervenerit; hanc enim dicit esse suam voluntatem. — Colon re vera, testamento non mutato, paulo post aetatem maiorennitatis completam obiit; ab eius ancilla, cui moribundus tradiderat testamentum scriptum, amicus illud recipit, in quo inscriptus est heres universalis cum obligatione mediam partem in causas pias conferendi. Amicus igitur pro die confecti testamenti addit diem tertium ante Colonis obitum; atque ita hereditatem capit contra heredes legales, qui viso testamento scripto se exclusos esse neque iuridice agere posse vident.

Quaeritur 1° quid requiratur ad testamentum validum.
2° quid iuris sit ex testamento informi.
3° licueritne heredi sic agere, ut in casu, vel quae sit eius obligatio.
4° quid, si (nulla heredis scripti mutatione) testamenti defectus manserit occultus neque a legalibus heredibus animadversus sit.

Solutio.

Ad quaesitum 1ᵐ R. 1. Ex quocumque iure ad validum testamentum requiratur: 1) ut testator iure possit de bonis disponere, 2) ut actus, quo disposuit, sit valide factus, 3) ut ille actus usque ad mortem non sit efficaciter revocatus seu inefficax factus.

R. 2. Si solum ius naturale spectatur, abstractione facta ab omni lege positiva diversorum regnorum, sufficit, ut de voluntate defuncti ultima declarata certo constet. Verum leges positivae naturalem facultatem sic testandi certis limitibus ac formis circumscribere possunt, ita ut ultima voluntas aliter declarata non valeat, i. e. sive omnino non valeat, sive non valeat post invocatum iudicium fori externi.

R. 3. Ordinaria forma testamenti plerumque ita est, ut requiratur certus numerus testium eorumque qualificatorum, vel etiam interventio personae publicae, iudicis vel notarii: coram quibus ultima voluntas vel oretenus declaretur vel scripta tradatur seu a testatore pro sua declaretur. Ceterum hae leges tam diversae sunt, ut suae quisque regionis leges consulere debeat, immo ut consultum sit, coram notario negotium illud conficere, qui leges omnes vigentes noverit et observandas curet.

R. 4. Extraordinaria forma seu facilior conceditur communiter pro militibus tempore belli, vel tempore contagionis pro locis illi subiectis: quae testamenta generatim pro certo tempore tantum post pericula exstincta sustinentur.

R. 5. Complura iura, ut Gallicum, Austriacum, Germanicum, testamentum quod vocant *holographum* admittunt, quod videlicet propria manu testatoris scriptum sit cum integri nominis subscriptione atque indicatione (loci et) temporis, seu diei et mensis et anni. Minorum potestas testandi limitari solet, etiam quoad formam; imprimis ius Germanicum eos excludit a testamento holographo (§ 2247).

930   Ad quaesitum 2^m R. 1. *Theoretice* quidem de valore testamenti informis, quod alioquin certo exprimat ultimam defuncti voluntatem, alii aliter sentiunt. Alii enim eius valorem naturalem ita sustinent, ut nullitas civilis tantummodo sit ex sumptione fraudis vel dubiae voluntatis liberae defuncti, atque ut, certo cessante fraude vel dubio, in conscientia eiusmodi testamentum norma dispensandorum bonorum relictorum esse debeat. Alii e contrario censent eiusmodi testamentum ita esse a limine nullum, ut norma nemini possit esse in conscientia. Alii demum censent, leges illas civiles facere testamenta informia tum demum pleno iure invalida, cum in foro externo leges invocentur.

R. 2. *Practice* ultima sententia sola sequenda est. Nam ex una parte propter alias sententias diversas neque ei, cuius interest testamentum valere, neque ei, cuius interest illud non valere, imponi potest obligatio sequendi ex sese sententiam sibi contrariam; ex altera parte certissimum est legislatores demum *posse,* si necessarium iudicaverint pro bono communi seu publico, ita actus praescripta forma carentes invalidos facere, ut ne in conscientia quidem valeant, idque eos fecisse quoad actus in lege descriptos, quando in foro publico de iis agatur, sumi debet, ne eos irrationabiliter fecisse dicamus; eosque nullitatem istam etiam ad eos casus restrinxisse probabiliter tenetur, eo quod id ipsum etiam in aliis rebus quam plurimis valeat, in nostra re autem bonum publicum non solum plus non requirat, sed illos limites suadeat, ne conscientiis laqueus ponatur. Cf. *Th. m.* I, 1147; Marres, *De iust. et iure* n. 370; Van Gestel, *De iustitia et lege civili*² n. LXXXV sqq.; S. Alph. III, 927.

R. 3. Aliter tamen communiter iudicandum est de iis dispositionibus testamentariis, quae non propter defectum formae lege praescriptae invalidae declarantur, sed quae laedunt sine ratione portionem heredibus necessariis lege statutam: illa enim portio iis etiam ante recursum ad forum publicum regulariter censetur esse *debita.*

931   Ad quaesitum 3^m R. 1. Ex iis, quae ad *Quaes.* 2^m dicta sunt, sequitur heredem scriptum potuisse ex testamento Colonis, quod erat

informe, accipere quidem hereditatem, sed non potuisse eum heredes legales impedire, quominus illi sibi reddendam hereditatem postularent, atque eorum postulatis cedere debuisse. Quare eius actio, qua supplevit diem certum et testamentum tamquam ex integro a Colone iam maiorenni facto conscriptum exhibuit, iniusta fuit contra heredes legales atque restitutioni eum obnoxium fecit.

R. 2. Circa dispositiones pro causis piis non valent leges civiles, sed ecclesiasticae, quae nihil postulant nisi ut per certam probationem constet de ultima voluntate defuncti (ut testimonium duorum testium, vel unius testis, si alia adminicula adiunguntur). Cum igitur in nostro casu voluntas defuncti clara et certa sit, hae dispositiones etiam ab heredibus legalibus, si ad eos hereditas devenerit, implendae sunt. Cf. *Th. m.* I, 1148; Ballerini-Palm. tr. 8, p. 3, n. 703.

Num et quando illi heredes in bona fide relinqui possint, quaestio est pastoralis prudentiae.

R. 3. Amicus Colonis iniustitiam non committit, si ipse mediam partem acceptae hereditatis causis piis applicet secundum defuncti voluntatem; atque reliquam mediam partem heredibus Colonis legalibus etiam clam restituat. Immo si videt ita tutius causis piis provisum iri, ita laudabiliter aget. Verum propter difficultates vel pericula, quae sibi timere potest, ad id raro obligatur, si modo hanc defuncti voluntatem cum iis communicet. Hinc communiter ita agere potest, ut cum testamento informi totam hereditatem legalibus heredibus tradat.

Ad quaesitum 4^m R. 1. Testamentum, quod Colon conscripsit 932 tale quale ab ipso confectum est, amicus ille heres scriptus legalibus heredibus ostendere potest; neque tenetur ipse eos attentos reddere ad testamenti defectum vel ad iura, quae illi prosequi possint. Quodsi heredes illi nihil inquirunt vel agunt ultra, ipse hereditatem occupare et tenere potest.

R. 2. Immo si ipse ante mortem Colonis, ab hoc iussus, inscriptione diei testamentum supplevisset, *exhibere* illud, sicuti in priore Resp°, potuisset, non tamen asserere se exhibere testamentum ex integro a Colone conscriptum.

Ratio, cur ante mortem a Colone iussus id facere possit, post mortem eius non amplius, ea est, quod in posteriore casu actio tendat ex natura sua in fraudem et deceptionem eorum, qui ius iam habent; in priore non. Nam in priore casu id ipsum testamentum ab amico suppletum *potuit* evadere testamentum *legale* per actionem Colonis valde obviam; videlicet nihil requirebatur, nisi ut Colon id legaliter (coram notario et testibus) declararet seu traderet ut testamentum suum.

TESTAMENTUM INFORME EIUSQUE IMPUGNATIO.

Casus. (288)

Cassander condidit testamentum, in quo filio maiori maximam bonorum partem reliquit, pro agris et aedibus pretio satis vili assignato. Inadvertentia notarii pro teste functus est unus qui lege reprobatur. Quod cum ceteri filii videant, testamento impugnato, obtinent a iudice aequalem bonorum divisionem.

Quaeritur 1° potueritne Cassander illam divisionem bonorum tuta conscientia facere.
2° potuerintne filii dispositionem testamentariam impugnare, idque etiam in casu, quo patri viventi consensum suum declaraverint.
3° quid iuris competat filio maiori a spe maioris hereditatis deiecto.

Solutio.

933 Ad quaesitum 1ᵐ R. 1. Iure naturali parentes tenentur, si possunt, filiis ita providere, ut secundum statum suum valeant vivere; neque sine sufficienti ratione eos plane ab hereditate excludere.

R. 2. Intra limites eius quae indicata est providentiae ex se quidem libera est facultas bona dividendi vel de iis disponendi; nihilominus in bonum familiarum earumque stabilitatis lex positiva potest filiis in certam partem bonorum parentum ius conferre; quod si factum est neque parentibus nimis restringitur libera disponendi facultas, in conscientia secundum eam legem agi debet.

R. 3. Filio natu maiori, utpote familiae capiti et primario patris successori, ut plus relinquatur quam reliquis, et naturalis ratio suadet, et positivae leges complures expresse statuunt. Immo ut facultas adsit uni ex filiis prae aliis pro arbitrio favendi, in omnibus iuribus positivis certa pars bonorum liberae possessoris dispositioni relinquitur. Quod diversa quidem iura diversimode statuunt: ius Gallicum fere solam quartam partem liberae dispositioni relinquit — quod parum videtur; ius Austriacum, Germanicum novum, Romanum satis aeque semper dimidiam partem, immo ius Romanum saepe duas tertias partes.

R. 4. Censeo igitur Cassandrum ita tuto agere potuisse, saltem si portionem lege praescriptam filiis etiam natu minoribus attribuerit, neque aestimatio agrorum et aedium infra minimum pretium iustum in huius portionis computatione adhibeatur.

934 Ad quaesitum 2ᵐ R. 1. Si filii patri, cum divisionem, quam voluit, proponeret, promiserint serio se eam servaturos seu exsecuturos esse, ex hac ipsa promissione vi fidelitatis et pietatis erga patrem tenentur, nullo respectu habito testamenti conscripti.

R. 2. Si vero non promiserint, sed solum non repugnaverint, ne patrem contristarentur, vel etiam dixerint se contentos esse: ex hoc non contraxerunt propriam obligationem; sed obligationem restringere possunt ad id, quod testamento ipsis imponatur. Quare si testamentum non subsistit, propria obligatione non tenentur, quamquam pie non agunt, si voluntatem parentis notam posthabent. Peccati igitur proprie dicti ex se eos non accusaverim, si testamentum defectu laborans impugnent.

R. 3. Etiam si patri se servaturos esse eius dispositionem promiserint et nihilominus testamentum ut invalidum ex ratione in casu narrata impugnant, contra fratrem natu maiorem iniustitiam non committunt, siquidem ei nihil promiserint ex iustitia neque proprie ei quidquam promiserint.

Solum si ille frater natu maior, promissione patri ab aliis facta fisus, expensas fecisset intuitu proprietatis mox adeundae, aliique fratres id tacite permisissent, hi, si postea testamentum impugnant et fratrem maiorem eiciunt e spe maioris proprietatis, ratione huius damni causati ad *hoc* resarciendum teneri possunt ex iustitia.

AD QUAESITUM 3^m. R. Cum ex antea dictis post testamentum tamquam informe reiectum filius Cassandri natu maior non possit restitutionem petere a fratribus, qui aequalem cum ipso hereditatis divisionem perfecerunt: nihil restat, nisi ut pro damno causato recurrat ad notarium, ex cuius inadvertentia testamentum vitio, ipse damno affectus est. Qui certe, cum iuridicam culpam commiserit, a iudice ad reparandum damnum cogendus est.

TESTAMENTI PRO CAUSIS PIIS FACTI IMPUGNATIO.

Casus. (289)

Chrysantha, femina dives innupta, nepti satis indigenti, quae servitia non pauca praestiterat, dicit: „En tibi relinquam 4000 mc., quae iam ut tua considerare potes"; assignatque titulos chirographos, quos relinquit quidem suo proprio nomini inscriptos, quorum reditus tamen annuos neptis percipit, exhibito mandato quotannis a matertera sibi dato; iniungitur autem nepti, ut summam illam, quantum possit, intactam servet eamque per ultimae voluntatis declarationem certae causae piae addicat.

Verum post annos Chrysantha videtur huius rei actae fuisse oblita; nam in testamento, nulla neptis facta mentione, omnia bona sua, etiam titulos illos nepti promissos, relinquit certo instituto pio ecclesiastico. A cuius administratore cum neptis post obitum Chrysanthae titulos illos vel saltem annuos reditus ut sibi debitos petat, ille dare renuit, eo quod sibi non liceat piam causam defraudare.

QUAERITUR 1° num neptis Chrysanthae iure postulet, et administrator causae piae possit vel debeat obsecundari.
2° possitne puella coram iudice agere, ut ita summam istam obtineat, etiam cum periculo, ne omnis illa dispositio in favorem instituti pii facta, negato assensu gubernii, effectu careat.
3° quid sit iuris, si, nepte illa non agente, nihilominus, gubernii assensu negato, tota hereditas nepti cum aliis cognatis ut legalibus heredibus addicatur.

Solutio.

AD QUAESITUM 1^m R. 1. Quaestionis huius solutio pendet ab eo, num Chrysantha nepti titulos illos vel iam donaverit vel saltem ex iustitia quadam promiserit. Hae solae rationes sunt, ob quas ius neptis num adfuerit, possit quaeri; nam ex testamento illi ius nullum ortum esse patet.

Chrysantham, cum summam illam nepti assignaret, de donatione cogitasse atque nepti consuluisse, ac si esset vera donatio, ex agendi ratione et circumstantiis patet; perfectam autem non fuisse donationem etiam patet, eo quod alias tituli illi pecuniarii transcripti esse debuissent atque nomini neptis adscripti. — Verum eo quod accedant servitia a nepte praestita, si sistimus in promissione, quae certissime adest atque iam impleri coepit, haec non ex mera liberalitate processit, sed ex quodam debito recompensationis. Quapropter non est vero absimile, adesse promissionem cum quadam iustitiae obligatione suscepta. Neptis illa iure suo ita negotium consideret atque petat tuto titulos ut sibi debitos.

937 R. 2. Verum alia quaestio oritur, num administrator causae piae obligationi probabili, si certa non est, possit satisfacere in detrimentum ipsius causae piae, cuius bona sperata eo ipso diminuantur. Principium enim ex iure canonico et Romano hoc habetur, ut, quando dubium exsistit, in *paritate* iuris vincat causa pia.

R. 3. Nihilominus censeo hoc principium valere non posse in favorem testamenti Chrysanthae. Nam praeterquam quod auxilium puellae indigenti praestandum *sit etiam causa pia* (in iure enim, ubi causae piae favor ille potioris iuris tribuitur, enumerantur praeter alias causas pias causae: matrimonii, dotis, viduarum, pupillorum — cf. *Th. m.* I, 808), negandum est adesse ex sese iuris *paritatem*. Causa neptis illius ex sese est potioris iuris, cum non in mera liberalitate sed in quadam retributione rei receptae nitatur, in mera liberalitate autem donatio erga institutum illud pium facta. Quare, etsi causa litis ad iudicem ecclesiasticum deferri possit, puto summam, de qua sermo est, esse nepti Chrysanthae addicendam, vel saltem annuos reditus ei esse solvendos.

938 Ad quaesitum 2^m R. 1. Propter solum periculum imminens, ne institutum pium ecclesiasticum tota hereditate Chrysanthae privetur, illicitum erit adire iudicem civilem, antequam fiat conatus rem componendi cum administratore instituti vel ecclesiastico superiore, manifestato proposito, si adfuerit, secus adeundi civile tribunal.

R. 2. Conatu incassum facto, si alioquin causae ecclesiasticae civiles coram iudice laico agi solent — quod alicubi per conventiones inter gubernia et S. Sedem, alicubi per consuetudinem toleratam fit — puella ad suam causam evincendam iudicem adire potest, eo quod omnino grave sit ei illa summa carere, si modo fundatam omnino spem habeat, ut vincat. Nam hac spe magna deficiente sine causa pium institutum periculo gravis damni exponeret: quod illicitum est. — Ceteroquin patet recursus Romam faciendus.

939 Ad quaesitum 3^m R. 1. Consensum illum requiri, ut dispositio Chrysanthae in favorem causae piae valeat, contra ius naturale et contra ius ecclesiasticum est; est inanis usurpatio auctoritatis civilis,

effectu vere iuridico atque conscientiae obligatione carens. Consensu igitur gubernii sive non rogato sive etiam expresse negato, valor testamenti in favorem causae piae subsistit.

R. 2. Cuicumque igitur hereditas illa addicatur, ille ius verum vel dominium verum in eam non acquirit, sed tenetur in conscientia eam instituto pio tradere, summam autem nepti testatricis debitam huic potius tradere debet.

Hinc est, ut, si inter plures Chrysanthae cognatos cum nepte hereditas divisa fuerit, neptis partem suam detracta summa sibi olim assignata, alii integram suam partem pio instituto reddere in conscientia teneantur.

De cetero nota, quae in casu 287 ad Quaes. 3^m R. 2 seu n. 931 in fine dicta sunt.

HEREDUM SCRIPTIO ET EXCLUSIO.

Casus. (290)

Philiberta uxor cum marito secundi sui matrimonii communionem bonorum inierat. Testamento facto, heredes scribit filios prioris matrimonii, secundi matrimonii filiis, quibus per patrem paternosque cognatos satis provisum est, relicto legato *millenarum* marcarum, quod ne dimidiam quidem partem portionis legitimae attingit.

Clausula testatrix notavit, ut, si qui conentur hanc dispositionem impugnare, illi eo ipso ab omni hereditate excluderentur ut indigni propter gravem inoboedientiam non semel commissam, quam alias tantum vellet habere pro condonata.

QUAERITUR 1° quae sit obligatio testatorum relinquendi certis heredibus partem legitimam.
          2° quae sit facultas ab hereditate excludendi.
          3° quid in casu de testamento Philibertae et de facultate illud impugnandi iudicandum sit.

Solutio.

AD QUAESITUM 1^m R. 1. Si non est nimis parva portio, quae liberae dispositioni testatoris relinquitur, leges positivae iuste statuunt proxime cognatis certam portionem necessariam: hinc sequitur, ut laesa illa portione ius eorum seu iustitia laedatur. Quibus quanta portio debeatur in singulis regionibus, leges vigentes definiunt. Ubique certa portio debetur descendentibus, aliquando etiam ascendentibus, vel etiam fratribus et sororibus; vix non ubique certo modo providetur uxori superstiti, non tamen ubique portione hereditatis lege praescripta (in novo iure Germ. quilibet coniux superstes inter heredes necessarios computatur).

R. 2. Verum, ut de iniustitia, quam parentes privando aliquem ex filiis portione legitima committant, sileam, facilius etiam laedunt pietatem filiis debitam. Nam etsi partem lege necessariam cuilibet filiorum relinquant, si sine iusta causa uni prae altero notabiliter faveant, ansam dant discordiarum et animorum alienationis. Qua de re nimia gratia uni prae aliis collata graviter possunt peccare. — Aliter, si iusta causa est, sive excedentis meriti sive conservandae familiae vel similis. Cf. supra casum 288.

941 AD QUAESITUM 2^m R. 1. Ex gravi causa aliquis filiorum ab hereditate excludi potest; quae vix alia erit quam filii *indignitas*. Quae etiam legibus positivis solet determinari atque certis limitibus circumscribi, idque iuste, ne ex vehementi passione duriora statuantur.

Exclusis igitur ius competit postulandi, ut omnia ad normam legis reducantur.

R. 2. Nihilominus semper manet parentibus officium et obligatio pietatis, si potuerint, etiam filio indigno aliquo modo ita providere, ut vitae necessaria habeat vel sibi providere de iis possit. Si quando igitur secundum leges parentibus inesset facultas etiam maior excludendi filii, hac uti in conscientia iis non liceret.

R. 3. Generatim legibus positivis cautum est, ut, si quis velit aliquem filium ab hereditate excludere, id in testamento facere debeat indicata ratione, quae, nisi probetur, non admittitur.

Ex iure Germ. causae, cur filius ab omni hereditate possit excludi, sunt sequentia crimina *non condonata:*

grave crimen deliberate contra testatorem eiusve coniugem commissum;

corporalis tractatio iniuriosa deliberate commissa in testatorem, vel in eius coniugem, si heres ex ea descendit;

machinatio mortis in testatorem, vel eius coniugem, vel aliquem ex testatoris descendentibus;

malitiosa denegatio sustentationis, quae lege debeatur;

vita inhonesta vel turpis contra voluntatem testatoris acta neque emendata. (§§ 2333—2337.)

Similiter fere, attamen non eodem plane modo, alia iura loquuntur. C. Gall. (art. 727 *indignitatem* ad successionem tractat, cf. art. 955 et art. 1046 de revocatione vel rescissione dispositionum hereditatis propter ingratitudinem) longe arctius restringit facultatem excludendi ab hereditate.

942 AD QUAESITUM 3^m R. 1. Utut, si solum ius naturae spectari liceret, Philiberta, si vera sunt quae dicat, ita agere posset: indignitas *legalis* non videtur adesse, saltem nullatenus eius apparet probatio. Quapropter, nisi graviora possint filiis obici, consiliarius, si quem forte ante factum Philiberta adhibuerit, conetur omnino, ab illa agendi ratione Philibertam avertere atque plenam reconciliationem inducere, ne testamentum illud fiat seminarium discordiarum atque peccatorum.

R. 2. Testamentum ita repertum filii, quorum interest, impugnare possunt; neque hac ratione censeo laedi pietatem debitam. — Iure autem, qui impugnant, id accipere possunt, quod leges statuant, sive totum testamentum pro nullo habent atque legalem successionem in tali casu statuunt, sive filiis laesis solummodo portionem legalem usque ad integram eius taxam concedunt.

IURA FILIORUM IN BONA PARENTUM.

Casus. (291)

Iustinus et Clara coniuges ante matrimonium Paulum filium genuerunt; quod ut occultum maneret, filius clam in orphanotrophio collocatus atque parentum impensis secundum condicionem honesti opificis educatus et excultus est, sui ortus plane ignarus. Post matrimonium initum coniuges bona sua multum auxerunt, quattuor alios filios genuerunt, quos scribunt heredes, excepto uno ex iis, cui, utpote religioso facto, dimidium portionis legitimae pro legato assignant.

Quaeritur 1° quid iuris et obligationis sit quoad filium illum antematrimonialem, sive ignarus manserit sui ortus, sive rei veritatem postea comperiat.
2° quid dicendum sit quoad filium illum religiosum factum.

Solutio.

Ad quaesitum 1ᵐ R. 1. Filius ille ante matrimonium parentum natus, cum sit ex parentibus ineundi matrimonii capacibus, iure ecclesiastico re vera evasit legitimus, attamen in iure civili non habetur talis, nisi postquam legaliter sit a parentibus agnitus. Quod cum hic non obtineat, ius eius ad successionem in hereditatem parentum iis limitibus interim circumscribitur, quibus lex naturae filiis dat ius repetendi bona a parentibus, parentibus imponat officium filiis providendi. — Verum, ut antea dictum est, haec obligatio, si stricta sumitur, per se non est alia, nisi ut filius tantum accipiat, ut adhibita convenienti industria secundum statum vivere possit.

R. 2. Restat autem, ut videatur, num *pietatis* obligatio parentibus ea sit, ut filium illum legaliter agnoscant atque ita in iure aequali cum reliquis filiis constituant. Quae obligatio sane generatim adest, verum non adest cum ipsorum parentum damno valde gravi. Si ergo ante matrimonium iustam causam habebant velandi suam infamiam, interim vero ad splendidiorem fortunae statum evecti sunt atque complures filios procreaverunt, ignoto prorsus manente facto priore: nunc gravissimum est rem pandere; proin iustam causam habent relinquendi priorem filium in statu suo atque in ignorantia sui ortus. Procurare tamen debent, ut in libris parochialibus legitimatio filii canonica notetur secreto utque de illa possit constare. Et quamquam filius ille, si notatus est ut expositus, in rigore ecclesiastici iuris pro legitimo iam habeatur: praxis tamen expositos illegitimis aequiparat, ac proin praestat, ut de legitimitate *positive* constare possit.

R. 3. Si filius ille relinquendus est in condicione inferiore, maxime cavendum est, ne postea rei veritatem comperiat. Nam si id fieret, causa facillima esset aversionis et odii. Immo si hoc est timendum, parentibus consulendum est quam maxime, ut quam largissime huic filio provideant atque etiam per motiva supernaturalia eius animum pacandum curent, quo minus graviter sortem suam ferat. Neque nego eiusmodi esse *posse* circumstantias, ob quas parentibus oriatur obligatio conscientiae filium legaliter agnoscendi. Sed haec erunt per accidens.

945   Ad quaesitum 2^m R. 1. Filium religiosum factum esse non est ratio, cur parentes eum successione privent, si religio, quam filius assumpsit, talis non est, ut religiosum faciat successionis incapacem. Immo filius, qui dominii radicalis mansit capax, iure postulare potest, ut saltem portio legitima sibi obveniat integra, idque contra testamentum et contra alios heredes.

Parentes vero non solum peccant contra filii huius *iura*, si legitimam partem laedunt, sed etiam partialitate peccant plus minusve graviter, si sine graviore causa filio religioso facto solam legitimam portionem, aliis longe ampliorem relinquunt.

R. 2. Si propter religionem assumptam filius evaserit dominii incapax, iura eius generatim lege canonica transeunt in religionem; atque in conscientia eius iura servanda sunt a parentibus aliisve cognatis. Et re vera, si civilis lex haec non agnoverit, id in conscientiae foro nihil mutat; idque eo minus, quod in hoc casu filius religiosus civiliter non sit incapax possidendi.

Si vero non filius tantum dominii incapax evasit, sed etiam ipsa religio iure ecclesiastico non est loco religiosi successionis hereditariae capax: neque filii neque religionis iura laeduntur per tale testamentum, quale in casu nostro proponitur. — *Aequitas* quidem postulat, ut loco filii religioni id legati vel eleemosynae nomine attribuatur, quod alias filio fuisset relinquendum; *obligatio* autem sensu vero peti non potest nisi ex indigentia illius religionis seu monasterii et ex pietatis officio erga filium in egestate illa sui ordinis comprehensum.

COLLATIO PRIORUM EXPENSORUM IN DIVISIONE HEREDITATIS.

Casus. (292)

Theodosius relinquit post se tres filios et duas filias. Quibus bona sua sic dividit per testamentum, ut, detractis legatis 2000 mc. pro famulis causisque piis, filio minori praelegatum 3000 mc. assignet, eo quod in priores filios studiorum causa etiam plus (circiter 4000 vel 5000 pro singulis) sit impensum; reliqua bona inter filios et filias aequa lance distribuit. Ita fit, ut haec portio singulis addicenda sit summa 2000 mc. Quapropter filiae de laeso iure suo queruntur.

Quaeritur 1° quomodo bona antea data vel impensa, hereditate aperta, conferenda vel computanda sint.

2° utrum Theodosius iuste egerit an filiae iure conquerantur.

Solutio.

946   Ad quaesitum 1^m R. 1. Cum parentes eorum quae acquirunt domini sint, possunt per se ea in utilitatem unius filii prae aliis impendere neque cuiusquam iura laedunt.

R. 2. Nihilominus sumi debet parentes filios suos, quantum fieri possit, aequa lance velle tractare, seu eos nolle uni prae aliis notabiliter plus conferre, nisi eam praeferendi voluntatem vel edicant vel factis ostendant, vel eam rationabiliter non possint non gerere. In dubio attendi debent legis positivae dispositiones singularum regionum.

R. 3. Satis aequa est dispositio iuris Germ. (§ 2050), ut, nisi parentes contrarium constituerint, conferenda et pro parte hereditatis habenda sint:

a) quae pro dote vel ad apparatum status separati filiorum singulis collata sunt;

b) quae alicui ex filiis data sunt ad augendos vel supplendos redditus annuos;

c) quae ultra vires alicui ex filiis data sunt educationis vel praeparandi status vitae causa: censentur autem ultra vires collata, quae sine debitis contrahendis seu diminuendis bonis stabilibus parentes non possunt impendere omnibus.

Conferenda autem non sunt ea, quae clare data sunt liberali donatione ex favore praecipuo, nisi forte tali donatione ceterorum portio legitima laederetur.

Ex C. Gall. art. 843 et 852 conferenda sunt 1) dona et legata, nisi testator ea positive exemerit; non sunt conferendae expensae educationis, institutionis, *ordinariae* collocationis seu dotis.

AD QUAESITUM 2ᵐ R. 1. Filii maiores certe non poterunt conqueri de praelegato filio minori facto. Ita enim aliquo modo, sed ne ex integro quidem, compensantur ea, quae ipsi prae reliquis acceperunt.

Sed neque filius minor conqueri iure potest; nam id, quo dona in filios maiores collata donum sibi datum superant, tanti non est, ut excedat bona in *libera patris dispositione* posita.

R. 2. Solum videndum est, num filiae iuste conquerantur. Aequa lance non tractantur. Verum considerari debet filios, ut acquirant iustum vitae statum, pluribus indigere quam filias, si his per matrimonium conveniens provisum sit. Praesertim id valet, si, quae Theodosius in filios prae filiabus impendit, non desumpta sunt ex bonis stabilibus sed ex annuo lucro, quod Theodosius labore vel industria fecit vel ex annuis reditibus habuit: ea enim pro arbitrio poterat expendere, et, si pro educatione bona filiorum expendit, fecit bene. Neque videtur plane neglexisse filias, etsi minus pro iis expenderit.

Solum si propter filios bona stabilia vendidit atque notabiliter diminuit, fieri potuit, ut filiarum pars hereditaria ne portionem quidem lege debitam attingeret; in quo casu filiis pro rata aliquid detrahendum esset, atque imprimis filiis maioribus, ut legalis pars filiarum suppleretur.

IUS CIRCA FAMAM ET HONOREM.

FAMAE PROPRIAE NEGLECTUS.

Casus. (293)

Gorgonius pessimi criminis suspicionem gravem contra se excitavit, ita ut in communi aestimatione diffamatus exsistat. Qua re fit, ut eius filii, cum ubique repellantur, status sui convenientia officia non possint obtinere atque longe infra condicionem suam vitam degere debeant. Spem quidem fundatam Gorgonius habet dispellendi suspiciones, si tamquam de calumnia sibi illata coram iudice agat; sed cum et pecuniae sit tenax et otii amans, timet tum labores et sollicitudines, tum expensas, quas ex maxima parte se ipsum ferre debere praevidet. Statuit igitur aspernari homines hominumque dicta atque famam sive bonam sive malam flocci pendere.

Quaeritur 1° sitne homo dominus famae suae.
2° liceatne citra peccatum famam propriam perdere vel non tueri.
3° quid de Gorgonii agendi ratione iudicandum sit, prout suspicio vero consonet aut sit falsa.

Solutio.

948 Ad quaesitum 1^m R. 1. Fama consistit quidem in aestimatione aliorum, quam de aliquo concipiunt et fovent, fundamentum autem habet per se in ipsius hominis actionibus, quas alii observabunt, estque harum effectus vel sequela naturalis. Quare sicut homo dominus est actionum suarum, etiam famae suae dominus est. *Th. m.* I, 759. 1172.

R. 2. Unde sequitur quidem iniustitiam non committi ab eo, qui suam propriam famam destruit, si modo in hac fama propria laedenda eius actio sistat vel sistere possit; sed minime sequitur *licere* cuilibet suam propriam famam laedere. Nam usus vel abusus rerum propriarum legibus moralibus sane subiacet. Ceterum se ipsum fama privare non est peccatum mortale, nisi tamen aliae circumstantiae accedunt.

949 Ad quaesitum 2^m R. 1. Fama generatim bonum hominis est, idque bonis fortunae maius, immo in genere bonum necessarium est, ut homo convenienter vivat atque officia sua implere possit. Unde patet non licere famam perdere vel etiam eam non tueri, quando fama necessaria est ad officia debita implenda. — Id enim in eo casu non solum est quaedam prodigalitas sed etiam laesio caritatis, quam homo sibi debet, et laesio officiorum, quae diffamatus implere non amplius possit.

R. 2. Cum fama propria conexa erit non raro fama aliorum, maxime propinquorum: unde ex hoc solo capite iniustum erit contra propinquos cum propria fama famam eorum laedere; vel erit saltem contra pietatem propinquis debitam, famam, si ab aliis impetitur, non defendere.

In reliquis circumstantiis, quando fama propria neque cum aliena fama conectitur neque ullas obligationes implendas vel non implendas tangit: propriam famam non defendere malum aut bonum est pro motivo diverso, ex quo fit; propriam famam positive laedere praeterea vitiosum esse potest ex modo et medio, quo quis id efficit.

Nam si nullum habetur motivum rationabile, famae irrationabilis dissipatio peior est quam bonorum fortunae prodigalitas; peius etiam, si motivum subest inhonestum. Si vero est motivum honestum, exercendi virtutem humilitatis, mansuetudinis, desiderium sese Christo opprobriis affecto conformandi, res bona et optima est. — Verum haec potissimum exercentur in *ferendis* iniuriis famae vel honori illatis, non in agendis iis, quae famae iacturam causent; nam ea agere fere non est aliud nisi agere inhonesta — quod non licet.

Ad quaesitum 3^m R. 1. Ratio, quae Gorgonium movet, ut a defendenda fama abstineat, rectae rationi non consonat, proin honesta non est. Nam si solius propriae famae bonum respicitur, in se maius bonum est quam quies illa et desidium, quod Gorgonius amat, et quam pecuniae summa, quam impendere debet. Verum ipsius Gorgonii fama, si nihil aliud cum ea conecteretur, cum sit res indifferens, non necessario aliis rebus indifferentibus praeferri debet; quare, si Gorgonius pecuniam, cui hoc modo parceret, in bonos piosque fines statueret impendere, propter litem non motam accusari male agendi rationis non posset. — Immo, si praeferret malum diffamationis pati, quam calumniatorem in mala fortasse gravia conicere, insignis esse potest actus caritatis christianae.

R. 2. Re vera fama Gorgonii cum bona fama totius familiae cohaeret; caritas autem seu pietas eum *obligat*, ut suorum curam habeat, adeoque mala gravia ab iis, quantum possit, depellat. Existimo igitur Gorgonium officio pietatis deesse, nisi calumniam etiam lite instructa depellat. Atque maiorem tenetur rationem habere suorum filiorum innocentium quam calumniatoris, qui, criminis commissi convictus, gravem poenam luiturus sit.

R. 3. Insuper videndum est, num forte Gorgonius etsi non ipso crimine patrato, tamen *actione minus recta,* iustam ansam aliis dederit suspicandi. Quod si fecit, non solum negativa, sed etiam positiva causa est diffamationis suorum; atque gravius tenetur hanc suspicionem auferre. Immo si actione illa minus recta scandalo fuit atque fortasse scandalo esse pergit: haec sola iam ratio est, cur Gorgonius scandalum auferre atque suspicionem contra se ortam diluere *debeat.* Videndum tamen est, num Gorgonius falsum crimen cum effectu abstergere possit; secus enim timeri debet, ne conatu defensionis sibi suaeque familiae magis etiam noceat.

R. 4. Quod demum in casu notatur, Gorgonium hominum dicta atque ipsos homines *aspernari* atque ita suam apud eos famam flocci pendere; id per se non honestum sed peccaminosum motivum manifestat; non enim humilitatem, sed superbiam fovet, quod est vitium inter alia primarium.

DIFFAMATIO (I).

Casus. (294)

Aetolia puella garrula quaslibet res novas cum amicis communicare gestit. Acciderat, ut Aeneas, cui parentes Afram sponsam destinaverant, propter eam ab Aiace mortem minitante cogeretur statim quasi duellando cum illo egredi; similiter acciderat, ut Bertha, pia puella, quo avocaretur a suis pietatis exercitiis, a parentibus coacta ad choreas adeundas ibi inscia a iuvene inebriaretur.

Quae sic ab Aetolia narrantur: Scitis Aeneam iam diu cogitare claustrum; sed puellis non renuntiavit, studuit potius spem illarum porro fovere, immo heri propter sponsam se duellavit. At cum laesus sit, post recuperatam sanitatem certe diffamationem suam in claustro sepeliet. Et nostis Bertham, quae videbatur sanctitatem non posse exhaurire neque hebdomadaria Communione contenta erat; en eam ipsam vidi temulentam redeuntem a choreis, nisi cognati eam repressissent, scandalosiora etiam vidissemus; ceterum mendacii eam iam aliquoties arguere potui.

Quaeritur 1° quae sit proprie detractio famae alienae.

2° unde sumatur hac in re peccaminositas mortalis.

3° quid de propositis casibus iudicandum sit.

Solutio.

952   Ad quaesitum 1^m R. 1. Detractio est iniusta defectus alieni manifestatio, quae alterius famam seu apud alios aestimationem diminuit. Qui defectus imprimis sumitur moralis; attamen sunt etiam defectus non morales, qui alicuius aestimationem minuunt vel delent.

R. 2. Distinguitur haec detractio generice sumpta in detractionem simplicem et in calumniam, prout defectus ille iniuste manifestatus sit verus sed occultus, aut falso impositus.

Ad quaesitum 2^m R. 1. Ratio, ex qua gravitas peccati detractionis sumitur, est ipsa famae diminutio minor vel maior, quae ex manifestato defectu oriri solet. Quod pendet non ex solo defectu in se spectato, sed etiam idque multum ex condicione personae, de qua defectus narratur, et de certitudine iudicii, quod ex defectus narratione in audientibus excitatur.

953   R. 2. Cum fama consistat in communi aestimatione, probabile est grave peccatum non esse, uni alterive viro prudenti et taciturno rem alias etiam graviter diffamantem narrare, nisi 1) specialiter intersit hominis laesi, apud illos ipsos retinere aestimationem, vel aliud grave damnum adiungatur, vel nisi 2) narretur crimen falsum. Ratio autem, cur in calumnia aestimationis detractio longe severius diiudi-

canda atque ea etiam, si apud unum fiat in re gravi, pro mortali peccato habenda sit, est potissimum haec, quod in detractione circa crimen verum fundamentum famae ab ipso peccante iam sit eversum adeoque fama ipsa iam evaserit *labilis*, utut a detrahente *formalis* fama auferatur; sed in calumnia fama omnino inconcussa, seu formalis fama cum eius fundamento, a solo calumniatore destruitur. Cf. Lugo, *De iust. et iure* d. 14 n. 12. 51; S. Alph. III, 973 cum Lessio, Caietano, *aliis*.

R. 3. Si quod narratur ita, ut audientes non certum iudicium, sed solam suspicionem leviorem de altero concipiant, non censetur fama *graviter* laesa neque grave peccatum a narrante commissum. Excipe, si suspicio ingeratur rei pessimae idque contra virum integerrimum, cuius fama plus patiatur suspicione quam aliorum fama certa narratione; etiam excipiendus est casus rarus, quando ex sola suspicione alicui grave damnum oriturum esse praevidetur.

Quapropter si quis narrat rem „ex rumore non satis firmo", communiter non peccat graviter; neque ille, cui propter suam levitatem plena fides non solet adhiberi.

R. 4. Defectus manifestatus seu res ipsa diffamans in se non gravis potest graviter diffamare atque talis diffamatio peccatum grave involvere, si ille, qui laeditur, integerrimae famae est vel in singularis perfectionis aestimatione, vel si ipsius narrati defectus immunitas pro eo, v. g. propter vitae statum, magni momenti est: ita aliquem pro mendace traducere *potest* esse peccatum mortale; similiter aliquem imperitum dicere in suo munere. — Saepius vero e contrario defectus etiam mortalis in genere morum manifestatio peccatum mortale non est, quando videlicet eiusmodi defectus in similis condicionis hominibus parum aestimatur, vel quando persona, de qua res narratur, in re simili iam est diffamata.

R. 5. De eo igitur qui in certa aliqua re famam iam amisit, rem similem ex se diffamantem narrare non est nova laesio gravis ideoque non est ex se peccatum mortale; aliter: 1) si res plane absimilis narratur, cum, qui in una re famam amisit, eam nondum amiserit in reliquis; vel 2) si narratio criminis repetiti famam plene evertit, quae ex priore crimine ob fragilitatem commisso sed probabiliter retractato nonnihil tantum erat concussa. S. Alph. l. c. n. 976; Lugo l. c. n. 55—58.

R. 6. Si quis publice crimen commisit, vel si crimen publicum evasit, illud narrare etiam ignorantibus non amplius censetur detractio famae esse; nam peccans in priore casu famam in hac re abiecit, in posteriore saltem amisit. S. Alph. l. c. n. 974. 975; Lugo l. c. n. 59; *Th. m.* I, 1181.

R. 7. Si vero diffamatio fit vel in loco alieno, ubi res nota non est, vel si tempore posteriore res antea gesta et plenae oblivioni data denuo resuscitatur: distingui debet publicitas iuris et publicitas meri facti. Si adest publicitas iuris ex condemnatione in iusto iudicio, satis probabile est iustitiam non laedi, utcumque res gesta alio loco vel alio tempore narratur. Si est solius facti publicitas, in alio loco id narrare etiam probabiliter non est contra iustitiam (cf. Lugo l. c. d. 14, n. 80; S. Alph. III, 974); alio tempore, quo res plane erat obliterata, id denuo narrasse censetur contra iustitiam.

Verum etiam quando non laeditur iustitia, laedi potest caritas per divulgationem in alio loco factam, si alias fama ibi mansisset illaesa, maxime si praeter famae detrimentum alia damna gravia oritura sint. Cf. S. Alph. l. c.

956 Ad quaesitum 3ᵐ R. 1. Si rem ab Aetolia narratam in se sumimus, id quod Aeneae obicitur, sane est graviter diffamans, cum non agatur de iuvene, qui tamquam levis moribus atque depravatus notus sit; atque eo gravius eius fama laeditur, quod fiat per calumniam: facti enim species plane pervertitur, siquidem Aeneas non tam duellum quam sui defensionem contra aggressorem iniustum commisit. — Similiter iudica per se de iis, quae de Berthae ebrietate narrantur.

R. 2. Quod Aetolia Bertham mendacii commissi accusat, ad id notandum est aliquem etiam saepius mendacii reum deprehensum esse dicere plerumque non denotare gravem famae iacturam; minus etiam id de particulari aliquo mendacio dicere. Si quis autem singularem vitae sanctitatem prae se fert, vel praeprimis veracitatis famam integerrimam habere eius summopere interest: eum pro mendaci traducere non raro gravem famae laesionem atque mortale peccatum continebit.

957 R. 3. Res, ut dixi, ab Aetolia narratae gravissimae sunt, atque etiam narrationis modus ille est, quo audientes ad certum iudicium de macula aliorum moveantur. Quapropter ex levitate et garrulitate Aetoliae directe et per se ratio vix sumi potest, quae eam a *gravi* peccato excuset; fortasse indirecte ex eo, quod debita advertentia ad grave peccatum abfuerit.

Si vero res ipsae narratae mediocriter quidem graves fuissent, neque tamen expresse quasi ex visu cum aliis communicatae; facile dixerim propter Aetoliae garrulitatem plenam fidem eiusmodi illius narrationibus non consuevisse adhiberi, atque propterea non gravem diffamationem neque peccatum obiective grave esse commissum. Poterat nihilominus Aetolia etiamtum graviter peccare ex odio vel ex propriae conscientiae dictamine.

R. 4. Alia tamen excusatio a *gravi* peccato in enarratis casibus exsistere potest ex eo, quod Aetolia inculpabiliter putaverit Aeneam verum commisisse duellum, Bertham commisisse re ipsa ebrietatis peccatum idque publice actum esse. In ea suppositione Aetolia narravit res publicas vel mox publicandas, neque famae adhuc integrae graviter detraxit, sed famam iam detractam ulterius publicam fecit. Debeat tamen in ea suppositione post errorem suum detectum eum corrigere.

DIFFAMATIO (II).

Casus. (295)

Alcimus, filius spurius, in dissita regione, ubi ortus eius erat ignotus, ingenio et optimis moribus excellens omnium animos sibi conciliavit, atque in eo est, ut filiam syndici urbis ducat cum summa spe in locum syndici senescentis mox succedendi: cum ex inopinato Brutus illuc advenit, cui Alcimus eiusque ortus optime notus est et qui mox totam rem publice narrat. Quo fit, ut sponsalia ilico solvantur atque Alcimus a spe sua deiectus non leviter diffamatus exsistat.

QUAERITUR 1° possitne esse diffamatio mortaliter mala ex defectu non culpabili, eaque contra iustitiam.
2° quid de Bruti narratione atque obligatione inde exorta.

Solutio.

AD QUAESITUM 1ᵐ R. 1. Cum fama consistat in aestimatione, quam alii homines gerant, eaque re ipsa non ex solis personalibus alicuius moribus sed etiam ex condicione familiae et generis pendeat: fieri sane potest, ut alicuius fama laedatur ex manifestato defectu vel macula eius non culpabili. Sitne illa laesio gravis an levis, contra iustitiam an contra solam caritatem, pendet ex communi regula de diffamatione, videlicet utrum inferat damnum grave an leve, utrum privet re ad quam retinendam is qui diffamatur titulum iustitiae teneat an amiserit.

R. 2. S. Alphons. l. c. 967 referens verba Busenb. „Regulariter non est mortale (etsi per accidens ratione damni sequentis [scil. in aliis obiectis] tale esse possit) revelare naturales defectus animi, corporis, vel natalium; quia tales non sunt morales, nec infamia apud prudentes reputatur, quod quis v. g. sit stupidus, spurius, luscus", ipse addit: „Si vero dicuntur in civem, aliquando possunt esse mortalia. Idem dicunt de defectus natalium propalatione, quae aliquando etiam esse potest mortalis, ut dicere de viro honorabili, exercuisse vilissimum officium vel fuisse mancipium: *sed omnia haec pendent a circumstantiis.*"

Atque deinceps approbando affert sequentia verba Busenbaum: „Fieri tamen potest, ut narrando etiam defectus naturales, spectata condicione et statu illius, graviter noceas et sic graviter pecces: ut si gravem et optimi nominis praelatum aut religiosum *mendaciis assuetum,* virum gravem ac consularem *illegitime natum* vel *Iudaeum* etc. dicas."

R. 3. Manifestatio eiusmodi defectuum vel macularum graviter nociva est *iniusta,* si defectus ille est re ipsa occultus; non iniusta sed contra caritatem, si defectus occultus quidem absolute non est vel saltem iure non est, in certo autem loco est et mansurus est occultus; neque contra iustitiam neque contra caritatem talis manifestatio est, si agitur de destruenda fama quam quis fraude acquisivit atque in aliorum deceptionem falsa fama utitur.

959   AD QUAESITUM 2^m R. 1. Si in Alcimi patria eius ortus erat publice notus, Brutus narrando rem alibi non peccavit contra iustitiam. Immo in hoc casu nostra aetate raro fit, ut alibi, i. e. in Alcimi domicilio res possit manere occulta. Quodsi igitur praevideri satis potuerit rem brevi manifestam fore atque syndicum eiusque filiam se deceptos esse dicturos; Brutus non palam quidem, sed cum syndico privatim rei veritatem sine ullo peccato communicare potuit. Atque ita optime faciet; nam si res postea, matrimonio inito, propalatur, timendae sunt gravissimae sequelae.

R. 2. Quodsi revera condiciones erant tales, ut in actuali Alcimi domicilio res praevideretur mansura ignota: Brutus contra caritatem graviter peccavit, sine iusta causa Alcimum in ignominiam et in grave damnum temporale inducens. Cf. *Th. m.* I, 1181; Lugo l. c. d. 14 n. 80.

R. 3. Immo si illegitimus Alcimi ortus etiam in eius patria erat *occultus,* i. e. paucis omnino notus, rem manifestare contra iustitiam erat; atque Brutus obnoxius evasit reparandis damnis temporalibus, quae loquacitate sua causavit, si modo haec praevidit atque culpae committendae sibi satis conscius fuit.

DIFFAMATIO (III).
Casus. (296)

Artaphanes, scribendis historiis intentus, cum diversa archiva perlustraret, reperit assignatum factum certi viri illustris, quod, cum vitam eius privatam macula gravi aspergeret, ipse, dum viveret, ita novit occultare, ut pauci admodum in rei notitiam venirent, neque hucusque evasit publicum; alterius etiam celeberrimi viri poenam diffamantem a iudice impositam reperit notatam, cuius rei notitia a saeculo et ultra oblivioni omnino data erat. Artaphanes, ut veritati serviat, utrumque facit publici iuris, atque ita non leviter offendit utriusque viri posteros, qui etiamnunc vitam degunt.

QUAERITUR 1° quid liceat historiographis circa rerum narrationem in archivis delitescentium.

2° num vel quomodo Artaphanes in casibus narratis peccaverit.

Solutio.

960   AD QUAESITUM 1^m R. 1. Imprimis teneri debet etiam defunctos retinere ius ad famam, et quamvis minus graviter peccetur diffamatione mortuorum quam in vivis degentium, tamen detractio in re gravi etiam relate ad defunctos a peccato mortali non est immune; idque censendum est, etiam quando diffamatio in vivos superstites nullatenus redundat. Hoc vero sentiri potest, cum alicuius lapsu referre simul eius sinceram conversionem et paenitentiam gravem alicuius defuncti detractionem regulariter non esse.

R. 2. Quod attinet ad res praesenti tempore publicas recte notat S. Alph. *H. apost.* tr. 11 n. 13: „Non prohibetur, quin historici delicta publica describant *ex solo facto*" atque ita eorum oblitterationem impediant. — Verum id non tangit propriam quaestionem de rebus praeteritis. In quibus tamen ea, quae olim *publica erant publicitate iuris*, etiam alio tempore narrari posse sine gravi culpa S. Alph. ibidem approbans notat ex doctrina Lessii, Lugonis, Lacroix etc.

R. 3. Cum de publicitate iuris sensu stricto accepta saepe non constet, addenda videntur haec: Homines in summa potestate constituti iudicis iudicio non subiacent; verum *quae agunt in publico munere*, aequivalenter iuris publicitate publica sunt. Quapropter quae *in rebus publicis gerendis acta* sunt, haec, etsi nunc oblivioni sunt data, e pulvere eruere et iterum publicare, etsi certos viros macula aspergant, prohibitum non est.

Sic intellego, quod Marc n. 1200 Q. 2° dicit, mortaliter non peccare eum, qui referat delictum olim publicum nunc occultum, *si ad historiam pertineat*. Nam ad historiam pertinent publice gesta seu ea, quae ad publica officia et res publicas gerendas spectant, non quae ad privatam hominum vitam attinent.

R. 4. Si quando agitur de actionibus non ad res publicas publicaque officia pertinentibus; ut liceat delicta nunc occulta denuo publica facere, requiritur causa maioris boni, quae esse potest praecipue 1) auctoritas viri pessimi, quae etiamnunc graviter noceat, cum eius crimina nesciantur, per vitae eius verae enarrationem destruenda; 2) defensio viri innocentis, cuius fama falso maculis aspersa est, sed per manifestationem criminis aliorum potest restitui.

R. 5. Immo nostris temporibus etiam facilius adesse potest plena excusatio pro historiographis ceteroquin timoratis, si ea publicent, quae alias ab aliis brevi post publicatum iri iuste sumere possint. Cum enim nostris temporibus a quibusvis hominibus doctis archiva perlustrentur, ea, quae iis continentur, etsi nunc videantur occulta, perfacile post tempus magis minusve longum ad lucem trahentur. Quare non raro esset in damnum bonorum et causae bonae, si historiographi boni et timorati ea occultarent, quae minus timorati vel malemorigerati suo modo mox divulgaturi essent, maxime cum illi res pravas, quas narrant, non exaggerent neque eo modo enarrent, qui ad maiorem invidiam excitandam sit comparatus, neque etiam emendationem et paenitentiam, quae acta sit, reticeant.

AD QUAESITUM 2^m R. 1. In priore casu, quo agebatur de re ad privatam vitam pertinente, ex se res gravis est seu gravis iniustitiae culpa, eiusmodi rem, quae numquam fuit publica, publicam reddere. Solum videri debet, num Artaphanes praeviderit rem nequaquam diu mansuram esse occultam, vel etiam, num forte subsit aliqua ex causis supra ad Quaes. 1^m in R. 5 notatis.

R. 2. In posteriore casu habebatur criminis et poenae, de quibus sermo est, olim publicitas iuris. Quare ex sententia S. Alphonsi l. c. Artaphanes excusatur tum a laesa iustitia tum a laesa caritate quoad defunctum, cf. etiam Lugo, *De iust. et iure* d. 14 n. 77; *Th. m.* I, 1183. Verum, si sperari poterat rem mansuram etiam nunc fuisse occultam, nisi Artaphanes eam in publicum protulisset:

ratio habenda erat *posterorum* et officii caritatis erga eos; cui graviter deerat Artaphanes, si praevidit eos graviter tristandos esse vel offensum iri. Sic puto assentiendum esse opinioni Lessii, *De iust. et iure* l. 2 c. 11 dub. 13 n. 87, qui ob narrata re, quae sit alibi vel quae olim fuerit publica publicitate iuris, *caritatem* laedi posse affirmat.

DIFFAMATIO — SECRETI OBLIGATIO.

Casus. (297)

Alfanus, qui post iuventutem dissolutis moribus peractam ad meliorem frugem conversus extra patriam optima fama fruebatur, cogitabat divitis viri filiam ducere: cum Drusus medicus cum puellae patre secreto communicat se Alfanum ante annos a lue venerea in lupanari contracta curare debuisse. Quo audito pater consensum ad matrimonium denegat atque severissime vetat filiam umquam de hoc matrimonio cogitare.

Quaeritur 1° sitne in hoc casu officii secretum iniuste laesum.

2° habeaturne iniusta Alfani diffamatio atque restitutionis obligatio.

Solutio.

963   Ad quaesitum 1ᵐ R. 1. Diversa distinguuntur secreta: secretum *naturale*, secretum *promissum*, secretum *commissum*. Naturale secretum dicitur, quod cum rei natura cohaeret sine speciali promissione vel speciali officio; *promissum* illud, post cuius scientiam facta est promissio huius secreti servandi seu non manifestandi aliis; *commissum* secretum, ante cuius notitiam antecessit prommissio sive formalis sive tacita servandi secreti, cuius igitur communicatio sub hac servandi secreti condicione facta est. Eiusmodi tacita promissio antecedens habetur ex suscepto munere, cum cuius exercitio secretorum communicatio cohaeret.

Ex qua explicatione apparet secretum commissum ex se reliquis esse gravius atque strictius esse servandum. Ex parte tamen secretum promissum severius ligare potest promittentem, quatenus propter proprium damnum avertendum non liceat illud violare, si illud damnum se potius subiturum esse promiserit, modo ne agatur de damno excessivo vel tali, quod subire non liceat.

R. 2. Alias igitur secretum naturale tantum et secretum promissum non obligant seu non excusant ab officio manifestandi secreti, si legitima fit superioris interrogatio; obligat regulariter secretum *commissum*.

964   R. 3. Nihilominus secretum etiam commissum, magis etiam alia secreta, generatim communicari possunt (excipe semper secretum sacramentale et fere etiam quasi-sacramentale) 1) propter damnum sive proprium sive alienum avertendum, quod ille, de cuius secreto agitur, iniuste illaturus est neque monitus vult desistere; 2) propter aliud damnum sive proprium sive alienum avertendum ita grave, ut secundum regulas caritatis damnum illud, quod ex secreto communicando sequitur, postponi *possit:* quod tamen in secreto commisso

tantum esse debere censeo, ut ille, de cuius secreto agitur, probabiliter *obligetur* damnum secreti laesi potius pati quam alia damna non avertere.

Cf. S. Alph. III, 971; Noldin II, n. 659; Marc n. 1187; Th. m. I, 1197 sqq.

R. 4. In casu nostro agitur de secreto alicui, qui in officio publico constitutus est, commisso. Quae autem aliquis, sume hic medicum, in officii sui exercitio comperit, ea etiam *ex officio* secreta tenere debet. Quaeri igitur potest, num forte Alfanus, cum peteret filiam divitis illius viri, iniuriam illaturus sit, ob quam propulsandam medicus secretum patri puellae possit prodere. Quod tum solum recte dicitur, si Alfanus a morbo non curatus periculum infectionis uxori sit creaturus. Verum etiamtum medicus prius Alfanum debebat monere, ut a petenda sponsa desisteret; solummodo post monitionem frustra factam ius ei erat, vix umquam obligatio, nisi uteretur rei notitia aliunde hausta, monendi patrem vel puellam, ut sibi ab infectione caveret.

AD QUAESITUM 2^m R. 1. Ex modo dictis si Alfanus iuste poterat 965 puellam petere, medicus non solum officii sui obligationi deerat, sed etiam graviter deliquit diffamando Alfanum. Et quamvis satis probabiliter diffamatio apud unum alterumve virum non habeatur pro diffamatione ex se gravi, si tamen alia damna adduntur, a gravi peccato res excusari nequit.

R. 2. Aliter tamen dici potest, si quaeritur, utrum diffamatio illa grave peccatum fuerit contra iustitiam an contra caritatem tantum. Nam si priores illi dissoluti Alfani mores in patria publice erant noti, cum Alfanus ibi viveret, medicus eos etiam aliunde novit quam ex muneris sui exercitio. In quo casu, utut de caritate graviter laesa conqueri possit, de iustitia graviter laesa ratione diffamationis non constat. Quodsi ratione famae non constat de iustitia graviter laesa, sequelae impediti matrimonii per accidens sunt. Probabiliter igitur sola caritas graviter laesa est, utcumque sumis Alfanum fuisse perfecte sanatum. Cf. supra n. 955.

R. 3. Quandocumque vero laesae iustitiae medicus accusari non 966 potest, addi debet, posse esse circumstantias, ob quas a laesae caritatis peccato excusetur. Sume enim virum illum divitem esse singularem medici amicum neque de perfecta morbi sanatione constare. Medicus ille scientia illa sane uti potuisset, ut, si de hac re actum fuisset, propriae filiae matrimonium prohiberet. Quod autem pro se suaque filia agere ei licuit, id videtur ei licuisse pro amico, quem ut alterum Ego consideret, quando de sola caritate vel erga Alfanum vel erga amicum exercenda agebatur.

R. 4. Si vero Alfanus fuisset iuvenis etiam in sua patria semper integerrimae famae, qui occulte aliquando deliquisset atque morbum diffamantem contraxisset, a quo nunc perfecte esset sanatus, *si perfecta* sanatio sit possibilis, nulla manente periculo infectionis ex matrimonii usu secuturae: manifestatio, quam medicus fecit, fuisset omnino diffamatio *iniusta*, atque detrimenti temporalis propter impeditum matrimonium in certa spe futurum causa efficax iniusta. Quapropter in eo casu medico damni temporalis illati reparatio seu restitutio incumberet.

CALUMNIA EIUSQUE REPARATIO.

Casus. (298)

Amulius, vir nobilis, falsum testimonium dixit contra Onesimum pauperem furti accusatum, ita ut hic poenam 2 annorum carceris retulerit. Amulius peccati commissi dolet, sed, si retractat suum testimonium, ipse periurii convictus ad longos annos carceris condemnabitur, neque multum levabit Onesimum, qui sex tantum menses poenae ulteriores ferendos habet et qui insuper in carcere melius vivit, quam extra carcerem pauper vivere potest.

Quaeritur 1° quae sit obligatio retractandae calumniae eiusque damni resarciendi.

2° quae sint causae excusantes; num revera in Amulio exstiterint.

Solutio.

967 Ad quaesitum 1ᵐ R. 1. Fama *iniuste* laesa resarciri debet, quantum fieri potest; aliter tamen ab eo, qui simpliciter detraxit famae narrans vera, aliter qui haec egit per calamnium.

Prior enim, cum mentiri non possit, revocare dicta sua non potest nisi per restrictionem quandam, si haec sit consulenda (cf. *Th. m.* I, 1191—1193;) aliter reparare debet famam dextre laudando, saepe, si sumi possit rem oblivioni probabiliter datam esse, nihil agendo sed Deo causam commendando.

Posterior, nisi satis certo restauratio famae aliter fieri possit, etiam aperte retractare atque palam se errasse debet fateri.

R. 2. Damna alia cum famae damno coniuncta ab utrolibet reparari debent. Idque valet longe facilius de calumniatore, cum in rei verae iniusta manifestatione facile haec esse possit partialis damni reparandi causa excusans, quod res illa etiam alia via iam evaserit publica, atque prior manifestatio desierit esse damni causa efficax.

968 Ad quaesitum 2ᵐ R. 1. In detractione per manifestationem rei verae complures, ut iam innui, exsistunt causae a reparatione famae excusantes: 1) si laesio non fuit realiter gravis; 2) si laesio subiective non fuit graviter culpabilis, neque nunc reparatio sine gravi incommodo fieri possit: (nam si fieri possit sine incommodo relative gravi, etiam ille, qui ex errore vel inadvertentia graviter laesit, ad id ex iustitia tenetur, ac proin ex omissa hac retractatione sibi facile possibili iam ut ex iniusta damnificatione tenetur); 3) si detractio probabiliter oblivioni data est atque melius esse iudicetur rem sepultam relinquere quam periculo refricandae memoriae sese exponere; 4) si res olim occulta nunc independenter a priore manifestatione per aliam viam publica evaserit; 5) si, qui famae detrimentum passus sit, detractori condonavit (si modo condonare plene possit, eo quod nemo praeter ipsum detrimentum quodpiam sumpserit); 6) si damnum re-

tractanti oriturum longe maius sit, quam damnum alterius famae illatum, alia vero fortunae damna vel non adsint vel reparentur.

R. 2. In calumnia ut quis a reparanda fama excusetur, debet 969
1) constare de iusta condonatione, aut 2) de calumniae oblivione integra, aut 3) de damno *longe* maiore calumniatoris; verum notari debet et damnum calumniatori per retractationem oriundum debere spectatis omnibus circumstantiis insigniter maius esse quam damnum quod per calumniam innocenti causat, neque propter omissam forte retractationem calumniatorem etiam excusari a restitutione aliorum damnorum pretio aestimabilium.

R. 3. Per se quidem et fama Amulii et eius poenae minoris aestimandae sunt quam poena et fama Onesimi, etsi hic pauper, nobilis ille exsistat, eo quod pauper sit innocens, nobilis ille vir culpa et malitia sua sibi pericula contraxerit.

Verum negari nequit, poenam quae Amulium maneat, si periurii convincatur, longe diuturniorem ipsique graviorem esse quam poenam Onesimi residuam; atque etiam diffamatione Amulium longe durius affectum iri quam Onesimum propter falsam illam furti opinionem. Quapropter si fieri possit, ut Onesimo offeratur per virum intermedium notabilis pecuniae summa, qua compositio quaedam fiat, isque consentiat, Amulius ab aperta retractatione ilico facienda excusabitur, si modo curet, ut indirecte Onesimi fama reparetur, v. g. eius bonam indolem laudando, vel etiam manifestando in eius causa criminali erratum esse. Haec imprimis tum observanda sunt, si cum causa Amulii privata publica causa boni communis cohaeret, ita ut per eius condemnationem causa publica grave damnum passura sit.

R. 4. Nihilominus, si necessitas boni publici Onesimum non cogat iure per se sibi debito cedere, neque is cedere velit, Amulius etiam cum periculo suo non levi tentare debet, ut Onesimi famam restituat. Cum restrictione quidem non pure mentali praetendere potest se ex *errore* inductum esse ad testimonium contra Onesimum dicendum, quo crimen periurii voluntarii a se avertat, etsi falsi iuramenti ex levitate et inconsiderantia praestiti poenas luere debeat.

QUERELAE — TEMERARIUM IUDICIUM — SUSPICIO.

Casus. (299)

Barbarius ab itinere redux apud amicum conqueritur de aspero modo, quo a superiore receptus sit, atque de iniuria sibi illata, cum superior aures praebuerit suspicionibus contra se falso excitatis; graviter in superiorem invehit quasi virum partium studio addictum et ad gubernandum ineptum, quasi versatile instrumentum in manibus Claudii, in cuius arbitrio totius dioecesis gubernatio sit posita.

Quaeritur 1° num et quomodo detractione peccetur querulis in sinum amici effusis.

2° quale peccatum sit sinistrum de altero iudicium vel mala suspicio eaque declarata.

3° quid ad casus Barbarii sit dicendum.

Solutio.

970   AD QUAESITUM 1ᵐ R. 1. Etiam ii, qui negant a gravitate detractionis excusare eam circumstantiam, quod fiat apud unum alterumve virum prudentem tantum, causam tamen solatii capiendi vel leniendi doloris per communicationem acceptae iniuriae cum amico habent pro ratione, quae excuset a gravi peccato detractionis.

Cf. S. Alph. l. c. n. 973; Lugo l. c. n. 53. 54, qui refert multos dicere, id „absque ullo vel saltem absque gravi peccato detractionis fieri posse", idque additis rationibus defendit.

R. 2. Monent tamen (v. Lessius l. c. c. 11, dub. 12), „ne id pluribus dicatur, quam ad consilium vel solatium requiratur, neve nominetur persona, nisi ad eos fines valde expediat".

971   AD QUAESITUM 2ᵐ R. 1. Iudicium temerarium, quo quis sine causa alterum habet pro malo, quando de defectu aestimationem graviter diminuente agitur, calumniae assimilatur atque, si perfecte temerarium est, theoretice loquendo grave peccatum constituit. In quo *conveniunt* theologi, ut videre est apud Lugo l. c. n. 11 sqq.; S. Alph. l. c. n. 962 ex Busemb.

R. 2. Notant tamen communiter theologi etiam rationes multas, ob quas practice rem sumendo malitia saltem mortalis re ipsa plerumque absit: quae sunt ex Busemb. apud S. Alph. l. c.:

1) si non sit grave malum, quod temere proximo imponatur;

2) si iudicium non fit cum plena advertentia;

3) si advertas quidem satis te grave malum de proximo cogitare, sed non plene advertas *ad insufficientiam rationum*;

4) si non sit verum iudicium, i. e. assensus *certus,* sed solum assensus opinativus vel dubitatio: ita saltem plerumque;

5) si adsint rationes multum probabiles male de altero sentiendi: in quo si certo iudicas, excedis quidem sed non graviter, adeoque peccas quidem, sed non mortaliter, at venialiter;

6) si male iudices de aliquo indeterminato: complures addunt etiam „de homine ignoto", qui tibi sit pro homine quasi indeterminato: nisi ex gravi malitia ita facias.

R. 3. Si quis iudicium temerarium non apud se ipsum retinet, sed cum aliis communicat, accedit ex se laesio famae quasi per calumniam; eaque gravis seu mortalis est, si loquens ad gravem iniuriam advertat atque in aliis certam persuasionem de alterius gravi defectu gignat.

Quodsi eiusmodi sunt circumstantiae, ut audientes satis percipiant loquentem ab irato narrare neque dictis plenam fidem adhiberi posse: aderit obiectiva excusatio a mortali peccato, quatenus diffamatio apud alios causata spectatur.

972   R. 4. *Suspicio* temeraria, cum sit assensus *infirmus* cum dubitatione num contrarium sit verum, famam alienam non aufert simpliciter; atque propterea saltem in rebus ordinarie gravibus eam non

pertingere ad peccatum mortale, communis est theologorum sententia. — Quod a fortiore valet de mera dubitatione.

Solummodo si suspicio vel dubitatio fuerit de re extraordinarie gravi (seu de re relate ad eum, de quo est suspicio, enormiter gravi), cuius vel suspicionem contra se concipi aliquis gravius ferat, quam si in aliis rebus etiam graviter malis firmum iudicium contra se concipiatur: talis suspicio cum plena deliberatione plenaque advertentia et ad iudicii malitiam et ad rationum defectum concepta vel sustentata pro peccato gravi habenda est. S. Alph. l. c. n. 964.

Cum vero eiusmodi crimina enormia aliquis de altero suspicari vix possit, nisi sit contra eum male affectus, alii dicunt suspicionem non esse peccatum mortale, *nisi ex malevolentia procedat*. Ita Lessius, *De iust. et iure* l. 2, c. 29, dub. 3, n. 23; Thom. Tambur., *In decalogum* l. 9, c. 1, n. 16. Cf. *Th. m.* I, 1187.

Ad quaesitum 3ᵐ R. 1. Barbarius, si solummodo narrasset amico, 973 quae sibi acciderunt, a peccato posset excusari. Nunc vero ipse ad dicteria contra superiorem atque accusationes processit; quod a peccato non est immune.

R. 2. In ipso modo, quo conqueritur, quod superior levius aures praebuerit suspicionibus, immoderatus affectus apparet; neque tamen hac in re querelas dixerim excessisse peccati venialis malitiam.

R. 3. Quod Barbarius superiorem traducit ut virum ad gubernandum ineptum et studio partium adeo deditum, videndum est, num hoc sit vitium *verum et manifestum*. Si ita est, in Barbarii locutione non deprehenditur peccatum mortale. Si autem ita non est, maxime si Barbarius falsa dixit vel multum exaggeravit: videri debet, utrum rationabiliter putetur Barbarii amicum ex illius narratione haec pro compertis habere an solummodo de superioris aptitudine aliquod dubium concipere, cum videat dictis Barbarii quasi ab irato narrantis plenam fidem non posse adhiberi. Quodsi hoc, non illud, obtinet, gravis laesio vel grave peccatum non adest.

R. 4. Quod ad aestimationem *peccati commissi* pertinet, praeterea debet considerari, ea, quae in aestu passionis ex animo irritato dicuntur, saepe dici sine plena deliberatione seu plena advertentia ad rei gravitatem, adeoque subiective facilius etiam exstituram esse causam, quae a mortali peccato excusaverit. Quid autem *ex parte rei* fuerit, propterea considerari debet, quod, si laesio famae *in re* fuit gravis, gravis etiam obligatio est corrigendi, quae dicta sint, famamque reparandi.

LEGES ECCLESIAE.

PRAECEPTA ECCLESIAE COMMUNIA.

LEX IEIUNII ECCLESIASTICI.

Casus. (300)

Usuardus mercator, a confessario interrogatus de servato ieiunio ecclesiastico, respondet se ieiunare non posse, cum debeat toto tempore matutino praesto esse, ut emptoribus satisfaciat iisque invigilet, se nimis fatigatum iri, nisi bonum sumpserit ientaculum, vespere se etiam carnes edere solere, feriis tamen VI^{tis} se consuevisse a carnibus abstinere.

Quaeritur 1° in quo consistat ieiunii ecclesiastici obligatio.
2° quae sint causae ad excusandum, quae ad dispensandum.
3° quid de Usuardo iudicandum sit.

Solutio.

974 Ad quaesitum 1^m R. 1. Imprimis praeter unam plenam refectionem aliae excluduntur; permittitur tamen praeter eam parva cenula, $1/4$—$1/3$ plenae refectionis constans, et ad potum matutinum frustulum.

R. 2. Cenula, ut dixi, esse potest $1/4$ vel summum $1/3$ plenae refectionis; absolute autem conceduntur circiter 250 gramm. ciborum, etiam ei, cui haec sufficiant ad saturitatem; potus autem, i. e. ea genera liquidorum, quae solius potus rationem habent, nutrimenti vero nullam vel valde modicam, non censentur prohibita. Hinc axioma illud: „Liquidum non frangit ieiunium." — Frustulum matutinum ex usu nunc recepto conceditur eiusmodi, ut panis cum iis, quae in potu rationem nutrimenti habent, non excedant pondus circiter 60 grammatum.

R. 3. Excessus ciborum praeter quantitatem assignatam certo materia parva est, si non excedat quantitatem alterius frustuli; certo gravis materia est, si attingat quantitatem alterius cenulae, immo graviter violasse ieiunium censendus est, qui praeter plenam refectionem et cenulam in decursu diei sumpserit quantitatem alteri cenulae aequivalentem. *Th. m.* I, 1213.

975 R. 4. Ad ieiunium ecclesiasticum per se etiam pertinet abstinentia a carnibus; immo pro tempore saltem Quadragesimae etiam

abstinentia ab ovis et lacticiniis; attamen hodiedum solet ex potestate ab Apostolica Sede accepta quotannis dispensatio fieri, ut certis diebus assignatis usus carnium sit licitus, magis etiam ovorum et lacticiniorum, prohibitus tamen maneat promiscuus usus carnium et piscium in eadem refectione, exceptis iis, qui non vi indulti, sed vi necessitatis ob morbum carnibus vescuntur.

R. 5. Pro cenula per se leviores cibi tantum admittuntur, ita ut non solum esus carnium sed etiam ovorum etc. excludatur, etiamsi iis uti liceat ad unicam refectionem. — Verum pro consuetudine diversarum regionum, si excipis carnes, reliqui cibi facilius permittuntur, ita ut non tota quidem cenula, pars tamen ex solidioribus cibis constare possit.

R. 6. Plena refectio differenda est usque ad tempus meridianum vel infra horam ante illud; non tamen constat hoc sub gravi esse observandum; ex rationabili autem causa permittitur, ut tempora pro cenula et pro plena refectione permutentur, videlicet ut circa meridiem vel etiam antea sumatur cenula, plena refectio vespere. — Tempus autem, quo protrahere liceat illam plenam refectionem, assignant *usque ad duas horas* (S. Alph. III, 1020, Q. 5), immo cibos *leviores* notabiliter ultra id tempus afferri posse, maxime si dein omittatur cenula, S. Alph. non probat quidem, sed neque reprobat.

R. 7. Hoc praecepto per se ligantur christiani (catholici) ab anno aetatis 21mo completo, probabiliter non amplius post annum 60^{mum} saltem inchoatum (S. Alph. n. 1035. 1036); verum ad abstinentiam tenentur omnes in aetate usus rationis exsistentes.

Ad quaesitum 2^m R. 1. Causae a ieiunio excusantes revocantur ad aetatem, ad male affectam valetudinem, ad labores graves.

Videlicet 1. quoad *aetatem* excusantur ii, qui a) annum aetatis 21um nondum compleverunt; vel b) *sexagesimum* attigerunt seu inceperunt.

2. Ratione *male affectae valetudinis* excusantur, a) qui morbo decumbunt vel etiam post morbum in statu reconvalescentiae versantur; b) viribus ita debiles, ut una refectione tantum cibum capere non possint, quantum ad sustentandas vires requiritur; c) ex simili ratione *pauperes* excusari possunt, eo quod non habeant unica vice iustum prandium vel solum panem et legumina; d) qui ex ieiunio *notabilem* capitis vel stomachi dolorem patiuntur; e) mulieres praegnantes vel lactantes, quae, si ieiunarent, sibi vel proli damnum inferrent. Cf. S. Alph. III, 1033 sqq.

3. Ratione *laboris* excusantur, a) qui per diem (non solum per unam vel alteram horam) labores graves, i. e. corpus graviter exercentes seu defatigantes, exercere solent, v. g. fabri ferrarii, lignarii, murarii, fossores, fullones, lapicidae, multi pistores, baiuli, famuli qui huc illuc multum currere debent etc.; b) iter pedestre 4—5 leucarum facientes; c) contionatores, qui cotidie fere in hebdomada cum magna corporis agitatione per horam circiter contionantur; d) quibus accenseri possunt lectores scientiarum, si magna indigent praeparatione et

labore spirituali; atque etiam magistri inferiorum artium, si per plures horas docere debent atque per multam locutionem vel per multum studium nimis fatigantur. Cf. *Th. m.* I, 1216 sqq.

R. 2. Qui ex munere suo vel ex statu suo condicioneve vivendi hisce laboribus addictus est, non tenetur labores intermittere, ut ieiunare possit, etsi eum non urgeat laborandi necessitas; immo facile excusatur a ieiunio in ipso aliquo die festo intermedio, quo labor intermittitur, si videlicet ampliore cibo ad refocillandas vires indiget. At ei, qui laborare non solet, diebus ieiunii labores cum ieiunio incompatibiles suscipere non licet nisi ex gravi causa.

978   R. 3. Causae ad dispensandum sufficientes censentur eae esse, quae similitudinem quidem habent cum causis excusantibus, attamen earum gravitatem non attingunt. Quod maxime valet, si quando ad illam causam ratio quaedam peculiaris ob alias circumstantias accedat.

R. 4. Si causa adest, de qua tamen dubitatur graviter, num sufficiat ad excusandum a ieiunio, certe dispensatio et peti potest a subdito, a superiore potest dari; sed etiam communiter habenda in eo casu est dispensatio, ut quis a ieiunio se possit immunem habere.

R. 5. Si dubitatur, num causa sufficiat ad dispensandum, cum certo non sufficiat ad excusandum, rem sincere exponere simul cum desiderio habendae dispensationis licet, atque etiam superiori licebit dispensationem concedere, quamquam, ut concedat, non tenetur.

R. 6. Si causa est, quam ad excusandum sufficere non certo quidem constat, at satis probabiliter, convenit quidem quaerere dispensationem; in rigore tamen sufficit, iudicio prudenter probabili se conformare. Quod notari convenit pro confessario, si dispensandi facultate destitutus est; nam in eiusmodi *probabili* causa excusante *declarare* potest legem ieiunii non obligare.

979   Ad quaesitum 3^m R. 1. Usuardus ex se non videtur a ieiunio esse excusatus. Fieri tamen potest, ut bona fide se excusatum putet, atque confessarius prudenter melius esse iudicet, eum in bona fide relinquere, adhortans, ut saltem, quantum putaverit ipse se convenienter ferre posse, *aliquid* saltem sibi subtrahat, vel iis diebus, quibus possit, ieiunet. Cf. Laymann l. 4, tr. 8, c. 3, n. 6 (ex Sylvester, Cai., Navar, Tol.), supra hoc vol. n. 118.

R. 2. Si autem Usuardus re ipsa infirmioris est valetudinis, causam, quae ex parte adest, cur lex ieiunii ei temperetur, confessarius, si dispensandi facultate pollet, dispensatione potest complere, quo securius Usuardo liceat agere.

R. 3. De esu carnium, quem in vespertina cenula vel cena adhibere solet exceptis feriis sextis, difficultas non est, si 1) Usuardus ad ieiunium re ipsa non tenetur, atque 2) simul esus carnium omnibus diebus praeter ferias VI per indultum quadragesimale permissum est, neque 3) illa concessio etiam quoad non ieiunantes expresse ad unicam comestionem fuit restricta.

Alias speciali dispensatione indiget, quae causam personalem requirat; aut tanta infirmitate laborare debet, quae eum non sinat ferre cibos esuriales, etiam vespere. Sed quoniam Usuardus solet qualibet feria VI cibis esurialibus contentus esse, tanta infirmitas non est verisimilis; at impossibilis non est, cum forte feriis VI ferat Usuardus onus et incommodum, quod ferre non teneatur, atque insuper longe gravius possit evadere incommodum, si cotidie etiam tantummodo vespere convenienti cibo uti non possit, quam si semel per integrum diem.

Ex his ergo videat confessarius, utrum Usuardum corrigere debeat, an eum etiam quoad abstinentiam pro excusato declarare, an dispensationem ei concedere vel per superiorem procurare conveniat.

LEX ABSTINENTIAE EXTRA IEIUNIUM.

Casus. (301)

Belletius iuvenis pauper studiosus diversarum familiarum utitur hospitalitate per vices, etiam acatholicarum. Ita accidit, ut aliquoties feriis sextis prandium sumat apud acatholicos, utique ciborum non esurialium. Nuper vero, cum secundum ordinem pransurus esset apud catholicum, invitabatur a professore acatholico aliqua feria sexta ad sollemnius prandium; quem cum offendere timeret, accessit atque cum aliis assidentibus carnes comedit.

QUAERITUR 1° quae sit lex abstinentiae a carnibus et quaenam causae ab ea excusantes.

2° quid de agendi ratione Belletii iudicandum sit.

Solutio.

AD QUAESITUM 1ᵐ R. 1. Universali lege et observantia *feriis sextis* 980 extra tempora ieiunii per annum, nisi inciderit in aliquam ex iis festum nativitatis Domini, abstinentia a carnibus, non a lacticiniis, servatur. — Sabbatis eadem lex non est ubique in usu; sed in hac re sequenda est lex loci, in quo quis versetur. Ita enim circa abstinentiam sabbatorum iam habes ab Innocentio III responsum c. 2, X 3, 46: „super hoc consuetudinem loci facias observari".

R. 2. Quoad indulgentiam festo nativitatis Domini attributam adverte ea indulgentia non posse uti illos, qui *voto vel regulari observantia* ad abstinentiam adstringuntur. Ita enim habes c. 3, X 3, 46: „Respondemus, quod illi, qui nec voto nec regulari observantia sunt adstricti, in sexta feria, si festum Nativitatis dominicae die ipso venire contigerit, carnibus propter festi excellentiam vesci possunt, secundum consuetudinem Ecclesiae universalis. Nec tamen hi reprehendendi sunt, qui ob devotionem voluerint abstinere."

Recenti tempore pro quibuslibet festivitatibus catholicis data est facultas perpetua, qua episcopi ob gravissimas causas, imprimis propter periculum legis transgrediendae generale, dispensare possint cum dioecesi a lege abstinentiae. Cf. *Th. m.* I, 652 not.

981 R. 3. Si extra tempus quadragesimale vel alios dies ieiunii ab *abstinentiae* lege dispensatum fuerit, sive generaliter sive personaliter, non adest lex, quae prohibeat *promiscuum esum* carnium et piscium, sicut prohibet tempore supra indicato.

R. 4. Dispensandi facultate cum dioecesi vel communitate, si excipias facultatem modo nominatam, episcopi non potiuntur nisi ex privilegio apostolico suis temporibus renovando. Possunt tamen *ordinaria sua* facultate dispensare ex iusta causa cum *singulis*.

Quam dispensandi facultatem etiam habent ex consuetudine parochi; confessarii tantum, quando iis per ordinarios (in annuo indulto quadragesimali) concessum fuerit, idque eo modo iisque limitibus, quibus est concessum.

R. 5. Causa dispensandi, ut habitualiter dispensetur, est notabilis difficultas, quam aliquis habet vel a) in digerendis seu ferendis cibis esurialibus, vel in habenda utcumque sufficienti nutritione ex esurialibus cibis, vel b) in habendis esurialibus cibis. — Dispensatio transitoria pro certa aliqua vice sane etiam propter alias rationes fieri potest, si utcumque ex observanda lege abstinentiae insolita oritur difficultas.

Si cui vero abstinentia a carnibus fuerit nociva vel impossibilis, is dispensatione non indiget, sed ex se est excusatus.

982 Ad quaesitum 2ᵐ R. 1. Si in potestate Belletii positum est, ut possit prae aliis alios dies eligere, quibus certarum familiarum hospitalitate utatur, vel ab initio ita disponere, ut diebus esurialibus non sumat prandium nisi apud catholicos: ita per se rem disponere debet.

R. 2. Si autem in eius arbitrio non est res ita disponere, excusatur ex eo, quod non habeat cibos esuriales, neque tenetur ieiunare. Si vero praeter carnes licitos cibos habet, iis utique debet se restringere. — Sumo interim eum non in odium fidei urgeri ad edendas carnes. Quodsi re vera ex odio fidei invitaretur, deberet sane omnino abstinere.

Si quando in regione Belletii generale indultum est, ut iis carne vesci liceat, qui, cum sui iuris non sint, apud acatholicos cibum sumant: minus etiam urgendum est, ut Belletius industria utatur, qua possit ipsis illis diebus apud catholicos cibos sumere. In eo casu enim ex industria quidem acatholicos, apud quos pranderet, eligere ei non liceret; sed sine multa diligentia adhibita neglegere delectum benefactorum et dierum, peccatum non dicerem, consilium utique darem, ut, quantum commode posset, pro diebus esurialibus catholicos benefactores sibi eligeret.

983 R. 3. In singularibus illis circumstantiis, quando invitabatur Belletius ab aliquo professore, inveniri potest ratio gravis, siquidem eius abalienatio animi Belletio valde grave esse potest. In hoc igitur casu reicere invitationem facile habetur ab invitante pro iniuria. Quapropter censeo Belletium non debere reicere invitationem ad prandium, et si ibi cibos non esuriales ministrari praevidetur, causam iustam esse, cur Belletius petat atque petenti detur dispensatio.

Neque tamen existimo sine dispensatione iam adesse causam excusantem, eo quod grave incommodum non tam ex lege ecclesiastica, sed ex praeconceptis falsisque opinionibus viri acatholici oriatur.

Id tantum dici potest: si dispensatio fuerit impossibilis, carnes autem, quae ministrentur, renuere nimis molestum, Belletium loco dispensationis per epikiam posse excusari.

R. 4. In omnibus casibus, in quibus consortium cum acatholicis ratio est, cur catholicus a lege abstinentiae excusetur vel dispensetur: videri debet, num ratio scandali postulet, ut publice declaret catholicus se in hisce circumstantiis lege suae Ecclesiae non adstringi. Quod si timendum est, declaratio fiat oportet; alioquin eam facere plerumque saltem consultum est. Nam acatholici, qui leges catholicas sciunt, non raro tentant catholici amici animum atque male sentiunt de eo, qui, cum ligatus sit, eas leges parvipendat.

LEGES ECCLESIAE POENALES SEU CENSURAE ECCLESIASTICAE.

CENSURARUM NOTIO.

Casus. (302)

1. Casimirus animo concepit voluntarium dubium de immaculata B. Mariae V. conceptione eamque falsam habuit: quapropter a confessario pro haeretico ab Ecclesia excluso atque excommunicatione speciali modo R^{mo} Pontifici reservata habetur affecto, a qua se absolvere non posse dicit nisi speciali facultate accepta, nixus imprimis verbis bullae „Ineffabilis", quibus dicitur „eos, qui ita praesumpserint corde sentire, proprio iudicio condemnatos naufragium circa fidem passos esse et ab unitate Ecclesiae defecisse", aliisque verbis bullae „Apostolicae Sedis", qua excommunicati dicuntur omnes haeretici „quocumque nomine censeantur".

2. Andronicus sacerdos in eadem re gravius etiam erravit, cum publice in sacerdotum conventu contra illam doctrinam locutus sit. Re autem ordinario denuntiata, monetur, ut infra triduum sincere suam ad illam doctrinam adhaesionem declaret, alias sibi timendum esse, ne ab officio removeatur. Quo nuntio accepto, ilico retractat, ac proin se, utpote non contumacem, a poenis ecclesiasticis immunem existimat.

3. Iulianus, provinciae praefectus, timens, ne favore gubernii destituatur, ut huic se gratum praebeat, litteris datis mandat praefecto urbis, ut certum sacerdotem propter laesas leges ecclesiastico-politicas in ius vocet atque puniendum curet. Scit quidem eiusmodi res ab Ecclesia sub gravi poena esse vetitas; sed ab iis eximi se posse putat tum quod metu egerit, tum quod, antequam litterae advenerint ad urbis praefectum, confessionem peragat, in qua, interrogatus, num iussio effectum habuerit, putavit se recte id negare posse, cum effectus nondum apparuerit.

QUAERITUR 1° quid et quotuplex sit censura ecclesiastica.
2° quae necessaria sint ad eam incurrendam, vel quae sint rationes ab ea excusantes.
3° quid ad casus propositos dicendum.

Solutio.

AD QUAESITUM 1^m R. 1. Censura in genere dicitur poena ecclesiastica medicinalis, qua homo christianus seu baptizatus contumax bonis quibusdam spiritualibus privatur.

Voce *ecclesiastica* notatur origo seu iurisdictio, vi cuius poena infligitur. — *Medicinalis* designatur finis, ob quem poena infligitur:

intenditur delinquentis emendatio, qua secuta reus quodam iure suo petit, ut a poena solvatur. Dicitur *christianus* seu *baptizatus,* quo efferatur Ecclesiam in eos solos suam iurisdictionem vindicativam exercere. — Dicitur *contumax,* quo exprimitur eum solum puniri, qui non contra legem utcumque peccet, sed qui sciens et volens contra legem ut ecclesiasticam peccet. — *Bonis quibusdam spiritualibus privatur:* quibus exhibetur character ipsius poenae, est enim spiritualis; privat diversis bonis pro poenae diversitate, neque omnibus spiritualibus bonis, sed quibusdam tantum.

R. 2. Sunt tria censurarum genera: excommunicatio, suspensio, 985 interdictum; ex quibus suspensio solos clericos spectat, eos aliqua facultate ipsis propria privans.

Interdictum prohibet sive certis personis sive in certis locis exercitium quorundam sacramentorum aliarumque sacrarum functionum.

Distinguuntur censurae *latae sententiae* et *ferendae sententiae.* Priores, in quibus sententia iam lata est contra eos, qui certum crimen perpetraverint; poena incurritur eo ipso, quod crimen sit patratum. Posteriores imponendae sunt iis, qui certa crimina perpetraverint, ac proin non incurruntur, nisi re ipsa superior ecclesiasticus sententiam legitime tulerit.

Excommunicatio est omnium censurarum gravissima, eaque privat *communione fidelium* atque participatione bonorum spiritualium communium, quatenus Ecclesiae potestati subduntur. Quod tamen, ut recte intellegatur, explicatione aliqua indiget. Dicitur etiam excommunicatio *maior* in distinctione ab excommunicatione *minore.* Quae distinctio hodie est minoris momenti, eo quod excommunicatio minor latae sententiae non amplius exsistit. Antea haec excludebat a receptione sacramentorum, facile tamen solvebatur; incurrebatur imprimis propter illicitam cum excommunicato communicationem, neque semper graviter illicitam.

Cf. Laurentius, *Instit. iuris eccl.* n. 359 sqq.

R. 3. Excommunicati, et suo modo etiam suspensi et interdicti, distinguuntur in *toleratos* et *vitandos.* In solis posterioribus censura totam suam vim ex natura sua sibi insitam exercet; in toleratis efficaciam multum moderaverunt pontifices (a tempore Martini V) directe in favorem fidelium, qui ex prohibita cum censuratis communicatione non parum incommodi sentiebant.

Immo moderamen, quod in vetita illa cum vitandis communicatione ex causis excusantibus semper adhibebatur, nostris temporibus etiam longe latius est intellegendum.

R. 4. Nativa sua vi privat excommunicatio: 986
1) *suffragiis communibus.* Ex communione sanctorum et ex conceptu Ecclesiae ut unius corporis mystici, cuius membra et cum Christo et inter se mutuo spiritualiter sint coniuncta, sequitur orationes et bona opera unius etiam in aliorum spiritualem utilitatem redundare. Quae mutua bonorum spiritualium communicatio fit tum privata voluntate fidelium mutuo pro invicem orandi et satisfaciendi;

tum voluntate capitis Ecclesiae, cui dispensatio spiritualis thesauri est concredita, atque publicis nomine Ecclesiae factis orationibus et functionibus. Huic igitur spirituali auxilio posteriore excommunicatus per se privatur.

Privata tamen suffragia a fidelibus fieri possunt pro excommunicato; immo etiam publicus Ecclesiae minister, certis quidem limitibus, pro toleratis id praestare potest; pro vitandis autem Ecclesiae minister qua talis neque licite neque valide agit.

2) Privat excommunicatio *sacramentis recipiendis:* ex quo fit, ut per se excommunicato, manente excommunicatione, sit *graviter illicita* sacramenti alicuius susceptio, non tamen ex se irrita, nisi sacramentum paenitentiae fiat irritum ex defectu dispositionis. *Th. m.* II, 887.

Ex gravi autem causa fieri potest, ut excommunicatio ne licitae quidem susceptioni obstet; quod sane evenire potest longe facilius in eo, qui occulte excommunicationem incurrit, quam in eo, qui publice; vix potest evenire in vitando.

3) Privat excommunicatio *sacramentis administrandis,* idque eodem modo ut sacramentis recipiendis. In occulte excommunicato saepissime est causa excusans, in vitandis vix umquam, nisi tamen solus sit, qui moribundo succurrat. — Etiam excommunicatum debere et posse antea in statum gratiae sese restituere, non est, quod notem, cum sit res evidens.

4) Excommunicatio privat *officiis divinis,* non contione, videlicet ne peragat excommunicatus liturgicas actiones neve iis assistat. — *Vitandus* igitur ab iis omnino arceri debet: quod si fieri nequeat, sacrae functiones atque ipsa Missa omittenda est; tolerati admitti possunt, non tamen debent; rogati a fidelibus et admissi licite assistunt; immo in heterodoxis, qui in foro externo pro excommunicatis habentur, illa prohibitio, ne sacris functionibus assistant, potius cessit desiderio Ecclesiae, ut assistant et in sacra nostra religione instruantur.

5) Excommunicatio privat *sepultura ecclesiastica:* quod ut re ipsa fiat, requiritur, ut excommunicatio sit notoria, et excommunicatus sine signis paenitentiae e vita cesserit. — Quodsi *vitandus* in sacro loco sepultus esset, esset eruendus, locus sacer reconciliandus; non ita in *tolerato.*

6) Excommunicatio privat *iurisdictione ecclesiastica;* videlicet toleratum licito eius usu, cum restrictionibus antea datis ad n. 3); vitandum privat ipsa potestate, ita ut actus nihilominus positi evadant irriti.

7) Excommunicatio privat *beneficiis ecclesiasticis obtinendis;* sed beneficio obtento ne vitandus quidem eo ipso exuitur, attamen eo quod functionibus annexis satisfacere non possit, ex parte saltem a fructibus beneficii percipiendis prohibetur.

8) Excommunicatio privat *communicatione forensi,* ita ut in iudicio ecclesiastico non solum non iudex, sed neque advocatus neque actor vel testis esse possit; licebit tamen iniuriam, quam passus sit, repellere.

9) Excommunicatio demum privat communicatione civili, seu arcet reliquos fideles ab iis actionibus, quae familiaritatem quandam et intimam consuetudinem redoleant. — Sed haec, nisi specialis causa criminis in reo vel periculum perversionis in altero adsit, gravis prohibitio non est; immo nunc saepissime omnis prohibitio censetur abesse. Plura v. *Th. m.* II, 897. 898; Laurentius l. c. n. 375 sqq.

R. 5. Suspensio dicitur *ab officio, ab ordine, a iurisdictione, a beneficio.*

Suspensio *ab officio* interdicit usum tum ordinis tum iurisdictinis; suspensio *ab ordine* solum exercitium sacri ordinis interdicit, intacta iurisdictione (aliquando est tantum *a Pontificalibus,* quae suspensio integrum relinquit exercitium ordinum inferiorum; suspensio *a confessionibus excipiendis* privat hac sola facultate); suspensio *a beneficio* privat perceptione fructuum beneficii eiusque administratione, relinquit tamen beneficii titulum. Cf. Laurentius l. c. n. 379 sqq.; *Th. m.* II, 900 sqq.

Unde intellegitur suspensionem nullatenus excludere perceptionem sacramentorum laicalem, neque impedire, quin suspensus, manente suspensione, si modo rite dispositus sit, a peccatis absolvatur.

Ceterum eum, qui occulte suspensionem incurrerit, habere posse rationes a servanda censura excusantes, similiter ut excommunicatum, facile patet legenti.

R. 6. Interdictum prohibet vel certis personis quadam functionum sacrarum participationem (interdictum personale), vel in certis locis earum exercitium (interdictum locale). Verum in locali interdicto ii, qui interdicti causam dederunt, *personaliter* ea poena afficiuntur; reliqui vero ea non afficiuntur nisi ratione loci, ita ut iis liceat extra eum locum omnium functionum sacrarum partem habere.

Prohibentur autem (nisi sit interdictum partiale tantum) 1. quaedam sacramenta (videlicet: SS. Eucharistiae usus nisi sit per modum viatici, extrema unctio nisi evaserit sacramentum moribundo *necessarium,* collatio ordinum, nuptiarum benedictio, non vero solum matrimonium sine benedictione); 2. officia divina seu S. Missae sacrificium aliaeque liturgicae functiones; 3. sepultura ecclesiastica.

Quaedam autem ex his rebus prohibitis sive in favorem innocentium generatim sive aliquorum privilegiatorum permittuntur sub certis limitibus, de quo fusius *Th. m.* II, 908 sqq.; Laurentius l. c. n. 382 sqq.

Ad quaesitum 2^m R. 1. Practice requiritur ad incurrendam censuram, ut 1) peccatum fuerit grave seu mortale; 2) ut fuerit externe completum, videlicet *pleno sensu* illud peccatum, quod sub censura prohibebatur, neque sufficiat conatus, si ipsum factum in lege poenali exprimitur; 3) ut adfuerit contumacia seu ut peccatum fuerit libere commissum contra legem ut ecclesiasticam.

Dixi, practice requiri, ut fuerit peccatum mortale. Quamquam enim ex natura rei non quaelibet partialis suspensio vel partiale aliquod interdictum personale arguat, esse peccatum mortale, propter quod eiusmodi partialis poena infligatur: tamen excommunicatio atque etiam graviora interdicta et suspensiones, maxime si totaliter feruntur, ex natura sua, utpote poenae omnino graves, postulant peccata gravia, ob quae possint imponi; atque de facto quaelibet censura latae sententiae in bulla „Apostolicae Sedis" contenta mortale peccatum supponit.

R. 2. Quidquid igitur peccantem a gravi peccato forte excusaverit, v. g. falsa conscientia, defectus plenae advertentiae, parvitas materiae, si detur, etiam ab incurrenda censura excusat saltem coram Deo et coram conscientia.

990 R. 3. Ex defectu contumaciae in sensu supra exposito communiter censent excusari a censura: 1) qui legem nescierit, immo 2) qui necsciverit poenam: id saltem, si ignorantia non fuerit crassa seu supina, quod designat graviter culpabilem et magnam neglegentiam commissam esse in depellenda ignorantia; verum si in lege poenali ii tantum puniuntur, qui *scienter* vel *ausu temerario* aliquid fecerint, etiam *crassa* ignorantia a censura excusat, immo probabiliter *ea affectata* ignorantia, quam delinquens studiose quidem non deposuit, sed ideo non deposuit, quod cum scientia legis et poenae transgredi legem ausus non esset; 3) qui ex gravi metu egit in iis casibus, in quibus metus gravis a lege *ut humana* excusaret, etsi ab ipsa lege, utpote simul naturali vel divina, revera non excusaverit.

991 AD QUAESITUM 3^m R. 1. Ad *primum casum*. Confessarius Casimiri rem severius diiudicavit. Verum quidem est solo interno dubio voluntario vel interna fidei negatione peccatum haeresis coram Deo committi, atque eum, qui ita peccaverit, fidei habitum amittere naufragiumque circa fidem passum esse, atque interne defecisse ab unitate Ecclesiae (cf. bulla *„Ineffabilis"* d. d. 8 Dec. 1854); attamen coram Ecclesia nondum defecit, neque coram Ecclesia ut haereticus tractatur. Ceterum de peccato haeresis cf. postea casum 306.

Quapropter verba *„Apostolicae Sedis"* illa „haereticos omnes, quocumque nomine censeantur" communi omnino interpretatione intelleguntur de haeresi *utcumque externata,* non de sola interna. Quod eo magis tenendum est, quod eousque vix non unanimis fuerit theologorum sententia, ad incurrendam excommunicationem haeresi inflictam requiri, ut error internus externe manifestetur idque manifestatione certa et moraliter mala (non v. g. consilii petendi causa), neque intentio bullae „Apostolicae Sedis" fuerit hanc excommunicationem ulterius extendendi.

992 R. 2. Ad *secundum casum*. Andronicus certe haeresim internam externe manifestavit, siquidem internam haeresim commiserit. In sacerdote autem sumi debet eum cognovisse Ecclesiae definitionem atque poenas ecclesiasticas in haeresim latas. Quodsi cognovit, at nihilominus haereticam opinionem professus est, eo ipso adfuit pertinacia illa, quae sufficiat, ut excommunicatio incurratur, nec requiritur nova monitio.

Absentia pertinaciae haberi potest in homine quoad religionem rudi et male instructo. Si eiusmodi homo ignoraret illud fidei dogma, postea vero admonitus se submitteret, sane excommunicationem non incurreret, idque ne tum quidem, quando ignorantia fuisset graviter culpabilis vel etiam affectata, eo quod ne tum quidem pertinax in errore contra fidem fuisset, neque formalem haeresim commisisset. Cf. S. Alph. l. 7 n. 301. Hallucinatur igitur Andronicus, quando se a censura liberum reputat.

R. 3. *Ad tertium casum.* Suppono interim agi de re sub ex- 993 communicatione Romano Pontifici speciali modo reservata secundum bullam *Apost. Sedis* ser. 1 art. 7, quaeri autem de sola excusatione, num haec in casu exsistat, sive propter metum sive propter actionem nondum completam.

Generalis illa ratio placendi gubernio vel etiam generalis quidam metus, ne gubernium iis, qui catholice sentiant et agant, non faveat, aequiparari nequit gravi metui neque excusare potest a gravissimae legis observantia, ne sub ratione quidem legis humanae. Quapropter hoc modo Iulianus non texit nisi excusationes in peccatis. Ceterum illum favorem gubernii detrahi catholicis, acatholicis et Ecclesiae inimicis praestari, atque gubernium tali agendi modo velle officiales instigare et urgere ad actus catholico viro illicitos et ab Ecclesia graviter prohibitos, aperte vergit in odium Ecclesiae; quod si ita est, ne gravis quidem metus a lege Ecclesiae ut tali excusat.

Difficilius est dicere, utrum Iulianus iam nunc incurrerit excom- 994 municationem, an demum postea incursurus sit, quando litterae pervenerint ad praefectum, isque illas exsecutioni dederit. — Quod posterius non videtur esse necessarium: *Th. m.* II, 929. Verum satis probabile est excommunicationem non contrahi, nisi postquam praefectus re vera litteras acceperit.

Inde concluditur ex sententia probabili Iulianum, si *interim* sincere doleat atque confiteatur peccatum suum, absolvi posse ab eo, qui alioquin in censuras Papales potestatem delegatam non habet: *Th. m.* II, 868. Verum ad sincerum dolorem requiritur in casu nostro, ut Iulianus novis litteris datis efficaciter retractet suum mandatum, imo ut id, si necessarium fuerit, faciat telegraphice. Nisi enim id facere velit, absolutione incapax est; nisi re ipsa faciat, culpabiliter pergit mandare praefecto urbis ea quae antea scripsit, atque sine dubio postea in excommunicationem incidet. Solum, si post sinceram confessionem retractatio evaderet impossibilis atque eius omissio inculpabilis, Iulianus ab incurrenda censura excusaretur.

Prout casus ipse narratur, Iulianus potius subdole quam sincere videtur esse confessus, ac proinde incursurus censuram.

PEREGRINI QUOAD CENSURAS.

Casus. (303)

Iucundus sacerdos Coloniensis, recreationis causa in Angliam profectus Londini interest scaenicis spectaculis; qua re audita, archiepiscopus Westmonasteriensis Iucundo litteris mandat: cum lege dioecesana suspensio lata sit in sacerdotes scaenica spectacula adituros, Iucundo abhinc abstinendum esse ab excipiendis confessionibus (ad quas aliter retinuerat facultatem) et functionibus sacerdotalibus, maxime SS. Missa sacrificio.

Quaeritur 1° qui in quos possint ferre censuras.
2° peregrini quibus censuris subiaceant.
3° quid de casu nostro iudicandum.

Solutio.

995   Ad quaesitum 1ᵐ R. 1. Cum censura sit poena, illa ferri non potest nisi a superiore in suos subditos vel eius nomine. Qui, cum superior delinquentis non sit, nomine superioris censuram fert, id facit potestate delegata, potestate propria ipse superior.

R. 2. Hinc Summus Pontifex vel concilium generale censuras statuere possunt pro toto orbe contra quoslibet Christifideles; concilium provinciale pro tota provincia, episcopus pro sua dioecesi, superiores regulares iuxta proprii ordinis constitutiones in suos subditos, delegati secundum ambitum suae delegationis.

R. 3. Quapropter censurae papales, nisi in ipsa poena restrictio facta sit, incurruntur a quibuslibet fidelibus ubilibet exsistentibus. Censurae episcopales contrahuntur a subditis in dioecesi commorantibus, quoniam per se leges episcopales censeantur esse territoriales extra territorium non ligantes; verum sicut personale praeceptum, ita etiam personalis poena statui potest in subditum ita, ut eum etiam peregre exsistentem comitetur, saltem quando res propriam dioecesim spectat (*Th. m.* II, 871). — Censurae a provinciali concilio statutae omnes *provinciae* incolas ligant, ita ut peregrinatio in aliam eiusdem provinciae dioecesim a censura eum non eximat, qui ibi delinquat. — Censurae a superioribus regularium latae censentur subditos ubique comitari; ita ut non pro territorialibus sed pro personalibus habendae sint, nisi in casu particulari constet de contrario; cf. Ballerini-Palmieri tr. 11, n. 103; S. Alph. VII, 20; Lacroix lib. 7, n. 28.

R. 4. Regulares, si *non* fuerint *exempti*, sane subiacent censuris episcopalibus, si modo secundum communem legum interpretationem *lex* etiam eos comprehendat. Regulares autem *exempti* — exempti autem sunt vix non omnes — censuris affici ab episcopo non possunt, nisi ipse ita agere possit et agat ut delegatus Sedis Apostolicae. In certis enim casibus haec potestas cum facultate etiam per censuras mandata sua urgendi episcopis a S. Sede data est. Cf. Laurentius l. c. n. 366; Baller.-Palm. l. c. n. 64 sqq.

996   Ad quaesitum 2ᵐ R. 1. Peregrini, cum probabiliter neque sui territorii neque territorii actualis legibus teneantur, censuras *dioecesanas* non incurrunt. Sunt qui censeant incurri a peregrinis censuram, si quid sub censura peregrinis specialiter prohibitum sit; sed S. Alph. VII, 17 tenet probabilius episcopum non posse „ferre censuras in peregrinos ad cavenda crimina".

R. 2. Nihilominus propter crimen in alieno territorio commissum peregrini possunt ab ordinariis loci in ius vocari atque etiam propter crimen pendens censuris puniri. Id enim iurisdictio fori externi secum fert, ut iudex ordinarius ea, quae in suo territorio utcunque fiunt, vindicare possit, atque delictum sortitur forum loci, in quo committitur. S. Alphons. VII, n. 26.

R. 3. Qua extensione ipse ordinarius in suum subditum peregre exsistentem ius per censuras puniendi retineat, non est extra omnem controversiam. Videlicet 1) certe potest episcopus in suum subditum absentem censuram ferre per modum sententiae propter delictum in dioecesi propria commissum, 2) idem propter delictum, quod ipsam dioecesim propriam spectet, v. g. iubendo sub poena censurae incurrendae reditum in dioecesim. Controvertitur autem, utrum clericus peregre exsistens incurrat censuram propter laesum quodlibet mandatum personale, quod proprius episcopus ei in dioecesi exsistenti iniunxerat. *Th. m.* II, 871.

AD QUAESITUM 3^m R. 1. Iucundus suspensionem illam pro Anglia latam non incurrit, quia, utpote peregrinus, legibus territorialibus Angliae non tenetur.

R. 2. At ordinarius proprius videtur posse sub eadem poena Iucundo frequentationem spectaculorum prohibere. Sed hoc factum non esse ex casu enarrato satis apparet. Verum prohibitio functionum sacrarum atque subtractio iurisdictionis fori paenitentialis non est necessario censura. Ex iusta causa haec sacerdoti peregrino interdici possunt, cum ordinarii sit, incumbere in evitandam omnem a sacris functionibus irreverentiam omnemque decorem observandum. Quapropter Iucundus in his, quae ordinarius loci statuit, obsecundari tenetur. Quoniam autem ex verbis ordinarii non satis constet *iurisdictionem* pro excipiendis confessionibus esse Iuliano *subtractam*, hic, si nihilominus paenitentium confessiones exciperet eosque absolveret, illicite quidem ageret, sed non invalide.

IMPUBERES.

Casus. (304)

Tiburtius, sedecim annorum, e patre acatholico et matre catholica oriundus, cum hucusque acatholicorum scholas frequentaverit, neque tamen eorum religionem professus sit, nunc catholicam adit et urgente matre catholicam fidem vult profiteri. Ante tres annos libros haereticos, quos graviter prohibitos esse a matre audierat, legit opinionesque haereticas pro veris habuit, atque sacerdotem, quem propter laesas leges religioso-politicas gubernium persequebatur, verbis contumeliosis affecit atque luto conspurcavit. Confessarius, qui eius confessionem audit, cum facultate in reservata destitutus sit, haeret, quid sit sibi faciendum, maxime cum usus sit, pueros eiusmodi, qui nondum per sic dictam „confirmationem" acatholicam religionem professi sint, non ad fidei catholicae publicam professionem atque cum Ecclesia reconciliationem, sed sine ambagibus post debitam instructionem ad confessionem et S. Communionem admittere.

Quaeritur 1° sitne Tiburtius tractandus secundum legem impuberum.
2° quaenam sint leges pro impuberibus quoad censuras.
3° quid in casu fieri debeat.

Solutio.

998   Ad quaesitum 1ᵐ R. 1. Quae Tiburtius ante tres annos fecit, certe sunt peccata impuberis. Si quando igitur peccata impuberum non reservantur vel impuberes poena seu censura non afficiuntur, Tiburtius quoad haec peccata certe ut impubes tractandus est; neque propterea, quod postea aduleverit, in poenam vel graviorem poenam incurrit.

R. 2. Si quando autem Tiburtius eadem peccata post annos aetatis 14 completos de novo commisit, *haec* peccata de novo commissa non amplius secundum mitiorem legem impuberum diiudicantur.

Ad quaesitum 2ᵐ R. 1. Quamquam impuberes doli capaces censura puniri *possunt,* tamen, docente S. Alph. VII, 14, „advertendum est, quod censurae generaliter latae a iure vel ab homine non incurrantur ab impuberibus, nisi hoc expressum sit in lege. Atque id satis innuitur c. 1 et 2 X V, 23" (tit. „de delictis puerorum").

999   R. 2. Exprimuntur in lege duo casus excommunicationis. *Prior* casus est ex bulla „Apost. Sedis" ser. II, art. 2 contra „violentas manus, suadente diabolo, incientes in clericos etc.", in quo quoad reservationem et absolutionem ad antiquum ius expresse remittimur. Verum in iure canonico c. 60 X 5, 39 clare supponitur etiam pueros hanc censuram incurrere: „Pueris, qui in canonem inciderint sententiae promulgatae, sive ante sive post pubertatem postulent se absolvi, potest dioecesanus absolutionis beneficium impertiri: cum propter defectum aetatis, in qua commissus fuit excessus, rigor sit mansuetudine temperandus", et ib. c. 1 et c. 6: „Respondemus, quod, si clerici infra puberes annos se ad invicem, aut unus alterum percusserit, non sunt ad Apostolicam Sedem mittendi, quia eos aetas excusat"...
„Mulieres vel aliae personae, quae sui iuris non sunt, ab episcopo dioecesano absolvi possunt, si manus in clericum iniecerint violentas".

Quoad hunc *priorem* casum non desunt quidem, qui putent, *impuberes* non amplius incurrere excommunicationem: ita D'Annibale, *In const.* „Apost. Sedis" *comment.* n. 101; Del Vecchio I, 596. Censeo tamen, *per se* contrarium esse tenendum.

Alter casus est ex eadem bulla „Apost. Sedis" ser. II art. 6: „Violantes clausuram monialium, *cuiuscumque* generis aut condicionis, sexus vel *aetatis fuerint*" : quibus verbis expresse etiam impuberes comprehenduntur. Quod antiquiori iuri omnino consonat. Neque in hoc casu ordinariis simpliciter committitur absolutio; committitur tamen ex cap. *Liceat* Trid. sess. 24 c. 6 de ref. et laud. Const. *Apostolicae Sedis* in casibus *occultis.*

AD QUAESITUM 3ᵐ R. 1. Quoad haeresim et lectionem librorum 1000 haereticorum haeresim propugnantium, si Tiburtius audierat haec *ab Ecclesia* graviter prohiberi, censeri debet adfuisse sufficiens legis et poenae cognitio, ita ut excusatio a censura repeti nequeat ex ignorantia. Necessaria enim non est intima naturae ipsius poenae cognitio, sed sufficit, ut sciatur gravi poena Ecclesiam illa crimina prohibere. Verum cum haeresis haereticorumve librorum lectio non sit inter casus, in quibus etiam impuberes poenali lege comprehendantur, Tiburtius per se absolvi ab his peccatis potest a confessario specialibus facultatibus non instructo. In admittendo igitur Tiburtio observari licet consuetum modum, dummodo tamen, si coram Deo haeresis crimine infectus erat, sincere coram Deo fidem catholicam teneat eamque aliquo modo externe profiteatur.

R. 2. Quoad aliud crimen, iniuriosam illam sacerdotis tractationem, re vera adest casus ille violentae manuum iniectionis: semper enim et ab omnibus canon ille non de sola percussione, sed de qualibet externa seu corporali laesione graviter iniuriosa intellegebatur. Neque in hoc casu impuberes eximi puto a censura. In foro igitur externo, cum ignorantia non attendatur, absolutio a competente superiore vel per specialem facultatem datam requiritur: ita, si res est publica, est in externo foro tractanda. Si vero de solo interno foro agitur, indagari debet, num circa hunc casum Tiburtius iam habuerit legis ecclesiasticae eiusque poenae notitiam. Quae in puero impubere raro aderit. Quodsi igitur abfuerit, in foro interno Tiburtius censuram non incurrit atque a quolibet confessario cum Deo potest reconciliari. Immo propter controversiam de huius censurae extensione modo n. 999 notatam, etiam eum puerum, qui censuram sciverit, quilibet confessarius facilius absolutionem poterit impertire.

ABSOLUTIO A CENSURIS.

Casus. (305)

Trasimundus circa finem temporis paschalis incidit in paenitentes diversis censuris ligatos, socialistas, francomurarios, duelli patratores et fautores, magistratus liberales, qui, gubernio faventes, Ecclesiae iura convellere eiusque iurisdictionem impedire ausi sint etc. Confessarius extraordinariis facultatibus quidem destitutus est; sed, si dimiserit paenitentes non absolutos, aliquos afficeret magno rubore coram parentibus, cum declarare debeant se non posse S. Communionem recipere; alios valde probabiliter retraheret penitus a sacramentis, cum iis gravius sit, post aliquot hebdomadas iterum ad confessarium redire. Quare se gravem rationem habere putat, omnes absolvendi sub onere infra mensem recurrendi vel recursum possibilem reddendi ad S. Paenitentiariam eiusque mandata humiliter suscipiendi, sub poena reincidendi in censuras.

QUAERITUR 1° quis possit ordinarie absolvere a censuris.
           2° quomodo agendum, si paenitens nequeat legitimum superiorem adire.
           3° quid ad casum et agendi rationem Trasimundi sit dicendum.

Solutio.

1001   AD QUAESITUM 1^m R. 1. Per se absolvere non potest a censuris nisi superior qui tulit eiusve superior, si quem habet, atque eorum delegatus. Quod tamen sic intellege, ut a casibus vel censuris episcopalibus absolvere possit etiam vicarius generalis et paenitentarius cathedralis, a papalibus S. Paenitentiaria vel S. Officium.

R. 2. Generali tamen regula statutum est a concilio Trid. cap. *Liceat* (6, sess. 24 de ref.) et per constit. *Apostolicae Sedis*, ut episcopi possint in casibus occultis suos subditos absolvere sive per se sive per alium specialiter deputatum, nisi agatur de casibus *specialiter* Romano Pontifici reservatis. Quod ita interpretantur, ut non in singulis casibus necessaria sit deputatio seu delegatio, sed sufficiat specialis delegatio etiam compluribus confessariis communicata, qua possint in hoc vel illo genere causarum absolvere. — Non raro tamen vi privilegiorum facultas amplior datur.

R. 3. Regulares privilegiati a papalibus casibus absolvere amplius non possunt nisi secundum limites privilegiorum ad tempus concessorum; possunt ab iis, qui *iure* communi episcopis reservantur, non ab iis, quos episcopi sibi reservant et qui casus reservati dioecesani vocantur. S. Alph. VII, n. 99; *Th. m.* II, 968.

R. 4. In articulo vel periculo mortis, cum cesset omnis reservatio, quilibet sacerdos absolvere potest a quibuslibet censuris et peccatis, imposito tamen — nisi alioqui absolvendi facultatem habet — onere in casu reconvalescentiae recurrendi denuo ad superiorem legitimum eiusque mandatis parendi, idque sub poena reincidendi in easdem censuras, quando agitur: 1) de casibus Romano Pontifici *specialiter* reservatis, vel 2) de censuris *publice inflictis*, vel 3) de censuris ab episcopo in aliquem nominatim latis sibique reservatis, seu de censuris *ab homine*. Cf. *Th. m.* II, 879.

1002   AD QUAESITUM 2^m R. 1. In casibus episcopalibus videndum est, num episcopus pro impeditis speciale aliquid statuerit. Aliter norma antiqua valet, secundum quam iis, qui longissimo tempore (per 5 annos et ultra) videatur impeditus manere, quominus episcopum adeat, nunc statim absolvi possit a confessario sine ullo onere, nisi forte res ipsa natura sua alium modum postulet; 2) is, qui non longissimo, sed longo tempore (a 6 mensibus usque ad quinquennium) ita impeditus videatur, absolvi quidem possit, sed cum onere, ut cessante impedimento, superiori se sistat; 3) qui brevi tempore, i. e. infra 6 menses, impeditus videatur, non possit solvi a *censuris* neque directe a *peccatis* reservatis, possit tamen, urgente aliqua necessitate, cum maneat censura, a peccatis non reservatis directe absolvi atque ita indirecte ab omnibus peccatis, ita tamen, ut remaneat obligatio horum directam absolutionem atque absolutionem a censuris sibi procurandi. Cf. *Th. m.* II, 410. 415.

1003   R. 2. In casibus papalibus, si paenitens personaliter Romam adire nequeat, causa per litteras componenda est, verum, urgente necessitate seu exsistente periculo scandali vel gravis infamiae, quilibet confessarius absolvere potest, imposito onere, infra mensem, saltem per medium confessarii, Romam per litteras recurrendi atque S. Paenitentiariae mandata suscipiendi, idque sub poena reincidendi in easdem censuras. Ita decr. S. Offic. d. 30 Iunii 1886.

R. 3. Quod idem facere licet, etsi non instet periculum scandali sel infamiae, paenitenti tamen valde durum est, tam diu in gravi peccato remanere, dum recursus effectum habeat. Ita S. Offic. d. d. 18 Iunii 1897, S. Pontifice approbante.

R. 4. Immo si paenitens neque per se neque per confessarium litteris Romam possit habere recursum, atque durum est paenitenti alium confessarium adire, *absolutio dari potest sine onere recurrendi.* Ita eodem modo S. Offic. d. d. 9 Nov. 1898, a Leone XIII d. 12 Nov. approb. Quem agendi modum *adhiberi non posse,* ut sic absolvatur sacerdos, qui incurrerit excommunicationem propter absolutionem complicis, decretum est, approbante Leone XIII d. 7 Iunii 1899. Cf. Analecta eccles. vol. VII, p. 6 et p. 339.

AD QUAESITUM 3^m R. 1. Supponitur in casu paenitentes, quos Trasimundus nactus est, novisse poenam excommunicationis criminibus, quae commiserunt, impositam: alioquin propter ignorantiam ab incurrenda censura excusati essent, neque in foro conscientiae ullum onus Romam recurrendi adesset. Quoad iuvenes illos, quos videntur parentes secum duxisse, ut cum ipsis praecepta annuae confessionis et paschalis Communionis implerent, sane gravis rubor est fateri se non esse absolutos, neque diffamationis gravis periculum videtur abesse: quapropter ex hac causa vi decreti 30. Iunii 1886 absolutio dari potest cum onere recurrendi ad S. Paenitentiariam.

R. 2. Quoad reliquos, qui plane sui iuris sunt neque ab aliis ita observantur, res difficultate non caret. Quod propter dilatam absolutionem penitus retrahantur a sacramentis, haec ratio *qua talis* neque in decreto anni 1886 neque in decreto anni 1897 affertur, cur liceat statim absolvere. Nam neque periculum infamiae neque periculum scandali infertur, saltem non scandali aliorum, quod solum decretum illud videtur intellegere; scandalum ipsos quidem paenitentes sumere ex dilata absolutione, non negaverim, at sumunt plane voluntarie scandalum seu ansam amplius peccandi, idque pharisaicum scandalum. Neque formaliter illa causa subesse videtur, quam decretum anni 1897 pro sufficienti admittit, quod valde durum sit paenitenti diutius manere in gravi peccato; id enim eiusmodi paenitentibus, qui per annum in peccatis tabuerunt, non videtur valde durum esse.

Verum hortatu confessarii eo perduci possunt, ut nunc, serio peccatorum paenitentes, id pro re dura habeant, quod non possint statim cum Deo reconciliari. Quodsi ad id re vera adducuntur, decretum anni 1897 licebit applicare. — Immo *generatim* timori illi a confessario prudenter concepto, ne per denegatam seu dilatam absolutionem in peius ruat paenitens, videtur subesse talis causa, ex qua nimis durum videatur paenitenti, se diu etiam exspectare debere neque intra tempus paschale sacram Communionem posse sumere. Repelli enim a S. Communione intra tempus paschale sumenda *re* coincidit cum ea condicione, quod debeat manere diu in statu peccati, maxime in homine alioquin satis tepido: nam ille, quamquam possit per contritionem perfectam cum Deo reconciliari, non facile ita re ipsa conciliabitur neque huius reconciliationis securitatem habebit. Repelli autem a S. Communione ipso illo tempore hominibus etiam non fervide christianis durissimum esse solet, cum demum conatum fecerint et repugnantiam naturalem peragendae confessionis vicerint. Si igitur promittunt se contentos esse recursu Romam faciendo atque post mensem reversuros, ut mandata S. Paenitentiariae recipiant, puto Trasimundum non male egisse eos statim absolvendo.

EXCOMMUNICATIO PROPTER HAERESIM.

Casus. (306)

Lambertus serio dubitans de legitimitate concilii Vaticani eiusque decretis, infallibilitatem S. Pontificis pro probabili quidem habet, sed non pro articulo fidei: quas difficultates sacerdoti amico exponit. A quo edoctus, „quae abs te dicta sunt", inquit, „perpendam"; postero die eidem obvius factus dicit: „Res heri tractatas mihi non persuasisti."

Alia vice, cum legeret historiam Tobiae, atque in ea Tobiae canem caudam laetum movisse, „has minutissimas res", ait, „non *credo;* sunt enim non revelatae, sed ornamenti causa adiectae. — Similiter cum legeret in epistula S. Petri (1 Petr. 3, 19) Christum spiritibus hominum antidiluvianorum praedicasse, „video quidem", inquit, „haec dici in Scriptura, sed non credo, cum Ecclesia haec nullibi definiverit".

Quaeritur 1° quid sit haeresis et qua poena puniatur.
2° quid ad casum dicendum.

Solutio.

Ad quaesitum 1^m R. 1. „Haeresis est error voluntarius Christiani circa aliquam veritatem fidei catholicae" (ita optime D'Annibale, *in Const. Ap. S.* n. 30), sive veritas illa negetur seu pro falsa habeatur, sive positive dubitetur. Nam etiam in solo dubio *assensus fidei* reicitur seu negatur. Cf. Theol. mor. I, 301.

R. 2. Ut autem poena ecclesiastica incurratur, non sufficit quaelibet haeresis coram Deo commissa, sed debet esse 1) error circa veritatem ab Ecclesia ut de fide propositam (D'Annib. l. c., Ball.-Palm. tr. 5 n. 117, Marc n. 1314); 2) error *manifestatus*, sive verbis sive facto, actione externa graviter mala (D'Annib. l. c., Ball.-Palm. tr. 11 n. 422, Bucceroni, *Comment. in Const. Ap. S.* n. 8, Marc l. c.).

R. 3. Quamprimum talis actio externa exstiterit, adest crimen, quod excommunicatione speciali modo Romano Pontifici reservata punitur. Si vero crimen ad forum iudiciale externum ordinarii deductum est, delegatione papali non est opus, sed iure ordinario episcopus per se vel per delegatum in *utroque* foro potest absolvere; alias etiam episcopi indigent facultate speciali Romani Pontificis.

Ad quaesitum 2^m R. 1. Lambertus in multiplices errores haereticos incurrit. Atqui primo quidem haereticus videtur esse dubitans de *legitimitate* concilii Vaticani. Eo ipso enim, quod sub anathematis poena in multis rebus praecepta fidei tulerit atque subiectionem exegerit, legitimitatem suam manifeste omnibus Christianis tenendam atque se ipsum ut fidei regulam proponit. Quod idem expresse fit in „professione fidei" a Pio IX praescripta: in qua cum concilium Vaticanum ut „*oecumenicum*" profiteri iubeamur, certissime dicitur legitimum. Quodsi dixeris haec indirecte tantum declarari, atque supponi potius quam definiri: saltem haereticus evadit Lambertus dubitans de iis, quae concilium Vaticanum definivit. Nam

R. 2. Habens infallibilitatem Summi Pontificis pro probabili tantum Lambertus eo ipso indicat se de eius veritate *dubitare;* quod sufficit, ut sit haereticus. Idem apparet, quod probabilem quidem assensum circa infallibilitatem ponat, sed simul neget *fidei assensum;* nam positive fidei assensum circa eam veritatem negare, quam Ecclesia catholica *ut fide tenendam* proponit, nihil aliud et quam haeresis crimen committere.

R. 3. Verum, utut de haeresis peccato constet, nondum ita constat Lambertum eam *externam* haeresis manifestantem actionem posuisse, quae ad incurrendas ecclesiasticas poenas necessaria est. Nam 1) istas difficultates vel etiam haeresim commissam amico exponere animo discendi non est actio externe graviter mala, immo potest esse bona; ergo exponens suas difficultates Lambertus excommunicationem nondum incurrit. 2) Quod addat: „quae a te dicta sunt, expendam", manifestat quidem Lambertum nondum positivum fidei assensum posuisse, sed nondum *manifestat* novum *dissensum positivum,* seu haeresim non satis exprimit. Restant 3) verba, quae sequenti die, non novi consilii causa, ut videtur, amico obviam venienti dicit. Verba illa haereticam mentem satis exprimunt, si ratio habetur praecedentis disputationis, ad quam Lambertus ipse verba sua refert. Quare existimo haec verba plane sufficere, ut Lambertus dicendus sit haeresim externam commisisse, nisi illa verba protulerit, ut peteret novas explanationes, paratus se subiciendi.

R. 4. Verba illa, quibus Lambertus dixit se non credere minutissimas illas res, quas S. Scriptura narrat, in se quidem sunt haeretica atque sufficiunt ad haeresim externam. Nam etsi Ecclesia non de istis rebus minutissimis in se spectatis canones condidit atque eas pro fidei articulis declaravit, tamen totam S. Scripturam pro verbo Dei habendam esse fide catholica definivit. Quod sufficit, ut quis negans positive assensum etiam circa res minutas quae in S. Scriptura ut a Deo dictae narrantur vere committat haeresim.

Sed subiective Lambertus fortasse excusatur, eo quod erronee quidem sed errorem nesciens putaverit revelationem Dei seu Dei

locutionem ad ea sese non extendere. Etiam haereticus non esset, si propterea positivum assensum in narrationem rerum minutarum negasset, quod putaret, sibi certum non esse, eas in *versione* recte exprimi.
— Immo ipsum exemplum allatum de cane Tobiae agit de levissimo inciso, quod deest in exemplaribus Graecis, de cuius igitur authenticitate dubium movere nefas non est. Nam ista verbula pertinere ad illas *partes* editionis Vulgatae, quas concilium Tridentinum definivit sacras et canonicas esse, dici nequit. Quare ex hac ratione Lambertus in illa re non est haereticus. Atque in genere dici debet accidere posse, ut in rebus per se ad fidem et mores non pertinentibus mendum aliquod in exemplaria S. Scripturae transcripta vel in aliam linguam versa irrepserit: quapropter dubium circa eiusmodi res facilius potest concipi impune.

1010 R. 5. Gravius est, quod ultimo loco de Lamberto narratur. Agitur enim de sollemni facto a S. Petro in epistula canonica narrato, quod etiam per se ad fidem pertinet; quod si quis in Scriptura legens negat, negat eo ipso canonizitatem et divinam inspirationem huius epistulae eiusve partem: quam inspirationem fide tenendam esse Ecclesia catholica definivit. Turpiter igitur errat Lambertus, si ex eo quaerat excusationem, quod ipsam hanc particularem veritatem Ecclesia non canone aliquo singulari definivit vel in symbolum fidei inserendam curavit. Sufficit me negare quamcumque veritatem, quam clare intellexerim in libro inspirato doceri, ut committam haeresim. Quapropter, etsi Lambertus forte propter stultitiam suam excusetur, ne statim incurrerit haeresis poenam, si tamen edoctus permanserit in fide dictis S. Petri externe deneganda, externam haeresim ita complet, ut excommunicationem Romano Pontifici specialiter reservatam non effugiat.

LECTIO LIBRORUM PROHIBITORUM.

Casus. (307)

Leodegarius, legendi curiositate captus, ut varios hominum errores discat, legit libros Tertulliani, Calvini, Kantii philosophi Regiomontani, Hermesii recentioraque polemica scripta Hasei contra Ecclesiam catholicam, atque, nomine dato, sibi mittendas curat et legit ephemerides liberales et diaria socialistica.

Quaeritur 1° quae scripta qua lege prohibeantur.
2° quid de lectione Leodegarii dicendum sit.

Solutio.

1011 Ad quaesitum 1ᵐ R. 1. Prohibitio librorum aliorumve scriptorum alia est ex lege divino-naturali, alia ex lege positiva Ecclesiae. Lex divino-naturalis non raro ultra legem positivam extenditur. Verum etiam e converso lex positiva subsistit etiam pro iis, quos lex naturalis, utpote quae in periculo ex lectione oriundo nitatur, non ligaverit, eaque ordinarie non tollitur nisi dispensatione a competente superiore facta.

R. 2. Lex positiva prohibens nunc sola est constitutio „*Officiorum ac munerum*" d. d. 25 Ian. 1897, quam videre licet *Th. m.* II, append. I in fine. Verum poenae statutae sunt secundum normam constitutionis *Apostolicae Sedis*, quae intactae manserunt, videlicet excommunicatio speciali modo Romano Pontifici reservata (ser. I, n. 2) contra eos, qui legunt, retinent, imprimunt, quomodolibet defendunt: 1) libros apostatarum vel haereticorum haeresim propugnantes, 2) libros per apostolicas litteras nominatim prohibitas; dein excommunicatio nemini reservata (ser. IV, post n. 4 ex Trid. sess. 4 de edit. et usu sacr. librorum) contra eos, qui imprimunt vel imprimi faciunt libros S. Scripturae eorumve commentarios vel adnotationes sine approbatione ordinarii.

Ad quaesitum 2^m R. 1. Quod ad libros Tertulliani attinet, etiam eos, quos iam Montanista factus scripsit contra catholicam doctrinam, probabilis est interpretatio (D'Annib. l. c. n. 35 not. 4; Pennacchi, *Comment. in const. „Apost. Sed."* app. III, 132; Lugo, *De fide* disp. 21, n. 29) veterum haereticorum libros, qui consueverunt inter opera Patrum edi, non haberi pro prohibitis, cum errores obsoletos contineant, historica documenta utilia. Quapropter ex horum lectione Leodegarius non censetur excommunicationem incurrisse; neque peccatum incurrit, nisi cognoverit vel putaverit sibi ex eorum lectione imminere periculum.

R. 2. Libros Calvini inter eos esse, qui in bulla *Apost. Sed.*, ut supra, recensentur, certissimum est; sunt enim in eo, ut haereses defendant, convellant catholicam doctrinam; quapropter ex eorum lectione Leodegarius excommunicatione tenetur.

R. 3. Neque dubitandum est libros Kantii Regiomontani in eodem ordine esse ponendos. Nam sunt 1) libri hominis haeretici; qui enim a nativitate ad sectam haereticam pertinuerunt, in foro Ecclesiae pro haereticis habentur, neque ad solam internam mentem res deduci potest; 2) libri illi sine dubio inter errores philosophicos, quos propugnant, etiam eos continent, qui errant in rebus fidei et contra articulos fidei catholicae. Quapropter eorum lectio sub excommunicatione 2^a ser. II^{ae} const. *Apost. Sedis* prohibita est, atque Leodegarius hanc incurrit etiam ex horum lectione, nisi ignorantia, etsi forte culpabili, hac in re laboraverit.

R. 4. Opera Hermesii sine dubio haereses continent atque propugnant. Neque tamen ipse censeri debet haereticus, cum defunctus esset eo tempore, quo opera a S. Sede proscriberentur, minimeque constet eum pertinaciter errasse. Verum quidem est eius operum partem post eius mortem ab aliis esse editam; sed ne hos quidem editores, licet minus ingenue egerint in tenendis et propagandis suis erroribus, inter haereticos recensere licet. Quapropter non verificantur omnes condiciones, quae in const. *Apost. Sed.* enumerantur, ut lectio libri alicuius sub excommunicatione prohibeatur ex titulo: legentes libros *haereticorum* haeresim propugnantes.

Verum additur alterum membrum: „necnon libros cuiusvis auctoris per apostolicas litteras nominatim prohibitos". Notum autem est Gregorium XVI per breve „Dum acerbissimas" d. d. 26 Sept. 1835 opera G. Hermes nominatim damnavisse et prohibuisse atque in indicem librorum prohibitorum referri iussisse. Videri igitur potest Leodegarius ex hoc titulo nihilominus excommunicationem incurrisse. Verum attendi debet Gregorium XVI prohibuisse quidem illos libros, non tamen ita, ut adderet poenam excommunicationis; constitutionem autem *Apost. Sed.* censuras contraxisse, non extendisse. Quare probabilis est interpretatio libros quidem abhinc per litteras apostolicas nominatim prohibitos esse eo ipso sub poena excommunicationis speciali modo reservatae prohibitos (quamquam re non videtur mos esse in ipso decreto prohibitionis istam poenae specialem reservationem omittere), sed libros antea nominatim ita prohibitos tum demum *hac* excommunicatione tangi, si, cum prohiberentur, prohibitioni addita sit excommunicatio eaque Romano Pontifici reservata; alias prohibiti sunt nunc sine ulla poena ecclesiastica. Ita D'Annib. n. 40 not. 34; Pennacchi, *Comment.* app. III, 127; cf. *Th. m.* II, 923.

Concludi debet: Leodegarius legens opera Hermesii sine licentia peccavit quidem et contra legem naturalem, cum sumere debeamus eum a periculo hauriendi errores circa fidem non esse immunem, et contra legem ecclesiasticam; excommunicationem autem ex hoc titulo non incurrit.

R. 5. Opera polemica, quae Hase nostris temporibus contra catholicas doctrinas scripsit, sine ullo dubio sunt libri viri haeretici haeresim propugnantes; ideoque ex hoc capite Leodegarius excommunicationem 2^{am} ser. I bullae *Apost. Sed.* incurrit, neque id ignorare potuit, si quidquam de censuris cognovit, atque eo gravius hac lectione peccavit, quo periculosior est lectio horum librorum, quos auctor stilo eleganti conscripsit atque artibus et curiosis fabulosisque narratiunculis auxit, res catholicas non raro vertens in risum.

R. 6. Diaria excommunicationi bullae *Apost. Sed.* non subiacent; subici possunt censuris ab ordinario ferendis — quod de diariis nominatis ullibi factum esse non puto —; prohibentur quidem bulla *Officiorum ac munerum* lege ecclesiastica sine censura latae sententiae *„diaria, quae religionem aut bonos mores data opera impetunt"* in quorum numero ephemerides, quas „liberales" vocant, non ilico collocari posse puto. Complures enim non ita raro quidem, occasionem nactae, catholicos catholicamque doctrinam aliquam exagitant, neque tamen ex industria seu data opera in hunc finem tendunt; quapropter singulae sunt examinandae. Aliter de ephemeridibus socialisticis dicendum esse censeo; hae enim *data opera* socialisticas ideas, quae non possunt non collidere cum sana et catholica doctrina de fide et moribus, propugnare et propagare conantur. Harum igitur lectione Leodegarius deliquit contra legem etiam ecclesiasticam; verum etiam, qui legere soleat ephemerides *liberales,* generatim peccare contra legem divino-naturalem, non est quod multis probem; facillime enim et sensim sine sensu falsis doctrinis imbuitur, in religione et fide catholica tepescet atque pseudo-liberalibus ideis et indifferentismo mox infectus evadet.

POENA SCHISMATICORUM.

Casus. (308)

Leopoldus, assecla ecclesiae Graeco-Russiacae non unitae, matrimonio iunctus puellae catholicae, in regione catholica peregre exsistens, inopinato morbo correptus moritur. Cum sacerdos Graecus neque adsit neque vocari possit, sepulturae causa aditur parochus catholicus, cui uxor vidua exponit maritum pie suam religionem exercuisse, eum ante mensem etiam sumpsisse S. Communionem, atque optime semper etiam de catholica Ecclesia sensisse. Parochus concludens virum in bona fide fuisse, precibus annuit, imposito tamen viduae silentio de religione defuncti, quae in eo loco hucusque ignota sit, atque catholico ritu defunctum sepulturae mandat.

Quaeritur 1° incurreritne Leopoldus censuras in schismaticos latas.

2° quid de parochi agendi ratione atque censura ab eo forsan incursa.

Solutio.

Ad quaesitum 1ᵐ R. 1. Ex bulla *Apost. Sed.* ser. I, n. 3 ex- 1015 communicantur „*schismatici*". Neque ratio dubitandi esse potest, num forte solum ii comprehendantur, qui, postquam catholicam fidem atque oboedientiam erga R. Pontificem professi fuerint, ab ea recedant. Nam etiam ii, qui educati sunt inter schismaticos, cum baptizati sint, ecclesiasticis legibus per se subiacent, ac proin, cum primum noverint Romanae Ecclesiae veritatem sed nihilominus in separatione manifeste persistant, censura in schismaticos lata afficiuntur.

R. 2. In foro externo Leopoldus censetur fuisse schismaticus et censuram incurrisse. Verum in foro interno quid rei sit, divino iudicio relinquere debemus. Immo sperare licet eum in bona fide de sua secta mansisse, ex sacramentis sacramentalem fructum hausisse atque pia morte defunctum esse.

Ad quaesitum 2ᵐ R. 1. Cum Leopoldus acatholicae sectae assecla 1016 fuerit, ritu catholico sepeliri non potuit, nisi ante mortem saltem probabili aliquo signo ostendit se velle ad religionem Romano-catholicam transire. Alias enim valent gravissima illa verba, quae Ecclesia semper pro norma habuit, „quibuscum in vita non communicavimus, cum iis neque post mortem nos communicare posse". Quod Leopoldus de Ecclesia catholica semper optime sensit, positivum signum nullatenus praebet eum hanc velle amplecti. Haec ratio fortasse esse poterat, cur parochus eum adhuc viventem sed desiderii sui explicandi iam impotem pro circumstantiis clam sub condicione absolveret; sed publicum actum liturgicum circa eum exercere sane non licuit.

Hinc parochus per se graviter peccavit. Neque sola ratio scandali est, quae obstat et quam parochus se declinare posse per impositum silentium putavit, sed etiam ipsa lex Ecclesiae prohibens et rei natura.

R. 2. Parochus igitur gravi reprehensione ex parte ordinarii sui dignus est; attamen censuram aliquam non incurrit. Exstat quidem aliqua censura in bulla *Apost. Sed.* ser. VI, videlicet *interdictum ab ingressu ecclesiae* in eos, qui ad ecclesiasticam sepulturam admittunt excommunicatos, sed *nominatim* excommunicatos tantum. Inter quos cum Leopoldus certo non recenseatur, poenam latae sententiae parochus non incurrit.

SCRIPTOR MALE PROVOCANS AD CONCILIUM UNIVERSALE.

Casus. (309)

Leander theologicum opus scripsit illudque sine venia ordinarii publicandum curavit, novis doctrinis refertum. Quod cum Romam delatum esset, ex mandato S. Pontificis S. Officium iussit tum propter indebitum modum publicandi, tum propter errorum suspicionem ex mandato S. Pontificis illud opus in indicem referri et specialiter prohiberi. Quod indigne ferens Leander omnem lapidem movet, ut ictus illius vim declinet; publice in ephemeridibus protestatur et secure dicit se subicere suam doctrinam universali concilio, non vero Papae iudicio, qui, male consultus, damnaverit opus, quod certi erroris incusare ne ausus quidem sit.

Quaeritur quid de agendi ratione Leandri et poenis propterea contrahendis.

Solutio.

1017 Ad quaesitum R. 1. Leander certo graviter peccavit contra bullam „Officiorum ac munerum". Nam clare praescribitur ibid. n. 41, omnes fideles teneri praeviae censurae ecclesiasticae subicere eos saltem libros, qui ... sacram theologiam ... aliasve religiosas aut morales disciplinas respiciant.

Quae lex genere suo gravis est, eamque Leander eo gravius violavit, quod suspicatus videatur esse difficultatem, quam ex novis doctrinis tradendis timere potuit orituram, ne forte ordinarius publicationem interdiceret.

R. 2. Graviter etiam peccat Leander publice reprehendens damnationem sui libri a S. Sede et S. Officio factam; huic enim sincere se submittere debebat. — Dubium moveri potest, num excommunicationem hac sui libri defensione et reprehensione iudicii Romani incurrerit. Quod *hoc solo titulo* non apparet.

1018 In quaestionem trahi potest n. 2 ser. I^{ae}: defendentes libros 1) haereticorum haeresim propugnantes; 2) nominatim per litteras apost. prohibitos. Sed 1) nondum constat Leandrum esse haereticum, neque librum *haereses* propugnare; etsi enim liber propter errorum suspicionem damnatus sit, nondum dicitur eum *haereses* continere vel propugnare, ac, etsi re vera ita fiat, saltem id ita esse nondum constat. Quapropter illa libri defensio certissime non est „*scienter* defendere librum haeretici haeresim propugnantem". Quod vero 2) attinet libros nominatim per litteras ap. prohibitos, in horum numero (de quibus n. 2 ser. I^{ae} constit. *Apost. Sedis*) liber Leandri reponi nequit. Nam praeterquam quod ex aliquorum interpretatione (cf. supra n. 1013) intelleguntur libri *sub poena excommunicationis* prohibiti, neque de hac circumstantia prohibitionis casus noster quidquam narret, non habemus prohibitionem *per litteras apostolicas*. Nam etsi prohibitio *ex mandato S. Pontificis* facta est, facta tamen esse refertur per Congr. S. Officii, non per litteras apostolicas.

In quaestionem trahi potest etiam n. 8 ser. I^{ae} constit. *Ap. Sedis*. Videlicet audax conatus Leandri eiusmodi est, ut non videatur abhorrere, si sibi facultas fuerit, recurrendi ad laicam potestatem. Verum hac de re nihil hucusque dicitur in casu. Si enim id Leander auderet, eo fine ut impediret exsecutionem decreti Romani: ipso hoc recursu incideret in excommunicationem supra dictam speciali modo R° Pontifici reservatam. Et quamquam aliqui dubitant, num solus recursus sufficiat inefficax, saltem nemo dubitat excommunicationem adesse, si utcumque eiusmodi recursus efficax evaserit. Cf. *Th. m.* II, 932.

R. 3. Restat, ut videamus, quid sit de stulta illa provocatione ad universale concilium. Quod speciem alicuius causae habere poterat in iis, qui, propter doctrinam condemnati, infallibilitatem Romani Pontificis non agnoscentes, a solo universali concilio doctrinae iudicium definitivum exspectarent. Hoc autem iam nemo audere potest, nisi se prodat apertum haereticum. — Sed de infallibili iudicio doctrinali in nostro casu non agitur; nihilominus Leander, sicut reliqui Christifideles, etiam aliis mandatis et iudiciis Romani Pontificis subiciuntur iisque oboedientiam debent. Et revera iam diu ante infallibilitatem Rom. Pontificis definitam, a tempore Pii II, exstabat excommunicatio Papae reservata, quam Pius IX rettulit in ser. I constit. *Ap. Sedis* n. 4 contra „omnes et singulos, cuiusque status, gradus seu condicionis fuerint, ab ordinationibus seu mandatis Romanorum Pontificum pro tempore exsistentium ad universale futurum concilium appellantes etc." Cum autem in nostro casu mandatum Romani Pontificis adsit, etsi decretum secutum a S. Congr. univ. Inquis. latum sit, et cum Leander in sua protestatione ipsum S. Pontificem eiusque mandatum respiciat, Pontificis iudicium reiciat atque universalis concilii tantum iudicio se pariturum esse dicat: dubium non est, quin Leander haberi debeat excommunicatus excommunicatione speciali modo Romano Pontifici reservata.

ECCLESIAE PERSECUTOR.

Casus. (310)

Licinius tempore iubilaei ad tribunal paenitentiae se sistit, senex septuagenarius, qui a longissimo tempore non est ausus confiteri. Tempore persecutionis Ecclesiae in Germania ipse exsequendum curavit mandatum gubernii, ut episcopus incarceretur, eumque in custodiam deduxit; sacerdotes autem, qui, contra leges Maias instituti officiis sacerdotalibus functuri erant, iussit exturbari et eici, alios, qui leges violaverant, denuntiavit et in ius vocari fecit, ut poenam a lege statutam subirent. Dein cum comperisset

non raro litteras Romam mitti, quibus in istis circumstantiis ad levamen
catholicorum extraordinariae facultates peterentur, eiusmodi litteras'Roma
venientes, quae videbantur esse litterae curiae Romanae, intercipiendas et
destruendas curavit. Semel etiam supplices litteras nobilis viri, qui petierat
gratiam sacelli privati cum facultate asservandae SS. Eucharistiae, cum sub-
scriptae essent „ex speciali mandato SS. Domini N. . . . *conceditur"*, ipse
ex odio erga illum virum mutavit in „. . . *non conceditur"* et ita litteras
iterum bene clausas expedivit.

QUAERITUR 1° num et ex quot capitibus Licinius excommunicationem incurrerit.

2° potueritne anno sancto absolvi, a quo, quibus condicionibus.

Solutio.

1020   AD QUAESITUM 1ᵐ R. 1. Primum facinus, quod occurrit, est episcopi incarceratio, quam Licinius exsecutus est vel physica vel morali
actione. Quapropter certissime adest actio, in quam constit. *Ap. Sedis*
ser. I, n. 5 statuit excommunicationem Rᵐᵒ Pontifici specialiter reservatam, cum et „incarcerantes, detinentes . . ." et „mandantes . . .,
auxilium praestantes" nominentur. Solum superest videre, num forte
gravis metus Licinium excusaverit. Adfuisse alicuius metus causam
negari non potest, cum supremum gubernium certo contra eos egisset,
qui mandata exsequi renuissent. Licinius vero talis ingenii videtur
fuisse, ut non metu pulsus sed libens haec exsequeretur. Quapropter
metus excusationem non videtur posse afferre; quam in nostro casu
afferri non posse eo magis censeo, quod agatur de re adeo immani,
ut metus abdicandi officio non sit causa, quae a peccato contra legem
excuset, ne contra eam quidem ut humanam. Hinc Licinius, si novit
poenam, eam incurrit ex hoc titulo.

1021   R. 2. Quod Licinius sacerdotes, qui munere suo fungi volebant,
curavit eiciendos et exturbandos, haec actio, si effectum habuit, sane
impedivit exercitium iurisdictionis ecclesiasticae, maxime interni fori
excipiendi nimirum confessiones, vel etiam administrandi alia sacramenta: D'Annibale n. 58, not. 12. Incurrit igitur Licinius excommunicationem constit. *Apost. Sedis* ser. I, n. 6. Cf. *Theol. mor.*
II, 928.

R. 3. Quod alios sacerdotes denuntiavit et in ius vocari iussit,
impingit in n. 7 eiusdem constitutionis ser. I, saltem si ipse non
coactus alios ad id adegit, ut sacerdotes ad tribunal civile vo-
carent. Ut declaratum est d. 23 Ian. 1886 (v. *Theol. mor.* II, 930),
hac censura feriuntur solum „legislatores *aliaeque auctoritates,* qui
iudices cogant sive directe sive indirecte": quod iure interpretatur
D'Annibale l. c. n. 66 „*quoslibet magistratus"*. Censeo igitur
omnino Licinium propter hanc actionem etiam incurrisse excommunicationem.

R. 4. Quod litteras Roma missas intercipiendas curavit, quibus
singulares facultates contineri putabat, sumi debet Licinium re
ipsa eiusmodi facultates aliquoties inutiles seu earum exsecutionem

impossibilem reddidisse: quod sine dubio est impedire iurisdictionem ecclesiasticam, quam tribunalia Romana exercuerunt, et eam, quam facultate donati sacerdotes ex delegatione exercere voluerant et debuerant. Quare occurrit idem responsum, quod datum est ad R. 2.

R. 5. In ultimo facinore habemus falsificationem insignem litterarum supplicum seu earum concessionis. Videndum est, num ista falsificatio comprehendatur n. 9 ser. I bullae *Apost. Sedis,* ubi excommunicatio fertur in „omnes falsarios litterarum apostolicarum, etiam in forma brevis, ac *supplicationum gratiam* vel iustitiam *concernentium,* per R. Pontificem vel S. E. R. Vice-Cancellarios, seu gerentes vices eorum, aut de mandato eiusdem R. *Pontificis signatarum . . .*" Quae verba si conferimus cum narratione casus nostri, habemus evidenter *litteras supplices gratiam concernentes ex mandato R. Pontificis signatas,* easque a Licinio gravissime falsificatas. Nullum ergo dubium est, quin in Licinii ultimum facinus statuta sit poena excommunicationis speciali modo Romano Pontifici reservatae.

AD QUAESITUM 2ᵐ R. 1. Leo XIII, per bullam *Aeterni Pastoris* concessit, ut senes septuagenarii, i. e. qui 70 annos compleverint, anno sancto indulgentiam iubilaei bis in patria lucrari possint, atque prima vice ad hunc effectum sibi eligere possint quemvis confessarium ex approbatis ab ordinario loci, a quo absolvi valeant „a quibusvis peccatis etiam Apostolicae Sedi speciali forma reservatis, excepto casu haeresis formalis et externae". Cum dicatur „absolvere a *peccatis",* intellegitur etiam absolutio a censuris, si quae latae sunt in peccata a paenitente commissa. Quare cum Licinius casum exceptum haeresis formalis et externae non commiserit, nihil obstat, quin ubique absolvi potuerit a quocunque confessario.

R. 2. Condicio *prima* necessaria, ut Licinius absolvi posset, erat, ut serio vellet lucrari indulgentiam iubilaei adeoque implere opera ad id praescripta. Quae, ut ex bulla „Aeterni Pastoris" patet, erant praeter dignam sacramentorum *paenitentiae et S. Eucharistiae* susceptionem *preces fundere ad consuetam intentionem S. Pontificis,* et loco visitationis basilicarum Urbis implere *opera ab ordinario loci sive per se sive per confessarium praescripta.*

Condicionem *alteram* S. Pontifex in bulla laudata commemorat, dicens „imposita paenitentia salutari aliisque iuxta canonicas sanctiones rectaeque disciplinae regulas iniungendis". Videri igitur debet, num forte propter publica illa peccata publicumque scandalum Leandro quaedam iniungenda fuerint, eave ante absolutionem. Casus, sicut narratur, nihil indicat de publica Licinii denuntiatione vel excommunicatione nominatim facta. Ex quo satis patet totam rem ad forum publicum non deductam esse neque deductum iri. Ergo Licinius negotium suum componere poterat in foro interno, atque proin absolutione confessarii contentus esse.

Verum ipsa peccata patrata eiusmodi sunt, ut publicum scandalum dederint atque damna intulerint. Quapropter certe publico aliquo modo retractationem facere debebat, quo intellegerent fideles eum priorum factorum paenitere. Quod directe, saepe etiam indirecte fieri potest, v. g. nunc palam defendendo iura Ecclesiae atque reprobando persecutionem illam, quam leges illae ab exordio novi regni Germaniae latae inaugurarunt. — Damna autem illata ex se quidem etiam a Licinio reparanda sunt; verum videri debet, num ex parte gubernii haec damnorum reparatio sit perfecta atque sacerdotes damnum passi id quod forte restet condonaverint.

Quodsi haec omnia in tali casu non possint statim elucidari, inspici debet, quae sit mens, qui animus paenitentis, num fortis sit ingenii animique virilis, ita ut, quae serio promiserit, etsi graves difficultates occurrant, soleat implere, an ingenii debilis et inconstantis. Posterius si obtinet, absolutio, quantum fieri potest, differenda est, dum obligationes suas impleverit; si prius, dilatio absolutionis non est necessaria, quando paenitenti haec dilatio grave incommodum attulerit, muniendus tamen est, ne difficultatibus inopinatis frangatur et, si fieri potest, inducendus vel etiam obligandus, ut brevi post denuo ad sacramenta accedat, expositurus statum suum atque difficultates forte exortas.

Non raro loquuntur de iuramento a paenitente praestando circa satisfactionem laeso praestandam, circa promissionem non amplius patrandi crimina illa. Verum haec iurata promissio viget in foro externo, in solo interno foro non est stricta obligatio, ius tamen est praelati vel confessarii, illud postulandi. Cf. *Th. m.* II, 878.

ABSOLUTIO COMPLICIS.

Casus. (311)

Linus compluries misere lapsus est impuris tactibus cum ancilla; semel etiam adiit domum meretriciam atque mutatis vestibus peccavit. Mulier nihilominus sacerdotem cognoverat et paulo post, peracta apud ipsum confessione, dicit se eo fidentius apud ipsum deposuisse peccata, quod sciret ipsum eadem fragilitate laborare. Quo obstupefactus Linus et iratus ac timens, ne sit agnitus, se absolvere non posse dicit, nisi hanc calumniam et iniuriam sibi factam retractet. Mulier igitur dicit se dolere, si quid falsi de ipso suspicata sit nec quicquam se foris proditura esse: atque ita absolvitur a Lino. — Ancillam autem absolvit pluries, tum quia ipse ei persuaserat eiusmodi res non facile esse gravia peccata, atque ancilla in confessione compluries de iis rebus siluit, tum quia alias se de iis ut dubiis peccatis accusavit vel etiam generali modo „accuso me de omnibus peccatis contra castitatem in tota vita commissis", in qua accusatione Linus putavit non contineri specialem eorum peccatorum expressionem, a quibus absolvere non posset.

Quaeritur 1° quod est peccatum complicis, a quo sub poena excommunicationis confessarius ne absolvat prohibetur.

2° quae sint circumstantiae, quae excusent, et quae non excusent ab excommunicatione.

3° quid de casibus Lini.

Solutio.

Ad quaesitum 1ᵐ R. 1. Constitutio Bened. XIV, ad quam etiam nunc leges Ecclesiae constanter provocant, loquitur de „peccato turpi contra sextum decalogi praeceptum commisso": quod aliqui de peccato *opere* patrato intellegere volebant, neque tamen recte ad id solum restringitur. Neque interest, complex sit mulier an vir.

R. 2. S. Officium d. 28 Maii 1873 expresse respondit non sola peccata actu completa, sed etiam tactus, sermones etc. comprehendi.

R. 3. Requiritur autem ad constituendum obiectum huius excommunicationis peccatum certo grave seu mortale ex utraque parte, idque non ex sola prava mente, sed etiam secundum externam apparentiam: alioquin complicitas sensu stricto non verificatur. Unde patet in sermonibus seu colloquiis facilius fieri posse, ut rationabiliter de gravitate rei prudenter dubitetur, maxime quia sermones isti debebant se externe ut graviter peccaminosos manifestare. — Requiritur etiam, ut sacerdos seu absolvens et confitens sint sibi invicem formaliter complices, ita ut uterque se cum altero peccasse cognoscat vel cognoverit.

R. 4. Ex sententia practice tenenda comprehenditur peccatum etiam ante susceptum sacerdotium commissum, ita ut, qui ita peccavit, postea personam complicem ab eo peccato absolvere non possit. Ita S. Paenit. d. 22 Ian. 1879. Cf. *Th. m.* II, 935, notam.

Ad quaesitum 2ᵐ R. 1. Excusant ab incurrenda excommunicatione ex natura rei omnes illae circumstantiae, quae probabile reddant obiectum a constitutione Bened. XIV descriptum non adesse, ut in R. 3 ad 1ᵐ dictum est.

R. 2. Excusat ex ipsa dispositione legis „extrema necessitas, nimirum in ipsius mortis articulo, et deficiente tunc quocumque alio sacerdote, qui confessarii munus obire possit". — „Porro, si casus urgentis qualitas et concurrentes circumstantiae, quae vitari non possint, eiusmodi fuerint, ut alius sacerdos ad audiendam constitutae in dicto articulo personae confessionem vocari aut accedere sine gravi aliqua exoritura infamia vel scandalo nequeat; tunc alium sacerdotem perinde haberi censerique posse, ac si revera abesset atque deficeret."

R. 3. Excusant ex theologorum interpretatione circumstantiae, quae gravissimae necessitati modo descriptae aequivaleant, scil. a) gravis timor, ne paenitens in articulo mortis alii sacerdoti sacrilege confiteatur; b) extraordinariae circumstantiae, ex quibus etiam extra mortis articulum quivis alius sacerdos *diu* abest neque adiri possit, ex dilato autem accessu ad sacramenta periculum sine sacramentis moriendi vel grave scandalum oriturum sit, maxime si non satis tuto persona complex videatur sibi posse actum contritionis elicere. Cf. *Th. m.* II, 937.

R. 4. Quamquam in articulo mortis personae complicis absolutio a sacerdote complice etiam illicite data, si modo paenitens dispositionem necessariam habet, valida est: tamen sacerdos complex, qui absolvit, non effugit excommunicationem, si „infamiae aut scandali pericula sibi ultro ipse confingat, ubi non sunt", vel non studeat, „quantum in se est, huiusmodi pericula ante avertere vel removere": ita constit. Bened. XIV *Apostolici muneris*.

R. 5. In hac re non excusat ignorantia crassa vel supina. Nam S. Officium d. d. 13 Ian. 1892 ad III, approbante S. Pontifice, edixit: „absolventes complicem in re turpi cum ignorantia crassa et supina hanc excommunicationem incurrere".

R. 6. In constit. *„Apost. Sed."* dicitur „absolventes complicem in peccato turpi". Unde videri poterat aliquibus excommunicationem non incurrere eum confessarium, qui vel *fingat* absolutionem, vel eam complicem absolvat, quae taceat illud peccatum, in quo confessarius complex erat.

Re vera, quando persona confitens nullatenus a confessario complice inducta est ad reticentiam et bona fide silet id peccatum, adhuc probabile est confessarium absolventem non incurrere excommunicationem. Sed confessarius, 1) qui audito illo peccato absolvere tantum *fingit,* 2) qui paenitentem sive directe sive indirecte induxit ad peccatum hoc reticendum, atque ita paenitentem complicem ab alio confessario nondum absolutam absolvit vel absolvere fingit: excommunicationem nihilominus incurrit, ut S. Officium d. 5 Dec. 1883, et fusius atque clarius S. Paenitentiaria d. 19 Febr. 1896, *approbante Leone XIII,* declaravit. Cf. Th. m. II, 936.

1028 AD QUAESITUM 3ᵐ R. 1. Quod ancillam attinet, nonnihil videri debet, num haec revera *ante* peccata peracta sibi persuasum habuerit eiusmodi res non esse gravia peccata. Quod, si tactus non erant adeo turpes, impossibile quidem non est, sed neque sumi potest, nisi graves omnino rationes id satis certo suadeant. Nam si demum post peracta peccata ipse Linus id ancillae persuasit, atque ancilla propterea sibi illudens peccata in confessione tacuit: habetur in casu Lini id ipsum, quod S. Paenitentiaria approbante S. Pontifice expresse declaravit non impedire excommunicationem, videlicet indirecta habetur inductio ancillae ad peccata illa silentio premenda.

Et revera saltem non in omnibus peccatis cum Lino patratis ancillam bona fide processisse, sed eam cum dubio saltem mortalis peccati egisse ac proin graviter peccasse et formaliter complicem cum Lino in peccato turpi esse: moraliter constat ex subsequentibus confessionibus. Quapropter ex hoc capite Linus excusandus non est.

R. 2. Si respicimus illam confessionem generali modo factam, qua ancilla se accusavit de omnibus peccatis contra sextum praeceptum commissis: haec accusatio — nisi ancillam antea iam alteri confessam esse Linus putare potuerit — sufficere debuit, ut ancilla censeretur ipsa illa peccata cum Lino patrata clavibus subicere, et Linus ab iis conaretur absolvere. Quod satis est, ut Linus dicendus sit incurrisse excommunicationem in const. *Apost. Sed.* ser. I, n. 10 latam.

R. 3. Cum Linus dicat se non putasse casum suum contineri in illa lege excommunicationis, videri debet, num excusari possit propter ignorantiam. Verum, generatim loquendo, dixerim eiusmodi opiniones et dubia oriri ex ignorantia crassa, ac proin ea non excusari absolventes complicem a censura. Nihilominus, si Linus sincere dixerit se certo ausurum non fuisse absolvere, si vel suspicionem concepisset de excommunicatione forte etiam pro suo casu vigente: admiserim excusationem neque iudicaverim eum in foro conscientiae censura esse constrictum.

R. 4. Alter casus, quod Linus absolverit meretricem illam, qua- 1029 cum aliquo modo larvatus peccaverat, certe etiam difficultate non caret. Debebat, meo iudicio, mulierem, cum satis clare innueret se Linum pro illo habere, qui secum peccasset, a se reicere, etiamsi eam quasi temeritatis commissae argueret. Nam illa relegatione nullo modo eius mentem confirmasset in concepta illa opinione, si *sola* fuit *opinio*. Si vero mulier illa certa erat, illa relegatio potius aedificationi fuisset; neque effugium, quo re ipsa usus est Linus, eam in illa sumptione e certa persuasione exturbavit.

Sed si subiectivum statum mentis et perturbationis, in quo Linus erat, perpendam, probabile est Linum putasse se suo agendi modo omnem suspicionem a se excussisse, e contrario autem si non absolvisset mulierem, se eam certam reddidisse de suo crimine, cum antea dubia tantum esset. Quare si Linus ita sincere putavit, certus non erat de complicitate formali, eaque cognita, inter se et paenitentem, neque censeo eum censuram incurrisse absolvendo. Revera non absolvit eam, quam novit ut formaliter sacerdotis vel ipsius complicem, neque tenebatur sese apud mulierem nunc diffamare. Si vero animadverterat, se a muliere illa certo cognitum esse, neque dissimulatione se revera quidquam profecturum esse, rationes modo allatae non valent, proin absolutionis tentamine graviter peccavit neque excommunicationem effugit.

SOLLICITATIO.

Casus. (312)

Rutilius ex confessione Petrinam novit sensualem, immo suspicatur eam sensuali amore erga ipsum affici. Quare absolutione data eam invitat, ut domum suam veniat tractandi negotii causa de ornamentis ecclesiae, quorum curam Petrina cum aliis puellis gerit. Re ipsa pravam mentem habuit, atque de rebus ecclesiae breviter locutus Petrinam sollicitat atque osculis amplexibusque cum ea habitis diutius indulget. — Rutilii ancilla hunc liberiorem agendi modum animadvertit. Petrina et ancilla, cum apud sacerdotem peregrinum confitentur, obligantur ad denuntiandum Rutilium apud ordinariatum; aliter eas non vult absolvere.

Quaeritur 1° quae sit sollicitatio, quae denuntianda est.
        2° quibus et qua sanctione haec denuntiatio praecipiatur.
        3° quid de casu iudicandum sit.

Solutio.

1030   AD QUAESITUM 1ᵐ R. 1. Constitutiones Greg. XV *Universi* et Benedicti XIV *Sacramentum paenitentiae*, ad quas Pius IX in bulla *Apost. Sedis* provocat, iubent denuntiare:

quoslibet sacerdotes, etiam quomodolibet exemptos, cuiuscumque dignitatis et praeeminentiae, qui quampiam personam ad turpia, quomodocumque id fiat, sollicitaverint vel inhonestos sermones vel tractatum inhonestum cum ea habuerint 1) in actu sacramentalis confessionis, 2) immediate ante, 3) vel immediate post eam, 4) vel occasione confessionis, 5) vel praetextu confessionis, 6) vel in confessionali aliove loco ad confessionem audiendam destinato vel electo, si ibidem confessionem audire simulaverint.

R. 2. Quaedam accuratius explicanda sunt, nimirum: 1) *immediate* ante vel post intellegitur, si fit nullo interiecto negotio; 2) *occasione* confessionis, si paenitens vult confiteri vel sacerdotem confitendi causa exspectat, ille vero non excipiat confessionem sed incipiat sollicitare; 3) *praetextu* confessionis, si sacerdos praetendat se velle excipere confessionem atque ita paenitentem fallit, non excipiens re vera confessionem, sed sollicitans.

1031   R. 3. Ut denuntiatio fieri debeat, nullatenus requiritur, ut persona sollicitata consensum dederit; immo ne id quidem requiritur, ut rem intellexerit: in quo casu cum postea res intellegatur, oritur denuntiandi obligatio. Neque requiritur, ut agatur de persona alterius sexus; idem est, si sollicitatus fuerit mas.

Sufficit autem ad denuntiandi obligationem, ut fiat *mutua* sollicitatio; immo sufficit *consensus* confessarii externus in sollicitationem, quam paenitens perpetret vel incipiat, etsi statim postea ambo desistant. In omnibus enim istis casibus verificatur sacerdotem cum altera persona habuisse vel tractatum vel sermonem inhonestum.

1032   AD QUAESITUM 2ᵐ R. 1. Obligatio denuntiandi incumbit omnibus, qui de facta sollicitatione *certam* habeant notitiam: ergo et qui *passi sint* sollicitationem et qui huius criminis *testes* sunt, hoc tamen discrimine, ut, qui testes sint *immediati*, eo quod perceperint oculis vel auribus peccantem, omnes, quotquot exsistant, denuntiare debeant, ii vero, qui ex sola relatione aliena rem noverint, non teneantur, si persona ipsa, ex qua audierint, rem denuntiet, neque umquam teneantur, nisi relationi plene fidere possint.

R. 2. Soli autem ii, qui passi sunt, propter omissam denuntiationem excommunicationi *(nemini reservatae)* subiacent, secundum bullam *Apost. Sedis* ser. IV, art. 4: „Neglegentes seu culpabiliter omittentes denuntiare infra mensem confessarios seu sacerdotes, a quibus sollicitati fuerint ad turpia in quibuslibet casibus expressis a praedec. Nostris Greg. XV const. *Universi* 20 Aug. 1622 et Bened. XIV const. *Sacramentum paenitentiae* 1 Iunii 1741."

R. 3. Obligatio autem illa cessare vel suspendi potest 1) propter malum omnino grave, quod ex denuntiatione denuntianti impendeat;

2) propter impossibilitatem totalem attingendi finis denuntiationis, videlicet si quando nullum est ecclesiasticum tribunal, quod contra reum cum effectu quidquam possit agere.

Verum, cessante obstaculo, denuntiandi obligatio, etiam diu sopita, reviviscit, atque propter solam mortem delinquentis exspirat.

Ad quaesitum 3ᵐ R. 1. Quod Rutilius ex iis, quae ex confessione 1033 Petrinae audivit, ansam sumat eam sollicitandi, compluribus videtur ratio, cur ex titulo „occasione confessionis" Rutilius sit denuntiandus.

Verum id aliis non probatur, cum sollicitatio in tali casu potius occasione notitiae ex confessione haustae quam occasione confessionis fieri dicenda sit. Insuper quomodo haec denuntiatio fieri *possit* sine propria denuntiantis diffamatione, difficulter intellegitur. Practice ergo *ex hoc titulo* denuntiandi obligatio non adest. Cf. *Th. m.* II, 976.

R. 2. Invitatio in domum facta est certo *immediate post* confessionem. Quaeri igitur debet, num haec *invitatio* sit inchoatio sollicitationis certa. Quodsi ita est, denuntiationem fieri debere etiam certum est.

Nam quod res ipsas attinet, quae intercesserunt inter Rutilium et Petrinam, tractatum inhonestum indubie prae se ferunt. Quamquam enim sollicitatio intellegitur ad res turpes graviter peccaminosas: oscula et amplexus diuturniora et saepe repetita a peccato gravi externe manifestato excusari nequeunt.

Invitatio illa *est* inchoatio sollicitationis, si ex iis, quae postea secuta sunt, *manifestum fit* invitationem eo fine factam esse, ut sollicitatio vel peccatum committi possit. Quem finem *adfuisse,* casus noster *clare narrat,* sed unde id ita esse concludatur vel concludi debeat, non narrat. Suspicionem quidem ex iis, quae externe gesta sunt, concipere pronum est; nam non adeo temere aliquis suspicetur tractationem de ornamentis ecclesiae Rutilium tantummodo praetendisse. Verum, si re ipsa Rutilius primo, cum Petrina advenerit, locutus est serio de istis negotiis, *non constat* neque *externe manifestatur* finem invitationis fuisse pravas res agere; sed fieri omnino potuit, ut nunc in Petrinam praesentem, tentatione exorta, conciperet turpem amorem et ex eo ad actus inhonestos progressus sit.

Hinc existimo non constare de ea sollicitatione, quae legi denuntiationis subiacet; neque confessarium potuisse sub minis denegandae absolutionis ad hanc denuntiationem Petrinam cogere.

R. 3. Multo minus igitur potuit cogere ancillam. Nam etsi illa 1034 perceperit turpem tractatum cum Petrina, certe non percepit has turpes actiones cohaerere cum confessione Petrinae. Id enim, si verum esset atque indubie manifestum, ancilla non cognosceret nisi per ipsam Petrinae relationem. Quod si ita factum esse sumeremus (re vera tamen ita non est), ne tum quidem ancillae illa denuntiatio incumberet, nisi deficiente Petrina, neque ullatenus sub poena excommmunicationis ancilla teneretur.

Haec vi legis pontificiae; fieri potest, ut ulterius urgeat lex naturalis praecavendi scandala a sacerdote timenda.

APOSTASIA A STATU RELIGIOSO.

Casus. (313)

Misenas confessarius excipit confessionem Lucullae, quae post 10 annos in religiosa congregatione peractos religiosae vitae pertaesa aufugerat. Cuius amore captus Misenas cum ea proficiscitur in Angliam ibique civile ineunt matrimonium.

Anno vix elapso, Misenas morbo correptus quaerit reconciliationem cum Deo et Ecclesia.

QUAERITUR 1° num ex qua causa excommunicatio sit incursa.

2° quomodo Misenas et Luculla sint tractandi.

Solutio.

1035 AD QUAESITUM 1ᵐ R. 1. Prima excommunicatio a S. Pontifice *ordinariis reservata* est (ex const. *Apost. Sedis* ser. III, art. 1) contra „clericos in sacris constitutos vel regulares aut moniales post votum sollemne castitatis matrimonium contrahere praesumentes, necnon omnes cum aliqua ex praedictis personis matrimonium contrahere praesumentes."

R. 2. Utut Luculla peccavit et fortasse excommunicationem incurrit propter *fugam* seu apostasiam a religioso statu: nihilominus ex hac sua apostasia titulus non habetur, cur ex laudato articulo constitutionis *Apost. Sedis* excommunicatio incurratur, siquidem *sollemne* votum non emisit.

R. 3. Quod autem, non obstante sacro presbyteratus ordine Misenatis, Misenas cum Luculla matrimonium attentaverit, haec ratio est, cur et Misenas et Luculla excommunicatione sint obstricti.

1036 AD QUAESITUM 2ᵐ R. 1. Si Misenas, *letali* morbo correptus, sacrum *presbyteratus* ordinem non haberet, via facilior difficultates omnes solvendi fortasse esset facultas illa, quam in eiusmodi circumstantiis ordinarii habent et aliis sacerdotibus committere possunt, dispensandi a quibusvis fere matrimonii impedimentis iure ecclesiastico dirimentibus: e quibus videlicet excipitur sacer ordo presbyteratus et affinitas lineae rectae ex legitimo matrimonio oriunda.

R. 2. Dixi „fortasse" in tali casu hanc esse viam evadendi difficultates. Nam restare possunt difficultates ex parte Lucullae. Haec enim, per se loquendo, quovis tempore tenetur redire ad suam congregationem, cuius ius laesit et laedit continuo. Nihilominus congregatio, de iis quae acciderunt edocta, vix iure suo uti in animo habebit; atque etiam potest fieri, ut actualis vitae condicio hunc reditum faciat impossibilem atque ius congregationis exstinguat. Quod sane eveniret, si Luculla, prole concepta, matris officia nunc haberet imposita, quibus aliae obligationes deberent cedere.

Verum etiamtum saltem votum castitatis obstaret, quominus simpliciter matrimonio cum Misenate iungi posset. Nihilominus si confessarius privilegium dispensandi a voto castitatis habeat, cum causa dispensandi non desit, dispensatione danda haec difficultas poterit auferri. Immo si a voto dispensandi facultas desit, nihilominus matrimonium inire, cum mutuo proposito firmo vel mutua promissione abstinendi interim a matrimonii usu, illicitum non fuerit, si quando necessitas legitimandae prolis urgeat et haec sit matrimonii ineundi causa. Sed ille modus ineundi matrimonii, cuius iuribus coniuges frui non possint, nihil iuvabit, si ratio, cur matrimonium sit validum reddendum, nitatur in periculo peccandi, in quo putativi coniuges versentur.

R. 3. Attamen, ut dixi, in casu nostro alia etiam obstant. Nam propter Misenatis condicionem sacerdotalem possibilitas sanandi matrimonii abest. Quare nihil restat, nisi ut Misenas et Luculla omnino *separentur*. Pro Luculla occlusa non est via habendae dimissionis e religiosa congregatione et dispensationis a votis. Haec via tentanda est, atque ipsa concessio dispensationis a voto castitatis tentanda est, si expedire videatur, ut Luculla cum alio honesto viro matrimonium ineat.

R. 4. Quoad Misenatem nihil relinquitur, nisi ut reducatur ad meliorem frugem et ad firmum propositum vitam sacerdotalem dignam in posterum ducendi. Quaerenda est via eum solvendi non solum ab excommunicatione (quam, si periculum mortis adfuerit, quilibet confessarius potest concedere), sed etiam ab irregularitate ex bigamia similitudinaria contracta. Dein curari debet, ut, melioris vitae data cautione, in aliam regionem se conferat, ubi sine scandalo sacerdotalem vitam ducere muniaque sacerdotalia agere possit.

ABORTUS.

Casus. (314)

Curtius cum Lucia peccavit, eaque ex hoc consortio prolem concepit. Quare Curtius gravidam a duobus mensibus urget quam primum ad eiciendum foetum, eique in hunc finem potum curat praeparandum, statimque proficiscitur. Sed conscientiae stimulis agitatus mox se proicit ad pedes confessarii crimenque confitetur. Qui cum facultate ab excommunicationibus episcopalibus absolvendi destituatur, interrogans, num effectus sit secutus, responsum habet: Nescio. Quo audito absolvit Curtium sub condicione, si casus episcopalis non adfuerit, atque monet, ut, si postea compererit effectum secutum esse, hunc casum denuo in confessione accuset.

Curtius autem peregre exsistens maturiora capit consilia cupitque studiis theologicis vacare et sacros ordines suscipere.

Quaeritur 1° quae sit excommunicatio in abortum lata.
    2° rectene egerit confessarius Curtii.
    3° impediaturne Curtius propter crimen suum a sacris ordinibus atque officiis.

Solutio.

Ad quaesitum 1^m R. 1. Tenor legis poenalis, quae infligit hoc quoque peccatum excommunicationem *ordinariis reservatam* (bulla *Apost. Sed.* sec. 3 art. 2) est: „procurantes abortum, effectu secuto."

Procurare autem dicuntur ii, qui studiose aliquid quaerunt seu opere intendunt; hi autem in bulla Sixti V *Effraenatam* describuntur „foetus immaturi eiectionem procurantes percussionibus, venenis, medicamentis etc." atque distinguuntur tamquam principaliter agentes ab iis, qui opem tantum ferunt. Qui posteriores non amplius excommunicationi subiacent. Subiacent igitur censurae, qui aliquid *suscipiunt* ad expellendum foetum aptum ea intentione, ut expellatur; non qui illud opus susceptum iuvant.

R. 2. Probabile est matres ipsas, quae foetum suum eiciendum curant, hac excommunicatione non comprehendi. Cf. *Th. m.* II, 970; Baller.-Palm. l. c. n. 474; D'Annibale in Comment. n. 153 not. 13 et 15; ibid. Del Vecchio I, § 621 etc. Videlicet haec exceptio non ex verbis constitutionis *Apost. Sed.* per se sumptis sequitur, sequitur tamen ex collatione cum antiqua bulla *Effraenatam* Sixti V; in qua distinctione facta inter matrem ipsam, quae foetum eiciat, et „procurantes abortum", in priorem *alia* poena statuitur; unde iam vox „procurantes abortum" sensu *usuali* reliquos praeter matrem comprehendat. Quem sensum eo magis in bulla *Apost. Sed.* retinere licet, quod Pius IX generatim noluerit censuras extendere, sed mitigare.

R. 3. Nihilominus quandam extensionem constitutio Pii IX fecit; cum enim omissa sit vox „foetus *animati:* antiqua distinctio inter foetum animatum et inanimatum, quem ex iure vigente sumi licebat usque ad 80um diem post conceptionem, sublata est, ac proin procurantes abortum incidunt in censuram, qualecumque tempus post conceptum foetum fuerit elapsum. Cf. *Th. m.* l. c.: Baller.-Palm. l. c., Avanzini et Pennachi, *Comment.* I, 30 not. 1 et II, app. 32. Ita nunc sententia indubia.

1039 Ad quaesitum 2^m R. 1. Curtius, si solis verbis, suasione vel consilio Luciam ursisset, collocandus esset inter cooperantes, qui a censura per R. Pontificem lata eximantur. Verum ulterius progressus est, potum iussit praeparari pro Lucia. Quae actio sine dubio principalis est, vix aliter, ac si medicus in exercitio suae artis eiusmodi potum ad eiciendum foetum praescriberet: quare plane habeo Curtium pro excommunicato, si modo effectus secutus fuerit.

R. 2. Tempore ipsius confessionis dubium *facti* aderat, utrum effectus fuerit secutus necne; quod dubium facti certe non sustulit censuram; sed haec ex parte rei aderat vel aberat, prout ex parte rei abortus iam erat secutus aut non secutus.

Hoc itaque sensu confessarius, si facultatem absolvendi ab ea censura non habuit, recte monuit Curtium, ut, si postea, facta inquisitione, compererit effectum fuisse secutum, denuo hoc peccatum, idque apud *competentem* iudicem, accusaret. Neque tamen totam absolutionem debuit condicionate ferre; sed a reliquis peccatis absolute absolvere, quo fiebat, ut, manente quidem forte censura, Curtius a peccatis solutus exsisteret, indirecte scilicet etiam a peccato procurati abortus: sic enim agendi in hisce adiunctis videtur adfuisse ratio.

R. 3. Verum, ut de valore et extensione absolutionis recte iudicetur, etiam alia distinctione opus est. Nam si Curtius vero dolore tactus confessus est eo tempore, quo potus Luciae datus effectum nondum produxerat, excommunicatione non tenebatur atque a confessario absolvi plane poterat directe a peccato abortus, neque, si ab eo peccato iam erat legitime absolutus, ob idem peccatum eiusque effectum postea secutum, incurrit censuram postea. Cf. supra n. 994. Proin si ita res se habuerit, Curtius postea non tenetur denuo alteri confessario crimen fateri. Aliter, si tempore confessionis abortus iam acciderat, Curtio autem res nondum erat explorata.

AD QUAESITUM 3^m R. Praeter excommunicationem in crimen abortus statutae sunt etiam aliae poena: 1) irregularitas S. Pontifici specialiter reservata; 2) inhabilitas ad beneficia eccles. recipienda, quae condonari potest ab episcopo; 3) privatio omnis privilegii clericalis, dignitatis, beneficii eccles. (quae efficaciter incurritur post sententiam criminis declaratoriam). Cf. *Th. m.* II, 1012 not.

Quapropter, si Curtius concepit animum clericandi, sine dubio crimen suum etiam denuo manifestare debet saltem confessario, ut eius ope, si necessarium fuerit, per recursum ad S. Paenitentiariam vel ad ordinariatum remissionem illarum poenarum accipiat.

PRIVILEGIUM CANONIS.

Casus. (315)

Calpurnio, custodi carceris, sacerdos traditur, ob gravem suspicionem luxuriae cum puella commissae detinendus. Quem Calpurnius, odio in clericos concepto, male tractat, conviciis onerat, pugnis tundit, ultra statuta carcere recludit; cum fugam moliatur, famulos ad insequendum mittit, qui eum funibus constrictum ad carcerem reducunt atque propterea a Calpurnio laudantur.

In seminario episcopali, ubi iuvenes, qui spem faciunt suscipiendi presbyteratus, in studia liberalia incumbunt, tonsura initiati, exoritur rixa, quae exit in graviorem pugnam, ita ut complures lividis oculis aliisve pugnae vestigiis in schola appareant; nemo tamen alterum accusare audet, cum finita pugna omnes invicem promiserint se neminem prodere, sed sequenti die pugnam prosequi velle: in qua audacior quidem iuvenis, qui antea aliis praevaluerat, nunc a compluribus iratis ita vapulat, ut per tres dies graviter debeat claudicare.

QUAERITUR 1° quae sit excommunicatio ex privilegio canonis clericorum.
    2° quae sit eius reservatio.
    3° quomodo Calpurnius tractandus et quae ei obligationes incumbant; quid de pugna seminaristarum.

Solutio.

AD QUAESITUM 1^m R. 1. Canon ille refertur in *Decr. Grat.* caus. 17 q. 4 c. 29 ex lege Innoc. II in *concil. Later.*: „Si quis suadente diabolo huius sacrilegii reatum incurrerit, quod in clericum vel monachum violentas manus iniecerit, anathematis vinculo subiaceat, et nullus episcopus illum praesumat absolvere (nisi mortis urgente periculo), donec apostolico conspectui praesentetur et eius mandatum suscipiat."

Quae excommunicatio c. *(Quantae)* 47 X, 5, 39 extenditur ad cooperantes non solum positive, sed etiam negative cooperantes: „Ne autem solos violentiae huiusmodi auctores aliquorum praesumptio existimet puniendos, facientes et consentientes pari poena plectendos, catholica condemnat auctoritas. Eos delinquentibus favere interpretamur, qui, cum possint, manifesto facinori desinunt obviare".

Immo c. 23 X 5, 11 in 6° illa eadem poena in ratihabentes statuitur: „Cum quis absque tuo mandato manus inicit in clericum *tuo nomine* violentas, *si hoc ratum habueris*, excommunicationem latam a canone incunctanter incurris, cum ratihabitio retrotrahatur et mandato comparetur."

R. 2. Quem canonem resumpsit constitutio „*Apost. Sed.*" ser. 2 art. 2 his verbis: „Violentas manus, suadente diabolo, inicientes in clericos vel utriusque sexus monachos, exceptis quoad reservationem casibus et personis, de quibus iure vel privilegio permittitur, ut episcopus aut alius absolvat."

Unde oritur quaestio, utrum hisce verbis Pii IX antiquus canon moderationem acceperit, necne; speciatim, utrum etiamnunc *cooperantes* et *ratihabentes* comprehendantur, an ipsi tantum, qui *re* manus iniciant.

R. 3. Qua in re non dubito asserere cooperatores et ratihabentes excommunicationi subiacere, sicut antea. Nam ne tum quidem S. Pontifices iudicarunt novum requiri canonem, ut omnes isti poena eadem affecti exsisterent; sed eos revera eadem poena affici, sequi ex natura canonis prioris; ac proin c. *Quantae* et *Cum quis* esse solam interpretationem comprehensivam antiqui canonis Innocenti II *Si quis suadente*. Quod si ita est, etiam articulus 2^{dus} ser. 2^{ae} constitutionis *Apostolicae Sedis* eadem ratione intellegendus est, cum nullo modo moderatius loquatur quam canon antiquus.

Neque obstat generalis illa ratio, quod Pius IX laudata illa constitutione censuras voluerit restringere. Nam eas sane restrinxit, sed non omnes sustulit, immo multas in pleno rigore sustinere voluit et sustinuit atque in hac ipsa censura quoad reservationem et absolutionem plene remittit ad ius antiquum. Neque obstat regula interpretationis, *odiosa esse restringenda*. Nam canon ille non solum utpote poena pro re odiosa habetur, sed praeprimis ab omnibus refertur inter *privilegia* clericorum, atque eum eiusmodi privilegium esse ab omnibus docetur, quod rigorosissime custodiatur atque difficillime amittatur. Ille privilegii character etiam ratio erat, cur canon antiquus praeter communem poenarum interpretationem interpretationem latam *tamquam per se ita claram* sortitus sit, ut S. Pontifex strictiorem interpretationem *temerariam* seu „praesumptionem" vocare non dubitaverit.

Consentiunt Avanzini, *Comment. in bullam „Apost. Sed."*; Comment. Patavinus, *Nouvelle revue théol.*

Contradicunt Pennacchi, *Comment.,* Baller.-Palm. tr. 9 c. 2 n. 343; D'Annibale. Sed non video, quomodo sibi constent, in solo hoc puncto strictam interpretationem sequentes, cum in ipso eodem articulo verba illa *„Violentas manus inicientes"* vel *„utriusque sexus monachos"* late interpretentur. Scilicet *ea* stricte intellegere nemo umquam ausus est. Consequens est, ut *tota* huius articuli interpretatio retineat sensum suum latum, quem privilegii natura postulat.

Fateor tamen propter has controversias rem ita evasisse dubiam, ut „cooperantes" non amplius dici possint *reservationi* subiacere, sed ut censura, quam alii adesse negant, affirmant alii, utpote dubia absolvi possit a confessario quolibet.

R. 4. *„Violentas manus inicere"* intelligetur ab omnibus de *qua-* 1043 *libet iniuria gravi reali seu corporali;* actiones recensentur: percutere (baculo, pede, lapide etc.), conspuere, sordes in eum conicere, capere, detinere, (etiam id *conari*), in equum, cui insidet clericus, vim adhibere eumque retinere, clericum persequi, ita ut fugiens corruat seu labatur; paucis clericum reali actione ita laedere, ut corpori vel libertati vel dignitati clerici nocumentum afferatur. Cf. Baller.-Palm. l. c. n. 340.

R. 5. *Clericus* intellegitur quicumque *tonsura* initiatus est, si modo alicuius ecclesiae servitio est adscriptus neque propter enormia crimina privilegio privatus. — *Monachi* intelleguntur quicumque religiosi sive viri sive feminae, etiam sensu lato, vel tertiarii in communitatibus viventes, etiam fratres vel sorores *laici,* atque etiam *novitii;* etiam eremitae, qui vel sub certa regula et oboedientia vel in servitio ecclesiae vivunt. *Th. m.* II, 944.

R. 6. Neque puto rationem sufficientem sumi posse ex articulo bullae *Apost. Sed.,* cur abolita sit dispositio iuris veteris, secundum quam hanc censuram etiam *impuberes* possint incurrere: cf. supra n. 999 sq.

Similiter qui hoc crimine rei et censurae obnoxii sunt, ut *vitari* debeant, non requiritur denuntiatio excommunicationis nominatim facta, sed sufficit rei notorietas, ita ut notorie et indubie constet eum propter tale sacrilegium in excommunicationem incidisse: id quod nunc, si de reis impuberibus, vel de solis cooperatoribus sermo est, non amplius verificabitur, eo quod aliqui theologi de eorum excommunicatione dubitent.

AD QUAESITUM 2ᵐ R. 1. Quoad reservationem huius excommuni- 1044 cationis distinctio fit in percussionem *levem, gravem, enormem:* ita tamen, ut in qualibet causa iniuria gravis et peccatum mortale intellegatur.

Levis dicitur, quae damnum non intulit grave vel non reliquit sui vestigium; *enormis*, quae coniuncta est cum *mutilatione* vel simili gravi damno vel etiam cum valde atroci iniuria ratione personae laesae; aliter dicitur simpliciter *gravis.*

R. 2. Ex iure communi *Episcopus* absolvere potest: 1) a quavis percussione *levi;* 2) a percussione *gravi* eos, qui in communitate vivunt; 3) a percussione *enormi*, a) si crimen mansit occultum, b) si *ab impubere* crimen commissum sit (a quo nunc quilibet confessarius poterit absolvere: cf. supra n. 1000).

Alii casus reservantur *ex iure communi* R^mo Pontifici; absolvendi facultas nihilominus dari potest *ex privilegio*.

1045 Ad quaesitum 3^m R. 1. Suspicio criminis istius non facit, ut sacerdos civili iudici subiciatur, nisi id ab ecclesiastico superiore concessum fuerit, vel nisi reus, in foro ecclesiastico convictus, saeculari foro a suo superiore sit traditus. Nihilominus si quae actiones contra clericum commissae contineantur intra limites legis civilis, officiales, maxime subalterni, sive propter coactionem sive propter bonam fidem subiectivam, generatim a peccato atque magis etiam a censura excusantur.

R. 2. Per se re considerata, Calpurnius in omnibus fere actionibus enarratis excusatur solum, si agat ex timore gravis omnino damni aliter incurrendi: id quod certe occurrere potest in solis illis actionibus, quae ipsi ab altioribus superioribus iniunguntur.

Excluso enim metu gravi, incurrit excommunicationem 1) propter detentionem; etiam, mea sententia, 2) propter captionem fugientis, quam famulis mandaverat et 3) propter laudem modi crudelioris et immitioris, quem famuli in capiendo sacerdote adhibuerunt et quem Calpurnius laudans ratihabet, *si famuli haec nomine Calpurnii egerunt*.

1046 R. 3. Quod Calpurnius sacerdotem a) conviciis onerat, haec non est causa in lege excommunicationis comprehensa. — Quod b) ultra statuta eum carcere recludit, excusationem gravis metus non admittit, adeoque, nisi Calpurnium *ignorantia* excusat, propter hanc actionem excommunicationem papalem incurrit. — Quod Calpurnius c) pugnis tunderit, magis etiam ex sola ignorantia ab excommunicatione immunis exsistere potest.

R. 4. Si quando sola illa tunsio et ille excessus in reclusione causa est, cur Calpurnius excommunicationem incurrerit, illaeque tunsiones non fuerint graves: existimo absolutionem dari posse ab episcopo vel ab eo, cui episcopus facultatem delegaverit. Nam si reclusio in se propter gravem metum non veniat in quaestionem, sed sola reclusionis *protractio* spectatur: haec *levi* violentiae aequiparanda est ideoque episcopo absolvenda ex iure communi committitur.

R. 5. Demum quaeri potest, num Calpurnius factus sit *vitandus*. Quod existimo non obtinuisse. Nam etsi publice notum fuerit eum sacerdotem propter criminis suspicionem detinuisse: tamen quaedam excusationes aut re ipsa aut specietenus praesto sunt, ita ut dici nequeat sine ulla tergiversatione constare de excommunicatione a Calpurnio ex sacrilega sacerdotis tractatione incursa.

1047 R. 6. Quoad seminaristas dici debet rixas illas mansisse intra limites peccati venialis, nisi forte excipias ultimam causam, quod aliquis adeo graviter vapularet. Verum ne in hoc quidem casu constat ex narrato de peccato gravi, cum ira illa, quae accesserat, totam rem non extraxerit e genere puerilis ludi neque eam plane seriam rixam reddiderit; quamquam propter talem excessum agentes seriam merentur correptionem.

Si autem confessario, re explorata, videatur nihilominus gravis peccati excessus adfuisse atque excommunicationis cognitio: cautelae gratia ab episcopo facultatem absolvendi petat et dein absolutionem largiatur.

CLAUSURA.

Casus. (316)

Amalia, monialis stricte dicta, cum invisatur in allocutorio ad cancellos a sorore eiusque filiola, sex menses nata, iubet puellulam ponere in rota: quam subito vertit, puellulam osculatur et dulciariis donat, et rotae circulum perficiens matri filiolam reddit.

Lupinus, prior monasterii, cum altero religioso in horto ambulans animadvertit per occultam portam, quae fortuito manserat aperta, intrasse duas feminas sibi bene notas, easque iam bonam horti partem permeasse. Accedens uni ex illis comitem se adiunxit eamque reducit eadem via, qua venerat, neque utitur porta viciniore, quo diutius cum ea possit colloqui; alter religiosus feminam alteram monet, sed cum via per domum ipsam nedum longior, potius brevior sit quam iter, quo feminae venerant, eam ducit per monasterii atrium, ubi obviam habet plures religiosos, volens eam gratiam illi concedere, ut, cum semel intra clausuram exsistat, etiam ipsius monasterii loca videre possit.

QUAERITUR 1° quae sint leges clausurae monialium et religiosorum.

2° locumne habuerit in uno vel altero casu excommunicatio papalis.

Solutio.

AD QUAESITUM 1ᵐ R. 1. Quoad moniales lex excommunicationis 1048 comprehendit et ingressum exterorum in earum monasterium et egressum monialium; quoad virorum religiosorum domus solus ingressus aliorum, idque mulierum tantum, sub illa censura prohibetur.

R. 2. Quoad monialium igitur monasteria fertur excommunicatio (bulla *Apost. Sedis* ser. II, art. 6) in: 1) ingredientes seu „violantes clausuram monialium, cuiuscumque generis aut condicionis, sexus vel aetatis fuerint, in earum monasteria absque legitima licentia *ingrediendo*"; 2) „pariter eos introducentes vel *admittentes*"; 3) itemque moniales ab illa *exeuntes* extra casus ac formam a S. Pio V in const. *Decori* praescriptam".

Unde patet ingressum non virorum tantum, sed etiam feminarum, atque etiam impuberum et infantium sub censura prohiberi.

Egressus autem monialium a S. Pio V permittitur ob a) magnum incendium, b) infirmitatem leprae, vel c) epidemiae: quos casus „communis" doctrina secundum S. Alphons., *De leg.* n. 200 in fine, ita interpretatur, ut comprehendant etiam causas *similes*. — Attamen forma illa praescribitur, ut in casu morbi adsit recognitio causae et licentia in scriptis data ab ordinario loci, et, si monasterium est exemptum, *insuper* a praelato regulari, cui subicitur.

1049   R. 3. Quoad monasteria virorum excommunicatio papalis non fertur nisi propter illegitimum ingressum exterorum, idque solarum feminarum (bulla *Apost. Sedis* ser. II, art. 7), videlicet in 1) „*mulieres violantes* regularium virorum clausuram"; 2) „et superiores aliosve eas *admittentes*".

Nota praeterea esse quaedam loca horum monasteriorum, quae clausurae non subiacent, nimirum praeter allocutorium etiam 1) ecclesiam, 2) sacristiam, si per ecclesiam aditus in eam patet: ibi igitur feminae non prohibentur, quin simul cum viris religiosis exsistant atque cum iis, si opus sit, loquantur.

Egressus furtivus et nocturnus solet gravi poena et reservatione vetari; magis etiam egressus apostatandi causa.

R. 4. Occurrit in utraque clausura tum monialium tum virorum religiosorum violanda vox „admittentes". Qua voce sine dubio intelleguntur *introducentes;* intelleguntur etiam qui ingressos detinent, alioquin egressuros; immo superiores omnesque ii, qui ex officio disciplinam religiosam curandam habent, *admittentes* sunt, eo ipso quod aliquem *ingredi sinunt* vel ingressum *non repellunt*.

1050   AD QUAESITUM 2^m R. 1 ad *priorem* casum. Amalia certe puellulam in locum clausurae subiectum *introduxit*.

Sed quaeritur, quinam sint, quos ne introducant vel admittant, moniales aliive prohibenter sub excommunicatione. Complures interpretes illud „*eos* introducentes" intellegunt de personis, „cuiuscumque generis aut condicionis, sexus aut aetatis fuerint". Hi consequenter dicunt Amaliam excommunicationem incurrisse, nisi tamen per inadvertentiam excusetur. Alii vero illud „*eos*" referunt ad „violantes clausuram ingrediendo" atque non comprehendi censent eos, qui nondum possunt ingrediendo clausuram *violare,* eo quod legis violandae seu peccandi capaces nondum sint. Cf. Laurentius, *Instit. iuris eccl.* n. 418. Quod eo magis teneri potest, quia verba ex Trid. sess. 25, c. 5 *de ref. reg.* desumpta aperte loquantur de solis iis, qui usum rationis adepti leges Ecclesiae infringere possunt.

Practice igitur per admissionem infantium usum rationis nondum habentium Amalia tractari nequit ut excommunicatione affecta: utut alioqui potest peccare.

1051   R. 2 ad casum *alterum*. 1) Abstrahendo a neglegentia, quae a religiosis commissa sit non satis observando portas monasterii, feminae illae, si *sciverint* legem ecclesiasticam, excommunicationem certo incurrerunt.

2) Si de monasterii priore quaeritur, num ille excommunicationem subeat, idem est atque quaerere, num eo ipso dici debeat *admittere* feminam, quam repellit quidem, sed non breviore qua possit via. Si quis ita per *longius* tempus feminam illam ad colloquendum retineret, non dubito, quin censuram incurreret; verum cum tota prioris actio sit emittere feminam e loco clausurae, in mora illa non plane necessaria trahenda videtur admittenda esse materiae parvitas; quare censeo, nisi via illa sit revera *longa* et *longe* diuturnior quam alia

via, censuram non incurri, maxime cum reducere per eandem viam, qua quis venerit, nullam habeat apparentiam eum retinendi. Immo si prior feminam non comitatus esset, sed eam solummodo iussisset exire, etsi eadem via, qua venisset, in nullo casu causa esset incurrendae censurae, etsi via longe breviore exire potuisset.

3) Paulo aliter iudicandum est de eo, qui alia via, qua quis venerat, eum reducit. Id enim hac sola ratione excusari potest, quod ingressus citius seu breviore via exire iubeatur. Nam si per loca deducitur, in quibus visendis nova et specialis ratio clausurae obstat, in hac ipsa deductione per nova loca habetur quaedam admissio; admittitur enim revera ad haec *nova* loca, cum is, qui eadem qua venerat via egreditur, ad nova loca non admittatur. Atque ita re vera alter ille religiosus videtur mihi plane legem clausurae violasse et, re obiective considerata, excommunicationem papalem incurrisse. Utrum *subiective* peccaverit, an propter conscientiae dictamen a peccato et consequenter a censura immunis manserit, ab ipso examinando sumi debet.

MERCATURA CUM STIPENDIIS MISSARUM.

Casus. (317)

Isigardus, parochus magnae urbis, oblata recipit multa missarum stipendia, quas ipse nequit persolvere aliisque committere debet. Ita collegit 1000 mc. pro 300 missis, quarum stipendia erant modo 5, modo 3, modo 1½ mc. Cum pro singulis missis stipendii magnitudinem non accurate notaverit, committit tum suis vicariis, tum extraneis sacerdotibus missas illas solvens pro singulis 2 mc.: quae stipendia libenter accipiuntur, cum consueta taxa dioecesana sit 1½ mc., immo in quibusdam locis, quo mittit, 1 mc.

Alias, cum ipse moderator sit libellorum periodicorum eosque vendat, compluribus sacerdotibus, qui id optant, dat libellos et committit missas celebrandas, retentis stipendiis pro pretio librorum. In computis faciendis nihil quidem detrahit a stipendiis acceptis, verum, si quando dat maiora stipendia, non facit pretii librorum reductionem eam, quam alioquin plerumque facit; neque tamen id apparet in rationibus scriptis, cum ibi non ita accurate omnia adnotet, sed solum scribat 1) librorum pretium vulgare, 2) pretium reductum, 3) numerum missarum.

Quaeritur 1° quae sint statuta circa mercimonium cum stipendiis missarum.
2° incurreritne Isigardus sua agendi ratione ecclesiasticam poenam.

Solutio.

Ad quaesitum 1ᵐ R. 1. Ante omnia attendi debet bullae *Apost. Sedis* ser. II, art. 12: „Colligentes eleemosynas maioris pretii pro missis et ex iis lucrum captantes, faciendo eas celebrari in locis, ubi missarum stipendia minoris pretii esse solent." Quod non necessario involvit transmissionem in alias regiones. Nam si ibi, ubi stipendium acceptum est, *consuetum* stipendium sit minoris taxae, sufficit sane ad incurrendam censuram, ut eodem illo loco missa celebranda alteri committatur pro stipendio ordinario, retento excessu. Ita expresse declaravit S. Offic., approbante S. Pontifice, d. 13 Ian. 1892: cf. *Th. m.* II, 960; Laurentius l. c. n. 422.

R. 2. Aliud mercimonium cum stipendiis missarum prohibetur decreto *Vigilanti* d. d. 25 Mai 1893 (v. *Analecta eccl.* I, 270), videlicet: „bibliopolarum vel mercatorum agendi ratio qui . . . *missarum eleemosynas colligunt* et sacerdotibus, quibus eas committunt, *non pecuniam, sed libros aliasve merces rependunt;* similiter eorum agendi ratio, qui acceptas a fidelibus vel piis locis eleemosynas missarum eiusmodi mercatoribus seu collectoribus tradant. *Pro poena* autem statuitur, ut, „si quis ex sacerdotali ordine contra enuntiata decreta deliquerit, suspensioni a divinis S. Sedi reservatae et ipso facto incurrendae obnoxius sit; clericus autem sacerdotio nondum initiatus eidem suspensioni quoad susceptos ordines similiter subiaceat et inhabilis praeterea fiat ad superiores ordines recipiendos; laici demum excommunicatione latae sententiae episcopis reservata obstringantur."

1053   Ad quaesitum 2^m R. 1. In priore casu habemus certo 1) non unam alteramve missam, sed *collectionem* stipendiorum; 2) habemus *lucrum captum,* cum Isigardus re vera universim plus recipit, quam iis, quibus missae celebrandae committuntur, retribuat; 3) celebratio missarum etiam semper facta est in locis, ubi *consuetum* stipendium minus est, quam quod Isigardus accepit, sive missae commissae sunt aliis in ipso eodem loco, quo Isigardus stipendia acceperat, sive in aliis locis. Ergo omnia momenta adsunt, quae requiruntur et sufficiunt, ut constet de casu excommunicationis per bullam *Apost. Sedis* statuto.

R. 2. In *altero* casu habetur etiam 1) stipendiorum collectio eadem, quae in priore casu supponatur; habetur 2) etiam celebratio missarum iis in locis, ubi stipendium missarum minus esse solet quam taxa stipendii ab Isigardo accepta; alioquin Isigardo impossibile esset praxim suam tegere. — Verum non satis constat de *lucro* capto ex ipsis stipendiis. Lucrum quidem capitur ex venditione librorum, immo etiam ex eo, quod propter commutationem cum stipendiis dissimulare Isigardus possit denegationem reductionis pretii. Attamen, quoniam etiam sine illa commutatione cum stipendiis missarum Isigardus *non teneretur* pretium librorum reducere, *non constat* de lucro facto ex stipendiis seu ex parte eorum retenta.

R. 3. Aliud est, num Isigardus deliquerit contra decretum *Vigilanti* et poenas ibi statutas incurrerit. In qua quaestione distingui debet, utrum Isigardus stipendia colligenda curaverit vel oblata assumpserit maiore numero, ut haberet stipendia distribuenda et cum libris commutanda, an eam tantum copiam assumpserit, cui probabiliter ipse se satisfacturum esse putaverit, et in qua re nunc se fefellisse reperiat. Nam si prius illud obtinuit, adest delictum contra decretum *Vigilanti;* si posterius, nihil obstat, quominus stipendia aliis sacerdotibus possit conferre cum onere dicendi missas, et stipendia solvenda cum libris commutare. Nihilominus turpem quaestum *sapit*, etsi non clare contineat, si Isigardus alias quidem soleat diminuto pretio contentus esse, at quando commutationem cum stipendiis facit, a diminutione pretii consueta abstineat.

SECTAE MASSONICAE (I).

Casus. (318)

Odium, quod Calpurnius, ut in casu 315 dictum est, contra sacerdotes habuit, conceperat ex consortio cum francomurariis, quorum conventibus per annos erat famulatus, et quorum numero nuper se adiunxit, solvens quotannis parvam pecuniae summam, hac imprimis intentione, ut auxilium habeat et promoveatur in sua condicione vitae socialis. Contione fortuito audita nunc quaerit cum Deo reconciliationem.

QUAERITUR 1° quae sit prohibitio, sub qua poena partem habendi cum francomurariis.
2° quomodo francomurarius, si se sistat in confessionali, sit tractandus.
3° quid de hac Calpurnii causa dicendum, quid ei sit imponendum.

Solutio.

AD QUAESITUM 1ᵐ R. 1. Quam pluribus constitutionibus SS. Pontificum eiusmodi sectae omnisque favor, qui iis praestetur, severe prohibentur.

Ita constit. Clementis XII *In eminenti* d. d. 28 Apr. 1738, Bened. XIV *Providas* d. d. 18 Maii 1751, Pii VII *Ecclesiam* d. d. 13 Sept. 1821, Leon. XII *Quo graviora* d. d. 13 Martii 1825, Pii IX encycl. *Qui pluribus* d. d. 9 Nov. 1846, Leon. XIII *Humanum genus* d. d. 20 Apr. 1884.

R. 2. Francomurarii notorii ex instructione S. Off. d. 5. Iulii 1878 ad epp. Brasiliae (cf. *Collect. S. C. de Prop. F.* n. 1863) prohibendi sunt a munere *patrini* in baptismo vel confirmatione;

neque notoriis francomurariis defunctis concedi potest sepultura ecclesiastica, nisi ante mortem retractaverint vel saltem signa dederint paenitentiae (ibid.).

R. 3. Quoad censuram ipso facto incurrendam nunc attenditur sola dispositio bullae *Apostolicae Sedis*, secundum quam excommunicationem ordinario modo Romano Pontifici reservatum incurrunt:

1) nomen dantes;
2) favorem qualemcumque praestantes;
3) eorumque occultos coryphaeos ac duces non denuntiantes, donec non denuntiaverint.

AD QUAESITUM 2ᵐ R. 1. Qui in confessione deprehenditur ut francomurarius notitiam habens legis Ecclesiae, absolvi non potest nisi ab eo, qui habet facultatem absolvendi a papalibus; in qua facultate si certae condiciones praescriptae sunt antea implendae, hae servari debent, ut absolutio dari valide possit, nisi forte agatur de mortis articulo.

R. 2. Sed etiamsi certae condiciones praescriptae non sunt, ex rei natura sequitur, ut — quod etiam instructio S. Officii supra laudata effert — sacramentalis absolutio non sit impertienda, priusquam ipsi absolute et positive damnatam societatem in perpetuum relinquant, vel saltem serio promittant se id quantocius effecturos.

Nihilominus illud *„quantocius relinquant"*, si re ipsa *gravia mala* ex nominis sui expunctione timere debent, de secta per nominis expunctionem relinquenda non ilico sumitur, si modo alia ratione scandalum caveatur. Ita enim S. Offic. d. 7 Martii 1883 respondit: „Iuxta exposita catholicos, de quibus agitur, admitti ad sacramenta, praevia absolutione a censuris, quatenus opus sit, dummodo: 1) re ipsa sese omnino separaverint a societatibus praedictis; 2) promittant nunquam amplius fore, ut sese immisceant alicui actui societatum ipsarum tum secreto, tum publico, et praesertim numquam amplius se soluturos requisitam contributionem; 3) removeatur scandalum eo meliore modo, quo fieri potest; 4) animo sint dispositi ad suum nomen revocandum, si et quando id facere absque gravi damno poterunt: — Sanctissimus approbavit." *(Collect. S. C. de Prop. F.* n. 1864.)

1056 R. 3. Si quis deprehendatur in confessione ut assecla quidem sectae, sed ignarus legis prohibentis — id quod nunc accidere vix potest nisi rarissime — atque in bona fide constitutus, nihil mali in secta deprehendens et solam mutuam opitulationem atque honestam conversationem quaerens: — impossibile quidem non est, ut ex adiunctis monitio praevideatur plane nociva neque ullius utilitatis, et ut propter condicionem personae et rerum scandalum aliorum non exsistat; quo in casu confessarium interim rem silentio praetermittere posse non negaverim. Verum etiam tale silentium erit casus maxime exceptionalis. Generatim tum ad scandalum aliorum removendum, tum ad pericula, quae ipsis asseclis imminent, edocenda monitio necessaria est, ut etiam S. O f f i c i u m relate ad ignorantes pravitatem huius sectae particularibus decretis (cf. *Collect.* n. 1857 et 1858) 1 Aug. 1855 et 2 Iulii 1845 docuit: „episcopi . . . nomine S. Sedis confessariis praecipiant, ut serio moneant suos paenitentes, ne societati liberorum muratorum aliisque huius generis clandestinis aggregationibus nomen dare vel earum conventicula adire aut fovere praesumant; ac pertinacibus sacramentalem absolutionem negent."

R. 4. Qui igitur antea in bona fide exsistens sectae nomen dedit, sed nunc edoctus sectam deserere renuit, non ilico quidem, sed tum excommunicationem incurrit, cum primum actum aliquem novum ponit, quo se *probet* sectae asseclam vel fautorem. *Th. m.* II, n. 950.

1057 AD QUAESITUM 3^m R. 1. Si Calpurnius francomurariis *ut talibus* se famulum addixit, quo iis in eorum conventibus famulatum gereret, haec actio sine dubio numeratur inter eas, quae sub excommunicatione sunt prohibitae; manifeste enim favorem iis praebuit.

R. 2. Magis etiam excommunicationem incurrit, eo quod sectae nomen dederit, immo ex hoc solo, quod contributionem solverit, etiamsi nomen non dedisset: illa enim contributio semper favor est praestitutus.

R. 3. Calpurnius nunc omnino sectae eiusque conventiculis valedicere debet, solutionem contributionis omnino non facere; immo non videtur ratio adesse, cur non formaliter nomen suum expungendum curare debeat. Sola enim communis illa spes mutuae protectionis et promotionis ex secta habendae non est ratio, cur haec expunctio nominis differatur. Quodsi revera *gravia* damna timere debet, confessarius circa hanc rem nonnihil potest indulgere; alioquin Calpurnius vix non, *antequam absolvatur,* adigendus est, ut mandet nominis sui expunctionem. Hoc enim, nisi cum nimia difficultate coniungatur, semper est praeferendum, quo certius res exsecutioni detur, sed imprimis in viro talis indolis, qualis Calpurnius appareat, qui videtur homo non satis independens, sed ex una parte potentiorum favorem multum quaerere, ex altera parte ex eorum consortio moribus facile corrumpi.

SECTAE MASSONICAE (II).

Casus. (319)

Aristophanes, operarius, curis domesticis agitatus, cum videat socialistas promittere se opem laturos, adit eorum contiones; nomen dat coetui, cui aliquis dux socialistarum praesidet, et cui finis praestitutus dicitur opem ferre operariis sodalibus labore carentibus et penuria; compluries stipem contulit, cum collecta fieret ad fines socialisticos et bonum commune asseclarum. Cum tempore paschali confessionem instituit, audit a confessario, se excommunicationem papalem incurrisse neque absolvi posse, nisi postquam omni illi communicationi cum socialistis renuntiaverit et dein per confessarium recurrat ad ordinarium.

Quaeritur 1° quousque extendatur excommunicatio contra sectam massonicam *similes*que sectas.

2° rectane fuerit agendi ratio confessarii cum Aristophane.

Solutio.

Ad quaesitum 1^m R. 1. In bulla *Apostolicae Sedis* nominantur: 1058 secta *massonica,* secta *carbonaria, aliae eiusdem generis sectae, quae contra Ecclesiam vel legitimas potestates seu palam seu clandestine machinantur.*

Iam quaeritur, num illa descriptio „quae machinantur . . ." explicet vocem priorem „eiusdem generis". Quodsi ita est, patet sectas non paucas comprehendi, videlicet quoscumque coetus seu societates, quarum finis est vel perturbare rempublicam vel ecclesiasticam auctoritatem evertere. Atque revera hac interpretatione nixi, D'Annibale, Ballerini-Palm. aliique non pauci enumerant inter sectas hoc articulo perculsas: societates *biblicas*, societates *clerico-liberales*, sectam *neo-protestanticam* (s. veterum catholicorum), societates quae *communismum, socialismum, internationalismum, nihilismum* profitentur. (Cf. Ball.-Palm. tr. 11, n. 451.)

R. 2. Alii aliter sentiunt, nimirum, ut articulus constitutionis *Apost. Sedis* verificetur, requiri *primo* similitudinem cum secta massonica in organisatione et directione, *secundo* similitudinem in fine, quem prosequatur, et in modo, quo finem suum prosequatur. Imprimis ergo requiri, ut directio sectae pendeat ab occultis ducibus; dein ut finis sit eversio auctoritatis sive ecclesiasticae sive civilis, quem subdolis viis et artibus prosequantur. Quodsi haec momenta adsint, perinde esse, utrum prosecutio finis palam fiat an occulte. Quapropter hi auctores nihilistas quidem et anarchistas cum muratoribus coniungunt, communium vero socialistarum societates ab hoc articulo bullae *Apost. Sedis* eximunt. Quae interpretatio, cum probabilis sit, practice potest teneri. — Ita Vermeersch, *De prohibitione et censura librorum* p. 64 sqq.; Laurentius l. c. n. 416.

R. 3. Nihilominus vix non omnes, qui uni ex *praedictis* sectis adhaerent eiusque fines scientes prosequantur, severiore etiam excommunicatione ligantur propter haereses, quas in eo casu non possunt non profiteri vel saltem iuvare. (Cf. constit. *Apostolicae Sedis* ser. I, art. 1.)

Verum si finis sectae seu societatis formaliter non est haeresis propugnatio et defensio, sed temporale auxilium mutuum aliusve finis in se honestus, etsi haeresis profitendae vel iuvandae periculum adsit, facile ii immunes sunt a censura, qui, haeresim atque impietatem sectarum detestantes, cum secta illa communicationem sustinent eamque promovent ex sola causa emolumenti mutui procurandi atque sumendi.

1059   Ad quaesitum 2^m R. 1. Ex dictis patet confessarium Aristophanis severius iudicasse, cum non constet eum incurrisse excommunicationem propter participationem cum societatibus damnatis.

Neque ex haeresi vel haeresis favore Aristophanes contraxisse videtur excommunicationem speciali modo Romano Pontifici reservatam. Nam cum respiceret solos fines temporales ex se honestos, ne cogitasse quidem videtur de finibus irreligiosis socialistarum, quorum promovendorum periculo se exponat per pecuniae collationem.

R. 2. Attamen gravis obligatio nihilominus Aristophani incumbit, omni communicationi cum socialistis valedicendi. Nam illa communicatio tum periculum creat non leve Aristophanis fidei et bonis moribus, tum propter conferendam pecuniam re ipsa pravos fines positive iuvat: quae sane sunt prorsus illicita. Recte igitur postulavit confessarius, ut, si absolvi vellet, socialistis renuntiaret; immo, nisi gravis ratio obstet, antequam absolveretur, urgendus erat, ut re ipsa nomen suum e numero socialistarum et eius coetus, qui a socialistis dirigitur, curaret expungendum.

DUELLUM.

Casus. (320)

Antonius Petrum vindicandi honoris causa provocat ad duellum, quod Petrus acceptat ea condicione, ut ad 20 passus bis globulis ignitis sese excipiant. Invitatus Adolphus medicus recusat, sed clam accedit et in domo vicina se abscondit, quo possit rem observare et, infelici casu accidente, graviter vulnerato opem ferre; Bertramus medicus Antonio et Petro comitem se adiungit, sed studet rem cum patrinis ita componere, ut, nisi ante pugnam adversarios possit reconciliare, arma sine globulis parent atque ita solam speciem pugnae innocuam efficiant.

QUAERITUR 1° quid sit duellum ecclesiastica lege prohibitum.
2° quae sit poena eiusque extensio contra duellum facta.
3° quid ad propositum casum dicendum.

Solutio.

AD QUAESITUM 1ᵐ R. 1. Duellum communiter definitur certamen singulare ex condicto de loco, tempore, armis initum cum armis ad occidendum seu graviter vulnerandum aptis.

Quapropter distinguitur 1) a pugna, quae sine armis letalibus initur; 2) a pugna, etiam cum armis letalibus, quae initur in subita ira in loco, ubi adversarii consistunt.

R. 2. Lege ecclesiastica feritur duellum *privatum*, quod adversarii sua sponte ineunt, et communiter causam habet in iniuria illata, quam tali pugna vindicandam esse putent, nisi haberi velint honore destituti. — A quo dissidet singularis pugna, quam ineant auctoritate publica seu ex publica causa, si qui v. g. deputentur singuli ex utroque exercitu hostili, ut eo modo bellum finiretur. Quod utrum et quando licitum esse possit, vide in tractando praecepto quinto decalogi; hodie tamen omni usu caret.

R. 3. Positiva lege ecclesiastica cautum est, ut leges et poenae contra duellum comprehendant etiam ea certamina singularia, quae a studiosis ostentationis causa iniri solent armis quidem letalibus, iis tamen cautelis, ut tecto maximam partem corpore periculum letalis exitus remotius evadat. Ita S. Congr. Conc. 9 Aug. 1890 in *Wratislav*. (cf. *Acta S. Sedis* XXIII, 242). Existimo tamen poenam non incurri, si omne periculum cuiusvis gravioris laesionis moraliter loquendo exsulat, eo quod in tali casu notio duelli omnino non adsit, sed evadat merus ludus vel artis pugnatoriae exercitium.

AD QUAESITUM 2ᵐ R. 1. Bulla *Apost. Sedis* ser. II, art. 3 excommunicatione ordinario modo Romano Pontifici reservata ferit: „duellum perpetrantes aut simpliciter ad illud provocantes vel ipsum acceptantes, et quoslibet complices vel qualemcumque operam aut favorem praebentes, necnon de industria spectantes, illudque permittentes, vel, quantum in illis est, non prohibentes, cuiuscumque dignitatis sint, etiam regalis vel imperialis."

R. 2. Ut principaliter agentes vi legis allatae censuram incurrunt non solum 1) duellum *re perpetrantes*, sed 2) eo ipso quod serio ad duellum *provocant*, antequam acceptetur vel arma aliaeque condiciones constitutae fuerint; 3) ii, qui *acceptant* serio provocationem, eo ipso quod acceptaverint. Neque hi propterea a censura excusantur, quod postea duellum fortasse non sequatur. — Alii vero, ut in *duello complices*, censuram incurrerunt tum demum, quando duellum re vera commissum sit; a censura immunes sunt, si utcumque duellum impediatur. Cf. *Th. m.* II, 949; Pennacchi, *Comment. in bullam Apost. Sedis.*

R. 3. „*De industria spectantes*" ii sunt, qui ex industria se ad locum conflictus conferunt, consciis pugnantibus, quo iis animus et conflictus splendor addatur; non ii, qui casu vel curiositatis causa aspiciunt, cum nullo modo ad *comitatum* pugnantium pertineant.

„*Permittentes*" vel „*non prohibentes*" ii sunt, qui vel auctoritatem in pugnantes potiti debent resistere, vel qui positiva permissione, v. g. concessione loci apti, duello faveant.

1062 R. 4. Praeter excommunicationem ex bulla *Apostolicae Sedis* in vigore persistentem exstat etiam ex Trid. sess. 25, c. 19 *de ref. poena irregularitatis* in duellantes et patrinos. Reliquae poenae concilii Trid. non amplius sunt in usu; sed per se etiamnunc viget alia poena, videlicet privantur eccles. sepultura *morientes in duello, etiamsi ante obitum dederint signa paenitentiae:* Rit. Rom. tit. VI, cap. 2, n. 4.

1063 Ad quaesitum 3^m R. 1. Dubium non est, quin et Antonius et Petrus excommunicationem incurrerint, etsi postea pugna nullatenus vel simulando tantum secuta sit. Eo tantum casu illi vel alteruter eorum immunis esset, si provocando vel acceptando serium animum duellandi non habuisset, sed iam tum secum statuisset pugnam simulandi.

R. 2. Si, quod Bertramus in mente habuit, re vera effectum est, nemo, nisi Antonius et Petrus secundum modo dicta, censuram incurrit. Immo Bertramus ex eo, quod vero duello noluerit interesse, si forte, cum conatum impediendi duelli frustratum videret, e loco recessisset, etiam duello secuto censuram non incurrisset.

R. 3. Si duellum re ipsa secutum sit, patrini censura tenentur, nisi egerint ut Bertramus in suppositione Responsi secundi. Videlicet etsi solummodo ex suasione Bertrami conati sint duellum impedire, si tamen post conatum frustaneum munere patrinorum renuntiaverint atque e loco recesserint, duellum re ipsa secutum eos excommunicatione non implicat.

1064 R. 4. Adolphus recte egit recusans comitatum. Nam etiamsi in animo solum habuisset citius opem ferre, si quis vulneratus fuerit, ex decr. S. Officii d. d. 28 Maii 1884 excommunicationi subiacuisset post duellum secutum.

Verum, si duellum sit secutum, ex ipsa agendi ratione, quam Adolphus tenuit, nondum clare apparet, utrum censuram incurrerit necne. Si enim clam se contulit in vicinam domum, *consciis duellantibus*, excommunicationem non effugit, sicuti ne confessarius quidem effugeret, si similiter ageret. Ita S. Offic. l. c. Et revera talis agendi ratio duello praestat favorem, cum duellantes spe recipiendi auxilii, sive corporalis sive spiritualis, si forte infelix fuerit pugnae exitus, maiores animos sumunt ad duellum committendum.

Si vero sive medicus sive confessarius, insciis duellantibus, se in vicinia recondit, ut, quando forte opus sit, auxilium graviter periclitantibus ferre possit, censuram non incurrit, eo quod in pugnam nullatenus influxerit, sed solam opportunitatem exercendae misericordiae sibi studuerit procurare.

Corrigenda.

Pag. 319 in titulo casus 190 loco „iniustitia" lege: *industria*.

Verum, si duellum sic scribatur, ex ipsa sponsi indigno, quam Adolphus tenuit, conditio clare apparet; ultimum enim an incerunti iecto. Si enim alias se contulit in vicinam domum, omitit, sed ante si tuas, excommunicationem non effugit, sicut ne confessario quidem abstinuit, si nullibi a reali. H. S. OFFIC. Lex. It vocat talis aguntoli celui duello pugnatas favorem, cum duellantes ipse requirunt actibus, sive corporalis sive spiritualis, si forte infelix horae pugnae exitus, pudeam animos autem ad duellum committendum.

Si vero sive publicus sive forbes actus, hoc a falsificatibus, ac in vulgus recessit, ut, quando forte opus sit, auxilium pracster possit-tantibus forte possit, constantum non inerit, eo quod in personam collatam infecerit, sed solam opportunitatem excedere intercedente sub etiamctuli procura.

Index alphabeticus.

(Indicantur numeri marginales.)

A.

Abbreviare vitam propriam num liceat 370 sq.
Ablatio rei alienae quando furtum 675; — iocosa *ibid.*
Abominatio distinguitur ab odio inimicitiae 396 sqq.
Abortus quid sit 522; — distinguitur a partu *prae*maturo *ibid.;* — directus et indirectus 523, 526; — directus numquam permitti potest 524, 525; — obiectum gaudii num esse possit 526; — procurantes excommunicantur 1038, num ante effectum secutum 1039; fiant irregulares qua extensione 1040.
Abrogatio legis per legem posteriorem 112; — per consuetudinem contrariam *ibid.*
Absolutio a censuris 1001 sqq.; — in casibus occultis 1001; — in casu impedimenti 1002, 1003; — in articulo mortis 1001. — Cautelae adhibendae 1023 sq.; — complicis v. **Complex.**
Abstinentia ab esu carnium. Lex eccles. 975 sqq.; — in ieiunio 975; — observanda etiam a non ieiunantibus 120, 975; — quae observanda ab excusatis a ieiunio vel dispensatis 979; — extra tempora ieiunii 980 sq. — Facultas dispensandi generalis 120, 975, 980, particularis 979.
Abusus iuris 671, 672. — Ius abutendi quid significet 554.
Acatholici quomodo teneantur legibus Ecclesiae 94; — num teneantur ad ieiunia et festa catholica 94; — dubie baptizati quando condicionate rebaptizandi 73, in ordine ad matrimonium habentur pro baptizatis 74; — moribundi quomodo iuvandi 427.
—— Communicatio cum iis: liceatne ministrum eorum sectae ad moribundum vocare 426 sqq. — Fines acatholicos pecunia promovere 435 sqq.: eorum templa 436, orphanotrophia 437, statuam viri celebris 435; — eorum scholam frequentare 39; — in eorum ritu religioso communicare 443 sqq., in eorum cantibus 444, 445; — eorum scripta scriptione promovere 440 sqq.
Acceptatio in contractu qualis requiratur 798, idque ex lege positiva 798 sqq.; — non mature nuntiata quas habeat sequelas 800.
Acedia generatim sumpta quid sit 167 sqq.; — ut peccatum *speciale* 167, 168; — quibus remediis curanda 169.
Actus humani et hominis 1 sqq.; — boni et mali 45, 46; — deliberati et indeliberati 1 sqq.; — indifferentes 44 sqq.; — necessarii et liberi 1 sqq.
Administratio bonorum filii-familias 560; — bonorum uxoris 570; — societatis anonymae 771.
Adulteratio rerum venalium quo sensu peccatum 805 sqq., 870 sq.; — vini pro Missa 806, 807, 871.
Adulterium. Adulteri 545; — duplex *ibid.;* — ut causa restitutionis 719 sq., in dubia paternitate 720; — prolem non facit adulterinam, nisi *certo* constet 720.
Adventitia bona quae vocentur 560.
Advertentia perfecta et imperfecta 133, quibus signis dignoscatur 135; — perfecta diu abesse potest in tentationibus 137; — reflexa de Deo num necessaria sit ad peccatum 134; — qualis reddat ignorantiam vincibilem et culpabilem 21, 25, concupiscentiam sive semivoluntariam sive plene voluntariam 31.
Advocatus. Eius obligationes 497 sqq.; — causam iniustam defendens 498 sq.; — criminis reum defendens 500 sq., debeatne parti adversae damnum causae civilis reparare 501.

Aegritudo, si iuste timetur, a Missa audienda excusat 360, 361.
Aemulatio affectio distincta ab invidia 154, 156.
Aetas, qua adstringantur christiani ad legem ieiunii 976, 977, ad legem abstinentiae 976.
Aggressor possitne cruento modo repelli 511; — futurus possitne praeveniendo occidi 517.
Alloquium cum offensore vitare quale sit peccatum 395.
Alluvio quid sit et quid iuris faciat 606.
Ambitio. Eius malitia 150.
Amor benevolentiae in Deum 197 sq.; — concupiscentiae in Deum est vera virtus 197; — filiorum in parentes 468, quam exigat curam 476, quomodo laedatur 468 sq.; — parentum in filios 461, quando laedatur 461 sqq., 477. Cf. **Caritas.**
Amplexus liciti et illiciti 539, 540.
Amputatio debeatne et quando subiri 372.
Ancilla pueros seducens denuntianda 389; — famulatum deserens v. **Famulatus.**
Ansa ut distincta a c a u s a 8 sq.
Apostasia a statu religioso vel clericali quando excommunicationem secum ferat 1035 sqq.; — obligat per se ad reditum 1036, quando excusatio *ibid.*; — absolvenda et sananda per recursum ad R. P. 1037.
Apostolicae l i t t e r a e prohibentes certos libros sub poena excommunicationis 1011, 1013, 1018. — Apostolicas litteras impedientes quomodo puniantur 1018, 1021; — litteras falsificantes 1022.
Approbatio consilii damnificantis quamnam secum trahat obligationem 663.
Architectus errans in computo 903, 906; — vilioribus rebus utens in aedibus construendis 904; — deprimens mercedem operariorum 905; — cooperans ad cultum acatholicorum 436.
Artificiales res pretium habent inter *latos* limites fluctuans 876, 879, 881; — pretium *infimum* iustum quale habeant 880; — in collectione pretio crescunt 881.
Aspectus turpes quomodo peccaminosi 537.
Assecuratio. Contra infortunia societas in casu damni exorti quae habeat iura et obligationes 662; — quando indemnis facienda 665.
—— vitae 917; — non plane sincere facta per assecuratum 918, 919, 923 sq., 926; — quam inducat obligationem restitutionis 921 sq., 925: at saepe et assecurati possunt solutionem accipere, et assecuratores eam negare 919, 922,
925, 927; — c o n t r a c t u s quando iniustus ex parte societatis assecurationis 917, 925; — invalidus aut labilis tantum 919 sq., 925, 926; — sanatus lapsu temporis 918, 919.
Atheus num levius peccet 28 sq.
Attentio interna et externa 354; — quae requiratur ad implendum praeceptum audiendae Missae 354 sqq.; — ad peccatum necessaria v. **Advertentia.**
Auctor l i b r i. Eius iura 579 sq., eaque in conscientia servanda *ibid.*
Auctoritas publica. Officia erga eam 487 sqq.; — eius officia 490.
Austeritates exercere cum periculo vitae abbreviandae 371.
Avaritia quae sit et quale peccatum 158; — causa multorum peccatorum *ibid.* sqq.; — quibus mediis curanda 163.

B.

Baptismus. Eius dilatio quale peccatum pro parentibus 461; — acatholicorum iudiceturne validus 73 sq.; — hominis a catholicis parentibus orti 75.
Barbitonsores quomodo excusati a requie dominicali 343.
Bellum 527 sqq.; — in causa probabili 528; — dubie iustum num liceat suscipere 528 sq.; — possitne esse iustum ex utraque parte 529; — quoad indictionem 527; — quoad gerendi modum 530 sqq.; — quando sine culpa inferat innocentibus damna 18 sq.
Benedictae res quae vendi nequeant 232.
Bestialitas quid sit 544.
Blasphemia quid sit et quomodo distinguatur 217; — exemplis declaratur 218; — quomodo a confessario tractanda 219.
Bona e c c l e s i a s t i c a usurpata et condonata 781, 783; — cum oneribus annexis 782.
—— h e r e d i t a r i a liberae dispositioni relicta 946, 947.
—— f i l i o r u m, u x o r u m etc. quaere sub voce **Filii** etc.
—— h o s t i l i a invasa propter victum quaerendum 531 (alioquin v. **Hostis**).
Bonum quomodo obiectum voluntatis necessarium et obi. liberum 1; — quid requiratur, ut actio sit bona 48 sq.

C.

Caelibatus. Voti obligatio et laesio 283; — corruatne post laesam virginem 284.
Calumnia 952; — facilius constituit peccatum mortale quam simplex detractio 953; — quomodo reparanda 967 sqq.

Campanas pulsare liceatne simul cum heterodoxis ad populos convocandos 432, 434.
Captivitas longa et dura aequiparatur necessitati quasi-extremae 636.
Caritas erga Deum amor benevolentiae 197; — quomodo actus eius rite fiat 197, 200; — quoties elicienda 198; — non excludit actus inferiores timoris, spei 199; — excludit necessario quaelibet peccata mortalia, non ita venialia 199, 200; — Deum omnibus praeferre debet 376.
—— hominis erga se ipsum 368 sqq.; — quo ordine fieri debeat 376.
—— erga proximos debet esse formalis 377 sq.; — quando ergo aliquem in particulari *ibid.*, 391; — qualem postulet opitulationem, quo ordine 381sq.; — quomodo obliget ad repellendum damnum impendens 885; — ferri debet etiam erga inimicos 390 sqq. (cf. **Inimicitia**).
Carnes. Carnium esus quando lege eccles. interdictus 975 sqq., 980; — quando permittatur lege non obstante 38, 42 sq.; — quid, si dispensatus scandalum timeat 406. Cf. **Abstinentia**.
Castitas. Votum distinguitur a voto caelibatus 283; — in voti dispensatione quid observandum 287 sq. Cf. **Votum**.
Castrensia bona quae vocentur 560; — quasi-castr. *ibid*.
Casualia bona quae vocentur 575.
Caupo quoad cooperationem et scandalum in choreis 411 sq., in malis ephemeridibus 422; — filiis familias praebens occasionem dilapidandi bona 795.
Causa. Multiplex distinctio 12; — per accidens quae sit 9, eaque in damnis oriundis 670 sq., 677 sqq., eam tollendi obligatio 678, 679; — levis et gravis 12, 33; — quae sufficiat, ut effectus imputetur 13 sqq.; — per se et graviter influens in luxuriam 537—539; — leviter in motum pravum influens 540; — levis vel gravis, ob quam liceat vel non liceat pravum effectum permittere 537; — damnorum alienorum inculpabilis 682, eamque auferendi quae sit obligatio 683.
—— iudicialis. Criminalis quamdiu in favorem rei finienda 491, 492; — civilis in cuius favorem decidenda 495; — pro pecunia in favorem donatoris decisa 496; — quamdiu ab advocato defendi possit 497 sqq., 500.
Celari veritatem, quando fieri possit et debeat 456. Cf. **Mendacium. Restrictio. Secretum.**

Censura eccles. Notio et divisio 984 sqq.; — requirit generatim peccatum mortale 989; — quas admittat excusationes 989, 990; — a quibus in quos ferri possit 995 sq.; — a quibus et quomodo absolvatur 1001 sqq. Cf. **Absolutio.**
Cessio bonorum quam imponat obligationem servandi ordinis in debitis solvendis 752 sqq., 770; — quomodo suspendat obligationem solvendi 756, 757; — num eam exstinguat 757, 773, 774; — non plene ad normam legum facta 755, 756, 774; — cum fraude facta 770, 776.
Chirurgica operatio debeatne subiri ad servandam vitam 368 sq., 372; — licita vel illicita 712; — possitne fieri periculo aegrotanti non exposito 712, 713.
Choreae quando illicite instituantur, quando non 411, 413; — iis interesse quibus sit peccatum grave, quibus non 33 sq., 411, 414; — quibus cautelis aliquando adiri possint 413.
Circumstantiae influunt in bonitatem et malitiam actuum 47 sq.
Civilis lex v. **Lex.**
Clausura monialium quam severe servanda 1048; — violata per introductam puellulam 1050; — laeditur per ingressum sive virorum sive mulierum 1048.
—— religiosorum qua censura defendatur 1048, 1049; — non violatur ingressu virorum 1049; — quando violetur per *admissionem* mulierum 1051.
Clericus quoad bona et iura 575 sqq.; — quae iura habeat in bona ecclesiast. 576; — sine testamento defunctus 577 sq.; — quas obligationes transmittat in heredes 577, 578; — iniuste assumitur ad militiam 700; — si reali iniuria personaliter laeditur, fit sacrilegium 23, 224, incurritur gravissima poena eccles. 1041 sqq. (cf. **Privilegium canonis**); — quam lato sensu in privil. *canonis* sumatur 1043.
Cogitationes pravae quomodo specie distinguantur 142, specie et numero 541 sq., 543; — quomodo vincendae 538.
Cognati qua obligatione iuvandi prae ceteris 381 sq.; — si mutua luxuria peccant, committitur malitia specie distincta 545 sq.
Columbae fraude attractae 589.
Commixtio rerum quid sit et quid iuris faciat 607.
Commodatum. Iura et onera 845 sqq.; — in eo a quo ferenda sint damna 846—848, 859; — ad usum certum si ad alium usum extenditur 845, 847.

Communicatio sacra cum heterodoxis 442, 443, 445, 1016; — cum excommunicatis 985 sq.

Communitas bonorum. **Communismus.** Quo sensu adsit inter homines 581, 583; — quo sensu in necessitate 583; — quomodo contra ius naturae 581 sq.; — quando non iniustus 582, 584; — quando illicitus, etsi non iniustus 584.

Commutatio voti 278 sq.; — includatne dispensationem 279; — auctoritativa et proprio marte facta quid habeat discriminis 278, 282.

Compensatio debiti cum debito 52; — occulta in quibus condicionibus licita 637; — per famulum debitoris facta 638; — a subdito ob salarium iusto minus facta 639 sqq.

Complex. Eius absolutio severissime prohibetur 1025 sqq.; — quibus limitibus permittatur in articulo mortis 1027, similive necessitate 1026; — ficta 1027; — tacentis peccatum 1028; — cuius peccati 1025, etiam ante sacerdotium confessarii commissi 1025; — in dubio 1028 sq.; — quae debeat esse complicitas formalis 1029.

Concilium oecumenicum. Provocatio ad illud severe prohibetur 1019; — provinciale est supra singulos episcopos 88.

Concupiscentia quid sit 30; — antecedens et consequens quid valeat quoad effectum eiusque imputationem *ibid.*

Condicio suspensiva et resolutoria 823; — quid valeat in contractu 822 sqq.; — in testamentis et donationibus 824, 825 sqq.; — turpis 824; — impossibilis 824; — resolutoria turpis 827.

Conductio famulorum v. **Famulatus;** — aedium v. **Locatio.**

Confessarius possitne dispensare in lege ieiunii et abstinentiae 981; — accipiens restitutionem num liberum reddat debitorem 762; — male suadens restitutionem in pauperes 764, 766; — opem ferens duellantibus 1064.

Congregationes R o m a n a e possintne religiosis vi voti praecipere 336, 341.

Coniuges quando peccent contra castitatem coniugalem 548. — De cetero cf. **Maritus. Uxor.**

Conscientia 50; — quomodo regula sit actuum hum. 54 sqq.; — dubia quando inducat peccatum mortale 51, 54; quando erronea 54, 55; — scrupulosa quae sit 56 sqq.; eius signa 58, remedia 59 sqq., merita per accidens 57, 64.

Conscriptio militaris quomodo obliget 700; — fit iniusta in clericum *ibid.;* — si artibus eluditur 703.

Consecratio in Missa pars essentialis 358; — post eam finitam qui advenit, non tenetur reliquae parti Missae assistere 358; tenetur qui antea advenerit *ibid.*
—— personae per votum 223 sq.

Consensus plenus datus vel non datus in re peccaminosa quibus signis dignoscatur 31, 35, 63, 135; — s u p e r i o r i s qualis requiratur in causa religiosae paupertatis 321, 326; — c u r a t o r i s in actibus iuridicis minorum 793, 832.

Consilia evangelica 289, 299.

Consilium ut causa restitutionis 726; — primaria an secundaria causa *ibid.;* — quando ad restitutionem obliget erga damni exsecutorem *ibid.;* — mali minoris prae maiore liceatne dari 728.

Conspiratio ad inferendum damnum 742 sq.; — infert obligationem restitutionis in solidum *ibid.*

Consuetudo contra legem, hanc abrogans 112; — specialis nova lege non semper abrogatur 112, 114; — inducens legitimam licentiam in causa paupertatis religiosae 321; — p e c c a n d i excusetne ex defectu advertentiae a peccato ut gravi 137; quam secum ferat obligationem ad conatum exstirpandae consuetudinis *ibid.*

Contemptus quale peccatum 397; — parentum 452, 468 sq., cuius manifestatio facilius constituat peccatum grave 452; — formalis contra auctoritatem 330.

Contractus 784 sqq.; — invalidus vel rescindibilis 802, 812. — Condiciones in eo 822 sqq. — Error 801 sqq. — Forma legalis eiusve defectus 831. — Iuramentum additum 828. — Metus 812 sqq. — Modus impositus 818 sqq.; — eius obligatio 819 sq. — Obiecta 784 sqq.. 787 sqq., 870 sq.; — de re turpi quid valeat 784; — post rem praestitam *ibid.,* 786. — Pretium 789, 878 sqq.

Contumacia quoad contrahendas censuras eccles. 984, 990.

Contumelia in ira prolata quale peccatum 165; — in ebrietate 470; — in Deum facta est blasphemia 217; — in auctoritatem publicam 489, 507; — in parentes 470, 472.

Conventio ad inferendum damnum 742.

Convicium v. **Contumelia.**

Cooperatio ad peccatum alienum eiusque peccaminositas 419 sqq.; — formalis et materialis tantum 420; — materialis ex quo titulo evadat licita 421.
—— in materia iustitiae speciatim 723 sqq., 732 sqq.; — quando habeat excusationem 732, 735; — negativa

Index alphabeticus. 553

quae dicatur 729 sqq., 735 sqq.; — quo ordine imponat obligationem restitutionis 735 sqq., 740; — negativa quando ante positivam obliget 738; — quem recursum permittat pro compensatione 740, 742.
Correctio fraterna 383 sqq.; — a scrupuloso vix facienda 63; — superiori facilius incumbit, raro aliis 383, 384; — ante peccata ad ea impedienda 386, 388 sq.
— filiorum a parentibus facienda 461.
Corrumpere officiales quale peccatum 106; — custodes vectigalium 699. Qualis inde oriatur obligatio *ibid.*
Cruciatus inter et mortem eligere liceatne 369, 372.
Cruenta defensio 511 sqq. Cf. **Defensio.**
Crux. Crucis signum omittere sitne illicitum 42.
Cultus Dei 201 sqq.; — publicus et socialis 342 sqq.; — vitiosus 206 sqq., cf. **Superstitio;** — falsus 207 sq.; — superfluus 206, 207 sq., 211.

D.

Damnificatio ut causa restitutionis 660 sqq., 667; — in bello 530, 534; — rei propriae 165, 555; — rei, quae falso putabatur propria 668.
Debita. Cum periculo non solvendi contrahere 770, 772; — num exstinguantur in foro conscientiae per praescriptionem legalem 617, 619 sqq., 622.
Declinare offensorem num sit signum inimicitiae 395, 397.
Decreta ss. Congreg. 111 sqq.
Defectus rei in contractibus manifestandi 866 sqq.; idque, quando fit interrogatio 869, quando interrogatio non fit 866, 867; — qui dent facultatem resiliendi a contractu 868; — qui obligent ad diminuendum pretium 866, 869.
Defensio cruenta propriae vitae 374, 511; — quae licita 512, 515, 517; — loco duelli 519; — vitae alienae 511, 515, 516; — pudicitiae propriae et alienae 374, 511, 514; — bonorum fortunae 511, 514; — num licita sit contra iniustam iudicis sententiam 504 sq., 515.
Defuncti retinent ius ad famam 960.
Deiectio animi distinguitur a desperatione 195, 196.
Denuntiatio criminis naturali lege praescripta 388 sq., 1034; — sollicitationis a confessario factae denuntiatio quae sub qua poena fieri debeat 1030 sqq.; — occultorum coryphaeorum francomurariorum 1054.

Depositum. Iura et onera 849 sq.; — restitutio iuste denegata 777; — damna a quo ferenda 778, 780, 849, 856 sq.; — usus rei illicitus 851; — num impediat, quominus lucrum captum acquiratur 852; — a depositario ex praesumpta voluntate domini venditum 857.
Deputati. Electio eorum sitne obligatio civium 483, quae et quam gravis 484, 485; — pravi si eliguntur 6, 52, 486.
Desideria prava quomodo distinguantur quoad malitiam et numerum 142, 542; — condicionata quando non peccaminosa 143, 145; — contra inimicum quale peccatum 390; — contra parentes vel filios 462 sq., 477.
Desperatio quando committatur 195, 196; — diverso modo fieri potest *ibid.*
Destructio rei propriae sitne licita 165, 555.
Detractio famae 952; apud unum alterumve 953; — quae gravis 952; — in re levi quando possit esse gravis 954, 956; — in rebus non culpabilibus 958; — quomodo reparanda 967 sqq.
Deus num ignorari possit 28; — num cogitari debeat antea, quo peccatum sit possibile 134, 136. Cf. **Caritas. Cultus.**
Diaria mala prohibita 1014; — num prohibita sub censura *ibid.*
Dilatio baptismi ex parte parentum peccatum 461.
— restitutionis 644 sqq.; — usque ad mortem 749; — in casu necessitatis 646 sq., 767 sq.
— voti implendi 259, voti ingrediendae religionis 293.
Dimissio ab ordine religioso liberetne a voto ingrediendae religionis 295; — in novitiatu 302, 306, 320; — post vota religiosa 304, 306, 311 sqq.; — in institutis votorum simplicium 312 sqq.; — per S. Sedem 306 sqq.; — quomodo sortiatur effectum 310; — num vota eo ipso solvantur 306, 312—314. — Causae et ex parte petentis et ex parte dimittentis diversimode iustae esse possunt 304, 306, 315 sq.; — petita et obtenta ex causa minus recta 308 sqq., 315; — quando det facultatem egrediendi e monasterio 318 sqq.
Dispensatio a lege 115 sqq.; — a quo fieri possit 115; — secum 122; — ex qua causa fieri possit 116 sqq., 126; — causa motiva et impulsiva 117; — quando irrita 116, 117, 119, 123 sq.; — quomodo concedatur et exsecutioni detur 124; — quomodo interpretanda 120 sq.; — a lege ieiunii 978 sq., abstinentiae 979, 980, 981, 983.

Dispensatio a votis 273; — ex qua causa 273; — quomodo fiat in v. reservatis 280, 288.
Dissimulatio fidei sitne licita 42 sq.; — characteris sacerdotalis *ibid.*
Distantia localis quae excuset ab audienda Missa praecepta 358, 363; — non pro semper excusat 364, 365.
Dominicalis requies sitne legis divinae, an eccles. 342; — quaenam opera prohibeat 343 sqq.; — quando sub gravi 344; — quas admittat causas excusantes 347 sqq.
—— Missa v. **Missa.**
Dominium quid sit 553; — privatum in quo nitatur 581 sqq.; — perfectum et imperfectum 560, 570; — directum (radicale) et indirectum 322 sq.; — auctorum 579; — clericorum 575 sqq.; — filiorum-famil. 560 sqq.; — religiosorum 321, 322; — uxorum 570 sqq.
Donatio quando censeatur valida 839, 841; — quando sit revocabilis 840 sqq.; — contra votum paupertatis religiosorum valida aut invalida 324; — loco restitutionis faciendae 758.
Dotalia bona quae vocentur 570.
Dubium in officii divini recitatione 70, 71; — circa horologia et tempus 66; — circa absolutionem datam 72; — circa baptismum acatholicorum 73 sqq.
Duellum quid sit 518, 521, 1060; — quibus poenis subiaceat 518, 1060, 1062; — provocatio 1061; — acceptatio *ibid.;* eaque ficta 520, quale peccatum 521, 1063; — inducatne obligationem erga superstitem familiam occisi 708 sqq., in eo qui cogat ad duellum 710; — eo fine indictum, ut alter non acceptans subeat damnum 711; — comitantes et spectantes 1061, 1064.
Durities erga pauperes 159; — in exigendis iuribus 160.

E.

Ebrietas perfecta et imperfecta 173; — quando sit peccatum mortale 173, 176; — quae cum repugnantia committatur 6, 176; — causat alia peccata gravia 173; — ex qua causa eam inducere liceat 176; — aliena causata 174, 177.
Ecclesia exercet iurisdictionem universalem 101; — praesidet causis piis 931, 938.
Ecclesiastica bona, a clerico habita 575; — cum quo iure possideantur 576 sq.; — saecularizata 781 sqq.
Educatio filiis a parentibus debita 461, 464, 465 sq.; — filio extra matrimonium procreato 465, 467, 714, 943 sq.

Effectus ex actione praevisi quomodo imputentur 13 sqq.
Electio deputatorum v. **Deputati.**
—— status non subiacet oboedientiae filiali 473 sqq. Cf. **Vocatio.**
Eleemosyna. Eius obligatio 379 sq.; eius meritum 380; — spiritualis seu correctio fraterna 383 sqq.
Emptio v. **Venditio.**
Ephemerides pravae. Eas legere 425, 1014; publice exponere 422; scriptione iuvare 425, 440 sq.
Episcopales casus quomodo absolvantur in casu necessitatis 1002; — num alias a regularibus 1001.
Episcopus. Eius facultas dispensandi 115, 975, 980, absolvendi a censuris papalibus 1001; — quando absolvat ab haeresi in utroque foro 1006.
Equus occupatus e grege alieno 591.
Erronea conscientia v. **Conscientia.**
Error in contractu 801 sqq.; — substantialis et accidentalis 801 sqq., 806 sq.; — inculpabilis et culpabilis 803; — fraude inductus 808 sqq., 810 sqq.; — faciens contractum rescindibilem vel nullum 802, 807, 808 sq.; — imponens onus reparandi damni 803, 804. Cf. **Defectus.**
—— in damno causando 680 sq.
—— in voto, qui faciat votum irritum, qui non 253.
Esculenta et poculenta a domesticis furtim sumpta evadantne materia peccati gravis 627, 632; — ab hospitibus relicta possintne a famulis occupari 631 sq.
Excommunicatio. Notio et effectus 985, 986. Cf. **Censura.**
Excusantes causae. **Excusatio** a lege 97 sqq., 126 sq.; — a lege leviter obligante 114; — a requie festiva 347 sqq.; — ab audienda Missa 360 sqq.; — a ieiunio eccles. 977; — ab abstinentiae lege 979, 981; — a censuris 989, 990.
Exheredatio 941; — si timetur, sitne timor gravis, iniustus an non-iniustus 815.
Eximentes causae a lege 101 sqq.
Expensae faciendae excusentne a Missa praescripta 365, 366; — qua excusent a restitutione vel excusent eius dilationem 647; — quae deduci possint in restituenda re aliena 648, 653, 655.
Expropriatio 582.
Exsecratio. Exsecratoria blasphemia 217; — iuramentum 233, 236.
Exsecutio legis quando possit suspendi 80.

F.

Facultates delegati suspendanturne in aliqua causa per repulsam a superiore

datam 125, per recursum ad ipsum superiorem factum *ibid.*; — quam late interpretandae 120 sq.
Fallere. Fallendi intentio quomodo pertineat ad mendacium 450.
Falsificatio in libris rationum 743, 852; — litterarum Apostolicar. severissime punitur 1022; — mercium v. **Adulteratio.**
Fama in quo consistat 948, 952; — propria obiectum iuris 554, 948; — possitne sine peccato pessumdari 556, 949 sqq.; — alienam laedere 952 sq., ad leniendam iniuriam acceptam 970, 973; — laesa reparanda 967 sqq.; — imponit obligationem reparandi damna conexa 959, 966, 967, 969.
Familiaris conversatio inter diversi sexus homines, cautelae necessariae 540.
Famulatus. Famuli. Officia 478; — quae habeant iura 481 sq.; — quodnam ius ad mercedem 479, 482, 909; — ante tempus recedentes vel dimissi 482, 907, 909; — indemnes faciendi a dominis 909 sq.; — ad praestandam indemnitatem obligati 910; — adacti ad praetermittendas leges eccles. 348 sqq., 481, 908 sq.; — pravi num tolerari possint a domino 481; — fraude reperti parum fideles num possint dimitti 408.
Fenus pro pecunia mutuata contractu stipulari debet 861; — possitne annuatim percipi 862, 864; — legali fenore maius num percipi possit 862; — percipientes debeantne expresse fateri suam erga Ecclesiae iudicium subiectionem 865.
Festiva requies famulis concedenda 481, 908; — quae ab Ecclesia praescribatur v. **Dominicalis. Labores.**
Festivitas. Ratio, cur episcopi possint aliquando a lege abstinentiae dispensare 980; — civilis in templo acatholico possitne adiri a catholicis 443, 445.
Fidelitas famuli explorationi subiecta 407 sq.
Fides d i v i n a quid sit 190; — virtualis seu implicita 179; — quoad obiectum quomodo necessaria 178, 180; — quoad actum quoties necessaria 179; — profitenda ex lege divina 182, 183 sq., 189; — ex praecepto Eccles. profitenda secundum certam formulam 182; — negata 42 sq.; — occultari seu dissimulari num possit 42, 183 sqq., 189, num a moribundo 185 sq.
—— b o n a in possessione rei alienae 648 sqq.; — in praescriptionibus 612; — positiva 612; — negativa *ibid.* 622, 623. —— m a l a 612, 652 sqq.; — superveniens *ibid.* 658; — testatoris quid imponat heredi 616, 617.

Filius-familias quoad officia erga parentes 468 sqq.; — quoad bona et iura 560 sqq.; — aetate minor in domo paterna laborans 563; — extra domum laborans 561 sq.; — lucrum eiusve partem retinens 562; — non potest generatim firmiter contrahere 793, 832; — contractus initos potest rescindere 793 sqq., 796; — restringitur in facultate testandi 929; — quam habeat obligationem reparandi damni ob rescissum contractum 795; — aetate maior 563 sqq.; — sibi clam surripiens ex bonis paternis 564; — cum bonis paternis proprio marte negotians 565 sqq.; — ut heres parentum necessarius 933, 943; — quando exheridari possit 941, 942; — maior natu si praefertur in hereditate 933, 934; — non legitimus quae iura habeat 943; — ob susceptum statum religiosum num hereditate eiusve parte possit privari 945.
Finis seu intentio influit maxime in moralitatem actus 47 sq.; — bonus non reddit bonam actionem quae est ex se mala 49; — malus reddit malam actionem quae est ex se bona *ibid.*
Formalitates legales in contractu si desint 831; — in testamento 929 sqq.; eoque pro causa pia 931, 936 sqq.
Fornicatio 545; — ut causa restitutionis 714 sqq., 721 sq.; — quam obligationem inducat erga prolem conceptam 714, 715; — quando inducat obligationem matrimonii 716.
Francomurarii excommunicatione ab Ecclesia puniuntur 1054, cf. **Massonica** secta. Num u t t a l e s capaces sint recipiendae restitutionis 751.
Fraus num semper secum trahat reparationem damni 408; — parva repetita saepius quomodo reparanda 744 sqq.; — in contractu 808 sq., 810 sq., 793 sqq., 797, 877, 884; — quae faciat contractum rescindibilem 808, 810; — quae obliget ad praestandam indemnitatem 809, 811.
—— b e l l i c a quae permittatur, quae non 532, 535.
Fructus rei alienae qui debeant restitui, qui non 650, 653 sqq.
Fruges colligere diebus festivis quando liceat 351.
Fuga rei delinquentis 504 sq.; — num occisione fugientis possit impediri 510; — num arripi debeat, ne me cruento modo defendam 513.
Fur. Furta. Furtiva res. Fur possitne occidi 514. — Furti materia gravis et levis 624; — absolute gravis 625, relative gravis 625, in furtulis repetitis 626; — exuit naturam furti in qua ne-

cessitate 634 sq.; — ob ius compensationis 637 sqq.; — in ecclesia quando sacrilegium 226; — alienum volitum aut voluntarium 8. — Furtula ex quibus capitibus peccatum grave 626, 627, 629 sqq., 644, 744 sqq.; — ex qua ratione obligent ad restitutionem 626, 628.

Furtiva res donata a quo et quando restituenda 651; — empta transeatne in dominium emptoris 608; — empta cum fide dubia 657, 659, cum bona fide 658; — ab altero fure furto sublata 675, 676.

G.

Gaudium de peccato quot malitias specificas habeat 144, 146, 148 sqq.; — de re mala cum effectu bono 144, 146; — de malo alieno quando sit affectus inimicitiae 390, 396, quando non 390.
Gloriatio v. **Iactantia.**
Gratitudo quid sit et ad quid obliget 459 sq. Cf. **Ingratitudo.**
Gula 170; — quibus modis committatur *ibid.*, 171; — possitne esse peccatum mortale 170,172; — quomodo impugnanda 172.

H.

Haeresis coram Deo et coram Ecclesia 191, 1006; — quomodo exigat abiurationem 184; — committitur voluntario dubio circa fidei articulum 191 sqq.; — externa subiacet severae excommunicationi 991, 1006, non, si manifestatur consilii causa 1008; — quomodo fiat externa 992, 1008 sq.; — censeaturne committi a socialistis eorumve asseclis 1058, 1059; — quae lateat in spiritismo 215; — committi potest in blasphemia 217, 218. — Haeretici libri qui sub excommunicatione ventunt 1011 sqq.; — antiquorum haereticorum non censentur ita prohibiti 1012.
Hereditas quibus debeatur 933; — inaequalis inter filios 464, 933, 947; — sub condicione delata 824; — arte impedita 691; — defectu formalitatis invalida facta 931 sq., 934 sq.
Heres. Heredes. Necessarii 933; — eorum pars legitima 933, 947; — quomodo priora dona computare debeant 946 sq.
Herus. Eius obligationes erga famulos 480 sq.; — quando scandalo committat peccatum speciale 480; — quoad irritationem votorum famuli 270, 272.
Historiographus quid possit quoad manifestanda delicta aliena 960 sqq.

Homicida quoad restitutionem damnorum 704 sqq., erga cognatos defuncti 704, 706, erga creditores 705.
Hostiae consecrandae. Irreverentia in ea re 227; — num concedi possit heterodoxis ad suum ritum falsum 433.
Hostis in bello quomodo puniri possit 530, 533; — num possit occidi 530; — captus 533; — possitne fraudulenter circumveniri 532, 535. — Eorum bona possintne laedi 531, 533, 534.
Hypnotismus quando evadat illicitus 213. — Cautelae necessariae *ibid.*

I.

Iactantia quot peccata contineat 148 sqq.
Idololatria expressa 207; — implicita subest multis superstitionibus 206, 210 sqq.
Ieiunium eccles. ad quid obliget 974 sqq.; — quas admittat causas excusantes 100, 977; — illud ex leviore causa omittere vel laedere 118, 979. — Dispensatio 978.
Ignorantia iuris et facti 20, 22, 24; — antecedens 20, 24; — consequens 25; — concomitans 20, 22, 23; — culpabilis 25; — inculpabilis 21 sq., 24; — crassa et supina 21, 990; — affectata 21, 26, 990; — quae excuset a censura ecclesiastica 990.
— Dei num excuset a peccato 28 sq.
Immunitas clerici eiusve violatio 224, 994, 1021; — ecclesiae eiusve laesio *ibid.*
Impedimentum. Impedire. Impedimentum ponere legibus implendis 98, 100. — Impedire alienum lucrum imponatne restitionem 684 sqq., 690; — donationem prodigam 688; — eleemosynam erga causam piam 686; — collationem beneficii ecclesiastici 685; — hereditatem conferendam 691; — iurisdictionem ecclesiast., gravissime punitur 1021.
Impeditae litterae quid iuris relinquant in contractu oblato 799, 800.
Imprecationes in ira prolatae 165.
Impuberes non solent incurrere censuras eccles. 998; — incurrunt autem cens. ob violationem clausurae monialium 999; — num ob percussionem clerici *ibid.*, 1043.
Inadvertentia quae minuit vel aufert peccatum 135, 137; — in voto quae irritet 254; — in causando damno 667 sq., 681.
Incarnatio, mysterium fidei, qua necessitate credendum 180.
Incendiarius. Incendium quod reparetur, quod excludatur ab assecurationis socie-

tate 662; — quam restitutionem imponat 663, ex qua culpa 662 sq.
Incestus 545, 546.
Incisio chirurgica v. **Chirurgica** operatio.
Includere filium diebus festivis, ita ut Missam non audiat 367.
Inconsideratio v. **Inadvertentia.**
Indeliberatus actus voluntatis 2. Cf. **Inadvertentia.**
Indignatio 164; — invidiae cognatique affectus 154, 155, 156.
Indignitas, ex qua revocari possit dispositio testamentaria defuncti 844; — ad hereditatem legalem 941; — legaliter probanda 941, 942.
Indirecte voluntarium 3, 11 sqq.; — effectus 11.
Indulgentiae lucrandae num praecipi possint 86.
Infidelitas 191, 1006 sqq.; — num excusare possit hominem a peccato mortali 28, 136.
Infirmitas eiusve periculum, causa excusans a ieiunio eccles. 977, a lege abstinentiae 979, 981, a praecepto audiendae Missae 360; — num ratio sit dimittendi religiosi 306.
Informis contractus 831; — promissio 835; — donatio 839; — testamentaria dispositio 930 sqq., pro causis piis 931, 936 sqq.
Infortunium operario exortum quoad indemnitatem 665 sq. Cf. etiam **Assecuratio.**
Ingratitudo quale peccatum 459 sq.; — ob quam donatio et testamentaria dispositio possit revocari 842, 941.
Inimicitia. Inimicus 395, 396; — quomodo diligi debeat 390 sqq.; — a quibus signis sit cavendum 391 sqq., 395, 397; — excludere ab oratione 393, a signis amoris non debitis 391, 393, ab alloquio 395.
Innocentem condemnare num iudici liceat 492, 493; — in bello laedere 18, 530.
Inoboedientia filii erga parentes 468, 470, 471, 473 sq.; — religiosi erga praelatum 329 sq.; — formalis 330, 332; — quam constituat in religioso malitiam 337.
Intentio necessaria ad audiendam Missam praeceptam 354 sqq.; — damni num faciat actionem iniustam 670, 672, 674 sqq., 686, 688.
Interdictum locale et personale 988; — quae sacramenta prohibeat *ibid.*
Interna. Peccata quomodo distinguantur 541 sqq. — Interni actus num lege humana praecipi possint 85 sq.

Interpretatio legis comprehensiva et extensiva 111; — privilegiorum 120 sq.; — dispensatio *ibid.*
Inventio, rei amissae 601 sqq.; — ad quid obliget 601; — detne ius rem ut propriam occupandi 602, 603; — an obliget ad dandam rem pauperibus 603; — si omittuntur cautelae legales 602; — sortis lotteriae 605; — thesauri v. **Thesaurus.**
Invidia quid sit 152, 154—156; — distinguenda ab affectibus similibus 153—156; — quibus remediis curanda 157; — instigans ad damnum imponatne obligationem restitutionis 688.
Ira, Iracundia quomodo peccatum 164 sqq.; — quomodo sananda 166.
Irreverentia in res sacras ut distincta a proprio sacrilegio 227; — in parentes 468, 470, 472; — in superiores 487 sqq.
Irrisio parentum quale peccatum 469. — Ceteroquin cf. **Contumelia.**
Irritatio contractuum 793, 796 sq., 824, 831 sq., 918; — testamenti 930 sq., 939, 942; — iuramenti 249, 830; — voti 268 sqq.; — directa et indirecta 268; — valida vel invalida 270 sq.; — a quo fieri possit 269, 270.
Iubens tenetur indemnem facere et mandatarium et damnificatum 723 sqq. Cf. **Mandans.**
Iudaei num teneantur ad observandos dies festos 96.
Iudex. Eius officia 491 sqq.; — subdole interrogans 494; — innocentem condemnans 492 sq.; — munera accipiens 496; — in causa criminali vel civili 491, 495; — iuratus in officiis suis differt a iud. ordinario 492.
Iudicia exercere quomodo prohibitum diebus festis 342, 344.
——— iudicium temerarium quale peccatum 971.
Iuramentum quid sit 233; — exsecratorium 233, 236. — Formulae aptae 235 sq.; — fictum 233; — in ira emissum 242, 247; — cum defectu iudicii quale peccatum 234, 237; — cum defectu iustitiae *ibid.*, 238; — cum defectu veritatis *ibid.*, 238; — cum dubio de veritate 52, 53, 234, 237.
——— promissorium 239 sqq.; — quomodo obliget 239, 243—245; — quomodo interpretandum 239, 247, 251; — contractui additum 828 sqq.; — quid efficiat 829, 831; — quando rescindibile 239; — a minoribus factum 832; — quando corruat 244, 830; — a quo relaxari possit 249, 251, 830; — de re mala 240; — de re minus bona 246; — sine animo implendi 241, 242; — fideli-

tatis quomodo intellegatur 250; — servandi statuta 248, 250.
Iuridica culpa ut causa restitutionis 660 sqq., 682 sq.
Iurisdictio eccles. si impeditur, gravissima incurritur poena 1021.
Ius quid sit 553; — exsistatne ad usum malum 554 sq.; — ad usum iniustum 671, 672; — ad quae obiecta extendatur 554; — in vitam et corpus proprium 554; — in alios homines 557 sqq.; — in famam 554, 948 sq.; — utendi et abutendi 554.

L.

Labores diebus festivis prohibiti 343; — serviles qui sint 343, 346; — diebus prohibitis aliis mandare quodnam peccatum 344; — leves liceatne facere 344, 350; — assumere ex quibus causis liceat 347 sqq.; — qui famulis imponi possint 481; — qui et quando excusent a ieiunio eccles. 977; — liceatne assumere eo fine, ne ieiunem 100.
Legere libros pravos ex iussu domini 425; — quos libros sub censura sit prohibitum 1011 sqq.; — diaria prava 1014; — turpia ex curiositate quaenam culpa 17, 33.
Lex 76; — quas requirat condiciones 78, 82; — quomodo distinguatur a praecepto 78; — quam requirat promulgationem 76; — invalida ex quo titulo 82 sq.; — quae obliget sub gravi aut sub levi 79, 113; — abrogari potest consuetudine 112; — leviter obligans quando desinat obligare 114; — quomodo implenda 107 sqq.; — multiplex et diversa possitne impleri eodem actu 108, 110, diversis actibus eodem tempore 110; — possitne impleri ab ignaro 109; — civilis ex se obligat in conscientia 103; — poenalis quomodo obliget 104 sq.; — quosnam obliget 92 sqq.; — quam admittat excusationem 97 sqq. Cf. **Dispensatio.**
Libertas in quibus rebus habeatur ab homine 1.
Libri qui sint prohibiti sub censura 1011; — eos defendere 1018; — subiciendi praeviae censurae qua obligatione 1017. — In pravis evulgandis iuvare 423, 424, 425; — eos legere alicuius iussu 425.
Licentia quae excuset religiosum a laedenda paupertate 321.
Licitatio 878 sqq.; — quoad pretium rerum venditarum 879 sq., 884; — quid liceat quoad subtractionem rerum 882.

— Subornatio ficte ementium 883. — Rogare alios emptores, ne plus offerant 887; cum iis ex pacto convenire 888.
Litterae Apostolicae v. **Apostolicae.**
Locatio. Iura et onera 911 sqq. — Eius rescissio ante tempus 911 sq. — Cuius expensis res locata pereat vel damnum sumat 911, 913; — quoad sublocationem 913.
Luxuria 536 sqq.; — quando sacrilegium personale 224, 225, locale 225; — num mere interna constituat sacrilegium 225.

M.

Mactatio pecoris num transferat dominium 609.
Magia 210. Cf. **Superstitio.**
Magister quando teneatur restituere ob damnum ab alumnis illatum 664.
Magnetismus licitus an illicitus 213 sqq. — Responsa Romana 216.
Maleficium 210.
Malitia. Malum 48; — complures in uno actu unde 140 sqq.; — optare 469, 477. Cf. **Inimicitia.**
Mandans. (Mandatum) 853; — quis vocetur 723; — quomodo teneatur erga damnificatum ex mandato 723, 724, erga mandatarium 723; — retractans mandatum 724, 725, 853; — laesionem immunitatis eccles. 1021; — persecutionem vel percussionem clerici *ibid.*, 1041.
Mandatarius. Iura et onera 853 sqq.; — quale ius habeat ad mercedem 853; — limites transgrediens 724, 853; — agens ex praesumpta voluntate domini 855, 856; — sibi ipsi emens 875 sqq.
Manus inicere parentibus 469; — praelatis eccles. 1020 sq.; — clericis 1041 sqq.
Maritus quae vota uxoris possit irritare 269, 270, 281; — quoad administrationem bonorum uxoris 570; — quoad uxoris contractus 797.
Martyr cruento modo defensus 515, 516.
Massonica secta prohibetur excommunicatione 1054 sqq.; — num comprehendat socialistas 1058 sq. — Qualis adhaesio puniatur ab Ecclesia 1054, 1056 sqq. — Eius asseclae publici excluduntur a munere patrinorum 1054, ab eccles. sepultura *ibid.*; quomodo tractandi in confessione 1055, 1056.
Medicus. Quid ei liceat in periculosa operatione 368; — indebite eximens a conscriptione militari 701 sq.; — accipiens munera pro illa exemptione 702; — duellantibus suae artis auxilium

praebens quando incurrat excommunicationem 1064.
Mendacium quid sit 450; — distinctio *ibid.*; — quale peccatum 451; — num ex se peccatum mortale 453; — distinguitur a restrictione mentali 455 sqq.; — advocati in favorem rei 500 sq.; — in bello 532, 535; — ad impediendum beneficium alienum 684 sqq., 687, 689 sqq. Cf. **Restrictio.**
„Mensura" studiosorum sitne duellum 520.
Mercator errans in venditione ex culpa emptoris 803, 804. De cetero v. **Venditio.**
Mercatura cum stipendiis Missarum prohibetur poenis eccles. 1052 sq.; — quae puniatur excommunicatione in laicis 1052; — quae etiam in sacerdote *ibid.*, 1053; — quae in sacerdote reliquoque clero suspensione 1052, 1053.
Merces famulorum 480 sqq.; — operariorum 895 sqq., 900; — nimis depressa 639, 892, 901; — quando obliget ad restitutionem faciendam 902; — altior extorta 896; — familialis sitne debita 897—900; — quando deprimi possit sine iniustitia 901; — quando diminui nequeat propter damnum domini 905; — debeatne elevari propter domini lucrum 640.
Metus quomodo obstet voluntario 36 sqq.; — num auferat peccatum 37 sqq., 41 sqq.; — in voto qui irritet, qui non 254, 255; — in contractu 812; — iustus et iniustus 814—816; — qui faciat contractus irritos, qui rescindibiles 812 sqq., 817; — reverentialis impediatne liberum consensum 821; — qui excuset a censura eccles. 990, 1020, a lege positiva humana 41 sqq.
Miles temere occidens extra bellum 509; — cruento modo se defendens 513. De cetero cf. **Bellum. Conscriptio.**
Minor firmiter contrahere nequit 793, 832; — dissolvens contractum initum cum fraude 793 sqq.; — non solvens ex contractu mutui 795, 817.
Miraculum petere quando sit tentatio Dei 221.
Misericordiae opera v. **Eleemosyna.**
Missa quoad assistentiam. — Audienda diebus fest. 354 sqq.; — integra audienda qua obligatione 357 sqq.; — omissa quoad partem gravem aut levem 357 (quomodo subiectiva culpa diiudicanda 359); — ex quibus causis omitti possit 360 sqq.; — num omitti possit ob magnum lucrum 162; — num valide audiatur extra ecclesiam 356; — num audienda cum expensis pro itinere 130, 365; — num impediri filius possit in poenam 367; — audienda vi legis divinae 364, 365.
Missa quoad celebrationem possitne ab Ecclesia praecipi *applicanda* 86; — nolle celebrare nisi pro stipendio 231; — pro iis stipendia consueto maiora exigere 231; cum aliis commutare *ibid.*; cum lucro alio transmittere 1052; permutare cum libris aliisve mercibus *ibid.*, 1053.
Mixtio rerum nociva et innocua 805, 806. Cf. **Adulteratio.**
Moderamen inculpatae tutelae in cruenta defensione 512.
Modus contractui adiectus 818 sqq.; — num obliget 819 sqq.; — obligat, si est in favorem tertii 821; — impossibilis vel turpis generatim pro non adiecto habetur 818 (alia dispositio iuris *Germ. ibid.*).
—— restituendi 758 sq., 760 sqq.
Mollities 544.
Monialis post rixam diu declinans adversariam 395; — quoad clausuram v. **Clausura.**
Monopolium quando iniustum 890, 891; — quando non contra iustitiam sed contra caritatem 892; — quando licitum *ibid.*
Moralitas actuum humanorum 44 sqq.; — unde desumatur 47, 48.
Moribundus absolvendus a confessario ignaro 27; — absolvendus a censuris 1001; — quoad restitutionem faciendam 749.
Morosa delectatio. Distinctio specifica 542, numerica 541, 543; — remedia 538.
Mors. Mortem sibi desiderare 371, 375; — optare filiis 462; — optare parentibus 477.
Municipium. Municipale consilium quibus teneatur ex iustitia, quibus non 729 sqq.
Mutuum. Eius natura 858; — distinguitur a commodato *ibid.* Num legali tempore elapso possit negari restitutio 622; — in quem transferat periculum 859; — exigatne hodie per se fenus annuum 861; — quas habeat causas feneris percipiendi 862, quantum 863. Cf. **Fenus.**

N.

Necessitas extrema, gravis, ordinaria 633, 635; — exemplis declaratur 636, 645; — quae det ius auferendae rei alienae 634; — ex qua liceat differre restitutionem 645, 647, 767 sq.; — propria culpa producta quale ius relinquat 669;

— quae excuset vel minuat cooperationem cum peccato alieno 421; — excusans actorem spectaculorum 418; — excusans a praecepto requiei festivae 347.

Necessitas proxima quaenam imponat obligationem succurrendi 379, 381; — spiritualis sublevanda 381, 386 sq.

—— quoad vitam aeternam: nec. medii et solius praecepti quoad res fidei 178.

Negotiatio clericis interdicta 807; — audax cum periculo damni alieni 769 sqq., 772.

Negotiorum gestio distinguitur a mandato 854; — legalis *ibid.*; — quando obliget ad reparandum damnum 854, 855; — quando obliget dominum ad ratihabitionem *ibid.*; — quomodo exigat mercedem 854; — num haberi possit restitutio per confessarium facienda 762.

Netrix diebus festis laborans quando excusetur 353.

Neutralem se habere in motibus pravis num liceat 35.

Nosocomium. Modus agendi cum acatholicis 426 sqq.

O.

Obiectum influit in moralitatem actus 47.

Oboedientia filialis 468; — quomodo laedatur leviter 469, graviter 470—472; — non extenditur ad electionem status 473 sqq.

—— erga politicam auctoritatem 487.

—— religiosa 329 sqq.; — quos habeat limites 81; — num semper sub gravi obliget 81; — quando sub gravi debita 329 sq.; — quibus debeatur 333 sqq.; — vi voti et vi iurisdictionis quomodo distinguatur *ibid.*

—— a scrupuloso exigenda 59, 61.

Obreptio in petitis facultatibus 123.

Observantia vana species superstitionis 208, 210, 211; — quando excusetur a gravi peccato 208, 211.

Occasio et causa occasionalis 670 sqq., 677 sqq.

Occisio directa et indirecta 508 sqq.; — rei delinquentis quando licita, quando illicita 509, 510, 512, 514; — in bello 530, 533.

Occupatio privata quomodo sit iuris naturalis 581; — non potest excludere usum rerum in necessitate 583; — rei nullius aut alienae 591; — lege aliquando impeditur 586; — praedae in venatione 585 sqq.; — fraudulenta animalium 589 sq.; — thesauri 592 sqq.; — rei amissae 600, 602.

Odium abominationis et inimicitiae 396; — quibus signis dignoscatur *ibid.* sqq.; — parentum in filios habet specialem malitiam 461 sqq.; — filii in parentes 469; — religionis vel auctoritatis, ex quo quis ab altero conatur aliquid extorquere 38, 43.

Oeconomus parcius emens contra voluntatem domini 606; — donum impendens in alium finem quam quem donator constituit 820 sq.

Offensus quid debeat offensori 390 sq.

Officia publica gerentes. Qui in iis sint instituendi 490; eorum qualitates requisitae *ibid.*; — quid facere debeant in vindicandis criminibus 506 sq.

Officium divinum dubie persolutum 70, 71; — omittere circa mediam noctem, at cenam sumere 66, 67.

Onanismus 544.

Opera praescripta omittere propter scandalum aliorum possitne an debeat fieri 361, 404, 406; — bona non debita omittere *ibid.* 405.

Operarii. Eorum merces v. **Merces.** — Infortunium passi quale ius habeant ad indemnitatem 665 sq.; — defraudantes ex conventione in fabrica 742 sq.; — ex conventione desistentes a laboribus per Operistitium 894 sqq.; — quando licitum 894, 896: quod quando iniustum in se 894, iniustum erga alios 898, multa secum trahens mala 898, 899.

Operatio chirurgica v. **Chirurgica.**

Oratio ad Deum necessaria cur 201, quoties 202; — sub gravi obligat 204; — qua polleat efficacia 203, 205; — quas requirat condiciones 203; — pro proximo quando praecepta 377, 393; — contra inimicos est valde suspecta 394; — alteri apprecans mala quam sit impia 477.

Oratorium privatum exstruere sitne aliquando obligatio 129 sqq.; — locus aptus ad implenda praecepta Eccl. 131.

Ordo caritatis v. **Caritas.**

—— restituendi seu solvendi debita 752 sqq.; — si laeditur in cessione bonorum 756, vel in statu labili ante cessionem 755; — inter cooperatores qui restitutioni sint obnoxii 723, 729, 735 sq.

—— sacer. Post eos susceptos matrimonium attentare excommunicatione punitur 1035.

—— religiosus 289 sqq.; — debeatne ex obligatione assumi 298 sq. Assumendi obstacula 299 sqq., 302; — ab eo alterum retrahere quale peccatum 301;

— recedere ab eo suscepto 302 sqq. (cf. etiam **Dimissio**); — in professo exstinguit omnia vota antecedentia 290.
Oscula honesta aut inhonesta 539, 540.

P.

Papales casus per quos absolvi possint in necessitate 1003 sqq.; — quando sunt occulti 1001.

Parentes. Obligationes et iura erga filios 299 sqq., 461 sqq.; — quaenam vota filiorum possint irritare 269, quomodo id faciant 271, quando indirecta irritatione 272; — quodnam ius habeant in bona filiorum 560; — in quae habeant usumfructum *ibid.*; — quae bona filiis debeant relinquere 933, 940, 943 sq.; — faventes uni filio prae aliis 940, 945—947; — possintne filium exheredare 941; — filium ante matrimonium procreatum ut illegitimum relinquentes 467, 944; — minis utentes quando causent filio metum gravem 814; — in necessitate positi a filiis adiuvandi 381, 468, 476. Eorum necessitas quomodo impediat filium ab amplectendo statu religioso 299—301; ad quid obliget post ingressum 302 sqq.; quae sufficiat superiori, ut dimittat 304.

Parsimonialia bona quae vocentur 575.

Participans in damno iniusto 732 sqq.; — quando obligetur in solidum 732, 733, quando ad solam partem 733, 734; — in destruenda re aliena 732, 734. Cf. **Cooperatio.**

Particularis lex quosnam obliget 101.

Pater quam invigilantiam debeat filio 660; — non impediens damnum a filio causatum 660 sq.; — approbans consilium filii damnificans 663. Cf. **Parentes.**

Paterna potestas ad quas poenas inferendas extendatur 367.

Paternitas quamnam inducat obligationem 714, 719; — quando censeatur certa 716; — dubia quam efficiat obligationem 715, 716, 718.

Patrimonialia bona quae vocentur 575.

Pauperes possintne invadere res alienas 634; — quando eligi possint in restitutione pro domino laeso 746, 750, 763; — si praepropere eligantur 764, 766; — eligine possint quilibet an in ipso loco tantum 746; — quid, si ipsi restitutioni sint obnoxii 748; — praeferrine possint in solvendis debitis prae aliis creditoribus 754; — num iis debeantur res inventae 765.

Paupertas religiosa quid sit 321; — voti sollemnis et simplicis 322; — quando laedatur graviter 325 sqq.; — quibus actibus 323 sqq., actibus minoribus sed repetitis 325, donatione 323 sq., 326; — num laedatur sumptione ciborum apud amicum 326, emptione cum lucro monasterii 327, dispositione independenti quando parcetur sumptibus monasterii 327, 328; — laesa inducatne obligationem restitutionis 328.

Peccatum mortale et veniale 133 sqq.; — non excludit involuntarium secundum quid 5; — quando adsit in scrupuloso 60; — quomodo distinguatur quoad speciem 140 sqq.; — peccata interna quomodo distinguantur 142 sqq.; — philosophicum 136; — possitne esse nontheologicum 28.

Pecunia immoderate amata 158, 161; — mutuo data admittatne annuum fenus v. **Fenus. Mutuum.**

Percussio clerici voluntaria an involuntaria 23; — est sacrilegium personale 224; — quam severe vindicetur ab Eccl. 1041 sqq.; — in rixa puerorum 1047. Cf. **Privilegium** canonis.

Peregrinatio iuramento promissa quomodo obliget 251.

Peregrini quibus legibus subiciantur 89 sqq.; — uti possunt privilegiis loci, ubi versantur 90, suis privilegiis et dispensationibus personalibus tantum *ibid.*; — num incurrant censuras eccles. 996.

Perfectio evangelica 289, 299; — eius status 289 sqq.

Periculum vitae subire quando liceat 374 sq.; — animae liceatne subire propter opitulationem aliorum 376.

Periurium 233, 238, 241.

Persecutio praelatorum Eccles. gravissima excommunicatione punitur 1020.

Personarum acceptatio in viris publicis 506 sq.; — a medico 701 sq.

Piae causae quando eligi possint pro domino laeso in restitutione 746, 750; — in ultimis voluntatibus prae aliis praeferuntur 937; — pertinent ad iurisdictionem eccles. 931, 939.

Picturae obscenae. Eas aspicere 538; — exponere 403.

Pietas parentum erga filios 461 sqq.; — filiorum erga parentes 468 sqq.; — quando leviter, quando graviter laedatur 469; — quae excuset a praecepto requiei dominicalis 347.

Pignus 914 sqq.; — cui sint fructus 914; — possitne a possessore vendi et quando 915 sq.; — si sit in periculo, ne fiat deterius 915.

Pistores possintne diebus festis laborare 343, 346.

Lehmkuhl, Casus conscientiae. I. 36

Poena, si imponatur propter legem invalidam violatam 82—84.
Poenalis lex 104 sq.
Policista fraudulenter excitans alios ad mala 409 sq.
Pollutio peccatum luxuriae contra naturam 544; — causata v. **Causae**.
Pontifex Rom. iurisdictionem habet supremam et universalem 111, 115, 995; — quam potestatem habeat in vota 269, 273, 275; — possitne religiosis vi voti oboedientiae praecipere 334, 335; — latiore iurisdictionis potestate utitur in religiosos quam potestate voti 338.
Possessio. Possessor rei alienae, obligatio restituendi 648 sqq.; — bonae fidei quando restituere debeat 648 sqq., 651; — malae fidei 652 sqq.; — dubiae fidei 656 sqq.
Postale officium. Restitutio per illud facta num exstinguat debitum 761.
Praeceptum, ut distinctum est a lege 78; — oboedientiae quomodo obliget religiosos 81, 329 sqq., 337; — nullum ex defectu obiecti iusti 81, 330. De cetero cf. **Lex**.
Praeda in venatione illegitima a quo acquiratur 586—588. — In praedam dare urbem in bello 19, 534.
Praelati religiosi potestatem habent iurisdictionis in suos 333; — potestatem dominativam 334; — potestatem in vota subditorum 269, 274; — censuras eccles. ferre possunt 995.
Praescriptio acquisitiva et liberativa 610 sqq.; — quas requirat condiciones 611 sqq.; — quam bonam fidem requirat 612, 615, 617, negativam an positivam 612, 622, 623; — qualem possessionem 614; — quale tempus ad acquirenda mobilia 614, immobilia *ibid*. 618, ad exstinguenda debita vel iura 616, 617, 619 sqq.; — qualem titulum 613.
Praesentia moralis quae requiratur in audienda Missa 356.
Praesumptio quae faciat probabilitatem 70 sqq.; — in casu baptismi dubii 73 sqq.; — praesumptionis peccatum quomodo violet spem 195. Cf. **Tentatio Dei**.
Prandium sumere apud amicum sitne religioso laesio paupertatis 326; — qua hora sumi possit diebus ieiunii 976; — quamdiu sine peccato gravi protrahi *ibid*.
Pretium rei in venditione quotuplex distinguatur 878; — iustum et iniustum *ibid*. 876, 881, 883, 884, 891 sq.; — affectionis 791, 881; — auctum ex utilitate emptoris 788, 791 sq.; — in monopolio 891 sq.; — simoniacum 228.
Privilegium. Eius interpretatio 120; — num pro libitu ei renuntiari possit 128; — eius usus 129 sqq.; — obligare potest ex caritate 132.
Privilegium canonis clericorum 1041sq.; — quam late intellegatur 1042 sqq.; — afficiatne impuberes delinquentes 999 sq., 1043; — num extendatur ad cooperantes et ratihabentes 1042. Delicti absolutio quando episcopo competat 1044.
Probabilitas. Quis eius usus 65 sqq.; — num mutari possit in eadem causa *ibid*.
Proclamatio sponsorum num eos excuset a Missa Dominicali 361.
Procurator regius in prosequendis criminibus 506 sq.
Profectitia bona quae vocentur 560.
Professio religiosa votorum sollemnium et simplicium 317 sqq.; — quae exstinguat vota antecedentia 290; — possitne fieri sub obligatione levi 252; — ex quo errore irrita 253, 256.
Promiscuitas ciborum quae et quibus illicita tempore ieiunii 975, 981.
Promissio quo titulo obliget 833; — quando ex iustitia *ibid*. 835 sq.; — non impleta quale peccatum 834; — fortuito narrata promissario num obliget 834; — quid valeat mortuo promittente 837 sq., vel promissario *ibid*.; — possitne acceptari post mortem promittentis 838; — filiorum parentibus data quomodo obliget in successione bonorum 934.
Promulgatio necessaria ad legis valorem 76; — quae in lege divina 77; — in decretis Rom. Congreg. 111; — interpretationis comprehensivae *ibid*.
Prostituendae filiae periculum valeatne ut necessitas quasi-extrema 645.
Provocatio ad concilium universale excommunicatione punitur 1019; — ad duellum v. **Duellum**.
Proxeneta. Obligationes et iura 875 sqq. Cf. **Mandatarius**.
Publicum crimen porro narrare 955, 957; — in uno loco, alibi narrare 955, 965; — olim nunc resuscitare *ibid*.
Pudor qui excuset ab audienda Missa 361, 366; — num possit excusare ab integritate confessionis 139.
Puella propter lasciviam iuvenis excusata a Missa 361. Cf. **Clausura**.
Pueri quibus legibus teneantur 92 sq. Eos provocare ad blasphemias intrinsecus malum 93, ad contumeliosa verba in homines *ibid*.; — si seducantur ab ancilla 389.

R.

Recurrentes ad laicam potestatem ad impediendam exsecutionem litterarum Apost. excommunicantur 1018.

Reficere vestes diebus festis quando liceat 349; — instrumenta operariorum 352.
Regulae ordinum religiosos quomodo obligent 305; — violatae possintne constituere peccatum mortale 305, 307; — sunt norma pro potestate praecipiendi 330. — Praecipere contra, infra, supra regulam *ibid.*
Regulares v. **Religio. Religiosus.**
Reimprimere opus alienum liceatne 579 sq.
Religio. Virtus 201 sqq.
—— status perfectionis 290; — comparatur cum sacerdotio *ibid.* 291; — electus invitis parentibus 475; — quas imponat obligationes 303, 305 sqq., 321 sqq.; — eximere debet a sequenda militia 700; — assumendi votum reservatur 274; censeaturne impletum post dimissionem a religione 295. — Post susceptum statum relig. attentare matrimonium qua poena puniatur 1035. Cf. **Ordo** religiosus.
Repulsa. Post eam possitne fieri supplicatio apud delegatum 125.
Requies festiva v. **Dominicalis.** — Eam publice turbare 344.
Resalutare inimicum quae obligatio 392, 397.
Rescissio contractus a filiis vel uxoribus initi 793 sqq., 796, 832; — propter errorem vel fraudem 802, 807, 808 sq., 810; — propter metum 812 sqq.; — propter condicionem non impletam 822. Cf. **Retractatio. Revocatio.**
Reservata bona quae sint 570 sq.; — vota 274; excipiuntur etiam a facultate commutandi 279.
Resistentia positiva contra auctoritatem sitne licita 84, 505.
Restitutio quo titulo debita 624, 648 sqq., 652; — quanta 628, 649 sqq., 652 sq., 660 sqq.; — quando facienda 642; — quando differatur 642, 645 sq., 749, 768; — quando iuste denegetur 777 sqq.; — quo *modo* facienda 628, 745, 758 sqq.; — per intermedium facta num sufficiat 760 sqq.; — quo ordine 752 sqq.; — in pauperes vel pias causas loco domini 746, 750, 763; — possitne fieri in fines malos 751.
Restrictio mentalis 455 sqq.; — quando necessaria 457; — quando fieri possit 456, 458; — quando aequivaleat mendacio 455, 458.
Retractatio promissionis 833, 836; — consilii vel mandati qualis requiratur 724 sq., 727, 853; — efficax et inefficax *ibid.* 728; — casu vel culpa tertii inefficax 724; — causae damnificantis 692, 695; — quae excuset ab incurrenda censura 994.

Reus quoad confessionem criminis 502; — quoad fugam 504, 505; — quoad testimonium infringendum 503; — testi crimen falsum imponens *ibid.*
Reverentia auctoritati publicae debita 487 sqq.; — quomodo laedatur contemptu 488, contumelia 489; — debita parentibus 468; — quomodo laedatur 469, 470, 472; — debita heris 478.
Revocatio donationis 840 sqq.; — possitne fieri per heredes donatoris 843.
Ritus. Rituales leges num possint consuetudine abrogari 112; — S. Rit. Congr. exercet potestatem legiferam 111.
Rixa ansa aversionis vel inimicitiae 395.
Rudes quomodo iuvandi in fide necessaria 180.

S.

Sacerdotalis status comparatus cum statu religioso 291; — liceatne eum dissimulare 187 sqq.; — falso negare sitne peccatum mortale *ibid.*
Sacrilegium 223; — distinguitur a blasphemia *ibid.;* — locale, personale, reale 224: quo sensu species infimae *ibid.;* — possitne esse peccatum veniale 223, 226; in incuria in rebus sacris 227; — in peccato luxuriae 545, 547; — num committatur laesione voti privati 547.
Sacrista. Eius munus est officium ecclesiast. 230; — quam curam habere debeat in tractandis rebus sacris 227.
Salutare inimicum num sit obligatio 392, 397.
Sartoria ars num exerceri possit diebus festis 353.
Satisfactio postulata num obstet dilectioni inimico debitae 390, 391.
Scandalum 389, 399; — evitandum 385; — quale peccatum 401; — activum et passivum 399; — directum et indirectum *ibid.;* — pusillorum 400, num et quando evitandum 402, 403, 405, 406; — pharisaicum 400, num vitandum 402, 406.
Schismatici quomodo teneantur ad festa eccles. 96; — nati num subiaceant censurae eccles. 1015; — possintne catholico ritu sepeliri 1016.
Scientiae defectus, sequelae imputabiles 27; — scienter facientes qui intellegantur in censuris eccles. 990.
Scribere. Scribendo ad mala conferre 425; — ad folia publica 440 sq.
Scriptura S. Eius veritatem in qualibet re negare quomodo sit haeresis 1009 sqq.

Scrupuli. Scrupulosus 56 sqq.; — contemni debent 60; — excusant ab accurato conscientiae examine 62; — in una re cum laxitate in aliis rebus 61.

Secessus annuus num praescribi possit clericis 87.

Secretum naturale, promissum, commissum 963; — num manifestari debeat superiori inquirenti *ibid.*; — commissum quando possit cum altero communicari 964; — in muneris exercitio commissum 964, 965.

Seductio puerorum omnino impedienda 389.

Servi. Servitus, quaenam iuri naturali repugnet, quae non 557; — ex quibus causis oriatur *ibid.* sqq.; — quibus limitibus contineri debeat 559; — quomodo ab Ecclesia sit considerata et tractata 558.

—— ut i u s certum reale quomodo praescriptione possit exstingui 623.

Serviles labores diebus festis prohibiti v. **Labores.**

Sigillum sacramentale. Eius laesio ex zelo imprudenti 454.

Simonia. Notio 228; — quomodo distinguatur 229; — mentalis, conventionalis, realis 229; — quando inferat nullitatem officii obtenti 230; — simoniacum pretium 228.

Socialistae subiaceantne poenis haereticorum 1058, 1059; poenis francomurariorum *ibid.*

Sodomia 544.

Solidum. In solidum restitutionem debere 742.

Sollicitatio ad peccatum v. **Scandalum directum**; — explorandi causa num licita 407, 409 sq.; — quando restitutioni faciat obnoxium 410.

—— ad turpia cum abusu muneris confessarii denuntianda 1032; — quam late intellegatur 1030, 1031; — quos obliget ad denuntiationem 1032, quos sub censura *ibid.*; qui excusentur a denuntiatione facienda 1032; — dubia 1033 sqq.; — *occasione* confessionis quid sit 1030, 1033.

Sortilegium presse sumptum quid intellegatur 212.

Spectacula prava adire quale peccatum 6, 34, 415, 416; — ex parsimonia ab iis arcere 162; — ea ut actores promovere libere et sponte 417, ex necessitate 418.

Spes virtus theologica 194; — quibus fundetur *ibid.*; — quomodo laedatur *ibid.*, 195 sq.

Spiritismus saepe illusione nititur et fraude 215; — alioquin superstitione et haeresi infectus est *ibid.*

Spiritualis res in simonia quae habeatur 228.

Sponsalia. Sponsi. Invitis parentibus ea facere 474, 475; — familiaritas periculosa 540.

Spurius. Eius ortum manifestare quando sit detractio gravis 959.

Status electio invitis parentibus 473 sqq. Cf. **Perfectio. Religio.**

Stolae i u r a num neglegi debeant propter scandalum 405.

Studia abrumpere debere, sitne metus gravis 814.

Stuprum quid vocetur 545, 546.

Suasio v. **Consilium.**

Sublocatio quae quando licita 913.

Subreptio in petitione facultatum 123, 125.

Suffragium dans in re iniusta quomodo teneatur ad restitutionem 729; — non dans quomodo teneatur 729 sqq.

Superbia quodnam peccatum 147 sq.; — perfecta 150; — quibus mediis curanda 151.

Superior religiosus vi voti et vi iurisdictionis praecipiens 338—340; — possitne iubere vi solius iurisdictionis 339 (discrimen in obiectis praeceptis 338, 340). Cf. **Praelatus.**

Superstes familia occisi quale ius habeat 665, 704, 706, 708 sq.

Superstitio 206 sqq., 210 sqq.; — habeaturne in dubio interventus diabolici 210, 216.

Suspensio l e g i s e c c l e s. quae et quando fieri possit 80.

—— ut c e n s u r a e c c l e s. totalis et partialis 987; — quos producat effectus *ibid.*

Suspicio temeraria possitne esse peccatum mortale 972. — Suspicionem criminis in alium conicere, causa restitutionis 707. — Qui suspicionem contra se conceptam non repellat, num peccet 951.

T.

Tactus obsceni. Peccaminositas 539, 540, 545; — inter coniuges 548, 552.

Temeritas in subeundo periculo et Dei tentatio 222; — iudicii 971; — in suspicione 972.

Templa acatholicorum exstruenda iuvare pecunia 435; — aedificare 436; — adire ad agendam festivitatem profanam 445.

Tempus verum aut publicum adhibere licet in implendis legibus eccles. 66, 67, 68; — ad praescriptionem necessarium v. **Praescriptio.**

Tentatio D e i 220 sqq.; — formalis et interpretativa 220.

Tepor v. **Acedia** — in religioso quam periculosus 307, 316.
Testamentum 928 sqq.; — validum et invalidum 928; — formalitatibus legalibus instructum 929; — informe quid valeat 930, 934; possitne accipi excussis oneribus 69; pro causis piis 931, 937 sqq.; fraudulenter suppletum 931 sq.; — holographum 929, minoribus non conceditur *ibid.*; — quando impugnatur 934, 938, 942; — quomodo exsecutioni dandum in dividendis bonis et conferendis donis prioribus 946 sq.
Testis ex inconsideratione falsa testatus 692, 694; — vere et nihilominus iniuste testans 695.
Thesaurus quid sit 592, 597, 599; — cuius sit 593 sqq.; — dividendus inter detectionem et dominum fundi 593, 596. — Th^m detegere et occupare quid intersit 595, 596, 599. — Lis de detectione incepta et completa 594. ¬ Eius detectio impedita 596. — Eius occupationem impedire 599.
Titulus in praescriptione 613; — coloratus *ibid.*; — praesumptus *ibid.*; — vitiosus *ibid.*, 616; — restitutionis debitae 648 sqq., 652 sqq., 660 sqq.; — feneris percipiendi 862.
Tolerati quoad censuras eccles. 985; — retinent iurisdictionem eiusque usum validum 986.
Traditio rei quando vincat promissionem eiusdem rei priorem 874.
Tributa quo titulo debeantur 106; — solvenda in conscientia 696, num ex iustitia stricta 698; — indirecta imponi censentur lege immediate poenali tantum 697; — excessiva debeantne solvi 698; — in dubio de iustitia 696. — Eorum defraudatio 106, 697, 699.
Trinitas SS. Mysterium sitne necessitate medii expressa fide credendum 180.
Tristitia de bono alieno quando sit invidia, quando non 152 sqq.; — de bonis divinis laboriose comparandis est acedia specialis 167, 168.
Turpia pati aut admittere quid intersit 3, 16, 40. Cf. **Luxuria.**
Typographicae artis exercitium num computandum inter labores diebus festis prohibitos 346.
Typographus in officina pravis scriptis edendis occupatus quid facere debeat 423.

U.

Usucapio 610 sqq. Cf. **Praescriptio** acquisitiva.

Usurae sintne addendae in casu restitutionis 628, 747. De cetero cf. **Fenus.**
Usus rei propriae lege interdictus 671 sq., 790; — ad creandum alteri incommodum *ibid.*, 791; — rei commodatae ultra usum concessum quid iuris faciat, si res damnum subeat 845, 847.
Utilitas emptoris possitne pretium rei augere 788, 791, 792; idque arbitrarie 792; — suadet donationem liberalem 788; — venditoris quomodo pretium in venditione augeat 791.
Uxor quoad bona et iura 570 sqq.; — quoad curam familiae 572; — sibi providens ex bonis mariti 568, 573 sq.; — quoad eleemosynas faciendas 569, 572, 573; — quoad sustentationem parentum 571, 573; — scripta a marito domina bonorum cum periculo creditorum 770—772, 776; — adhibita socia negotiationis 773; — defuncto marito superstes quae iura habeat 568, 574.
—— quoad contractus possitne contractus rescindere 797; — si fraudem committat *ibid.* — Cum uxore contrahens quae iura habeat 796 sq.
—— quoad officia coniugalia quando possit viro obsecundari 549, 552; — querula vel non obsecundans quomodo peccet 551.
—— quoad vota, quae viro possit irritare 270.

V.

Vana gloria quid sit 147; — quale peccatum sit vel quorum peccatorum causa 149; — in sacramentis suscipiendis 149.
Vaticanum Concilium respuere haeresis est 192, 1007.
Vectigalia quomodo debeantur lege poenali 105, 106, 697; — artibus declinare 699; — defraudans quid debeat, quando comprehendatur 697; — a custodibus exigenda 106, 699; eos corrumpere *ibid.*
Velleitas distincta a voluntate efficaci 4, 6, 8 sq.
Venatio. Ius occupandi 585 sqq.; — prohibita ex lege poenali 586, 588; — quae excludat occupationem praedae 585, 586; — quando secum ferat obligationem restitutionis 585, 587.
Venditio quibus perficiatur 872; — quando transferat dominium in emptorem *ibid.*; — cui addicat rei periculum 856; — bis facta quid iuris efficiat 873 sq. Cf. **Defectus. Pretium. Licitatio.**
Venia inimico danda 391.
Veracitas quid sit et ad quid obliget 450 sqq.

Vestes. Veste congrua carere excusetne a Missa 361; — laicales a clerico gestae 42; — sacras heterodoxis commodare 434; — sacrae neglegenter curatae et mundatae 227; — conficere diebus festis quando liceat 346, 353; eas reficere 349.

Vinum adulterare 805 sqq.; — pro Missa 806 sq., 870.

Virtutes infusae 446; — quod munus habeant 447; — quando infundantur 447; — quando exstinguantur *ibid.*; — quomodo augeantur 449.

—— naturales. Earum numerus 447; — ortus et interitus 447, 448; — exsistere possunt in peccatoribus 448.

Vita propria quomodo curanda 369, 370; — extraordinario modo conservari non debet 370, 372; eius nimia cura vituperanda 373; — neglecta vel abbreviata 371, 375.

Vitalitius census uxoris 573.

Vitandi in censuris eccles. 442, 985, 1043; — privantur iurisdictione 986; — privantur ceteris severius suffragiis communibus *ibid.*

Vocatio ad statum religiosum 298 sqq.; — eam spernere quale peccatum 298.

Voluntarium quid sit 1 sqq.; — simpliciter et secundum quid 4; — directe et indirecte 3, 11 sqq.; — positive et negative 10; — quae habeat obstacula 20 sqq., 30 sqq., 36 sqq.

Votum quid sit 252; — discernendum a proposito et a promissione homini facta 257; — quae possit habere pro obiectis 252, 260, 261, 263; facta aliena quo sensu 265 sqq.; — quam inferat obligationem gravem vel levem 252; — in dubio 257 sq.; — quomodo sit interpretandum 283 sqq.; — quibus impediatur obstaculis 253 sqq.; — num impleatur actione cum ignorantia facta 286; — puerorum quomodo obliget 259 sqq., 269 sq.

—— quoad distinctionem: condicionatum eiusque obligatio 262 sqq.; — absolutum et disiunctivum 283 sq.; — purum et poenale 283; — poenale praeservativum difficilius solvitur 277; — reservatum 274; — cum iure tertii 275; — non peccandi num valeat 260; — ex affectu pravo emissum 264; — pro communitate factum 266 sq.; — religionis reservatum 291, 293; ad quid obliget 294, 295 sqq.; num impediri possit ab episcopo 291, 292; num impleatur per ingressum in religiosam congregationem 293; num experimento in ordine 295—297. — Vota religiosae professionis sollemnia et simplicia 317 sqq.; debent tum apud viros tum apud feminas per triennium esse simplicia 317 *c. not.*

—— quoad relaxationem 268 sq. Cf. **Dispensatio. Commutatio. Irritatio.**

A. M. D. G.

Sumptibus ac typis B. HERDER, typographi editoris pontificii, **Friburgi Brisgoviae**, prodiit:

EDITIO ALTERA.

PRAELECTIONES
DOGMATICAE

QUAS

IN COLLEGIO DITTON-HALL HABEBAT

CHRISTIANUS PESCH S. J.

CUM APPROBATIONE REV. ARCHIEP. FRIBURG. ET SUPER. ORDINIS.

Novem tomi in 8⁰. Pretium: $M.$ 48.20 $= Fr.$ 60.25; a dorsis corio religati $M.$ 62.60 $= Fr.$ 78.25.

Tomus I. **De Christo legato divino. De ecclesia Christi. De locis theologicis.** Institutiones propaedeuticae ad sacram theologiam. (XIV et 404 p.) Pretium: $M.$ 5.40 $= Fr.$ 6.75; a dorso corio relig. $M.$ 7 $= Fr.$ 8.75.

Tomus II. **De Deo uno secundum naturam. De Deo trino secundum personas.** (XIV et 386 p.) Pretium: $M.$ 5.40 $= Fr.$ 6.75; relig. $M.$ 7 $= Fr.$ 8.75.

Tomus III. **De Deo creante et elevante. De Deo fine ultimo.** (XII et 378 p.) Pretium: $M.$ 5 $= Fr.$ 6.25; relig. $M.$ 6.60 $= Fr.$ 8.25.

Tomus IV. **De Verbo incarnato. De Beata Virgine Maria. De cultu Sanctorum.** (XII et 352 p.) Pretium: $M.$ 5 $= Fr.$ 6.25; relig. $M.$ 6.60 $= Fr.$ 8.25.

Tomus V. **De gratia. De lege divina positiva.** (XII et 324 p.) Pretium: $M.$ 5 $= Fr.$ 6.25; relig. $M.$ 6.60 $= Fr.$ 8.25.

Tomus VI. **De sacramentis in genere. De baptismo. De confirmatione. De ss. eucharistia.** (XVIII et 418 p.) Pretium: $M.$ 6 $= Fr.$ 7.50; relig. $M.$ 7.60 $= Fr.$ 9.50.

Tomus VII. **De sacramento paenitentiae. De extrema unctione. De ordine. De matrimonio.** (XIV et 438 p.) Pretium: $M.$ 6 $= Fr.$ 7.50; relig. $M.$ 7.60 $= Fr.$ 9.50.

Tomus VIII. **De virtutibus in genere. De virtutibus theologicis.** (X et 320 p.) Pretium: $M.$ 4.80 $= Fr.$ 6; relig. $M.$ 6.40 $= Fr.$ 8.

Tomus IX. **De virtutibus moralibus. De peccato. De novissimis.** (X et 366 p.) Pretium: $M.$ 5.60 $= Fr.$ 7; relig. $M.$ 7.20 $= Fr.$ 9.

Qui tomi etiam separatim veneunt.

Sumptibus ac typis eiusdem bibliopolae prodiit:

RAYMUNDI ANTONII EPISCOPI
INSTRUCTIO PASTORALIS

IUSSU ET AUCTORITATE

REVERENDISSIMI DOMINI
FRANCISCI LEOPOLDI
EPISCOPI EYSTETTENSIS

ITERUM AUCTA ET EMENDATA.

EDITIO QUINTA.

gr. 8⁰. (XXIV et 620 p.)

Pretium:
M. 8 = Fr. 10; a dorso corio religatum M. 10 = Fr. 12.50.

Haec igitur **nova editio et aucta** omnia decreta vetera et nova, quae ad curam pastoralem faciunt et diversimode promulgata et valde dispersa inveniuntur, ad instar codificationis complectitur. Largam simul citationum administrat supellectilem, et, ut ipse lector acta et documenta revidere et probare possit, collectiones etiam typis impressae referuntur, ubi totus decretorum et documentorum tenor relegi poterit.

Merito speramus fore, ut Instructio pastoralis Eystettensis inter libros ad curam pastoralem spectantes, si non unicus, certo utilissimus exsistat.

Unica et plena Theologia Pastoralis latina.